AF632708

आर. गुप्ता® कृत

पॉपुलर मास्टर गाइड

RPF & RPSF

Railway Protection Force & Railway Protection Special Force

उपनिरीक्षक

(कार्यकारी)

SUB-INSPECTOR (EXECUTIVE)

भर्ती परीक्षा

RPH संपादक मंडल
द्वारा संपादित

2026
EDITION

रमेश पब्लिशिंग हाउस, नई दिल्ली

प्रकाशक

ओ॰पी॰ गुप्ता, **रमेश पब्लिशिंग हाउस**

प्रशासनिक कार्यालय

12-H, न्यू दरियागंज रोड, ऑफिसर्स मेस के सामने,

नई दिल्ली-110002 ✆ 23275224, 23245124

E-mail: info@rameshpublishinghouse.com

For Online Shopping: www.rameshpublishinghouse.com

विक्रय केन्द्र

- बालाजी मार्किट, नई सड़क, दिल्ली-6 ✆ 23253720, 23282525
- 4457, नई सड़क, दिल्ली-6, ✆ 23918938

Book Code: R-991

ISBN: 978-81-7812-675-3

मूल्यः ₹ 320

मुद्रक: दीपक ऑफसैट, दिल्ली

अनुक्रमणिका

पिछले प्रश्न-पत्र

RPF/RPSF—उपनिरीक्षक (SI)

भर्ती परीक्षा-2024

(Exam held on 12-12-2024)

अंकगणित

1. तीन साझेदारों ने एक व्यवसाय में 6 : 3 : 2 के अनुपात में निवेश किया। उन्होंने अपनी पूंजी क्रमशः 7 महीने, 4 महीने और 3 महीने के लिए निवेश की। उनके लाभ का अनुपात कितना था?

A. 8 : 2 : 1 B. 7 : 2 : 1
C. 10 : 2 : 1 D. 6 : 2 : 1

2. एक दुकानदार किसी वस्तु को उसके अंकित मूल्य पर 25% और 40% की दो क्रमिक छूट देकर ₹ 583.2 में बेचता है। यदि उसके द्वारा कोई छूट नहीं दी गई होती, तो वह 62% का लाभ अर्जित करता। वस्तु का क्रय मूल्य (₹ में) ज्ञात कीजिए।

A. 800 B. 824
C. 831 D. 838

3. एक त्रिभुज की भुजाएँ 16 cm, 30 cm और 34 cm हैं। इनका क्षेत्रफल (cm^2 में) क्या होगा?

A. 270 B. 257
C. 240 D. 225

4. समान लंबाई की दो ट्रेन समांतर पटरियों पर एक ही दिशा में 101 km/h और 65 km/h की चाल से चल रही हैं। तेज चलने वाली ट्रेन धीमी चलने वाली ट्रेन को 30 सेकंड में पार करती है। प्रत्येक ट्रेन की लंबाई ज्ञात कीजिए।

A. 137 मीटर B. 150 मीटर
C. 155 मीटर D. 152 मीटर

5. दो संख्याओं का LCM और HCF क्रमशः 108 और 9 है। यदि उनमें से एक संख्या 36 है, तो दूसरी संख्या ज्ञात कीजिए।

A. 25 B. 30
C. 28 D. 27

6. एक व्यक्ति एक व्यूपॉइंट तक पैदल जाता है और अपनी कार से अपरिवर्ती चाल बनाए रखते हुए लौटता है और इस प्रकार उसे कुल 6 घंटे 45 मिनट का समय लगता है। दोनों तरफ कार से यात्रा करने में उसे 4 घंटे कम लगते। दोनों ओर समान चाल से पैदल यात्रा करने में उसे कुल कितना समय लगता?

A. 10 घंटे 45 मिनट B. 9 घंटे 45 मिनट
C. 10 घंटे 30 मिनट D. 11 घंटे 15 मिनट

7. एक कैन पूरी तरह से दूध से भरी हुई है। इस कैन में से 6 लीटर दूध निकाला जाता है और उसमें पानी भर दिया जाता है। यह प्रक्रिया चार बार और दोहराई जाती है। अब, कैन में दूध और पानी का अनुपात 32 : 211 है। कैन का आयतन ज्ञात कीजिए।

A. 18 लीटर B. 20 लीटर
C. 21 लीटर D. 15 लीटर

8. वह सबसे छोटी प्राकृतिक संख्या ज्ञात करें जो 15, 60, 6 और 17 से विभाज्य है।

A. 1020 B. 1030
C. 1065 D. 1106

1. B **2.** A **3.** C **4.** B **5.** D **6.** A **7.** A **8.** A

9. विशाल, नाव से 104 km की दूरी धारा की विपरीत दिशा में 30 घंटे में तय करता है और धारा की दिशा में 12 घंटे में तय करता है, तो धारा की चाल ज्ञात कीजिए।

A. 2.6 km/h B. 7.52 km/h
C. 11.35 km/h D. 6.65 km/h

10. यदि $16 \times 8 \times 700 \div \sqrt{2500} = y + 667$ है, तो y का मान ज्ञात कीजिए।

A. 1124 B. 1125
C. 1115 D. 1117

11. सेल के दौरान, राघव ने ₹ 100 अंकित मूल्य की एक नोटबुक को 53% छूट पर और ₹ 40 अंकित मूल्य की एक पेन को 85% की छूट पर खरीदा। सेल के कारण उसने कितनी बचत (₹ में) की?

A. 89 B. 85
C. 87 D. 90

12. कोई धनराशि वार्षिक रूप से संयोजित होने वाले कितने प्रतिशत वार्षिक चक्रवृद्धि ब्याज दर पर 2 वर्षों में 97 गुना हो जाएगी? [उत्तर को दशमलव के एक स्थान तक पूर्णांकित करें।]

A. 884.8 B. 887.2
C. 884.6 D. 881.8

13. एक दुकानदार, किसी पंखे पर उसके क्रय मूल्य से 25% अधिक मूल्य अंकित करता है और उस पर 16% की छूट देता है। यदि वह ₹ 141 का लाभ अर्जित करता है, तो पंखे का अंकित मूल्य (₹ में) ज्ञात कीजिए।

A. 3,321 B. 3,305
C. 3,268 D. 3,525

14. निम्नलिखित में से कौन-सा भिन्न सबसे बड़ा है?

$\frac{7}{8}, \frac{3}{34}, \frac{21}{81}, \frac{75}{76}$

A. $\frac{3}{34}$ B. $\frac{21}{81}$
C. $\frac{75}{76}$ D. $\frac{7}{8}$

15. एक लम्ब वृत्तीय शंकु और एक लम्ब वृत्तीय बेलन की ऊँचाइयों का अनुपात 3 : 8 है और उनके आधारों की त्रिज्याओं का अनुपात 8 : 5 है। यदि बेलन का आयतन 400 cm^3 है, तो शंकु का आयतन (cm^3 में) ज्ञात कीजिए।

A. 131 B. 128
C. 134 D. 124

16. फर्नीचर की तीन वस्तुओं का औसत मूल्य ₹ 15885 है। यदि उनके मूल्यों का अनुपात 3 : 5 : 7 है, तो सबसे महंगी वस्तु का मूल्य (₹ में) ज्ञात कीजिए।

A. 5295 B. 3177
C. 22239 D. 7413

17. वर्ष के प्रथम तीन महीनों में राघव की प्रति माह औसत आय ₹ 22560 थी। अप्रैल में उसकी आय, प्रथम तीन महीनों की औसत आय से 50% अधिक थी। यदि पूरे वर्ष के लिए उसकी प्रति माह औसत आय ₹ 90078 है, तो मई से दिसम्बर तक राघव की प्रति माह औसत आय (₹ में) कितनी होगी?

A. 122423 B. 122428
C. 122430 D. 122427

18. ईशा और अंशु ने मिलकर एक व्यवसाय में ₹ 44300 का निवेश किया। वर्ष के अंत में, ₹ 7000 के कुल लाभ में से, ईशा का हिस्सा ₹ 1400 था। अंशु ने कितना निवेश किया था?

A. ₹ 37,060 B. ₹ 33,845
C. ₹ 35,440 D. ₹ 35,190

19. किसी समूह में 3 बुनकर 4 दिन में 12 साड़ी बना सकते हैं। प्रत्येक बुनकर द्वारा एक दिन में बनाई जा सकने वाली साड़ियों की संख्या का औसत ज्ञात कीजिए।

A. 2.5 B. 1.5
C. 2 D. 1

9. A **10.** B **11.** C **12.** A **13.** D **14.** C **15.** B **16.** C **17.** D **18.** C **19.** D

20. यदि किसी संख्या के 25% को 72 में जोड़ा जाता है, तो परिणामस्वरूप समान संख्या प्राप्त होती है। उस संख्या का 70% ज्ञात कीजिए।

A. 97.2 B. 67.2
C. 37.2 D. 87.2

21. तीन साझेदारों ने एक व्यवसाय में 2 : 7 : 8 के अनुपात में निवेश किया। उन्होंने अपनी पूंजी क्रमशः 4 महीने, 1 महीने और 10 महीने के लिए निवेश की। उनके लाभ का अनुपात कितना था?

A. 7 : 7 : 80 B. 8 : 7 : 80
C. 10 : 7 : 80 D. 6 : 7 : 80

22. सुमन ने वार्षिक रूप से चक्रवृद्धित, 5% वार्षिक चक्रवृद्धि ब्याज पर ₹ 8000 की धनराशि का निवेश किया। यदि उसे n वर्षों के बाद ₹ 9261 की धनराशि प्राप्त हुई हो, तो n का मान ज्ञात करें।

A. 3.5 B. 2.79999995231628
C. 3 D. 4

23. एक रेलगाड़ी 288 km की दूरी तय करने के लिए 96 kmph की चाल से चलती है और फिर 252 km की दूरी तय करने के लिए 126 kmph की चाल से चलती है। रेलगाड़ी द्वारा तय की गई कुल दूरी का औसत ज्ञात कीजिए।

A. 86 kmph B. 158 kmph
C. 90 kmph D. 108 kmph

24. दो संख्याओं का LCM और HCF क्रमशः 180 और 12 है, यदि उनमें से एक संख्या 36 है, तो दूसरी संख्या ज्ञात कीजिए।

A. 60 B. 58
C. 62 D. 61

25. एक मूलधन, जब प्रति वर्ष 10% साधारण ब्याज पर निवेश किया जाता है, तो 2 वर्षों के बाद उसका मिश्रधन ₹ 9600 हो जाता है। 1 वर्ष में समान दर पर समान मूलधन पर साधारण ब्याज (₹ में) कितना है?

A. 1600 B. 3200
C. 800 D. 400

26. एक संख्या को 50% बढ़ाने पर, 3930 प्राप्त होता है। यह संख्या ________ है।

A. 7860 B. 2620
C. 5240 D. 1310

27. एक बेईमान विक्रेता का दावा है कि सामानों को उनके क्रय मूल्य पर बेच रहा है। लेकिन वह 1000 ग्राम की जगह 918 ग्राम वजन तौल रहा है। उसका लाभ प्रतिशत (दो दशमलव स्थानों तक पूर्णांकित) क्या है?

A. 14.5 B. 8.93
C. 5 D. 5.68

28. वह एक अंक की सबसे छोटी संख्या बताइए, जिसे 6 अंकों की संख्या 638970 में जोड़ने पर संख्या 11 से पूर्णतः विभाज्य हो जाए।

A. 5 B. 4
C. 9 D. 6

29. 27, 48, 276 और 368 का लघुत्तम समापवर्त्य (LCM) ज्ञात कीजिए।

A. 9855 B. 9927
C. 9988 D. 9936

30. नीचे दी गई तालिका में चार अलग-अलग वर्षों में पाँच दोस्तों द्वारा अर्जित लाभ को दर्शाया गया है। निम्नलिखित प्रश्न का उत्तर देने के लिए तालिका का ध्यानपूर्वक अध्ययन कीजिए।

दोस्त	2020	2021	2022	2023
एलेक्स	9310	7250	6523	3546
बालाजी	8240	7500	6542	2563
चाँद	7560	6540	5140	2580
दिनेश	3524	6000	6780	3870
एलेजा	4260	9170	5010	6520

वह राशि ज्ञात कीजिए, जो 15% वार्षिक चक्रवृद्धि ब्याज की दर पर 2 वर्षों के लिए उधार देने पर वर्ष 2023 में चाँद द्वारा अर्जित लाभ के समतुल्य कुल ब्याज प्रदान करती है।

A. ₹ 9,000 B. ₹ 8,000
C. ₹ 6,000 D. ₹ 7,000

20. B **21.** B **22.** C **23.** D **24.** A **25.** C **26.** B **27.** B **28.** C **29.** D **30.** B

31. फर्नीचर की तीन वस्तुओं का औसत मूल्य ₹ 15975 है। यदि उनके मूल्यों का अनुपात 3 : 5 : 7 है, तो सबसे महंगी वस्तु का मूल्य (₹ में) ज्ञात कीजिए।

A. 3195 B. 7455
C. 22365 D. 5325

32. निम्नलिखित में से कौन-सा भिन्न सबसे बड़ा है?

$\frac{4}{9}, \frac{4}{26}, \frac{56}{71}, \frac{28}{81}$

A. $\frac{4}{9}$ B. $\frac{56}{71}$
C. $\frac{28}{81}$ D. $\frac{4}{26}$

33. निम्नलिखित का मान क्या है?

$\frac{4}{6}+\frac{4}{6}+\frac{2}{12}+\frac{4}{6}-4=$

A. $-\frac{22}{12}$ B. $-\frac{23}{12}$
C. $-\frac{25}{12}$ D. $-\frac{18}{12}$

34. तारिका के पास समषट्भुज के आकृति की एक सजावटी वॉल-हैंगिंग है, जिसकी भुजा 10 cm है। सजावटी वॉल-हैंगिग का क्षेत्रफल (cm^2 में) कितना है? ($\sqrt{3}=1.7$ लीजिए)

A. 265 B. 260
C. 255 D. 250

35. $\frac{(a^8 \times b^6 \times c^9)}{(a^4 \times b^9 \times c^9)}$ का सरलतम रूप ज्ञात कीजिए।

A. $(a^{10}) \times (b^{-1}) \times (c^{-4})$
B. $(a^{-7}) \times (b^{-8}) \times (c^{1})$
C. $(a^{-6}) \times (b^{-1}) \times (c^{6})$
D. $(a^{4}) \times (b^{-3}) \times (c^{0})$

सामान्य बुद्धिमत्ता एवं तर्कशक्ति

36. Y, X, D, E, U, G और P की आयु अलग-अलग है। X की आयु, U की आयु से कम है। केवल Y की आयु, G की आयु से अधिक है। X और G की आयु के बीच केवल एक व्यक्ति की आयु है। D की आयु, E की आयु से अधिक है लेकिन P की आयु से कम है। तीसरा सबसे कम आयु वाला कौन है?

A. G B. D
C. U D. P

37. अंग्रेजी वर्णानुक्रम पर आधारित दी गई शृंखला में प्रश्नवाचक चिह्न (?) के स्थान पर क्या आएगा?

SVX QTV ORT MPR ?

A. KMO B. KMP
C. KNO D. KNP

38. निम्नलिखित में से किस अक्षर-समूहों द्वारा # और % को प्रतिस्थापित करने पर :: के बाईं ओर के अक्षर-समूह युग्म के बीच का पैटर्न और संबंध, :: के दाईं ओर से अक्षर-समूह युग्म के बीच के पैटर्न और संबंध के समान होगा?

: LFI :: SMP : %

A. # = BJM, % = LPI
B. # = PJM, % = OIL
C. # = RTM, % = MKL
D. # = GHT, % = LJH

39. अंग्रेजी वर्णमाला क्रम के आधार पर निम्नलिखित चार अक्षर-समूह युग्मों में से तीन अक्षर-समूह युग्म एक निश्चित तरीके से समान है और इस प्रकार एक ग्रुप बनाते हैं। कौन-सा अक्षर-समूह युग्म, उस ग्रुप से संबंधित नहीं है?

A. BW : ZU B. EZ : DX
C. HC : FA D. UP : SN

31. C **32.** B **33.** A **34.** C **35.** D **36.** D **37.** D **38.** B **39.** B

40. 35 एक निश्चित तर्क के अनुसार 42 से संबंधित है। 80 उसी तर्क के अनुसार 96 से संबंधित है। उसी तर्क के अनुसार, 65 निम्नलिखित में से किससे संबंधित है? (**नोटः** संख्याओं को उनके घटक अंकों में तोड़े बिना, संक्रियाएँ पूर्ण संख्याओं पर की जानी चाहिए। उदाहरण के लिए 13 लीजिए - 13 पर संक्रिया जैसे कि 13 में जोड़ना/घटाना/गुणा करना 13 पर किया जा सकता है। 13 को 1 और 3 में तोड़ना और फिर 1 और 3 पर गणितीय संक्रिया करना अनुमत नहीं है।)

A. 76 B. 72
C. 78 D. 84

41. A, B, C, D, E, F और G एक गोल मेज के परितः उसके केंद्र की ओर अभिमुख होकर बैठे हैं। A के बाएँ से गिनने पर A और C के बीच केवल तीन व्यक्ति बैठे हैं। G के दाएँ से गिनने पर E और G के बीच केवल तीन व्यक्ति बैठे हैं। B, E के ठीक दाएँ पड़ोस में बैठा है। D, G के साथ-साथ C का भी निकटतम पड़ोसी है। F के दाएँ से गिनने पर B और F के बीच कितने व्यक्ति बैठे हैं?

A. 3 B. 4
C. 1 D. 2

42. विकल्पों में दी गई उस आकृति की पहचान कीजिए जिसे प्रश्न-चिह्न (?) के स्थान पर रखने पर श्रृंखला तार्किक रूप से पूर्ण हो जाएगी।

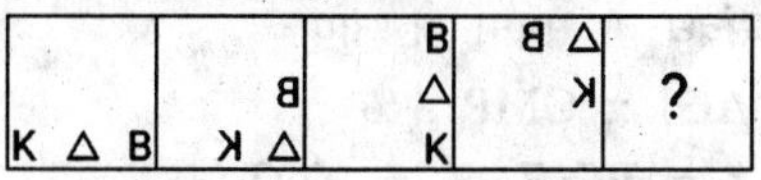

A.  B. 

C. 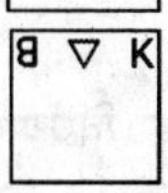 D. 

43. स्तू बिंदु A से ड्राइव करना शुरू करता है और दक्षिण की ओर 31 km तक ड्राइव करता है। फिर वह दायीं ओर मुड़ता है, 36 km तक ड्राइव करता है, दायीं ओर मुड़ता है और 11 km तक ड्राइव करता है। फिर वह दायीं ओर मुड़ता है और 12 km तक ड्राइव करता है। फिर वह दायीं ओर मुड़ता है, 16 km तक ड्राइवर करता है, बायीं ओर मुड़ता है और 9 km तक ड्राइव करता है। वह अंत में बाईं ओर मुड़ता है, 36 km तक ड्राइव करता है और बिंदु P पर रुक जाता है। बिंदु A पर दोबारा पहुँचने के लिए उसे कितनी दूर (न्यूनतम दूरी) और किस दिशा में ड्राइव करना चाहिए? (जब तक निर्दिष्ट न किया जाए, सभी मोड़ केवल 90° मोड़ हैं।)

A. 11 km पूर्व की ओर
B. 15 km पूर्व की ओर
C. 13 km दक्षिण की ओर
D. 17 km दक्षिण की ओर

44. दिए गए कथनों और निष्कर्षों को ध्यान से पढ़िए। यह मानते हुए कि कथनों में दी गई जानकारी सत्य है, भले ही वह सामान्य रूप से ज्ञात तथ्यों से भिन्न प्रतीत होती हो, तय कीजिए कि दिए गए निष्कर्षों में से कौन-सा/से निष्कर्ष कथनों का तार्किक रूप से अनुसरण करता है?

कथन : सभी चम्मच, कांटे हैं।
सभी कांटे, जार हैं।
कुछ जार, प्लेट हैं।

निष्कर्ष : I. कुछ कांटे, प्लेट हैं।
II. कुछ चम्मच, प्लेट हैं।

A. केवल निष्कर्ष II अनुसरण करता है।
B. न तो निष्कर्ष I और न ही निष्कर्ष II अनुसरण करता है।
C. निष्कर्ष I और निष्कर्ष II दोनों अनुसरण करते हैं।
D. केवल निष्कर्ष I अनुसरण करता है।

45. अंग्रेजी वर्णमाला क्रम के आधार पर, निम्नलिखित चार विकल्पों में से तीन विकल्प एक निश्चित तरीके से समान हैं और इस प्रकार एक ग्रुप बनाते हैं। कौन-सा विकल्प, उस ग्रुप से संबंधित नहीं है?

A. AVF B. UPZ
C. MHR D. JFO

40. C	**41.** C	**42.** D	**43.** B	**44.** B	**45.** D

46. संख्या 7832145 में प्रत्येक अंक को बाईं ओर से दाईं ओर आरोही क्रम में व्यवस्थित किया जाता है। इस प्रकार बनी नई संख्या में बाईं ओर से दूसरे अंक और दाईं ओर से दूसरे अंक का योग कितना होगा?

A. 10 B. 8
C. 6 D. 9

47. दर्पण को रेखा MN पर रखे जाने पर, दी गई आकृति के सही दर्पण प्रतिबिंब का चयन कीजिए।

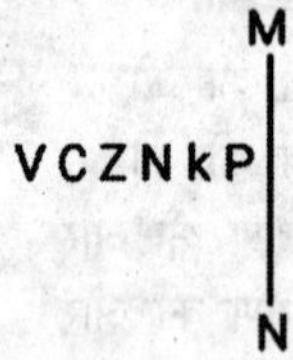

A. 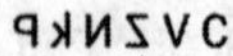 B. 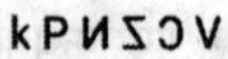
C. 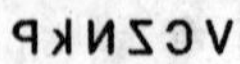 D. 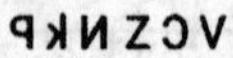

48. C, F का पुत्र है। F, E का भाई है। E, G का पुत्र है। G, H की पत्नी है। C का H से क्या संबंध है?

A. पुत्र B. पुत्र का पुत्र
C. पुत्र की पत्नी D. पुत्र की पुत्री

49. सात व्यक्ति, B, C, D, E, F, G और Q, एक गोल मेज के पारितः मेज के केंद्र की ओर अभिमुख होकर बैठे हैं। D, B के दाईं ओर चौथे स्थान पर बैठा है। Q और E के बीच केवल D बैठा है। B और E के बीच केवल F बैठा है। E, G के बाईं ओर तीसरे स्थान पर बैठा है। F के दाईं ओर से गिनने पर F और C के बीच कितने व्यक्ति बैठे हैं?

A. दो B. तीन
C. एक D. चार

50. किसी निश्चित कूट भाषा में, 'WIDE' को '6879' के रूप में कूटबद्ध किया गया है और 'DOGS' को '4318' के रूप में कूटबद्ध किया गया है। उस भाषा में 'D' के लिए कूट क्या है?

A. 7 B. 4
C. 1 D. 8

51. निम्नलिखित अक्षर, संख्या एवं प्रतीक शृंखला का संदर्भ लीजिए और उसके बाद आने वाले प्रश्न का उत्तर दीजिए।
(बाएँ) 5 4 D * S R + 6 3 % 7 Y # K E G 2 C & T @ (दाएँ)
ऐसी कितनी संख्याएँ हैं जिनके ठीक पहले एक अक्षर और ठीक बाद एक प्रतीक है?

A. 3 B. 1
C. 2 D. 0

52. नमन बिंदु A से चलना शुरू करता है और पूर्व की ओर 8 km ड्राइव करता है। फिर वह दाएँ मुड़ता है, 5 km ड्राइव करता है, फिर दाएं मुड़ता है और 10 km ड्राइव करता है। फिर वह दाएं मुड़ता है और 12 km ड्राइव करता है। वह अंत में एक बार फिर दाएं मुड़ता है, 2 km ड्राइव करता है और बिंदु P पर रूकता है। बिंदु A पर फिर से पहुंचने के लिए उसे कितनी दूर (न्यूनतम दूरी) और किस दिशा में ड्राइव करना चाहिए? (जब तक निर्दिष्ट न किया जाए, सभी मोड़ केवल 90 डिग्री के मोड़ हैं)

A. 7 km उत्तर में B. 7 km दक्षिण में
C. 6 km दक्षिण में D. 6 km उत्तर में

53. निम्नलिखित में से किस अक्षर-समूह द्वारा # और % को प्रतिस्थापित किया जाना चाहिए ताकि :: के बाईं ओर के अक्षर-समूह युग्म के बीच का पैटर्न एवं संबंध, :: के दाईं ओर के अक्षर-समूह युग्म के बीच के पैटर्न एवं संबंध के समान हो जाए?
: AGJ :: GMP : %

A. # = WYF, % = KQT
B. # = XCF, % = KQT
C. # = WCF, % = KQT
D. # = WCF, % = KQI

54. यदि संख्या 1378564 के प्रत्येक विषय अंक में 1 जोड़ा जाए तथा प्रत्येक सम अंक में से 2 घटाया जाए, तो इस प्रकार निर्मित नई संख्या में सबसे बड़े अंक तथा सबसे छोटे अंक का अंतर ज्ञात कीजिए।

A. 6 B. 8
C. 2 D. 4

46. D **47.** C **48.** B **49.** A **50.** D **51.** D **52.** B **53.** C **54.** A

55. एक निश्चित तर्क का अनुसरण करते हुए, 23, 21.7 से संबंधित है। उसी तर्क का अनुसरण करते हुए, 29.4, 28.1 से संबंधित है। समान तर्क का अनुसरण करते हुए, 26.8 निम्नलिखित में से किससे संबंधित है?

(नोटः संख्याओं को उसके घटक अंकों में तोड़े बिना, पूर्ण संख्याओं पर संक्रियाएं की जानी चाहिए। उदाहरण के लिए, 13 को लीजिए - 13 पर संक्रियाएं जैसे कि 13 में जोड़ना/घटाना/गुणा करना आदि किया जा सकता है। 13 को 1 व 3 में तोड़ना और फिर 1 व 3 पर गणितीय संक्रियाएं करने की अनुमति नहीं है।)

A. 24.5 B. 25.1
C. 25.5 D. 25.7

56. दिए गए विकल्पों में से उस पद का चयन कीजिए, जो निम्नलिखित श्रृंखला में प्रश्नवाचक चिह्न (?) के स्थान पर आएगा।

RXU 34 TUQ 23 VRM 12 XOI 1 ?

A. ZLE - 10 B. VNT - 13
C. ZFE - 15 D. XKE - 14

57. निम्नलिखित पाँच आकृतियों में से चार किसी निश्चित तरीके से एकसमान हैं और इस प्रकार एक समूह बनाती है। कौन-सी आकृति उस समूह से संबंधित नहीं है?

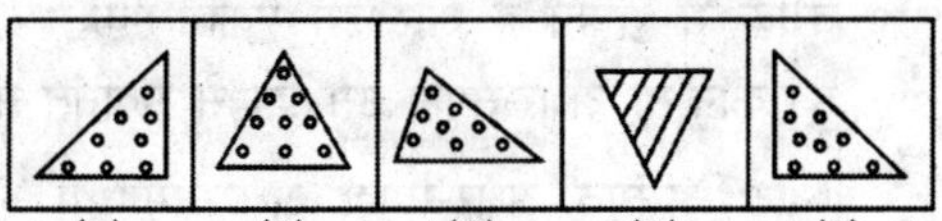

(A) (B) (C) (D) (E)

A. B B. C
C. D D. E

58. सात डिब्बों O, P, Q, R, S, T और D को एक के ऊपर एक रखा गया है, लेकिन जरूरी नहीं है कि ये डिब्बे इसी क्रम में रखे गए हों। डिब्बे T के ऊपर केवल तीन डिब्बों को रखा गया है। डिब्बे O और T के बीच केवल एक डिब्बे को रखा गया है। डिब्बों O और D के बीच केवल तीन डिब्बों को रखा गया है। डिब्बे D को डिब्बे T के ऊपर किसी स्थान पर रखा गया है। डिब्बे P को डिब्बे D के ठीक नीचे रखा गया है। डिब्बे S को डिब्बे R के ऊपर किसी स्थान पर रखा गया है। डिब्बे Q के डिब्बे O के ठीक ऊपर या नीचे नहीं रखा गया है। डिब्बों Q और R के बीच कितने डिब्बों को रखा गया है?

A. एक B. पांच
C. चार D. तीन

59. यदि 'P' का अर्थ '×' है, 'Q' का अर्थ '÷' है, 'R' का अर्थ '–' है और 'S' का अर्थ '+' है, तो निम्नलिखित समीकरण में प्रश्न-चिह्न '?' के स्थान पर क्या आएगा?

(32 S 32) S (24 S 24) P 2 R 60 S 108 Q 2 = ?

A. 154 B. 190
C. 170 D. 150

60. किसी निश्चित कूट भाषा में, 'believe in yourself' को 'mb tk jb' के रूप में कूटबद्ध किया जाता है और 'in the middle' को 'ab jb wt' के रूप में कूटबद्ध किया जाता है। दी गई कूट भाषा में 'in' को किसमें कूटबद्ध किया जाएगा?

A. jb B. mb
C. ab D. tk

61. एक निश्चित कूट भाषा में, 'SKEW' को '1836' के रूप में कूटबद्ध किया जाता है और 'WOKE' को '6283' के रूप में कूटबद्ध किया जाता है। दी गई कूट भाषा में 'Q' के लिए कूट क्या होगा?

A. 6 B. 2
C. 3 D. 8

62. निम्नलिखित संख्या, प्रतीक श्रृंखला को देखें और उसके बाद आने वाले प्रश्न का उत्तर दें। गिनती केवल बाएँ से दाएँ की जानी है।

(बाएँ) 2 & 4 6 % 7 $ & 1 # 3 Ω @ 8 * £ 5 9 (दाएँ)

ऐसे कितने प्रतीक हैं जिनमें से प्रत्येक के ठीक पहले एक संख्या और ठीक बाद में एक और संख्या है?

A. दो B. कोई नहीं
C. एक D. दो से ज्यादा

55. C **56.** A **57.** C **58.** B **59.** A **60.** A **61.** B **62.** D

63. निम्नलिखित अक्षर, संख्या और प्रतीक शृंखला के आधार पर नीचे दिए गए प्रश्न का उत्तर दीजिए। गणना केवल बाईं ओर से दाईं ओर की जानी चाहिए।

(बाएँ) Y # 3 R 6 C & T % 7 2 K & 5 G E * S D 4 @ (दाएँ)

ऐसे कितने अक्षर हैं, जिनके ठीक पहले एक प्रतीक है तथा ठीक बाद एक संख्या भी है?

A. 0 B. 1
C. 3 D. 2

64. 38 लोग उत्तर की ओर अभिमुख होकर एक पंक्ति में खड़े हैं। विकास दाएँ छोर से 18वें स्थान पर है जबकि केरिशा बाएँ छोर से 12वें स्थान पर है। विकास और केरिशा के बीच कितने व्यक्ति हैं?

A. 8 B. 7
C. 5 D. 6

65. यह प्रश्न नीचे दी गई पांच, तीन-अंकीय संख्याओं पर आधारित है।

(बाएँ) 759 843 719 857 735 (दाएँ)

(उदाहरण - 697 - पहला अंक = 6, दूसरा अंक = 9 और तीसरा अंक = 7;

नोट - सभी संक्रियाएं बाएं से दाएं की जानी है।

यदि सबसे बड़ी संख्या के दूसरे अंक को सबसे छोटी संख्या के दूसरे अंक में जोड़ दिया जाए तो परिणाम ज्ञात कीजिए।

A. 6 B. 5
C. 7 D. 4

66. उस त्रिक का चयन कीजिए, जो नीचे दिए गए दो त्रिकों के समान पैटर्न का अनुसरण करता है। दोनों त्रिक पैटर्न का अनुसरण करते हैं।

KG-NI-PS
NJ-QL-SV

A. RM-TP-VZ B. QM-TO-VZ
C. QM-TO-VY D. RM-TO-VZ

67. शृंखला को तर्कसंगत रूप से पूर्ण करने के लिए प्रश्नचिह्न (?) के स्थान पर कौन-सी संख्या उसी क्रम में आनी चाहिए?

7 24 58 126 262 ?

A. 492 B. 484
C. 534 D. 593

68. A, B, C, D, E और F एक ही इमारत के छह अलग-अलग तलों पर रहते हैं। इमारत में सबसे निचले तल का नंबर 1 है, उसके ठीक ऊपर वाले तल का नंबर 2 है और इसी तरह सबसे ऊपर वाले तल का नंबर 6 है। E, अभाज्य नंबर वाले तल पर रहता है। E और C जिन तलों पर रहते हैं उनके नंबरों का गुणनफल 8 है। F, A के ठीक ऊपर वाले तल पर रहता है। C और B जिन तलों पर रहते हैं उनके नंबरों का योग 7 है। E और F के तलों के बीच कितने लोग रहते हैं?

A. 4 B. 2
C. 3 D. 1

69. अंग्रेजी वर्णमाला क्रम के आधार पर, निम्नलिखित चार अक्षर-समूहों में से तीन अक्षर-समूह एक निश्चित तरीके से समान हैं और इस प्रकार एक ग्रुप बनाते हैं। कौन-सा अक्षर-समूह, उस ग्रुप से संबंधित नहीं है?

(**नोटः** असंगत अक्षर-समूह, अक्षर-समूह में व्यंजनों/स्वरों की संख्या या उनकी स्थिति पर आधारित नहीं है।)

A. LIG B. XUS
C. JGE D. AYV

70. S, D की पत्नी है। D, F का भाई है। F, G की माता है। G, H का पिता है। S का H से क्या संबंध है?

A. माता के पिता के भाई की पत्नी
B. माता की माता के भाई की पत्नी
C. पिता के पिता के भाई की पत्नी
D. पिता की माता के भाई की पत्नी

63. A	**64.** A	**65.** A	**66.** C	**67.** C	**68.** C	**69.** D	**70.** D

सामान्य जागरूकता

71. निम्नलिखित में से कौन-सा अंतर्राष्ट्रीय खेल आयोजन वर्ष 2023 में आयोजित नहीं किया गया था?

A. राष्ट्रमंडल खेल
B. विश्व कुश्ती चैम्पियनशिप
C. एशियाई खेल
D. आईसीसी पुरुष क्रिकेट विश्व कप

72. निम्नलिखित में से किस एयर फोर्स बेस पर भारतीय वायु सेना (IAF) के सैन्य दल के अभ्यास रेड फ्लैग (Exercise Red Flag), 2024 में भाग लिया?

A. एडलसन एयर फोर्स बेस, अलास्का
B. एंडरसन एयर फोर्स बेस, गुआम
C. हिकम एयर फोर्स बेस, हवाई
D. नेलिस एयर फोर्स बेस, नेवादा

73. केंद्रीय माल एवं सेवा कर (द्वितीय संशोधन) विधेयक, 2023 के अध्यक्ष (President) के लिए आयु सीमा बढ़ाकर ______ कर दी है।

A. 67 से 70 वर्ष B. 65 से 67 वर्ष
C. 65 से 70 वर्ष D. 60 से 65 वर्ष

74. भारतीय संविधान का कौन-सा भाग नागरिकता से संबंधित है?

A. भाग IV B. भाग VI
C. भाग III D. भाग II

75. निम्नलिखित में से किस अवधि को भारत में हरित क्रांति का दूसरा चरण माना जाता था?

A. 1970 से 1980 तक
B. 1960 के दशक के मध्य से 1970 के दशक के मध्य तक
C. 1960 से 1970 तक
D. 1970 के मध्य से 1980 के मध्य तक

76. भारतीय संविधान का निम्नलिखित में से कौन-सा अनुच्छेद, संघ की कार्यकारी शक्ति से संबंधित है?

A. अनुच्छेद 52 B. अनुच्छेद 55
C. अनुच्छेद 54 D. अनुच्छेद 53

77. गंगा-ब्रह्मपुत्र-मेघना प्रणाली, निम्नलिखित में से किस मुख्य उप-बेसिन से बनी है?

A. भागीरथी और यमुना B. भागीरथी और अलकनंदा
C. यमुना और रामगंगा D. अलकनंदा और गंडक

78. किसी पदार्थ के दिए गए अनुप्रस्थ काट के अनुदिश सहसमतलीय रूप से कार्य करने वाले प्रतिबल के प्रकार को ______ के रूप में परिभाषित किया जाता है?

A. स्थूल प्रतिबल (Bulk stress)
B. अरीय प्रतिबल (Radial stress)
C. संपीड़ित प्रतिबल (Compressive stress)
D. अपरूपण प्रतिबल (Shear stress)

79. कर्नाटक शास्त्रीय संगीत में 'नाद' ध्वनि के दो प्रकार 'आहत (Ahata)' और '______' हैं।

A. शारीराजा (Shariraja)
B. लोहाजा (Lohaja)
C. चरमजा (Charmaja)
D. अनाहत (Anahata)

80. राष्ट्रीय खेल 2023 में निम्नलिखित में से कौन-सा खेल पहली बार शामिल किया गया?

A. स्क्वैश B. नौकायन
C. वुशु D. बीच हैंडबॉल

81. 'अमर जीवन (Amar Jiban)' पुस्तक किस भाषा में लिखी गई है?

A. अंग्रेजी B. उर्दू
C. बंगाली D. हिंदी

71. A **72.** A **73.** A **74.** D **75.** D **76.** D **77.** B **78.** D **79.** D **80.** D **81.** C

82. भारत के हवाई परिवहन के संदर्भ में AERA का पूर्ण रूप क्या है?

A. एग्रीकल्चर इकोनॉमिक रेगुलेटरी अथॉरिटी (Agriculture Economic Regulatory Authority)

B. एविएशन इकोनॉमिक रेगुलेटरी अथॉरिटी ऑफ इंडिया (Aviation Economic Regulatory Authority of India)

C. एग्रीकल्चर इकोनॉमिक रेगुलेटरी अथॉरिटी ऑफ इंडिया (Agriculture Economic Regulatory Authority of India)

D. एयरपोर्ट इकोनॉमिक रेगुलेटरी अथॉरिटी ऑफ इंडिया (Airports Economic Regulatory Authority of India)

83. निम्नलिखित में से कौन-सा राज्य, 'सरहिंद' नहर से लाभान्वित हुआ है?

A. बिहार B. पश्चिम बंगाल

C. उत्तर प्रदेश D. पंजाब

84. निम्नलिखित में से किस ऋतु में दक्षिण-पश्चिम मानसून की पवन भारतीय प्रायद्वीप में प्रवेश करती है?

A. वर्षा ऋतु B. ग्रीष्म

C. मानसून के बाद D. शीत

85. निम्नलिखित में से कौन-सा कार्य किसी राज्य के राज्यपाल का नहीं है?

A. मुख्यमंत्री की नियुक्ति

B. राज्य विधान परिषद के सदस्यों का मनोनयन

C. राज्य विधानमंडल द्वारा पारित विधेयकों को स्वीकृति देना

D. जिला कलेक्टरों की नियुक्ति

86. यदि न्यायालय को लगता है कि कोई व्यक्ति पद ग्रहण किए हुए है, लेकिन उस पद को ग्रहण करने का हकदार नहीं है, तो वह ______ रिट जारी करता है और उस व्यक्ति को पदाधिकारी के रूप में कार्य करने से प्रतिबंधित करता है।

A. बंदी प्रत्यक्षीकरण (Habeas Corpus)

B. अधिकार-पृच्छा (Quo-Warranto)

C. प्रतिषेध (Prohibition)

D. परमादेश (Mandamus)

87. जब कई कारक किसी भी (जैव) रासायनिक प्रक्रिया को प्रभावित करते हैं, तो सीमित कारकों का नियम लागू होता है। यह नियम किसके द्वारा प्रस्तावित किया गया था?

A. प्रिस्टली B. एंगेलमैन

C. कैल्विन D. ब्लैकमैन

88. जून 2024, में नवगठित केंद्रीय मंत्रिमंडल में पृथ्वी विज्ञान मंत्री के रूप में किसने पदभार ग्रहण किया था?

A. एल. मुरुगन (L. Murugan)

B. वीरेंद्र कुमार (Virendra Kumar)

C. जाधव प्रतापराव गणपत राव (Jadhav Prataprao Ganpat Rao)

D. जीतेंद्र सिंह (Jitendra Singh)

89. कुव्वत-उल-इस्लाम मस्जिद (Quwwat-al-islam mosque) निम्नलिखित में से किस ऐतिहासिक स्मारक के सबसे निकट हैं?

A. कुतुब मीनार B. हुमायूं मकबरा

C. जामा मस्जिद D. तुगलकाबाद किला

90. पेरिस 2024 ओलंपिक में भारतीय पुरुष हॉकी टीम ने किस देश की टीम को हराकर कांस्य पदक जीता?

A. जर्मनी B. बेल्जियम

C. ऑस्ट्रेलिया D. स्पेन

91. कोच्चि में 'सेंट फ्रांसिस चर्च' इमारत के वास्तुकार निम्नलिखित में से कौन थे?

A. जॉर्ज बुश (George Bush)

B. जॉर्ज विटेट (George Wittet)

C. विलियम एमर्सन (William Emerson)

D. पेड्रो अल्वारेज डी कैब्रल (Pedro Alvarez De Cabral)

82. D **83.** D **84.** A **85.** D **86.** B **87.** D **88.** D **89.** A **90.** D **91.** D

92. 1814 में आत्मीय सभा (Atmiya Sabha) की स्थापना निम्नलिखित में से किसने की थी?

A. राजा राममोहन रॉय (Raja Rammohan Roy)
B. ईश्वरचंद्र विद्यासागर (Ishwarchandra Vidyasagar)
C. केशव चंद्र सेन (Keshub Chandra Sen)
D. देवेंद्र नाथ टैगोर (Debendranath Tagore)

93. मुस्लिम चरमपंथ की प्रतिक्रिया के रूप में, हिंदू महासभा की स्थापना निम्नलिखित में से किस वर्ष की गई थी?

A. 1920 B. 1917
C. 1911 D. 1915

94. 2023 में केंद्रीय शिक्षा मंत्री ने ग्रामीण युवाओं, विशेषकर महिलाओं के बीच डिजिटल कौशल विकास को बढ़ावा देने के लिए कौन-सा कार्यक्रम शुरू किया?

A. स्किल्स ऑन द गो (Skills on the Go)
B. स्किल्स ऑन व्हील्स (Skills on Wheels)
C. डिजी-स्किल ड्राइव (Digi-Skill Drive)
D. डिजी-स्किल (Digi-Skill)

95. भारतीय प्रधानमंत्री राजीव गांधी और अकाली नेता हरचंद्र सिंह लोंगोवाल द्वारा राजीव-लोंगोवाल शांति समझौते पर हस्ताक्षर किस वर्ष किए गए थे?

A. 1987 B. 1985
C. 1984 D. 1986

96. भारत के औद्योगिक विकास के संदर्भ में विकास बैंकों (Development banks) का मुख्य कार्य क्या है?

A. विकास बैंक औद्योगिक परियोजनाओं और अवसंरचना विकास के लिए दीर्घकालिक वित्तपोषण और समर्थन प्रदान करते हैं।
B. वे केवल अल्पकालिक उपभोक्ता ऋण देने में शामिल होते हैं।
C. उनका एकमात्र कार्य देश के विदेशी मुद्रा भंडार का प्रबंधन करता है।
D. वे औद्योगिक मानकों को लागू करने के लिए विनियामक निकायों के रूप में कार्य करते हैं।

97. छठी शताब्दी ईसा पूर्व (BCE) के आसपास तक्षशिला में चिकित्सा की शिक्षा किसने दी थी?

A. परमहंस आत्रेय (Paramhans Atreya)
B. प्राकृत आत्रेय (Prakrit Atreya)
C. पुनर्वसु आत्रेय (Punarvasu Atreya)
D. पाणिनि आत्रेय (Panini Atreya)

98. जनगणना के अनुसार 'परिवार' शब्द का अर्थ निम्नलिखित में से क्या है?

A. व्यक्तियों का एक समूह, जो एक ही रसोईघर में भोजन बनाते हैं तथा एक साथ भोजन करते हैं।
B. एक ही क्षेत्र में रहने वाले असंबंधित व्यक्तियों का समूह।
C. सामान्य आर्थिक गतिविधियों में व्यस्त व्यक्तियों का समूह।
D. एक ही छत के नीचे एक साथ रहने वाले संबंधित व्यक्तियों का समूह।

99. राष्ट्रीय लेखांकन में पर्यावरणीय रक्षात्मक व्ययों को समग्र स्तर पर कैसे वर्गीकृत किया जाता है?

A. मध्यवर्ती खपत B. निवेश व्यय
C. पूंजीगत व्यय D. अंतिम उपभोग व्यय

100. भारतजेन (BharatGen) विज्ञान और प्रौद्योगिकी मंत्रालय की एक प्रमुख पहल है, जिसे अक्टूबर 2024 में लॉन्च किया गया। इस पहल के बारे में निम्नलिखित में से कौन-सा कथन सत्य है?

A. इसका उद्देश्य भारत को क्लासिकल कंप्यूटिंग के मामले में आत्मनिर्भर बनाने का संकेंद्रित है।
B. यह पांचवीं पीढ़ी के बायोएथेनॉल पर केंद्रित एक प्रमुख पहल है।
C. इसका उद्देश्य सार्वजनिक वितरण प्रणालियों में डार्क पैटर्न की पहचान करता है।
D. यह भाषा, वाक् और कंप्यूटर विजन में आधारभूत मॉडलों के एक समूह को विकसित करने पर संकेंद्रित है।

92. A **93.** D **94.** B **95.** B **96.** A **97.** C **98.** A **99.** A **100.** D

101. निम्नलिखित में से केरल में उच्च साक्षरता दर का प्राथमिक कारण क्या है?

A. प्रभावी साक्षरता कार्यक्रम और शिक्षा पर जोर
B. उच्च जनसंख्या घनत्व
C. विश्वविद्यालयों की आर्थिक संख्या
D. औद्योगिक विकास के कारण

102. वायुमंडलीय दाब को मापने की विधि सबसे पहले _______ द्वारा तैयार की गई थी।

A. पास्कल B. बर्नौली
C. आर्किमिडीज D. टोरिसेली

103. 6.0-7.6 के बीच pH वाले अम्ल की उपस्थिति में कौन-सी संवेदनशील डाई (Dye) पीली हो जाती है?

A. एलिजारिन येल्लो आर (Alizarin yellow R)
B. मिथाइल ऑरेंज (Methyl orange)
C. ब्रोमोथाइमॉल ब्लू (Bromothymol blue)
D. थाइमोल्फथेलिन (Thymolphthalein)

104. दिसंबर, 2023 तक की स्थिति की अनुसार, निम्नलिखित में से कौन रक्षा अनुसंधान एवं विकास संगठन (DRDO) के अध्यक्ष हैं?

A. डॉ. उपेन्द्र कुमार सिंह B. डॉ. वाई श्रीनिवास राव
C. डॉ. बी. के. दास D. डॉ. समीर वी. कामत

105. निम्नलिखित में से ठुमरी गायन की कौन-सी शैली काफी धीमी और शांत है?

A. आगरा B. असम
C. पंजाब D. बनारस

106. नवबर 2023 में, भारत में चार विरल रोगों के लिए प्रजातिगत (generic) औषधियां उपलब्ध कराई गई, जिनमें से 'निटिसिनोन (Nitisinone)' का उपयोग _______ के उपचार के लिए किया जाता है।

A. विल्सन का रोग (Wilson's Disease)
B. गौशेर का रोग (Gaucher's Disease)
C. ड्रावेट और लेनॉक्स-गैस्टॉट सिंड्रोम्स (Dravet and Lennox-Gastaut syndromes)
D. टायरोसिनेमिया टाइप 1 (Tyrosinemia Type 1)

107. कुतुबुद्दीन ऐबक निम्नलिखित में से किस आउटडोर (outdoor) खेल का शौकीन था?

A. हॉकी B. कुश्ती
C. पोलो D. कबड्डी

108. भारतीय संविधान का कौन-सा अनुच्छेद निर्वाचक नामावली के अधीक्षण, निदेशन एवं नियंत्रण तथा भारत के चुनावों के संचालन के लिए एक स्वतंत्र चुनाव आयोग का प्रावधान करता है?

A. अनुच्छेद 333 B. अनुच्छेद 321
C. अनुच्छेद 324 D. अनुच्छेद 322

109. आंशिक विकलांगता के मामले में 'प्रधानमंत्री सुरक्षा बीमा योजना (PMSBY)' द्वारा निम्नलिखित में से कितना कवरेज प्रदान किया जाता है?

A. ₹ 2 लाख B. ₹ 1 लाख
C. ₹ 5 लाख D. ₹ 50,000

110. भारतीय संविधान का निम्नलिखित में से कौन-सा अनुच्छेद केंद्र शासित प्रदेशों के प्रशासन से संबंधित है?

A. अनुच्छेद 239 B. अनुच्छेद 245
C. अनुच्छेद 260 D. अनुच्छेद 255

111. निम्नलिखित में से कौन-सा नीति आयोग के व्यापक उद्देश्यों में से एक नहीं है?

A. ग्रामीण स्तर पर विश्वस्तरीय योजनाएँ तैयार करने और उन्हें उत्तरोत्तर उच्च स्तरों पर एकत्रित करने के लिए क्रियाविधि विकसित करना।
B. रणनीतिक और दीर्घकालिक नीति और कार्यक्रम ढांचे और पहलों को डिजाइन करना, और उनकी प्रगति और उनकी प्रभावकारिता की निगरानी करना।
C. मेक इन इंडिया, स्किल इंडिया, स्टार्ट अप इंडिया, स्टेंड अप इंडिया, आदि पहलों को बढ़ावा देना।
D. राष्ट्रीय उद्देश्यों के आलोक में राज्यों की सक्रिय भागीदारी के साथ राष्ट्रीय विकास प्राथमिकताओं, क्षेत्रों की एक साझा दृष्टि विकसित करना।

101. A **102.** D **103.** C **104.** D **105.** D **106.** D **107.** C **108.** C **109.** B **110.** A **111.** C

112. औद्योगिक नीति संकल्प, 1956 निम्नलिखित में से किस पंचवर्षीय योजना में अपनाया गया था?

A. पहली पंचवर्षीय योजना
B. चौथी पंचवर्षीय योजना
C. दूसरी पंचवर्षीय योजना
D. तीसरी पंचवर्षीय योजना

113. 1309 में, काकतीय साम्राज्य (Kakatiya Kingdom) पर किसने आक्रमण किया?

A. मलिक काफूर
B. सुंदर पांड्य
C. बल्लाल देव
D. वीर पांड्य

114. स्वदेशी आंदोलन से प्रेरित होकर, ______ ने 1905 में भारत माता की प्रसिद्ध छवि बनाई।

A. बंकिम चंद्र चटर्जी
B. सुरेंद्रनाथ वनर्जी
C. अवनीन्द्रनाथ टैगोर
D. आनंद मोहन बोस

115. निम्नलिखित में से कौन-सी पवन, शीत ऋतु के दौरान भारत की जलवायु को नियंत्रित करती हैं?

A. उत्तर-पूर्व मानसून पवन
B. उत्तर-पूर्व व्यापारिक पवन
C. दक्षिण-पश्चिम मानसून पवन
D. पश्चिमी पवन

116. 4 मार्च 2024 को नई दिल्ली में डेफकनेक्ट 2024 (DefConnect 2024) के दौरान महत्वपूर्ण और रणनीतिक रक्षा प्रौद्योगिकियों में नवाचारों को बढ़ावा देने के लिए राजनाथ सिंह द्वारा कौन-सी योजना शुरू की गई?

A. स्मृति (SMRITI)
B. अदिति (ADITI)
C. संस्कृति (SANSKRUTI)
D. स्तुति (STUTI)

117. दूध में वसा रहित ठोस (solid-not-fat-'SNF') तत्व तथा डेयरी उत्पादों की लब्धि बढ़ाने के लिए कौन-सा अपमिश्रक मिलाया जाता है?

A. पोटैशियम बाइकार्बोनेट (Potassium bicarbonate)
B. माल्टोडेक्सट्रिन (Maltodextrin)
C. मेलामाइन (Malamine)
D. हाइड्रोजन परॉक्साइड (Hydrogen peroxide)

118. केवल महिलाओं में होने वाली निम्नलिखित में से किसे जन्मजात डिम्बग्रंथि अल्पवर्धन सिंड्रोम (congenital ovarian hypoplasia syndrome) के रूप में भी जाना जाता है?

A. टर्नर सिंड्रोम (Turner syndrome)
B. एहलर्स-डानलोस सिंड्रोम (Ehlers-Danlos syndrome)
C. यूशर सिंड्रोम (Usher syndrome)
D. क्लाइनफेल्टर सिंड्रोम (Klinefelter syndrome)

119. 1 अक्टूबर 2019 से अंतर्राष्ट्रीय मुद्रा कोष (IMF) के प्रबंध निदेशक के रूप में किसने कार्य किया और उन्हें 1 अक्टूबर 2024 से शुरू होने वाले दूसरे पाँच वर्षीय कार्यकाल के लिए आईएमएफ (IMF) के कार्यकारी बोर्ड द्वारा चुना गया है?

A. एंटोनेट सयेह (Antoinette Sayeh)
B. केंजी ओकामुरा (Kenji Okamura)
C. गीता गोपीनाथ (Gita Gopinath)
D. क्रिस्टालिना जॉर्जीवा (Kristalina Georgieva)

120. भारत सरकार अपने राजकोषीय घाटे का वित्तपोषण कैसे करती है?

A. अधिक मुद्रा छापकर
B. घरेलू और अंतर्राष्ट्रीय स्रोतों से उधार लेकर
C. सब्सिडी घटा कर
D. आवश्यक वस्तुओं पर कर में वृद्धि करके

112. C **113.** A **114.** C **115.** B **116.** B **117.** B **118.** A **119.** D **120.** B

व्याख्यात्मक उत्तर

1. (B): व्यवसाय में उनके पूँजी का अनुपात

$= 7 \times 6x : 4 \times 3x : 3 \times 2x$

$= 42x : 12x : 6x = 7 : 2 : 1$

अतः उनके लाभ का अनुपात = 7 : 2 : 1.

2. (A): माना कि वस्तु का अंकित मूल्य = ₹ 100

पहला छूट $= \frac{25}{100} \times 100$ = ₹ 25

विक्रय मूल्य = ₹ 100 – 25 = ₹ 75

दूसरा छूट $= \frac{40}{100} \times 75$ = ₹ 30

विक्रय मूल्य = 75 – 30 = ₹ 45

जब विक्रय मूल्य ₹ 45 तब अंकित मूल्य = ₹ 100

जब विक्रय मूल्य ₹ 543.2 तब अंकित मूल्य

$= \frac{100}{45} \times 543.2$ = ₹ 1296

जब विक्रय मूल्य ₹ 162 तब क्रय मूल्य = ₹ 100

जब विक्रय मूल्य ₹ 1296 तब क्रय मूल्य

$= \frac{₹\,100}{162} \times 1296$ = ₹ 800

अतः वस्तु का क्रय मूल्य = ₹ 800.

3. (C): $S = \frac{a+b+c}{2}$

$= \frac{16+30+34}{2} = \frac{80}{2} = 40$

त्रिभुज का क्षेत्रफल

$= \sqrt{s(s-a)(s-b)(s-c)}$

$= \sqrt{40(40-16)(40-30)(40-34)}$

$= \sqrt{40 \times 24 \times 10 \times 6}$

$= \sqrt{4 \times 10 \times 4 \times 6 \times 10 \times 6}$

$= 4 \times 6 \times 10 = 240 \text{ cm}^2$.

4. (B): सापेक्ष गति = 101 – 65 = 36 km/h

$= 36 \times \frac{5}{18}$ m/s = 10 m/s

$2x = 30 \times 10$

$\Rightarrow \quad x = \frac{30 \times 10}{2} = 150$ m

अतः प्रत्येक ट्रेन की लम्बाई = 150 मीटर।

5. (D): दूसरी संख्या $= \frac{\text{LCM} \times \text{HCM}}{\text{पहली संख्या}}$

$= \frac{108 \times 9}{36} = 3 \times 9 = 27.$

6. (A): कार तथा पैदल द्वारा दूरी तय करने में लगा समय = 6 घंटे 45 मिनट

दोनों तरफ कार द्वारा दूरी तय करने में लगा समय

= 6 घंटे 45 मिनट – 4 घंटा

= 2 घंटे 45 मिनट

पैदल एक तरफ से दूरी तय करने में लगा समय

= 6 घंटे 45 मिनट – 1 घंटा $22\frac{1}{2}$ मिनट

= 5 घंटे $22\frac{1}{2}$ मिनट

दोनों तरफ समान चाल से पैदल दूरी तय करने में लगा समय = 10 घंटे 45 मिनट

7. (A): माना कि कैन का आयतन = x लीटर यानि कैन में x लीटर दूध रखा गया था।

तब, $\frac{x\left(1-\frac{6}{x}\right)^5}{x} = \frac{32}{211} = \left(\frac{2}{3}\right)^5$

$\Rightarrow 1 - \frac{6}{x} = \frac{2}{3}$

$\Rightarrow \frac{1}{3} = \frac{6}{5} \Rightarrow x = 18$ लीटर

अतः कैन का आयतन = 18 लीटर

8. (A): 15, 60, 6 और 17 का लघुत्तम समापवर्त्य

2	15, 60, 6, 17
3	15, 30, 3, 17
5	5, 10, 1, 17
	1, 2, 1 17

$\therefore$ लघुत्तम समापवर्त्य $= 2 \times 3 \times 5 \times 2 \times 17$

$= 30 \times 34 = 1020$

अतः अभीष्ट संख्या = 1020.

9. (A): माना कि नाव की गति = x किमी./घंटा

तथा धारा की गति = y किमी./घंटा

प्रश्नानुसार, $\dfrac{104}{x-y} = 30$

$\Rightarrow \quad 30x - 30y = 104 \quad \ldots(i)$

और $\dfrac{104}{x+y} = 12$

$\Rightarrow \quad 12x + 12y = 104 \quad \ldots(ii)$

समीकरण (i) तथा (ii) से,

$30x - 30y = 104] \times 2$

$12x + 12y = 104] \times 5$

$60x - 60y = 208$

$60x + 60y = 520$

$120x = 728$

$\Rightarrow \quad x = \dfrac{728}{120} = \dfrac{182}{30} = \dfrac{91}{15}$

समीकरण (1) में x के मान रखने पर,

$30 \times \dfrac{91}{15} - 30y = 104$

$-30y = -182 + 104$

$\Rightarrow \quad -30y = -78$

$\Rightarrow \quad y = \dfrac{78}{30} = \dfrac{39}{15} = \dfrac{13}{5} = 2.6$

अतः धारा की चाल = 2.6 km/h.

10. (B): $\therefore 16 \times 8 \times 700 \div \sqrt{2500} = y + 667$

$\Rightarrow \quad 16 \times 8 \times 700 \div 50 = y + 667$

$\Rightarrow \quad 16 \times 8 \times 14 = y + 667$

$\Rightarrow \quad 1792 = y + 667$

$\Rightarrow \quad y = 1792 - 667$

$= 1125$

अतः y का मान = 1125 होगा।

11. (C): 100 पर छूट $= \dfrac{53}{100} \times 100 = ₹\ 53$

विक्रय मूल्य = 100 − 53 = ₹ 47

40 पर छूट $= \dfrac{85}{100} \times 40 = ₹\ 34$

विक्रय मूल्य = 40 − 34 = ₹ 6

कुल बचत = 140 − (47 + 6)

= 140 − 53 = ₹ 87.

12. (A): मिश्रधन $=$ मूलधन$\left(1 + \dfrac{\text{दर}}{100}\right)^{\text{समय}}$

$97\text{ P} = \text{P}\left(1 + \dfrac{r}{100}\right)^2$

$\Rightarrow \quad \dfrac{97\text{ P}}{\text{P}} = \left(1 + \dfrac{r}{100}\right)^2$

$\Rightarrow \quad \sqrt{97} = \sqrt{\left(1 + \dfrac{r}{100}\right)^2}$

$\Rightarrow \quad 9.848 = 1 + \dfrac{r}{100}$

$\Rightarrow \quad \dfrac{r}{100} = 9.848 - 1 = 8.848$

$\therefore \quad r = 884.8\%$

13. (D): माना कि क्रय मूल्य = ₹ 100

अंकित मूल्य = ₹ 125

छूट $= \dfrac{16}{100} \times 125 = ₹\ 20$

विक्रय मूल्य = 125 − 20 = 105

लाभ = 105 − 100 = ₹ 5

जब लाभ ₹ 5 है तब अंकित मूल्य = ₹ 125

जब लाभ ₹ 141 है तब अंकित मूल्य

$= \frac{₹ 125}{5} \times 141 = 25 \times 141 = 3525$

अतः पंखे का अंकित मूल्य = ₹ 3525

14. (C): $\frac{7}{8} = 0.875$; $\frac{3}{34} = 0.088$

$\frac{21}{81} = 0.259$; $\frac{75}{76} = 0.986$

अतः $\frac{75}{76}$ सबसे बड़ा भिन्न है।

15. (B): बेलन का आयतन $= \pi \times r^2 \times h$

$= \pi \times 5 \times 5 \times 8$

शंकु का आयतन $= \frac{1}{3}\pi r^2 h$

$= \frac{1}{3}\pi \times 8 \times 8 \times 3$

$\frac{\text{बेलन का आयतन}}{\text{शंकु का आयतन}} = \frac{25}{8}$

$\Rightarrow \frac{400}{\text{शंकु का आयतन}} = \frac{25}{8}$

$\Rightarrow$ शंकु का आयतन $= \frac{400 \times 8}{25} = 128\,\text{cm}^3$.

16. (C): तीनों वस्तुओं का कुल मूल्य

= ₹ 15885 × 3 = ₹ 47655

∴ उनके मूल्यों का अनुपात 3 : 5 : 7 है

∴ सबसे महंगी वस्तु का मूल्य

$= \frac{7}{3+5+7} \times 47655$

$= \frac{7 \times 47655}{15} = \frac{333585}{15}$ = ₹ 22239.

17. (D): राघव की प्रथम तीन महीनों की कुल आय

= ₹ 22560 × 3

= ₹ 67680

अप्रैल माह में उसकी आय

$= 22560 + \frac{50}{100} \times 22560$

= ₹ 22560 + 11280 = ₹ 33840

राघव की वार्षिक आय

= ₹ 90078 × 12 = ₹ 1080936

मई से दिसम्बर तक राघव की आय

= 1080936 − (67680 + 33840)

= 1080936 − 101520 = 979416

अतः मई से दिसम्बर तक राघव की औसत आय

$= \frac{979416}{8}$ = ₹ 122427.

18. (C): वर्ष के अंत में कुल लाभ = ₹ 7000

∵ ईशा का लाभ में हिस्सा = ₹ 1400

अंशु का लाभ में हिस्सा = 7000 − 1400

= ₹ 5600

लाभ का अनुपात = 1400 : 5600

= 1 : 4

व्यवसाय में कुल निवेशित राशि = ₹ 44300

$1x + 4x = 44300$

$\Rightarrow 5x = 44300$

$\Rightarrow x = \frac{44300}{5}$ = ₹ 8860

अतः अंशु द्वारा निवेशित राशि = 4 × 8860

= ₹ 35440.

19. (D): $\frac{M_1 D_1}{W_1} = \frac{M_2 D_2}{W_2}$

जहाँ M = बुनकर, D = दिन

W = साड़ियों की संख्या

$\Rightarrow \frac{3 \times 4}{12} = \frac{1 \times 1}{x}$

$\Rightarrow 12x = 12$

$\Rightarrow x = \frac{12}{12} = 1$

अतः 1 बुनकर 1 दिन में साड़ी बना सकता है।

20. (B): माना कि संख्या $= x$

प्रश्नानुसार, $x \times \frac{25}{100} + 72 = x$

$\Rightarrow \frac{x}{4} + 72 = x \Rightarrow x - \frac{x}{4} = 72$

$\Rightarrow \frac{4x - x}{4} = 72$

$\Rightarrow 3x = 4 \times 72$

$\Rightarrow x = \frac{4 \times 72}{3} = 96$

संख्या का 70% $= 96 \times \frac{70}{100} = \frac{672}{10} = 67.2.$

21. (B): माना कि उनके प्रारंभिक निवेश क्रमशः $2x$, $7x$ और $8x$ थे।

उनके पूँजी का अनुपात

$2x \times 4 : 7x \times 1 : 8x \times 10$

$= 8x : 7x : 80x = 8 : 7 : 80$

अतः उनके लाभ का अनुपात $= 8 : 7 : 80$ था।

22. (C): मिश्रधन = मूलधन $\left(1 + \frac{\text{दर}}{100}\right)^{\text{समय}}$

$\Rightarrow 9261 = 8000\left(1 + \frac{5}{100}\right)^n$

$\Rightarrow \frac{9261}{8000} = \left(\frac{21}{20}\right)^n$

$\Rightarrow \left(\frac{21}{20}\right)^3 = \left(\frac{21}{20}\right)^n$

$\Rightarrow n = 3$ वर्ष।

23. (D): $t_1 = \frac{288}{96} = 3$ घंटे

$t_2 = \frac{252}{126} = 2$ घंटे

कुल दूरी $= 288$ km $+ 252$ km $= 540$ km

कुल समय $= (3 + 2) = 5$ घंटे।

अभीष्ट औसत चाल $= \frac{540}{5} = 108$ km/h.

24. (A): दूसरी संख्या $= \frac{\text{ल.स.} \times \text{म.स.}}{\text{एक संख्या}}$

$= \frac{180 \times 12}{36} = 60.$

25. (C): माना कि मूलधन = ₹ P

साधारण ब्याज $= \frac{P \times r \times t}{100}$

$= \frac{P \times 10 \times 2}{100} = \frac{P}{5}$

मिश्रधन = मूलधन + ब्याज

$= P + \frac{P}{5} = \frac{6P}{5}$

प्रश्नानुसार, $\frac{6P}{5} = 9600$

$\Rightarrow P = \frac{9600 \times 5}{6} =$ ₹ 8000

अभीष्ट साधारण ब्याज $= \frac{\text{मूलधन} \times \text{दर} \times \text{समय}}{100}$

$= \frac{8000 \times 10 \times 1}{100} =$ ₹ 800.

26. (B): माना कि संख्या $= x$

प्रश्नानुसार, $x + \frac{50}{100}x = 3930$

$\Rightarrow x + \frac{x}{2} = 3930$

$\Rightarrow \frac{2x + x}{2} = 3930$

$\Rightarrow 3x = 2 \times 3930$

$\Rightarrow x = \frac{2 \times 3930}{3}$

$= 2 \times 1310$

अतः संख्या $= 2620.$

27. (B): प्रतिशत लाभ $= \frac{82}{918} \times 100 = \frac{8200}{918}$

$= 8.932\% = 8.93\%$

(दो दशमलव स्थानों तक)।

28. (C): दी गई संख्या = 638970 में 9 जोड़ने पर बनी संख्या = 638979

$= 6 + 8 + 7 = 21$

$= 3 + 9 + 9 = 21$

$= 21 - 21 = 0$

यदि अंतर 0 या 11 का गुणज प्राप्त होता है तो वह संख्या 11 से विभाजित हो जाती है।

अतः दी गई संख्या में 9 जोड़ने पर संख्या पूर्ण रूप से 11 से विभाजित हो जाएगी।

29. (D): 27, 48, 276, 368 का LCM

2	27,	48,	276,	368
2	27,	24,	138,	184
2	27,	12,	69,	92
2	27,	6,	69,	46
3	27,	3,	69,	23
23	9,	1,	23,	23
	9,	1,	1,	1

लघुत्तम समापवर्त्य $= 2 \times 2 \times 2 \times 2 \times 3 \times 23 \times 9$

$= 48 \times 23 \times 9 = 9936.$

30. (B): माना कि मूलधन = ₹ 100

$$\text{मिश्रधन} = \text{मूलधन}\left(1 + \frac{\text{दर}}{100}\right)^{\text{समय}}$$

$$= 100\left(1 + \frac{15}{100}\right)^2$$

$$= 100 \times \frac{23 \times 23}{20 \times 20} = \frac{529}{4}$$

$$\text{चक्रवृद्धि ब्याज} = \frac{529}{4} - 100 = \frac{129}{4}$$

जब ब्याज $\frac{129}{4}$ है तब मूलधन = ₹ 100

जब ब्याज 2580 है तब मूलधन

$$= ₹ \frac{100}{\frac{129}{4}} \times 2580 = \frac{100 \times 4 \times 2580}{129}$$

= ₹ 8000

अतः अभीष्ट राशि = ₹ 8000.

31. (C): तीन वस्तओं का कुल मूल्य

= ₹ 15975 × 3 = ₹ 47925

∵ उनके मूल्यों का अनुपात 3 : 5 : 7 है, तो

सबसे महंगी वस्तु का मूल्य $= \frac{7}{15} \times 47925$

= ₹ 7 × 3195 = ₹ 22365.

32. (B): $\frac{4}{9} = 0.444; \quad \frac{4}{26} = 0.153$

$\frac{56}{71} = 0.788; \quad \frac{28}{81} = 0.345$

33. (A): $\frac{4}{6} + \frac{4}{6} + \frac{2}{12} + \frac{4}{6} - 4$

$$= \frac{8 + 8 + 2 + 8 - 48}{12} = \frac{26 - 48}{12} = -\frac{22}{12}.$$

34. (C): समषट्भुज आकृति की सजावटी वॉल-हैंगिंग का क्षेत्रफल

$$= \frac{3\sqrt{3}}{2}(\text{भुजा})^2 = \frac{3 \times 1.7 \times 10 \times 10}{2}$$

$= 85 \times 3 = 255\ cm^2.$

35. (D): $\frac{(a^8 \times b^6 \times c^9)}{(a^4 \times b^9 \times c^9)}$ का सरलतम रूप

$= a^{8-4} \times b^{6-9} \times c^{9-9}$

$= (a^4) \times (b^{-3}) \times (c^0).$

36. (D):

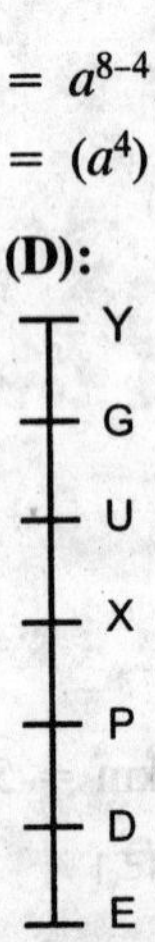

Y सबसे अधिक आयु वाला व्यक्ति

E सबसे कम आयु वाला व्यक्ति

स्पष्टतः तीसरा सबसे कम आयु वाला व्यक्ति **P** है।

37. (D):

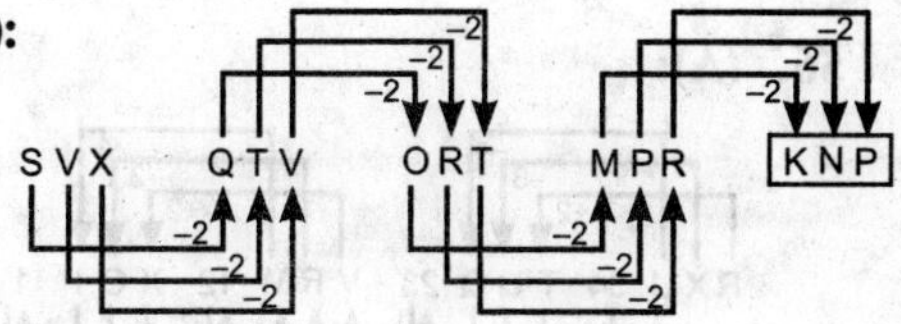

38. (B) : # : L F I :: S M P : %

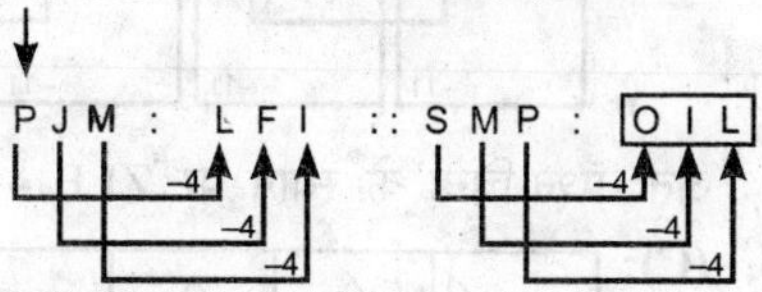

अतः # के जगह PJM तथा % के जगह OIL लिखा जा सकता है।

39. (B):

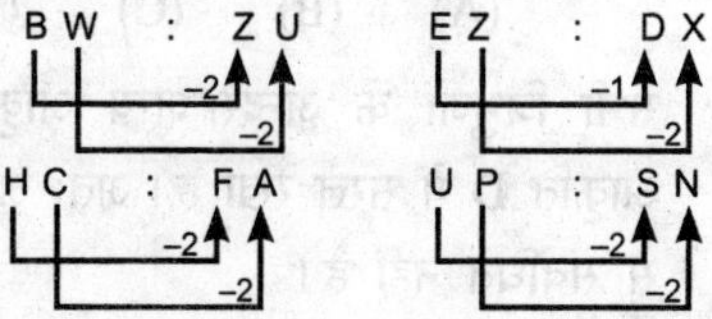

अतः उपरोक्त विकल्प से (B) सबसे भिन्न होगा।

40. (C): एक निश्चित तर्क के अनुसार

$\frac{35}{7 \times 5}$ संबंधित है $\frac{42}{7 \times 6}$ से

$\frac{80}{16 \times 5}$ संबंधित है $\frac{96}{16 \times 6}$ से

उसी तर्क के अनुसार,

$\frac{65}{13 \times 5}$ संबंधित है $\frac{78}{13 \times 6}$ से

इस प्रकार, 65, 78 से संबंधित होगा।

41. (C):

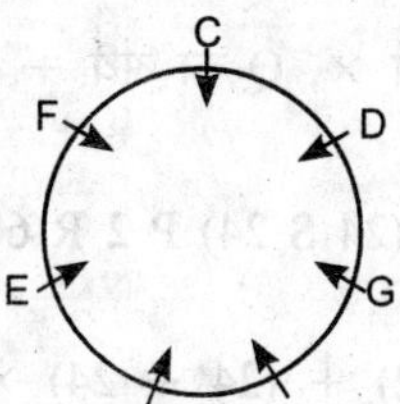

स्पष्टतः F के दाएँ से गिनने पर B और F के बीच एक व्यक्ति बैठा है।

42. (D):

K△B	K△ B (inverted)	B △ K	B△ K (inverted)	B△K ?

स्पष्टतः प्रश्न चिन्ह के स्थान पर B △ K यह आकृति रखने पर श्रृंखला तार्किक रूप से पूर्ण हो जाएगी।

43. (B):

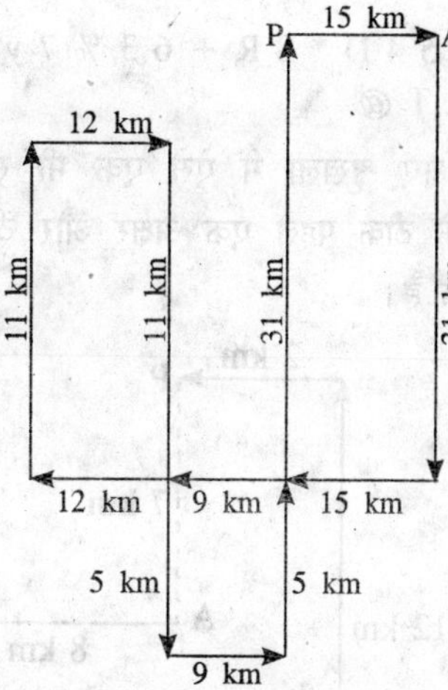

अतः दोबारा बिंदु A पर पहुँचने के लिए उसे 15 km पूर्व दिशा में ड्राइव करना चाहिए।

45. (D):

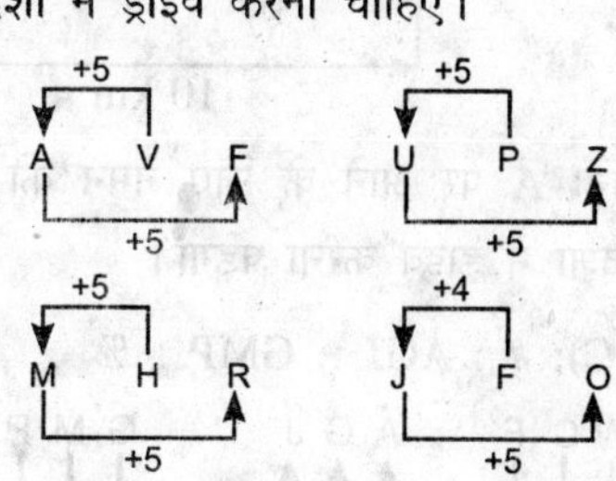

अतः JFO ग्रुप से संबंधित नहीं है।

46. (D): दी गई संख्या 7 8 3 2 1 4 5 है।

आरोही क्रम में व्यवस्थित करने पर 1 2 3 4 5 7 8

बाईं ओर से दूसरी संख्या = 2

दाईं ओर से दूसरी संख्या = 7

अभीष्ट संख्या = 2 + 7 = 9

50. (D): किसी निश्चित कूट-भाषा में,

W I D E → 6 8 7 9 को लिखा जाता है

D O G S → 4 3 1 8 को लिखा जाता है

WIDE और DOGS में D उभयनिष्ठ अक्षर है 6879 और 4318 में 8 नम्बर उभयनिष्ठ है।

∴ D का कूट 8 होगा।

51. (D): 5 4 D * S R + 6 3 % 7 *y* # K E G 2 C & T @

दिए गए शृंखला में ऐसे एक भी संख्या नहीं है जिनके ठीक पहले एक अक्षर और ठीक बाद एक प्रतीक है।

52. (B):

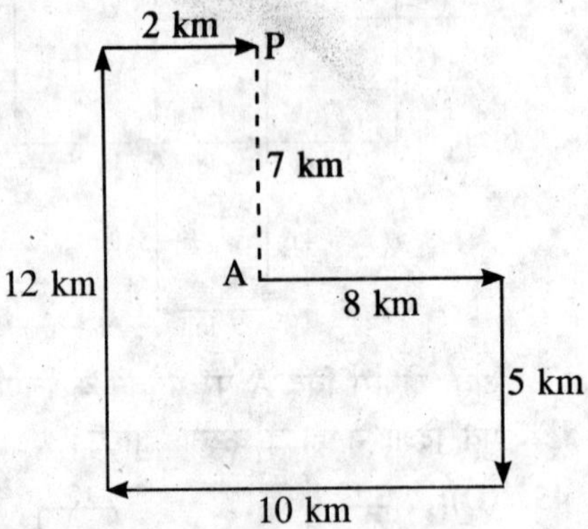

पुनः A पर आने के लिए नमन को 7 km दक्षिण दिशा में ड्राइव करना पड़ेगा।

53. (C): # : AGJ :: GMP : %

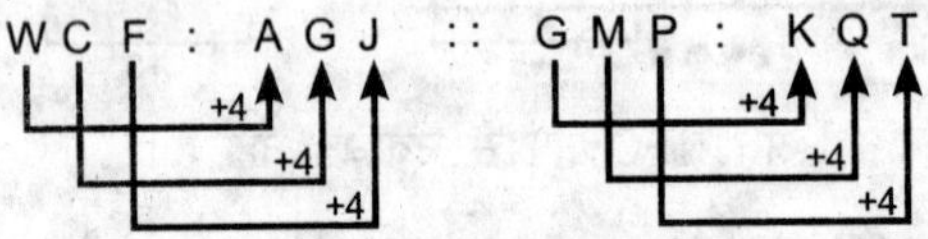

अतः # के जगह WCF तथा % के जगह KQT रखने पर बीच के पैटर्न एवं संबंध समान हो जायेंगे।

54. (A): दी गई संख्या = 1 3 7 8 5 6 4

नई बनी संख्या = 2 4 8 6 6 4 2

सबसे बड़ी – सबसे छोटी का अंतर

= 8 – 2 = 6

55. (C): एक निश्चित तर्क के अनुसार

23 – 21.7 = 1.3

उसी तर्क के आधार पर,

29.4 – 28.1 = 1.3

समान तर्क का अनुसरण करते हुए

26.8 – 25.5 = 1.3

अतः 26.8, 25.5 से संबंधित होगा।

56. (A):

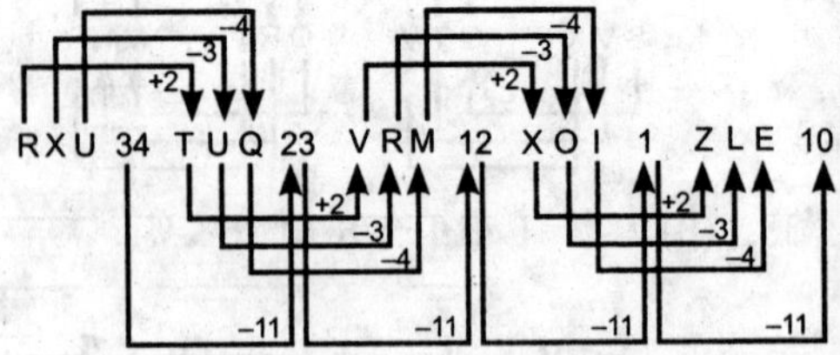

अतः प्रश्न-चिन्ह के स्थान पर ZLE – 10 आएगा।

57. (C):

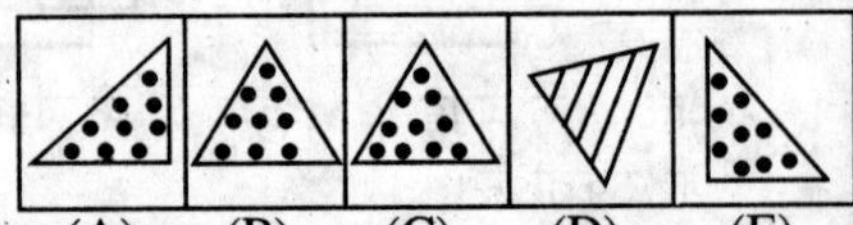

(A) (B) (C) (D) (E)

सभी त्रिभुजों के अंन्दर शून्य आकृतिक है जबकि आकृति D में सरल रेखा है। अतः आकृति (D) समूह से संबंधित नहीं है।

58. (B):

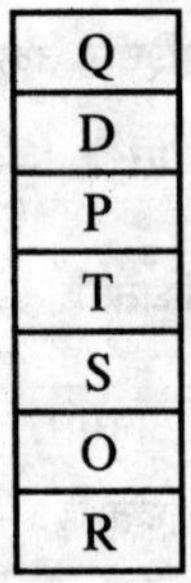

स्पष्टतः Q और R के बीच पाँच डिब्बों को रखा गया है

59. (A): P का अर्थ ×, Q का अर्थ ÷, R का अर्थ –, S का अर्थ +

(32 S 32) S (24 S 24) P 2 R 60 S 108 Q 2 = ?

= (32 + 32) + (24 + 24) × 2 – 60 + 108 ÷ 2

= 64 + 48 × 2 – 60 + 54

= 64 + 96 – 60 + 54 = 154

अतः प्रश्न चिन्ह के स्थान पर 154 आएगा

60. (A): किसी निश्चित कूट-भाषा में

believe in yourself को

mb tk jb लिखा जाता है

और

in the middle को

ab jb wt लिखा जाता है

believe in yourself तथा in the middle में in उभयनिष्ठ है।

तथा Mb tk jb तथा ab jb wt में jb उभयनिष्ठ है। अतः दी गई कूट-भाषा में रंग को jb में कूट-बद्ध किया जाएगा।

61. (B): एक कूट भाषा में,

S K E W → 1 8 3 6 को लिखा जाता है

और

W O K E → 6 2 8 3 को लिखा जाता है

SKEW तथा WOKE में WKE उभयनिष्ठ है तथा 1 8 3 6 तथा 6 2 8 3 में, 6 8 3 उभयनिष्ठ है। अतः दी गई कूट भाषा में O का कूट 2 होगा।

62. (D): 2 <u>&</u> 4 6 <u>%</u> 7 $ & 1 <u>#</u> 3 Ω @ 8 * £ 5 9

ऐसे दो से ज्यादा प्रतीक हैं जिनके पहले एक संख्या तथा ठीक बाद में एक और संख्या है।

63. (A): Y # 3 R 6 C & T % 7 2 K & 5 G E * S D 4 @

दिए गए श्रृंखला में एक भी अक्षर ऐसे नहीं हैं जिनके ठीक पहले एक प्रतीक तथा ठीक बाद एक संख्या है।

64. (A): |——→ केरिशा (12) ... विकास (18) ←——|

पंक्ति में कुल 38 व्यक्ति हैं।

अतः केरिशा और विकास के बीच व्यक्तियों की संख्या = 38 – (12 + 18) = 38 – 30 = 8

65. (A): 759 843 719 857 735

दी गई श्रृंखला में सबसे बड़ी संख्या 857 है तथा सबसे छोटी संख्या 719 है।

अभीष्ट परिणाम = 5 + 1 = 6

66. (C): K →(–4) G, N →(–5) I, P →(+3) S

N →(–4) J, Q →(–5) L, S →(+3) V

A. R →(–5) M, T →(–4) P, V →(+4) Z

B. Q →(–4) M, T →(–5) O, V →(+4) Z

C. Q →(–4) M, T →(–5) O, V →(+3) Y

D. R →(–5) M, T →(–5) O, V →(+4) Z

अतः त्रिक QM – TO – VY दो त्रिकों के समान पैटर्न का अनुसरण करता है।

67. (C): 7 →(×2+10) 24 →(×2+10) 58 →(×2+10) 126 →(×2+10) 262 →(×2+10) [534]

अतः प्रश्न चिन्ह के स्थान पर 534 आएगा।

68. (C):

तल का नं.	व्यक्तियों का नाम
6	F
5	A
4	C
3	B
2	E
1	D

अतः E और F तल के बीच 3 व्यक्ति, A, C और B रहते हैं।

69. (D): A. L →(–3) I →(–2) G

B. X →(–3) U →(–2) S

C. J →(–3) G →(–2) E

D. A →(–2) Y →(–3) V

स्पष्टतः AYV अक्षर समूह ग्रुप से संबंधित नहीं है।

71. (A): 2023 में राष्ट्रमंडल खेल (Commonwealth Games) का आयोजन नहीं हुआ था। ये खेल हर 4 साल में एक बार आयोजित होते हैं। पिछला संस्करण 2022 में बर्मिंघम, इंग्लैंड में आयोजित हुआ था, जिसमें 62 देशों ने भाग लिया था और भारत ने कुल 61 पदक जीते थे। अगला संस्करण 2026 में विक्टोरिया, ऑस्ट्रेलिया में होना था, लेकिन जुलाई 2023 में विक्टोरिया सरकार ने आयोजन की लागत में अत्यधिक वृद्धि के कारण आयोजन से अपने को हटा लिया।

इसके कारण 2026 संस्करण का स्थान अब तक निर्धारित नहीं हुआ है। इसलिए 2023 में राष्ट्रमंडल खेल नहीं हुए, जबकि नीचे दिए गए अन्य तीन खेल आयोजन 2023 में हुए थे :

- **विश्व कुश्ती चैम्पियनशिप 2023:** 16 से 24 सितंबर, बेलग्रेड, सर्बिया में।
- **एशियाई खेल 2022 (स्थगित) :** 23 सितंबर से 8 अक्टूबर 2023, हांगझोउ, चीन।
- **ICC पुरुष क्रिकेट विश्व कप 2023 :** 5 अक्टूबर से 19 नवंबर, भारत

72. (A): Exercise Red Flag 2024, एक बहुपक्षीय हवाई युद्ध अभ्यास है, जिसे अमेरिका की वायु सेना द्वारा आयोजित किया जाता है। यह अभ्यास एडलसन एयर फोर्स बेस, अलास्का में 15 अप्रैल 2024 को समाप्त हुआ, जिसमें भारतीय वायु सेना (IAF) ने Su-30 MKI, IL-68 एयर-टैंकर, और लगभग 150 कर्मियों के साथ भाग लिया। इस अभ्यास का उद्देश्य विभिन्न वायु सेनाओं के बीच इंटरऑपरेबिलिटी, रणनीतिक तालमेल, और कॉम्बैट मिशन सिमुलेशन को बेहतर बनाना है।

यह अभ्यास अत्यधिक चुनौतीपूर्ण भौगोलिक व मौसमी परिस्थितियों में होता है, जिससे IAF को ऑपरेशनल दक्षता में वृद्धि का लाभ मिलता है। यह अभ्यास न केवल संयुक्त राष्ट्र सहयोग के संकेत हैं, बल्कि भारतीय वायु सेना की अंतरराष्ट्रीय मान्यता और तत्परता को भी दर्शाते हैं।

अन्य विकल्प :

- एंडरसन AFB (गुआम) और हिकम AFB (हवाई) प्रशांत क्षेत्र में हैं, लेकिन रेड फ्लैग 2024 का आयोजन वहां नहीं हुआ।
- नेलिस AFB (नेवादा) पारंपरिक स्थल है, लेकिन 2024 संस्करण विशेष रूप से अलास्का में आयोजित हुआ।

73. (A): केंद्रीय माल एवं सेवा कर (द्वितीय संशोधन) विधेयक, 2023 में GST अपीलीय न्यायाधिकरण (Appellate Tribunal) के अध्यक्ष की अधिकतम आयु सीमा को 67 वर्ष से बढ़ाकर 70 वर्ष कर दिया गया है। यह संशोधन इसलिए आवश्यक था क्योंकि GST से संबंधित मामलों की संख्या बहुत बढ़ गई थी और मौजूदा न्यायिक प्रणाली पर अधिक बोझ था। इसके समाधान हेतु सरकार ने GST अपीलीय न्यायाधिकरण के गठन का निर्णय लिया। इस न्यायाधिकरण में अधिक अनुभवी न्यायिक अधिकारियों की आवश्यकता थी, जिनके पास पर्याप्त प्रशासनिक अनुभव हो।

संशोधन के बाद आयु सीमा :

- **अध्यक्ष** : 70 वर्ष
- **सदस्य** : 67 वर्ष

यह निर्णय न्यायिक निरंतरता और अनुभव का लाभ लेने के लिए किया गया।

अन्य विकल्प :

- 65 से 67 वर्ष, 65 से 70 वर्ष, और 60 से 65 वर्ष–इनमें से कोई सीमा पूर्ववर्ती या अद्यतन आयु सीमा नहीं थी।

74. (D)

75. (D): भारत में हरित क्रांति का दूसरा चरण मुख्यतः 1964 से 1985 के बीच माना जाता है। पहले चरण (1965–1964) में हरित क्रांति का केंद्र पंजाब, हरियाणा और पश्चिमी उत्तर प्रदेश में था और मुख्य फसल गेहूं थी। दूसरे चरण में हरित क्रांति का विस्तार :

- **फसल विविधता :** चावल, मक्का, बाजरा, ज्वार जैसी फसलें भी शामिल हुईं।
- **भौगोलिक विस्तार :** पूर्वी भारत–बिहार, ओडिशा, पश्चिम बंगाल, असम।
- **नीतिगत समर्थन :** न्यूनतम समर्थन मूल्य (MSP), फर्टिलाइजर सब्सिडी, सिंचाई योजनाएं
- HYV बीज और ICAR के नेतृत्व में अनुसंधान संस्थानों की सक्रिय भागीदारी

इस चरण में भारत ने खाद्यान्न उत्पादन में आत्मनिर्भरता की ओर निर्णायक कदम बढ़ाया। 1980 के दशक में खाद्यान्न उत्पादन में निरंतर वृद्धि देखी गई, जो 1984 तक 150 मिलियन टन से अधिक हो गया था।

76. (D): अनुच्छेद 53 भारतीय संविधान में यह निर्दिष्ट करता है कि 'संघ की कार्यकारी शक्ति' भारत के राष्ट्रपति में निहित होगी। इसका तात्पर्य है कि केंद्र सरकार की सभी कार्यकारी शक्तियाँ राष्ट्रपति के माध्यम से क्रियान्वित होती हैं। हालांकि राष्ट्रपति कार्यपालिका का प्रमुख होता है, वह इन शक्तियों का प्रयोग अपने मंत्रिपरिषद की सहायता और सलाह से करता है, जैसा कि अनुच्छेद 64 में वर्णित है। यह अनुच्छेद भारतीय संघ की संरचना में कार्यपालिका के संगठन और उसके संचालन का संवैधानिक आधार प्रदान करता है। यह संविधान के भाग V में शामिल है, जो संघ की कार्यपालिका से संबंधित है।

A. अनुच्छेद 52: यह राष्ट्रपति के पद की स्थापना से संबंधित है–'भारत का एक राष्ट्रपति होगा'।

B. अनुच्छेद 55 : यह राष्ट्रपति के निर्वाचन की प्रक्रिया और निर्वाचन मंडल के गठन से संबंधित है।

C. अनुच्छेद 54 : यह बताता है कि राष्ट्रपति का निर्वाचन कैसे होता है और कौन-कौन निर्वाचक होते हैं।

77. (B): गंगा-ब्रह्मपुत्र-मेघना प्रणाली भारत की सबसे बड़ी नदी प्रणालियों में से एक है, जो लगभग 11,00,000 वर्ग किलोमीटर क्षेत्रफल को कवर करती है। गंगा नदी की उत्पत्ति गंगोत्री हिमनद से निकलने वाली भागीरथी और अलकनंदा नदियों के संगम से होती है, जो देवप्रयाग (उत्तराखंड) में मिलती हैं। इस संगम के बाद नदी को 'गंगा' कहा जाता है। अतः ये दोनों गंगा प्रणाली की प्रमुख उप-नदियाँ हैं और इसी कारण इन्हें मुख्य उप-बेसिन माना जाता है।

गंगा-ब्रह्मपुत्र-मेघना प्रणाली नेपाल, भूटान, भारत और बांग्लादेश से होकर बहती है और इसकी जल निकासी क्षमता विश्व की सबसे बड़ी प्रणालियों में से एक मानी जाती है।

A. भागीरथी और यमुना : यमुना गंगा की सहायक नदी है, पर वह गंगा के मूल स्रोत भाग नहीं है।

C. यमुना और रामगंगा : ये दोनों गंगा की सहायक नदियाँ हैं, परन्तु मूल उप-बेसिन नहीं मानी जातीं।

D. अलकनंदा और गंडक : गंडक भी गंगा की सहायक नदी है, परन्तु मुख्य उप-बेसिन का हिस्सा नहीं है।

78. (D): किसी ठोस पदार्थ की सतह पर कार्य करने वाला वह प्रतिबल, जो उस सतह के समान्तर दिशा में कार्य करता है और पदार्थ को उसके आकार को बदलने (विकृत करने) की प्रवृत्ति रखता है, उसे अपरूपण प्रतिबल या Shear Stress कहा जाता है।

यह प्रतिबल निम्नलिखित रूप में परिभाषित किया जाता है :

Shear Stress = Force / Area, जहाँ बल सतह के समानांतर दिशा में कार्य करता है। इसका मात्रक पास्कल (Pa) होता है।

उदाहरण : कैंची से कागज काटना, गाड़ी की टायर द्वारा सड़क पर लगने वाला बल आदि।

A. स्थूल प्रतिबल (Bulk Stress) : यह बल पदार्थ के आयतन में परिवर्तन करता है, जैसे दबाव द्वारा संपीड़न।

B. अरीय प्रतिबल (Radial Stress) : यह गोल वस्तुओं में केन्द्र से बाहर की ओर कार्य करता है

C. संपीड़ित प्रतिबल (Compressive Stress) : यह वस्तु को संकुचित करने वाला बल होता है जो सतह के लंबवत कार्य करता है, न कि समतलीय दिशा में।

79. (D): कर्नाटक शास्त्रीय संगीत में 'नाद' या 'ध्वनि' को दो भागों में विभाजित किया जाता है—आहत (Ahata) और अनाहत (Anahata)।

- आहत नाद वह ध्वनि होती है जो किसी दो वस्तुओं के परस्पर टकराने या कंपन करने से उत्पन्न होती है, जिसे हम सुन सकते हैं। यह श्रव्य (audible) होती है और इसे मापक यंत्रों से मापा भी जा सकता है।
- अनाहत नाद वह सूक्ष्म ध्वनि है जो आंतरिक ध्यान व साधना के दौरान अनुभव की जाती है, जो योग साधना से उत्पन्न होती है। इसे अध्यात्मिक अनुभव का हिस्सा माना जाता है और यह सामान्य इंद्रियों से परे होती है।

A. शारीराजा, B. लोहाजा, C. चरमजा—ये सभी विकल्प शास्त्रीय संगीत में 'नाद' के स्वीकृत प्रकार नहीं हैं। 'अनाहत' एकमात्र मान्य शब्द है।

80. (D): राष्ट्रीय खेल 2023 का आयोजन गोवा में किया गया था, और इस संस्करण की विशेष बात यह थी कि इसमें कई नए खेलों को शामिल किया गया।

बीच हैंडबॉल (Beach Handball) को पहली बार राष्ट्रीय खेलों में शामिल किया गया था। यह रेत पर खेला जाने वाला हैंडबॉल का संस्करण है जिसमें अधिक गति, चपलता और कलात्मकता होती है। इस खेल को शामिल करने का उद्देश्य भारत में गैर-पारंपरिक खेलों को प्रोत्साहित करना और वैश्विक मानकों के अनुरूप राष्ट्रीय खेलों को विकसित करना था।

A. स्क्वैश, B. नौकायन (Sailing), C. वुशु—ये सभी खेल पहले से ही विभिन्न राष्ट्रीय खेल संस्करणों में शामिल रह चुके हैं।

बीच हैंडबॉल 2023 संस्करण में पहली बार लिस्टेड किया गया, जिससे यह उत्तर सही है।

81. (C): 'अमर जीवन (Amar Jiban)' राससुंदरी देवी द्वारा रचित आत्मकथा है, जो बंगाली भाषा में लिखी गई थी। यह पुस्तक 1866 में प्रकाशित हुई और इसे भारतीय उपमहाद्वीप की पहली महिला आत्मकथा माना जाता है। राससुंदरी देवी ने समाज में स्त्रियों की स्थिति, शिक्षा से वंचित जीवन, घरेलू संघर्षों और ईश्वर-भक्ति के अनुभवों को सशक्त शब्दों में उकेरा। यह ग्रंथ बंगाली साहित्य में ऐतिहासिक महत्त्व रखता है और महिलाओं की आत्म-अभिव्यक्ति की दिशा में मील का पत्थर है। इस पुस्तक की भाषा बंगाली होने के तथ्य को बंगाल के साहित्यिक इतिहास और शिक्षा आंदोलन के विकास क्रम में प्रमुखता से दर्ज किया गया है।

82. (D): AERA की स्थापना भारत सरकार ने 2008 में AERA अधिनियम, 2008 के तहत की थी। इसका उद्देश्य भारत में नागरिक हवाई अड्डों पर टैरिफ विनियमन करना और उपभोक्ताओं तथा सेवा प्रदाताओं के बीच संतुलन बनाए रखना है। इसका मुख्यालय नई दिल्ली में है।

यह प्राधिकरण निम्नलिखित को नियंत्रित करता है :

- हवाई अड्डों के टैरिफ और उपयोग शुल्क
- सेवा मानक और सेवा प्रदाताओं की निगरानी
- प्रतिस्पर्धा को बढ़ावा देना और उपभोक्ताओं की सुरक्षा

AERA मुख्य रूप से पब्लिक-प्राइवेट पार्टनरशिप (PPP) मॉडल पर संचालित हवाई अड्डों पर शुल्क नियमन करती है, जैसे दिल्ली, मुंबई, बेंगलुरु आदि।

83. (D): सरहिंद नहर भारत की सबसे पुरानी नहर प्रणालियों में से एक है, जिसे 1882 में ब्रिटिश काल में बनाया गया था। यह नहर भाखड़ा डैम से निकलने वाली नंगल हेड वर्क्स से शुरू होती है और मुख्य रूप से पंजाब राज्य में जल आपूर्ति और सिंचाई के लिए उपयोग में आती है।

सरहिंद नहर से लगभग 20 लाख हेक्टेयर से अधिक भूमि सिंचित होती है और यह पंजाब के पटियाला, फतेहगढ़ साहिब, लुधियाना, संगरूर, आदि जिलों में फैली है। यह नहर पंजाब की हरित क्रांति में भी अत्यंत महत्त्वपूर्ण भूमिका निभा चुकी है।

अन्य राज्यों जैसे बिहार, पश्चिम बंगाल या उत्तर प्रदेश इस नहर प्रणाली से लाभान्वित नहीं होते।

84. (A): दक्षिण-पश्चिम मानसून भारत में मुख्यतः 1 जून से केरल तट पर प्रवेश करता है और इसके साथ ही वर्षा ऋतु का आरंभ होता है। यह भानसून भारतीय उपमहाद्वीप में वर्षा का 60% से अधिक योगदान देता है और जून से सितंबर तक सक्रिय रहता है। यह अरब सागर और बंगाल की खाड़ी से नमी लेकर आता है और पूरे देश में वर्षा करता है, जो कृषि आधारित अर्थव्यवस्था के लिए अत्यंत आवश्यक है।

भारतीय मौसम विभाग (IMD) मानसून के आगमन और प्रगति की दैनिक निगरानी करता है और प्रत्येक वर्ष उसका पूर्वानुमान जारी करता है।

85. (D): जिला कलेक्टर (District Collector) की नियुक्ति राज्य सरकार द्वारा की जाती है, और यह कार्य राज्य की कार्यपालिका यानी राज्य के मुख्यमंत्री और कार्मिक विभाग के अधीन होता है। यह एक नौकरशाही पद है और इसमें राज्य लोक सेवा आयोग या UPSC के माध्यम से चयनित अधिकारियों को नियुक्त किया जाता है। राज्यपाल का कार्य संवैधानिक होता है और वे ऐसे प्रशासनिक पदों की नियुक्ति नहीं करते।

राज्यपाल निम्नलिखित कार्यों में सक्षम हैं :

- मुख्यमंत्री की नियुक्ति (अनुच्छेद 164)
- विधान परिषद में सदस्यों का मनोनयन (अनुच्छेद 161)
- राज्य विधानमंडल द्वारा पारित विधेयकों को स्वीकृति देना (अनुच्छेद 200)

लेकिन जिला कलेक्टर की नियुक्ति करना उनके कार्यक्षेत्र में नहीं आता, अतः यह विकल्प सही है।

86. (B): जब न्यायालय यह मानता है कि कोई व्यक्ति किसी सार्वजनिक पद को अनधिकृत रूप से या गलत तरीके से ग्रहण कर रहा है, तो वह Quo-Warranto नामक रिट जारी करता है। इसका अर्थ होता है "किस अधिकार से?" यह रिट उस व्यक्ति से यह पूछने के लिए जारी की जाती है कि उसने किस वैध अधिकार के आधार पर वह पद ग्रहण किया है। यदि व्यक्ति उचित वैधता नहीं दिखा पाता, तो उसे उस पद से हटाया जा सकता है। यह रिट केवल सार्वजनिक पदों (public office) पर ही लागू होती है और इसका मुख्य उद्देश्य अयोग्य व्यक्तियों को पद से हटाना है, ताकि संवैधानिक व्यवस्था की रक्षा हो सके।

A. बंदी प्रत्यक्षीकरण (Habeas Corpus) : यह रिट अवैध हिरासत के विरुद्ध होती है।

C. प्रतिषेध (Prohibition) : यह रिट निम्न न्यायालय को कार्य करने से रोकने के लिए जारी होती है।

D. परमादेश (Mandamus) : यह रिट किसी सार्वजनिक अधिकारी को उसका कर्तव्य निभाने का आदेश देने के लिए होती है।

87. (D): ब्लैकमैन (F.F. Blackman) ने 1905 में Limiting Factors Theory को प्रस्तावित किया था। यह नियम कहता है कि यदि किसी जैव-रासायनिक प्रक्रिया को कई कारक प्रभावित करते हैं, तो उसकी दर उस कारक द्वारा नियंत्रित होती है जो उस समय सबसे कम मात्रा में उपलब्ध होता है।

उदाहरण के लिए, प्रकाश संश्लेषण की प्रक्रिया में प्रकाश, CO_2, और तापमान जैसे कई कारक होते हैं; लेकिन यदि CO_2 की मात्रा कम है, तो प्रक्रिया की गति इसी पर निर्भर करेगी चाहे अन्य कारक पर्याप्त मात्रा में क्यों न हों। यह सिद्धांत वनस्पति विज्ञान, पारिस्थितिकी और कृषि विज्ञान में उपज व अनुकूलन के लिए अत्यंत महत्त्वपूर्ण है।

A. प्रिस्टली : इन्होंने प्रकाश संश्लेषण में गैसों की भूमिका पर प्रयोग किए।

B. एंगेलमैन : इन्होंने प्रकाश की विभिन्न तरंग लंबाइयों का प्रकाश संश्लेषण पर प्रभाव देखा।

C. कैल्विन : इन्होंने प्रकाश संश्लेषण की अंधकार क्रिया में कैल्विन चक्र की खोज की।

88. (D): जून 2024 में भारत के नवगठित केंद्रीय मंत्रिमंडल में डॉ. जीतेंद्र सिंह को पृथ्वी विज्ञान मंत्रालय (Ministry of Earth Sciences) का प्रभार सौंपा गया। डॉ. सिंह एक वरिष्ठ BJP सांसद हैं और वे पहले से ही विभिन्न वैज्ञानिक व तकनीकी मंत्रालयों जैसे अंतरिक्ष, परमाणु ऊर्जा, विज्ञान एवं प्रौद्योगिकी से जुड़े रहे हैं। पृथ्वी

विज्ञान मंत्रालय मौसम पूर्वानुमान, जलवायु अध्ययन, भूकंप विज्ञान, समुद्र विज्ञान, और ध्रुवीय अनुसंधान जैसे क्षेत्रों से संबंधित है। इसके अधीन संगठन जैसे IMD, NCPOR, INCOIS, IITM Pune कार्य करते हैं। डॉ. सिंह का विज्ञान में गहरा योगदान है और उन्हें इस मंत्रालय की जिम्मेदारी अनुभव के आधार पर दी गई।

A. एल. मुरुगन : वे सूचना एवं प्रसारण राज्यमंत्री रहे हैं।

B. वीरेंद्र कुमार : सामाजिक न्याय एवं अधिकारिता मंत्रालय से जुड़े हैं।

C. जाधव प्रतापराव : वे कृषि क्षेत्र से संबंधित जिम्मेदारी में थे।

89. (A): कुव्वत-उल-इस्लाम मस्जिद दिल्ली में स्थित भारत की पहली मस्जिदों में से एक है। इसे कुतुबुद्दीन ऐबक ने 1193 ई. में बनवाया था। यह मस्जिद कुतुब मीनार परिसर का ही हिस्सा है और इसकी दीवारों में हिन्दू और जैन मंदिरों के अवशेषों को पुनः प्रयोग किया गया है। यह मस्जिद प्रारंभिक इस्लामिक स्थापत्य कला का एक बेहतरीन उदाहरण है और यह स्मारक UNESCO विश्व धरोहर स्थल के अंतर्गत आता है। कुतुब मीनार इसके बिल्कुल समीप स्थित है और दोनों एक ही ऐतिहासिक परिसर में हैं।

B. हुमायूं मकबरा : यह अलग स्थान (निजामुद्दीन क्षेत्र) में स्थित है।

C. जामा मस्जिद : यह पुरानी दिल्ली में स्थित है, लेकिन यह 16वीं सदी की संरचना है।

D. तुगलकाबाद किला : यह दक्षिण-पूर्वी दिल्ली में अलग दिशा में है।

90. (D): पेरिस 2024 ओलंपिक में भारतीय पुरुष हॉकी टीम ने स्पेन को हराकर कांस्य पदक प्राप्त किया। यह मुकाबला तीव्र गति और रणनीतिक हमलों से भरपूर था। भारत ने 3-2 के अंतर से विजय हासिल की और कांस्य पदक प्राप्त किया, जो ओलंपिक हॉकी में भारत के इतिहास में एक और महत्वपूर्ण उपलब्धि है। भारत ने इससे पहले टोक्यो 2020 में भी कांस्य पदक जीता था और यह लगातार दूसरा ओलंपिक पदक है, जिससे यह स्पष्ट होता है कि भारतीय हॉकी टीम ने अंतरराष्ट्रीय स्तर पर अपनी स्थिति को मजबूत किया है।

A. जर्मनी, B. बेल्जियम, C. ऑस्ट्रेलिया–ये टीमें सेमीफाइनल या क्वार्टरफाइनल में भारत के विरोधी नहीं थीं या उन्हें भारत ने पराजित नहीं किया। कांस्य पदक के लिए अंतिम मैच स्पेन के साथ खेला गया था।

91. (D): सेंट फ्रांसिस चर्च, कोच्चि में स्थित भारत का सबसे पुराना यूरोपीय चर्च है, जिसका निर्माण 1503 ई. में पुर्तगाली फ्रांसिस्कन भिक्षुओं द्वारा किया गया था। इसे भारत में ईसाई स्थापत्य कला की शुरुआत का प्रतीक माना जाता है। यद्यपि चर्च के वास्तुकार का स्पष्ट नामांकन ऐतिहासिक अभिलेखों में नहीं मिलता, परंतु चर्च निर्माण पुर्तगाली नाविक पेड्रो अल्वारेज डी कैब्रल के साथ आए मिशनरियों के अधीन हुआ था। यह चर्च प्रसिद्ध खोजकर्ता वास्को डी गामा की पहली कब्रगाह के रूप में भी जाना जाता है। 1524 में उनकी मृत्यु के बाद यहीं उनका अंतिम संस्कार हुआ था (बाद में अवशेष पुर्तगाल ले जाया गया)। इस चर्च की स्थापत्य शैली गोथिक और औपनिवेशिक प्रभावों का मिश्रण है।

A. जॉर्ज बुश, B. जॉर्ज विटेट, और C. विलियम एमर्सन–ये आधुनिक युग की स्थापत्य और प्रशासनिक हस्तियाँ थीं, जिनका सेंट फ्रांसिस चर्च से कोई वास्ता नहीं है।

92. (A): आत्मीय सभा (Atmiya Sabha) की स्थापना राजा राममोहन राय ने 1814 में कोलकाता में की थी। यह सभा एक सामाजिक और धार्मिक सुधार संगठन थी, जिसका उद्देश्य हिंदू समाज में फैली रूढ़ियों, जैसे मूर्तिपूजा, जातिवाद, और अंधविश्वासों को समाप्त करना था। आत्मीय सभा में धार्मिक ग्रंथों की तार्किक व्याख्या, वेदों पर विमर्श, और सामाजिक न्याय के मुद्दों पर चर्चाएं होती थीं। यह सभा बाद में ब्रह्म समाज (1828) के रूप में विकसित हुई, जिसने भारतीय समाज सुधार आंदोलन को व्यापक रूप दिया। राजा राममोहन राय

को 'आधुनिक भारत का जनक' भी कहा जाता है। B. ईश्वरचंद्र विद्यासागर, C. केशव चंद्र सेन, D. देवेंद्रनाथ टैगोर–ये सभी समाज सुधारक थे, परंतु आत्मीय सभा के संस्थापक राजा राममोहन राय ही थे।

93. (D): हिंदू महासभा की स्थापना 1915 में बनारस (वाराणसी) में हुई थी। यह संगठन मुख्य रूप से मुस्लिम लीग और मुस्लिम तुष्टिकरण की नीतियों की प्रतिक्रिया स्वरूप उभरा। इसका उद्देश्य हिंदू समाज की एकता और हितों की रक्षा करना था।

हिंदू महासभा में प्रारंभ में बाल गंगाधर तिलक, मदन मोहन मालवीय और लाला लाजपत राय जैसे नेता सक्रिय रहे। 1920 के दशक में यह संगठन अधिक राजनीतिक हो गया और 1930 के दशक में वी.डी. सावरकर के नेतृत्व में हिंदुत्व की विचारधारा को लेकर आगे बढ़ा। इस संगठन का गठन भारतीय स्वतंत्रता संग्राम के धार्मिक और राजनीतिक आयामों को लेकर महत्त्वपूर्ण रहा। A. 1920, B. 1917, C. 1911–ये सभी हिंदू महासभा के गठन से भिन्न वर्षों से संबंधित हैं।

94. (B): 2023 में केंद्रीय शिक्षा मंत्री धर्मेंद्र प्रधान ने ग्रामीण युवाओं, विशेषकर महिलाओं को डिजिटल साक्षरता और कौशल प्रशिक्षण देने के लिए 'स्किल्स ऑन व्हील्स' कार्यक्रम का शुभारंभ किया।

इस पहल को नेशनल स्किल डेवलपमेंट कॉरपोरेशन (NSDC) और नासकॉम फाउंडेशन के सहयोग से शुरू किया गया। इसके अंतर्गत एक मोबाइल वैन के माध्यम से डिजिटल डिवाइस, कोडिंग, साइबर सुरक्षा, डेटा प्रबंधन जैसे विषयों पर प्रशिक्षण दिया गया।

यह वैन दूर-दराज के गाँवों तक जाकर प्रशिक्षण देती है, जिससे डिजिटल खाई (Digital Divide) को कम करने में मदद मिलती है। इस कार्यक्रम का उद्देश्य समावेशी डिजिटल सशक्तिकरण है।

A. Skills on the Go, C. Digi-Skill Drive, D. Digi-Skill–ये सुझावात्मक नाम हैं, परंतु 2023 में लॉन्च हुआ वास्तविक कार्यक्रम "Skills on Wheels" ही है।

95. (B): राजीव-लोंगोवाल शांति समझौता 24 जुलाई 1985 को भारत के तत्कालीन प्रधानमंत्री राजीव गांधी और अकाली दल के नेता हरचंद सिंह लोंगोवाल के बीच हुआ था। यह समझौता पंजाब में चरमपंथ और सांप्रदायिक तनाव की पृष्ठभूमि में शांति बहाल करने के लिए किया गया था।

मुख्य प्रावधानों में शामिल थे :

- पंजाब को अधिक स्वायत्तता देना
- चंडीगढ़ को पंजाब को हस्तांतरित करना
- सतलुज-यमुना लिंक (SYL) नहर विवाद का समाधान
- चरमपंथियों के विरुद्ध कार्रवाई की समीक्षा

इस समझौते को लागू करने में कई बाधाएं आईं और इसके कुछ ही सप्ताह बाद लोंगोवाल की हत्या कर दी गई, जिससे इस समझौते की सफलता सीमित रही। A. 1986, C. 1984, D. 1986–ये वर्ष या तो समझौते से पहले के हैं या बाद के, पर वास्तविक हस्ताक्षर 1985 में ही हुए।

96. (A): भारत में विकास बैंक (Development Banks) का मुख्य कार्य दीर्घकालिक वित्तीय सहायता प्रदान करना होता है, विशेष रूप से औद्योगिक विकास, अवसंरचना परियोजनाओं, और उद्यमिता संवर्धन के क्षेत्र में। इनका उद्देश्य वाणिज्यिक बैंकों की अल्पकालिक ऋण प्रणाली की पूर्ति करना है।

प्रमुख विकास बैंकों में IDBI (1964), ICICI (1955), SIDBI (1990), NABARD (1982) आदि आते हैं। ये संस्थाएँ नई औद्योगिक इकाइयों की स्थापना, प्रौद्योगिकी उन्नयन, और औद्योगिक विकास के पिछड़े क्षेत्रों को सहायता देने के लिए वित्तीय सहायता उपलब्ध कराती हैं। ये बैंक नीति आधारित होते हैं और मुख्यतः मध्यम व दीर्घकालिक ऋण, सह-निवेश, और तकनीकी सहायता प्रदान करते हैं।

97. (C): पुनर्वसु आत्रेय, प्राचीन भारत के प्रसिद्ध आयुर्वेदाचार्य थे जिन्होंने छठी शताब्दी ईसा पूर्व में तक्षशिला विश्वविद्यालय में चिकित्सा का शिक्षण दिया।

वे चरक संहिता के सूत्रधारों में से एक माने जाते हैं। पुनर्वसु आत्रेय के प्रमुख शिष्यों में आग्निवेश शामिल थे, जिनकी संहिताएं आगे चलकर चरक द्वारा संपादित की गईं और उन्हें 'चरक संहिता' के रूप में जाना गया। यह ग्रंथ आयुर्वेद का एक प्रमुख शास्त्र है, जिसमें निदान, चिकित्सा, औषधियों, वमन-विरेचन आदि विषयों पर गहन चर्चा की गई है।

तक्षशिला उस काल में चिकित्सा, व्याकरण, सैन्य विज्ञान और दर्शन जैसे अनेक विषयों का वैश्विक शिक्षा केंद्र था, जिसमें आत्रेय जैसे महान गुरु ने महत्वपूर्ण योगदान दिया।

98. (A): भारत की जनगणना में 'परिवार' की परिभाषा को घरेलू इकाई (Household) के रूप में स्वीकार किया जाता है, जिसमें एक या एक से अधिक व्यक्ति एक ही रसोई का प्रयोग करते हुए, एक साथ भोजन बनाने व खाने की व्यवस्था में रहते हैं।

जनगणना निदेशालय, भारत सरकार इस मानदंड का उपयोग जनसंख्या, आवास, सामाजिक-आर्थिक स्थिति आदि का मूल्यांकन करने के लिए करता है।

यह परिभाषा केवल खून के रिश्तों पर आधारित नहीं होती, किरायेदार या कामकाजी लोग भी इसमें शामिल हो सकते हैं, यदि वे एक साथ रहते हैं और रसोई साझा करते हैं।

B, C, D : ये विकल्प या तो आंशिक रूप से सही हैं या औपचारिक परिभाषा से भिन्न हैं। केवल A विकल्प ही जनगणना द्वारा प्रयुक्त सटीक परिभाषा है।

99. (A): राष्ट्रीय लेखांकन प्रणाली (System of National Accounts—SNA) के अंतर्गत पर्यावरणीय रक्षात्मक व्यय को मध्यवर्ती खपत (Intermediate Consumption) के रूप में वर्गीकृत किया जाता है।

ये वे खर्च होते हैं जो उत्पादन प्रक्रिया में पर्यावरण की रक्षा या मरम्मत के उद्देश्य से किए जाते हैं—जैसे वायु/जल शुद्धिकरण संयंत्र, कचरा प्रबंधन, प्रदूषण नियंत्रण उपकरण, आदि।

चूंकि ये व्यय अंतिम उत्पाद नहीं बनाते, बल्कि अन्य वस्तुओं/सेवाओं के उत्पादन में सहायता करते हैं, इसलिए इन्हें मध्यवर्ती खर्च माना जाता है, न कि निवेश या अंतिम उपभोग।

B. निवेश व्यय, C. पूंजीगत व्यय, D. अंतिम उपभोग व्यय—ये श्रेणियाँ अन्य प्रकार के व्ययों के लिए प्रयुक्त होती हैं, न कि पर्यावरणीय रक्षात्मक कार्यों के लिए।

100. (D): भारतजेन (BharatGen), अक्टूबर 2024 में विज्ञान और प्रौद्योगिकी मंत्रालय की एक अग्रणी पहल के रूप में लॉन्च किया गया। इसका उद्देश्य भारतीय भाषाओं और स्थानीय सन्दर्भों में आधारित AI फाउंडेशन मॉडल तैयार करना है। यह पहल Natural Language Processing (NLP), Speech Recognition, और Computer Vision के क्षेत्र में Foundation Models को विकसित करने पर केंद्रित है ताकि भारत में विकसित AI तकनीक सांस्कृतिक-संवेदनशील, समावेशी, और प्रासंगिक हो।

BharatGen का मुख्य लक्ष्य भारत को AI नवाचार में वैश्विक स्तर पर प्रतिस्पर्धी बनाना है, विशेषतः भारत की 22+ भाषाओं और स्थानीय बोलियों को डिजिटल रूप में समझने और प्रसंस्करण में सक्षम बनाना।

A, B, C—ये विकल्प AI/बायो-एथेनॉल या डार्क पैटर्न जैसे क्षेत्रों से जुड़े हो सकते हैं, लेकिन वे भारतजेन पहल के मूल उद्देश्य से संबंधित नहीं हैं।

101. (A): केरल की उच्च साक्षरता दर का मुख्य कारण राज्य सरकार द्वारा लंबे समय से शिक्षा पर विशेष बल, सार्वभौमिक प्राथमिक शिक्षा, और प्रभावी साक्षरता अभियानों का संचालन रहा है। वर्ष 1991 में ही केरल भारत का पहला पूर्ण साक्षर राज्य घोषित किया गया था। केरल में साक्षरता दर (2021) लगभग 96.2% थी, जो भारत में सबसे अधिक है। राज्य में शिक्षा के क्षेत्र में मिशनरी संस्थाओं, जन आंदोलनों (जैसे कि केरल साक्षरता मिशन), और सामाजिक सुधार आंदोलनों (नारायण गुरु, अय्यनकाली आदि) ने भी महत्वपूर्ण भूमिका निभाई। शिक्षा को सामाजिक परिवर्तन और सशक्तिकरण का माध्यम मानने की इस सांस्कृतिक परंपरा ने केरल को शेष भारत से अलग किया है।

102. (D): Evangelista Torricelli, एक इतालवी भौतिक विज्ञानी, ने 1643 ई. में पारा बैरोमीटर का आविष्कार किया, जिससे वायुमंडलीय दाब को पहली बार सटीक रूप से मापा जा सका। उन्होंने यह पाया कि एक पारे से भरी नली को उल्टा करके पारे के पात्र में रखने पर नली में पारा लगभग 660 मिमी. ऊँचाई तक बना रहता है, और यह वायुमंडलीय दाब के कारण होता है। इस खोज ने न केवल वायुमंडलीय विज्ञान को नई दिशा दी, बल्कि मौसम पूर्वानुमान, ऊँचाई मापन, और उड्डयन तकनीक में भी क्रांति ला दी।

A. पास्कल–वायुदाब की इकाई 'पास्कल' इन्हीं के नाम पर है, परंतु बैरोमीटर का आविष्कार इन्होंने नहीं किया।

B. बर्नोली–द्रव गतिकी में कार्य किया।

C. आर्किमिडीज–तरल में वस्तु के विस्थापन पर सिद्धांत दिया, वायुदाब से संबंधित नहीं।

103. (C): Bromothymol blue एक सामान्य pH संकेतक है जिसका रंग अम्लीय और क्षारीय स्थितियों में बदलता है। यह विशेष रूप से pH 6.0–7.6 की सीमा में संवेदनशील होता है।

- pH $< 6.0 \rightarrow$ पीला
- pH $\approx 6.0 \rightarrow$ हरा
- pH $> 7.6 \rightarrow$ नीला

यह डाई जैविक प्रयोगों में CO_2 सांद्रता या जल के अम्लीकरण को मापने में प्रयोग की जाती है, उदाहरण के लिए–पौधों की प्रकाश संश्लेषण प्रयोगशालाओं में।

A. Alizarin yellow R—यह pH 10–12 के बीच रंग परिवर्तन करता है।

B. Methyl orange–यह pH 3.1–4.4 के बीच सक्रिय होता है।

D. Thymolphthalein–यह pH 9.3-10.5 के बीच उपयोगी होता है।

104. (D): डॉ. समीर वी. कामत ने 26 अगस्त 2022 को DRDO (Defence Research and Development Organisation) के अध्यक्ष का कार्यभार संभाला। दिसंबर 2023 तक वे इसी पद पर कार्यरत थे। वे भारतीय नौसेना के लिए समुद्री प्रणालियों के विकास में अग्रणी रहे हैं और DRDO के नेवल सिस्टम्स एंड मटेरियल्स क्लस्टर के निदेशक भी रहे हैं। DRDO भारत की प्रमुख रक्षा अनुसंधान संस्था है, जो मिसाइल, रडार, लड़ाकू प्रणाली, सैन्य वाहनों, और AI आधारित रक्षा तकनीक जैसे क्षेत्रों में कार्य करती है। दिसंबर 2023 में DRDO की संरचना में 52 से अधिक प्रयोगशालाएँ कार्यरत थीं।

A, B, C : ये वैज्ञानिक DRDO से संबंधित रहे हैं या अन्य वैज्ञानिक संगठनों में कार्यरत रहे हैं, परंतु दिसंबर 2023 तक DRDO के अध्यक्ष डॉ. समीर वी. कामत ही थे।

105. (D): ठुमरी, उत्तर भारतीय शास्त्रीय संगीत की एक उपशैली है जो भाव-प्रदर्शन और रचनात्मक स्वतंत्रता पर केंद्रित होती है। बनारस घराना की ठुमरी शैली सबसे अधिक धीमी गति (Vilambit laya), मधुर लय, और कोमल अभिव्यक्ति के लिए प्रसिद्ध है। बनारसी ठुमरी में गायन अधिक भावप्रधान, लयात्मक और नारी भावनाओं के चित्रण पर आधारित होता है। गिरिजा देवी, सिद्धेश्वरी देवी, और रसूलन बाई जैसी प्रसिद्ध गायिकाओं ने इस शैली को लोकप्रिय बनाया। इसके विपरीत, आगरा और पंजाब घरानों की ठुमरी अपेक्षाकृत तेज लय और तंत्रकारी (तकनीकी) विशेषताओं से युक्त होती है।

A. आगरा–इसमें ठुमरी गायन द्रुत लय और बोल-बानाव शैली में होता है।

B. असम–यह ठुमरी से संबंधित घराना नहीं है।

C. पंजाब–इसकी ठुमरी शैली अधिक ऊर्जावान और तकनीकी है।

106. (D): नवंबर 2023 में भारत सरकार द्वारा चार दुर्लभ बीमारियों के लिए प्रजातिगत (generic) औषधियाँ पेश की गईं। इनमें से निटिसिनोन (Nitisinone) को विशेष रूप से टायरोसिनेमिया टाइप 1 नामक जन्मजात चयापचय विकार के उपचार के लिए उपयोग किया

जाता है। यह बीमारी टायरोसिन नामक अमीनो एसिड के अपघटन में रुकावट के कारण होती है, जिससे शरीर में विषैले उप-उत्पाद जमा हो जाते हैं और यकृत, किडनी तथा तंत्रिका तंत्र को नुकसान होता है। निटिसिनोन इस प्रक्रिया को अवरुद्ध करता है, जिससे विषाक्त तत्वों का निर्माण रुक जाता है। यह दवा पहले भारत में केवल आयातित रूप में उपलब्ध थी, जिसकी कीमत लाखों रुपये थी, लेकिन 2023 में राष्ट्रीय दुर्लभ रोग नीति के तहत इसे सुलभ और किफायती बनाया गया।

107. (C): कुतुबुद्दीन ऐबक, जो गुलाम वंश का संस्थापक था, को पोलो (जिसे उस काल में चौगान कहा जाता था) खेलने का विशेष शौक था। पोलो एक घुड़सवारी खेल है जो मध्य एशिया और ईरान से भारत आया था। ऐबक को यह खेल इतना प्रिय था कि 1210 ई. में एक पोलो खेल के दौरान घोड़े से गिरने के कारण उसकी मृत्यु हो गई। यह ऐतिहासिक तथ्य बताता है कि पोलो उस समय राजसी वर्ग के बीच एक प्रतिष्ठित और लोकप्रिय खेल था। पोलो भारत में मुगलों और दिल्ली सल्तनत काल के दौरान उच्च वर्गीय सैन्य अधिकारियों और शासकों में बेहद लोकप्रिय रहा, और ऐबक इसके प्रारंभिक प्रमोटरों में शामिल था।

108. (C): भारतीय संविधान का अनुच्छेद 324 यह प्रावधान करता है कि भारत में चुनावों के अधीक्षण, दिशा-निर्देशन और नियंत्रण के लिए एक स्वतंत्र और संवैधानिक चुनाव आयोग होगा। यह अनुच्छेद राष्ट्रपति द्वारा नियुक्त मुख्य निर्वाचन आयुक्त और अन्य आयुक्तों के पद की व्यवस्था करता है, जो लोकसभा, राज्य विधानसभा, राष्ट्रपति और उपराष्ट्रपति चुनावों का संचालन निष्पक्ष रूप से करते हैं। अनुच्छेद 324 निर्वाचन आयोग को सभी चुनावी गतिविधियों पर नियंत्रण और पर्यवेक्षण करने की शक्ति देता है, जिससे लोकतंत्र की निष्पक्षता और पारदर्शिता बनी रहे।

A. अनुच्छेद 333–विधानसभा में मनोनीत सदस्य से संबंधित है।

B. अनुच्छेद 321–लोक सेवा आयोग की शक्तियाँ और कार्यों से संबंधित है।

D. अनुच्छेद 322–चुनाव आयोग के खर्चों की व्यवस्था को निर्दिष्ट करता है।

109. (B): प्रधानमंत्री सुरक्षा बीमा योजना (PMSBY) एक सरकार द्वारा समर्थित दुर्घटना बीमा योजना है, जो 18 से 60 वर्ष के नागरिकों को ₹ 12 वार्षिक प्रीमियम पर सुरक्षा प्रदान करती है।

इस योजना के अंतर्गत :

- पूर्ण स्थायी विकलांगता या मृत्यु होने पर ₹ 2 लाख का बीमा।
- आंशिक स्थायी विकलांगता (partial disability) के मामलों में ₹ 1 लाख की बीमा राशि प्रदान की जाती है।

इस योजना का उद्देश्य कम आय वर्ग और असंगठित क्षेत्र के श्रमिकों को दुर्घटना सुरक्षा देना है। इसे मई 2015 में शुरू किया गया था और अब तक 30 करोड़ से अधिक लोग इससे लाभान्वित हो चुके हैं।

110. (A): भारतीय संविधान का अनुच्छेद 239 केंद्र शासित प्रदेशों के प्रशासन से संबंधित है। यह कहता है कि राष्ट्रपति, केंद्र शासित प्रदेशों का प्रशासन किसी नियुक्त प्रशासक या उपराज्यपाल के माध्यम से करवा सकता है। यह अनुच्छेद केंद्र को यह अधिकार देता है कि वह विभिन्न केंद्रशासित क्षेत्रों जैसे दिल्ली, पुदुचेरी, चंडीगढ़, अंडमान और निकोबार द्वीप समूह आदि का प्रशासनिक संचालन केंद्रीय प्रतिनिधियों द्वारा कराए। दिल्ली और पुदुचेरी को आंशिक रूप से विधानसभा और मंत्रिपरिषद की अनुमति है, लेकिन प्रशासनिक नियंत्रण अब भी अनुच्छेद 239 और 239AA के अंतर्गत केंद्र सरकार के अधीन रहता है।

B. अनुच्छेद 245–संसद और राज्य विधानमंडल की विधायी शक्तियों से संबंधित है।

C. अनुच्छेद 260–भारत के बाहर के क्षेत्रों से समझौते पर है।

D. अनुच्छेद 255–राष्ट्रपति की अनुशंसा से संबंधित प्रक्रियाओं पर लागू होता है।

111. (C): नीति आयोग का गठन 1 जनवरी 2015 को योजना आयोग के स्थान पर किया गया था। इसका मुख्य उद्देश्य नीतिगत सलाह देना, दीर्घकालिक योजना बनाना, और संघवाद की भावना को प्रोत्साहित करना है। हालाँकि नीति आयोग मेक इन इंडिया, स्टार्ट अप इंडिया जैसी सरकारी पहलों के क्रियान्वयन के लिए सहायक रिपोर्ट और नीति सिफारिशें प्रदान करता है, लेकिन इनका सीधा प्रचार या संचालन करना नीति आयोग का मुख्य उद्देश्य नहीं है।

वास्तविक कार्यान्वयन संबंधित मंत्रालयों द्वारा किया जाता है। नीति आयोग का प्रमुख कार्य रणनीतिक योजना, राज्यों के साथ भागीदारी, और डेटा आधारित नीति सलाह है, न कि अभियानों को प्रोत्साहित करना।

112. (C): औद्योगिक नीति संकल्प, 1956 (Industrial Policy Resolution 1956) को भारत की दूसरी पंचवर्षीय योजना (1956–1961) के दौरान अपनाया गया था। यह नीति सोवियत मॉडल पर आधारित थी और इसमें समाजवाद की अवधारणा, राज्य के नियंत्रण, और सार्वजनिक क्षेत्र के विस्तार पर बल दिया गया था। इस नीति में उद्योगों को तीन श्रेणियों में बांटा गया :

- **Schedule A** : पूरी तरह राज्य के अधीन (18 उद्योग)
- **Schedule B** : राज्य का प्राथमिक नियंत्रण, लेकिन निजी भागीदारी संभव
- **Schedule C** : निजी क्षेत्र के लिए खुला

यह नीति नवोदित औद्योगिकीकरण (import-substitution industrialization) की नींव थी, जिससे HEC, BHEL, SAIL जैसे सार्वजनिक उपक्रमों का उदय हुआ।

113. (A): 1309 ई. में, दिल्ली सल्तनत के सुल्तान अलाउद्दीन खिलजी के सेनापति मलिक काफूर ने दक्षिण भारत में काकतीय साम्राज्य पर आक्रमण किया। उस समय काकतीय शासक प्रतापरुद्र द्वितीय थे। काफूर ने वारंगल किले को घेर लिया और राजा को दिल्ली सल्तनत की अधीनता स्वीकार करनी पड़ी। यह आक्रमण दक्षिण भारत में दिल्ली की सैन्य उपस्थिति का पहला निर्णायक संकेत था। इस विजय के साथ काफूर ने अत्यधिक धन, रत्न और हाथी दिल्ली ले जाकर खिलजी को सौंपे। यह आक्रमण भारत के मध्यकालीन सैन्य अभियानों में एक महत्वपूर्ण घटना माना जाता है।

114. (C): 1905 के बंग-भंग आंदोलन और स्वदेशी आंदोलन की पृष्ठभूमि में, प्रसिद्ध चित्रकार अवनीन्द्रनाथ टैगोर ने 'भारत माता' की एक प्रसिद्ध छवि बनाई। इस चित्र में भारत माता को भगवती के रूप में चार भुजाओं वाली देवी के रूप में दर्शाया गया है, जिनके हाथों में पुस्तक, कपड़ा, अन्न, और माला हैं, जो शिक्षा, कृषि, आत्मनिर्भरता और भक्ति का प्रतीक हैं। यह छवि भारतीय स्वतंत्रता संग्राम के सांस्कृतिक और आध्यात्मिक पक्ष को मजबूत करने का एक सशक्त माध्यम बनी। अवनीन्द्रनाथ टैगोर ने बंगाल स्कूल ऑफ आर्ट की स्थापना में भी अग्रणी भूमिका निभाई।

115. (B): भारत की शीत ऋतु (Winter Season) मुख्यतः उत्तर-पूर्व व्यापारिक पवनों (Northeast Trade Winds) के प्रभाव में रहती है। ये पवनें भारत में स्थल से समुद्र की ओर चलती हैं और सूखी होती हैं, जिससे अधिकतर क्षेत्रों में शुष्क और ठंडी जलवायु देखी जाती है। हालांकि कुछ स्थानों, जैसे तमिलनाडु और आंध्र प्रदेश, में ये पवनें बंगाल की खाड़ी से नमी लेकर लौटती हैं और उत्तर-पूर्व मानसून वर्षा का कारण बनती हैं। भारत में वर्ष की लगभग 10% वर्षा इस ऋतु में होती है, मुख्यतः दक्षिणी प्रायद्वीप में। इन व्यापारिक पवनों का स्रोत उत्तरी गोलार्ध के उच्च-दाब क्षेत्र होते हैं।

A. **उत्तर-पूर्व मानसून पवन**–यह शब्द शीत ऋतु में होने वाली वर्षा को दर्शाता है, लेकिन पवनों के मूल नाम Northeast Trade Winds होते हैं।

C. **दक्षिण-पश्चिम मानसून पवन**–यह ग्रीष्म ऋतु में आता है।

D. **पश्चिमी पवन**–ये उच्च अक्षांश क्षेत्रों की विशेषता हैं, भारत की शीत ऋतु के लिए मुख्य नहीं।

116. (B): 4 मार्च 2024 को नई दिल्ली में आयोजित DefConnect 2024 के दौरान रक्षा मंत्री राजनाथ सिंह ने ADITI योजना (Acing Development of Innovative Technologies with iDEX) लॉन्च की। इस योजना का उद्देश्य रक्षा क्षेत्र में नवाचार और स्टार्टअप संस्कृति को बढ़ावा देना है। इसके अंतर्गत रणनीतिक और क्रांतिकारी तकनीकों को विकसित करने वाले 60 स्टार्टअप्स को ₹ 25 करोड़ तक की वित्तीय सहायता देने की योजना है। यह कार्यक्रम iDEX (Innovations for Defence Excellence) के तहत आता है, जिसका संचालन रक्षा उत्पादन विभाग द्वारा किया जाता है। यह निजी क्षेत्र को रक्षा उत्पादों के स्वदेशी विकास में प्रेरित करता है।

117. (B): माल्टोडेक्सट्रिन एक कृत्रिम कार्बोहाइड्रेट पाउडर है, जो दूध में Solid-Not-Fat (SNF) बढ़ाने के लिए गलत तरीके से मिलाया जाता है। SNF में प्रोटीन, लैक्टोज, खनिज, आदि शामिल होते हैं और यह दूध की गुणवत्ता का मापक होता है। माल्टोडेक्सट्रिन मिलाकर दूध को गाढ़ा और पौष्टिक दर्शाया जाता है, जिससे उसकी लब्धि (yield) बढ़ती है, लेकिन यह उपभोक्ताओं को गुमराह करता है और स्वास्थ्य के लिए भी हानिकारक हो सकता है। FSSAI जैसे नियामक निकाय ऐसे अपमिश्रणों पर कड़ी निगरानी रखते हैं। SNF स्तर बढ़ाने के लिए ऐसा करना कानूनन अपराध है।

118. (A): टर्नर सिंड्रोम केवल महिलाओं में होने वाला एक गुणसूत्रीय विकार है, जिसमें एक X गुणसूत्र आंशिक रूप से या पूर्ण रूप से अनुपस्थित होता है (कैरियोटाइप 45, X)। इस स्थिति में पीड़िता की डिम्बग्रंथियाँ (Ovaries) सामान्य रूप से विकसित नहीं हो पातीं, जिससे हार्मोन की कमी, मासिक धर्म की अनुपस्थिति, और बांझपन जैसी समस्याएँ होती हैं। इसके अतिरिक्त, कम ऊँचाई, हृदय दोष, और गर्भाशय अल्पविकास जैसे लक्षण भी देखे जाते हैं। यह स्थिति लगभग 2500 में 1 महिला में पाई जाती है और इसका निदान आमतौर पर किशोरावस्था में होता है।

B. एहलर्स-डानलोस, C. यूशर सिंड्रोम, और क्लाइनफेल्टर सिंड्रोम—ये या तो दोनों लिंगों में होते या मुख्यतः पुरुषों में (जैसे क्लाइनफेल्टर) पाए जाते

119. (D): क्रिस्टालिना जॉर्जीवा, बुल्गारिया की अर्थशास्त्री ने 1 अक्टूबर 2019 से अंतर्राष्ट्रीय मुद्रा कोष (IMF) की प्रबंध निदेशक (Managing Director) के रूप में कार्यभार संभाला था। IMF के कार्यकारी बोर्ड ने उन्हें 1 अक्टूबर 2024 से शुरू होने वाले दूसरे पाँच वर्षीय कार्यकाल के लिए पुनः नियुक्त किया है। उनके कार्यकाल में IMF ने COVID-19 महामारी, वैश्विक मंदी, और ऋण संकट जैसी स्थितियों में अनेक देशों को सहायता प्रदान की। वे इससे पूर्व विश्व बैंक, यूरोपीय आयोग जैसी संस्थाओं में उच्च पदों पर कार्य कर चुकी हैं और वैश्विक वित्तीय स्थिरता के लिए मुखर भूमिका निभाती रही हैं।

120. (B): राजकोषीय घाटा (Fiscal Deficit) उस स्थिति को दर्शाता है जब सरकार की कुल प्राप्तियाँ (राजस्व + गैर-ऋण पूंजी प्राप्तियाँ) उसकी कुल व्यय से कम होती हैं। इस घाटे की भरपाई सरकार घरेलू और विदेशी उधारी से करती है। इसके लिए सरकार :

- सरकारी प्रतिभूतियाँ (G-Secs, Treasury Bills) जारी करती है,
- राष्ट्रीय लघु बचत योजनाओं (NSS, PPF आदि) से धन जुटाती है,
- और बाह्य वाणिज्यिक उधारी (External Commercial Borrowing) का उपयोग करती है।

2023-24 के केंद्रीय बजट में भारत का राजकोषीय घाटा GDP का 5.9% था, जिसे उधारी के माध्यम से वित्तपोषित किया गया।

A, C, D—ये सभी परोक्ष प्रभाव डाल सकते हैं लेकिन राजकोषीय घाटे की प्रत्यक्ष पूर्ति का माध्यम नहीं हैं।

पिछले प्रश्न-पत्र (हल सहित)

RPF/RPSF उपनिरीक्षक (SI) भर्ती परीक्षा 2019*

उद्योग आधार मेमोरैंडम योजना का मुख्य उद्देश्य .... है।

A. उद्यमशीलता में तेजी लाने और स्टार्ट-अप को बढ़ावा देना

B. भावी नौकरी तलाशने वालों और नियोक्ताओं के बीच संबंध बनाने की सुविधा देना

C. व्यवसाय करने में आसानी को बढ़ावा देना

D. प्रौद्योगिवी और उद्भवन केंद्रों का एक नेटवर्क सेट करना

2. ट्रांस-साइबेरियाई रेलवे सेंट पीटर्सबर्ग को .... से जोड़ता है।

A. कैलिनिनग्राद

B. वोल्गोग्राद

C. सोची

D. व्लादिवोस्तोक

3. महमूद बेगदा किस क्षेत्रीय साम्राज्य के प्रसिद्ध सुल्तान थे?

A. जौनपुर B. मालवा

C. गुजरात D. बंगाल

4. वस्तु एवं सेवा कर (जीएसटी) के संबंध में कौन-सा कथन सही नहीं है?

A. अन्तरराज्यीय वस्तु और सेवाओं के लेनदेन पर एकीकृत जीएसटी लगाया जाएगा

B. विशेष महत्व के घोषित सामान की अवधारणा समाप्त कर दी गई

C. राजस्व के नुकसान के लिए राज्यों को पांच साल के लिए मुआवजा मिलेगा

D. जीएसटी, वैट (VAT) विधि द्वारा एकत्र किया जाएगा

5. गतिज श्यानता की इकाई क्या है?

A. कैंडेला B. पॉइज

C. वाट D. पास्कल

6. निम्नलिखित महाद्वीपों में से कौन-सा 'द डार्क महाद्वीप' नाम से भी जाना जाता है?

A. ऑस्ट्रेलिया

B. अफ्रीका

C. यूरोप

D. एशिया

7. पहाड़ियों के निचली सतह और घाटियों की रेती में मिट्टी के रूप में जमा खनिज क्या कहलाते हैं?

A. लोड डिपॉजिट

B. प्लेसर डिपॉजिट

C. वेन डिपॉजिट

D. लेयर्ड डिपॉजिट

8. ग्रीनलैंड निम्नलिखित में से किस महाद्वीप के अंतर्गत आता है?

A. उत्तरी अमेरिका

B. एशिया

C. यूरोप

D. अंटार्कटिका

9. आधुनिक ओलंपिक खेल कितने दिनों के लिए आयोजित किए जाते हैं?

A. 16 दिन B. 30 दिन

C. 45 दिन D. 21 दिन

* Exam held on 05/01/2019.

10. बीहड़ (Ravines) आमतौर पर भारत के किस नदी बेसिन में पाए जाते हैं?

A. पेरियार B. चम्बल
C. कावेरी D. वैगई

11. दुनिया में सबसे ज्यादा वर्षा वाला स्थान निम्नलिखित में से कौन-सा है?

A. करौप्प नदी B. ठेक्कड़ी
C. अनाइमुडी D. मौसिनराम

12. केंद्र और राज्य के संबंधों के निर्धारण के लिए बनाये गये प्रथम तीन सदस्यीय आयोग की अध्यक्षता किसने की?

A. वीरप्पा मोइली
B. एम.एम. पुंछी
C. पी.वी. राजमन्नर
D. आर.एस. सरकारिया

13. "रिले" शब्द .... से संबंधित है

A. थ्रोइंग B. रनिंग
C. फेन्सिंग D. वेटलिफ्टिंग

14. वर्तमान में भारतीय संविधान में कितनी भाषाएं स्वीकृत हैं?

A. 21 B. 24
C. 26 D. 22

15. निम्नलिखित में से कौन-सा राज्य हर साल हॉर्नबिल त्योहार मनाता है?

A. मणिपुर B. नगालैंड
C. असम D. सिक्किम

16. किस अनुच्छेद में वित्त आयोग को अर्ध-न्यायिक निकाय के रूप में स्थापित करने का प्रावधान है?

A. अनुच्छेद 300
B. अनुच्छेद 280
C. अनुच्छेद 101
D. अनुच्छेद 279

17. नीति (NITI) आयोग के अध्यक्ष कौन हैं?

A. प्रधानमंत्री
B. वित्त सचिव
C. कैबिनेट सचिव
D. वित्त मंत्री

18. प्रसिद्ध पुस्तक काम सूत्र किसने लिखी थी?

A. कालिदास B. वासुमित्र
C. महाकश्यप D. वात्स्यायन

19. एक्स-रे की खोज किसने की?

A. जोहान विल्हेम रिटर
B. विल्हेम कॉनराड रोयेंत्जेन
C. एंटोनी हेनरी बेकुरल
D. आइजैक न्यूटन

20. एक बड़ी सजा को हल्की सजा में परिवर्तित क कहलाता है:

A. लघुकरण B. क्षमा
C. मोहलत D. दण्डविराम

21. कार्बन के द्वारा अन्य कार्बन परमाणुओं के स सहसंयोजक बंधन बनाने की विशेषता क्या कहल है?

A. इलेक्ट्रोनेशन
B. आयनीकरण
C. इलेक्ट्रोलिसिस
D. शृंखलन

22. पहली अंतर-राज्यीय परिषद् का गठन कब हुआ थ

A. 1993 B. 1990
C. 1991 D. 1997

23. निम्नलिखित में से किस राज्य में लेपाक्षि मन्दिर स्थि है?

A. केरल B. कर्नाटक
C. आन्ध्र प्रदेश D. तमिलनाडु

24. दिए गए विकल्पों में से कौन-सा एक व्यक्तिगत खे नहीं है?

A. लम्बीकूद B. स्प्रिंट
C. मैराथन D. खो-खो

25. "जय जवान जय किसान" का नारा किसने दिया?

A. सरदार वल्लभ भाई पटेल

B. इंदिरा गांधी

C. जवाहर लाल नेहरू

D. लाल बहादुर शास्त्री

26. भारत ने किस वित्तीय वर्ष में आईएमएफ (IMF) के साथ विस्तारित निधि सुविधा समझौते पर हस्ताक्षर किए?

A. 2011-12

B. 1981-82

C. 1991-92

D. 2001-02

27. एक घटना है जिसमें पेरुवियन तटीय प्रदेश से गर्म समुद्री लहरें बहती हैं उसे .... कहा जाता है।

A. हिंद महासागर द्विध्रुव

B. एल नीनो

C. मैडेन-जूलियन ऑसीले शन

D. ला नीना

28. प्रसिद्ध खिलाड़ी खशाबा जाधव किस खेल से संबंधित हैं?

A. निशानेबाजी B. कुश्ती

C. हॉकी D. भारोत्तोलन

29. पृथ्वी के घूर्णन के कारण उत्पन्न आभासी बल को कहा जाता है:

A. गतिज बल

B. कोरिओलिस बल

C. दाब प्रवण बल

D. गुरुत्वाकर्षण बल

30. एंटीबायोटिक युक्त क्लोरीन जो सूक्ष्मजीवों युक्त मिट्टी द्वारा उत्पादित होता है और जो टाइफाइड बुखार के इलाज के लिए प्रभावी है, उसका नाम क्या है?

A. क्लोरोक्विन

B. क्लोराम्फेनिकोल

C. क्लोरोजिन

D. क्लोरोएथेनोल

31. टेबल टेनिस से जुड़ा अंतर्राष्ट्रीय शासी निकाय कौन-सा है?

A. AILA B. ITTF

C. FITT D. APTT

32. भूमध्य सागर का प्रकाशस्तंभ है:

A. रेनियर B. स्ट्राम्बोली

C. एटना D. सिसिली

33. अधिग्रहण और नागरिकता को समाप्त करने के संबंध में कोई भी प्रावधान बनाने की शक्ति किसके पास है?

A. राष्ट्रपति B. प्रधानमंत्री

C. मंत्रिमंडल D. संसद

34. प्रशासनिक सुधार आयोग की प्रारंभ में अध्यक्षता .... के द्वारा की गई थी।

A. मोरार जी देसाई

B. वीरप्पा मोइली

C. हनुमन्थय्या

D. पी.वी. राजमन्नर

35. जीवों की वह घटना क्या है जिसमें मादा जननकोष गर्भाधान के बिना नए जीव बनाने के लिए विकसित होता है?

A. जेनोगेमी B. पार्थिनोजेनेसिस

C. मोनोगेमी D. सिंगेमी

36. सीधी रेखा के सापेक्ष वस्तुओं की गति को क्या कहा जाता है?

A. एकसमान गति

B. अनुप्रस्थ गति

C. विस्थापन गति

D. सींधी रेखीय गति

37. राष्ट्रीय विकास परिषद के अध्यक्ष कौन हैं?

A. प्रधानमंत्री

B. राष्ट्रपति

C. वित्त मंत्री

D. केंद्रीय गृह मंत्री

38. हड़प्पा सभ्यता के कस्बों को .... पैटर्न में रखा गया था।

A. सर्कुलर ग्रिड

B. रेक्टेंगुलर ग्रिड

C. स्क्वायर ग्रिड

D. रेडियल ग्रिड

39. नीति (NITI) आयोग के अनुसार, भारत सरकार ने कब तक किसानों की आय को दोगुना करने की योजना बनाई है?

A. 2022 B. 2025
C. 2024 D. 2020

40. ताप के स्थानांतरण को किस उपकरण से मापा जाता है?

A. हाइड्रोमीटर
B. मैनोमीटर
C. कैलोरीमीटर
D. गैल्वोनोमीटर

41. किस अनुच्छेद के तहत संसद राज्य या केंद्र शासित प्रदेश के भीतर आवाम को रोजगार के लिए एक शर्त निर्धारित कर सकती है?

A. अनुच्छेद 26
B. अनुच्छेद 15
C. अनुच्छेद 19
D. अनुच्छेद 16

42. 'महायान' शब्द किस धर्म से संबंधित है

A. जैन B. बौद्ध
C. शैव D. सिख

43. मधुमक्खी के छत्ते के रख-रखाव को किस नाम से जाना जाता है?

A. एपीकल्चर
B. एवीकल्चर
C. हॉर्टिकल्चर
D. एग्रीकल्चर

44. लोथल का प्राचीन हड़प्पा शहर किस राज्य में स्थित है?

A. उत्तर प्रदेश B. पंजाब
C. गुजरात D. राजस्थान

45. हिंडोला महल और जहाज महल किस क्षेत्रीय वास्तुकला शैली से संबंधित हैं?

A. मांडू क्षेत्र
B. गुजरात क्षेत्र
C. कश्मीर क्षेत्र
D. बंगाल क्षेत्र

46. पेरीप्लेनेटा अमरीकाना का साधारण नाम क्या है?

A. अमेरिकन मेंढक
B. अमेरिकन कॉकरोच
C. अमेरिकन फ्लैटवर्म
D. अमेरिकन केंचुआ

47. राष्ट्रपति का अध्यादेश .... जारी किया जा सक है

A. समान सीमाओं वाले प्रावधानों पर संसद अधिनियम के रूप में
B. राष्ट्रपति को विशेष रूप से उल्लेख किये प्रावधानों पर
C. संविधान के किसी भी प्रावधान पर
D. इनमें से कोई नहीं

48. भारत में चिश्ती संप्रदाय किसने स्थापित किया?

A. मोईनुद्दीन चिश्ती
B. ख्वाजा निजामुद्दीन औलिया
C. ख्वाजा सलीम चिश्ती
D. ख्वाजा कुतबुद्दीन बख्तियार काकी

49. इनमें से कौन-सा भारत का एक प्रमूख चाय उत्पाद क्षेत्र नहीं है?

A. असम हिल्स
B. दार्जिलिंग हिल्स
C. कश्मीर वैली
D. निलगिरी हिल्स

50. खेलों में, डेकाथलॉन में कितनी प्रतिस्पर्धाएं होती हैं

A. 3 B. 8
C. 10 D. 5

निर्देश (प्र.सं. 51 एवं 52): *इस प्रश्न में एक गद्यांश अ उससे संबंधित एक कथन दिया गया है। गद्यांश को ध्य पूर्वक पढ़िए और उसके आधार पर कथन की समीक्षा कीजि*

पुणे म्युनिसिपल कॉरपोरेशन (पीएमसी) और महाराष्ट्र मेट्रो रे कॉरपोरेशन (महाराष्ट्र-मेट्रो) ने नेशनल मोनुमेंट अथॉरि

एमए) के अनुसार आगा खान पैलेस की रक्षा के लिए मदनगर रोड पर मेट्रो परियोजना के संरेखण को बदलने का ला किया। तो अब परियोजना की लागत सिविल कार्य के ए 50 करोड़ रुपए तक बढ़ जायेगी, और कॉरिडोर की बाई 900 मीटर तक बढ़ जायेगी।

मेट्रो के अधिकारी अतुल गाडगील और प्रकाश वाघमारे मीडिया के लोगों को शुक्रवार को इस निर्णय की जानकारी । "आगा खान पैलेस के पास मेट्रो कॉरिडोर में कुछ बदलाव ो और मार्ग की लंबाई अब 900 मीटर तक बढ़ जाएगी," ो अधिकारी ने इसकी पुष्टि की। पीएमसी को अभी नियोजित र्य के लिए अंतिम मंजूरी देना बाकी है।

1. **कथनः** मेट्रो परियोजना का निर्माण लगभग 50 करोड़ रुपये तक होगा।

निम्न विकल्पों में से एक उपयुक्त चुनें।

(*a*) कथन निश्चित रूप से सत्य है।

(*b*) कथन संभवतः सत्य है।

(*c*) कथन निर्धारित नहीं किया जा सकता है

(*d*) कथन निश्चित रूप से गलत है।

A. (*d*) B. (*a*)
C. (*b*) D. (*c*)

52. **कथनः** पुणे म्युनिसिपल कॉरपोरेशन (पीएमसी) ने महाराष्ट्र-मेट्रो द्वारा सुझाए गए संरेखण परिवर्तनों को मंजूरी दे दी है।

निम्न विकल्पों में से एक उपयुक्त चुनें।

(*a*) कथन निश्चित रूप से सत्य है।

(*b*) कथन संभवतः सत्य है।

(*c*) कथन निर्धारित नहीं किया जा सकता है

(*d*) कथन निश्चित रूप से गलत है।

A. (*d*) B. (*b*)
C. (*a*) D. (*c*)

53. प्रश्न चिह्न को उस विकल्प के साथ बदलें जो पहली जोड़ी पर लागू तर्क का अनुसरण करता है।

Plant : Seed : : Flower : ??

A. Beautiful B. Bud
C. Green D. Taste

54. सी विकल्प चुनें जो दी गयी छवि के छवि पैटर्न को पूरा करेगा।

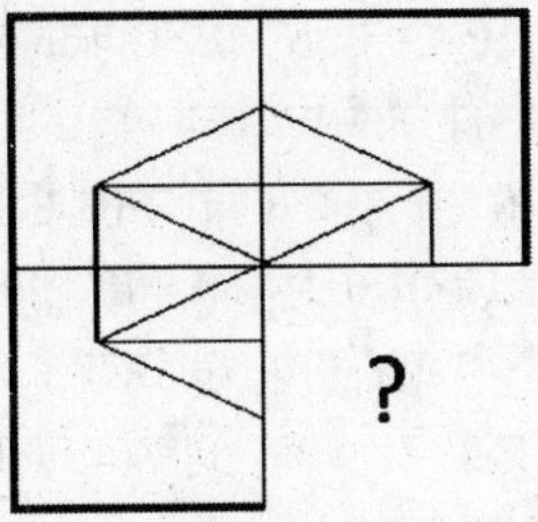

A. 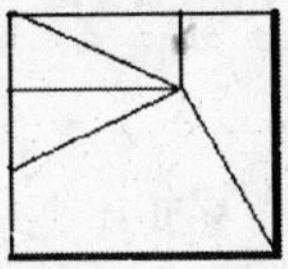 B. 

C. 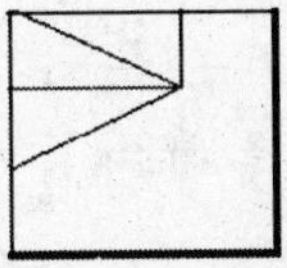 D. 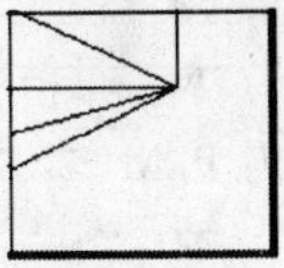

55. शृंखला में अगली संख्या चुनें।

15, 20, 40, 45, 90, ?

A. 93 B. 92
C. 94 D. 95

56. इस प्रश्न में तीन कथन और उनसे संबंधित तीन निष्कर्ष दिए गये हैं, आपको कथनों में दी गयी बातों को सत्य मानते हुए दोनों निष्कर्षों पर एक साथ विचार करना है और यह निश्चित करना है कि कथनों में दी गई जानकारी से किसी उचित संदेह से परे कौन-सा निष्कर्ष तर्कसंगत है?

कथनः कुछ गेहूं, चाय हैं। कुछ चाय, चावल हैं। सभी चावल, करी हैं।

निष्कर्षः (*i*) कुछ करी चाय हैं।
(*ii*) कुछ करी गेहूं हैं।
(*iii*) सभी चावल चाय हैं।

A. केवल (*i*) तर्कसंगत है

B. केवल (*ii*) और (*iii*) तर्कसंगत है

C. केवल (*i*) और (*iii*) तर्कसंगत है

D. या तो (*ii*) या (*iii*) तर्कसंगत है

57. दी गयी सूचना को ध्यान से पढ़ें और दिए गए प्रश्नों का उत्तर दें।

8 व्यक्ति M, N, O, P, Q, R, S और T वृत्ताकर मेज के चारों तरफ बाहर की ओर मुंह किये बैठे हैं (जरुरी नहीं की उसी क्रम में) इस तरह से कि उनमें से प्रत्येक के बीच समान दूरी है। इनमें से 5 पुरुष और 3 महिलायें हैं। कोई भी दो महिला एक-साथ नहीं बैठी हैं।

(*i*) M, जो की पुरुष है, S के विपरीत बैठा है।
(*ii*) T और N पड़ोसी हैं।
(*iii*) N, O के दायें से तीसरे स्थान पर बैठा है जो एक महिला हैं।
(*iv*) M, ना तो O का पड़ोसी है ना तो N का पड़ोसी है।
(*v*) एक व्यक्ति S और N के बीच में बैठा है।
(*vi*) P, M की पड़ोसी नहीं है लेकिन R के विपरीत बैठी है।

निम्न में से किस विकल्प में पुरुषों की एक जोड़ी है?

A. RO B. TS
C. NP D. QM

58. शृंखला में अगली संख्या चुनें।

52, 53, 57, 66, 82, ?

A. 109
B. 114
C. 107
D. 112

59. दिए हुए चित्र के अनुसार पासे की प्रत्येक सतह पर 6 अक्षर A, B, C, D, E और F अंकित है। जिस सतह पर E अक्षर अंकित है, उसके विपरीत वाली सतह पर कौन-सा अक्षर अंकित होगा?

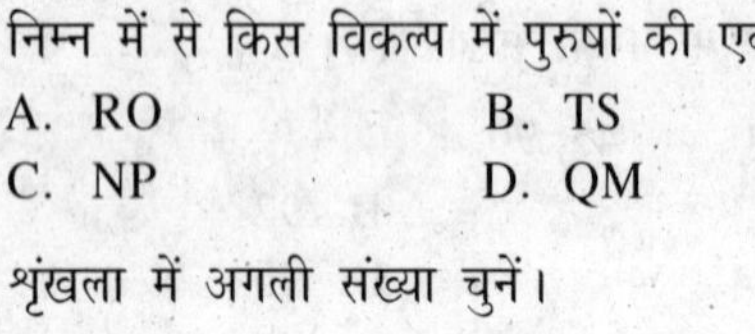

A. C B. A
C. F D. B

60. दी गयी शृंखला में आगे आने वाले उपयुक्त चित्र का चयन विकल्पों से कीजिये।

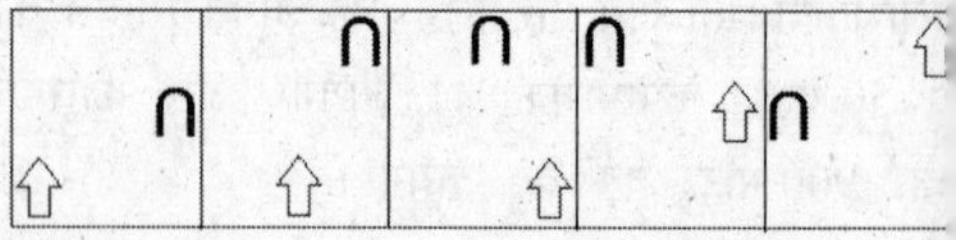

A. 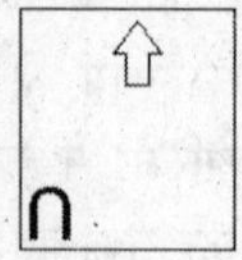

B. 

C. 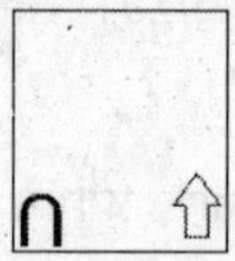

D. 

61. निम्नलिखित तर्क को पढ़ें और दिए गये प्रश्न का उत्तर दें।

A@B मतलब, A, B का पति है।
A#B मतलब, A, B की पत्नी है।
A$B मतलब, A, B का बेटा है।
A%B मतलब, A, B की बेटी है।

समीकरण X%Y@Z%W में, X के पिता W से कै संबंधित है?

A. दामाद B. कजिन
C. पिता D. नेफ्यू

62. प्रश्न चिह्न को उस विकल्प के साथ बदलें जो पहल जोड़ी पर लागू तर्क का अनुसरण करता है।

Television : Electricity : : Car : ??

A. Tyre B. Fuel
C. Brake D. Water

निर्देश (प्र.सं. 63 और 64): *दी गयी सूचना को ध्यान से प और दिए गए प्रश्नों का उत्तर दें।*

8 व्यक्ति M, N, O, P, Q, R, S और T वृत्ताकर मेज क चारों तरफ बाहर की ओर मुंह किये बैठे हैं (जरुरी नहीं क उसी क्रम में) इस तरह से कि उनमें से प्रत्येक के बीच समा दूरी है। इनमें से 5 पुरुष और 3 महिलायें हैं। कोई भी द महिला एक-साथ नहीं बैठी हैं।

(*i*) M, जो की पुरुष है, S के विपरीत बैठा है।

(*ii*) T और N पड़ोसी हैं।

(*iii*) N, O के दायें से तीसरे स्थान पर बैठा है जो एक महिला हैं।

(*iv*) M, ना तो O का पड़ोसी है ना तो N का पड़ोसी है।

(*v*) एक व्यक्ति S और N के बीच में बैठा है।

(*vi*) P, M की पड़ोसी नहीं है लेकिन R के विपरीत बैठी है।

63. N के बाएं से गिनते हुए S और N के बीच कितने लोग बैठे हैं?

A. 3 B. 4

C. 5 D. 1

64. व्यवस्था के संबंध में निम्नलिखित में से कौन-सा कथन गलत है?

A. R, S के दायें से तीसरे स्थान पर बैठा है।

B. S और P पड़ोसी हैं।

C. Q और N एक दूसरे के विपरीत बैठें हैं।

D. S और N महिलायें हैं।

65. इस प्रश्न में एक कथन और उनसे संबंधित दो निष्कर्ष (*i*) और (*ii*) के रूप में दिए गये हैं, आपको कथनों का में दी गयी बातों को सत्य मानते हुए दोनों निष्कर्षों पर एक साथ विचार करना है और यह निश्चित करना है कि कथनों में दी गई जानकारी का किसी उचित संदेह से परे कौन-सा निष्कर्ष तर्कसंगत है?

कथनः प्रत्येक सोमवार एक कार्य दिवस है। आज एक कार्य दिवस है।

निष्कर्षः (*i*) आज सोमवार है।

(*ii*) केवल सोमवार एक कार्य दिवस है।

निम्नलिखित विकल्पों में से सही चुने।

(*a*) केवल निष्कर्ष (*i*) तर्कसंगत है।

(*b*) केवल निष्कर्ष (*ii*) तर्कसंगत है।

(*c*) या तो (*i*) या फिर (*ii*) निष्कर्ष तर्कसंगत है।

(*d*) ना तो (*i*) ना ही (*ii*) निष्कर्ष तर्कसंगत है।

(*e*) (*i*) और (*ii*) दोनों निष्कर्ष तर्कसंगत हैं।

A. (*b*) B. (*e*)

C. (*a*) D. (*d*)

66. दिए गए चित्र में कितने वर्ग हैं?

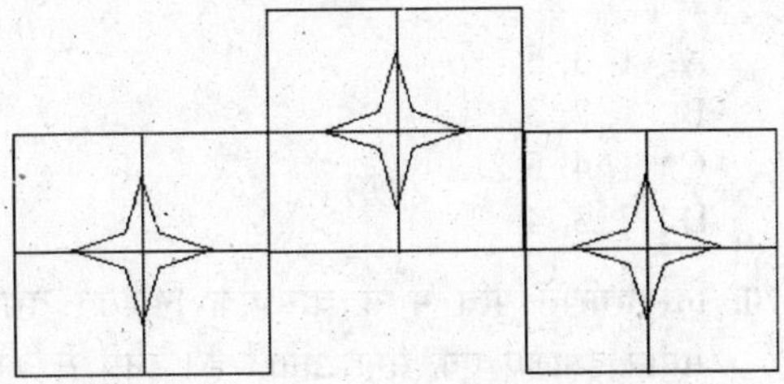

A. 8 B. 15

C. 13 D. 10

67. एक निश्चित कोड भाषा में यदि BROKE को UEKHN लिखा जाता है, तो उसी कोड भाषा में MIXER को कैसे लिखा जाएगा?

A. LPAUH

B. LPTUH

C. MQSVI

D. MQUVI

68. इस प्रश्न में संबंध दर्शाने वाले तीन कथन दिए गये हैं उनके बाद तीन निष्कर्ष (*i*), (*ii*) और (*iii*) दिए गए हैं। कथनों को सत्य मानते हुए यह तय कीजिये कि कथनों के संबंध में कौन-सा/से निष्कर्ष पूर्णतः सत्य है/हैं।

कथनः $C \leq U < E; C = O > M \geq T; M = A > L$

निष्कर्षः

(*i*) $E > M$

(*ii*) $C \geq T$

(*iii*) $L > T$

A. केवल (*iii*)

B. सभी

C. केवल (*i*)

D. केवल (*i*) और (*ii*)

69. दिए गए विकल्पों में से सही विकल्प चुने जो एक पूर्ण वर्ग बना सकतें है। (5 छवियों में से 3 नीचे दी गई हैं)

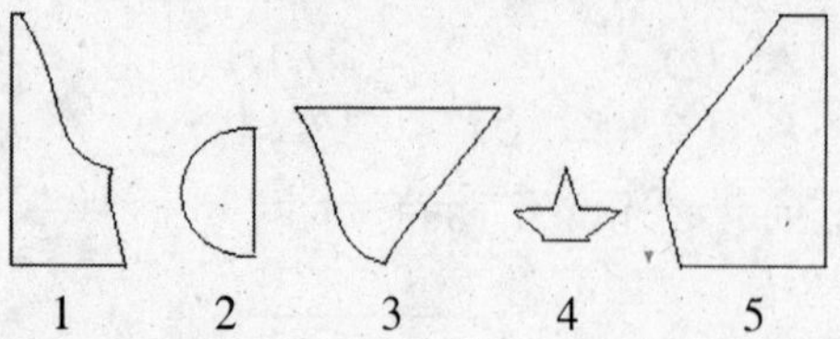

1 2 3 4 5

A. 1, 3, 5
B. 1, 2, 3
C. 1, 4, 5
D. 2, 3, 4

70. निम्नलिखित पांच में से चार एक निश्चित तरीके से समान इसलिए एक समूह बनाते हैं। इनमें से कौन-सा एक जो इस समूह से संबंधित नहीं है?

Q, M, I, S, T

A. T B. S
C. Q D. M

71. प्रश्न चिह्न को उस विकल्प के साथ बदलें जो पहली जोड़ी पर लागू तर्क का अनुसरण करता है।

Q : H : : S : ??

A. J B. A
C. F D. M

72. एक निश्चित कोड भाषा में, यदि ANNOY को ZMMLB लिखा जाता है, तो उसी कोड भाषा में SOUND को कैसे लिखा जायेगा?

A. HFLMW B. HLFMW
C. HLFWN D. HLFWM

73. कीर्ति की ग्रैंडमदर, विवेक की माता के पति मनीष की माँ हैं। वीनू कीर्ति के पिता हैं। कीर्ति की माँ विवेक से कैसे संबंधित है?

A. ग्रैंडमदर B. आंट
C. माँ D. कजिन

74. दी गई आकृति से कितने समकोण त्रिभुज बनाये जा सकते हैं?

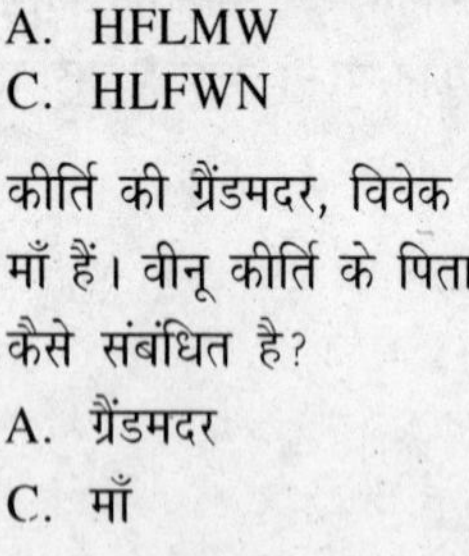

A. 5 B. 4
C. 3 D. 6

75. यदि एक दर्पण छायांकित रेखा पर रखा गया है त निम्न में से कौन-सा विकल्प दी गयी आकृति की सह छवि है?

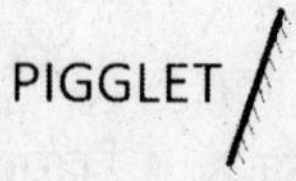

A. TƎLGGIP
B. ⟂ƎLGGIꟼ
C. TƎLGGIꟼ
D. ꟼIGGLE⟂

76. इस प्रश्न में कथन में विभिन्न तत्वों के बीच संबं दिखाया गया है। कथन के बाद दो निष्कर्ष दिए ग हैं।

कथनः $M \le N < O \ge P < Q$

निष्कर्षः

(*i*) $M \ge P$

(*ii*) $O > M$

निम्नलिखित विकल्पों में से सही चुने।

(*a*) केवल निष्कर्ष (*i*) तर्कसंगत है।
(*b*) केवल निष्कर्ष (*ii*) तर्कसंगत है।
(*c*) या तो (*i*) या फिर (*ii*) निष्कर्ष तर्कसंगत है।
(*d*) ना तो (*i*) ना ही (*ii*) निष्कर्ष तर्कसंगत है।
(*e*) (*i*) और (*ii*) दोनों निष्कर्ष तर्कसंगत है।

A. (*c*) B. (*d*)
C. (*a*) D. (*b*)

77. इस प्रश्न में दो कथन और उनसे संबंधित दो निष्क (*i*) और (*ii*) के रूप में दिए गये हैं, आपको कथनों दी गयी बातों को सत्य मानते हुए दोनों निष्कर्षों प एक साथ विचार करना है और यह निश्चित करना कि कथन में दी गई जानकारी का किसी उचित संदे से परे कौन-सा निष्कर्ष तर्कसंगत है?

कथनः सभी सागौन, बरगद हैं। सभी बरगद, लकड़ी हैं

निष्कर्षः (*i*) सभी लकड़ी, सागौन हैं।
(*ii*) कुछ बरगद, सागौन हैं।

निम्नलिखित विकल्पों में से सही चुने।

(*a*) केवल निष्कर्ष (*i*) तर्कसंगत है।

(*b*) केवल निष्कर्ष (*ii*) तर्कसंगत है।

(*c*) या तो (*i*) या फिर (*ii*) निष्कर्ष तर्कसंगत है।

(*d*) ना तो (*i*) ना ही (*ii*) निष्कर्ष तर्कसंगत है।

(*e*) (*i*) और (*ii*) दोनों निष्कर्ष तर्कसंगत है।

A. (*c*) B. (*e*)
C. (*b*) D. (*a*)

78. निम्नलिखित पांच में से चार एक निश्चित तरीके से समान है इसलिए एक समूह बनाते हैं। इनमें से कौन-सा एक जो एक समूह से संबंधित नहीं है?

RNJ, LHD, KGC, MIE, PKF

A. PKF B. RNJ
C. KGC D. LHD

79. दिए गए विकल्पों में से दिए प्रश्न का सही जल प्रतिबिम्ब चुने।

HINDI

A. HIИDI B. IᗡИIH
C. HINᗡI D. HIИᗡI

80. शृंखला में अगली संख्या चुनें।

61, 63, 66, 71, 78, ?

A. 98 B. 89
C. 90 D. 80

81. प्रश्न चिह्न को उस विकल्प के साथ बदलें जो पहली जोड़ी पर लागू तर्क का अनुसरण करता है।

2018 : 22 : : 2022 : ??

A. 14 B. 12
C. 16 D. 10

82. निम्नलिखित पांच में से चार एक निश्चित तरीके से समान है इसलिए एक समूह बनाते हैं। इसमें से कौन-सा एक जो इस समूह से संबंधित नहीं है?

Liquid, Concrete, Solution, Fluid, Juice

A. Juice
B. Solution
C. Concrete
D. Fluid

83. दिए हुए चित्र में कितनी सीधी रेखाएं हैं?

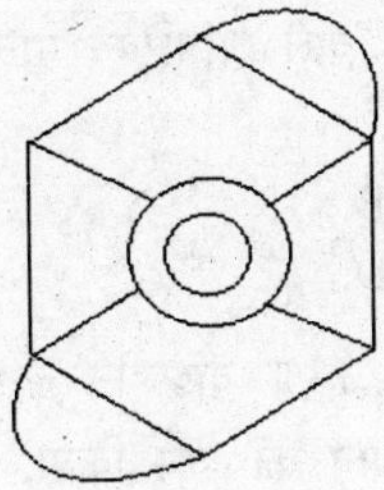

A. 14 B. 10
C. 12 D. 16

84. शृंखला में अगली संख्या चुनें।

16, 33, 68, 139, 282, ?

A. 569 B. 560
C. 585 D. 570

85. एक लड़की को दर्शाते हुए एक महिला कहती है कि, "वह मेरे दामाद की पत्नी की बेटी के भाई की बेटी है।" तो वह महिला, उस लड़की से कैसे संबंधित है?

A. माता
B. ग्रेट ग्रैंडमदर
C. आंट
D. ग्रैंडमदर

86. यदि एक वृत्त की त्रिज्या 19 गुना कर दी जाती है, तो इसकी परिधि पिछली परिधि की कितनी गुना हो जाएगी?

A. 20 B. 19
C. 21 D. 18

87. किसी वस्तु को ₹ 440 में बेचने पर उसी वस्तु को ₹ 1000 में बेचने पर प्राप्त लाभ के 60% की हानि होती है। उस वस्तु का क्रय मूल्य ज्ञात कीजिये। (₹ में)

A. 650 B. 680
C. 660 D. 670

88. दो संख्याओं का गुणनफल बताओ, जिनका एल.सी.एम. 9017 और एच.सी.एफ. 1 हैं।

A. 9015
B. 9011
C. 9017
D. 9013

89. 84 लीटर के मिश्रण में, दूध और पानी का अनुपात 3:4 है। यदि यह अनुपात बदलकर 3:5 हो जाता है, तो मिश्रण में मिलाये जाने वाले अतिरिक्त पानी की मात्रा (लीटर में) बताएं।

A. 11 B. 13
C. 14 D. 12

90. मार्टिन ने अपने वेतन का 13% दृष्टिहीन लोगों के लिए काम करने वाले संस्थान को दान किया, अपने वेतन का 12% अनाथालय को, अपने वेतन का 14% शारीरिक रूप से विकलांग लोगों के लिए काम करने वाली संस्थान को और अपने वेतन का 16% चिकित्सकीय सहायता करने वाली संस्थान को। वेतन की बची हुई राशि ₹ 42,750 मासिक खर्च के लिए बैंक में जमा किया। अनाथालय में दान की हुई राशि पता करें।

A. ₹ 14,400
B. ₹ 13,400
C. ₹ 11,400
D. ₹ 12,400

निर्देश (प्र.सं. 91-93): *निम्न बार ग्राफ का अध्ययन कीजिये और उसके आधार पर प्रश्न का उत्तर दीजिये:*

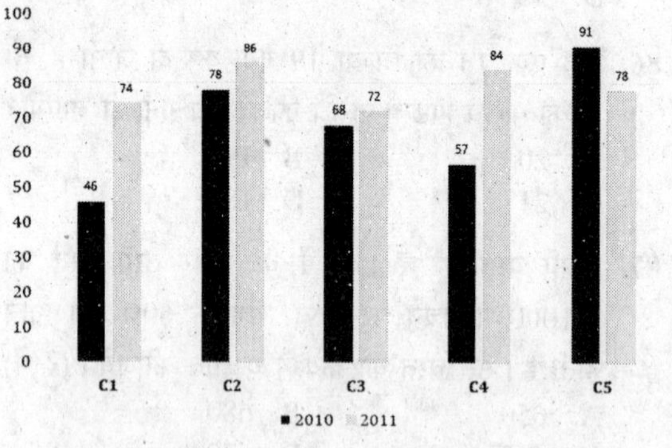

91. एक पब्लिशिंग कंपनी की पांच शाखाओं की दो क्रमागत वर्षों 2010 और 2011 में हुई पुस्तकों की बिक्री (हजार में) दी गयी है। वर्ष 2010 में सभी शाखाओं की बिक्री का औसत (हजार में) ज्ञात कीजिये।

A. 72 B. 68
C. 66 D. 74

92. एक पब्लिशिंग कंपनी की पांच शाखाओं की दो क्रमागत वर्षों 2010 और 2011 में हुई पुस्तकों की बिक्री (हजार में) दी गयी है। शाखा C2 की दोनों वर्षों में हुई कुल बिक्री और शाखा C4 की दोनों वषों में हुई कुल बिक्री का अनुपात ज्ञात कीजिये।

A. 163:140
B. 161:138
C. 164:141
D. 162:139

93. एक पब्लिशिंग कंपनी की पांच शाखाओं की दो क्रमागत वर्षों 2010 और 2011 में हुई पुस्तकों की बिक्री (हजार में) दी गयी है। दोनों वर्षों में कंपनी की शाखाओं C1, C3 और C5 को मिलाकर कुल बिक्री (हजार में) ज्ञात कीजिये।

A. 439 B. 419
C. 429 D. 409

94. एक व्यक्ति साइकिल से 15 किमी./घंटा की रफ्तार से छात्रावास से कॉलेज को जाता है और 4.5 मिनट की देरी से पहुँचता है। यदि वह 20 किमी./घंटा की रफ्तार से साइकिल चलाता है तो 4.5 मिनट पहले पहुँच जाता है। छात्रावास और कॉलेज के बीच की दूरी बताइए। (किमी. में)

A. 8 B. 6
C. 9 D. 7

95. एक बॉक्स में तीन अलग-अलग प्रकार के पुराने सिक्के 3:5:7 के अनुपात में हैं, पुराने सिक्कों के मूल्य क्रमशः ₹ 1, ₹ 5 और ₹ 10 हैं। यदि बॉक्स में रखे सिक्कों की कुल कीमत 686 है, तो ₹ 10 के पुराने सिक्कों की संख्या बताये।

A. 48 B. 51
C. 50 D. 49

96. ₹ 7,600 की राशि 8% की वार्षिक दर पर साधारण ब्याज पर निवेश की जाती है। यदि 5 साल बाद राशि निकाली गयी और कुल राशि की आधी राशि शेयर बाजार में निवेश कर दी गयी। बची हुई राशि बताये (₹ में)

A. 5,420 B. 5,220
C. 5,210 D. 5,320

97. जब कोई संख्या 119 से विभाजित होती है तो शेषफल 10 बचता है। उसी संख्या को जब 17 से विभाजित किया जाए तो शेषफल क्या होगा?

A. 7 B. 9
C. 8 D. 10

98. हल करें:

$324^2 \times 72 \div 18^5 \times 1021 = ?$

A. 4054
B. 4064
C. 4074
D. 4084

99. 375! में अनुगामी शून्य (trailing Zeros) बताएं।

A. 93 B. 94
C. 92 D. 91

100. एक दुकानदार किसी वस्तु के क्रय मूल्य में 46% की बढ़ोतरी करके उसपर मूल्य अंकित करने के पश्चात उसकी बिक्री के लिए अंकित मूल्य पर 46% की छूट देता है, तो उसे होने वाले कुल प्रतिशत लाभ अथवा हानि को ज्ञात कीजिये।

A. 21.16% लाभ
B. 20.04% हानि
C. 20.04% लाभ
D. 21.16% हानि

101. शीशे के वर्ग के टुकड़े का सम्पूर्ण क्षेत्रफल 1444 $सेमी^2$ है, जो कि एक मेज के ऊपर रखा गया है। मेज और कांच के टुकड़े की धार के बीच की चौड़ाई 9 सेमी हैं। मेज की लम्बाई बताएं। (सेमी में)

A. 54 B. 58
C. 52 D. 56

102. 204 मी. लम्बे पुल को पार करने में एक ट्रेन 57 सेकंड का समय लेती है। यदि वही ट्रेन एक संकेत बोर्ड को पार करने के लिए 23 सेकंड का समय लेती है, तो ट्रेन की लम्बाई बताइए। (मीटर में)

A. 138 B. 128
C. 118 D. 148

103. कोई राशि चक्रवृद्धि ब्याज की दर से 4 साल में अपने आप ही तिगुनी हो जाती है, कितने साल में ये अपने आप ही 2187 गुनी हो जाएगी?

A. 22 B. 26
C. 28 D. 24

104. एक व्यक्ति एक समबाहु त्रिभुजाकर मैदान की सतह पर 16 किमी./घंटा, 24 किमी./घंटा और 12 किमी./घंटा की गति से यात्रा करता है। सम्पूर्ण यात्रा की औसत गति ज्ञात कीजिये। (किमी./घंटा में)

A. 16
B. 17
C. 15
D. 18

105. एक दुकानदार एक उत्पाद को ₹ 2,367 में बेचता है और 12.5% लाभ कमाता है। उस राशि को बताएं जो उत्पाद के क्रय मूल्य के आधे के बराबर है। (₹ में)

A. 1,052
B. 1,062
C. 1,042
D. 1,032

106. आमिर ने 4 बच्चों के बीच में 875 उपहार बांटे। पहले बच्चे का हिस्सा दूसरे बच्चे के हिस्से के दोगुना, तीसरे बच्चे के हिस्से के तिगुना और चौथे बच्चे के हिस्से के चार गुना के बराबर है। पहले और दूसरे बच्चे द्वारा प्राप्त कुल उपहारों का योग बताएं।

A. 610
B. 630
C. 620
D. 640

107. एक उपहार बॉक्स में 10 चूड़ियां हैं। पहली 4 चूड़ियों का औसत वजन 57 ग्राम और बाकी बची 6 चूड़ियों का औसत वजन 58 ग्राम है। सभी चूड़ियों का औसत वजन बताये। (ग्राम में)

A. 57.4 B. 57.2
C. 57.6 D. 57.8

108. एक बॉक्स में रखी 71 नोटबुक का औसत वजन 7.1 किग्रा. है। जब बॉक्स में एक नयी नोटबुक रखी जाती है तो औसत 7.2 किग्रा. हो जाता है। नई नोटबुक का वजन बताएं। (किग्रा. में)

A. 14.3 B. 14.6
C. 14.4 D. 14.5

109. एक बल्व उत्पादक कंपनी ने कुल उत्पाद का 13% उत्पाद दोषपूर्ण पाया। यदि गैर दोषपूर्ण उत्पादों की कुल संख्या 4959 हो, तो कुल दोषपूर्ण उत्पादों की संख्या बताएं।

A. 751 B. 731
C. 741 D. 761

110. x का मान ज्ञात करें।

$$\frac{2}{5}(x)+\frac{3}{10}(x)-\frac{3}{5}(x)=531$$

A. 5210
B. 5410
C. 5310
D. 5510

111. विमल ने फ्रेंच में 80 में से 72 अंक प्राप्त किये, अंग्रेजी में 100 में से 91, स्पेनिश में 70 में से 63 और जापानी में 50 में से 44। उसके द्वारा प्राप्त किया गया कुल प्रतिशत क्या था? (% में)

A. 70 B. 100
C. 80 D. 90

112. शीला अपनी सामान्य गति के (20/21)वें गति से चलकर एक निश्चित दूरी सामान्य गति में लगने वाले समय से 6 मिनट अधिक में तय कर पाती है। वह निश्चित दूरी तय करने में उसके द्वारा लगने वाले सामान्य समय की गणना कीजिये।

A. 130 B. 120
C. 140 D. 150

113. $26\sqrt{3}$ सेमी. विकर्ण वाले घन को पिघलाकर घनाभ बनाने पर उसकी ऊंचाई कितनी होगी, यदि घनाभ की लम्बाई घन की भुजा के बराबर है, और घनाभ की चौड़ाई 13 सेमी. है? (सेमी. में)

A. 52 B. 54
C. 53 D. 55

114. x का मान ज्ञात करें।

$$\sqrt{441}\div 21+\sqrt{484}=1\times x$$

A. 26 B. 25
C. 23 D. 24

115. कक्षा में उपस्थित छात्रों में 378 मोबाइलों को एक समान रूप से कितनी प्रकार से बांटा जा सकता है?

A. 18 B. 16
C. 14 D. 12

116. एक अंग्रेजी मूल की कंपनी की एक सहयोगी परियोजना में 629 पुरुष और 629 महिला कर्मचारी है। सभी कर्मचारियों के द्वारा अटेंड किये गए कॉल का औसत 72 कॉल प्रतिदिन है। एक पुरुष कर्मचारी द्वारा प्रतिदिन औसतन 72 कॉल अटेंड किये जाते हैं। महिला कर्मचारी द्वारा प्रतिदिन अटेंड किये जाने वाले कॉल की औसत क्या होगी?

A. 72 B. 74
C. 71 D. 73

117. स्टेशन मास्टर निर्णय करता है कि आयताकार डिजिटल बोर्ड की लम्बाई 4% बढ़ा दी जाए और चौड़ाई 6% घटा दी जाए। क्षेत्रफल में हुए कुल परिवर्तन का पता करें।

A. 1.24% कमी
B. 2.24% वृद्धि
C. 2.24% कमी
D. 1.24% वृद्धि

118. चक्रवृद्धि ब्याज और साधारण ब्याज पर 2 वर्षों के लिए निवेश की गई समान राशि पर अर्जित ब्याज के बीच का अंतर ₹ 76 है। यदि ब्याज दर 4% वार्षिक हो तो निवेशित राशि की गणना कीजिये। (₹ में)

A. 51,500
B. 47,500
C. 48,500
D. 49,500

119. हल करें:

15.73 + 13.25 + 16.73 – 28.64 = 3 × ?

A. 5.69 B. 5.49

C. 5.59 D. 5.79

120. हमीद, क्लीमेंट और गणेश के वेतन का अनुपात क्रमशः 3 : 5 : 7 है, यदि गणेश को हमीद से ₹ 892 ज्यादा मिल रहे हैं। क्लीमेंट का वेतन क्या है? (₹ में)

A. 1,145

B. 1,115

C. 1,125

D. 1,135

उत्तरमाला

1	2	3	4	5	6	7	8	9	10
C	D	C	B	B	B	B	A	A	B
11	**12**	**13**	**14**	**15**	**16**	**17**	**18**	**19**	**20**
D	D	B	D	B	B	A	D	B	A
21	**22**	**23**	**24**	**25**	**26**	**27**	**28**	**29**	**30**
D	B	C	D	D	B	B	B	B	B
31	**32**	**33**	**34**	**35**	**36**	**37**	**38**	**39**	**40**
B	B	D	A	B	D	A	B	A	C
41	**42**	**43**	**44**	**45**	**46**	**47**	**48**	**49**	**50**
D	B	A	C	A	B	A	A	C	C
51	**52**	**53**	**54**	**55**	**56**	**57**	**58**	**59**	**60**
A	A	B	C	D	A	D	C	A	A
61	**62**	**63**	**64**	**65**	**66**	**67**	**68**	**69**	**70**
A	B	D	A	D	B	B	C	A	A
71	**72**	**73**	**74**	**75**	**76**	**77**	**78**	**79**	**80**
A	B	B	D	C	D	C	A	A	B
81	**82**	**83**	**84**	**85**	**86**	**87**	**88**	**89**	**90**
B	C	B	A	B	B	A	C	D	C
91	**92**	**93**	**94**	**95**	**96**	**97**	**98**	**99**	**100**
B	C	C	C	D	D	D	D	A	D
101	**102**	**103**	**104**	**105**	**106**	**107**	**108**	**109**	**110**
D	A	C	A	A	B	C	A	C	C
111	**112**	**113**	**114**	**115**	**116**	**117**	**118**	**119**	**120**
D	B	A	C	B	A	C	B	A	B

व्याख्यात्मक उत्तर

55. 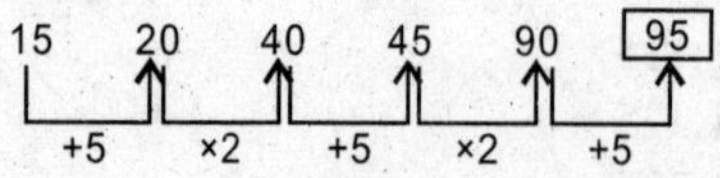

56. 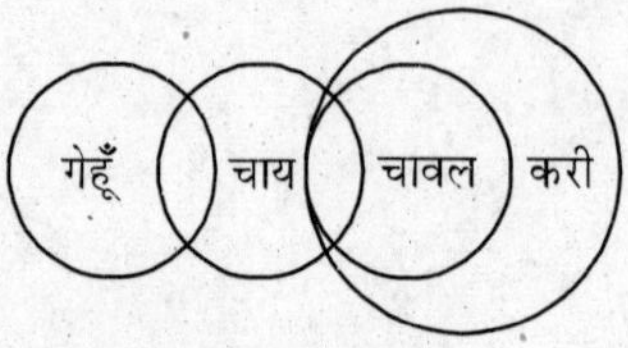

वेन आरेख से स्पष्ट है:
कुछ करी चाय है।
अतः केवल निष्कर्ष (*i*) तर्कसंगत है।

57. 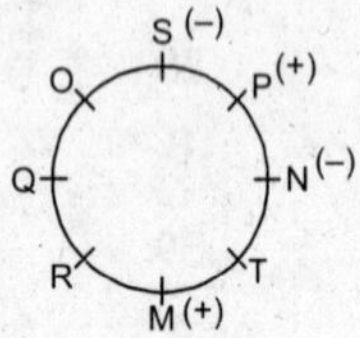

पुरुषों की जोड़ी QM है।

58. 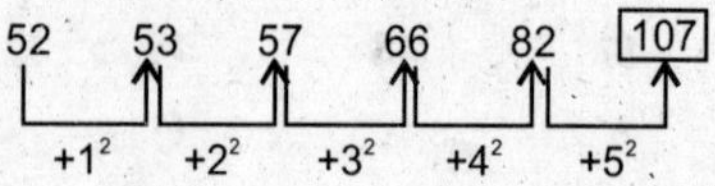

59. 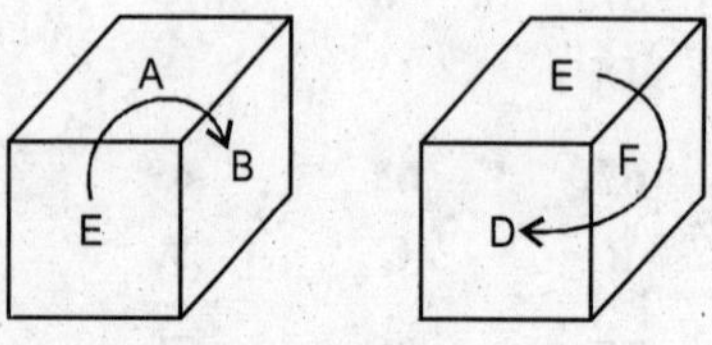

प्रथम पासा E A B

दूसरा पासा EFD
C

E के विपरीत 'C' अक्षर अंकित होगा।

61. 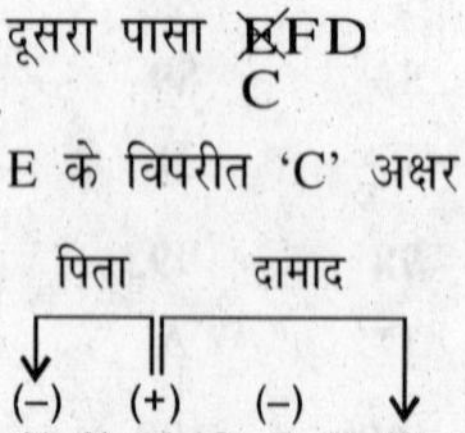

X का पिता Y है, जोकि W का दामाद है।

62. जिस प्रकार Television Electricity से चलता है उसी प्रकार car, fuel से चलती है।

63. 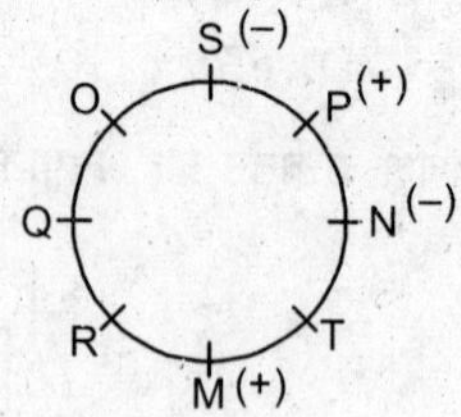

67. जिस प्रकार,

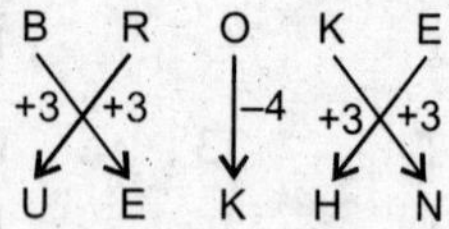

उसी प्रकार,

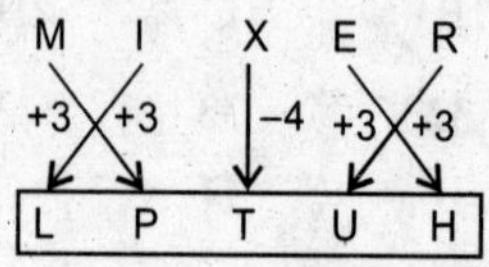

68. 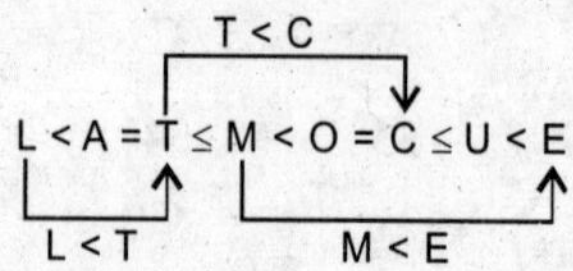

अतः केवल कथन I सही है।

70.

Q	M	I	S	T
↓	↓	↓	↓	↓
17 (विषम)	13 (विषम)	9 (विषम)	19 (विषम)	20 (सम)

T समूह से भिन्न है।

71. 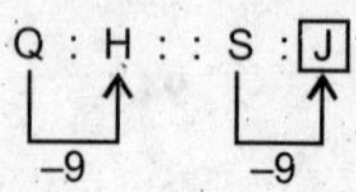

72. जिस प्रकार,

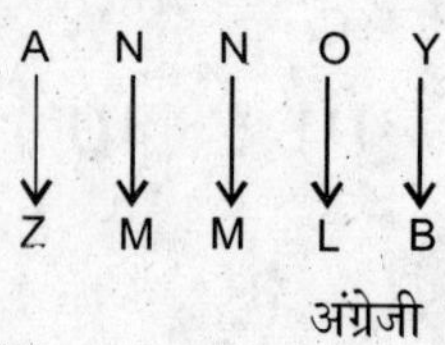

अंग्रेजी वर्णमाला में विपरीत अक्षर

उसी प्रकार,

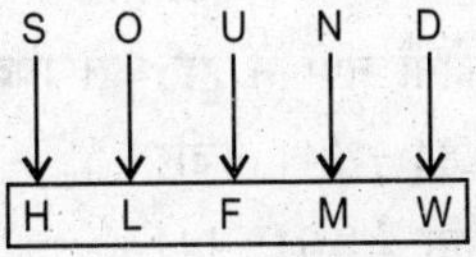

अंग्रेजी वर्णमाला में विपरीत अक्षर

73.

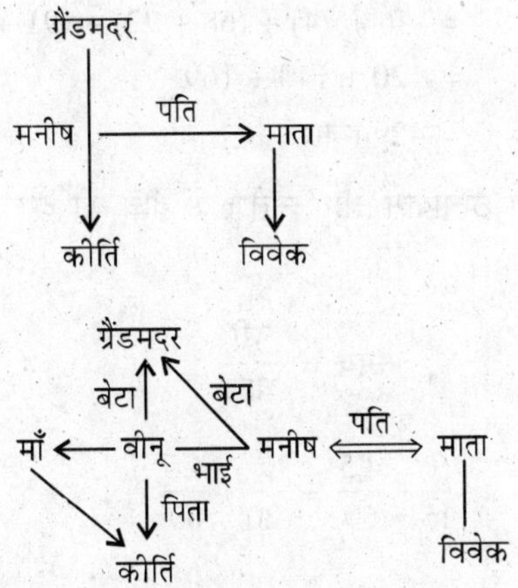

कीर्ति की माँ, विवेक की आंट है।

76. $M < O$

$M \leq N < O \geq P < Q$

(*i*) M और P में कोई सम्बन्ध स्थापित नहीं किया जा सकता है।

(*ii*) M < O, निष्कर्ष सही है।

77.

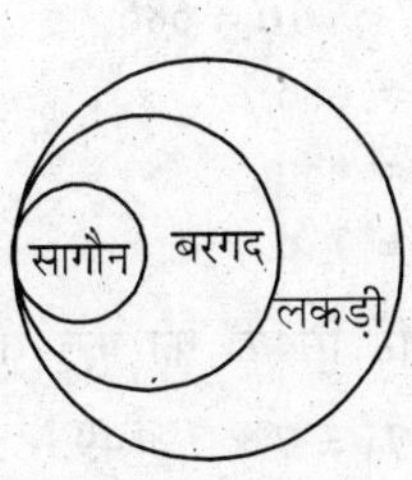

वेन आरेख से स्पष्ट है–

कुछ बरगद, सागौन है। निष्कर्ष तर्क II संगत है।

78. R N J, L H D, K G C, M I E, P K F

(−4 −4), (−4 −4), (−4 −4), (−4 −4), (−5 −5)

अतः PKF समूह से संबंधित नहीं है।

80. 61 → 63 → 66 → 71 → 78 → **89**

+2, +3, +5, +7, +11 ⇐ अभाज्य संख्या

81. 2018 : 22 :: 2022 : **12**

अंकों का योग × 2 (11)   अंकों का योग × 2 (6)

82. Concrete के अतिरिक्त अन्य सभी।

84. 16 → 33 → 68 → 139 → 282 → **569**

×2+1, ×2+2, ×2+3, ×2+4, ×2+5

85.

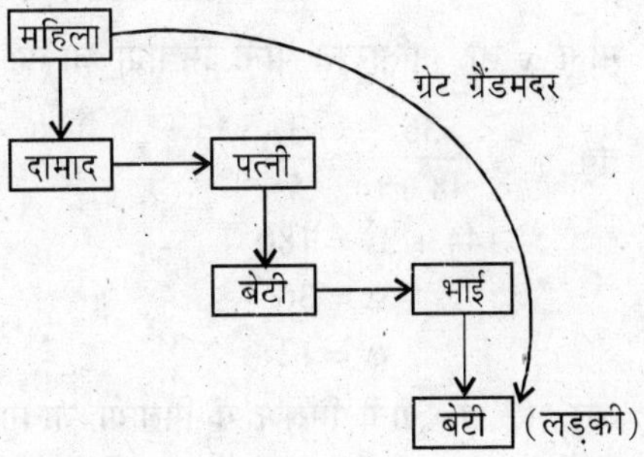

86. माना वृत्त की प्रारम्भिक त्रिज्या = r

वृत्त की प्रारम्भिक परिधि = $2\pi r$

वृत्त की नई त्रिज्या = $19r$

वृत्त की नई परिधि = $2 \times \pi(19r)$

$= 19 \times 2\pi r$

= 19 × प्रारम्भिक परिधि

अतः परिधि 19 गुना हो जाएगी।

87. माना वस्तु का क्रय मूल्य = ₹ x

तब लाभ = $1000 - x$

440 रुपये में बेचने पर हानि

= लाभ × 60%

$= (1000 - x) \times \frac{60}{100}$

$= \frac{3}{5}(1000 - x)$

हानि = क्रय मूल्य − 440

$$x - 440 = \frac{3}{5}(1000 - x)$$
$$5x - 2200 = 3000 - 3x$$
$$8x = 5200$$
$$x = 650.$$

88. दो संख्याओं का गुणनफल = ल.स.प. × म.स.प.
$= 9017 \times 1 = 9017.$

89. 84 ली. मिश्रण में दूध की मात्रा $= 84 \times \frac{3}{7} = 36$ ली.

84 ली. मिश्रण में पानी की मात्रा $= 84 - 36$
$= 48$ ली.

माना x ली. अतिरिक्त पानी मिलाया जायेगा।

तब $$\frac{36}{48+x} = \frac{3}{5}$$
$$144 + 3x = 180$$
$$3x = 36$$
$$x = 12$$

अतः 12 ली. पानी मिश्रण में मिलाया जायेगा।

90. माना मार्टिन का मासिक वेतन ₹ x है।

मार्टिन के पास बचा वेतन
$= 100 - (13 + 12 + 14 + 16)$
$= 100 - 55$
$= 45\%$

तब,
$$x \times 45\% = 42{,}750$$
$$x = \frac{42{,}750 \times 100}{45}$$
$x =$ ₹ 95,000

अनाथालय में दान की गई राशि $= 95000 \times 12\%$
$$= \frac{95{,}000 \times 12}{100}$$
= ₹ 11,400.

91. अभिष्ट औसत $= \frac{46+78+68+57+91}{5}$
$= \frac{340}{5} = 68$ हजार

92. शाखा C_2 की दोनों वर्षों में हुई कुल बिक्री
$= 78 + 86 = 164$ हजार

शाखा C_4 की दोनों वर्षों में हुई कुल बिक्री
$57 + 84 = 141$ हजार

अभिष्ट अनुपात $= 164 : 141.$

93. दोनों वर्षों में शाखाओं C_1, C_3 और C_5 की कुल बिक्री
$= (46 + 74) + (68 + 72) + (91 + 78)$
$= 120 + 140 + 169$
= 429 हजार

94. माना छात्रावास और कॉलेज के बीच की दूरी x किमी है।

$\because$ समय $= \frac{\text{दूरी}}{\text{चाल}}$

$$\frac{x}{15} - \frac{4.5}{60} = \frac{x}{20} + \frac{4.5}{60}$$
$$\frac{x}{15} - \frac{x}{20} = 2 \times \frac{4.5}{60}$$
$$\frac{x}{60} = \frac{9}{60}$$
$$x = 9$$

अतः दूरी 9 किमी. है।

95. माना सिक्कों की संख्या क्रमशः $3x, 5x$ और $7x$ है।
$$3x \times 1 + 5x \times 5 + 7x \times 10 = 686$$
$$3x + 25x + 70x = 686$$
$$98x = 686$$
$$x = 7$$

अतः 10 रुपये के पुराने सिक्कों की कुल संख्या
$= 7x = 7 \times 7 = 49.$

96. साधारण ब्याज $= \frac{p \times r \times t}{100}$
$$= \frac{7600 \times 8 \times 5}{100}$$
= ₹ 3040

5 साल बाद निकाली गयी कुल राशि

$= 7600 + 3040$

$= 10,640$

बची राशि $= \frac{10,640}{2} =$ ₹ 5,320.

97. माना भागफल $= x$

अतः संख्या $= 119x + 10$

अतः संख्या को 17 से विभाजित करने पर

$$= \frac{119x+10}{17} = 0 + \frac{10}{17}$$

$= 10$ (शेषफल)

98. $324^2 \times 72 \div 18^5 \times 1021$

$$= 324^2 \times \frac{72}{18^5} \times 1021$$

$$= [(18)^2] \times \frac{18 \times 4}{18^5} \times 1021$$

$$= 18^5 \times \frac{4}{18^5} \times 1021$$

$= 4 \times 1021$

$= 4084.$

99.

5	375
5	75
5	15
	3

अनुगामी शून्य $= 75 + 15 + 3 = 93.$

100. माना क्रय मूल्य = ₹ 100

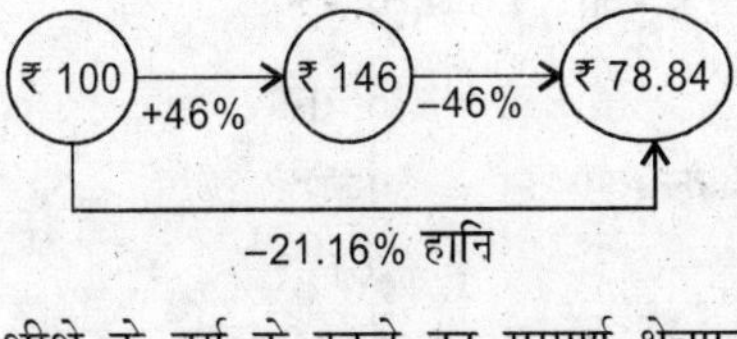

101. शीशे के वर्ग के टुकड़े का सम्पूर्ण क्षेत्रफल $= a^2$

$a^2 = 1444$

$a = 38$

अतः मेज की लम्बाई $= 38 + 2(9)$

$= 38 + 18 = 56$ सेमी

102. माना ट्रेन की लम्बाई x मी. है।

तब, ट्रेन की गति $= \frac{204 + x}{57}$ मी./से.

$$\text{समय} = \frac{\text{दूरी}}{\text{चाल}}$$

$$23 = \frac{x}{\frac{204+x}{57}}$$

$57x = 23(204+ x)$

$57x = 4692 + 23x$

$34x = 4692$

$x = 138$ मी.

अतः ट्रेन की लम्बाई 138 मी. है।

103. 4 साल में राशि = 3 गुनी

राशि (2187) $= 3^7$ गुनी हो जाएगी

$= 7 \times 4 = 28$ साल बाद।

104. माना त्रिभुजाकार मैदान की लम्बाई $= x$ किमी.

तब, औसत गति $= \frac{\text{कुल दूरी}}{\text{दूरी तय करने में लिया गया कुल समय}}$

$$= \frac{x + x + x}{\frac{x}{16} + \frac{x}{24} + \frac{1}{12}}$$

$$= \frac{3}{\frac{x}{16} + \frac{x}{24} + \frac{1}{12}}$$

$$= \frac{3 \times 48}{3+2+4} = \frac{3 \times 48}{9}$$

$= \frac{48}{3} = 16$ किमी/घं.

105. उत्पाद का क्र.मू. $= \left(\frac{100}{100 + \%\text{लाभ}}\right) \times$ वि.मू.

$= \frac{100}{112.5} \times 2367 =$ ₹ 2104

उत्पाद के क्रय मूल्य का आधा $= \frac{2104}{2} =$ ₹ 1052.

106. प्रश्नानुसार,

$$w = 2 \times x$$
$$= 3 \times y = 4 \times z$$
$$w : x : y : z = 1 : \frac{1}{2} : \frac{1}{3} : \frac{1}{4}$$
$$= 12 : 6 : 4 : 3$$

पहले और दूसरे बच्चे को प्राप्त कुल उपहार

$$= 875 \times \frac{(12+6)}{(12+6+4+3)}$$
$$= 875 \times \frac{18}{25}$$
$$= 35 \times 18$$
$$= ₹\ 630.$$

107. सभी चूड़ियों का अभिष्ट औसत

$$= \frac{4 \times 57 + 6 \times 58}{10}$$
$$= \frac{228 + 348}{10} = \frac{576}{10} = 57.6 \text{ ग्राम।}$$

108. माना नई नोटबुक का वजन x किग्रा. है

तब, $71 \times 7.1 + x = 72 \times 7.2$

$$504.1 + x = 518.4$$
$$x = 518.4 - 504.1$$
$$= 14.3 \text{ किग्रा.}$$

109. माना उत्पादों की कुल संख्या $= x$

गेंद दोषपूर्ण उत्पाद $= 100 - 13$

$= 87\%$

प्रश्नानुसार,

$$x \times 87\% = 4959$$
$$x \times 87 = 4959 \times 100$$
$$x = \frac{4959 \times 100}{87}$$
$$x = 5700$$

कुल दोषपूर्ण उत्पाद $= 5700 \times 13\%$

$= 741.$

110. $\frac{2}{5}x + \frac{3}{10}x - \frac{3}{5}x = 531$

$$\frac{4x + 3x - 6x}{10} = 531$$
$$\frac{x}{10} = 531$$
$$x = 5310.$$

111. विमल के कुल अंकों का अभिष्ट प्रतिशत

$$= \frac{72 + 91 + 63 + 44}{80 + 100 + 70 + 50} \times 100$$
$$= \frac{270}{300} \times 100$$
$$= 90\%.$$

112. दिया है, $\frac{S_1}{S_2} = \frac{20}{21}$

यदि D स्थिर $\quad T \propto \frac{1}{5}$

$$\frac{t_1}{t_2} = \frac{21}{20}$$

दिया है, $21x - 20x = 6$ मिनट

$x = 6$ मिनट

$\therefore$ सामान्य समय $= 20x$

$= 20 \times 6$

$= 120$ मिनट

113. घन का विकर्ण = भुजा $\sqrt{3}$

भुजा $\sqrt{3} = 26\sqrt{3}$

भुजा = 26 सेमी

घन का आयतन = $(\text{भुजा})^3$

$= (26)^3$

$= 17576$ सेमी^{3}

घनाभ की ल. = घन की भुजा

$= 26$ सेमी

घनाभ की चौ. = 13 सेमी

माना घनाभ की ऊं. = x सेमी

घन का आयतन = घनाभ का आयतन

$$26 \times 13 \times x = 17576$$

$$x = \frac{17,576}{26 \times 13} = 52$$

अतः घनाभ की ऊंचाई 52 सेमी है।

14. $\sqrt{441} \div 21 + \sqrt{484} = 1 \times x$

$$21 \div 21 + 22 = x$$

$$1 + 22 = x$$

$$\therefore \quad x = 23.$$

16. माना महिला कर्मचारी द्वारा प्रतिदिन अटेंड कॉल का औसत x कॉल है।

तब,

$$(629 + 629) \times 72 = 629 \times 72 + 629 \times x$$

$$2 \times 629 \times 72 = 629\,(72 + x)$$

$$144 = 72 + x$$

$$x = 72.$$

17. माना आयताकार डिजिटल बोर्ड की प्रारम्भिक लम्बाई और चौड़ाई क्रमशः x इकाई और y इकाई है।

प्रारम्भिक क्षेत्रफल = लम्बाई × चौड़ाई

= $x \times y$ वर्ग इकाई

आयताकार डिजिटल बोर्ड की नयी लम्बाई

= $x \times 104\%$

= $\frac{26}{25}x$ इकाई

आयताकार डिजिटल बोर्ड की नयी चौड़ाई

= $y \times 94\%$

= $\frac{47}{50}y$ इकाई

नया क्षेत्रफल = लम्बाई × चौड़ाई

$$= \frac{26}{25}x \times \frac{47}{50}y$$

$$= \frac{1222}{1250}xy$$

क्षेत्रफल में अभिष्ट परिवर्तन

$$= \frac{xy - \frac{1222}{1250}xy}{xy} \times 100$$

$$= \frac{28xy}{1250xy} \times 100$$

= 2.24% किमी.

118. चक्रवृद्धि ब्याज और साधारण के बीच 2 वर्ष कम

अंतर = राशि $\left(\frac{r}{100}\right)^2$

राशि $\left(\frac{4}{100}\right)^2$ = 76

राशि = 76 × 25 × 25

= ₹ 47,500.

119. $15.73 + 13.25 + 16.73 - 28.64 = 3 \times ?$

$$45.71 - 28.64 = 3 \times ?$$

$$3 \times ? = 17.07$$

$$? = 5.69.$$

120. माना हमीद, क्लीमेंट और गणेश का वेतन क्रमशः $3x$, $5x$ और $7x$ रुपये हैं।

प्रश्नानुसार,

$$7x - 3x = 892$$

$$4x = 892$$

$$x = 223$$

क्लीमेंट का वेतन = $5x$

= 5 × 223

= ₹ 1115.

मॉडल पेपर (हल सहित)

RPF/RPSF उपनिरीक्षक (SI) भर्ती परीक्षा

सामान्य ज्ञान

1. जीवों और पर्यावरण के बीच की अन्योन्यक्रिया के वैज्ञानिक विश्लेषण और अध्ययन को क्या कहा जाता है?
A. पारिस्थितिकी (Ecology)
B. सूक्ष्मजीव-विज्ञान (Microbiology)
C. कीटविज्ञान (Entomology)
D. पक्षीविज्ञान (Ornithology)

2. आधुनिक प्रिंटर की गति को मापने के लिए निम्नलिखित में से कौन-सी इकाई का प्रयोग किया जाता है?
A. अक्षर प्रति मिनट (cpm)
B. पंक्ति प्रति मिनट (lpm)
C. पृष्ठ प्रति मिनट (ppm)
D. शब्द प्रति मिनट (wpm)

3. निम्नलिखित में से कौन-सा स्टेम सेल का एक प्रकार नहीं है?
A. नाभि रज्जु (Umbilical)
B. भ्रूण (Fetal)
C. भ्रूण-मूलीय (Embryonic)
D. मेद (Fat)

4. महान सम्राट अशोक किस वंश के थे?
A. मौर्य वंश   B. मुगल वंश
C. गुप्त वंश   D. चोल वंश

5. निम्नलिखित मस्जिदों में से किसका निर्माण मुगल सम्राट शाहजहाँ द्वारा किया गया था?
A. जामा मस्जिद, दिल्ली
B. बादशाही मस्जिद, लाहौर
C. काबुली बाग मस्जिद, हरियाणा
D. किला-ए-कुहना मस्जिद, दिल्ली

6. श्रीलंका (तंब सीलोन) को किस वर्ष डोमिनियन ऑफ सीलोन के रूप में स्वतंत्रता प्रदान की गई थी?
A. 1948   B. 1972
C. 1947   D. 1968

7. वैज्ञानिक नाम 'होमो सेपियंस' (Homo Sapiens) का अर्थ क्या है?
A. सीधा आदमी   B. लम्बा आदमी
C. बुद्धिमान आदमी   D. कामकाजी आदमी

8. निम्नलिखित में से किस देश को 2011 में स्वतंत्रता प्राप्त हुई?
A. इरिट्रिया (Eritrea)
B. दक्षिण सूडान (South Sudan)
C. स्लोवाकिया (Slovakia)
D. ब्रुनेई (Brunei)

9. जलियांवाला बाग हत्याकांड का आदेश किसने दिया था?
A. कर्नल रेजिनाल्ड डायर (Colonel Reginald Dyer)
B. माइकल ओ' डायर (Michael O'Dwyer)
C. एच.एच. आइस्कुइथ (H.H. Asquith)
D. विंस्टन चर्चिल (Winston Churchill)

10. निम्नलिखित में से कौन-सा सत्य है?
A. रेटिना पर बनने वाला प्रतिबिंब उलटा होता है।
B. रेटिना पर बनने वाला प्रतिबिंब मूल छवि से दोगुना होता है।
C. रेटिना पर बनने वाले प्रतिबिंब का आकार वस्तु के समान होता है।
D. रेटिना पर निर्मित प्रतिबिंब ऊर्ध्व होता है।

11. निम्नलिखित में से भिन्न को चुनें।
A. लुब्धक (Sirius)   B. मंगल ग्रह (Mars)
C. नेपच्यून (Neptune)   D. शनि ग्रह (Saturn)

12. रेडियम किस खनिज से प्राप्त किया जाता है?
A. रूटाइल (Rutile)
B. हीमेटाइट (Haematite)
C. चूना पत्थर (Limestone)
D. पिचब्लेंड (Pitchblende)

13. 2016 में, दुनिया की सर्वप्रथम तेजी से असर करने वाला रैबीज-रोधी दवा का लांच ____ में किया गया था।

A. भारत B. इंग्लैंड

C. दक्षिण अफ्रीका D. जर्मनी

14. NaCl किसका रासायनिक सूत्र है?

A. अमोनिया B. पानी

C. नमक D. चीनी

15. रामखेलिया किस राज्य का एक लोक नृत्य है?

A. हरियाणा B. केरल

C. बिहार D. मध्य प्रदेश

16. नई दिल्ली में स्थित भारतीय संसद भवन की रचना को ______ द्वारा तैयार किया गया था।

A. सर एडविन लुटियंस और सर हरबर्ट बेकर (Sir Edwin Lutyens and Sir Herbert Baker)

B. ड्यूक ऑफ कनॉट (Duke of Connaught)

C. सर जॉन आर्चर और सर एडवर्ड बार्टले (Sir John Archer and Sir Edward Bartley)

D. सर क्लाड बाटले और सर जॉन बेग (Sir Claude Batley and Sir John Begg)

17. मानव शरीर में मौजूद निम्नलिखित कोशिकाओं में से किसमें माइटोकॉन्ड्रिया नहीं पाया जाता?

A. लाल रक्त कोशिका

B. यकृत कोशिका

C. मांसपेशी कोशिका

D. श्वेत रक्त कोशिका

18. निम्नलिखित ग्रहों में से किस ग्रह का कोई भी चंद्रमा (उपग्रह) नहीं है?

A. बृहस्पति B. मंगल

C. शुक्र D. नेपच्यून

19. बाह्य अंतरिक्ष में यात्रा करने वाला प्रथम मानव कौन था?

A. नील आर्मस्ट्रांग B. यूरी गागरिन

C. बज एल्ड्रिन D. जॉन ग्लेन

20. ब्रह्मपुत्र नदी निम्नलिखित में से किस देश से होकर प्रवाहित नहीं होती है?

A. चीन B. बांग्लादेश

C. भारत D. नेपाल

21. निम्नलिखित भारतीय राज्यों में से किसमें केसर की खेती की जाती है?

A. जम्मू एवं कश्मीर B. उत्तर प्रदेश

C. असम D. सिक्किम

22. निम्नलिखित में से किस जर्मन वैज्ञानिक ने एक्स-किरण की खोज की?

A. विल्हेम रोएंटजेन (Wilhelm Roentgen)

B. फिलिप लेनार्ड (Philipp Lenard)

C. मैरी क्यूरी (Marie Curie)

D. विलियम क्रूक्स (William Crookes)

23. निम्नलिखित में से कौन-सा जल प्रदूषण का कारण नहीं है?

A. समुद्री डंपिंग

B. घर का कचरा

C. तट पर मछली पकड़ना

D. तेल फैलना

24. स्वतंत्रता से पूर्व, निम्नलिखित में से कौन-सी एक फ्रांसीसी कॉलोनी थी?

A. पुडुचेरी B. पटना

C. सूरत D. गोवा

25. पशुओं की प्रजातियाँ ज्यादातर _______ के कारण लुप्तप्राय हो रही हैं।

A. आवास विखंडन B. अम्ल वर्षा

C. अत्यधिक विकार D. पानी की कमी

26. मूल तत्वों की आवर्त सारणी बनाने वाले पहले वैज्ञानिक कौन थे?

A. हेनरी मोसले (Henry Moseley)

B. रॉबर्ट बॉयल (Robert Boyle)

C. मेंडलीफ (Dmitri Mendeleev)

D. जॉन न्यूलैंड्स (John Newlands)

27. विद्युत आवेश का एस.आई (SI) मात्रक क्या है?

A. वोल्ट (Volts) B. कूलंब (Coulomb)

C. केल्विन (Kelvin) D. किलोग्राम (Kilogram)

28. पक्षियों के अध्ययन को क्या कहा जाता है?

A. एंटोमोलॉजी (Entomology)

B. ओर्निथोलॉजी (Ornithology)

C. बर्डोलॉजी (Birdology)

D. हर्पेटोलॉजी (Herpetology)

9. स्वतंत्र भारत के प्रथम गवर्नर जनरल कौन थे?
   A. राजाजी (Rajaji)
   B. लॉर्ड माउंटबेटन (Lord Mountbatten)
   C. राजेन्द्र प्रसाद (Rajendra Prasad)
   D. लॉर्ड वेवेल (Lord Wavell)

0. इस ब्रह्मांड में दूसरा प्रचुर मात्रा में सर्वाधिक तत्व कौन-सा है?
   A. हाइड्रोजन (Hydrogen)
   B. हीलियम (Helium)
   C. नाइट्रोजन (Nitrogen)
   D. आयरन (Iron)

1. इंटरनेशनल योगा डे (International Yoga day) कब मनाया जाता है?
   A. 21 मार्च   B. 21 जून
   C. 21 सितंबर   D. 21 जुलाई

2. निम्नलिखित में से एथेनॉल (Ethanol) किससे प्राप्त किया जा सकता है?
   A. चावल   B. सूरजमुखी
   C. गन्ना   D. पेट्रोल

3. गौतम बुद्ध को ज्ञान कहाँ पर प्राप्त हुआ था?
   A. बोधगया   B. अमरनाथ
   C. कुशीनगर   D. लुम्बिनी

4. खो-खो के खेल में खेलते समय मैदान में प्रत्येक टीम में कितने खिलाड़ी होते हैं?
   A. 12   B. 9
   C. 11   D. 10

5. विटामिन-A (Vitamin A) की कमी से कौन-सा रोग होता है?
   A. रतौंधी (Night blindness)
   B. बेरीबेरी (Beriberi)
   C. एनीमिया (खून की कमी) (Anaemia)
   D. ट्यूबरक्लोसिस (टीबी) (Tuberculosis)

6. अजंता एवं एलोरा की गुफाएँ किस राज्य में स्थित हैं?
   A. मध्य प्रदेश   B. महाराष्ट्र
   C. मणिपुर   D. उत्तर प्रदेश

37. रायटर्स (Reuters) एक समाचार एजेंसी है। इसका मुख्यालय कहाँ पर स्थित है?
   A. यू.के. (UK)
   B. यू.एस.ए. (USA)
   C. ऑस्ट्रेलिया (Australia)
   D. भारत (India)

38. भारतीय अंतरिक्ष कार्यक्रम का जनक किसे कहा जाता है?
   A. अब्दुल कलाम   B. विक्रम साराभाई
   C. राकेश शर्मा   D. होमी भाभा

39. लोकसभा के पहले अध्यक्ष (स्पीकर) कौन थे?
   A. जी.वी. मावलंकर   B. सुमित्रा महाजन
   C. एस. राधाकृष्णन   D. राजेन्द्र प्रसाद

40. सौरमंडल का सबसे छोटा ग्रह कौन-सा है?
   A. प्लूटो   B. बृहस्पति
   C. बुध   D. पृथ्वी

41. क्षेत्रफल की दृष्टि से सबसे बड़ा दूसरा देश कौन-सा है?
   A. रूस   B. कनाडा
   C. भारत   D. चीन

42. पी.एस.एल.वी. (PSLV) से क्या अभिप्राय है?
   A. पोलर सनलाइट लांच व्हीकल (Polar Sunlight Launch Vehicle)
   B. पोलर स्पेस लांच व्हीकल (Polar Space Launch Vehicle)
   C. पोलर सैटेलाइट लांच व्हीकल (Polar Satellite Launch Vehicle)
   D. पब्लिक सैटेलाइट लांच व्हीकल (Public Satellite Launch Vehicle)

43. किस देश ने यू.एस.ए. (USA) को स्टैचू ऑफ लिबर्टी (Statue of Liberty) भेंट की थी?
   A. जर्मनी   B. फ्रांस
   C. इंग्लैंड   D. भारत

44. सर्वाधिक ऑस्कर पुरस्कार जीतने वाले पुरुष रिकॉर्ड किसके नाम पर है?
   A. वाल्ट डिज्नी (Walt Disney)
   B. स्टीवन स्पेलबर्ग (Steven Spielberg)
   C. रिडले स्कॉट (Ridley Scot)
   D. जोसफ एम. न्यूमैन (Joseph M. Newman)

45. डेनमार्क की राजधानी का नाम क्या है?
A. कोपेनहेगन B. ब्रिस्टल
C. सिडनी D. कैनबरा

46. 2015 में संयुक्त राष्ट्र जलवायु परिवर्तन सम्मेलन कहाँ आयोजित किया गया था?
A. मॉस्को B. नई दिल्ली
C. पेरिस D. लंदन

47. भारतीय संविधान में कितने मौलिक कर्तव्यों का उल्लेख किया गया है?
A. 8
B. 9
C. 10
D. 11

48. अंतरिक्ष में जाने वाले सर्वप्रथम कुत्ते का नाम क्या
A. जूल्स (Jules) B. लाइका (Laika)
C. रोजर (Roger) D. स्पुतनिक (Sputnik

49. पानी के अंदर की वस्तुओं का पता लगाने के लि किस यंत्र का उपयोग किया जाता है?
A. लेजर (Laser) B. राडार (Radar)
C. सोनार (Sonar) D. स्कूबा (Scuba)

50. पोलियो (Polio) के टीके की खोज किसने की?
A. मेरी क्यूरी (Marie Curie)
B. जोनास सॉल्क (Jonas Salk)
C. लुइस पाश्चर (Louis Pasteur)
D. अलेक्जेंडर फ्लेमिंग (Alexander Fleming)

गणित

51. यदि '+' का अर्थ '×' है, '–' का अर्थ '÷' है, '×' का अर्थ '+' है और '÷' का अर्थ '–' है, तो अभिव्यक्ति के मूल्य की गणना करें:
$35 - 5 + 6 \times 7$
A. 45 B. 49
C. 55 D. 51

52. यदि तीन संख्याएँ 4 : 5 : 7 के अनुपात में है, और उनका योग 320 है। इनमें से सबसे छोटी तथा सबसे बड़ी संख्या का योगफल ज्ञात कीजिए।
A. 140 B. 220
C. 240 D. 180

53. A और B साथ मिलकर एक काम 40 दिनों में कर सकते हैं। उनकी काम करने की दर का अनुपात 8 : 5 है। A उसी काम को अकेला कितने दिनों में पूरा करेगा?
A. 65 दिन B. 40 दिन
C. 72 दिन D. 104 दिन

54. दी गई संख्याओं के लिए निम्नलिखित में से कौन-सा सही है?
A. $\frac{13}{21} < \frac{57}{97} < \frac{52}{94} < \frac{36}{79}$
B. $\frac{36}{79} < \frac{57}{97} < \frac{52}{94} < \frac{13}{21}$
C. $\frac{36}{79} < \frac{52}{94} < \frac{13}{21} < \frac{57}{97}$
D. $\frac{36}{79} < \frac{52}{94} < \frac{57}{97} < \frac{13}{21}$

55. अर्द्धवार्षिक रूप से चक्रवृद्धि ब्याज से ₹ 80,000 2 वर्ष बाद 20% की वार्षिक दर से कितने रुपये हो जाएं
A. ₹ 97,240 B. ₹ 117,128
C. ₹ 115,200 D. ₹ 120,000

56. एक व्यक्ति अपने पुत्र से 26 वर्ष बड़ा है। 3 वर्ष ब उसकी आयु अपने पुत्र की आयु से 3 गुनी हो जाएग पिता की वर्तमान आयु ज्ञात कीजिए।
A. 10 वर्ष B. 36 वर्ष
C. 32 वर्ष D. 40 वर्ष

57. 25, 23, 26, 29, 31, 39 और 11 की माध्यिका ज्ञा कीजिए।
A. 25 B. 26
C. 29 D. 31

58. एक निश्चित धनराशि का साधारण ब्याज की ए निश्चित दर से 6 वर्षों के लिए निवेश किया गया। य यह 3% अधिक दर पर निवेश की गई होती, ₹ 900 अधिक प्राप्त होते हैं। मूलधन ज्ञात करो।
A. ₹ 3500 B. ₹ 4000
C. ₹ 4500 D. ₹ 5000

9. $\left(\frac{2}{5}+\frac{2}{9}\right)\div\left(\frac{2}{5}+\frac{5}{9}\right)$ को सरल कीजिए।

A. $\frac{28}{45}$ B. $\frac{28}{43}$

C. $\frac{27}{34}$ D. $\frac{7}{17}$

0. P कार्य करने में Q (क्यू) से दोगुना सक्षम है। दोनों एक साथ मिलकर एक काम को 22 दिनों में पूरा करते हैं। Q अकेला इस काम को पूरा करने के लिए कितना समय लेगा?

A. 33 दिन B. 22 दिन
C. 66 दिन D. 99 दिन

1. एक दो अंकों की संख्या अपने अंकों के योग की 4 गुनी है। यदि संख्या में 27 जोड़े जाएँ, तो यह अपने अंकों के योग की 7 गुना हो जाती है। यह दो अंकों की संख्या क्या है?

A. 24 B. 12
C. 48 D. 36

2. एक नाव धारा की विरुद्ध दिशा में शहर x से शहर y की ओर जाती है और धारा की दिशा में शहर y से शहर x की ओर वापस आती है। यदि स्थिर पानी में नाव की गति 40 किमी./घंटा तथा धारा की गति 10 कि.मी./घंटा है, तो पूरी यात्रा में नाव की औसत गति कितनी है?

A. 36.5 कि.मी./घंटा B. 34.5 कि.मी./घंटा
C. 37.5 कि.मी./घंटा D. 33.33 कि.मी./घंटा

3. P पहले एक घंटे में 50 कि.मी./घंटा की गति से चलता है और अगले दो घंटे में 70 कि.मी./घंटा की गति से चलता है। P की औसत गति कितनी है?

A. 60 कि.मी./घंटा B. 63.33 कि.मी./घंटा
C. 59.33 कि.मी./घंटा D. 62 कि.मी./घंटा

4. P ने एक वस्तु ₹ 1200 में खरीदी और इसे 10% लाभ पर बेच दिया। यदि यह ₹ 1380 में बेची गई होती, तो लाभ में कितने प्रतिशत की वृद्धि होती?

A. 5% B. 10%
C. 12% D. 15%

65. 72, 74, 75, 76, 75, 74, 73, 75, 73, 71 और 77 का बहुलक ज्ञात कीजिए।

A. 73 B. 74
C. 75 D. 72

66. दो संख्याओं का महत्तम समापवर्त्य (HCF) तथा लघुत्तम समापवर्त्य (LCM) क्रमशः 7 और 252 है। यदि एक संख्या 28 हो, तो दूसरी संख्या ज्ञात कीजिए।

A. 252 B. 63
C. 126 D. 56

67. एक दुकानदार ने एक वस्तु का अंकित मूल्य ₹ 160 रख दिया। यदि 10% की छूट देने के बाद भी उसे क्रय मूल्य पर 20% का लाभ मिलता हो, तो वस्तु का क्रय मूल्य ज्ञात कीजिए।

A. ₹ 140 B. ₹ 120
C. ₹ 150 D. ₹ 132

68. 12 मी. और 17 मी. लंबे खंभे जमीन पर सीधे खड़े हैं। उनके पैरों के बीच की दूरी 12 मी. है, तो उनके शीर्ष छोरों के बीच की दूरी ज्ञात कीजिए।

A. 11 मी. B. 12 मी.
C. 13 मी. D. 14 मी.

69. 90 मेज का क्रय मूल्य 60 मेजों के विक्रय मूल्य के बराबर है। लाभ प्रतिशत ज्ञात कीजिए।

A. 33.33% B. 40%
C. 50% D. 60%

70. 13, 19, 21 और 22 का लघुत्तम समापवर्त्य (LCM) ज्ञात करें।

A. 114114 B. 124124
C. 141114 D. 142214

71. यदि Δ ABC तथा Δ DEF समरूप त्रिभुज हैं, जिसमें BC = 4 से.मी., EF = 7 से.मी. है और Δ ABC का क्षेत्रफल 144 वर्ग से.मी. है, तो Δ DEF का क्षेत्रफल ज्ञात कीजिए।

A. 252 वर्ग से.मी.
B. 504 वर्ग से.मी.
C. 441 वर्ग से.मी.
D. 324 वर्ग से.मी.

72. $3.26 \times 7.2 =$

A. 20.342 B. 23.472
C. 22.012 D. 21.432

73. एक बस 1 घंटे में $12\frac{2}{5}$ की दूरी तय कर सकती है, तो यह $2\frac{3}{4}$ घंटे में कितनी दूरी तय करेगी?

A. 3.41 किमी. B. 34.1 किमी.
C. 341 किमी. D. 0.341 किमी.

74. वह कौन-सी 3 अंकों की सबसे बड़ी संख्या है जो 15, 25 और 30 से पूरी तरह विभाजित होती है?

A. 900 B. 930
C. 960 D. 975

75. यदि घड़ी में 10 बजे हों, तो घड़ी के घंटे और मिनट वाली सुइयाँ कितनी डिग्री का कोण बनाती हैं?

A. 30° B. 45°
C. 60° D. 90°

76. यदि एक आयत का परिमाप 24 सेमी है तथा लम्बाई, चौड़ाई की दोगुनी है तो उसका क्षेत्रफल ज्ञात कीजिए?

A. 24 वर्ग सेमी. B. 32 वर्ग सेमी.
C. 28 वर्ग सेमी. D. 36 वर्ग सेमी.

77. यदि $\sec\theta - \tan\theta = \frac{1}{3}$ है, तो $\sec\theta + \tan\theta$ कितना होगा?

A. 1 B. 9
C. 3 D. $\frac{1}{9}$

78. एक रेलगाड़ी 80 किलोमीटर प्रति घंटा की रफ्तार से चलती है। यदि रेलगाड़ी की लम्बाई 400 मीटर है, तो वह एक बिजली के खम्भे को पार करने में कितना समय लेगी?

A. 10 सेंकड B. 6 सेंकड
C. 18 सेंकड D. 15 सेंकड

79. यदि एक 12 मीटर लम्बी छड़ को 25 बराबर भागों काटा जाए, तो प्रत्येक भाग की लम्बाई कितनी होग

A. 4.8 मी. B. 48 सेमी.
C. 48 मिमी. D. 4.8 सेमी.

80. यदि $a + b = -2$ और $a - b = 12$ है, तो B का म ज्ञात कीजिए।

A. 5 B. –5
C. 7 D. –7

81. एक व्यापारी ने 120 किलो आलू ₹ 24 प्रतिकिलो दर से खरीदे। उसने 80 किलो आलू 50% लाभ त बाकी 25% हानि पर बेचे, तो उसका कुल लाभ हानि प्रतिशत में ज्ञात कीजिए।

A. 50% लाभ B. 25% लाभ
C. 50% हानि D. 25% हानि

82. यदि A, 109 कार ₹ 2,64,89,071 में खरीदता है, 1 कार का मूल्य कितना होगा?

A. ₹ 2,43,109 B. ₹ 2,39,140
C. ₹ 2,43,019 D. ₹ 2,43,190

83. यदि $5x$ और $8x$ का HCF तथा LCM क्रमश 9 तथा 360 है, तो x का मान ज्ञात कीजिए :

A. 5 B. 7
C. 9 D. 11

84. 0.05×0.4 को हल कीजिए :

A. 2 B. 0.2
C. 0.02 D. 0.002

85. जैक एक पोशाक को ₹ 1440 में बेचता है और 20 लाभ कमाता है। पोशाक का क्रय मूल्य कितना होगा

A. ₹ 1152 B. ₹ 1240
C. ₹ 1200 D. ₹ 1180

सामान्य बुद्धिमत्ता एवं तर्कशक्ति

86. जॉन ने कहा, "शेरोन मेरी दादी के एकलौते बेटे की बेटी है।" शेरोन जॉन से कैसे संबंधित है?

A. बहन
B. मामी (Maternal Aunt)
C. चचेरा भाई (Cousin)
D. माँ

87. पहले जोड़े में दिए गए शब्दों के समान दिए गए विकल में से संबंधित जोड़े को चुनें।

LION : ROAR : : OWL : ________

A. HOWL
B. GRUNT
C. HOOT
D. CROAK

88. यदि A = 1 और EAT = 26, तो SEAT =

A. 45 B. 44
C. 46 D. 47

89. पहले जोड़े में दिए गए शब्दों के समान दिए गए विकल्पों में से संबंधित जोड़े को चुनें।

BIHAR : PATNA : : GUJARAT : ______

A. GANDHINAGAR B. JAIPUR
C. AHMEDABAD D. DAMAN

90. नीचे दिए गए एक कथन के बाद कुछ निष्कर्ष दिए हैं। आपको इस कथन को सत्य मानना है, भले ही ये सामान्यतः ज्ञात तथ्यों के साथ मेल न खाता हो और फिर यह निर्धारित करना है कि दिए गए निष्कर्षों में से कौन-सा इस कथन से तर्कसंगत है।

कथन : रंजीत को अपने सहयोगियों के सामने अपने पर्यवेक्षक द्वारा अपमानित किया गया था।

निष्कर्ष : I. पर्यवेक्षक रंजीत को पसंद नहीं करता है।
II. रंजीत अपने सहयोगियों के बीच लोकप्रिय है।

A. केवल निष्कर्ष I तर्कसंगत है।
B. केवल निष्कर्ष II तर्कसंगत है।
C. I और II दोनों तर्कसंगत है।
D. न तो I, न ही II तर्कसंगत है।

निर्देश (प्र.सं. 91 से 93 तक): *नीचे दी गई आकृति का अध्ययन करें और उस पर आधारित सवालों के जवाब दें।*

△ चाय पीने वालों को दर्शाता है
○ कॉफी पीने वालों को दर्शाता है
□ रस पीने वालों को दर्शाता है।

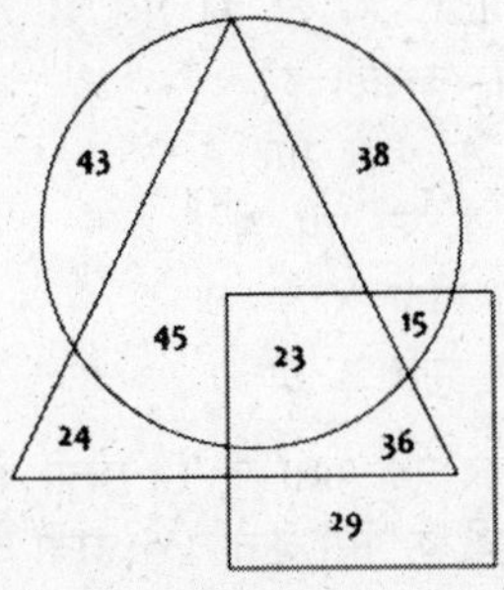

91. कितने लोग कॉफी पीते हैं?

A. 141 B. 164
C. 127 D. 145

92. कितने लोग चाय और कॉफी पीते हैं, लेकिन रस नहीं?

A. 38 B. 43
C. 23 D. 45

93. कितने लोग रस और चाय पीते हैं, लेकिन कॉफी नहीं?

A. 23 B. 36
C. 15 D. 24

94. नीचे कुछ कथन उनके निष्कर्षों के साथ दिए गए हैं। आपको इन कथनों को सत्य मानना है, भले ही वे सामान्यतः ज्ञात तथ्यों के साथ मेल न खाते हों और फिर यह निर्धारित करना है कि दिए गए निष्कर्षों में से कौन-सा इन कथनों से तर्कसंगत है।

कथन : A. कुछ लड़के लड़कियाँ हैं।
B. सभी लड़कियाँ गायक हैं।

निष्कर्ष : I. कुछ गायक लड़कियाँ हैं।
II. कुछ गायक लड़के हैं।

A. केवल निष्कर्ष I तर्कसंगत है।
B. केवल निष्कर्ष II तर्कसंगत है।
C. I और II दोनों तर्कसंगत हैं।
D. न तो I, न ही II तर्कसंगत है।

निर्देश (प्र.सं. 95 से 97 तक): *निम्नलिखित अनुच्छेद का उस पर आधारित प्रश्नों के लिए उपयोग करें।*

प्रिया, मोहित, गिरिजा, प्रीति, बिजॉय, अनिल और रीता गोलाकार मेज के चारों ओर मेज के सामने मुँह करते हुए बैठे हैं। रीता, जो अविवाहित है, अपनी सबसे अच्छी दोस्त गिरिजा के बाईं तरफ दूसरे नंबर पर बैठी है, जो अपने पति अनिल के बाईं बगल में बैठी है। प्रिया उसके पति बिजॉय के बाईं तरफ तीसरे नंबर पर है। मोहित अपनी पत्नी प्रीति और बिजॉय के बीच बैठा है।

95. निम्नलिखित में से कौन-सा सही है?

A. गिरिजा बिजॉय के बाईं तरफ तीसरे नंबर है।
B. प्रिया, रीता के बिल्कुल दाईं बगल में है।
C. प्रीति, प्रिया के दाईं बगल में दूसरे नंबर पर है।
D. रीता, मोहित के बाईं तरफ तीसरे नंबर पर है।

96. निम्नलिखित में से कौन-सी जगह अनिल की है?

A. प्रीति के दाईं तरफ से चौथी
B. गिरिजा के बिल्कुल बाईं तरफ
C. रीता और मोहित के बीच
D. प्रिया के बिल्कुल दाईं तरफ

97. निम्नलिखित क्रम में से कौन-से क्रम में पहला व्यक्ति दूसरे व्यक्ति के बिल्कुल दाईं बगल में बैठा नहीं है?

A. मोहित, बिजॉय

B. अनिल, गिरिजा

C. रीता, बिजॉय

D. प्रिया, रीता

98. अनीता अर्जुन के मामा (maternal uncle) के पिता की एकलौती बेटी है। अनीता अर्जुन से कैसे संबंधित है?

A. बहन

B. माँ

C. चाची (Paternal Aunt)

D. बेटी

99. नीचे दिए गए एक कथन के बाद कुछ निष्कर्ष दिए हैं। आपको इस कथन को सत्य मानना है, भले ही यह सामान्यतः ज्ञात तथ्यों के साथ मेल न खाता हो और फिर यह निर्धारित करना है कि दिए गए निष्कर्षों में से कौन-सा इस कथन से तर्कसंगत है।

कथन : भारत में जून-सितंबर बरसात का मौसम है।

निष्कर्ष : I. भारत में हमेशा इन चार महीनों के दौरान बारिश होती है।

II. भारत में केवल बरसात के मौसम के दौरान बारिश होती है।

A. केवल निष्कर्ष I तर्कसंगत है।

B. केवल निष्कर्ष II तर्कसंगत है।

C. I और II दोनों तर्कसंगत हैं।

D. न तो I, न ही II तर्कसंगत है।

निर्देश (प्र.सं. 100 से 102 तक): *एक कंपनी की कार के केवल 3 मॉडल्स हैं। 1, 2 व 3। उनकी बिक्री के आँकड़े निम्नानुसार हैं:*

वर्ष	मॉडल 1	मॉडल 2	मॉडल 3
1990-1995	19,000	41,300	6,412
1996-2000	27,000	35,000	7,276
2001-2005	42,500	32,000	8,184
2006-2010	68,320	21,350	9,250
2011-2015	91,600	16,400	10,025

उपरोक्त तालिका के आँकड़ों का उपयोग करते हुए, निम्नलिखित सवालों के उत्तर दीजिए।

100. किस अवधि में कार की कुल बिक्री एक लाख से अधिक रही?

A. 1995-2000 B. 2001-2005

C. 2011-2015 D. 2006-2010

101. इनमें से कौन निश्चित रूप से गलत है?

A. लगता है कि कंपनी को मॉडल 2 से परेशानियाँ हैं

B. लगता है कि कंपनी मॉडल 1 की बिक्री पर अधिक ध्यान दे रही है।

C. मॉडल 1 की तुलना में मॉडल 3 की वृद्धि की दर ऊँची है।

D. कंपनी की कुल बिक्री में मॉडल 1 की बिक्री का हिस्सा बढ़ता ही जा रहा है।

102. 2011-2015 की अवधि में मॉडल्स 1 व 2 की बिक्री की हिस्सेदारी में कितना अंतर है?

A. 77.6% B. 13.8%

C. 8.5% D. 63.7%

103. 6 व्यक्तियों P, Q, R, S, T व U का एक परिवार है। P व R एक विवाहित जोड़ा है। P की लड़की S है। R का पुत्र Q है, लेकिन Q की माता R नहीं है। R का भाई T है। S, U का भाई है, तो परिवार में कितने सदस्य पुरुष हैं?

A. 3 B. 4

C. 2 D. 5

104. जैसे टीकाकरण के लिए बीमारी है, वैसे ही रखरखाव के लिए है

A. रंग करना B. खराबी

C. खर्च D. तेल लगाना

105. एक परिवार में X व Y बहनें हैं। A की माता Y है, A का पुत्र C है, X का पुत्र B है। निम्न में से कौन-सा कथन सही है?

A. B व A चचेरे भाई हैं

B. X व Y का पुत्र A है

C. B का पिता X है

D. C की दादी X है

106. 26 छात्रों की एक कक्षा में, 14 छात्रों के पास बिल्लियाँ हैं। 10 छात्रों के पास कुत्ते व 5 छात्रों के पास तोते हैं। यदि 4 छात्रों के पास बिल्लियाँ व कुत्ते दोनों हैं तथा 1 छात्र के पास कुत्ता व तोता दोनों हैं तथा 3 के पास तोते व बिल्लियाँ दोनों हैं तथा ऐसा कोई भी नहीं है,

जिसके पास ये तीनों हों। तब कितने ऐसे हैं, जिनके पास कुछ भी नहीं है?

A. 1 B. 3
C. 5 D. 7

107. निम्न में से कौन श्रेणी के अंतर्गत नहीं है?
8, 27, 50, 125, 343

A. 8 B. 50
C. 27 D. 125

108. जो अनोखा है, वह मालूम करें:
मंदिर, ईंट, महल, घर

A. मंदिर B. ईंट
C. महल D. घर

निर्देश (प्र.सं. 109 से 111 तक): *नीचे दिए गए पाई चार्ट में संगीत शाला के छात्रों द्वारा बजाए गए वाद्ययंत्रों को प्रदर्शित किया गया है। चार्ट को पढ़ें और उन पर आधारित निम्नलिखित प्रश्नों के उत्तर दें।*

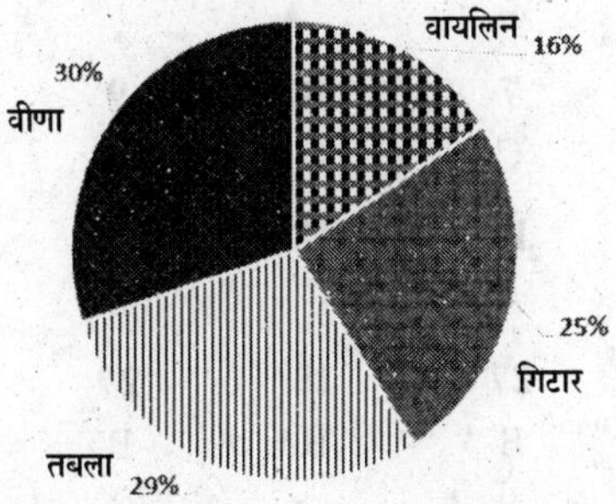

109. वायलिन से संबंधित सेक्टर का कोण _______ है।

A. 16.8° B. 16°
C. 57.6° D. 48°

110. यदि कुल 300 छात्र हैं, तब तबला बजाने वालों व वीणा बजाने वालों के बीच कितना अंतर है?

A. 30 B. 90
C. 3 D. 9

111. जो छात्र गिटार बजाते हैं उनका अनुपात वायलिन बजाने वालों से कितना है?

A. 5 : 4 B. 5 : 6
C. 25 : 16 D. 8 : 15

112. यदि A : B है 2 : 5 तथा B : C है 3 : 4, तो A : C कितना होगा?

A. 1 : 2 B. 3 : 10
C. 2 : 3 D. 5 : 4

113. नीचे विवरण दिए गए हैं और उनके बाद कुछ निष्कर्ष हैं। नीचे दिए गएं सवालों के जवाब देने के लिए उन्हें पढ़ें।

विवरण :

1. इन दिनों कॉलेज की शिक्षा बहुत खर्चीली है।
2. कॉलेज की शिक्षा कुछ लोगों तक ही सीमित कर देनी चाहिए।

निष्कर्ष :

I. कोई भी कॉलेज जाने की क्षमता नहीं रख सकता है।
II. गरीब की भी कॉलेज की शिक्षा तक की पहुँच होनी चाहिए।

दिए गए कथनों में से कौन तर्कसंगत ढंग से दिए हुए विवरणों का अनुगमन करता है?

A. केवल निष्कर्ष I ही अनुगमन करता है।
B. केवल निष्कर्ष II ही अनुगमन करता है।
C. I व II दोनों निष्कर्ष का अनुगमन करते हैं।
D. I व II दोनों निष्कर्ष का अनुगमन नहीं करते हैं।

114. यदि 7 पेज प्रतिदिन पढ़े जाएँ तो एक पुस्तक 40 दिन में पढ़ी जा सकती है। यदि एक पुस्तक 8 दिन में पूरी पढ़नी है, तो प्रत्येक दिन में कितने पेज पढ़ने होंगे?

A. 35 B. 16
C. 56 D. 28

115. जोथी ने चित्रा से कहा, "तुम्हारी पुत्री के पिता मेरे भाई के पुत्र हैं।" चित्रा की पुत्री का जोथी के भाई से क्या रिश्ता है?

A. पुत्र B. चाचा
C. दादा D. पोता

116. एक विशिष्ट कोड भाषा में एक ड्राइवर को किसान कहा गया, किसान को इंजीनियर कहा गया और एक इंजीनियर को डॉक्टर कहा गया तब खेत कौन जोतेगा?

A. ड्राइवर B. किसान
C. इंजीनियर D. डॉक्टर

117. जो मांद के लिए शेर है वह चिड़ियाखाने के लिए है :

A. चिड़ियाएँ
B. भेड़
C. मगरमच्छ
D. साँप

118. मनोज व हरीश तबला बजाते हैं। केतन व हरीश ड्रम बजाते हैं। मनोज व जैकब बाँसुरी बजाते हैं। जैकब व केतन वायलिन बजाते हैं। इनमें से कितने 2 वाद्ययंत्र बजा सकते हैं?

A. एक B. दो
C. तीन D. चार

119. अगली संख्या श्रेणी में क्या है?
765, 642, 519, 396, 273,

A. 210 B. 187
C. 150 D. 134

120. नीचे विवरण दिए गए हैं और उनके बाद कुछ निष्कर्ष हैं। सामान्य रूप से ज्ञात तथ्यों के अनुसार यदि भिन्नता मालूम हो, तब भी आपको दिए गए विवरणों को ही सही मानना है।

विवरण :

1. बच्चे कभी-कभी शरारत करते हैं।
2. माताएँ पागल लोगों की तरह अपने बच्चों पर चीखती हैं।

निष्कर्ष :

I. सभी माताएँ पागल होती हैं।
II. बच्चे अपनी माताओं के चीखने के कारण शरारती होते हैं।

दिए गए कथनों में से कौन तर्कसंगत ढंग से दिए हुए विवरणों का अनुगमन करता है।

A. I व II निष्कर्ष का अनुगमन नहीं करते हैं।
B. केवल निष्कर्ष I ही अनुगमन करता है।
C. केवल निष्कर्ष II ही अनुगमन करता है।
D. I व II दोनों निष्कर्ष का अनुगमन करते हैं।

उत्तरमाला

1	2	3	4	5	6	7	8	9	10
A	C	D	A	A	A	C	B	A	A
11	**12**	**13**	**14**	**15**	**16**	**17**	**18**	**19**	**20**
A	D	A	C	C	A	A	C	B	D
21	**22**	**23**	**24**	**25**	**26**	**27**	**28**	**29**	**30**
A	A	C	A	A	C	B	B	B	B
31	**32**	**33**	**34**	**35**	**36**	**37**	**38**	**39**	**40**
B	C	A	B	A	B	A	B	A	C
41	**42**	**43**	**44**	**45**	**46**	**47**	**48**	**49**	**50**
B	C	B	A	A	A	D	B	C	B
51	**52**	**53**	**54**	**55**	**56**	**57**	**58**	**59**	**60**
B	B	A	D	B	B	B	D	B	C
61	**62**	**63**	**64**	**65**	**66**	**67**	**68**	**69**	**70**
D	C	B	A	C	B	B	C	C	A
71	**72**	**73**	**74**	**75**	**76**	**77**	**78**	**79**	**80**
C	B	B	A	C	B	C	C	B	D
81	**82**	**83**	**84**	**85**	**86**	**87**	**88**	**89**	**90**
B	C	C	C	C	A	C	A	A	D
91	**92**	**93**	**94**	**95**	**96**	**97**	**98**	**99**	**100**
B	D	B	C	B	A	C	B	D	C

101	102	103	104	105	106	107	108	109	110
B	D	B	B	A	C	B	B	C	C
111	**112**	**113**	**114**	**115**	**116**	**117**	**118**	**119**	**120**
C	B	D	A	C	C	A	D	C	A

व्याख्यात्मक उत्तर

51. $35 - 5 + 6 \times 7 = 35 \div 5 \times 6 + 7$

$= 35 \times \frac{1}{5} \times 6 + 7$

$= 42 + 7 = 49.$

52. $4x + 5x + 7x = 320$

$\Rightarrow \quad 16x = 320$

$\Rightarrow \quad x = \frac{320}{16} = 20$

$\therefore$ सबसे छोटी संख्या $= 4x$

$= 4 \times 20 = 80$

सबसे बड़ी संख्या $= 7x$

$= 7 \times 20 = 140$

$\therefore$ सबसे छोटी और सबसे बड़ी संख्या का योग

$= 80 + 140$

$= 220.$

53. $\because$ A और B साथ मिलकर 1 काम को 40 दिन में करते हैं।

$\therefore$ A और B साथ मिलकर 1 दिन में $\frac{1}{40}$ काम करेंगे।

माना कि A और B के काम करने की दर का अनुपात $8x$ और $5x$ है।

$\therefore$ दोनों के साथ मिलकर काम करने की दर $= 13x$

$\therefore$ A अकेले $\frac{40 \times 13x}{8x} = 65$ दिनों में कार्य पूरा करेगा।

54. $\frac{36}{79} = 0.45$

$\frac{52}{94} = 0.55$

$\frac{57}{97} = 0.58$

$\frac{13}{21} = 0.61$

अतः स्पष्ट है $\frac{36}{79} < \frac{52}{94} < \frac{57}{97} < \frac{13}{21}$.

55. मिश्रधन (A) $= P\left(1 + \frac{r}{100}\right)^t$

$= 80000 \times \left(1 + \frac{10}{100}\right)^4$

$= 80000\left(1 + \frac{1}{10}\right)^4$

$= 80000\left(\frac{11}{10}\right)^4$

$= \frac{80000 \times 11 \times 11 \times 11 \times 11}{10 \times 10 \times 10 \times 10}$

$= 8 \times 121 \times 121$

$= 8 \times 14641 =$ ₹ 117128.

56. माना कि पिता की वर्तमान आयु x वर्ष है।

$\therefore$ पुत्र की वर्तमान आयु $= (x - 26)$ वर्ष

3 वर्ष के बाद दोनों की आयु

$x + 3 = 3(x - 26 + 3)$

$\Rightarrow \quad x + 3 = 3(x - 23)$

$\Rightarrow \quad x + 3 = 3x - 69$

$\Rightarrow \quad 3x - x = 72$

$\Rightarrow \quad 2x = 72$

$\therefore \quad x = 36$ वर्ष

57. 25, 23, 26, 29, 31, 39 और 11 की माध्यिका

= 11, 23, 25, 26, 29, 31, 39 (आरोही क्रम)

यहाँ पर, $n = 7$ जो विषम है

$\therefore$ माध्यिका = $\left(\frac{n+1}{2}\right)$ वाँ पद

= चौथा पद

= 26.

58. माना कि मूलधन P तथा साधारण ब्याज की दर R है।

$\therefore$ साधारण ब्याज = $\frac{P \times R \times 6}{100}$

$= \frac{6PR}{100}$

$\therefore$ मिश्रधन (A) = $P + \frac{6PR}{100}$

जब ब्याज की दर 3% अधिक हो,

तब, साधारण ब्याज = $\frac{P \times (R+3) \times 6}{100}$

$= \frac{P(6R+18)}{100}$

$= \frac{6PR + 18P}{100}$

$\therefore$ मिश्रधन (A_1) = $P + \frac{6PR+18P}{100}$

$$\therefore \quad 900 + P + \frac{6PR}{100} = P + \frac{6PR + 18P}{100}$$

$$\Rightarrow \quad \frac{6PR}{100} + \frac{18P}{100} - \frac{6PR}{100} = 900$$

$$\Rightarrow \quad \frac{18P}{100} = 900$$

$$\therefore \quad P = \frac{900 \times 100}{18}$$

= ₹ 5000.

59. $\left(\frac{2}{5} + \frac{2}{9}\right) \div \left(\frac{2}{5} + \frac{5}{9}\right)$

$$= \left(\frac{18+10}{45}\right) \div \left(\frac{18+25}{45}\right)$$

$$= \frac{28}{45} \div \left(\frac{43}{45}\right)$$

$$= \frac{28}{45} \times \frac{45}{43} = \frac{28}{43}.$$

60. P और Q की कार्यकुशलता का अनुपात

$= 2x : x$

$\therefore$ समय का अनुपात $= x : 2x$

(P + Q) के 1 दिन का कार्य = $\frac{1}{22}$

$$\Rightarrow \quad \frac{1}{x} + \frac{1}{2x} = \frac{1}{22}$$

$$\Rightarrow \quad \frac{2+1}{2x} = \frac{1}{22}$$

$\Rightarrow \quad 2x = 66$ दिन

$\therefore$ Q अकेला इस काम को 66 दिनों में पूरा करेगा।

61. माना कि दो अंकों वाली संख्या $10x + y$ है।

प्रश्नानुसार,

$10x + y = 4(x + y)$ ...(*i*)

अब $10x + y + 27 = 7(x + y)$ ...(*ii*)

समीकरण (*i*) और (*ii*) को हल करने पर,

$10x + y = 4x + 4y$

$\Rightarrow \quad 6x - 3y = 0$ ...(*iii*)

$10x + y + 27 = 7x + 7y$

$\Rightarrow \quad 3x - 6y = -27$ ...(*iv*)

समीकरण (*iii*) तथा (*iv*) को हल करने पर,

$x = 3$

$y = 6$

$\therefore$ संख्या = 36.

62. माना शहर x से शहर y की दूरी $= x$ किमी. है।
स्थिर पानी में नाव की चाल = 40 किमी./घंटा
धारा की गति = 10 किमी./घंटा

$$\text{औसत चाल} = \frac{\text{कुल दूरी}}{\text{कुल समय (अनुकूल + प्रतिकूल)}}$$

$$= \frac{2d}{\frac{d}{(40-10)}+\frac{d}{(40+10)}}$$

$$= \frac{2}{\frac{1}{30}+\frac{1}{50}} = \frac{2}{\frac{5+3}{150}}$$

$$= \frac{2\times150}{8} = 37.5 \text{ किमी./घंटा}$$

63. पहले एक घंटे में गति = 50 किमी./घंटा
पहले एक घंटे में चली गई कुल दूरी
$= 50 \times 1 = 50$ किमी.
अगले दो घंटे में गति = 70 किमी./घंटा
अगले दो घंटे में चली गई कुल दूरी
$= 70 \times 2 = 140$ किमी.

$$\text{औसत गति} = \frac{\text{कुल दूरी}}{\text{कुल समय}}$$

$$= \frac{50+140}{1+2}$$

$$= \frac{190}{3}$$

$= 63.33$ किमी./घंटा

64. वस्तु का क्रय मूल्य = ₹ 1200
वस्तु का विक्रय मूल्य = ₹ 1380

$$\% \text{ लाभ} = \frac{\text{विक्रय मूल्य} - \text{क्रय मूल्य}}{\text{क्रय मूल्य}} \times 100$$

$$= \frac{1380-1200}{1200}\times100$$

$$= \frac{180}{1200}\times100 = 15\%$$

लाभ में प्रतिशत वृद्धि
$= 15 - 10$
$= 5\%$.

65. 72, 74, 75, 76, 75, 74, 73, 75, 73, 71 और 77

71	1
72	1
73	2
74	2
75	3
76	1
77	1

75 की आवृत्ति सबसे अधिक है अतः उपरोक्त संख्याओं का बहुलक 75 है।

66. दो संख्याओं का महत्तम समापवर्त्य = 7
दो संख्याओं का लघुत्तम समापवर्त्य = 252
पहली संख्या = 28
माना दूसरी संख्या $= x$
∵ पहली संख्या × दूसरी संख्या
= दोनों संख्याओं का म.स. × दोनों संख्याओं का ल.स.

$$28 \times x = 7 \times 252$$

$$x = \frac{252}{4}$$

$$x = 63.$$

67. वस्तु का अंकित मूल्य = ₹ 160
छूट = 10%
लाभ = 20%
माना वस्तु का विक्रय मूल्य = ₹ x

$$\% \text{ छूट} = \frac{\text{वस्तु का अंकित मूल्य} - \text{विक्रय मूल्य}}{\text{वस्तु का अंकित मूल्य}} \times 100$$

$$10 = \frac{160-x}{160}\times100$$

$$\frac{10 \times 160}{100} = 160 - x$$

$$16 = 160 - x$$

विक्रय मूल्य, x = ₹144

माना क्रय मूल्य = y

$$\% \text{ लाभ} = \frac{\text{विक्रय मूल्य} - \text{क्रय मूल्य}}{\text{क्रय मूल्य}} \times 100$$

$$20\% = \frac{144 - y}{y} \times 100$$

$$\frac{20}{100} = \frac{144 - y}{y}$$

$$\frac{1}{5} = \frac{144 - y}{y}$$

$$y = 720 - 5y$$

$$6y = 720$$

y = ₹ 120.

68.

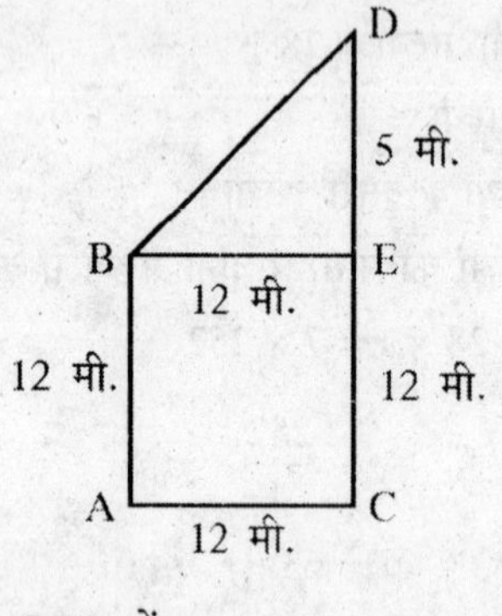

ΔBED में,

$$BD^2 = (12)^2 + (5)^2$$

$$= 144 + 25$$

$$= 169$$

$\therefore$ BD = 13 मी.

69. 90 मेज का क्रय मूल्य = 60 मेज का विक्रय मूल्य

क्रय मूल्य = 60

विक्रय मूल्य = 90

$$\% \text{ लाभ} = \frac{\text{विक्रय मूल्य} - \text{क्रय मूल्य}}{\text{क्रय मूल्य}} \times 100$$

$$= \frac{90 - 60}{60} \times 100$$

$$= \frac{30}{60} \times 100$$

= 50%.

70.

3	13,	19,	21,	22
2	13,	19,	7,	22
	13,	19,	7,	11

LCM = 2 × 3 × 13 × 19 × 7 × 11

= 114114.

71. ΔBAC ≅ ΔDEF

$$\frac{Ar(\Delta ABC)}{Ar(\Delta DEF)} = \frac{BC^2}{EF^2}$$

$$\frac{144}{Ar(\Delta DEF)} = \frac{16}{49}$$

$$\Rightarrow \quad Ar\ (\Delta DEF) = \frac{144 \times 49}{16}$$

= 441 वर्ग सेमी.

72. $\frac{326 \times 72}{1000} = 23.472.$

73. बस एक घंटे में $12\frac{2}{5}$ किमी. की दूरी तय करती है।

$$\text{बस की चाल} = \frac{\text{दूरी}}{\text{समय}} = \frac{\frac{62}{5}}{1} = \frac{62}{5} \text{ किमी./घं.}$$

$2\frac{3}{4}$ घंटे में चली गई दूरी = चाल × समय

$$= \frac{62}{5} \times \frac{11}{4}$$

$$= \frac{682}{20} = 34.1 \text{ किमी.}$$

74. 15, 25, 90 का लघुत्तम समापवर्त्य = 450

तीन अंकों की बड़ी संख्या = 999

$$450\overline{)999}\ (2$$
$$900$$
$$99$$

तीन अंकों की बड़ी संख्या जो (15, 25, 90) से विभाजित हो = 999 – 99 = 900.

75. 10.00 बजे घंटे व मिनट की सुईयों के बीच का कोण

$$= \left|\frac{11M - 60H}{10}\right|$$

M = 0, H = 10

$$= \left|\frac{0 - 60 \times 10}{10}\right|$$

$$= \frac{600}{10} = 60°.$$

76. माना आयत की चौड़ाई = x

आयत की लम्बाई = $2x$

आयत का परिमाप = 24 सेमी.

$2(x + 2x) = 24$

$3x = 12$

$x = 4$ सेमी.

चौड़ाई = x = 4 सेमी.

लम्बाई = $2x$

= 4 × 2

= 8 सेमी.

आयत का क्षे. = लम्बाई × चौड़ाई

= 4 × 8

= 32 वर्ग सेमी.

77. $\sec\theta - \tan\theta = \frac{1}{3}$

$\sec\theta + \tan\theta = ?$

हम जानते हैं कि,

$\sec^2\theta - \tan^2\theta = 1$

$(\sec\theta - \tan\theta)(\sec\theta + \tan\theta) = 1$

$\frac{1}{3}(\sec\theta + \tan\theta) = 1$

$\sec\theta + \tan\theta = 3.$

78. रेलगाड़ी की चाल = 80 किमी./घंटा

$= 80 \times \frac{5}{18}$

$= \frac{200}{9}$ मी./से.

रेलगाड़ी की लम्बाई = 400 मी.

रेलगाड़ी खम्भा पार करने में स्वयं की लम्बाई जितनी दूरी तय करेगी।

अतः रेलगाड़ी द्वारा खम्भा पार करने में लगा समय

$= \frac{400}{\frac{200}{9}} = 18$ सेकेण्ड।

79. छड़ की लम्बाई = 12 मी.

= 12 × 100

= 1200 सेमी.

25 बराबर भागों में काटने पर प्रत्येक भाग की लम्बाई

$= \frac{1200}{25} = 48$ सेमी.

80. $a + b = -2$ ...(*i*)

$a - b = 12$ ...(*ii*)

समीकरण (*i*) & (*ii*)

$2b = -14$

$b = -7.$

81. 120 किलो आलू का क्रय मूल्य

= 120 × 24 = ₹ 2880

80 किलो आलू का क्रय मूल्य

= 80 × 24 = ₹ 1920

लाभ $= \frac{50}{100} \times 1920$

= 192 × 5 = 960

विक्रय मूल्य = 1920 + 960

= ₹ 2880

40 किलो आलू का क्रय मूल्य

= 40 × 24

= ₹ 960

100 − 25 = 75

जब क्रय मूल्य ₹ 100 तब विक्रय मूल्य

= ₹ 75

जब क्रय मूल्य ₹ 960 तब विक्रय मूल्य

$= \frac{75}{100} \times 960$

= ₹ 720

कुल क्रय मूल्य = 2880

कुल विक्रय मूल्य = ₹ 3600

लाभ = 3600 − 2880 = 720

% लाभ $= \frac{720}{2880} \times 100$

= 25%.

82. 109 कार का मूल्य = ₹ 2,64,89,071

1 कार का मूल्य $= \frac{2,64,89,071}{109}$

= ₹ 2,43,019

83. $5x$ और $8x$ का HCF और LCM क्रमशः 9 तथा 360 है।

पहली संख्या × दूसरी संख्या = HCF × LCM

$$5x \times 8x = 9 \times 360$$
$$40x^2 = 9 \times 360$$
$$x^2 = 9 \times 9$$
$$x^2 = 9^2$$
$$x = 9.$$

84. 0.05 × 0.40

= 0.02.

85. विक्रय मूल्य = ₹ 1440

लाभ = 20%

माना क्रय मूल्य= ₹ x

% लाभ = $\frac{\text{विक्रय मूल्य} - \text{क्रय मूल्य}}{\text{क्रय मूल्य}} \times 100$

$$20 = \frac{1440 - x}{x} \times 100$$
$$\frac{1}{5} = \frac{1440 - x}{x}$$
$$x = 7200 - 5x$$
$$6x = 7200$$
$$x = ₹\ 1200.$$

सामान्य सचेतता
(GENERAL AWARENESS)

भारतीय इतिहास

प्राचीन भारत

हड़प्पा सभ्यता

- सिंधु सभ्यता की खोज 1921 ई. में दयाराम साहनी ने की।
- सिंधु घाटी की सभ्यता का नामकरण, हड़प्पा नामक स्थान, जहाँ यह संस्कृति पहली बार खोजी गई थी, के नाम पर हड़प्पा संस्कृति भी किया गया है।
- हड़प्पा संस्कृति का काल निर्धारण लगभग 2600 और 1900 ई.पू. के बीच किया गया है।
- हड़प्पा संस्कृति का भौगोलिक विस्तार वृहद था। यह उत्तर में कश्मीर के माण्डा से दक्षिण में ताप्ती नदी के मुहाने पर स्थित भगतराव तथा पश्चिम में बलूचिस्तान के सुत्कागेंडोर से पूर्व में पश्चिमी उत्तर प्रदेश के आलमगीरपुर तक विस्तृत है।
- भारत में हड़प्पा सभ्यता के सर्वाधिक क्षेत्र गुजरात, राजस्थान, हरियाणा तथा पंजाब में प्राप्त हुए हैं।
- हड़प्पा सभ्यता नगरीय सभ्यता थी जहाँ नियोजित जल-निकास प्रणाली भी विकसित थी।
- नगर दो भागों में विभाजित हैं–ऊपरी तथा निम्न भाग। ऊपरी भाग दुर्गीकृत है जिसमें राजकीय इमारतें, खाद्य भंडार गृह एवं स्नानागार आदि निर्मित हैं तथा निम्न भाग में सामान्य बस्ती अवस्थित थी।
- कालीबंगन से जुते हुए खेत का साक्ष्य मिला है जबकि बनावली (हरियाणा) से मिट्टी से बने हल के प्रतिरूप मिले हैं।
- अग्निकुंड लोथल एवं कालीबंगन से प्राप्त हुए हैं।
- अफगानिस्तान में शोर्तुघई नामक हड़प्पा स्थल से नहरों के कुछ अवशेष मिले हैं।
- धौलावीरा से जलाशय के अवशेष मिले हैं।
- मोहनजोदड़ो जिसका सिंधी भाषा में अर्थ 'मृतकों का टीला' है, की खोज सर्वप्रथम 1922 ई. में राखलदास बनर्जी ने की थी।
- हड़प्पा सभ्यता का प्रमुख स्थल लोथल गुजरात के काठियावाड़ में स्थित है। इसकी खोज डॉ. एस.आर. राव ने की थी। यह भोगवा नदी के तट पर स्थित था।
- लोथल एक प्रमुख बंदरगाह नगर था तथा यहाँ से फारस की मुहरें तथा युग्म शवाधान के साक्ष्य मिले हैं।
- हड़प्पा की मुहरों पर सबसे अधिक एकशृंगी पशु का अंकन मिलता है।
- मनका निर्माण की कर्मशाला चन्हुदड़ो और लोथल में प्राप्त हुई है।

वैदिक काल

- आर्यों की सामाजिक-सांस्कृतिक तथा आर्थिक व्यवस्था वैदिक संस्कृति के रूप में जानी जाती है। आर्यों के बारे में जानकारी मुख्यतः वेदों–ऋग्वेद, यजुर्वेद, सामवेद एवं अथर्ववेद से मिलती है।
- वैदिक काल को दो भागों में विभाजित किया जाता है– ऋग्वैदिक काल (1500-1000 ई.पू.) और उत्तर वैदिक काल (1000-600 ई.पू.)।
- आर्यों के निवास के विस्तृत क्षेत्र को 'सप्तसैन्धव' प्रदेश कहा गया। इस क्षेत्र में सात प्रमुख नदियाँ प्रवाहित हैं। ये नदियाँ हैं–सिंधु, सतलज, रावी, चिनाब, झेलम, व्यास तथा सरस्वती।
- आर्यों की प्रशासनिक इकाई आरोही क्रम से अग्रलिखित पाँच भागों में बंटी थी–कुल, ग्राम, विश, जन, राष्ट्र।
- सभा, समिति तथा विदथ जनप्रतिनिधि संस्थाएँ थीं। इन संस्थाओं में राजनीतिक, सामाजिक, धार्मिक तथा आर्थिक प्रश्नों पर विचार किया जाता था।
- इन्द्र ऋग्वैदिक आर्यों का सबसे महत्वपूर्ण देवता था जिसे पुरन्दर कहा गया है। वरुण, सूर्य, मित्र, अग्नि, इत्यादि अन्य प्रमुख देवता थे।
- गायत्री-मंत्र का उल्लेख ऋग्वेद में मिलता है।
- ऋग्वेद के 10वें मंडल के पुरुषसूक्त में चतुर्वर्ण–ब्राह्मण, क्षत्रिय, वैश्य और शूद्र की उत्पत्ति के उल्लेख मिलते हैं।
- आर्यों का मुख्य व्यवसाय कृषि एवं पशुपालन था।
- **उत्तर वैदिक काल** में आर्यों ने स्थायी जीवन व्यतीत करना प्रारंभ कर दिया था। इस समय आर्य मुख्य रूप से गंगा-यमुना दोआव में फैल गए थे।
- आर्यों ने पशुपालन की जगह कृषि कार्य को जीवन का प्रमुख आधार बनाया।
- चित्रित धूसर-मृद्भाण्ड तथा धातुओं में लोहा इस काल की प्रमुख विशिष्टता है।

- उत्तर वैदिक काल में राजा का पद वंशानुगत होने लगा। शासकों ने राजसूय, वाजपेय तथा अश्वमेध यज्ञों के माध्यम से अपनी शक्ति में वृद्धि की।
- गोत्र नामक संस्था का उदय उत्तर वैदिक काल में हुआ।

जैन धर्म

- जैन धर्म के संस्थापक ऋषभदेव थे।
- जैन परंपरा के अनुसार जैन धर्म में कुल 24 तीर्थंकर हुए।
- जैन धर्म के 23वें तीर्थंकर पार्श्वनाथ थे।
- जैन धर्म के मुख्य प्रवर्तक तथा 24वें तीर्थंकर महावीर स्वामी थे।
- महावीर ने तीस वर्ष की अवस्था में गृह त्याग दिया तथा 12 वर्षों की कठिन तपस्या के बाद ऋजुपालिका नदी के तट पर श्रम्भिक ग्राम में उन्हें ज्ञान प्राप्त हुआ, जिसके बाद उन्हें 'जिन', निर्ग्रंथ, अर्हत तथा केवलिन कहा गया।
- महावीर से पहले पार्श्वनाथ ने चार जैन-सिद्धांत दिए थे। ये हैं–सत्य, अहिंसा, अपरिग्रह तथा अस्तेय। महावीर ने इसमें पाँचवाँ सिद्धांत 'ब्रह्मचर्य' जोड़ा।
- महावीर की मृत्यु के बाद जैन संघ दो भागों में विभाजित हुआ–दिगम्बर (भद्रबाहु के समर्थक) तथा श्वेताम्बर (स्थूलभद्र के समर्थक)।
- जैन धर्म पुनर्जन्म एवं कर्मवाद में विश्वास करता था।
- जैन धर्म के अनुसार मोक्ष के लिए तीन तत्वों का होना जरूरी है। ये हैं–
  - ❑ सम्यक दर्शन
  - ❑ सम्यक ज्ञान
  - ❑ सम्यक कर्म या सम्यक आचरण
- जैन धर्म में ईश्वर की मान्यता नहीं है।

बौद्ध धर्म

- महात्मा बुद्ध का जन्म 563 ई.पू. में कपिलवस्तु के निकट लुम्बिनी में हुआ था।
- गौतम बुद्ध का विवाह 16 वर्ष की आयु में यशोधरा से हुआ था। इनके पुत्र का नाम राहुल था।
- पुत्र जन्म के कुछ समय पश्चात् ही 29 वर्ष की अवस्था में उन्होंने गृह त्याग दिया।
- आलार कलाम बुद्ध के प्रथम गुरू थे।
- निरंजना नदी (गया) के तट पर उरूवेला नामक स्थान पर वैशाख पूर्णिमा के दिन सिद्धार्थ को ज्ञान की प्राप्ति हुई जिसके बाद वे बुद्ध कहलाए।
- बुद्ध ने निर्वाण (मोक्ष) प्राप्ति के लिए निम्न अष्टांगिक मार्ग बताए–

1. सम्यक दृष्टि
2. सम्यक संकल्प
3. सम्यक वाणी
4. सम्यक कर्म
5. सम्यक आजीविका
6. सम्यक व्यायाम
7. सम्यक स्मृति
8. सम्यक समाधि

- बौद्ध ग्रंथों में सबसे महत्वपूर्ण त्रिपिटक है।

त्रिपिटक

- ❑ **सुत्तपिटक**–इसमें बौद्ध धर्म के सिद्धांतों का उल्लेख है
- ❑ **विनयपिटक**–इसमें बौद्ध संघ के नियमों की व्याख्या की गई है।
- ❑ **अभिधम्मपिटक**–इसमें बौद्ध दर्शन पर प्रकाश डाला गया है।

- महात्मा बुद्ध के महापरिनिर्वाण के बाद बौध धर्म कई सम्प्रदाय में विभक्त हो गया। इनमें प्रमुख हैं–हीनयान तथा महायान
- हीनयान महात्मा बुद्ध के दर्शन तथा सिद्धांतों में विश्वास करने वाला सम्प्रदाय था, जबकि महायान सम्प्रदाय को मानने वाले बुद्ध के साथ बोधिसत्वों के जीवन तथा सिद्धांतों में भी विश्वास रखते थे।
- कालान्तर में बौद्ध धर्म में तांत्रिक विचारधारा का भी प्रवेश हुआ जिसके प्रभाव में 'वज्रयान' सम्प्रदाय अस्तित्व में आया

महाजनपद काल

- आरंभिक भारतीय इतिहास में छठी शताब्दी ई.पू. में 16 महाजनपदों का उदय हुआ। बौद्ध ग्रंथ अंगुत्तर निकाय में पहली बार 16 महाजनपदों की चर्चा मिलती है।
- अधिकांश महाजनपदों पर राजा का शासन होता था लेकिन गण और संघ के नाम से प्रसिद्ध राज्यों में कई लोगों का समूह शासन करता था, इस समूह का प्रत्येक व्यक्ति राजा कहलाता था भगवान महावीर और भगवान बुद्ध इन्हीं गणों से सम्बन्धित थे

महाजनपदों की स्थिति

क्र.स.	महाजनपद	राजधानी	क्र.स.	महाजनपद	राजधानी
1.	मगध	राजगृह	9.	वत्स	कौशाम्बी
2.	अवन्ति	उज्जयिनी	10.	कुरू	हस्तिनापुर
3.	वज्जि	वैशाली	11.	मत्स्य	विराटनगर
4.	कोसल	श्रावस्ती	12.	पांचाल	अहिच्छत्र
5.	काशी	वाराणसी	13.	शूरसेन	मथुरा
6.	अंग	चम्पा	14.	गान्धार	तक्षशिला
7.	मल्ल	कुशीनारा	15.	कम्बोज	राजपुर
8.	चेदि	शुक्तिमती	16.	अश्मक	पोतन

छठी से चौथी शताब्दी ई.पू. में मगध सबसे शक्तिशाली महाजनपद बन गया।

मगध पर शासन करने वाला शासकीय वंश हर्यक वंश था। इसके बाद शिशुनाग तथा नन्द वंश ने शासन किया। नन्दों को समाप्त कर मौर्य वंश ने शासन आरंभ किया।

मौर्य साम्राज्य

322 ई.पू. में चंद्रगुप्त मौर्य ने मौर्य साम्राज्य की स्थापना की।

- चन्द्रगुप्त मौर्य जैन धर्म का अनुयायी था।

चंद्रगुप्त ने 305 ई.पू. में यूनानी शासक सेल्यूकस के साथ संधि की। संधि शर्तों के अनुसार सेल्यूकस ने 500 हाथियों के बदले चार प्रांत काबुल, कन्धार, हेरात एवं मकरान चंद्रगुप्त को दिए।

- सेल्यूकस ने चन्द्रगुप्त के दरबार में अपने राजदूत मेगस्थनीज की नियुक्ति की।
- मेगस्थनीज ने पाटलिपुत्र में रहते हुए इण्डिका की रचना की।
- चन्द्रगुप्त का उत्तराधिकारी बिन्दुसार बना।
- बिंदुसार के शासनकाल में तक्षशिला में दो विद्रोह हुए प्रथम को अशोक ने दबाया तथा दूसरे विद्रोह को सुसीम ने दबाया।

अशोक

- बिंदुसार का उत्तराधिकारी अशोक था जो 272 ई.पू. में मगध का शासक बना।
- अशोक शासक बनने से पूर्व उज्जयिनी तथा तक्षशिला का गवर्नर था।
- 261 ई.पू. में अशोक ने कलिंग पर आक्रमण किया। कलिंग युद्ध में व्यापक हिंसा से उसका मन द्रवित हो गया एवं उसने युद्ध विजय की जगह धम्म विजय की नीति अपनाई।
- अशोक बौद्ध धर्म का अनुयायी बन गया तथा उसके प्रचार-प्रसार में लग गया। अशोक ने अपने पुत्र महेंद्र तथा पुत्री संघमित्रा को बौद्ध धर्म के प्रचार के लिए श्रीलंका भेजा।
- अशोक ने 'धम्म' को नैतिकता से जोड़ा। इसके प्रचार-प्रसार के लिए उसने शिलालेखों को उत्कीर्ण कराया। इसकी प्रेरणा उसे ईरानी शासक देरियस प्रथम से मिली थी।
- अशोक के शिलालेख ब्राह्मी, ग्रीक, अरमाइक तथा खरोष्ठी लिपि में उत्कीर्ण हैं, जबकि सभी स्तम्भलेख प्राकृत भाषा में हैं।
- जेम्स प्रिंसेप ने 1837 ई. में अशोक के शिलालेखों को पढ़ने में सफलता प्राप्त की।
- धम्म का उल्लेख अशोक के भाब्रू शिलालेख में मिलता है।
- अशोक ने साँची, सारनाथ, तक्षशिला स्थित धर्म राजिका स्तूप का निर्माण करवाया था। उसने आजीवक संन्यासियों के लिए बाराबरी पहाड़ियों में सुदामा, कर्णचोपर व विश्व-झोपड़ी का निर्माण करवाया।

मौर्योत्तर काल

- मौर्योत्तर काल में कई विशिष्ट शासकों ने भारत के विभिन्न क्षेत्रों पर शासन किया, जिनमें पुष्यमित्र शुंग, खारवेल, गौतमीपुत्र शातकर्णी तथा कनिष्क प्रमुख थे।
- मौर्योत्तर काल में कला तथा संस्कृति का अत्यधिक विकास हुआ। मूर्तिकला की गान्धार, मथुरा तथा अमरावती शैली अस्तित्व में आई।
- मौर्य सेनापति **पुष्यमित्र शुंग** ने अंतिम मौर्य शासक वृहद्रथ की हत्या कर 184 ई.पू. में शुंग वंश की स्थापना की।
- शुंग वंश के शासनकाल में मनुस्मृति, विष्णुस्मृति तथा याज्ञवल्क्य स्मृति ग्रंथों की रचना हुई। इसी समय पतंजलि ने 'अष्टाध्यायी' पर टीका 'महाभाष्यम' लिखी।
- शुंग वंश का अन्तिम शासक देवभूति था, जिसकी हत्या कर उसके सेनापति वसुदेव ने कण्व वंश की स्थापना की।
- कण्व वंश के अंतिम शासक सुशर्मा को सातवाहन शासक सिमुक ने पराजित किया।

हिन्द-यूनानी शासक

- बैक्ट्रिया के शासक डेमेट्रियस ने भारत पर 190 ई.पू. में आक्रमण कर अफगानिस्तान, पंजाब, सिंध के बड़े भूभाग पर अधिकार कर शाकल को अपनी राजधानी बनाया। इसे हिन्द-यवन राज्य कहा गया।
- हिन्द-यूनानी शासकों में **मिनान्डर** का नाम प्रमुख है जिसने नागसेन से बौद्ध धर्म की दीक्षा ली जो मिलिन्दपन्हों ग्रंथ में संकलित है।
- भारत में सोने के सिक्के सर्वप्रथम 'हिन्द-यूनानी' शासकों ने ही जारी किए।

शक

- यूनानियों के बाद शक आए। शकों की पांच शाखाएं थीं और हर शाखा की राजधानी भारत और अफगानिस्तान में अलग-अलग भागों में थी।

- शकों का सबसे प्रतापी शासक **रूद्रदामन प्रथम** (130-150 ई.) था जिसका शासन गुजरात के बड़े भाग पर था। इसने काठियावाड़ की अर्धशुष्क सुदर्शन झील (मौर्यों द्वारा निर्मित) की मरम्मत करवाई।

कुषाण

- कुषाण वंश का संस्थापक कुजुल कडफिसस था। इसका उत्तराधिकारी विम कडफिसस था।
- विम कडफिसस ने कुषाण साम्राज्य का विस्तार किया तथा उत्तर भारत के वृहद क्षेत्र पर अधिकार स्थापित कर लिया।
- इस वंश का सबसे प्रसिद्ध शासक **कनिष्क** था। कुषाणों की एक राजधानी पुरूषपुर या पेशावर थी और दूसरी राजधानी मथुरा थी।
- कनिष्क ने 78 ई. अर्थात् अपने राज्याभिषेक के वर्ष में एक संवत् चलाया, जो शक संवत् कहलाता है, जिसे भारत सरकार द्वारा प्रयोग में लाया जाता है।

गुप्त साम्राज्य

- गुप्त वंश का संस्थापक श्रीगुप्त (240-280 ई.) को माना जाता है।
- चंद्रगुप्त प्रथम ने गुप्त सम्वत् की स्थापना 319-320 ई. में की थी।
- चंद्रगुप्त प्रथम के पश्चात् उसका पुत्र समुद्रगुप्त शासक बना। उसने स्वयं को लिच्छवी दौहित्र कहा।
- समुद्रगुप्त ने आर्यावर्त के 9 शासकों को और दक्षिणावर्त के 12 शासकों को पराजित किया। इन्हीं विजयों के कारण इसे भारत का नेपोलियन कहा जाता है।
- समुद्रगुप्त के बाद रामगुप्त शासक हुआ किन्तु वह एक दुर्बल शासक था। उसके बाद चन्द्रगुप्त द्वितीय शासक बना।
- चंद्रगुप्त द्वितीय (380-412 ई.) ने वैवाहिक सम्बन्धों और युद्ध विजय, दोनों प्रकार से गुप्त साम्राज्य का अत्यधिक विस्तार किया।
- चन्द्रगुप्त द्वितीय के शासन काल में उसकी प्रथम राजधानी पाटलिपुत्र और द्वितीय राजधानी उज्जयिनी थी।
- चंद्रगुप्त द्वितीय के शासनकाल में चीनी बौद्ध यात्री फाह्यान भारत आया था।
- चंद्रगुप्त द्वितीय के दरबार में नौरत्न थे—कालिदास, धनवन्तरि, क्षपणक, अमरसिंह, शंकु, बैताल भट्ट, घटकर्पर, वराहमिहिर और वररूचि।
- चंद्रगुप्त द्वितीय का उत्तराधिकारी कुमारगुप्त प्रथम था।
- कुमारगुप्त प्रथम (412-454 ई.) ने नालंदा विश्वविद्यालय की स्थापना की थी।
- स्कन्दगुप्त (454-467 ई.) गुप्त वंश का अंतिम महान शास[क] था।

गुप्तकाल में प्रशासन

- गुप्त साम्राज्य की सबसे बड़ी प्रादेशिक इकाई 'देश' थी, जिस[के] शासक को गोप्ता कहा जाता था। 'भुक्ति' एक दूसरी प्रादेशि[क] इकाई थी, जिसके शासक उपरिक कहलाते थे।
- भुक्ति के बाद विषय नामक प्रशासनिक इकाई होती थ[ी] जिसके प्रमुख विषयपति कहलाते थे।
- पुलिस विभाग का मुख्य अधिकारी 'दण्डपाशिक' कहलाता था।
- कालिदास, हरिषेण, वीरसेन, विशाखदत्त आदि इस युग [के] प्रसिद्ध विद्वान थे। बौद्ध विद्वानों में असंग, वसुबन्धु, दिङ्ना[ग] तथा धर्मपाल आदि प्रमुख थे।
- पुराणों की वर्तमान रूप में रचना गुप्तकाल में हुई थी। पंचतं[त्र] की रचना विष्णु शर्मा ने इसी युग में की।
- प्रशासन की सबसे छोटी इकाई ग्राम थी। ग्राम का प्रशास[न] ग्राम सभा द्वारा संचालित होता था। ग्राम-सभा का मुखिया ग्रामीक कहलाता था एवं अन्य सदस्य गहत्तर कहलाते थे।
- ग्राम समूहों की छोटी इकाई को पेठ कहा जाता था।
- संधि-विग्राहक सेना का मुख्य अधिकारी होता था।

विज्ञान

- गुप्तकाल में गणित, भौतिक विज्ञान, रसायन विज्ञान, धा[तु] विज्ञान, ज्योतिष एवं चिकित्सा विज्ञान की बहुत उन्नति हुई।
- दशमलव तथा शून्य का अन्वेषण गुप्तकाल में ही हुआ।
- आर्यभट्ट इस युग के प्रख्यात गणितज्ञ एवं खगोलशास्त्री थे। आर्यभट्टीयम इनकी सुप्रसिद्ध रचना है, जिसमें अंकगणित बीजगणित तथा रेखागणित की विवेचना की गई है। आर्यभ[ट्ट] ने सूर्य सिद्धांत नामक ग्रंथ में यह प्रमाणित किया कि पृथ्वी सूर्य का चक्कर लगाती है।
- ब्रह्मगुप्त का 'ब्रह्मसिद्धांत' खगोलशास्त्र का एक प्रसिद्ध ग्रंथ है।
- सुश्रुत और धनवन्तरि इस युग के प्रख्यात वैद्य थे।
- 'नवनीतकम' इस युग की प्रसिद्ध चिकित्सा पुस्तक है।

गुप्तोत्तर काल

- गुप्त वंश के पतन के बाद कई नये राजवंशों का उद्भव हुआ। उनमें मैत्रक, मौखरि, पुष्यभूति, परवर्ती गुप्त और गौड़ प्रमुख हैं। इन राजवंशों में पुष्यभूति सबसे प्रमुख थे।

ष्यभूति वंश

- पुष्यभूति वंश का संस्थापक पुष्यभूति था। इनकी राजधानी थानेश्वर थी।
- राज्यवर्द्धन की मृत्यु के बाद 606 ई. में 16 वर्ष की अवस्था में **हर्षवर्द्धन** थानेश्वर का शासक बना। इसने 'परमभट्टारक' की उपाधि धारण की। हर्ष को शिलादित्य के नाम से भी जाना जाता है।
- हर्षवर्द्धन के शासन की जानकारी बाणभट्ट की रचना हर्षचरित से मिलती है।
- हर्ष और पुलकेशिन-II के बीच नर्मदा नदी के तट पर युद्ध हुआ जिसमें हर्ष की पराजय हुई। इस युद्ध का वर्णन पुलकेशिन-II के एहोल अभिलेख में मिलता है।
- चीनी यात्री ह्वेनसांग हर्षवर्द्धन के शासनकाल में भारत आया।
- हर्ष स्वयं एक श्रेष्ठ साहित्यकार था। उसने प्रियदर्शिका, रत्नावली तथा नागानंद नामक तीन संस्कृत नाटक ग्रंथों की रचना की थी।

दक्षिण भारत के प्रमुख राजवंश

ल्लव वंश

- पल्लव वंश का संस्थापक सिंहविष्णु (575-600 ई.) था। इनकी राजधानी कांची थी।
- प्रसिद्ध लेखक भारवि जिन्होंने किरातार्जुनीयम की रचना की थी, सिंहविष्णु के दरबार में रहते थे।
- नरसिंहवर्मन प्रथम ने वातापीकोण्ड की उपाधि ली थी। इसके शासनकाल में ह्वेनसांग कांची आया था।
- नरसिंहवर्मन द्वितीय ने कांची में कैलाशनाथ मंदिर तथा महाबलीपुरम का शोर मंदिर बनवाया था।
- दशकुमारचरित के लेखक दण्डी नरसिंहवर्मन द्वितीय के दरबार में रहते थे।

चालुक्य वंश (वातापी)

- जयसिंह ने वातापी के चालुक्य-वंश की स्थापना की जिसकी राजधानी वातापी थी।
- वातापी के चालुक्य वंश के प्रमुख शासक थे–पुलकेशिन प्रथम, कीर्तिवर्मन, पुलकेशिन द्वितीय, विक्रमादित्य, विनयादित्य एवं विजयादित्य। इनमें सबसे प्रतापी राजा पुलकेशिन द्वितीय था।
- पल्लववंशी शासक नरसिंह वर्मन प्रथम ने पुलकेशिन द्वितीय को लगभग 642 ई. में परास्त किया और उसकी राजधानी वातापी पर अधिकार कर लिया।

चालुक्य वंश (कल्याणी)

- कल्याणी के चालुक्य वंश की स्थापना तैलप द्वितीय ने की थी।
- इस वंश का सबसे प्रतापी शासक विक्रमादित्य-VI था।
- विल्हण एवं विज्ञानेश्वर विक्रमादित्य-VI के दरबार में ही रहते थे।
- विज्ञानेश्वर ने मिताक्षरा की रचना की थी।
- विल्हण ने विक्रमांकदेवचरित की रचना की थी।

राष्ट्रकूट

- राष्ट्रकूट राजवंश का संस्थापक दन्तिदुर्ग (752 ई.) था। इसकी राजधानी मान्यखेत थी।
- राष्ट्रकूट वंश के प्रमुख शासक थे : कृष्ण प्रथम, ध्रुव, गोविन्द तृतीय, अमोघवर्ष, कृष्ण द्वितीय, इन्द्र तृतीय एवं कृष्ण तृतीय।
- ध्रुव राष्ट्रकूट वंश का पहला शासक था, जिसने कन्नौज पर अधिकार करने हेतु त्रिपक्षीय संघर्ष में भाग लिया और प्रतिहार नरेश वत्सराज एवं पाल नरेश धर्मपाल को पराजित किया।
- ऐलोरा एवं ऐलिफेंटा में गुहामंदिरों का निर्माण राष्ट्रकूटों के समय में हुआ।

चोल

- नौवीं शताब्दी में चोल शक्ति का पुनरुत्थान विजयालय (850 ई.) ने किया। इसकी राजधानी तंजौर थी।
- आदित्य चोल ने पल्लव शासक अपराजित को हराकर तोण्डमण्डल पर अधिकार कर लिया और 'मदुरैकोण्ड' की उपाधि धारण की।
- परान्तक प्रथम ने श्रीलंका पर हमला किया तथा श्रीलंका के उत्तर-पूर्वी भाग पर आधिपत्य स्थापित किया।
- राजराज प्रथम ने श्रीलंका पर आक्रमण किया। वहाँ के राजा को पराजित कर एक नया प्रांत 'मुम्मिडचोलमंडलम' बनाया और पोलन्नरूवा को इसकी राजधानी बनाया।
- राजेन्द्र प्रथम ने बंगाल के पाल शासक महिपाल को पराजित करने के बाद गंगैकोण्ड चोल की उपाधि धारण की और नवीन राजधानी गंगैकोंडचोलपुरम के निकट चोलगंगम नामक विशाल तालाब का निर्माण करवाया।
- राजेन्द्र प्रथम ने शैलेंद्र शासक को पराजित कर जावा, सुमात्रा, मलय को जीता।
- चोल शासकों ने श्रेष्ठ नौ-सेना का निर्माण किया था।
- सम्पूर्ण चोल साम्राज्य 6 प्रांतों में विभक्त था। प्रांत को मंडलम कहा जाता था। मंडलम कोहम में, कोहम नाडु में एवं नाडु कई कुर्रमों में विभक्त था।
- स्थानीय स्वशासन चोल प्रशासन की मुख्य विशेषता थी।

पाल वंश

- पाल वंश का संस्थापक गोपाल था।

- गोपाल बौद्ध धर्म का अनुयायी था। इसने ओदन्तपुरी विश्वविद्यालय की स्थापना की।
- पालवंश का सबसे महान शासक धर्मपाल था जिसने विक्रमशिला विश्वविद्यालय की स्थापना की थी।
- कन्नौज के लिए त्रिपक्षीय संघर्ष पाल वंश, गुर्जर प्रतिहार वंश एवं राष्ट्रकूट वंश के बीच हुआ। इसमें पाल वंश की ओर से सर्वप्रथम धर्मपाल शामिल हुआ था।

सेन वंश

- बंगाल में सेनवंश की स्थापना सामन्त सेन ने राढ़ में की थी।
- सेन वंश की राजधानी नदिया (लखनौती) थी।
- सेन वंश के प्रमुख शासक विजय सेन, बल्लालसेन एवं लक्ष्मण सेन थे।
- सेन शासक बल्लालसेन ने दानसागर एवं अद्भुतसागर नामक ग्रंथ रचना की थी।
- लक्ष्मणसेन की राजसभा में गीतगोविन्द के लेखक जयदेव रहते थे।
- सेन राजवंश प्रथम राजवंश था, जिसने अपना अभिलेख सर्वप्रथम हिन्दी में उत्कीर्ण करवाया।

कश्मीर के राजवंश

- कश्मीर पर विभिन्न शासक वंशों ने क्रमानुसार शासन किया–कार्कोट वंश, उत्पल वंश, लोहार वंश।
- दुर्लभवर्द्धन ने 627 ई. में कश्मीर में कार्कोट वंश (हिंदू वंश) की स्थापना की। दुर्लभवर्द्धन के शासनकाल में ह्वेनसांग ने कश्मीर की यात्रा की थी।
- कार्कोट वंश का सबसे शक्तिशाली राजा ललितादित्य मुक्तापीड था। कश्मीर के मार्तण्ड मंदिर का निर्माण ललितादित्य ने करवाया था।
- कार्कोट वंश के बाद उत्पल वंश का शासन हुआ। अवन्तिवर्मन ने उत्पल वंश की स्थापना की थी।
- उत्पल वंश की रानी दिद्दा एक महत्वपूर्ण शासिका थी।
- लोहार वंश का संस्थापक संग्रामराज था।
- लोहार वंश का शासक हर्ष एक विद्वान साहित्यकार था। इसके दरबार में प्रख्यात कवि कल्हण रहता था।

राजपूत राजवंश

गुर्जर प्रतिहार वंश

- नागभट्ट प्रथम मालवा के गुर्जर प्रतिहार वंश का संस्थापक था।
- मिहिरभोज प्रतिहार वंश का सर्वाधिक शक्तिशाली एवं प्रतापी शासक था।
- मिहिरभोज की राजधानी कन्नौज थी।
- प्रसिद्ध कवि राजशेखर, प्रतिहार शासक महेन्द्रपाल के द में रहते थे। राजशेखर ने काव्य मीमांसा लिखी थी।

चौहान वंश

- चौहान वंश का संस्थापक वासुदेव था। इनकी प्रार राजधानी अहिच्छत्र थी।
- अजयराज द्वितीय ने अजमेर नगर की स्थापना की और राजधानी बनाया।
- चौहान वंश का सबसे शक्तिशाली शासक अर्णोराज का विग्रहराज चतुर्थ वीसलदेव हुआ, जिसने हरिकेलि नामक सं नाटक की रचना की।
- पृथ्वीराज तृतीय इस वंश का अंतिम शासक था। चन्दब पृथ्वीराज तृतीय का राजकवि था, जिसकी रचना पृथ्वीराजरासे
- तराइन का प्रथम युद्ध 1191 में हुआ जिसमें पृथ्वीराज तृ की विजय एवं मुहम्मद गोरी की हार हुई।
- तराइन का द्वितीय युद्ध 1192 में हुआ, जिसमें गोरी की वि एवं पृथ्वीराज तृतीय की हार हुई।

परमार वंश

- परमार वंश की स्थापना 9वीं शताब्दी में उपेन्द्र कृष्णराज की। इसकी राजधानी धारा नगरी (उज्जैन) थी।
- परमार वंश का सर्वाधिक शक्तिशाली शासक राजा भोज
- भोज ने चिकित्सा, गणित एवं व्याकरण पर अनेक ग्रंथ लि भोजकृत युक्तिकल्पतरू में वास्तुशास्त्र के साथ-साथ वि वैज्ञानिक यंत्रों व उनके उपयोग का उल्लेख है। इसने कवि की उपाधि ग्रहण की थी।

चंदेल वंश

- 831 ई. में नन्नुक ने बुंदेलखंड में चंदेल वंश की स्थापना थी। इसकी प्रारंभिक राजधानी कालिंजर (महोबा) थी।
- बुंदेलखण्ड का प्राचीन नाम जेजाकभुक्ति है।
- राजा धंग ने अपनी राजधानी कालिंजर से खजुराहो में स्थानान्त की थी। कंदरिया महादेव मंदिर का निर्माण धंग ने ही करवाय
- चंदेल वंश का सबसे प्रतापी राजा यशोवर्मन था।
- यशोवर्मन ने कन्नौज पर आक्रमण कर प्रतिहार राजा देवप को हराया तथा उससे एक विष्णु की प्रतिमा प्राप्त की, जि उसने खजुराहो के विष्णु मंदिर में स्थापित किया।
- चंदेल शासक विद्याधर ही एकमात्र ऐसा भारतीय शासक जिसने महमूद गजनवी की महत्वाकांक्षाओं का सफलतापू प्रतिरोध किया।
- आल्हा-ऊदल नामक दो सेनानायक परमर्दिदेव के दरबार रहते थे, जिन्होंने पृथ्वीराज चौहान के साथ वीरतापूर्वक लड़ लड़ते हुए अपनी जान गँवाई थी।

मध्यकालीन भारत

- भारत पर आक्रमण करने वाला प्रथम मुस्लिम शासक मुहम्मद बिन कासिम था।
- मुहम्मद बिन कासिम के आक्रमण के समय सिन्ध का शासक दाहिर था। कासिम ने 712 ई. में सिंध पर विजय प्राप्त की। इसने मुल्तान को भी जीता।
- महमूद गजनवी खुरासान का शासक था।
- महमूद ने 1001 से 1027 ई. तक भारत पर 17 बार आक्रमण किए। उसके आक्रमण का उद्देश्य धन लूटना था।
- महमूद गजनवी का अंतिम आक्रमण 1027 ई. में जाटों के विरुद्ध था।
- महमूद गजनवी के दरबार में अलबरूनी, फिरदौसी, उत्बी तथा फारूखी आदि प्रसिद्ध कवि रहते थे।

मुहम्मद गोरी

- शिहाबुद्दीन मुहम्मद गोरी ने 1175 ई. में मुल्तान के विरुद्ध पहला आक्रमण किया।
- तराइन का प्रथम युद्ध 1191 में हुआ जिसमें मुहम्मद गोरी पृथ्वीराज चौहान से पराजित हुआ था।
- तराइन का द्वितीय युद्ध 1192 में हुआ, जिसमें मुहम्मद गोरी ने पृथ्वीराज चौहान को पराजित किया था।
- 1194 ई. में चन्दावर के युद्ध में मुहम्मद गोरी ने कन्नौज में गाहड़वाल शासक को पराजित किया था।
- बख्तियार खिलजी ने पूर्वी भारत पर आक्रमण किया तथा नालंदा एवं विक्रमशिला विश्वविद्यालयों को नष्ट किया।

दिल्ली सल्तनत

- 1206 से 1526 ई. तक भारत पर दिल्ली सल्तनत के शासकों ने शासन किया।

गुलाम वंश

- गुलाम वंश की स्थापना 1206 ई. में कुतुबुद्दीन ऐबक ने की।
- गुलाम वंश को इल्बरी, मामलूक तथा दासवंश के नाम से भी जाना जाता है।
- कुतुबुद्दीन ऐबक ने लाहौर को अपनी राजधानी बनाया।
- कुतुबुद्दीन को अपनी उदारता के कारण लाखबक्श कहा जाता था।
- कुतुबुद्दीन की मृत्यु के बाद उसका उत्तराधिकारी आरामशाह हुआ जो एक अयोग्य शासक साबित हुआ।
- आरामशाह की हत्या करके **इल्तुतमिश** 1211 ई. में दिल्ली की गद्दी पर बैठा।
- इल्तुतमिश इल्बरी तुर्क था। वह लाहौर से राजधानी को स्थानांतरित करके दिल्ली लाया।
- इल्तुतमिश ने चालीस तुर्क सरदारों का एक दल 'तुर्कान-ए-चहलगानी' बनाया।
- इल्तुतमिश ने कुतुबमीनार का निर्माण कार्य पूरा करवाया।
- इल्तुतमिश ने अपनी पुत्री **रजिया** को अपना उत्तराधिकारी नियुक्त किया था।
- रजिया एक योग्य शासक थी परन्तु गैर तुर्कों को सामंत बनाने के रजिया के प्रयासों से तुर्की अमीर उसके विरुद्ध हो गए तथा उसे सत्ता से हटा दिया गया।
- रजिया की हत्या 13 अक्टूबर, 1240 ई. को डाकुओं के द्वारा कैथल के पास कर दी गई।
- रजिया के बाद बहरामशाह, मसूदशाह तथा नासिरूद्दीन महमूद शासक बने।
- 1266 ई. में **ग्यासुद्दीन बलबन** दिल्ली की गद्दी पर बैठा। अपने विरोधियों के प्रति इसने 'लौह एवं रक्त' की नीति अपनाई।
- बलबन ने मंगोलों के आक्रमण से भारत की सफ़लतापूर्वक रक्षा की।

खिलजी वंश

- गुलाम वंश के शासन को समाप्त कर 1290 ई. में जलालुद्दीन फिरोज खिलजी ने खिलजी वंश की नींव डाली।
- जलालुद्दीन की हत्या कर 1296 ई. में अलाउद्दीन खिलजी ने शासन पर अधिकार कर लिया।
- अलाउद्दीन दिल्ली सल्तनत का सबसे प्रसिद्ध एवं सफल शासक था।
- अलाउद्दीन ने सैनिक एवं बाजार व्यवस्था में महत्वपूर्ण सुधार किए।

तुगलक वंश

- गाजी मलिक उर्फ गयासुद्दीन तुगलक ने 1320 ई. में दिल्ली में तुगलक वंश की स्थापना की।

- उसने दिल्ली के निकट तुगलकाबाद नामक नगर की स्थापना की।
- ग्यासुद्दीन प्रथम सुल्तान था जिसने नहरों का निर्माण करवाया।
- गयासुद्दीन की मृत्यु के बाद उसका पुत्र 'जूना खां' मुहम्मद-बिन-तुगलक' के नाम से सुल्तान बना।
- मुहम्मद-बिन-तुगलक के शासनकाल में योग्यता के आधार पर सरकारी पद प्रदान किए गए।
- मुहम्मद-बिन-तुगलक की मृत्यु के बाद तुर्की सरदारों ने फिरोजशाह तुगलक को सुल्तान बनाया। फिरोज की माता हिन्दू थी।
- फिरोज ने शरीयत के अनुसार स्वीकृत चार कर लगाए–खराज, खुम्स, जजिया तथा जकात।
- फिरोज ने ब्राह्मणों पर सर्वप्रथम जजिया कर लगवाया।
- उसने गरीबों की सहायता के लिए दीवान-ए-खैरात नामक दान विभाग की स्थापना की।
- फिरोज ने सिंचाई के लिए नहरों का निर्माण करवाया। उसने सिंचाई कर भी लगाया।
- फिरोज तुगलक ने लगभग 300 नये नगरों की स्थापना की जिनमें हिसार, फिरोजाबाद (दिल्ली), फतेहाबाद, फिरोजपुर आदि प्रमुख हैं।

सैय्यद वंश

- सैय्यद वंश का संस्थापक खिज्र खाँ था। इसने 1414 ई. में 'रैयत-ए-आला' की उपाधि के साथ शासन संभाला।
- सैय्यद वंश का प्रसिद्ध शासक मुबारकशाह था।
- मुबारक शाह के दरबार में याह्या अहमद सरहिन्दी रहते थे जिन्होंने तारीख-ए-मुबारक शाही की रचना की।
- सैय्यद वंश का अंतिम शासक अलाउद्दीन आलमशाह था।

लोदी वंश

- बहलोल लोदी ने 1451 ई. में लोदी वंश की स्थापना की। इसने गाजी की उपाधि ग्रहण की।
- बहलोल का पुत्र निजाम खाँ सिकन्दर लोदी के नाम से 1489 ई. में शासक बना।
- सिकन्दर लोदी ने 1504 ई. में आगरा शहर की स्थापना की।
- इसने आगरा को अपनी राजधानी बनाया।
- इसने भूमि की पैमाइश के लिए प्रामाणिक पैमाना 'गजे सिकन्दरी' का प्रचलन करवाया।
- 1517 ई. में सिकन्दर लोदी की मृत्यु के पश्चात् इब्राहिम लोदी शासक बना। वह दिल्ली सल्तनत का अंतिम शासक था।
- 21 अप्रैल, 1526 ई. में पानीपत की प्रथम लड़ाई में इब्राहिम लोदी बाबर से पराजित हुआ, जिसके पश्चात् लोदी वंश एवं दिल्ली सल्तनत का अंत हुआ।

प्रान्तीय राज्यों का उदय

जौनपुर

- जौनपुर की स्थापना फिरोजशाह तुगलक ने अपने भाई जौना खाँ की स्मृति में की थी।
- मलिक सरवर ने जौनपुर में शर्की वंश के शासन का आरंभ किया उसने मलिक-उस-शर्क की उपाधि ग्रहण की।

गुजरात

- जफरखाँ ने 1407 में सुल्तान मुजफ्फरशाह की उपाधि धारण कर स्वतन्त्र राज्य की स्थापना की।
- अहमदशाह ने 'अहमदाबाद' नगर बसाया एवं इसे अपनी राजधानी बनाया।
- महमूद बेगड़ा यहां का प्रसिद्ध शासक था।

विजयनगर (1336–1614 ई.)

- विजयनगर साम्राज्य की स्थापना हरिहर तथा बुक्का नामक दो भाइयों ने अपने गुरू विद्यारण्य की सहायता से की।
- हम्पी विजयनगर की राजधानी थी।
- विजयनगर पर चार वंशों ने शासन किया। ये हैं–संगम, सालुव, तुलुव तथा आरविडु।
- **कृष्णदेव राय** विजयनगर का सर्वाधिक प्रसिद्ध एवं सफल शासक था। वह 1509 ई. में शासक बना।
- कृष्णदेव राय ने तेलुगू भाषा में 'आमुक्तमाल्यद' की एवं संस्कृत में 'जाम्बवतीकल्याणम्' की रचना की। इसके दरबार में तेलुगू भाषा के आठ विद्वान जिन्हें 'अष्ट दिग्गज' कहा जाता था, रहते थे।
- 1565 ई. में अहमदनगर, बीजापुर, गोलकुण्डा तथा बीदर की संयुक्त सेना ने विजयनगर की सेना को तालीकोटा के युद्ध या 'राक्षसीतांगड़ी' के युद्ध में पराजित किया।

बहमनी साम्राज्य

- 1347 ई. में अलाउद्दीन बहमनशाह ने बहमनी साम्राज्य की स्थापना की तथा गुलबर्गा को अपनी राजधानी बनाया।
- अहमदशाह ने बीदर को बहमनी साम्राज्य की राजधानी बनाया।
- मुहम्मद तृतीय के शासनकाल में रूसी यात्री निकितिन बहमनी राज्य की यात्रा की थी।

- कालान्तर में बहमनी राज्य पांच स्वतंत्र राज्यों में विभक्त हो गया था जो निम्नलिखित हैं–

राज्य	स्थापना वर्ष	वंश	संस्थापक
बीजापुर	1489 ई.	आदिलशाही	युसुफ आदिलशाह
अहमदनगर	1490 ई.	निजामशाही	मलिक अहमद
बरार	1490 ई.	इमादशाही	फतेहउल्लाह इमादशाह
गोलकुण्डा	1512 ई.	कुतुबशाही	कुली कुतुबशाह
बीदर	1526 ई.	बरीदशाही	अमीर अली बरीद

धार्मिक आंदोलन

सूफी आंदोलन

- 1192 ई. में मुहम्मद गोरी के साथ ख्वाजा मुइनुद्दीन चिश्ती भारत आये। इन्होंने यहां 'चिश्तिया परंपरा' की स्थापना की।
- चिश्ती सिलसिला का प्रमुख केन्द्र अजमेर था।
- बख्तियार काकी, शेख सलीम चिश्ती तथा निजामुद्दीन औलिया चिश्ती संप्रदाय के प्रमुख संत थे।
- हजरत निजामुद्दीन औलिया ने अपने जीवनकाल में दिल्ली के सात सुल्तानों का शासन देखा।
- सूफियों के सुहरावर्दी सिलसिले की स्थापना शेख शिहाबुद्दीन उमर सुहरावर्दी ने की।
- बहाउद्दीन जकारिया सुहरावर्दी सिलसिले के प्रमुख संत थे।
- सत्तारी सिलसिले की स्थापना शेख अब्दुल सत्तारी ने की।
- मुहम्मद गौस भारत में कादरी सिलसिले के प्रवर्तक थे। ये संगीत के विरोधी थे।
- नक्शबंदी सिलसिले की स्थापना ख्वाजा उबेदुल्ला ने की थी। भारत में इसके प्रवर्तक बकी बिल्लाह थे।
- 'शेख अहमद सरहिन्दी' नक्शबंदी सिलसिले के प्रमुख संत थे।
- फिरदौसी सुहरावर्दी सिलसिले की एक शाखा थी। इस सिलसिले को शेख शरीफउद्दीन याह्या ने लोकप्रिय बनाया।

भक्ति आंदोलन

- मध्यकाल में भक्ति आंदोलन की शुरुआत सर्वप्रथम दक्षिण के आलवार भक्तों द्वारा की गई।
- उत्तर भारत में भक्ति आंदोलन को लाने का श्रेय 12वीं सदी में रामानंद को है।
- भक्ति आंदोलन का महत्वपूर्ण उद्देश्य हिन्दू धर्म एवं समाज में सुधार तथा इस्लाम एवं हिन्दू धर्म में समन्वय स्थापित करना था।
- रामानुजाचार्य ने विशिष्टाद्वैत दर्शन दिया।
- रामानंद ने जातिवाद पर कड़ा प्रहार किया। उनके शिष्यों में कबीर (जुलाहा), सेना (नाई), रैदास (चमार) आदि थे।
- गुरुनानक ने सिख धर्म की स्थापना की। इनकी वाणी 'गुरुग्रंथ साहिब' में संकलित हैं। इन्होंने बाह्य आडंबर, मूर्तिपूजा आदि का विरोध किया। नानक का दृष्टिकोण विशाल मानवतावादी था।
- चैतन्य ने बंगाल में भक्ति का प्रसार किया। यह सगुण भक्ति के उपासक थे एवं वैष्णव संत थे। चैतन्य ने संकीर्तन प्रथा का प्रचलन किया।
- वल्लभाचार्य ने पुष्टिमार्ग का प्रचलन किया। इनके अनुयायी अष्टछाप के नाम से विख्यात हुए।
- तुलसीदास ने अवधी में रामचरितमानस की रचना की तथा रामभक्ति को प्रसिद्धि प्रदान की।
- रैदास रामानंद के शिष्य थे। इन्होंने रैदासी सम्प्रदाय की स्थापना की।
- दादूदयाल ने निपरन सम्प्रदाय की नींव रखी।
- संत ज्ञानेश्वर महाराष्ट्र में भक्ति आंदोलन के जनक थे। इन्हें मराठी भाषा और साहित्य का संस्थापक माना जाता है। इनकी प्रमुख रचना ज्ञानेश्वरी है।
- नामदेव ने पंढरपुर के बिठोबा की उपासना की। इन्होंने वरकरी सम्प्रदाय की स्थापना की।
- एकनाथ ने रामायण पर 'भावार्थ रामायण' नामक टीका लिखी।
- तुकाराम ने 'अभंग' की रचना की।
- महाराष्ट्र के महान संत कवि रामदास थे। यह शिवाजी के आध्यात्मिक गुरु थे। 'दाशबोध' इनकी रचनाओं और उपदेशों का संकलन है।

मुगल साम्राज्य

- भारत में मुगल वंश की स्थापना बाबर ने 1526 ई. में की। बाबर ने पद-पादशाही की स्थापना की जिसके तहत शासक को बादशाह कहा जाता था।
- बाबर ने पानीपत के प्रथम युद्ध में तोपखाना का प्रयोग किया तथा युद्ध में 'तुलुगमा' नीति अपनाई।
- बाबर ने तुर्की भाषा में अपनी आत्मकथा 'तुजुक-ए-बाबरी' (बाबरनामा) लिखी।
- बाबर की मृत्यु 1530 ई. में आगरा में हुई।

हुमायूँ

- हुमायूँ 29 दिसम्बर, 1530 ई. को आगरा में सिंहासन पर बैठा।
- हुमायूँ ने अपने राज्य का बंटवारा अपने भाइयों में कर दिया। इसने कामरान को काबुल और कंधार, मिर्जा असकरी को संभल, हिन्दाल को अलवर एवं मेवाड़ की जागीरें दीं।

- 1533 ई. में हुमायूँ ने दीनपनाह नामक नगर की स्थापना दिल्ली में की।
- अफगान सरदार शेरशाह सूरी ने उसे चौसा (1539 ई.) एवं कन्नौज (बिलग्राम) के युद्ध में 1540 ई. में पराजित कर दिया। परिणामस्वरूप उसे भारत से बाहर शरण लेनी पड़ी।
- शेरशाह की मृत्यु के पश्चात् वह पुनः भारत आया और 1555 ई. में दिल्ली की सत्ता हासिल की।
- 1556 ई. में पुस्तकालय की सीढ़ियों से गिरने के कारण हुमायूँ की मृत्यु हो गई।
- हाजी बेगम ने दिल्ली में हुमायूँ का मकबरा बनवाया।
- हुमायूँ की बहन गुलबदन बेगम ने हुमायूँनामा की रचना की।

शेरशाह

- शेरशाह ने बिलग्राम युद्ध (1540) में हुमायूँ को पराजित कर सूर साम्राज्य की स्थापना की।
- शेरशाह की मृत्यु कलिंजर के किले को जीतने के क्रम में 22 मई, 1545 ई. को हो गई।
- शेरशाह का मकबरा सासाराम में है।
- शेरशाह ने 'पट्टा' एवं 'कबूलियत' प्रथा शुरू की।
- शेरशाह ने 'ग्रैंड ट्रंक रोड' की मरम्मत करवाई।

अकबर

- अकबर का जन्म 1542 ई. में हुमायूँ के निर्वासन के दौरान, अमरकोट में राणा बीरसाल के महल में हुआ। अकबर की माँ का नाम हमीदाबानो बेगम था।
- अकबर का राज्याभिषेक 14 फरवरी, 1556 ई. को पंजाब के कलानौर नामक स्थान पर हुआ। 1556 ई. में ही पानीपत के द्वितीय युद्ध में हेमू विक्रमादित्य को पराजित किया।
- बैरम खाँ 1556 से 1560 ई. तक अकबर का संरक्षक रहा।
- 1580 ई. में अकबर ने भू-राजस्व के लिए आइन-ए-दहशाला पद्धति लागू की। इसमें उसे राजा टोडरमल का सहयोग मिला।
- अकबर ने मनसबदारी प्रथा लागू की।
- 1605 ई. में अकबर की मृत्यु हो गई।
- अकबर का मकबरा सिकन्दरा में है।
- स्थापत्य कला के क्षेत्र में अकबर की महत्वपूर्ण कृतियां हैं–दिल्ली में हुमायूँ का मकबरा, आगरा का लाल किला, फतेहपुर सीकरी में शाहीमहल, दीवान-ए-खास, पंचमहल, बुलंद दरवाजा, जोधाबाई का महल, इबादतखाना, इलाहाबाद का किला और लाहौर का किला।
- अबुल फजल दीन-ए-इलाही धर्म का मुख्य पुरोहित था। इसने अकबरनामा ग्रंथ की रचना की।

जहाँगीर

- अकबर का उत्तराधिकारी जहाँगीर था जो 24 अक्टूबर, 1605 ई. को शासक बना।
- जहाँगीर ने फारसी में अपनी आत्मकथा तुजुक-ए-जहाँगीरी की रचना की।
- जहाँगीर के शासनकाल में 1613 ई. में अंग्रेजों ने सूरत में प्रथम व्यापार केन्द्र की स्थापना की।
- जहाँगीर के समय को चित्रकला का स्वर्णकाल कहा जाता है।
- जहाँगीर के दरबार के प्रमुख चित्रकार थे–आगा रजा, अबुल हसन, मुहम्मद नासिर, मुहम्मद मुराद, उस्ताद मंसूर, बिशनदास, मनोहर एवं गोवर्धन आदि।

शाहजहाँ

- शाहजहाँ 4 फरवरी, 1628 ई. को आगरे में सिंहासन पर बैठा।
- शाहजहाँ के शासनकाल को स्थापत्यकला का स्वर्णयुग कहा जाता है।
- शाहजहाँ द्वारा बनवायी गई प्रमुख इमारतें हैं–दिल्ली का लालकिला, दिल्ली की जामा मस्जिद, आगरा की मोती मस्जिद, ताजमहल इत्यादि।
- शाहजहाँ ने दिल्ली के निकट शाहजहाँनाबाद नगर की स्थापना की और आगरा से राजधानी को यहाँ स्थानांतरित किया।
- शाहजहाँ के पुत्रों में दारा शिकोह सर्वाधिक विद्वान था। इसने भगवद्गीता, योगवशिष्ट, उपनिषद् एवं रामायण का अनुवाद फारसी में करवाया।
- 1657 ई. में शाहजहाँ के अस्वस्थ होने के पश्चात् उसके पुत्रों–दारा, शुजा, मुराद एवं औरंगजेब के बीच उत्तराधिकार का संघर्ष प्रारंभ हो गया।
- उत्तराधिकार के युद्ध में औरंगजेब की विजय हुई।

औरंगजेब

- औरंगजेब ने आलमगीर की उपाधि से 31 जुलाई, 1658 को आगरा में प्रथम बार तथा 5 जून, 1659 को दिल्ली में दूसरी बार अपना राज्याभिषेक करवाया।
- औरंगजेब ने उलेमा वर्ग की सलाह के अनुसार इस्लामी ढंग से राज किया। इसने गैर मुस्लिम जनता पर (1679 ई.) जजिया कर लगा दिया।
- औरंगजेब ने 1686 ई. में बीजापुर तथा 1687 ई. में गोलकुण्डा को जीतकर मुगल साम्राज्य में मिला लिया।
- औरंगजेब के समय हिन्दू मनसबदारों की संख्या सबसे अधिक थी।
- 1665 ई. में औरंगजेब ने हिन्दू मंदिरों को तोड़ने का आदेश दिया। इसके शासनकाल में सोमनाथ एवं बनारस के काशी विश्वनाथ मंदिर को तोड़ा गया।

उत्तर मुगल शासक

- बहादुर शाह को शाहे बेखबर के नाम से जाना जाता है।
- मुहम्मदशाह के शासनकाल में 1739 ई. में ईरानी आक्रमणकारी नादिरशाह ने दिल्ली पर आक्रमण किया। नादिरशाह मयूर सिंहासन और कोहिनूर हीरा भारत से ले गया।
- शाहआलम द्वितीय ने, अवध के नवाब शुजाउद्दौला और बंगाल के नवाब मीर कासिम के साथ मिलकर 1764 ई. में अंग्रेजों के विरुद्ध बक्सर का युद्ध लड़ा था, परन्तु पराजित हुआ।
- शाह आलम द्वितीय के समय अहमदशाह अब्दाली एवं मराठों के बीच पानीपत का तीसरा युद्ध (1761 ई.) हुआ। इस युद्ध में मराठों की हार हुई।
- अंतिम मुगल सम्राट बहादुरशाह जफर ने 1857 ई. के विद्रोह का नेतृत्व किया। यह विद्रोह असफल रहा और उन्हें बर्मा निर्वासित कर दिया गया।

मराठा साम्राज्य

- शिवाजी के नेतृत्व में मराठा साम्राज्य की स्थापना 17वीं शताब्दी की एक महत्वपूर्ण घटना है।
- शिवाजी के पिता शाहजी भोंसले और माता जीजाबाई थीं।
- शिवाजी के आध्यात्मिक गुरु समर्थ रामदास थे।
- शिवाजी ने 1656 ई. में रायगढ़ को अपनी राजधानी बनाया।
- औरंगजेब के सेनापति जयसिंह ने शिवाजी को पुरन्दर की संधि (1664 ई.) करने के लिए विवश किया जिसमें शिवाजी के काफी दुर्ग मुगलों के पास चले गए।
- 1674 ई. में शिवाजी ने रायगढ़ के दुर्ग में स्वतंत्र मराठा शासक के रूप में अपना राज्याभिषेक कराया और छत्रपति की उपाधि ली।
- 12 अप्रैल, 1680 ई. को शिवाजी की मृत्यु हो गई।
- शिवाजी के प्रशासन की प्रमुख विशेषता उनके आठ मंत्री थे जिन्हें 'अष्ट प्रधान' कहा जाता था।
- शिवाजी की आय का मुख्य साधन चौथ था। यह आय का ¼ होता था। आय का दूसरा साधन 'सरदेशमुखी' था जो आय का 1/10 भाग होता था।
- शिवाजी के उत्तराधिकारी शम्भाजी की 1689 ई. में औरंगजेब ने हत्या करवा दी।
- शम्भाजी का उत्तराधिकारी राजाराम बना जिसने सतारा को अपनी राजधानी बनाया।
- 1707 ई. में शाहू ने स्वयं को मराठा राज्य का शासक घोषित कर दिया।
- शाहू ने बालाजी विश्वनाथ को पेशवा बनाया। पेशवा का पद आगे मराठा साम्राज्य में सर्वाधिक महत्वपूर्ण हो गया।
- बालाजी विश्वनाथ के बाद बाजीराव प्रथम पेशवा बना जिसने मराठा राज्य का अत्यधिक विस्तार किया।
- 1740 ई. में बाजीराव प्रथम का पुत्र बालाजी बाजीराव पेशवा बना।
- पानीपत का तृतीय युद्ध (1761 ई.) बालाजी बाजीराव के समय ही लड़ा गया था जिसमें अहमदशाह अब्दाली के द्वारा मराठे बुरी तरह पराजित हुए।

सिख शक्ति

- सिख सम्प्रदाय को राजनीतिक शक्ति के रूप में संगठित करने का श्रेय दसवें गुरु गुरु गोविंद सिंह को दिया जाता है।
- गुरु गोविंद सिंह ने आनन्दपुर में 1699 ई. में खालसा की स्थापना की। यह सिख धर्म के अंतिम गुरु थे।
- गुरु गोविंद सिंह के बाद बन्दा बहादुर सिखों का नेता हुआ जिसकी 1715 ई. में फर्रूखसियर ने हत्या करवा दी।
- रणजीत सिंह ने विभिन्न मिसलों में बंटे सिखों को संगठित किया तथा 1798-99 ई. में लाहौर का शासक बना।
- 25 अप्रैल, 1809 ई. को चार्ल्स मेटकॉफ और महाराजा रणजीत सिंह के बीच अमृतसर की संधि हुई।
- प्रथम आंग्ल-सिख युद्ध 1845-46 ई. में एवं द्वितीय आंग्ल-सिख युद्ध 1849 ई. में हुआ।
- अंग्रेजों एवं सिक्खों के बीच निम्नलिखित दो महत्वपूर्ण संधियां हुईं थीं–
  1. लाहौर की संधि 9 मार्च, 1846 ई.।
  2. भैरोंवाल की संधि 22 दिसम्बर, 1846 ई. में हुई जिसके तहत राजा दलीप सिंह के संरक्षण हेतु अंग्रेजी सेना का प्रवास पंजाब में स्वीकार कर लिया गया।

मैसूर राज्य

- 1761 ई. में हैदर अली मैसूर का शासक बना। इसने डिंडिगुल में आधुनिक शस्त्रागार की स्थापना की।
- हैदर अली ने प्रथम आंग्ल-मैसूर युद्ध (1767-1769 ई.) में अंग्रेजों को पराजित किया एवं मद्रास की संधि की।
- द्वितीय आंग्ल-मैसूर युद्ध में हैदर अली की लड़ते हुए मृत्यु हो गई।
- हैदर की मृत्यु के बाद टीपू सुल्तान शासक बना। इसने फ्रांसीसी पद्धति अपनाते हुए एक मजबूत सेना बनाई और प्रशासनिक सुधार के उपाय किए।
- तृतीय आंग्ल-मैसूर युद्ध (1789-1792 ई.) में अंग्रेज, निजाम और मराठों ने मिलकर टीपू को हरा दिया और उसे श्रीरंगपट्टनम की संधि करनी पड़ी।

- चतुर्थ आंग्ल-मैसूर युद्ध (1799 ई.) के दौरान टीपू सुल्तान की मृत्यु हुई और अंग्रेजों ने मैसूर पर नियंत्रण स्थापित कर लिया।

अवध

- अवध के स्वतंत्र राज्य की स्थापना 1722 ई. में सआदत खाँ बुरहानुल्मुल्क ने की थी।
- सफदरजंग मुगल सम्राट का वजीर बना।
- अवध के नवाब शुजाउद्दौला ने बक्सर के युद्ध (1764 ई.) में मीरकासिम तथा शाहआलम द्वितीय के साथ मिलकर अंग्रेजों के विरुद्ध संघर्ष किया।
- अवध का अंतिम नवाब वाजिद अली शाह था।

हैदराबाद

- 1724 ई. में निजामुल्मुल्क ने हैदराबाद के स्वतंत्र राज्य की स्थापना की।
- 1748 ई. में निजामुल्मुल्क की मृत्यु के पश्चात् हैदराबाद ने सर्वप्रथम 1778 में वेलेजली की सहायक संधि को स्वीकार कर लिया।

कर्नाटक

- सादुतुल्ला खाँ ने कर्नाटक के स्वतंत्र राज्य की स्थापना की एवं अर्काट को इसकी राजधानी बनाया। इसे लार्ड वेलेजली ने बलपूर्वक अधिगृहीत कर लिया।

बंगाल

- मुर्शीद कुली खाँ ने बंगाल के स्वतंत्र राज्य की स्थापना की थी। इसने 1717 ई. में बंगाल की राजधानी ढाका से स्थानांतरित कर मुर्शिदाबाद कर दी।
- 1739 ई. में अलीवर्दी खाँ शासक बना।
- 1757 ई. में प्लासी के युद्ध में अंग्रेजों ने क्लाइव के नेतृत्व में बंगाल के नवाब सिराजुद्दौला को पराजित कर दिया।
- प्लासी युद्ध के बाद मीर जाफर एवं मीर कासिम नवाब बने। कासिम ने मुर्शिदाबाद की जगह मुंगेर को राजधानी बनाया।
- 1764 ई. में बक्सर के युद्ध में मीर कासिम अंग्रेजों से पराजित हुआ।
- 1765 ई. में इलाहाबाद की संधि के साथ बंगाल पर ईस्ट इंडिया कम्पनी का प्रभुत्व हो गया।

आधुनिक भारत

यूरोपीय कम्पनियों का भारत आगमन

- 1498 ई. में वास्को-डि-गामा ने भारत के समुद्री मार्ग की खोज की और कालीकट के समुद्र तट पर उतरा।
- पुर्तगालियों का पहला गवर्नर दू अल्मीडा (1505-1509 ई.) था।
- नौसैनिक शक्ति के आधार पर पुर्तगालियों ने भारत में घोड़े के आयात पर एकाधिकार कायम किया था।
- पुर्तगालियों ने भारत में तम्बाकू की खेती तथा प्रिंटिंग प्रेस का काम आरंभ किया।
- पुर्तगालियों ने अपनी पहली व्यापारिक कोठी कोचीन में खोली।
- डचों ने 1605 ई. में मसुलीपट्टनम में अपनी पहली फैक्ट्री स्थापित की। इसके बाद पुलीकट, चिनसुरा, पटना, सूरत, नागपट्टनम, बालासोर तथा कासिम बाजार में डचों ने अपनी फैक्ट्री स्थापित की।
- 1759 ई. में बेदरा की लड़ाई में अंग्रेजों के हाथों पराजित होने के बाद डच कम्पनी का नियन्त्रण भारतीय क्षेत्रों से समाप्त हो गया।

भारत में यूरोपीय कम्पनियां

कम्पनी	स्थापना वर्ष
पुर्तगाली ईस्ट इण्डिया कम्पनी	1498 ई.
अंग्रेजी ईस्ट इण्डिया कम्पनी	1600 ई.
डच ईस्ट इण्डिया कम्पनी	1602 ई.
डैनिश ईस्ट इण्डिया कम्पनी	1616 ई.
फ्रांसीसी ईस्ट इण्डिया कम्पनी	1664 ई.

- इंग्लिश ईस्ट इण्डिया कम्पनी की स्थापना 1600 ई. में हुई थी। 1611 ई. में दक्षिण-पश्चिम में मसुलीपट्टम में व्यापारिक कोठी की स्थापना की।
- अंग्रेजों ने 1608 ई. में अपनी पहली फैक्ट्री सूरत में स्थापित की।
- 1664 ई. में फ्रेंच ईस्ट इंडिया कम्पनी की स्थापना हुई।
- 1668 ई. में भारत में फ्रांसीसियों की प्रथम कोठी सूरत में फ्रैंक कैरो के द्वारा स्थापित की गई।
- 1742 ई. में डूप्ले भारत में फ्रेंच गवर्नर बना।

- 1760 ई. में सर आयरकूट के नेतृत्व में अंग्रेजों ने वाण्डीवाश के युद्ध में फ्रांसीसियों को हराया।
- 1772 ई. में वारेन हेस्टिंग्स बंगाल का गवर्नर बना। इसने 1772 ई. में द्वैध शासन को समाप्त कर दिया।
- 1773 ई. में रेग्यूलेटिंग एक्ट के बाद हेस्टिंग्स बंगाल का गवर्नर-जनरल बना।
- वारेन हेस्टिंग्स ने प्रत्येक जिले में एक दीवानी तथा फौजदारी न्यायालय की स्थापना की।
- 1773 ई. में रेग्यूलेटिंग एक्ट के तहत कलकत्ता में सुप्रीम कोर्ट की स्थापना हुई।
- 1784 ई. में विलियम जोंस ने द एशियाटिक सोसायटी ऑफ बंगाल की स्थापना की।
- 1793 ई. में कार्नवालिस ने स्थायी बंदोबस्त लागू किया।
- कार्नवालिस ने प्रशासनिक एवं न्यायिक शक्तियों का पृथक्करण किया। इसे प्रशासनिक सेवा का जनक कहा जाता है। इसने पुलिस अधिकारियों की नियुक्ति की तथा पुलिस थाने बनवाए।
- सर जॉन शोर ने तटस्थता एवं अहस्तक्षेप की नीति अपनाई।
- लार्ड वेलेजली ने सहायक संधि की नीति अपनाई।
- सर जार्ज बार्लो ने 1807 ई. में दासों के व्यापार पर रोक लगा दी।
- लार्ड हेस्टिंग्स ने 1816 ई. में नेपाल के साथ सुगौली की संधि की।
- लार्ड हेस्टिंग्स ने पिण्डारियों का दमन किया।
- लार्ड हेस्टिंग्स के समय 1822 ई. में काश्तकारी अधिनियम लागू किया गया।
- लार्ड एमहर्स्ट के समय प्रथम आंग्ल-बर्मा युद्ध (1824-26 ई.) हुआ जो यन्दाबू की संधि के तहत खत्म हुआ।
- लार्ड विलियम बैंटिंक बंगाल का अंतिम गवर्नर-जनरल था। 1833 ई. के चार्टर एक्ट के अन्तर्गत बंगाल के गवर्नर-जनरल को भारत का गवर्नर-जनरल बनाया गया, इस प्रकार बैंटिंक भारत का प्रथम गवर्नर-जनरल भी बना।
- बैंटिंक ने 1829 ई. में सती प्रथा को प्रतिबन्धित किया।
- बैंटिंक ने 1835 ई. में कलकत्ता मेडिकल कॉलेज की स्थापना की।
- चार्ल्स मेटकॉफ को भारतीय प्रेस का मुक्तिदाता कहा जाता है।
- लार्ड एलेनबरो ने दास प्रथा का उन्मूलन किया था।
- लार्ड हार्डिंग ने नरबली प्रथा पर प्रतिबंध लगाया।
- डलहौजी ने व्यपगत सिद्धांत के द्वारा अंग्रेजी साम्राज्य का विस्तार किया तथा भारतीय राज्यों का विलय साम्राज्य के अंतर्गत किया।
- 1854 ई. में डलहौजी ने वुड डिस्पैच के द्वारा शिक्षा संबंधी सुधार लागू किए।
- 1857 ई. में कलकत्ता, मद्रास एवं बम्बई में एक-एक विश्वविद्यालय स्थापित किया गया।
- डलहौजी के समय में रेलवे परिवहन का आरंभ हुआ। 1853 ई. में बम्बई से थाने के बीच प्रथम रेल चली।
- 1854 ई. में नया पोस्ट ऑफिस एक्ट पारित हुआ और भारत में पहली बार डाक टिकट का प्रचलन प्रारंभ हुआ।
- 1853 ई. में कलकत्ता एवं आगरा के बीच पहली बार बिजली से संचालित तार सेवा प्रारंभ हुई।
- डलहौजी के काल में भारतीय नागरिक सेवा हेतु पहली बार प्रतियोगिता परीक्षा शुरू हुई।

1857 की क्रांति

- 1857 की क्रांति का प्रारंभ 29 मार्च, 1857 को मंगल पाण्डे ने बैरकपुर छावनी में किया। इसे सिपाही विद्रोह भी कहा गया।
- विद्रोहियों ने 11 मई, 1857 को बहादुरशाह जफर को भारत का बादशाह घोषित किया।
- 1857 का विद्रोह असफल रहा परन्तु इसका प्रभाव यह हुआ कि कम्पनी का शासन समाप्त करके ब्रिटिश सरकार ने भारत का शासन प्रत्यक्ष रूप से अपने हाथ में ले लिया। इसके लिए भारत शासन अधिनियम, 1858 पारित हुआ।
- लार्ड कैनिंग भारत में कम्पनी द्वारा नियुक्त अंतिम गवर्नर-जनरल तथा ब्रिटिश सम्राट के अन्तर्गत नियुक्त भारत का प्रथम वायसराय था।
- कैनिंग के समय इण्डियन हाई कोर्ट एक्ट पारित हुआ जिसके द्वारा बम्बई, कलकत्ता तथा मद्रास में एक-एक उच्च न्यायालय की स्थापना की गई।
- कैनिंग के समय में ही 1856 ई. में विधवा पुनर्विवाह अधिनियम पारित हुआ।
- लार्ड एल्गिन ने बहाबी आंदोलन का दमन किया।
- जॉन लारेंस के समय (1866 ई.) में उड़ीसा, बुन्देलखण्ड एवं राजस्थान में भीषण अकाल पड़ा। इसने जार्ज कैम्पवेल के नेतृत्व में एक अकाल आयोग का गठन किया।
- 1865 ई. में जॉन लारेंस के द्वारा भारत एवं यूरोप के बीच प्रथम समुद्री टेलीग्राफ सेवा शुरू की गई।
- लिटन ने 1 जनवरी, 1877 को ब्रिटेन की महारानी विक्टोरिया को कैसर-ए-हिन्द की उपाधि से सम्मानित करने के लिए दिल्ली दरबार का आयोजन किया।

- लिटन ने 1878 में वर्नाक्यूलर प्रेस एक्ट पारित कर भारतीय समाचार-पत्रों पर कठोर प्रतिबन्ध लगा दिए।
- लिटन के समय में 1878 ई. में भारतीय शस्त्र अधिनियम पारित हुआ।
- लार्ड रिपन ने 1882 ई. में वर्नाक्यूलर प्रेस एक्ट को समाप्त कर दिया।
- रिपन ने स्थानीय स्वशासन की शुरुआत की।
- रिपन के समय में 1881 ई. में सर्वप्रथम नियमित जनगणना करवाई गई।
- भारत में पहली बार जनगणना 1872 ई. में हुई थी।
- लार्ड डफरिन के समय तृतीय आंग्ल-बर्मा युद्ध (1885-88 ई.) हुआ और बर्मा को अंतिम रूप से अंग्रेजी राज्य में मिला लिया गया।
- लार्ड कर्जन ने 1901 ई. में सर कॉलिन स्कार्ट मॉनक्रीक की अध्यक्षता में सिंचाई आयोग, 1902 ई. में सर एण्ड्रयूफ्रेजर की अध्यक्षता में पुलिस आयोग एवं सर टॉमस रैले की अध्यक्षता में विश्वविद्यालय आयोग की स्थापना की।
- 1904 ई. में भारतीय विश्वविद्यालय अधिनियम पास किया गया। भारतीय पुरातत्व विभाग की स्थापना भी 1904 में की गई।
- कर्जन के द्वारा राष्ट्रवादी शक्तियों को कमजोर करने के लिए 1905 ई. में बंगाल का विभाजन किया गया।
- लार्ड हार्डिंग द्वितीय के काल में 12 दिसम्बर, 1911 ई. में दिल्ली में एक भव्य दरबार का आयोजन किया गया।
- बंगाल विभाजन रद्द करने की घोषणा 1911 ई. में की गई।
- भारत की राजधानी कलकत्ता से दिल्ली स्थानांतरित करने की घोषणा 1911 ई. में की गई।
- लॉर्ड चेम्सफोर्ड के कार्यकाल में रौलट एक्ट पारित (1919 ई.) हुआ। जलियांवाला बाग कांड रौलट एक्ट के विरोध में हुआ था।
- लार्ड रीडिंग के काल में 1923 ई. से प्रशासनिक सेवाओं में उम्मीदवारों के चयन के लिए दिल्ली और लन्दन में एक साथ प्रतियोगिता परीक्षा के आयोजन की व्यवस्था की गई।
- लार्ड इर्विन के काल में 1928 ई. में 'साइमन कमीशन' भारत आया।
- इर्विन के समय में ही नवम्बर, 1930 में लन्दन में प्रथम गोलमेज सम्मेलन का आयोजन किया गया।
- गांधी-इर्विन समझौते पर 5 मार्च, 1931 ई. को हस्ताक्षर हुए और इसके साथ ही सविनय अवज्ञा आंदोलन को वापस लिया गया।
- भारतीय राष्ट्रीय कांग्रेस की स्थापना 1885 ई. में ए.ओ. ह्यूम ने बम्बई में की।
- 1885-1907 ई. के बीच कांग्रेस में उदारवादी नेताओं का प्रभाव रहा, लेकिन आगे गरमपंथी नेताओं की प्रमुखता रही।
- दादाभाई नौरोजी, सुरेन्द्रनाथ बनर्जी, फिरोजशाह मेहता, गोविन्द रानाडे, गोपाल कृष्ण गोखले आदि उदारवादी कांग्रेसी नेता थे।
- बाल गंगाधर तिलक, विपिन चन्द्र पाल तथा लाला लाजपत राय आदि गरमपंथी नेता थे।
- 1905 में बंगाल के विभाजन के विरोध में स्वदेशी आंदोलन प्रारंभ हुआ।
- 1906 ई. के कलकत्ता अधिवेशन में दादाभाई नौरोजी की अध्यक्षता में कांग्रेस ने स्वराज की मांग की।
- मुस्लिम लीग की स्थापना 1906 ई. में सलीमुल्ला खाँ एवं आगा खाँ के नेतृत्व में हुई।
- 1907 ई. में कांग्रेस के सूरत अधिवेशन में पार्टी का दो भागों में विभाजन हो गया। एक पक्ष उदारवादी नेताओं का और दूसरा उग्रवादी नेताओं का था।
- 1916 ई. में मुस्लिम लीग तथा कांग्रेस का संयुक्त अधिवेशन लखनऊ में हुआ। इसी अधिवेशन में उग्रवादी कांग्रेसी नेताओं को पुनः पार्टी में प्रवेश का अवसर दिया गया।
- कांग्रेस ने लखनऊ समझौते के द्वारा मुसलमानों के लिए पृथक निर्वाचन मंडल की मांग औपचारिक रूप से स्वीकार कर ली।
- बाल गंगाधर तिलक ने 28 अप्रैल, 1916 को पूना में होमरूल लीग की स्थापना की। सितम्बर 1916 में एनी बेसेण्ट ने भी होमरूल लीग की मद्रास में स्थापना की।
- गांधीजी ने सन् 1917 में चम्पारण के नील किसानों के समर्थन में सर्वप्रथम 'सत्याग्रह' का प्रयोग किया।
- गांधीजी ने 1918 ई. में किसानों की समस्याओं को लेकर खेड़ा में सत्याग्रह की शुरुआत की।
- 1919 ई. में मोहम्मद अली तथा शौकत अली ने अखिल भारतीय खिलाफत कमेटी का गठन किया।
- 1920 ई. में लाला लाजपत राय की अध्यक्षता में हुए कलकत्ता अधिवेशन में असहयोग आंदोलन का प्रस्ताव पारित किया गया।
- 5 फरवरी, 1922 को चौरी-चौरा की घटना के बाद गांधीजी ने असहयोग आंदोलन स्थगित करने की घोषणा की।
- मोतीलाल नेहरू तथा सी.आर. दास ने इलाहाबाद में 1923 ई. में स्वराज पार्टी का गठन किया तथा विधान परिषद् के चुनाव में भाग लिया एवं अच्छी सफलता प्राप्त की।

साइमन कमीशन का गठन 1927 में हुआ तथा 3 फरवरी, 1928 को यह भारत पहुँचा। इस कमीशन के सभी सदस्य ब्रिटिश थे परिणामस्वरूप भारत में इसका व्यापक विरोध हुआ।

साइमन कमीशन के विरोध में आयोजित आंदोलन का नेतृत्व करते हुए लाला लाजपत राय को पुलिस की लाठियां लगीं और वह गम्भीर रूप से घायल हो गए। बाद में उनकी मृत्यु हो गई।

मोतीलाल नेहरू समिति ने अपनी रिपोर्ट 1928 में प्रकाशित की। इसमें केन्द्र में द्विसदनात्मक व्यवस्था तथा प्रान्तीय स्वायत्तता को स्वीकृति दी गई।

सरदार वल्लभभाई पटेल ने 1928 ई. में बारदोली सत्याग्रह का नेतृत्व किया था।

1929 में कांग्रेस के लाहौर अधिवेशन में पूर्ण स्वराज की मांग की गई। इस अधिवेशन की अध्यक्षता जवाहरलाल नेहरू ने की थी।

12 मार्च, 1930 को गांधीजी ने साबरमती आश्रम से दाण्डी तट की यात्रा आरंभ की। इस यात्रा का उद्देश्य नमक कानून का उल्लंघन करना था।

5 अप्रैल, 1930 को नमक कानून तोड़कर गांधीजी ने सविनय अवज्ञा आंदोलन आरंभ किया।

प्रथम गोलमेज सम्मेलन का आयोजन 12 नवम्बर, 1930 से 13 जनवरी, 1931 तक लन्दन में हुआ। इस सम्मेलन में कांग्रेस ने भाग नहीं लिया परन्तु बी.आर. अम्बेडकर ने दलित वर्ग का प्रतिनिधित्व किया।

5 मार्च, 1931 को गांधीजी तथा वायसराय इर्विन के मध्य एक समझौता हुआ। इसे गांधी-इर्विन समझौता कहा जाता है। समझौते के परिणामस्वरूप कांग्रेस ने सविनय अवज्ञा आंदोलन वापस ले लिया तथा गांधीजी ने द्वितीय गोलमेज सम्मेलन में भाग लेने का प्रस्ताव मान लिया।

द्वितीय गोलमेज सम्मेलन का आयोजन दिसम्बर, 1931 में लन्दन में हुआ। गांधीजी ने कांग्रेस के प्रतिनिधि के रूप में इस सम्मेलन में भाग लिया। यह सम्मेलन विफल रहा।

1928 ई. में हिन्दुस्तान सोशलिस्ट रिपब्लिकन एसोसिएशन की स्थापना चंद्रशेखर आजाद तथा भगत सिंह के नेतृत्व में हुई।

23 मार्च, 1931 ई. को भगत सिंह, सुखदेव और राजगुरु को लाहौर जेल में फाँसी दे दी गई।

16 अगस्त, 1932 को तत्कालीन ब्रिटिश प्रधानमंत्री रैम्जे मैक्डोनाल्ड ने 'कम्युनल अवार्ड' जारी किया। इसमें मुसलमानों, सिखों, ईसाइयों के साथ दलित वर्गों के लिए भी पृथक निर्वाचन पद्धति लागू की गई।

- तृतीय गोलमेज सम्मेलन (17 नवम्बर, 1932-24 दिसम्बर 1932) में कांग्रेस ने भाग नहीं लिया। इस सम्मेलन में भारत सरकार अधिनियम, 1935 को अंतिम रूप दिया गया।
- 1937 ई. में प्रान्तीय विधानमण्डलों के चुनाव में कांग्रेस ने 6 राज्यों में बहुमत प्राप्त किया।
- 1939 ई. में कांग्रेस की प्रांतीय सरकारों ने द्वितीय विश्व युद्ध में भारत को शामिल करने के विरोध में इस्तीफा दे दिया।
- मुस्लिम लीग ने 22 दिसम्बर, 1939 को मुक्ति दिवस के रूप में मनाया।
- 1939 में सुभाषचंद्र बोस ने कांग्रेस के भीतर फॉरवर्ड ब्लॉक का गठन किया।
- गांधीजी ने 17 अक्टूबर, 1940 को व्यक्तिगत सत्याग्रह आरंभ किया। विनोबा भावे पहले सत्याग्रही थे।
- 8 अगस्त, 1940 को तत्कालीन वायसराय लॉर्ड लिनलिथगो ने अगस्त प्रस्ताव की घोषणा की। अगस्त प्रस्ताव के अन्तर्गत भारतीयों को वायसराय की कार्यकारिणी में प्रतिनिधित्व देने की बात कही गई।
- 23 मार्च, 1940 को मुस्लिम लीग के लाहौर अधिवेशन में पाकिस्तान की मांग की गई।
- क्रिप्स मिशन 1942 ई. में भारत आया। इसने युद्ध के उपरान्त भारत को डोमिनियन स्टेटस देने की बात प्रस्तावित की थी।
- गांधीजी के भारत छोड़ो प्रस्ताव को कांग्रेस कार्यसमिति ने 8 अगस्त, 1942 ई. को स्वीकार कर लिया। भारत छोड़ो आंदोलन की शुरुआत 9 अगस्त, 1942 ई. को हुई। इसी आंदोलन में गांधीजी ने 'करो या मरो' का नारा दिया।
- 4 जून, 1945 को वेवेल योजना का प्रस्ताव रखा गया। वेवेल योजना के अन्तर्गत वायसराय की कार्यकारिणी परिषद् को पुनर्गठित करने एवं इसमें सभी दलों को प्रतिनिधित्व देने का प्रस्ताव था तथा युद्ध के उपरान्त भारत को स्वयं संविधान बनाने की जिम्मेदारी दी जानी थी।
- 15 फरवरी, 1946 को कैबिनेट मिशन भारत आया। जुलाई 1946 में कैबिनेट मिशन योजना के अन्तर्गत संविधान सभा के सदस्यों का चुनाव हुआ।
- मुस्लिम लीग ने कैबिनेट मिशन योजना को अस्वीकार कर दिया तथा 16 अगस्त, 1946 को प्रत्यक्ष कार्रवाई दिवस की घोषणा की।
- लार्ड माउण्टबेटन ने 3 जून, 1947 को भारत विभाजन सम्बन्धी प्रस्ताव रखा, जिसे माउण्टबेटन प्लान कहा जाता है।

वस्तुनिष्ठ प्रश्नावली

1. हड़प्पा के निवासी–
A. ग्रामीण थे B. शहरी थे
C. यायावर (खानाबदोश) थे D. जनजातीय थे

2. हड़प्पा की सभ्यता के बारे में कौन-सी उक्ति सही है?
A. उन्हें 'अश्वमेध' की जानकारी थी
B. गाय उनके लिए पवित्र थी
C. उन्होंने 'पशुपति' का सम्मान आरंभ किया
D. उनकी संस्कृति सामान्यतः स्थिर नहीं थी

3. हड़प्पा के लोगों की सामाजिक पद्धति .... थी।
A. उचित समतावादी B. दास श्रमिक आधारित
C. वर्ण आधारित D. जाति आधारित

4. हड़प्पा की खोज किस वर्ष में हुई थी?
A. 1935 B. 1942
C. 1901 D. 1921

5. हड़प्पावासी किस वस्तु के उत्पादन में सर्वप्रथम थे?
A. मुद्राएँ B. कांसे के औजार
C. कपास D. जौ

6. हड़प्पा की सभ्यता किस युग की थी?
A. कांस्य युग B. नवपाषाण युग
C. पुरापाषाण युग D. लौह युग

7. सिंधु घाटी की खुदाई में मिले अवशेषों में तत्कालीन व्यापारिक और आर्थिक विकास में द्योतक निम्न में कौन है?
A. मिट्टी के बर्तन B. मुद्राएँ
C. नावें D. मकान

8. बिना दुर्ग के एक मात्र सिंधु नगर कौन-सा था?
A. कालीबंगन B. हड़प्पा
C. मोहनजोदड़ो D. चन्हुदाड़ो

9. 'अपवाह तंत्र' का निर्माण सबसे पहले निम्नलिखित में से किस सभ्यता के लोगों ने किया था?
A. मिस्र सभ्यता के लोगों ने
B. सिंधु घाटी सभ्यता के लोगों ने
C. चीनी सभ्यता के लोगों ने
D. मेसोपोटामिया सभ्यता के लोगों ने

10. निम्नलिखित विद्वानों में से हड़प्पा सभ्यता का सर्वप्रथम खोजकर्ता कौन था?
A. सर जॉन मार्शल B. आर.डी. बनर्जी
C. ए. कनिंघम D. दयाराम साहनी

11. इनमें से किस फसल का ज्ञान वैदिक लोगों को नहीं थ
A. जौ B. गेहूँ
C. चावल D. तम्बाकू

12. वैदिक गणित का महत्वपूर्ण अंग है
A. शतपथ ब्राह्मण B. अथर्ववेद
C. शुल्व सूत्र D. छान्दोग्य उपनिषद्

13. किस वेद में प्राचीन वैदिक युग की संस्कृति के बारे में सूच दी गई है?
A. ऋग्वेद B. यजुर्वेद
C. अथर्ववेद D. सामवेद

14. 323 ई. पू. में सिकन्दर महान की मृत्यु हुई थी–
A. फारस में B. बेबीलोन में
C. मेसीडोनिया में D. तक्षशिला में

15. सिकन्दर महान एवं पोरस/पुरू की सेनाओं ने निम्नलिखि में से किस नदी के आमने-सामने वाले तटों पर पड़ाव डा हुआ था?
A. रावी के B. झेलम के
C. सतलज के D. चेनाब के

16. किस प्रकार का मृदभाण्ड (पौटरी) भारत में द्वितीय नगरीकर के प्रारंभ का प्रतीक माना गया?
A. गेरू रंग वाले मृदभाण्ड (OCP)
B. चित्रित धूसर मृदभाण्ड (PWG)
C. उत्तरी काले पॉलिशकृत बर्तन (NBPW)
D. काले और लाल बर्तन (BRW)

17. किस शासक ने बौद्धों के लिए विख्यात विक्रमशि विश्वविद्यालय की स्थापना की थी?
A. महिपाल B. देवपाल
C. गोपाल D. धर्मपाल

18. किसके द्वारा तृतीय बौद्ध संगीति को संरक्षण प्रदान कि गया था?
A. कनिष्क B. अशोक
C. महाकस्सप D. उपालि

19. महावीर का जन्म किस क्षत्रिय गोत्र में हुआ था?
A. शाक्य B. ज्ञातृक
C. सल्लास D. लिच्छवि

20. निम्नलिखित में सम्राट अशोक की वह पत्नी कौन थी जिसने उसको प्रभावित किया था?

A. चंडालिका B. चारूलता
C. गौतमी D. कारूवाकी

21. बिन्दुसार ने विद्रोहियों को कुचलने के लिए अशोक को कहाँ भेजा था?

A. स्वर्णगिरि B. तक्षशिला
C. उज्जैन D. वैशाली

22. तक्षशिला के प्रसिद्ध स्थल होने का कारण था–

A. प्राचीन वैदिक कला B. मौर्य कालीन कला
C. गंधार कला D. गुप्त कला

23. निम्नलिखित में से कनिष्क के समकालीन कौन थे?

A. कंबन, बाणभट्ट, अश्वघोष
B. नागार्जुन, अश्वघोष, वसुमित्र
C. अश्वघोष, कालिदास, बाणभट्ट
D. कालिदास, कंबन, वसुमित्र

24. 'लाल चेर' के नाम से प्रसिद्ध वह चेर शासक कौन था, जिसने कण्णगी के मंदिर का निर्माण कराया था?

A. एलारा B. कारिकाल
C. शेनगुट्टवन D. नेदुन जेरल आदन

25. अजंता कलाकृतियाँ किससे संबंधित हैं?

A. हड़प्पा काल से B. मौर्य काल से
C. बुद्ध काल से D. गुप्त काल से

26. चालुक्य राजा पुलकेशिन II को किसने पराजित किया था?

A. महेन्द्रवर्मन I B. नरसिंहवर्मन I
C. परमेश्वरवर्मन I D. परांतक I

27. किस व्यक्ति को 'द्वितीय अशोक' कहा जाता है?

A. समुद्रगुप्त B. चंद्रगुप्त मौर्य
C. स्कंदगुप्त D. हर्षवर्धन

28. शून्य की खोज किसने की?

A. वराहमिहिर B. आर्यभट्ट
C. भास्कर D. इनमें से कोई नहीं

29. किस विदेशी यात्री ने भारत का दौरा सबसे पहले किया था?

A. ह्वेनसांग B. मेगास्थनीज
C. इत्सिंग D. फाह्यान

30. दिलवाड़ा मंदिर कहां पर स्थित हैं?

A. श्रवणबेलगोला B. पारसनाथ पर्वत
C. इंदौर D. आबू पर्वत

31. विरूपाक्ष मंदिर का निर्माण किसने करवाया था?

A. चालुक्य B. पल्लव
C. वाकाटक D. सातवाहन

32. पांड्य साम्राज्य की राजधानी कहां थी?

A. कांची B. मदुरै
C. कावेरीपट्टनम D. तिरूचि

33. कुव्वत-उल-इस्लाम मस्जिद का निर्माण किसके द्वारा किया गया था?

A. कुतुबुद्दीन ऐबक B. अलाउद्दीन खिलजी
C. इल्तुतमिश D. मोहम्मद आदिलशाह

34. 'इनाम' भूमि किसे दी जाती थी?

A. विद्वान और धार्मिक व्यक्ति
B. मनसबदार
C. पैतृक राजस्व संग्राहक
D. कुलीन

35. दिल्ली के किस सुल्तान को इतिहासकारों ने 'विरोधों का मिश्रण' बताया है?

A. बलबन B. अलाउद्दीन खिलजी
C. मुहम्मद बिन तुगलक D. इब्राहिम लोदी

36. यात्री इब्नबतूता कहां से आया था?

A. मोरक्को B. फारस
C. तुर्की D. मध्य एशिया

37. विजय नगर का प्रथम शासक कौन था जिसने पुर्तगालियों के साथ संधि की?

A. हरिहर B. बुक्का
C. देवराय II D. कृष्णदेव राय

38. कृष्णदेव राय किसके समकालीन थे?

A. शेरशाह B. हुमायूँ
C. बाबर D. अकबर

39. संत कबीर का जन्म कहां हुआ था?

A. दिल्ली B. मगहर/वाराणसी
C. मथुरा D. हैदराबाद

40. महाराष्ट्र में भक्ति संप्रदाय निम्नलिखित में से किसकी शिक्षाओं द्वारा फैला था?

A. संत तुकाराम B. संत ज्ञानेश्वर
C. समर्थ गुरु रामदास D. चैतन्य महाप्रभु

41. वह सूफी संत कौन था जो यह मानता था कि भक्ति संगीत ईश्वर के निकट पहुँचने का मार्ग है?

A. मुइनुद्दीन चिश्ती B. बाबा फरीद
C. सैय्यद मुहम्मद D. शाह आलम बुखारी

42. गुजरात विजय की याद में अकबर ने किसका निर्माण कराया था?
A. बड़ा इमामबाड़ा B. बुलंद दरवाजा
C. जामा मस्जिद D. सिद्दी बशीर

43. पानीपत की दूसरी लड़ाई (5 अप्रैल, 1556) निम्नलिखित में से किसके बीच हुई थी?
A. अकबर और हेमू
B. राजपूत और मुगल
C. बाबर और इब्राहिम लोदी
D. सिकंदर और आदिलशाह

44. अपने काल के महान संगीतज्ञ तानसेन किसके दरबार में थे?
A. जहाँगीर B. अकबर
C. शाहजहाँ D. बहादुरशाह

45. मुगलकाल की राजभाषा कौन-सी थी?
A. उर्दू B. हिन्दी
C. अरबी D. फारसी

46. सती प्रथा की भर्त्सना करने वाला मुगल सम्राट था–
A. बाबर B. हुमायूँ
C. अकबर D. जहाँगीर

47. भारत में ग्रांड ट्रंक रोड बनवाई थी।
A. अशोक ने B. शेरशाह सूरी ने
C. अकबर ने D. हुमायूँ ने

48. अकबर के शासनकाल में भू-राजस्व सुधारों के लिए कौन उत्तरदायी था?
A. बीरबल B. टोडरमल
C. जयसिंह D. बिहारीमल

49. 'रामचरितमानस' के लेखक तुलसीदास किसके शासनकाल से संबंधित थे?
A. चन्द्रगुप्त विक्रमादित्य B. वाजिद अली शाह
C. हर्षवर्द्धन D. अकबर

50. निम्नलिखित में से गुरिल्ला युद्ध का पथ-प्रदर्शक कौन था?
A. औरंगजेब B. अकबर
C. शिवाजी D. बालाजी

51. शिवाजी के प्रशासन में 'पेशवा' कहा जाता था–
A. धार्मिक मामलों के मंत्री को
B. रक्षामंत्री को
C. प्रधानमंत्री को
D. न्यायमंत्री को

52. भारत में सबसे पहली सूती वस्त्र मिल किस शहर में स्थापि[त] की गयी थी?
A. सूरत B. बम्बई
C. अहमदाबाद D. कोयम्बटूर

53. मुख्यतः किसके प्रयास से सती प्रथा का उन्मूलन हुआ?
A. ब्रिटिश B. राजा राममोहन राय
C. धर्म प्रचारक D. महर्षि कर्वे

54. अलीगढ़ में स्थित मुहम्मंडन एंग्लो-ओरिएण्टल कॉलेज क[ो] किसने स्थापित किया?
A. सैय्यद अहमद खाँ B. बदरूद्दीन तैयब जी
C. अबुल कलाम आजाद D. मुहम्मद अली जिन्ना

55. वर्ष 1829 ई. में सती प्रथा का उन्मूलन किसके द्वारा कि[या] गया था?
A. लार्ड कर्जन B. लार्ड वेलेस्ली
C. लार्ड लिटन D. लार्ड विलियम बैंटिंक

56. स्वामी विवेकानंद का मूल नाम था–
A. नरेन्द्रनाथ दत्त B. बटुकेश्वर दत्त
C. कृष्ण दत्त D. सुरेंद्र दत्त

57. आर्य समाज किसके विरुद्ध है?
A. ईश्वर के अस्तित्व B. मूर्ति पूजा
C. हिन्दुत्व D. इस्लाम

58. थियोसोफिकल सोसायटी ने भारत में कब और कहाँ अप[ना] मुख्य कार्यालय संस्थापित किया?
A. 1882, अडयार B. 1885, बेलूर
C. 1890, आवडी D. 1895, वेल्लूर

59. किस वायसराय के शासनकाल में पहला फैक्ट्री अधिनिय[म] पारित किया गया?
A. लार्ड कर्जन B. लार्ड लिटन
C. लार्ड रिपन D. लार्ड कैनिंग

60. बेगम हजरत महल ने 1857 के विद्रोह का नेतृत्व निम्नलिखि[त] में किस शहर से किया था?
A. लखनऊ B. कानपुर
C. बनारस D. इलाहाबाद

61. 1857 के विद्रोह का नेतृत्व बिहार में किसने किया?
A. खान बहादुर खाँ B. कुँवर सिंह
C. तात्या टोपे D. रानी राम कुआंरि

62. 1857 के विद्रोह के समय भारत का गवर्नर-जनरल कौन था
A. लार्ड डलहौजी B. लार्ड विलियम बैंटिंक
C. लार्ड कैनिंग D. लार्ड लिटन

3. भारतीय राष्ट्रीय कांग्रेस की पहली बैठक किस शहर में हुई थी?
A. कलकत्ता B. बंबई
C. अहमदाबाद D. इलाहाबाद

4. निम्नलिखित कांग्रेसी नेताओं में से किसको 'भारत का महान वृद्ध व्यक्ति' कहा जाता है?
A. महात्मा गांधी B. बाल गंगाधर तिलक
C. दादाभाई नौरोजी D. मदन मोहन मालवीय

5. किस गवर्नर-जनरल के कार्यकाल के दौरान भारतीय राष्ट्रीय कांग्रेस बनी थी?
A. लार्ड रिपन B. लार्ड विलियम बैंटिंक
C. लार्ड डफरिन D. लार्ड कर्जन

6. भारतीय सिविल सेवा (ICS) में चुने गए पहले भारतीय का नाम था–
A. सत्येन्द्रनाथ टैगोर B. सरोजिनी नायडू
C. लाला लाजपत राय D. सी.आर. दास

7. मार्ले-मिण्टो रिफॉर्म्स को किस वर्ष में प्रस्तुत किया गया था?
A. 1909 B. 1919
C. 1935 D. 1942

8. 'स्वराज मेरा जन्मसिद्ध अधिकार है और मैं उसे लेकर रहूँगा'–यह किसने कहा?
A. अरविंद घोष B. महात्मा गांधी
C. सुभाष चंद्र बोस D. बाल गंगाधर तिलक

69. 'जय हिन्द' का नारा किसने दिया?
A. सुभाष चंद्र बोस B. जवाहरलाल नेहरू
C. मोतीलाल नेहरू D. भगत सिंह

70. काकोरी ट्रेन डकैती कांड के नायक थे?
A. राम प्रसाद बिस्मिल B. भगत सिंह
C. बटुकेश्वर दत्त D. बरकतुल्ला

71. भारत की आजादी के समय कांग्रेस के अध्यक्ष कौन थे?
A. महात्मा गांधी B. जवाहरलाल नेहरू
C. जे.बी. कृपलानी D. सरदार पटेल

72. भारतीय मुसलमानों के पृथक राज्य के लिए 'पाकिस्तान' शब्द का प्रयोग सबसे पहले किसने किया?
A. मुहम्मद इकबाल B. आगा खाँ
C. एम.ए. जिन्ना D. चौधरी रहमत अली

73. मुस्लिम लीग ने 'मुक्ति दिवस' मनाया था–
A. 1939 में B. 1942 में
C. 1946 में D. 1947 में

74. भारत छोड़ो आंदोलन कब प्रारंभ हुआ?
A. 9 अगस्त, 1942 B. 10 अगस्त, 1942
C. 15 अगस्त, 1942 D. 16 अगस्त, 1942

75. वर्ष 1946 में गठित अंतरिम कैबिनेट की अध्यक्षता किसने की?
A. राजेन्द्र प्रसाद B. जवाहरलाल नेहरू
C. वल्लभभाई पटेल D. सी. राजगोपालाचारी

उत्तरमाला

1	**2**	**3**	**4**	**5**	**6**	**7**	**8**	**9**	**10**
B	C	A	D	C	A	B	D	B	D
11	**12**	**13**	**14**	**15**	**16**	**17**	**18**	**19**	**20**
D	C	A	B	B	C	D	B	B	D
21	**22**	**23**	**24**	**25**	**26**	**27**	**28**	**29**	**30**
B	C	B	C	D	D	D	B	B	D
31	**32**	**33**	**34**	**35**	**36**	**37**	**38**	**39**	**40**
A	B	A	A	C	A	D	C	B	B
41	**42**	**43**	**44**	**45**	**46**	**47**	**48**	**49**	**50**
A	B	A	B	D	C	B	B	D	C
51	**52**	**53**	**54**	**55**	**56**	**57**	**58**	**59**	**60**
C	A	B	A	D	A	B	A	C	A
61	**62**	**63**	**64**	**65**	**66**	**67**	**68**	**69**	**70**
B	C	B	C	C	A	A	D	A	A
71	**72**	**73**	**74**	**75**					
C	D	A	A	B					

☆☆☆☆☆☆

भूगोल

ब्रह्माण्ड (Universe)

- यूनानी विद्वान हिकेटियस को 'भूगोल का पिता' कहा जाता है क्योंकि इन्होंने सर्वप्रथम भौगोलिक वर्णनों को 'जेस पीरियोडिस' पुस्तक के माध्यम से क्रमबद्ध किया था।
- भूगोल शब्द का सर्वप्रथम प्रयोग ग्रीक विद्वान इरेटोस्थनीज ने किया। 'पृथ्वी की परिधि' का लगभग सही मापन इन्होंने दिया था।
- ब्रह्माण्ड का विकासवादी सिद्धांत महाविस्फोट (Big-Bang Theory) के नाम से प्रसिद्ध है। इसे प्रस्तुत करने का श्रेय बेल्जियम के विद्वान लिमैत्रे को है।
- ब्रह्माण्ड अति विशाल है। यह ग्रहों, तारों, धूल और गैसों के सम्पूर्ण समूह से बना है।
- तारों के एक विशाल समुदाय या तंत्र को मंदाकिनी कहते हैं।
- सूर्य एक तारा है। यह सौरमंडल के आठ ग्रहों और उनके उपग्रहों के मध्य स्थित है। सूर्य सौरमंडल का प्रमुख है तथा आठ अन्य ग्रह अर्थात् बुध, शुक्र, पृथ्वी, मंगल, बृहस्पति, शनि, यूरेनस और नेप्चून इसके चारों ओर घूमते हैं।
- सूर्य के अतिरिक्त सौरमंडल के किसी अन्य ग्रह में अपना प्रकाश और उष्मा नहीं है।
- सूर्य एक गैसीय गोला है, जिसमें 71% हाइड्रोजन, 26.5% हीलियम तथा 2% अन्य भारी तत्व जैसे—लीथियम व यूरेनियम आदि हैं।
- सूर्य का व्यास 13 लाख 92 हजार किमी है, जो पृथ्वी के व्यास का लगभग 110 गुना है।
- सूर्य का प्रकाश पृथ्वी तक पहुँचने में 8 मिनट 16.6 सेकण्ड लगते हैं।
- ग्रहों को दो भागों में विभाजित किया गया है–
  - (*i*) आन्तरिक या पार्थिव ग्रह संख्या में चार हैं। बुध, शुक्र, पृथ्वी एवं मंगल को पार्थिव ग्रह कहा जाता है क्योंकि ये पृथ्वी के समान हैं।
  - (*ii*) बृहस्पतीय या बाह्य ग्रहः बृहस्पति, शनि, अरुण एवं वरुण को बृहस्पतीय ग्रह कहा जाता है।

शुक्र एवं अरुण सूर्य के चारों ओर पूर्व से पश्चिम दिशा में परिभ्रमण करते हैं, जबकि अन्य सभी ग्रह पश्चिम से पूर्व दिशा में परिभ्रमण करते हैं।

बुध (Mercury)

- यह सूर्य का सबसे नजदीकी ग्रह है।
- इसका कोई उपग्रह नहीं है तथा यह सबसे छोटा ग्रह है।
- यह सूर्य की परिक्रमा सबसे कम समय में पूरी करता है।

शुक्र (Venus)

- बुध के बाद यह सूर्य से दूसरा सबसे निकटतम ग्रह है।
- यह पृथ्वी से सर्वाधिक नजदीकी ग्रह है।

पृथ्वी (Earth)

- यह आकार में पाँचवाँ सबसे बड़ा ग्रह है।
- जल की उपस्थिति के कारण इसे नीला ग्रह भी कहा जाता है।
- सूर्य से दूरी के अनुसार पृथ्वी सौरमंडल में तीसरे स्थान पर है।
- पृथ्वी अपने अक्ष पर पश्चिम से पूर्व की ओर 1610 कि.मी. प्रति घण्टा की चाल से 23 घण्टे 56 मिनट 4 सेकण्ड में एक पूरा चक्कर लगाती है। पृथ्वी की इस गति को घूर्णन या दैनिक गति कहते हैं। इसी घूर्णन गति के कारण दिन-रात होते हैं।
- पृथ्वी 365 दिन 5 घण्टे 48 मिनट 46 सेकण्ड में सूर्य का परिक्रमण करती है। सूर्य के चतुर्दिक पृथ्वी की इस परिक्रमा को पृथ्वी की वार्षिक गति या परिक्रमण गति कहते हैं।
- पृथ्वी द्वारा सूर्य की एक परिक्रमा करने में लगा समय सौर वर्ष कहलाता है।
- पृथ्वी पर ऋतु परिवर्तन, इसके अक्ष पर झुके होने के कारण तथा सूर्य के सापेक्ष इसकी स्थिति में परिवर्तन यानी वार्षिक गति के कारण होता है। वार्षिक गति के कारण ही पृथ्वी पर दिन-रात छोटे बड़े होते हैं।
- पृथ्वी का एकमात्र उपग्रह चंद्रमा है।
- पृथ्वी का एक-तिहाई भाग स्थल एवं दो-तिहाई भाग जल से घिरा हुआ है।

मंगल (Mars)

- इसे लाल ग्रह भी कहते हैं।
- मंगल, सूर्य का चौथा निकटतम ग्रह है।
- इस ग्रह पर वायुमण्डल पाया जाता है अतः यहाँ जीवन की संभावना व्यक्त की जा रही है।

बृहस्पति (Jupiter)

- यह सौर मंडल का सबसे बड़ा ग्रह है।
- इसे सूर्य की परिक्रमा करने में 11.86 वर्ष लगते हैं।

शनि (Saturn)

- यह सौरमण्डल का दूसरा सबसे बड़ा ग्रह है।
- इसकी प्रमुख विशेषता है कि इसके तल के चारों ओर वलय का होना।
- यह सूर्य की परिक्रमा 29.5 वर्ष में पूरी करता है।

अरुण (Uranus)

- यह सूर्य से सातवाँ और आकार में तृतीय ग्रह है।
- इसे सूर्य की परिक्रमा करने में 84 वर्ष लगते हैं।

वरुण (Neptune)

- यह सौरमण्डल का चौथा सबसे बड़ा तथा सूर्य से आठवाँ ग्रह है।
- यह सबसे ठंडा ग्रह है तथा यहाँ वर्ष दीर्घतम होता है।
- सूर्य की परिक्रमा करने में इसे 165 वर्ष लगते हैं।

सौरमण्डल के अन्य घटक

- **क्षुद्रग्रह (Asteroids)**: मंगल एवं बृहस्पति ग्रह की कक्षाओं के बीच छोटे-छोटे आकाशीय पिण्ड, जो सूर्य की परिक्रमा करते हैं क्षुद्रग्रह कहलाते हैं। सबसे बड़ा क्षुद्रग्रह सायरस है।
- **धूमकेतु (Comet)**: सौरमंडल के छोर पर बहुत ही छोटे-छोटे अरबों पिंड विद्यमान हैं, जो धूमकेतु या पुच्छल तारे कहलाते हैं।

उल्का (Meteor)

उल्काएँ, क्षुद्र ग्रहों के टुकड़े तथा धूमकेतु द्वारा पीछे छोड़े गए धूल के कण होते हैं। यह पृथ्वी के वायुमण्डल में पहुँचते ही जलने लगते हैं और टूटते तारे जैसे लगते हैं।

चन्द्रमा

- यह पृथ्वी का एकमात्र उपग्रह है।
- चन्द्रमा, पृथ्वी की परिक्रमा लगभग 27 दिन 8 घंटे में पूरी करता है और इतने ही समय में अपने अक्ष पर एक घूर्णन करता है।
- चन्द्रमा का घूर्णन और परिक्रमण अवधि समान है। इसी कारण चन्द्रमा का सदैव एक ही भाग दिखाई पड़ता है।
- चन्द्रमा पृथ्वी से लगभग 3.84 लाख किलोमीटर दूर है।

चन्द्रग्रहण

जब कभी चक्कर लगाते समय सूर्य और चंद्रमा के बीच पृथ्वी आ जाती है तो चन्द्रमा को सूर्य का प्रकाश प्राप्त नहीं होता। इसको चन्द्रग्रहण कहते हैं। सूर्य, चन्द्रमा और पृथ्वी तीनों पूर्णमासी को एक सीध में रहते हैं। अतः केवल पूर्णिमा को ही चंद्रग्रहण पड़ता है।

सूर्यग्रहण

भ्रमण करते हुए जब चंद्रमा अमावस्या के दिन पृथ्वी और सूर्य के बीच में आ जाता है तब चंद्रमा की छाया पृथ्वी पर पड़ती है। इसका फल यह होता है कि सूर्य का प्रकाश पृथ्वी पर नहीं पड़ता है। सूर्य की आकृति पर पड़ने वाले इस विक्षेप को ही सूर्य-ग्रहण कहते हैं। सूर्य-ग्रहण अमावस्या को ही पड़ता है।

पृथ्वी की संरचना

पृथ्वी की आन्तरिक संरचना को मुख्यतः तीन भागों में बाँटा गया है–

1. **भूपटल/भू-पर्पटी (Crust)**: पृथ्वी के ऊपरी भाग को भू-पर्पटी कहते हैं। यह अंदर की तरफ 8-40 किमी तक का क्षेत्र है। यह मुख्यतः बेसाल्ट चट्टानों से बना है। इसे सिआल (SIAL) भी कहते हैं।
2. **अनुपटल (Mantle):** इस अनुपटल का विस्तार 100 से 2,900 किमी की गहराई तक है। इसमें सिलिका और मैग्नेशियम की प्रधानता है। इसे सीमा भी कहते हैं। इसी परत से ज्वालामुखी के लिए लावा प्राप्त होता है।
3. **भू-क्रोड (Core):** इस परत को धात्विक क्रोड या गुरुमण्डल या अन्तरतम भी कहते हैं। यह 2900 किमी की गहराई से पृथ्वी के केन्द्र तक विस्तृत है। इसमें निकिल एवं फेरस की प्रधानता है। इसे निफे भी कहते हैं।

पृथ्वी की गतियां

1. **घूर्णन गति (Rotation)**: पृथ्वी अपने अक्ष पर पश्चिम से पूर्व की ओर चक्कर लगाती है जिसके कारण दिन और रात होते हैं। पृथ्वी की दैनिक गति के कारण समुद्र में ज्वार भाटा आता है।
2. **परिक्रमण गति (Revolution)**: पृथ्वी अपने अक्ष पर घूमने के साथ-साथ सूर्य के चारों ओर भी चक्कर लगाती है। पृथ्वी की इस परिक्रमा का मार्ग वामावर्त (Counterclockwise) है।

पृथ्वी की परिक्रमण गति के निम्न प्रभाव देखे जा सकते हैं–

(*i*) सूर्य की किरणों का सीधा और तिरछा चमकना,
(*ii*) वर्ष की अवधि का निर्धारण,
(*iii*) कर्क और मकर रेखाओं का निर्धारण,
(*iv*) ध्रुवों पर छः-छः माह के रात-दिन का होना,
(*v*) धरातल पर ताप-वितरण में भिन्नता,
(*vi*) कटिबन्धों का निर्धारण,
(*vii*) दिन-रात का छोटा-बड़ा होना,
(*viii*) ऋतु परिवर्तन।

- **कर्क संक्रांतिः** 21 जून को सूर्य मकर रेखा पर लम्बवत् चमकता है। परिणामस्वरूप उत्तरी गोलार्द्ध में सबसे बड़ा दिन होता है और ग्रीष्म ऋतु होती है। दक्षिणी गोलार्द्ध में इस समय सूर्य-तिरछा चमकता है। इससे यहाँ रातें बड़ी और दिन छोटे होते हैं और गर्मी कम होने से जाड़े की ऋतु होती है।
- **मकर संक्रांतिः** 22 दिसम्बर को दक्षिणी ध्रुव सूर्य के सम्मुख होता है और सूर्य मकर रेखा पर लम्बवत् चमकता है। जिससे यहाँ ग्रीष्म ऋतु होती है। इस समय उत्तरी गोलार्द्ध में सूर्य तिरछा चमकता है, जिससे दिन छोटे व रातें बड़ी होती हैं और गर्मी कम होने से जाड़े की ऋतु होती है।
- **विषुवः** यह पृथ्वी की वह स्थिति है जब सूर्य की किरणें भूमध्य रेखा पर लम्बवत् चमकती है जिससे सर्वत्र रात-दिन बराबर होते हैं।

  (*i*) बसन्त विषुव - 21 मार्च (*ii*) शरद विषुव - 23 सितम्बर
- ग्लोब पर खींची गई समानांतर रेखाओं को अक्षांश रेखा कहा जाता है।
- 0° की अक्षांश रेखा भूमध्य रेखा या विषुवत् रेखा कहलाती है। यह पृथ्वी के केन्द्र से गुजरती है एवं पृथ्वी को दो बराबर भागों में बाँटती है। भूमध्य रेखा पर दिन-रात बराबर होते हैं।
- भूमध्य रेखा से ऊपर 0° से 90° उत्तरी ध्रुव तक उत्तरी गोलार्द्ध और भूमध्य रेखा से नीचे 0° से 90° दक्षिणी ध्रुव तक दक्षिणी-गोलार्द्ध कहलाता है।
- **कर्क रेखाः** उत्तरी गोलार्द्ध में 23.5° N के दोनों बिन्दुओं को मिलाने वाली रेखा कर्क रेखा कहलाती है। कर्क रेखा अग्रलिखित देशों से होकर गुजरती है–मैक्सिको, पश्चिमी सहारा, मॉरीटानिया, माली, अल्जीरिया, लीबिया, चाड, मिस्र, सऊदी अरब, यू.ए.ई., ओमान, भारत, बांग्लादेश, म्यांमार, चीन तथा ताइवान।
- **मकर रेखाः** दक्षिण गोलार्द्ध में 23.5° S के दोनों बिन्दुओं को मिलाने वाली रेखा मकर रेखा कहलाती है। मकर रेखा अग्रलिखित देशों से होकर गुजरती है–ऑस्ट्रेलिया, नामीबिया, बोत्सवाना, द० अफ्रीका, मोजाम्बिक, मेडागास्कर, चिली, अर्जेन्टीना, परागुवे, ब्राजील तथा मालागासी।
- **आर्कटिक रेखाः** उत्तरी गोलार्द्ध में 66.5° N के दोनों बिन्दुओं को मिलाने वाली रेखा को आर्कटिक रेखा कहते हैं
- **अण्टार्कटिक रेखाः** दक्षिणी गोलार्द्ध में 66.5° S के दोनों बिन्दुओं को मिलाने वाली रेखा अण्टार्कटिक रेखा कहलाती हैं
- **विषुवत् रेखाः** निम्नलिखित देशों से होकर गुजरती है–इक्वेडोर कोलम्बिया, ब्राजील, गैबन, कांगो, जायरे, युगांडा, केन्या, सोमालिया इण्डोनेशिया।
- **देशान्तर रेखाएँः** यह ग्लोब पर उत्तर से दक्षिण की ओर खींची जाने वाली काल्पनिक रेखाएँ हैं। ये रेखाएँ समानांतर नहीं होती हैं। ये रेखाएँ उत्तरी तथा दक्षिणी ध्रुव पर एक बिन्दु पर मिल जाती हैं।
- ध्रुवों से भूमध्य रेखा की ओर बढ़ने पर देशान्तरों के बीच की दूरी बढ़ती जाती है तथा भूमध्य रेखा पर इनके बीच की दूरी अधिकतम होती है।
- **ग्रीनविच वेधशालाः** यह लन्दन के निकट है। यहाँ से गुजरने वाली देशान्तर रेखा को प्रधान देशांतर रेखा कहा जाता है। इसका मान 0° देशांतर है।
- पृथ्वी की घूर्णन गति 15 अंश देशांतर प्रति घण्टा या प्रति चार मिनट में एक देशांतर है।
- भारत में माध्य प्रामाणिक समय (IST) 82°-30' पूर्व प्रयागराज के पास है। यह ग्रीनविच मध्याह्न से 5 घंटे 30 मिनट आगे है।
- पामीर विश्व का सबसे ऊँचा पठार है। यह सागर तल से लगभग 5000 मी. ऊँचा है। इसे विश्व की छत भी कहा जाता है।
- तिब्बत का पठार क्षेत्रीय विस्तार की दृष्टि से विश्व में सबसे बड़ा है।
- बोलीविया तथा पेरू का पठार अन्तःपर्वतीय पठार है।
- **झीलः** कैस्पियन सागर खारे पानी की विश्व की सबसे बड़ी झील है।
- सुपीरियर झील ताजे पानी की सबसे बड़ी झील है।
- बैकाल झील सबसे गहरी झील है।
- टिटिकाका झील विश्व की सबसे ऊँची झील है।
- मृत सागर विश्व की सबसे नीची झील है।
- **मरुस्थलः** पृथ्वी का वह क्षेत्र जहाँ वार्षिक वर्षा 25 सेमी से कम होती है, उसे मरुस्थल कहा जाता है।
- विश्व का मरुस्थलविहीन प्रायद्वीप यूरोप है।
- दक्षिण एशिया का सबसे बड़ा मरुस्थल थार भारत में है।
- संसार का सबसे बड़ा मरुस्थल सहारा है।
- द्वीपः स्थल के ऐसे भाग जिनके चारों ओर जल का विस्तार पाया जाता है द्वीप कहलाते हैं।

पृथ्वी के प्रमुख परिमंडल

- पृथ्वी की सम्पूर्ण बाह्य परत, जिस पर महाद्वीप एवं महासागर स्थित हैं स्थलमंडल कहलाती है। पृथ्वी के कुल 29% भाग पर स्थल तथा 71% भाग पर जल है।
- पृथ्वी पर अधिकतम ऊँचाई माउण्ट एवरेस्ट (8848 मी.) की तथा अधिकतम गहराई मेरियाना गर्त (11,033 मी.) की है। इस प्रकार पृथ्वी की अधिकतम ऊँचाई एवं अधिकतम गहराई में लगभग 20 किमी. का अंतर है।
- ज्वालामुखी के द्वारा पृथ्वी का पिघला पदार्थ लावा, राख, भाप तथा अन्य गैसें बाहर निकलती हैं।
- विश्व का सबसे ऊँचा ज्वालामुखी पर्वत, कोटापैक्सी (इक्वेडोर) है।
- संसार का सर्वाधिक सक्रिय ज्वालामुखी किलायू है।
- **सिस्मोलॉजी:** यह भूगर्भशास्त्र की एक विशेष शाखा है जिसमें भूकम्पों का अध्ययन किया जाता है। भूकम्प की तीव्रता की माप रिक्टर पैमाने पर की जाती है।
- भूकम्पीय तरंगों को सिस्मोग्राफ नामक यंत्र द्वारा मापा जाता है।

वायुमण्डल

- वायुमण्डल अनेक गैसों का मिश्रण है। गैसों के अतिरिक्त वायुमण्डल में जलवाष्प तथा धूल के कण भी उपस्थित हैं। यह पृथ्वी के धरातल से 1600 किमी. की ऊँचाई तक फैली है।
- वायुमंडल की ऊपरी परत के अध्ययन को वायुर्विज्ञान (Aerology) और निचली परत के अध्ययन को ऋतु विज्ञान (Meterology) कहते हैं।

वायुमण्डल की संरचना

1. क्षोभमण्डल (Troposphere)

- यह वायुमण्डल की सबसे निचली परत है जिसमें मानव सहित अन्य जीव रहते हैं।
- इस परत में ऊँचाई के साथ-साथ तापमान घटता है। प्रत्येक 165 मी. पर 1°C तापमान की कमी हो जाती है।

2. समतापमण्डल (Stratosphere)

- क्षोभमंडल के ऊपर 32 किमी. तक अर्थात् पृथ्वी की सतह से 50 किमी. ऊपर तक समतापमंडल स्थित है।
- क्षोभ सीमा (Tropopause) ही समतापमंडल और क्षोभमंडल दोनों को अलग करती है। यहाँ पर तापमान स्थिर होता है। इसकी मोटाई 1.5 किमी. है।
- इसके ऊपर 50 किमी की ऊँचाई तक तापमान में वृद्धि होती है, जिसका कारण वहाँ उपस्थित ओजोन गैस है, जो सूर्य की पराबैंगनी किरणों का अवशोषण करती है इसलिए इसे पृथ्वी का सुरक्षा कवच कहते हैं।
- इसमें मौसमी घटनाएँ जैसे आँधी, बादलों की गरज, बिजली का कड़कना, धूलकण एवं जलवाष्प आदि कुछ नहीं होती है। परिणामस्वरूप इस मंडल में वायुयान उड़ाने की आदर्श दशा पाई जाती है।

3. मध्यमण्डल (Mesosphere)

- समताप सीमा के ऊपर मध्यमण्डल है, जिसका विस्तार 80 किमी की ऊँचाई तक है। इस परत में ऊँचाई के साथ तापमान गिरने लगता है।

4. आयनमण्डल (Ionosphere)

- मध्यमण्डल के ऊपर आयनमण्डल है जिसकी ऊँचाई 80-690 किमी तक है।
- यहाँ उपस्थित कण विद्युत आवेशित होते हैं, जिन्हें आयन कहते हैं। अतः इस परत का नाम आयनमण्डल है।
- आयनमण्डल में तीन परतें स्थित हैं जो पृथ्वी से प्रेषित रेडियो तरंगों को परावर्तित करके पृथ्वी पर वापस भेज देता है इससे रेडियो प्रसारण में सहायता मिलती है।
- संचार उपग्रह इसी मण्डल में स्थित होते हैं।

5. बाह्यमण्डल (Exosphere)

- आयनमंडल के ऊपर वायुमण्डल की यह सबसे ऊपरी परत है। यहाँ काफी विरल होती है।
- इस मंडल में हाइड्रोजन एवं हीलियम गैस की प्रधानता होती है।
- **समताप रेखा (Isotherm):** यह समान तापमान के स्थानों को मिलाने वाली रेखा है।
- **समदाब रेखा (Isobar):** सागर तल पर समान वायुदाब वाले क्षेत्रों को मिलाने वाली रेखा को समदाब रेखा कहते हैं।
- **पवन:** पृथ्वी के धरातल पर वायुदाब में क्षैतिज विषमताओं के कारण हवा उच्च वायुदाब क्षेत्र से निम्न वायुदाब क्षेत्र की ओर बहती है। क्षैतिज रूप से इस गतिशील हवा को पवन कहते हैं।
- **पछुआ पवन:** दोनों गोलार्द्धों में उपोष्ण उच्च वायुदाब कटिबंधों से उपध्रुवीय निम्न वायुदाब कटिबंधों की ओर चलने वाली स्थायी हवा को, इनकी पश्चिम दिशा के कारण, पछुआ पवन कहा जाता है।

- **व्यापारिक पवनः** लगभग 30° उत्तरी और दक्षिणी अक्षांशों के क्षेत्रों या उपोष्ण उच्च वायुदाब कटिबंधों के भूमध्य रेखीय निम्न वायुदाब कटिबंधों की ओर दोनों गोलार्द्धों में वर्ष भर निरन्तर प्रवाहित होने वाली पवन को व्यापारिक पवन कहा जाता है।
- **ध्रुवीय पवनः** ध्रुवीय उच्च वायुदाब की पेटियों से उपध्रुवीय निम्न वायुदाब की पेटियों की ओर प्रवाहित पवन को ध्रुवीय पवन के नाम से जाना जाता है।
- मानसून की उत्पत्ति कर्क और मकर रेखाओं के निकट होती है। मानसून शब्द का तात्पर्य है हवाओं के रूख का बदलना। मानसून का प्रभाव दक्षिण-पूर्वी एशिया में विशेष रूप से मिलता है।
- मानसूनी पवनें ग्रीष्म-ऋतु में समुद्र से स्थल की ओर चलती हैं और विस्तृत क्षेत्र पर वर्षा करती है।
- शीतकालीन मानसून पवनें स्थल से समुद्र की ओर चलती हैं तथा वर्षा नहीं करती है। इसका अपवाद तमिलनाडु के तटीय क्षेत्रों में देखा जाता है जहाँ शीतकालीन मानसून से वर्षा होती है।
- **स्थलीय समीर (Land Breeze):** रात्रि में हवाएँ स्थल से जल की ओर चलने लगती हैं जिसे स्थलीय समीर कहते हैं।
- **समुद्री समीर (Sea Breeze):** तापमान में अन्तर होने के कारण दिन में समुद्र से हवाएँ स्थल की ओर चलती हैं जिसे सगुद्री समीर कहते हैं।
- **चक्रवात (Cyclones):** चक्रवात के केन्द्र में कम वायुदाब होता है। इस कारण सभी दिशाओं में हवाएँ चक्रवात के केन्द्र की ओर चलती हैं। ये हवाएँ फेरल के नियमानुसार उत्तरी गोलार्द्ध में अपनी दाईं ओर तथा दक्षिणी गोलार्द्ध में अपनी बाईं ओर मुड़ जाती है जिससे चक्रवात के केन्द्र में हवाओं का भंवर बन जाती है। टारनेडो, टाइफून व हरिकेन चक्रवात के उदाहरण हैं।
- **प्रतिचक्रवात (Anti-Cyclones):** प्रति-चक्रवात अधिक वायुदाब का एक ऐसा क्षेत्र होता है जिसमें वायुदाब क्रमशः बाहर की ओर घटता जाता है। प्रति-चक्रवात में अधिक वायुदाब केन्द्र में होता है। अतः हवाएं केन्द्र से बाहर की ओर प्रवाहित होती हैं।

चक्रवातों के विभिन्न नाम एवं उनकी भौगोलिक स्थिति

चक्रवात	भौगोलिक स्थिति
टॉरनेडो	संयुक्त राज्य अमेरिका, चीन एवं जापान
टाइफून	दक्षिणी चीन सागर
हरिकेन	कैरीबियन द्वीप समूह
ट्विस्टर	अमेरिका
विली-विली	ऑस्ट्रेलिया

विश्व के प्राकृतिक प्रदेश

- **भूमध्यरेखीय प्रदेशः** इसे उष्णकटिबन्धीय वर्षा वन जलवायु क्षेत्र भी कहते हैं। यहाँ पर उष्णकटिबंधीय सदाबहार वन पाए जाते हैं। इस जलवायु का विस्तार कांगो बेसिन, अमेजन बेसिन, गिनी तट, पूर्वी द्वीप समूह, मलेशिया तथा इण्डोनेशिया में पाया जाता है।
- **सवाना प्रदेशः** उष्णकटिबंधीय घास प्रदेश, जिसका विस्तार दोनों गोलार्द्धों में 5° से 20° अक्षांशों तक पाया जाता है। इस जलवायु के अंतर्गत आने वाले प्रमुख देश दक्षिण अफ्रीका सूडान, वेनेजुएला, ब्राजील, पराग्वे तथा कोलम्बिया हैं। उच्च ताप एवं साधारण वर्षा के कारण यहाँ लम्बी सवाना घास तथा कहीं-कहीं वृक्ष उगते हैं।
- **मानसूनी प्रदेशः** ये प्रदेश दोनों गोलार्द्धों में महाद्वीपों के पूर्वी भागों में 8° से 30° अक्षांशों के मध्य तक है। इसमें भारत, पाकिस्तान, बांग्लादेश, म्यांमार, थाइलैंड, इंडोनेशिया, फिलीपींस, श्रीलंका, उत्तरी ऑस्ट्रेलिया, मालागासी, पूर्वी अफ्रीका, पूर्वी ब्राजील व मध्य अमेरिका सम्मिलित किए जाते हैं।
- **उष्णकटिबन्धीय मरुस्थलीय जलवायुः** यह प्रदेश 20° से 30° अक्षांशों के मध्य महाद्वीपों के पश्चिमी भागों में विस्तृत है। इसका विस्तार सहारा, कालाहारी, एशिया में अरब, थार व पश्चिम ऑस्ट्रेलिया के मरुस्थल तक हैं। इस प्रदेश से कर्क या मकर रेखा गुजरती है। यहाँ पर कँटीली झाड़ियाँ, बबूल व कैक्टस के पेड़ पाए जाते हैं।
- **भूमध्यसागरीय प्रदेशः** यह महाद्वीपों के पश्चिमी किनारों पर 30°-45° अक्षांशों के मध्य दोनों गोलार्द्धों में विस्तृत है–भूमध्यसागर का तटीय प्रदेश पुर्तगाल, स्पेन, फ्रांस, यूगोस्लाविया, ग्रीस, टर्की, दक्षिणी अफ्रीका का केप प्रांत, कैलिफोर्निया घाटी, मध्य चिली, दक्षिणी-पश्चिमी व दक्षिणी-पूर्वी ऑस्ट्रेलिया तथा न्यूजीलैंड का उत्तरी द्वीप इस प्रदेश के अंग हैं। यहाँ अँगूर व नींबू की अच्छी फसल होती है। थोड़ी शुष्क झाड़ियाँ, जैतून, ओक, कार्क के वृक्ष मिलते हैं।
- **स्टैप प्रदेशः** यह शीतोष्ण प्रदेशीय घास का प्रदेश है, इसके अंतर्गत रूसी व चीनी तुर्किस्तान, साइबेरिया का स्टैप प्रदेश, उत्तरी अमेरिका के मध्यवर्ती मैदान में प्रेयरी प्रदेश, दक्षिणी अमेरिका में पम्पास, ऑस्ट्रेलिया में डाउन्स व दक्षिणी अफ्रीका का वेल्ड क्षेत्र सम्मिलित है।
- **टैगा प्रदेशः** कनाडा, यूरोप तथा एशिया में स्टैप प्रदेश के उत्तर में 55° अक्षांशों तक नुकीली पत्ती वाले कोणधारी वन

पाए जाते हैं। यहाँ चीड़ स्प्रूस के वृक्ष पाए जाते हैं। विश्व का सबसे ठंडा स्थान बर्खोयास्क (रूस) यहीं पर स्थित है।

- **टुण्ड्रा प्रदेशः** यह प्रदेश यूरेशिया, अलास्का तथा कनाडा के उत्तरी तटीय भाग में 65°–80° उत्तरी अक्षांशों के मध्य विस्तृत है। आर्कटिक ध्रुव वृत्त के भीतर स्थित होने के कारण यह प्रदेश वर्ष के 8–9 महीने हिम से जमा रहता है। गर्मियों का तापमान 10°C तथा सर्दियों का तापमान –20°C से भी कम हो जाता है। इसे शीत मरुस्थल कहते हैं। यहाँ लाइकेन एवं मांस प्रायः मिलते हैं।

जलमण्डल

- भूमंडल के लगभग 71% भाग पर जल है।
- दक्षिणी गोलार्द्ध में 81% जल और 19% स्थल है जबकि उत्तरी गोलार्द्ध में 40% जल 60% स्थल भाग है।

महासागर

जलमंडल का वह बड़ा भाग जिसकी कोई निश्चित सीमा न हो, महासागर कहलाता है।

प्रशांत महासागर

- यह विश्व का सबसे बड़ा और गहरा महासागर है।
- जापान सागर, बेरिंग सागर, पीला सागर, सुण्डा सागर, बाण्डा सागर, अराफुरा सागर इसके तटवर्ती सागर हैं।
- प्रशांत महासागर में गुआम द्वीप (फिलीपीन्स) के समीप स्थित मेरियाना गर्त विश्व का सबसे गहरा गर्त है जिसे चैलेंजर गर्त भी कहते हैं।

अटलांटिक महासागर

- यह विश्व का दूसरा सबसे बड़ा महासागर है।
- इसमें बरमुडा प्रमुख प्रवाल द्वीप है जबकि सेंट हेलेना, ट्रिस्टा दी कन्हा, गुआ असेन्सन आदि प्रमुख ज्वालामुखी द्वीप हैं।
- यह संसार का सबसे व्यस्त जलमार्ग है।

हिन्द महासागर

- क्षेत्रफल और विस्तार की दृष्टि से यह पृथ्वी पर तीसरा सबसे बड़ा महासागर है।
- सुण्डा (जावा) गर्त हिन्द महासागर का सबसे गहरा गर्त है।
- यह प्रशांत महासागर और अटलाण्टिक महासागर से मिला है।
- इस महासागर में लक्षद्वीप एवं मालद्वीप प्रमुख प्रवाल द्वीप हैं जबकि मॉरीशस, अण्डमान निकोबार द्वीप समूह तथा टीयूनियन द्वीप ज्वालामुखी प्रक्रिया से निर्मित हैं।
- इसका सबसे बड़ा द्वीप मेडागास्कर है।

आर्कटिक महासागर

- यह सबसे छोटा महासागर है।
- इस महासागर पर बर्फ जमी होने के कारण इसे छिपता हुआ महासागर भी कहा जाता है।

विश्व के प्रमुख जलडमरूमध्य/जलसंधियाँ

जलडमरूमध्य	सम्बन्धित सागर	सम्बन्धित देश
• बेरिंग जलसंधि	बेरिंग सागर एवं चुकसी सागर	अलास्का-रूस
• डेविस जलसंधि	बेफिन खाड़ी एवं अटलांटिक महासागर	ग्रीनलैण्ड-कनाडा
• डेनमार्क जलसंधि	उत्तरी अटलांटिक एवं आर्कटिक महासागर	इंग्लैंड-फ्रांस
• डोवर जलसंधि	इंगलिश चैनल एवं उत्तरी सागर	इंग्लैंड-फ्रांस
• फ्लोरिडा जलसंधि	मैक्सिको की खाड़ी एवं अटलांटिक महासागर	सं.रा. अमेरिका-क्यूबा
• हॉरमुज जलसंधि	फारस की खाड़ी एवं ओमान की खाड़ी	ओमान-ईरान
• हडसन जलसंधि	हडसन की खाड़ी एवं अटलांटिक महासागर	कनाडा
• जिब्राल्टर जलसंधि	भूमध्य सागर एवं अटलांटिक महासागर	स्पेन-मोरक्को
• मलक्का जलसंधि	अण्डमान सागर एवं दक्षिण चीन सागर	इंडोनेशिया-मलेशिया
• पाक जलसंधि	मन्नार एवं बंगाल की खाड़ी	भारत-श्रीलंका
• सुण्डा जलसंधि	जावा सागर एवं हिंद महासागर	इंडोनेशिया
• नार्थ चैनल	आयरिश सागर एवं अटलांटिक महासागर	आयरलैंड-इंग्लैंड

विश्व के प्रमुख जल प्रपात

जल प्रपात	स्थान	ऊँचाई (मी॰)
• एंजिल	वेनेजुएला	979 (यह कैरो नदी पर स्थित संसार का सबसे ऊँचा जल प्रपात है
• योसेमाइट	कैलिफोर्निया	739
• दक्षिण-मर्डाल्फोसेन	नार्वे	655
• तुगेला	द॰अफ्रीका	614
• कुकवेनन	वेनेजुएला	610
• सूथरलैंड	न्यूजीलैंड	580
• रिब्बोन	कैलिफोर्निया	491
• ग्रेट-कामारना	गुयाना	488
• कुंचिकल	भारत	455
• डेल्ला	कनाडा	440
• गवार्नी	फ्रांस	422
• नियाग्रा	कनाडा एवं अमेरिका की सीमा	120

विश्व की प्रमुख नहरें

नाम	स्थिति	स्थान
• ईरी	ईरी झील और मिशीगन झील को जोड़ती है।	अमेरिका
• सू नहर	सुपीरियर झील और ह्यूरन झील को जोड़ती है।	अमेरिका
• कील नहर	उत्तरी सागर को बाल्टिक सागर से जोड़ती है।	जर्मनी
• पनामा नहर	कैरीबियन सागर और प्रशांत महासागर	पनामा
• स्वेज नहर	लाल सागर और भूमध्य सागर	मिस्र
• मैनचेस्टर नहर	मैनचेस्टर एवं लिवरपूल के बीच	ग्रेट ब्रिटेन

विश्व की प्रमुख नदियाँ

नाम	उद्‌गम स्थल	गिरने का स्थान	लम्बाई (किमी)	प्रमुख स्थान
• नील (विश्व की सबसे लम्बी नदी)	विक्टोरिया झील	भूमध्य सागर	6650	आस्वान बाँध व नासिर झील स्थित है।
• अमेजन (आयतन की दृष्टि से विश्व की सबसे बड़ी नदी)	एण्डीज पर्वत	अटलांटिक महासागर	6428	
• मिसीसिपी मिसौरी	एलास्का झील	मैक्सिको की खाड़ी	6020	पक्षीपाद डेल्टा बनाती है।
• यांग्टिसीक्यांग	तिब्बत का पठार	चीन सागर	5494	
• ह्वांग हो	कुललुन पर्वत	चीन की खाड़ी	4344	
• कांगो/जायरे	लुआलिया और लुआपुआ का संगम	अटलाण्टिक महासागर	3700	विषुवत् रेखा को दो बार काटती है।

नाम	उद्गम स्थल	गिरने का स्थान	लम्बाई (किमी)	प्रमुख स्थान
• अमूर	शिल्का रूस, आरगून का संगम	टार्टई स्ट्रेट	4352	चीन और रूस की सीमा बनाती है।
• वोल्गा	बल्डाई पठार	कैस्पियन सागर	3690	यूरोप की सबसे लम्बी नदी
• डेन्यूब	ब्लैक फॉरेस्ट	काला सागर	2840	बेलग्रेड, बुखारेस्ट, बुडापेस्ट और वियना शहर स्थित है।
• सेंट लारेंस	आण्टेरियो झील	सेंट-लॉरेंस की खाड़ी	3058	नियाग्रा जल प्रपात स्थित है।
• कोलोरेडो	ग्रैण्ड कंट्री	कैलीफोर्निया की खाड़ी	2333	ह्यूबर बाँध स्थित
• नाइजर	गिनी	गिनी की खाड़ी	4180	तेल नदी कहलाती है।
• मेकांग	तिब्बत का पठार	दक्षिण चीन सागर	4023	द.पू. एशिया की सबसे लम्बी नदी।
• सिन्धु	मानसरोवर झील के पास	अरब सागर	2900	
• ब्रह्मपुत्र	मानसरोवर झील	बंगाल की खाड़ी	3058	
• डार्लिंग-मरे	ऑस्ट्रेलिया आल्पस	हिन्द महासागर	2740	ऑस्ट्रेलिया की सबसे बड़ी नदी।

विश्व की प्रमुख झीलें

झील का नाम	भौगोलिक क्षेत्र	क्षेत्रफल (वर्ग.किमी.)	विशेष तथ्य
• कैस्पियन सागर	पूर्व सोवियत संघ तथा ईरान	3,71,000	खारे पानी की सबसे बड़ी झील
• सुपीरियर झील	संयुक्त राज्य अमेरिका एवं कनाडा	82,100	ताजे पानी की सबसे बड़ी झील
• विक्टोरिया झील	केन्या, युगाण्डा तथा तंजानिया	69,000	
• अरल सागर झील	कजाकिस्तान एवं उज्बेकिस्तान	64,500	
• ह्यूरन झील	संयुक्त राज्य अमेरिका तथा कनाडा	59,600	
• मिशीगन झील	संयुक्त राज्य अमेरिका	57,800	
• बैकाल झील	रूस	31,500	यह सबसे गहरी (1940 मी.) झील है।
• ग्रेट बेरियर झील	कनाडा	31,200	
• ग्रेट स्लेव झील	कनाडा	28,438	
• विनीपेग झील	कनाडा	24,341	
• ओण्टेरियो झील	सं.रा. अमेरिका तथा कनाडा	19,529	
• टिटिकाका	पेरू-बोलीविया	9,065	यह विश्व की सबसे ऊँची (3811 मी.) झील है।
• आयर झील	ऑस्ट्रेलिया	9,583	

प्रमुख अंतर्राष्ट्रीय सीमाएँ

नाम	सम्बन्धित राष्ट्र
• डूरण्ड रेखा	पाकिस्तान एवं अफगानिस्तान
• मैकमेहोन रेखा	भारत एवं चीन
• रेडक्लिफ रेखा	भारत एवं पाकिस्तान
• मैगीनॉट रेखा	जर्मनी एवं फ्रांस
• हिण्डनबर्ग रेखा	जर्मनी और पोलैंड
• 17वीं समान्तर रेखा	उत्तरी और दक्षिणी वियतनाम
• 38वीं समान्तर रेखा	उत्तरी और दक्षिणी कोरिया
• 49वीं समान्तर रेखा	कनाडा और सं.रा. अमेरिका

विश्व की प्रमुख खाड़ियाँ

खाड़ी	क्षेत्रफल (वर्ग. किमी.)
• बंगाल की खाड़ी	21,72,000
• मैक्सिको की खाड़ी	15,44,000
• हडसन की खाड़ी	12,33,000
• अरब की खाड़ी	2,38,000
• सेंट लॉरेन्स की खाड़ी	2,37,000
• कैलिफोर्निया की खाड़ी	1,62,000

विविध तथ्य

- **एल-निनो (El-Nino):** एलनिनो पेरू के पश्चिमी तट से 200 किमी दूरी पर उत्तर से दक्षिण दिशा में चलने वाली एक गर्म जलधारा है। एलनिनो के कारण पेरू में सामान्य से अधिक वर्षा होती है। इसका विस्तार जब प्रशांत महासागर से हिन्द महासागर तक हो जाता है तब हिन्द महासागर पर निम्न दाब और भारतीय प्रायद्वीप पर उच्चदाब का आविर्भाव हो जाता है जिससे हवाएँ भारत में हिन्द महासागर की ओर चलने लगती हैं, परिणामस्वरूप भारत में सूखे की स्थिति उत्पन्न हो जाती है।
- **लॉ-निना (La-Nina):** ला-निना का आविर्भाव पश्चिमी प्रशांत महासागर में उस समय होता है जबकि पूर्वी प्रशांत महासागर (पेरू तट) पर एल-निनो का प्रभाव समाप्त हो जाता है। इससे भारत में सामान्य से अधिक वर्षा होती है।
- ग्रेट-बैरियर रीफ विश्व की सबसे बड़ी प्रवाल भित्ति है। यह ऑस्ट्रेलिया के उत्तर-पूर्वी तट पर स्थित है। इसकी लम्बाई 1900 किमी. और चौड़ाई 160 किमी है।
- साइबेरियन शेल्फ विश्व का सबसे चौड़ा मग्नतट है।
- दक्षिणी चीन सागर क्षेत्रफल की दृष्टि से सबसे बड़ा सागर है।
- भारत एवं अफ्रीका के मध्य कार्ल्स वर्ग कटक (Ridges) पाया जाता है। यह कटक अरब सागर को दो बराबर भागों में काटता है।
- गल्फस्ट्रीम धारा की उत्पत्ति मैक्सिको की खाड़ी में होती है।
- हम्बोल्ट जलधारा दक्षिण अमेरिका के पश्चिमी तट पर बहती है। इसका दूसरा नाम पेरू जलधारा भी है।
- **पारिस्थितिकी (Ecology):** पर्यावरण तथा जीवों के बीच पारस्परिक क्रियाओं के अध्ययन को पारिस्थितिकी कहते हैं और किसी क्षेत्र के भौतिक पर्यावरण तथा उसमें रहने वाले जीवों के बीच होने वाली पारस्परिक जटिल व्यवस्था को पारिस्थितिकी तंत्र कहते हैं।
- **अम्ल वर्षा:** सल्फ्यूरिक अम्ल तथा नाइट्रिक अम्ल बूँदों के रूप में पृथ्वी पर पहुँचते हैं। इसे अम्ल वर्षा कहते हैं।
- ओजोन की परत हानिकारक पराबैंगनी किरणों को पृथ्वी पर पहुँचने से रोकती हैं। क्लोरो फ्लोरो कार्बन्स के कारण ओजोन की परत नष्ट हो रही है। इसे ओजोन छिद्र कहते हैं। ओजोन परत के ह्रास के कारण अधिक मात्रा में पराबैंगनी किरणें पृथ्वी पर पहुँचती है। इससे त्वचा का कैंसर होता है।
- **हरित गृह प्रभाव:** कार्बन डाइऑक्साइड की अधिक सान्द्रता के कारण वायुमंडल में एक मोटा आवरण बन जाता है, जो पृथ्वी से वापस लौटने वाली ऊष्मा को रोकता है। इसे गृह प्रभाव कहते हैं। कार्बन डाइऑक्साइड, नाइट्रस ऑ और मीथेन आदि प्रमुख हरित गृह गैसें हैं।
- विश्व ओजोन दिवस 16 सितम्बर को मनाया जाता है
- क्योटो प्रोटोकॉल ग्रीनहाउस गैसों के उत्सर्जन पर नि करता है।
- मॉण्ट्रियल प्रोटोकॉल ओजोन परत को बचाने से सम्बन्धि
- **जैव-विविधता (Bio-Diversity):** जीवमण्डल में पाए वाले विविध प्रकार के जीवों, वनस्पतियों तथा सूक्ष्म जीव उपस्थिति को जैव-विविधता कहते हैं। भारत में जैव विविध तीन क्षेत्र हैं–पश्चिमी घाट, पूर्वी हिमालय तथा इंडो-बर्मा

विश्व के महाद्वीप

एशिया

- यह विश्व का सबसे बड़ा महाद्वीप है। इसका क्षेत्रफल 30,938. वर्ग किमी. है।
- यहाँ विश्व की लगभग 60% जनसंख्या निवास करती है।
- एशिया में विश्व का सबसे ऊँचा पठार पामीर है जिसे वि की छत भी कहा जाता है।
- यहाँ विश्व का सबसे बड़ा प्रायद्वीप अरब प्रायद्वीप है।
- विश्व की सबसे गहरी झील बैकाल झील (रूस) एशिय अवस्थित है।
- यहाँ विश्व की सबसे अधिक ऊँचाई पर स्थित खारे पानी झील (पैगांग झील) लद्दाख व तिब्बत में स्थित है।
- एशिया में सर्वाधिक वर्षा वाला क्षेत्र मासिनराम (मेघाल भारत में है।
- एशिया में विश्व का सर्वाधिक प्राकृतिक रबड़ उत्पादक थाईलैंड है।
- एशिया में विश्व का सर्वाधिक जूट भारत में उत्पादित होता है
- विश्व का सर्वाधिक दलहन उत्पादित करने वाला देश भारत
- एशिया में विश्व का सर्वाधिक सेब का उत्पादन चीन करता
- एशिया का सर्वाधिक स्वर्ण उत्खनित करने वाला देश चीन है

अफ्रीका

- विश्व का दूसरा सबसे बड़ा प्रायद्वीप अफ्रीका है, जो जिब्राल जलसंधि द्वारा यूरोप से पृथक होता है। इसका विस्तार स गोलार्द्धों में है और इसका क्षेत्रफल 29,805,695 वर्ग किमी. है

- अफ्रीका को काला/अन्धमहाद्वीप भी कहा जाता है। इसे पठारी महाद्वीप भी कहते हैं।
- विषुवत् रेखा इस महाद्वीप को बराबर भागों में काटती है।
- यह सर्वाधिक देशों वाला महाद्वीप है। यहाँ 54 देश स्थित हैं।
- विश्व का सबसे बड़ा मरुस्थल सहारा और सबसे लम्बी नदी नील इसी महाद्वीप में स्थित है। सहारा मरुस्थल में स्थित प्रमुख झील चाड है।
- अफ्रीकी महाद्वीप को कर्क रेखा, मकर रेखा एवं भूमध्य रेखा तीनों ही काटती हैं।
- अफ्रीका में बुशमैन (कालाहारी), पिग्मी (कांगो बेसिन), बद्दू (सहारा मरुस्थल) जैसी प्रमुख मिलने वाली आदिम जातियाँ हैं।
- विश्व का सर्वाधिक गर्म स्थान डलोल (इथियोपिया) अफ्रीका में ही स्थित है।
- अफ्रीका की कांगो नदी विषुवत् रेखा को और लिम्पोपो नदी मकर रेखा को दो बार काटती है।
- अफ्रीका के मूल निवासी नीग्रिटो हैं।
- अफ्रीका महाद्वीप के विषुवत् रेखा पर स्थित देश हैं—गैबोन, कांगो गणतंत्र, उगांडा, रवांडा, कीनिया तथा सोमालिया।

उत्तरी अमेरिका

- उत्तरी अमेरिका विश्व का तीसरा बड़ा महाद्वीप है। इसकी खोज 1492 ई. में कोलम्बस द्वारा की गई थी। इसका क्षेत्रफल 23,083,151 वर्ग किमी. है।
- 160° पश्चिमी देशांतर रेखा उत्तरी अमेरिका महादेश के मध्य से गुजरती है।
- पनामा नहर उत्तरी अमेरिका तथा दक्षिणी अमेरिका को जोड़ती है, जिससे अन्ध तथा प्रशांत महासागरों के बीच जहाजों का यातायात सुगमतापूर्वक होता है।
- रेड इंडियन तथा नीग्रो नामक प्रमुख जनजातियाँ यहाँ निवास करती हैं।
- 'ग्रैण्ड बैंक' उत्तरी अमेरिका के पूर्वी तट पर न्यूफाउण्डलैण्ड के दक्षिणी पश्चिमी तटीय भाग को कहते हैं। यह क्षेत्र मत्स्यपालन के लिए प्रसिद्ध है।
- संयुक्त राज्य अमेरिका विश्व का सर्वाधिक मक्का उत्पादित करने वाला राष्ट्र है।
- सोयाबीन का सर्वाधिक उत्पादन ब्राजील में होता है।
- 'अमेरिकन म्यूजियम ऑफ नेचुरल हिस्ट्री' न्यूयॉर्क में स्थित है। यह विश्व का सबसे बड़ा अजायबघर है।
- 'सेंट लारेंस' नदी झीलों से मिलकर विश्व का सबसे लम्बा आन्तरिक जलमार्ग बनाती है।

यूरोप

- यूरोप सात महाद्वीपों में क्षेत्रफल की दृष्टि से छठा है। यह विश्व का सर्वाधिक नगरीकृत महाद्वीप है।
- यूराल एवं काकेशस पर्वत एशिया महाद्वीप को यूरोप से पृथक करते हैं।
- यूरोप महाद्वीप उत्तर में उत्तरी ध्रुव सागर, दक्षिण में भूमध्य सागर और काला सागर तथा पश्चिम में अंध महासागर से घिरा है।
- यूरोप की सर्वाधिक महत्वपूर्ण नदी डेन्यूब (2842 किमी) है जिसके तट पर बुडापेस्ट, बुखारेस्ट, वियाना और बेलग्रेड बंदरगाह स्थित हैं। यह काला सागर में गिरती है।
- यूरोप की सबसे लम्बी नदी वोल्गा नदी (3690 किमी.) है।
- यूरोप का सर्वोच्च शिखर 'एलबुर्ज' (5642 मी.) रूस में स्थित् है।
- फिनलैंड को 'झीलों का देश' कहते हैं।
- इंगलिश चैनल फ्रांस को यूनाइटेड किंगडम से अलग करता है।
- नीदरलैण्ड ने उत्तरी सागर के तट के साथ बड़े-बड़े तटबन्ध बनाकर समुद्र से भूमि प्राप्त की है। इन तटबंधों को 'डाइक' कहते हैं। इस प्रकार प्राप्त भूमि को पोल्डर कहते हैं।
- रूस में विश्व का सबसे ज्यादा मैग्नेसाइट का भंडार है।
- एण्टवर्प (बेल्जियम) विश्व का हीरा व्यापार का सबसे बड़ा केन्द्र है।
- यूरोप में मरुस्थल नहीं हैं।

दक्षिणी अमेरिका

- दक्षिणी अमेरिका विश्व का चौथा बड़ा महाद्वीप है। इसका अधिकांश विस्तार दक्षिणी गोलार्द्ध में है। इसका क्षेत्रफल 17,433,220 वर्ग किमी. है।
- इक्वेडोर, कोलम्बिया एवं ब्राजील भूमध्य रेखा पर स्थित दक्षिण अमेरिकी देश हैं।
- विश्व की सबसे ऊँची नौकायन झील 'टिटिकाका' दक्षिणी अमेरिका में पेरू-बोलिविया सीमा पर स्थित है।

- ब्राजील में बहने वाली 'अमेजन' नदी विश्व में अपवाह क्षेत्र की दृष्टि से प्रथम नदी है।
- 'एंजिल' विश्व का सबसे ऊँचा झरना है जो वेनेजुएला में कैरो नदी पर स्थित है।
- विश्व का सबसे ऊँचा ज्वालामुखी 'ओजेस-डेल सलाडो' एण्डीज पर्वतमाला में स्थित है।
- 'लापाज' विश्व की सबसे अधिक ऊँचाई (समुद्रतल से 3658 मी.) पर स्थित राजधानी नगर है। यह बोलीविया की राजधानी है।
- 'पम्पास' अर्जेण्टीना में स्थित घास के मैदान हैं।

ऑस्ट्रेलिया

- ऑस्ट्रेलिया पूर्णतः दक्षिणी गोलार्द्ध में स्थित है। मकर रेखा इसके मध्य से होकर गुजरती है। यह प्रशांत तथा हिन्द महासागर से घिरा हुआ है। इसे द्वीपीय महाद्वीप भी कहते हैं। इसका क्षेत्रफल 8,426,635 वर्ग किमी. है।
- ऑस्ट्रेलिया में 22 देश हैं। यहाँ के मूल निवासियों को एबोर्जिन्स कहते हैं।
- ऑस्ट्रेलिया की प्रमुख पर्वत श्रृंखला ग्रेट डिवाइडिंग रेंज है। ऑस्ट्रेलिया का सर्वोच्च पर्वत शिखर 'कोस्यूस्को (2228 मी.)' इसी पर अवस्थित है।
- ऑस्ट्रेलिया और न्यूगिनी के बीच टॉरेस जलसंधि है।
- 'कालगूर्ली' और 'कूलगार्डी' ऑस्ट्रेलिया की विश्वविख्यात सोने की खानें हैं।
- ऑस्ट्रेलिया विश्व में सर्वाधिक ऊन का निर्यात करता है। विश्व प्रसिद्ध मैरिनो ऊन का यह प्रमुख उत्पादक है।
- ऑस्ट्रेलिया विश्व में सर्वाधिक बॉक्साइट उत्खनित करने वाला देश है।
- गिब्सन और विक्टोरिया इस महाद्वीप के प्रमुख मरुस्थल हैं।
- सिडनी ऑस्ट्रेलिया का सबसे बड़ा नगर और बन्दरगाह है।

अण्टार्कटिका

- अण्टार्कटिका महाद्वीप विश्व का पाँचवाँ सबसे बड़ा महाद्वीप है। यह दक्षिणी ध्रुव पर स्थित है तथा यहाँ सदैव बर्फ जमी रहती है।
- अण्टार्कटिका में 'क्रिल' नामक मछली भोजन का मुख्य स्रोत है।
- यहाँ पर पेंग्विन और सील जैसे पक्षी पाए जाते हैं।
- अण्टार्कटिका महाद्वीप का सर्वोच्च शिखर माउण्ट विन्सन मैसिफ है।
- पृथ्वी का दक्षिणी चुम्बकीय ध्रुव पूर्वी अण्टार्कटिका में स्थित है।
- 'दक्षिणी गंगोत्री', 'मैत्री' एवं 'भारती' भारत के तीन अनुसंधान केन्द्र अण्टार्कटिका में स्थित हैं।
- कैप्टन जेम्स क्लार्क रॉस ने 1911 ई॰ में अण्टार्कटिका महाद्वी[प] की खोज की थी।

विश्व के भू-आवेष्ठित देश

- भू-आवेष्ठित देश में समुद्री तट रेखा नहीं पाई जाती है। य[ह] देश चारों ओर से अन्य देशों की भौगोलिक सीमा से घिरा होत[ा] है। विश्व में ऐसे देशों की कुल संख्या 44 है।
- सबसे बड़ा भू-आवेष्ठित देश कजाकिस्तान है।
- लिचेंस्टीन एवं उज्बेकिस्तान दोहरे भू-आवेष्ठित देश अर्थात् ये दे[श] चारों ओर से उन देशों से घिरे हैं, जो स्वयं भी भू-आवेष्ठित हैं।

एशिया— अफगानिस्तान, नेपाल, मंगोलिया, लाओस, अजरबैजान उज्बेकिस्तान, कजाकिस्तान, तुर्कमेनिस्तान, किर्गिस्तान तजाकिस्तान, भूटान।

यूरोप— ऑस्ट्रिया, चेक गणराज्य, स्लोवाकिया, स्विट्जरलैंड, हंगरी लक्जमबर्ग, मैसीडोनिया, सर्बिया, हंगरी, अर्मीनिया, बेलारूस अंडोरा, लिचेंस्टीन, माल्डोवा, वेटिकन सिटी।

अफ्रीका— बुरूण्डी, लुआंडा, बोत्सवाना, मलाबी, माली, जिम्बाब्वे स्वाजीलैंड, जाम्बिया, युगांडा, बुरकिना फासो, रवांडा, चाड़ लेसोथो, नाइजर।

द॰ अमेरिका— बोलीविया, पराग्वे।

विश्व की प्रमुख भौगोलिक खोजें

1. क्रिस्टोफर कोलम्बस : प॰ द्वीप समूह (1492), द॰ अमेरिका (1498 ई॰)
2. जॉन कैवेट : न्यूफाउण्डलैण्ड (1497 ई॰)
3. कोपरनिकस : सौरमंडल (1540 ई॰)
4. केपलर : ग्रहों की गति नियम (1600 ई॰)
5. मैगलन : विश्व का भ्रमण, अटलांटिक के दक्षिण से प्रशांत महासागर की खोज (1519 ई॰)
6. वास्को-डि-गामा : केप ऑफ गुड होप होकर भारत आगमन (1498 ई॰)
7. कैप्टन कुक : हवाई द्वीप समूह (1770 ई॰)
8. फ्रिड्टजौफ नानसेन : ग्रीनलैंड एवं उत्तरी ध्रुव का पहाड़ी भाग (1888 ई॰)
9. आर. एमण्डसन : दक्षिणी ध्रुव पर पहुँचने वाला प्रथम व्यक्ति (1911 ई॰)
10. रॉबर्ट पियरे : उत्तरी ध्रुव की खोज (1909 ई॰)

विश्व की प्रमुख फसलें एवं उत्पादक देश

फसल	उत्पादक देश
• चावल	चीन, भारत, इण्डोनेशिया, बांग्लादेश
• गेहूँ	चीन, भारत, रूस, सं.रा. अमेरिका, कनाडा
• मक्का	सं.रा. अमेरिका, चीन, ब्राजील, मैक्सिको, भारत
• मूंगफली	चीन, भारत, सं.रा. अमेरिका, इण्डोनेशिया
• कपास	चीन, भारत, सं.रा. अमेरिका, रूस
• सोयाबीन	सं.रा. अमेरिका, ब्राजील, अर्जेण्टीना, चीन
• चाय	चीन, भारत, श्रीलंका, केन्या, वियतनाम
• कहवा	घाना, दक्षिण अफ्रीका, वेस्टइंडीज
• रबड़	थाइलैण्ड, मलेशिया, इंडोनेशिया, श्रीलंका, वियतनाम
• तम्बाकू	चीन, सं.रा. अमेरिका, भारत, ब्राजील
• नारियल	मलेशिया, इंडोनेशिया, थाइलैण्ड, नाइजीरिया
• जूट	भारत, बांग्लादेश
• गन्ना	ब्राजील, भारत, क्यूबा, चीन, इंडोनेशिया
• तिलहन	ब्राजील, चीन, अर्जेण्टीना, भारत
• मोटे अनाज	सं.रा. अमेरिका, चीन, भारत, रोमानिया

विश्व के विनिर्माण उद्योग

उद्योग	उत्पादक देश
सूती वस्त्र	चीन, भारत, रूस, ब्रिटेन
लौह इस्पात	चीन, जापान, सं.रा. अमेरिका, रूस, भारत
मोटरगाड़ी	जापान, चीन, सं.रा. अमेरिका, जर्मनी, दक्षिण कोरिया
व्यापारिक पोत निर्माण	जापान, सं.रा. अमेरिका, दक्षिण कोरिया
वायुयान निर्माण	सं.रा. अमेरिका, चीन, जापान
रासायनिक उद्योग	सं.रा. अमेरिका, रूस, जापान, चीन
कागज निर्माण	सं.रा. अमेरिका, रूस, चीन, भारत
रेशमी वस्त्र उद्योग	चीन, जापान, रूस
ऊनी वस्त्र उद्योग	रूस, चीन, जापान, सं.रा. अमेरिका, ऑस्ट्रेलिया
सिगरेट	सं.रा. अमेरिका, जर्मनी
कृत्रिम रबड़	सं.रा. अमेरिका, जापान
तेलशोधन	सं.रा. अमेरिका, रूस, ईरान, भारत
नाइट्रोजन उर्वरक	रूस, चीन, सं.रा. अमेरिका, भारत
फास्फेट उर्वरक	सं.रा. अमेरिका, रूस, चीन
• पोटाश उर्वरक	रूस, कनाडा, जर्मनी, फ्रांस
• सीमेण्ट	चीन, भारत, सं.रा. अमेरिका
• एल्युमिनियम	सं.रा. अमेरिका, रूस
• तांबा	चिली, सं.रा. अमेरिका
• टिन	चीन, इंडोनेशिया, पेरू
• कृषि यंत्र	रूस, चीन, सं.रा. अमेरिका
• कृत्रिम रेशे एवं ऊन से बने वस्त्र	सं.रा. अमेरिका, ब्रिटेन, जापान

विश्व के प्रमुख खनिज उत्पादक देश

खनिज	उत्पादक देश
• लौह-अयस्क	चीन, ऑस्ट्रेलिया, ब्राजील
• बॉक्साइट	ऑस्ट्रेलिया, ब्राजील, चीन
• एल्युमिनियम	चीन, रूस, कनाडा
• एंटिमनी	चीन, ऑस्ट्रेलिया, सं.रा. अमेरिका
• सीसा	चीन, ऑस्ट्रेलिया, सं.रा. अमेरिका
• मैगनीज	चीन, द.अफ्रीका, ब्राजील, ऑस्ट्रेलिया
• अभ्रक	चीन, भारत, रूस, द. कोरिया
• जस्ता	चीन, ऑस्ट्रेलिया, पेरू
• निकेल	फिलीपींस, रूस, कनाडा
• प्लेटिनम	दक्षिण अफ्रीका, रूस, कनाडा
• चाँदी	पेरू, मैक्सिको, चीन
• टिन	चीन, इंडोनेशिया, पेरू
• टंगस्टन	चीन, रूस, ऑस्ट्रेलिया
• नमक	सं.रा. अमेरिका, चीन, जर्मनी
• एस्बेस्टस	रूस, कजाकिस्तान, चीन
• क्रोमाइट	द. अफ्रीका, कजाकिस्तान, भारत
• कोबाल्ट	कांगो, जाम्बिया, ऑस्ट्रेलिया
• तांबा	चिली, पेरू, सं.रा. अमेरिका
• हीरा	रूस, बोत्सवाना, कांगो
• सोना	चीन, ऑस्ट्रेलिया, सं.रा. अमेरिका
• ग्रेफाइट	चीन, भारत, ब्राजील
• जिप्सम	चीन, स्पेन, ईरान
• कोयला	चीन, सं.रा. अमेरिका, भारत
• खनिज तेल	सं.रा. अमेरिका, रूस, सउदी अरब

भारत का भूगोल

- भारत उत्तरी गोलार्द्ध में स्थित है। ग्लोब में यह 8°4'–37°6' उत्तरी अक्षांश और 68°7'–97°25' पूर्वी देशांतर के बीच स्थित है।
- भारत का क्षेत्रफल 32 लाख 87 हजार 263 वर्ग किमी. है। यह विश्व के क्षेत्रफल का 2.24% है।
- भारत की पूर्व से पश्चिम की लम्बाई 2933 किमी. तथा उत्तर से दक्षिण की लम्बाई 3214 किमी है।
- भारत का पूर्वी बिन्दु वालुग (अरुणाचल प्रदेश) और पश्चिमी बिन्दु ओखा (गुजरात) है। इसका उत्तरी बिन्दु इंदिरा कोल (जम्मू-कश्मीर) तथा दक्षिणतम बिन्दु वृहत निकोबार द्वीप के पास स्थित इन्दिरा प्वाइंट है।
- भारत की स्थलीय सीमा सात देशों–चीन (3917 किमी.), नेपाल (1752 किमी), भूटान (587 किमी), बांग्लादेश (4096 किमी), म्यांमार (1458 किमी), अफगानिस्तान (80 किमी) एवं पाकिस्तान (3310 किमी) से मिलती है। जबकि जलीय सीमा, पाकिस्तान, श्रीलंका, बांग्लादेश, म्यांमार और मालदीव से जल और थल से मिलने वाली सीमा तीन देशों (बांग्लादेश, पाकिस्तान और म्यांमार) से मिलती है।
- भारत की स्थलीय सीमा की लम्बाई 15200 किमी तथा द्वीपों सहित जलीय सीमा की लम्बाई 7516.5 किमी तथा मुख्य धरातलीय भाग की समुद्री सीमा की लम्बाई 6200 किमी है।
- भारत भूमध्य रेखा के उत्तर में स्थित है और कर्क रेखा भारत के मध्य से होकर गुजरती है। कर्क रेखा पर भारत के कई राज्य स्थित हैं, जैसे–मिजोरम, त्रिपुरा, पं. बंगाल, झारखंड, छत्तीसगढ़, मध्य प्रदेश, राजस्थान और गुजरात।

क्र.सं.	पड़ोसी देश	सीमा पर अवस्थित भारतीय राज्य
1.	पाकिस्तान	गुजरात, राजस्थान, पंजाब, जम्मू और कश्मीर, लद्दाख
2.	अफगानिस्तान	लद्दाख
3.	चीन	हिमाचल प्रदेश, उत्तराखंड, सिक्किम, अरुणाचल प्रदेश, लद्दाख
4.	नेपाल	उत्तर प्रदेश, उत्तराखंड, बिहार, पश्चिम बंगाल, सिक्किम
5.	भूटान	सिक्किम, पश्चिम बंगाल, असम, अरुणाचल प्रदेश
6.	बांग्लादेश	पश्चिम बंगाल, असम, मेघालय, त्रिपुरा
7.	म्यांमार	अरुणाचल प्रदेश, नगालैंड, मणिपुर, मिजोरम

- भारत का मानक समय प्रयागराज़ के निकट नैनी मिर्जापु[र से] गुजरने वाली 82½° पूर्वी देशांतर रेखा को माना गया है, ग्रीनविच समय से 5½ घंटा आगे है। 82½° पूर्वी देशांतर रे[खा] 5 राज्यों–उत्तर प्रदेश, मध्य प्रदेश, छत्तीसगढ़, ओडिशा [और] आन्ध्र प्रदेश से गुजरती है।
- भौतिक रचना की दृष्टि से भारत को चार भागों में विभा[जित] किया गया है–
  - (*i*) उत्तर पर्वतीय प्रदेश
  - (*ii*) प्रायद्वीपीय पठार
  - (*iii*) विशाल मैदान
  - (*iv*) तटवर्ती मैदान एवं द्वीप समूह
- भू-वैज्ञानिकों के अनुसार जहाँ आज हिमालय पर्वत है [व]हाँ कभी टेथिस सागर नामक समुद्र था। हिमालय की उत्पत्ति [का] आधुनिक सिद्धान्त प्लेट विवर्तनिकी है। यह विश्व के नवीन मोड़दार पर्वतों में है।
- हिमालय पर्वत श्रेणी को तीन भागों में बाँटा जाता है–

1. वृहद हिमालय या हिमाद्रि

- यह हिमालय की सबसे ऊँची श्रेणी है जिसकी चौड़ाई 1[20] किमी से 190 किमी तथा ऊँचाई 6000 मी. है। माउण्ट एवे[रेस्ट] या सागरमाथा (8848 मी.) इसकी सबसे ऊँची चोटी है।
- भारत में हिमालय की ऊँची चोटी कंचनजंघा है, जो सिक्कि[म] और नेपाल की सीमा पर है।
- भारत का सर्वोच्च पर्वत शिखर माउण्ट K_2 (गॉडविन ऑस्टि[न]) है। यह कराकोरम श्रेणी में है।
- इस क्षेत्र में शिपकीला, जोजिला, नीतिला, लिपुलेखला, थाग[ला] एवं नाथूला दर्रा स्थित है।

2. लघु हिमालय या हिमाचल श्रेणी

- इसका विस्तार मुख्यतः हिमालय के दक्षिण क्षेत्र में है।
- इसकी औसत ऊँचाई 3700 मी. से 4500 मी. तथा चौड़ाई [...] से 100 किमी. है।
- पीरपंजाल, धौलाधार, नागटिब्बा, महाभारत आदि श्रेणियाँ [...] कश्मीर, काठमाण्डू, काँगड़ा और कुल्लू घाटियाँ इसी श्रेणी में [हैं]।
- शिमला, मसूरी, नैनीताल, चकराता, दार्जिलिंग एवं रानीखेत [...] महत्वपूर्ण पर्यटन स्थल इसी श्रेणी में हैं।

सकी ढाल पर छोटे-छोटे घास के मैदान पाए जाते हैं जिन्हें श्मीर में मर्ग (जैसे–गुलमर्ग, सोनमर्ग) एवं उत्तराखंड में ग्याल या पयार कहा जाता है।

शिवालिक या बाह्य हिमालय

ह हिमालय की सबसे दक्षिणी श्रेणी है तथा इसकी चौड़ाई 0-15 किमी. एवं ऊँचाई 900-1200 मी. है।

ह हिमालय का नवीन भाग है। इसमें मिट्टी और कंकड़ के ने ऊँचे मैदान मिलते हैं जिन्हें पश्चिम में दून (देहरादून) तथा र्व में द्वार (हरिद्वार) कहते हैं।

शिवालिक के निचले भाग को तराई कहते हैं, जो दलदली व नाच्छादित प्रदेश है।

र्जिल दर्रा श्रीनगर को गिलगिट से जोड़ता है। जबकि श्रीनगर लेह को जोड़ने वाले दर्रे का नाम जास्कर श्रेणी में स्थित ोजिला दर्रा है।

शपकीला दर्रा शिमला को तिब्बत से जोड़ता है। बोमडीला दर्रे अरुणाचल प्रदेश) से त्वांग घाटी होते हुए तिब्बत को जाने ाला रास्ता है।

जू दर्रा मणिपुर में स्थित है, जिससे म्यांमार को जाने का मार्ग जरता है।

द्वीपीय पठार

ह प्राचीन गोण्डवानालैंड का एक भाग, जिसका आकार भुजाकार है, प्रायद्वीपीय पठार कहलाता है। इसकी ऊँचाई 00 से 900 मी. तक होती है।

र्मदा तथा ताप्ती नदियों की घाटियों ने इस पठारी प्रदेश को असमान भागों में बाँट दिया है। उत्तरी भाग को मालवा का ठार तथा दक्षिणी भाग को दक्षिण का मुख्य पठार अथवा क्कन ट्रेप कहते हैं।

वा का पठार

ह पठार नर्मदा तथा ताप्ती नदियों एवं विन्ध्याचल पर्वत के त्तर-पश्चिम में त्रिभुजाकार आकृति में फैला हुआ है। इसके त्तर-पश्चिम में अरावली पर्वत तथा उत्तर-पूर्व में गंगा का दान स्थित है।

त पठारी भाग की नदियाँ उत्तर-पूर्व दिशा में प्रवाहित होकर मुना नदी में मिल जाती है।

वली की पहाड़ियाँ

ह विश्व का सबसे प्राचीन वलित पर्वतमाला है। पश्चिम में जरात तक है। राजस्थान के माउण्ट आबू की पहाड़ी पर स्थित रू शिखर' इसका सर्वोच्च शिखर है।

पश्चिमी घाट

- यह दक्षिणी पठार की पश्चिमी सीमा बनाता है। इसे सह्याद्रि पर्वत भी कहते हैं। यह उत्तर में ताप्ती नदी की घाटी से दक्षिण में कन्याकुमारी तक 1500 किमी. की लम्बाई तक विस्तृत है। पश्चिमी घाट की ऊँचाई 900 से 1100 मी. है।
- पश्चिमी घाट में उत्तर से दक्षिण की तरफ विद्यमान दर्रों के नाम क्रमशः थालघाट, भोरघाट, पालघाट तथा शेनकोटा गेप हैं। इन दर्रों से विभिन्न रेलमार्ग गुजरते हैं। थालघाट से मुम्बई-कोलकाता रेलमार्ग, भोरघाट दर्रे से मुम्बई-चेन्नई रेलमार्ग तथा पालघाट दर्रे से होकर कोचीन-चेन्नई रेलमार्ग गुजरते हैं।
- पश्चिमी घाट के दक्षिण में नीलगिरि, अन्नामलाई, पालनी तथा इलायची की पहाड़ियां स्थित हैं।
- अन्नामलाई पहाड़ियों में स्थित अनाईमुडी शिखर दक्षिणी भारत का सबसे ऊँचा पर्वत शिखर है।
- नीलगिरि का सर्वोच्च शिखर डोडाबेट्टा है जो दक्षिण भारत का दूसरा सर्वोच्च शिखर है।
- यह प्रायद्वीपीय पठार, पठार में प्रवाहित होने वाली अधिकांश बड़ी नदियों का स्रोत है।

पूर्वी घाट पर्वत

- यह ओडिशा के उत्तर-पूर्वी मार्ग से प्रारंभ होकर बंगाल की खाड़ी के तट के समानान्तर नीलगिरि की पहाड़ियों तक फैला है। इसकी औसत ऊँचाई 600 मी. है।
- पूर्वी घाट से किसी बड़ी नदी का उदय नहीं होता।

तटीय मैदान

दक्षिणी पठार के पूर्व तथा पश्चिम में दो संकरे मैदान हैं–
1. पश्चिमी तटीय मैदान, **2.** पूर्वी तटीय मैदान

1. **पश्चिमी तटीय मैदानः** यह मैदान पश्चिमी घाट तथा अरब सागर के तट के बीच गुजरात से कन्याकुमारी के मध्य फैला हुआ है। मुम्बई से गोवा तक इस प्रदेश को कोंकण तट, मध्य भाग को कन्नड़ तथा दक्षिण भाग को मालाबार तट कहते हैं। मालाबार तट पर स्थित कोचीन बंदरगाह लैगून पर स्थित है। यह तट अधिक कटा-फटा है। इस कारण से इस तट पर बंदरगाहों की संख्या अधिक है।

2. पूर्वी तटीय मैदान

- यह मैदान पूर्वी घाट तथा बंगाल की खाड़ी के उत्तर में गंगा के मुहाने से दक्षिण में कन्याकुमारी तक फैला हुआ है।
- यह मैदान महानदी, गोदावरी, कृष्णा तथा कावेरी नदियों के डेल्टाओं द्वारा निर्मित होने के कारण अत्यधिक उपजाऊ है।
- इसे महानदी एवं कृष्णा नदियों के बीच उत्तरी सरकार का तट एवं कृष्णा, कावेरी नदियों के बीच कोरोमंडल तट कहते हैं।

- इस मैदान के तट पर कई लैगून झीलें पायी जाती हैं जिनमें चिल्का झील तथा पुलीकट झील प्रमुख हैं।

मैदान

- हिमालय तथा प्रायद्वीपीय भारत से आने वाली नदियों के द्वारा बहाकर लाई गई मिट्टी के जमा होने से इस उपजाऊ मैदान का निर्माण हुआ है।
- मिट्टी की विशेषता के आधार पर इस मैदान को मुख्यतः चार भागों में बाँटा गया है–
  1. **भाबर क्षेत्रः** यह हिमालय से निकली नदियों द्वारा लाई गई बजरी के निक्षेपण से बना है। इसे शिवालिक का जलोढ़ पंख भी कहा जाता है।
  2. **तराई क्षेत्रः** अधिक आर्द्रता के कारण यहाँ की जमीन दलदली होती है। यह निम्न समतल मैदान है जहाँ नदियों का पानी बहकर दलदली क्षेत्रों का निर्माण करता है। यह भाबर क्षेत्र के दक्षिण में स्थित है।
  3. **खादर क्षेत्रः** इसे 'कछारी प्रदेश' या 'बाढ़ का मैदान' भी कहा जाता है। यह नवीन जलोढ़ से निर्मित मैदान है। इसका भी निर्माण डेल्टा के मैदान के रूप में हुआ, जैसे–गंगा-ब्रह्मपुत्र का मैदान।
  4. **बांगर क्षेत्रः** यह पुराने जलोढ़ों से निर्मित हुआ है, जो ऊँचा भाग होता है। यहाँ बाढ़ का पानी नहीं पहुँच पाता है, जैसे गंगा-यमुना का दोआब एवं सतलज का मैदान।

द्वीप समूह

भारत की समुद्र सीमा के अंतर्गत 1256 द्वीप हैं। ये मुख्यतः दो समूहों में हैं। जो निम्न हैं–

1. **बंगाल की खाड़ी के द्वीप समूहः** इसमें लगभग 572 द्वीप हैं। इसे अंडमान और निकोबार द्वीप समूह के नाम से जाना जाता है। इस द्वीप समूह को 10° चैनल दो भागों में बाँटती हैं। भारत का एकमात्र सक्रिय ज्वालामुखी 'बैरन' इसी द्वीप समूह में है। भारत का सबसे दक्षिणी बिन्दु 'इन्दिरा प्वाइन्ट' ग्रेट निकोबार में स्थित है।
2. **अरब सागर समूहः** इस समूह में 47 द्वीप हैं। इसमें तीन मुख्य हैं–लक्षद्वीप, मिनीकॉय एवं कवारत्ती। मिनीकॉय लक्ष समूह का सबसे बड़ा द्वीप है।
   - 8° चैनल मालदीव व मिनीकॉय को अलग करता है।
   - 9° चैनल लक्षद्वीप व मिनीकॉय को अलग करता है।
   - ग्रैण्ड चैनल इण्डोनेशिया व भारत को अलग करता है

भारत की महत्वपूर्ण झीलें

झीलें	राज्य/के.प्र.
• चिल्का	ओडिशा
• लोकटक	मणिपुर
• लोनार	महाराष्ट्र
• वुलर, डल	जम्मू-कश्मीर
• नैनीताल, भीमताल	उत्तराखंड
• अष्टमुदी	केरल
• कोलेरू, पुलीकट	आन्ध्र प्रदेश
• सुकना	चण्डीगढ़
• निजाम सागर	तेलंगाना
• उमियम झील	मेघालय
• पुल्ह झील	उत्तर प्रदेश
• परशुराम कुण्ड	अरुणाचल प्रदेश
• पोगांग शो	लद्दाख

- गंगा एवं ब्रह्मपुत्र नदी बंगाल की खाड़ी में गिरने से पू विशाल डेल्टा का निर्माण करती हैं। इस डेल्टा का 'सुन्दरवन' का डेल्टा है।
- चिल्का झील भारत की सबसे बड़ी झील है।
- चिल्का, पेरियार, पुलीकट झीलें लैगून झीलें हैं।
- वुलर झील भारत की मीठे पानी की सबसे बड़ी झील है।
- सांभर झील खारे पानी की सबसे बड़ी झील है।
- चोलामू झील (सिक्किम) भारत की सबसे अधिक ऊँच स्थित झील है।

भारत के महत्वपूर्ण जल प्रपात

जल प्रपात	ऊँचाई (मी.)	नदी	राज्य
• कुंचिकल	455	वरही	कर्नाटक
• शिवसमुद्रम	90	कावेरी	कर्नाटक
• गरसोप्पा	260	शरावती	कर्नाटक
• हुण्डरू	–	स्वर्णरेखा	झारखण्ड
• केवटी	98	महाना	मध्य प्रदेश
• रकीमकुण्ड	168	गायघाट	बिहार

भारत की प्रमुख नदियाँ

ी	उद्गम	मुहाना	लम्बाई (किमी.)	विशेष तथ्य
न्धु	मानसरोवर झील (तिब्बत)	अरब सागर	2800 (भारत में 1114)	सतलज, रावी, व्यास, झेलम इसकी सहायक नदियाँ हैं। लद्दाख में यह नदी गिलगित गॉर्ज का निर्माण करती है।
लज	राक्षसताल	चिनाब	1500 (भारत में 1050)	भाखड़ा, नांगल व नाथपा झांकरी बाँध।
ा	गंगोत्री के पास गोमुख से	बंगाल की खाड़ी	2525	देव प्रयाग में भागीरथी अलकनंदा से मिलती है और संयुक्त धारा का नाम गंगा हो जाता है। फरक्का बाँध एवं भागीरथी पर टिहरी बाँध।
ुना	यमुनोत्री के पास बंदरपूंछ से	गंगा	1376	चम्बल, बेतवा, केन सहायक नदियाँ हैं।
म्बल	महूँ (जानपाव पहाड़ी)	यमुना	966	गाँधीनगर, राणासागर तथा जवाहर सागर बाँध स्थित है।
ण्डक	धौलाधार पर्वत	गंगा	300	त्रिवेणी के पास बाँध
न	अमरकंटक पहाड़ी	गंगा	784	बाणसागर व रिहन्द बाँध
ह्मपुत्र	मानसरोवर झील (तिब्बत)	बंगाल की खाड़ी	2900 (भारत में 916)	ब्रह्मपुत्र नदी अरुणाचल प्रदेश में दिहांग, तिब्बत में शांग-पो और बांग्लादेश में 'जमुना' के नाम से प्रसिद्ध।
र्मदा	अमरकंटक	अरब सागर	1312	इंदिरा सागर, महेश्वर, सरदार सरोवर बाँध। डेल्टा के बजाए एश्चुअरी बनाती है।
प्ती	मुलताई (बैतूल)	खम्भात की खाड़ी	724	काकरापार व ऊकाई बाँध/यह नदी डेल्टा के बजाए एश्चुअरी बनाती है।
हानदी	सिहावा के समीप	बंगाल की खाड़ी	857	हीराकुड, तिरकपाड़ा बाँध स्थित है, डेल्टा बनाती है।
ष्णा	पश्चिमी घाट की पहाड़ी (महाबलेश्वर के पास)	बंगाल की खाड़ी	1400	शैलम तथा नागार्जुन सागर बाँध स्थित है। डेल्टा बनाती है।
दावरी	त्रयम्बक गाँव की पहाड़ी	बंगाल की खाड़ी	1450	दक्षिण की गंगा कहा जाता है। एनीकट बाँध स्थित है। डेल्टा बनाती है।
ावेरी	ब्रह्मगिरि की पहाड़ी	बंगाल की खाड़ी	800	शिवसमुद्रम जल प्रपात स्थित है। डेल्टा बनाती है।
गभद्रा	कर्नाटक के पश्चिम घाट	कृष्णा	331	कुमुदवती, वर्धा, मगारी आदि सहायक नदियाँ हैं।
ाही	विन्ध्याचल पर्वत	खम्भात की खाड़ी	533	वनकवोरी बाँध।

भारत की जलवायु

भारत की जलवायु उष्णकटिबन्धीय मानसूनी है। भारत का उत्तरी भाग जो कर्क रेखा के उत्तर में है वहाँ शीतोष्ण कटिबन्धीय जलवायु और दक्षिणी भाग उष्णकटिबन्धीय जलवायु क्षेत्र में पड़ता है।

भारतीय जलवायु को मानसून के अतिरिक्त प्रभावित करने वाले दो अन्य प्रमुख कारक हैं–

1. **उत्तर में हिमालय पर्वतः** इसकी उपस्थिति के कारण मध्य एशिया से आने वाली शीतल हवाएँ भारत में नहीं आ पाती हैं।
2. **दक्षिण में हिन्द महासागरः** इसकी उपस्थिति एवं भूमध्य रेखा की समीपता के कारण उष्णकटिबंधीय जलवायु अपने आदर्श रूप में पायी जाती है।

- भारत में चार प्रकार की ऋतुएँ पाई जाती हैं–
  1. **शीत ऋतुः** मध्य नवम्बर से मध्य मार्च तक।
  2. **ग्रीष्म ऋतुः** मध्य मार्च से मध्य जून तक।
  3. **वर्षा ऋतुः** मध्य जून से मध्य सितम्बर तक।
  4. **लौटती मॉनसून ऋतुः** मध्य सितम्बर से मध्य नवम्बर तक।
- उत्तर भारत के मैदानी भागों में शीत ऋतु में वर्षा पश्चिमी विक्षोभ या जेट स्ट्रीम के कारण होती है।

- उत्तर-पूर्वी मानसून के कारण जनवरी-फरवरी महीने में कोरोमंडल तट पर वर्षा होती है।
- उत्तर-पश्चिम भारत के शुष्क भागों में ग्रीष्म-ऋतु में चलने वाली गर्म एवं शुष्क हवाओं को लू कहा जाता है।

भारत की मिट्टी

मृदा विज्ञान (Pedology): मिट्टी के अध्ययन के विज्ञान को मृदा विज्ञान कहा जाता है। भारत में पाई जाने वाली प्रमुख मिट्टियां निम्नलिखित हैं–

1. जलोढ़ मिट्टी (Alluvial Soil)

- भारत में लगभग 22% क्षेत्र पर पाई जाती है।
- यह मिट्टी नदियों द्वारा लाई जाती है।
- इसमें नाइट्रोजन, फास्फोरस तथा ह्यूमस की मात्रा कम होती है तथा पोटाश की अधिकता होती है।
- यह दो प्रकार की होती है–*(i)* बांगर–पुरानी जलोढ़ मिट्टी तथा *(ii)* खादर–नई जलोढ़ मिट्टी।
- यह मिट्टी अत्यधिक उर्वर होती है। इसमें धान, गेहूँ, मक्का, तिलहन, दलहन आदि की फसलें होती हैं।

2. काली मिट्टी (Black Soil)

- भारत में लगभग 16.6% भाग पर पाई जाती है।
- इसमें आयरन, चूना, एल्युमिनियम एवं मैग्नेशियम की बहुलता होती है। इस मिट्टी का काला रंग टिटेनीफेरस मैग्नेटाइट एवं जीवांश की उपस्थिति के कारण होता है।
- इसे कपासी या रेगुर मिट्टी भी कहा जाता है। यह कपास की खेती के लिए उपयुक्त होती है।
- गुजरात, महाराष्ट्र, मध्य प्रदेश के पश्चिमी क्षेत्र, कर्नाटक के उत्तरी जिलों एवं आंध्र प्रदेश के क्षेत्रों में पाई जाती है।

3. लाल मिट्टी (Red Soil)

- यह अम्लीय प्रकृति की मिट्टी होती है। इसमें नाइट्रोजन, फास्फोरस एवं ह्यूमस की कमी होती है। यह मिट्टी उर्वरताविहीन एवं बंजर भूमि के रूप में पाई जाती है।
- भारत में यह मिट्टी आंध्र प्रदेश, मध्य प्रदेश के पूर्वी भाग, छोटा नागपुर के पठारी क्षेत्र एवं गारो, खासी, जयंतिया के पठारी क्षेत्रों में पाई जाती है।

4. लेटेराइट मिट्टी (Laterite Soil)

- इसमें आयरन, पोटाश एवं सिलिका की बहुलता होती है। इसकी उर्वरता कम होती है।
- लैटेराइट मिट्टी चाय की खेती के लिए सर्वाधिक उपयुक्त है।

भारत के वन

- राष्ट्रीय वन नीति के अनुसार देश के 33% भाग पर वन चाहिए। परन्तु वन रिपोर्ट 2021 के अनुसार वर्तमान में भ के वनों का प्रतिशत 21.71 ही है।
- **मैंग्रोव वन**
  - समुद्रतटीय क्षेत्रों में डेल्टाई एवं दलदली प्रदेशों में जाते हैं।
  - सुंदरी वृक्ष पाया जाता है जिनकी जड़ें पानी के ऊपर निकली होती हैं। ये वृक्ष गंगा, ब्रह्मपुत्र, महानदी, गोदाव कृष्णा एवं कावेरी के डेल्टाई भागों में तथा अंडम निकोबार द्वीप समूह के अंदरूनी तटीय भागों में जाते हैं।
  - सुंदरवन प्रदेश में रॉयल बंगाल टाइगर पाया जाता है
- क्षेत्रफल की दृष्टि से वनाच्छादित प्रदेशों का घटता है–मध्य प्रदेश, अरुणाचल प्रदेश, छत्तीसगढ़, ओडिशा, महार
- प्रतिशत की दृष्टि से सर्वाधिक वन वाले राज्य/संघ शा राज्य क्रमशः हैं–लक्षद्वीप (90.33%), मिजोरम (84.53 अण्डमान व निकोबार द्वीप समूह (81.75%), अरुणा प्रदेश (79.33%) व मेघालय (76%)।
- प्रतिशत की दृष्टि से न्यूनतम वन वाले राज्य/संघ शासित बढ़ते क्रम में क्रमशः हैं–लद्दाख (1.35%), हरियाणा (3.63 पंजाब (3.67%), राजस्थान (4.87%), उत्तर प्रदेश (6.15%

भारतीय कृषि

- भारत चावल उत्पादन में विश्व में चीन के बाद दूसरे स्थान पर
- डॉ. एम.एस. स्वामीनाथन को भारत में हरित क्रांति का ज माना जाता है। इसकी शुरुआत 1966-67 में हुई थी।

ऋतुओं के आधार पर भारत में फसलों का वर्गीकरण–

- **खरीफ फसलः** इसे दक्षिणी-पश्चिमी मानसून के आने जून-जुलाई के महीने में बोई जाती है एवं नवम्बर-दिसम्बर काट ली जाती है। उदाहरणस्वरूप- ज्वार, बाजरा, धान, ज मक्का, तिल, गन्ना, मूंगफली, कपास आदि।
- **रबी की फसलः** यह नवम्बर में बोई जाती है एवं मार्च-अप्रैल काटी जाती है। उदाहरणतः गेहूँ, सरसों, जौ, चना, मटर, राई आ
- **जायद की फसलः** यह फसल अप्रैल-मई में बोई जाती है त जून-जुलाई में काट ली जाती है। उदाहरणस्वरूप-उड़द, मूँ राई, तरबूज, खीरा आदि।

भारत के प्रमुख राष्ट्रीय उद्यान एवं वन्य जीव अभ्यारण्य

राज्य/केन्द्र शासित प्रदेश	उद्यान व अभ्यारण्य
असम	कांजीरंगा राष्ट्रीय उद्यान, मानस राष्ट्रीय उद्यान, डिब्रू सैखोवा राष्ट्रीय स्थल, सोनाई रूपा वन्य जीव अभ्यारण्य।
आंध्र प्रदेश/तेलंगाना	श्री वैंकटेश्वर राष्ट्रीय उद्यान, महावीर हरिना वनस्थली, कासू ब्रह्मानंद रेड्डी राष्ट्रीय उद्यान, मरूगार्वान राष्ट्रीय उद्यान, परवाल वन्य जीव अभ्यारण्य, मालापट्टी पक्षी विहार।
• उत्तर प्रदेश	चन्द्रप्रभा अभ्यारण्य, दुधवा राष्ट्रीय उद्यान, नवाबगंज राष्ट्रीय उद्यान, सुल्तानपुर पक्षी विहार, कैम्पवेल राष्ट्रीय उद्यान।
• अरुणाचल प्रदेश	नामदफा वन्य जीव अभ्यारण्य, पक्कुई वन्य जीव अभ्यारण्य, मौलिका राष्ट्रीय उद्यान।
जम्मू-कश्मीर	सलीम अली राष्ट्रीय उद्यान, डाचीगाम राष्ट्रीय उद्यान।
• कर्नाटक	बाँदीपुर राष्ट्रीय उद्यान, साइलेंट वैली राष्ट्रीय उद्यान, कुद्रेमुख राष्ट्रीय उद्यान, सोमेश्वर वन्य जीव अभ्यारण्य।
• अण्डमान निकोबार द्वीप समूह	महात्मा गाँधी राष्ट्रीय उद्यान, सैडल पीक राष्ट्रीय उद्यान, नार्थ बटन द्वीप राष्ट्रीय उद्यान।
• झारखण्ड	पलामू वन्य जीव अभ्यारण्य, बेतला राष्ट्रीय उद्यान।
• मध्य प्रदेश	तदोबा राष्ट्रीय उद्यान, बान्धवगढ़ राष्ट्रीय उद्यान, कान्हा किसली राष्ट्रीय उद्यान।
• राजस्थान	सरिस्का वन्य जीव अभ्यारण्य, रणथम्भौर वन्य जीव अभ्यारण्य, केवलादेव राष्ट्रीय उद्यान, दर्राह राष्ट्रीय उद्यान।
• उत्तराखंड	जिम कार्बेट राष्ट्रीय उद्यान।
• छत्तीसगढ़	कांगेर राष्ट्रीय उद्यान, इंद्रावती राष्ट्रीय उद्यान।
• बिहार	बाल्मीकि राष्ट्रीय उद्यान।
• हरियाणा	कलेसर राष्ट्रीय उद्यान।
• गुजरात	गिर राष्ट्रीय उद्यान, वेसन्दा राष्ट्रीय उद्यान।
• ओडिशा	भितरकणिका राष्ट्रीय उद्यान, सिमलीपाल राष्ट्रीय उद्यान।
• महाराष्ट्र	तदोबा राष्ट्रीय उद्यान, पेंच राष्ट्रीय उद्यान, नवेगांव राष्ट्रीय उद्यान।
• केरल	पारम्बिकलुम वन्य जीव अभ्यारण्य, पेरियार वन्य जोव अभ्यारण्य, इरविकुलम वन्य जीव अभ्यारण्य।
• नगालैंड	इन्टकी राष्ट्रीय उद्यान।
• तमिलनाडु	वेदान्तगल पक्षी विहार, मुदुमलाई वन्य जीव अभ्यारण्य, गल्फ ऑफ मन्नार राष्ट्रीय उद्यान, गिण्डी राष्ट्रीय उद्यान।
• हिमाचल प्रदेश	कुगती वन्य जीव अभ्यारण्य, ग्रेट हिमालय राष्ट्रीय उद्यान, पिन वैली राष्ट्रीय उद्यान, रोहला राष्ट्रीय उद्यान।
• मिजोरम	डाम्फा वन्य जीव अभ्यारण्य।
• पश्चिम बंगाल	सुन्दरवन टाइगर रिजर्व, जलदापाड़ा वन्य जीव अभ्यारण्य।

भारत की प्रमुख फसलें

1. चावल

- भारत में चावल के प्रमुख उत्पादक राज्य पश्चिम बंगाल, पंजाब, उत्तर प्रदेश, आन्ध्र प्रदेश हैं।
- चावल के उत्पादन के लिए 75 सेमी. से 200 सेमी. वर्षा तथा तापमान 20°C से 27°C होना चाहिए।

2. गेहूँ

- गेहूँ के उत्पादन के लिए 50 सेमी. से 75 सेमी. वर्षा को आवश्यकता होती है। हल्की दोमट मिट्टी इस फसल के लिए अनुकूल है।
- भारत गेहूँ के उत्पादन में चीन के बाद दूसरे स्थान पर है।
- गेहूँ के उत्पादन वाले प्रमुख राज्य हैं–उत्तर प्रदेश, पंजाब, हरियाणा, मध्य प्रदेश। प्रति हेक्टेयर उत्पादन में पंजाब प्रथम है।

3. मक्का

- 50 से 100 सेमी. वर्षा एवं 25°C से 30°C तक तापमान अनुकूल है।
- गहरी दोमट मिट्टी उपयुक्त है।
- उत्पादन वाले प्रमुख राज्य हैं–कर्नाटक, आंध्र प्रदेश, महाराष्ट्र।

4. कपास

- काली मिट्टी उपयुक्त होती है।
- 80 सेमी वर्षा तथा 20°C-35°C तापमान सर्वाधिक उपयुक्त है।
- प्रमुख उत्पादक राज्य हैं–गुजरात, महाराष्ट्र, आंध्र प्रदेश।

5. गन्ना

- 100-150 सेमी. वर्षा तथा 30°-35°C तापमान उपयुक्त है।
- प्रमुख उत्पादक राज्य हैं–उत्तर प्रदेश, महाराष्ट्र, कर्नाटक।

6. तिलहन

- इसके लिए कम वर्षा वाले क्षेत्र की आवश्यकता है।
- सोयाबीन (मध्य प्रदेश), सरसों (राजस्थान), मूँगफली (गुजरात), नारियल तेल (केरल) का प्रथम स्थान है।

7. चाय

- चाय के लिए 200-300 सेमी. वर्षा तथा 24-30°C तापमान उपयुक्त है।
- भारत विश्व में चाय का दूसरा सबसे बड़ा उत्पादक व उपभोक्ता है।
- चाय के प्रमुख उत्पादक राज्य हैं–असम, पश्चिम बंगाल, तमिलनाडु, केरल आदि।

8. कहवा

- 150-250 सेमी. वर्षा तथा 15-20°C तापमान उपयुक्त है।
- प्रमुख उत्पादक राज्य हैं–कर्नाटक, तमिलनाडु, केरल।

9. रबड़

- 200 सेमी. वर्षा तथा 25°C-35°C तापमान उपयुक्त है।
- प्रमुख उत्पादक राज्य हैं–केरल, तमिलनाडु, कर्नाटक आदि।

सम्बन्धित क्रांतियाँ

• हरित क्रांति	खाद्यान्न
• श्वेत क्रांति	दुग्ध
• नीली क्रांति	मछली
• सुनहरी क्रांति	फलों के उत्पादन
• पीली क्रांति	तिलहन
• भूरी क्रांति	उर्वरक

- **झूम खेती:** इसमें जंगलों को काटकर भूमि साफ की जाती तत्पश्चात इस भूमि पर खेती की जाती है। कुछ दिनों बाद भू की उर्वरता समाप्त हो जाने पर यह भूमि त्याग दी जाती इस प्रकार की खेती असम, अरुणाचल प्रदेश, मिजोर नगालैंड आदि पूर्वोत्तर राज्यों में की जाती है।

भारत में खनिज उत्पादन

खनिज पदार्थ	उत्पादक राज्य	विशेष तथ्य
• लौह अयस्क	कर्नाटक, छत्तीसगढ़, ओडिशा, गोवा, झारखंड	कर्नाटक भारत का लगभग ए चौथाई लोहा उत्पादन करता हेमाटाइट (68%) सर्वोत्कृष्ट ल अयस्क है।
• कोयला	झारखंड, छत्तीसगढ़, ओडिशा, महाराष्ट्र, मध्य प्रदेश, प. बंगाल	झारखंड कोयला उत्पादन की दृ से भारत में प्रथम स्थान पर ऐंथ्रासाइट (90%) सर्वोच्च को का कोयला है।
• मैंगनीज	ओडिशा, मध्य प्रदेश, महाराष्ट्र, कर्नाटक	मैंगनीज का सबसे बड़ा (20% संचित भंडार है। ओडिशा भा में मैगनीज के उत्पादन में अग्र राज्य है।
• बॉक्साइट	ओडिशा, गुजरात, झारखंड, महाराष्ट्र, छत्तीसगढ़	ओडिशा भारत के कुल उत्पाद का 42 प्रतिशत बॉक्साइट उत्पादन करता है।
• तांबा	झारखंड, राजस्थान, मध्य प्रदेश, छत्तीसगढ़, आंध्र प्रदेश, कर्नाटक	झारखंड के पूर्वी एवं पश्चिमी सिंहभूम जिले ताँबे के सबसे बड़े उत्पादक हैं।
• अभ्रक	आंध्र प्रदेश, बिहार, झारखंड, राजस्थान	आन्ध्र प्रदेश में सबसे ज्यादा अभ्रक का उत्पादन होता है।
• चूना-पत्थर	मध्य प्रदेश, छत्तीसगढ़, आंध्र प्रदेश, गुजरात, राजस्थान	देश का 35 प्रतिशत चूना-पत्थर मध्य प्रदेश में पाया जाता है।
• पेट्रोलियम	असम, गुजरात, महाराष्ट्र	भारत विश्व का मात्र 1 प्रतिशत पेट्रोलियम उत्पादन करता है।
• थोरियम	राजस्थान	
• यूरेनियम	झारखंड	
• हीरा	मध्य प्रदेश	
• जस्ता	राजस्थान, ओडिशा, जम्मू-कश्मीर	

यूनेस्को द्वारा घोषित भारत के प्रमुख विरासत स्थल

स्थल का नाम	राज्य	स्थल का नाम	राज्य
• एलीफैण्टा की गुफाएँ	महाराष्ट्र	• केवलादेव राष्ट्रीय उद्यान	राजस्थान
• एलोरा की गुफाएँ	महाराष्ट्र	• हम्पी स्मारक समूह	कर्नाटक
• अजंन्ता की गुफाएँ	महाराष्ट्र	• पट्टदकल स्मारक समूह	कर्नाटक
• छत्रपति शिवाजी टर्मिनल	महाराष्ट्र	• विट्ठल स्वामी मंदिर	कर्नाटक
• भीमबेटका गुफा	मध्य प्रदेश	• होयसल के पवित्र मंदिर समूह	कर्नाटक
• साँची स्तूप	मध्य प्रदेश	• ताजमहल, आगरा का किला	उत्तर प्रदेश
• खजुराहो के मंदिर	मध्य प्रदेश	• फतेहपुर सीकरी	उत्तर प्रदेश
• महाबोधि मंदिर	बिहार	• सुन्दरवन राष्ट्रीय उद्यान	पश्चिम बंगाल
• कोणार्क का सूर्य मंदिर	ओडिशा	• दार्जिलिंग हिमालय रेलवे	पश्चिम बंगाल
• हुमायूँ का मकबरा	दिल्ली	• शांति निकेतन	पश्चिम बंगाल
• कुतुबमीनार	दिल्ली	• वृहदेश्वर मंदिर	तमिलनाडु
• लाल किला	दिल्ली	• महाबलीपुरम मंदिर	तमिलनाडु
• नंदा देवी राष्ट्रीय उद्यान	उत्तराखंड	• पुराने गोवा के चर्च	गोवा
• रानी की वाव	गुजरात	• विक्टोरियन गोथिक और आर्ट डेको	मुंबई
• काजीरंगा राष्ट्रीय उद्यान	असम	• धौलावीराः एक हड़प्पाकालीन शहर	गुजरात
• मानस वन्यजीव अभयारण्य	असम	• काकतीय रुद्रेश्वर (रामप्पा) मंदिर	तेलंगाना

वस्तुनिष्ठ प्रश्नावली

1. 'भूगोल का जनक' किसे कहा जाता है?
A. हेरोडोट्स B. एनक्जीमेण्डर
C. इरैटोस्थनीज D. हिकैटिमस

2. सर्वप्रथम सौरमण्डल के बारे में विश्व के समक्ष जानकारी प्रस्तुत करने का श्रेय किस विद्वान को है?
A. स्ट्रैबो B. केप्लर
C. गैलीलियो D. कॉपरनिकस

3. कौन-सा ग्रह सूर्य की परिक्रमा 88 दिनों में पूरी करता है?
A. बुध B. शनि
C. बृहस्पति D. मंगल

4. सुपरनोवा क्या है?
A. पुच्छल तारा B. ग्रहिका
C. विस्फोटी तारा D. ब्लैक होल

5. तारे पूर्व से पश्चिम किस कारण ज्यादा दिखते हैं?
A. पूरा ब्रह्माण्ड पूर्व से पश्चिम की ओर घूम रहा है
B. पृथ्वी सूर्य की परिक्रमा कर रही है
C. पृथ्वी पूर्व से पश्चिम को घूम रही है
D. पृथ्वी पश्चिम से पूर्व को घूम रही है

6. पृथ्वी सूर्य से अपनी अधिकतम दूरी पर होती है–
A. 30 जनवरी को B. 22 दिसम्बर को
C. 22 सितम्बर को D. 4 जुलाई को

7. निम्नलिखित में किन देशों के समूह से भूमध्य रेखा गुजरती है?
A. ब्राजील, जाम्बिया तथा मलेशिया
B. कोलम्बिया, केन्या तथा मलेशिया
C. ब्राजील, सूडान तथा मलेशिया
D. वेनेजुएला, इथोपिया तथा इण्डोनेशिया

8. अन्तर्राष्ट्रीय तिथि रेखा कहलाती है–
A. 0° अक्षांश B. 0° देशांतर
C. 66½° अक्षांश D. 180° देशान्तर

9. भू-गर्भ में जिस स्थान पर भूकम्पीय तरंगों की उत्पत्ति होती है, उस स्थान को क्या कहा जाता है?
A. अधिकेन्द्र B. भूकम्प अधिकेन्द्र
C. भूकम्प केन्द्र D. इक्लोजाइट

10. पर्वतों के उन प्राकृतिक अंतरालों को क्या कहा जाता है, जो मार्ग बन जाते हैं?
A. शिखर B. टिब्बा
C. पठार D. दर्रा

11. पृथ्वी के वायुमण्डल में सर्वाधिक घनत्व कहाँ पर होता है?
A. क्षोभ मंडल B. समताप मंडल
C. मध्य मंडल D. आयन मंडल

12. क्षोभ मंडल वायुमण्डल का सबसे तप्त परत है, क्योंकि–
A. यह सूर्य के निकटतम है
B. इसमें आवेशित कण हैं
C. यह पृथ्वी के पृष्ठ से तप्त हो जाती है
D. इसमें ऊष्मा पैदा होती है

13. क्षोभ मंडल एवं समताप मंडल के बीच स्थित संक्रमण क्षेत्र को क्या कहा जाता है?
A. समताप सीमा B. क्षोभ सीमा
C. मध्य सीमा D. बाह्य सीमा

14. वायुमंडल में दैनिक मौसम परिवर्तन निम्नलिखित में से किसके कारण होता है?
A. क्षोभ मंडल B. मध्य मंडल
C. आयन मंडल D. समताप मंडल

15. ओजोन परत पायी जाती है–
A. प्रकाश मंडल में B. क्षोभ मंडल में
C. क्षोभ सीमा में D. समताप मंडल में

16. दीर्घ रेडियो तरंगें पृथ्वी की किस सतह से परावर्तित होती हैं?
A. क्षोभ मंडल B. आयन मंडल
C. क्षोभ सीमा D. समताप मंडल

17. वायुमंडलीय हवा पृथ्वी पर पहुँचती है–
A. गुरुत्व द्वारा B. पतनों द्वारा
C. बादलों द्वारा D. पृथ्वी के घूर्णन द्वारा

18. फ्रंटल वर्षा किस कारण से होती है?
A. संवहनी धारा
B. समुद्री हवा
C. चक्रवातीय गतिविधि
D. पर्वतों से वाष्पित जल का संघनन

19. निम्नलिखित में से वह सागर कौन-सा है जो भू-बद्ध है?
A. लाल सागर B. तिमोर सागर
C. उत्तरी सागर D. अरल सागर

20. झीलों के अध्ययन को कहते हैं–
A. लिम्नोलॉजी B. पोटोमोलॉजी
C. टोपोलॉजी D. हाइड्रोलॉजी

21. निम्नलिखित में से किस महाद्वीप को 'महाद्वीपों का महाद्वीप' कहा जाता है?
A. एशिया B. यूरोप
C. अफ्रीका D. अंटार्कटिका

22. निम्नलिखित में किसे 'द्वीपीय महाद्वीप' के नाम से जाना जाता है?
A. एशिया B. यूरोप
C. ऑस्ट्रेलिया D. अंटार्कटिका

23. संसार का सबसे आर्द्र महाद्वीप है–
A. एशिया B. यूरोप
C. उत्तरी अमेरिका D. दक्षिणी अमेरिका

24. श्रीहरिकोटा द्वीप स्थित है–
A. चिल्का झील के समीप
B. महानदी के मुहाने के समीप
C. पुलीकट झील के समीप
D. गोदावरी के मुहाने के समीप

25. समुद्र में बहिर्विष्ट भूमि कहलाती है–
A. स्थल संयोजक द्वीप B. द्वीप
C. जलडमरूमध्य D. प्रायद्वीप

26. पृथ्वी के स्थल पृष्ठ का कितना भाग रेगिस्तान है?
A. 10वाँ B. 5वाँ
C. एक-तिहाई D. छठवाँ

27. विश्व का सबसे बड़ा शीत मरुस्थल है–
A. गोबी B. लुत
C. काविर D. तकला माकन

28. तकला-माकन मरुस्थल किस देश में स्थित है?
A. कजाकिस्तान B. तुर्कमेनिस्तान
C. उज्बेकिस्तान D. चीन

29. कालाहारी मरुस्थल किस देश में स्थित है?
A. जाम्बिया B. दक्षिण अफ्रीका
C. नामीबिया D. बोतसवाना

30. आकस्मिक बाढ़ का सम्बन्ध किससे है?
A. झुंडर तूफान B. चक्रवाती तूफान
C. सुनामी D. टॉरनेडो

31. कौन-सा जलाशय अण्डमान और निकोबार द्वीप समूहों को अलग करता है?
A. टेन डिग्री चैनल B. इलेवन डिग्री चैनल
C. अण्डमान समुद्र D. बंगाल की खाड़ी

32. पाक स्ट्रेट किनके बीच स्थित है?
A. बंगाल की खाड़ी और मन्नार की खाड़ी
B. अण्डमान और निकोबार द्वीप समूह
C. रन ऑफ कच्छ और गल्फ ऑफ खम्भात
D. लक्षद्वीप और मालदीव

33. कौन-सी जल संयोजी यूरोप को अफ्रीका से पृथक करती है?
A. बास पोरस B. जिब्राल्टर
C. डोवर D. बेरिंग

34. डोवर जलसंधि जोड़ती है–
A. बाल्टिक सागर एवं बोथनियार की खाड़ी को
B. बिस्के की खाड़ी एवं इंगलिश चैनल को
C. इंगलिश चैनल एवं उत्तरी सागर को
D. सेल्टिक सागर एवं आइरिश सागर को

35. विश्व की सबसे तेज बहने वाली महासागरीय जलधारा है–
A. गल्फस्ट्रीम जलधारा B. लेब्रोडोर जलधारा
C. बेंगुएला जलधारा D. क्यूराइल जलधारा

36. निम्नलिखित में से कौन महासागरीय धारा अटलांटिक महासागर में नहीं पायी जाती है?
A. गल्फ स्ट्रीम B. ब्राजील धारा
C. पेरू धारा D. कैनेरी धारा

37. गल्फस्ट्रीम धारा की उत्पत्ति होती है–
A. बिस्के की खाड़ी में B. मैक्सिको की खाड़ी में
C. हडसन की खाड़ी में D. इनमें से कोई नहीं

38. निम्नलिखित में किस जलधारा को 'क्रिसमस के बच्चे की धारा' कहते हैं?
A. पेरू जलधारा B. कैलिफोर्निया जलधारा
C. अलनिनो जलधारा D. गल्फस्ट्रीम जलधारा

39. निम्नलिखित में से किस जलधारा को 'हम्बोल्ट की जलधारा' के नाम से भी जाना जाता है?
A. पेरू की धारा B. ब्राजील की धारा
C. फॉकलैंड की धारा D. एलनिनो धारा

40. विक्टोरिया जलप्रपात किस नदी से संबंधित है?
A. अमेजन B. मिस्सोरी
C. सेंट लारेन्स D. जैम्बेंजी

41. सागरीय लवणता का स्रोत है–
A. नदियाँ B. भूमि
C. पवन D. ज्वालामुखी से निसृप्त राख

42. प्रवाल भित्तियाँ समुद्री प्रतिरूप हैं–
A. शीतोष्ण वनों की
B. उष्णकटिबंधीय वर्षा वनों की
C. सवाना की
D. शुष्क भूमि की

43. महाद्वीपीय मग्न तट का सर्वाधिक विस्तार किस महासागर में पाया जाता है?
A. प्रशांत महासागर B. अटलांटिक महासागर
C. हिन्द महासागर D. आर्कटिक महासागर

44. सुण्डा गर्त स्थित है–
A. सुमात्रा के दक्षिण B. सुमात्रा के उत्तर
C. चागोस द्वीप के उत्तर D. चागोस द्वीप के दक्षिण

45. निम्नलिखित में से कौन-सी नदी भ्रंश घाटी से होकर बहती है?
A. अमेजन B. सिन्धु
C. वोल्गा D. राइन

46. यूरोप की कौन-सी नदी 'कोयला नदी' के नाम से जानी जाती है?
A. राइन B. रोन
C. टेम्स D. एल्ब

47. बांग्लादेश में किस नदी को पद्मा के नाम से पुकारा जाता है?
A. ब्रह्मपुत्र B. गंगा
C. तिस्ता D. हुगली

48. किसके गुरुत्वाकर्षण के कारण ज्वार-भाटा आता है?
A. पृथ्वी का चंद्रमा पर
B. पृथ्वी का सूर्य पर
C. पृथ्वी पर सूर्य और चन्द्रमा का
D. चन्द्रमा का पृथ्वी पर

49. दैनिक ज्वार-भाटा के मध्य समयान्तर होता है–
A. 12 घण्टे 16 मिनट B. 24 घण्टे 32 मिनट
C. 12 घण्टे 26 मिनट D. 24 घण्टे 52 मिनट

50. किस नदी को 'चीन का शोक' कहा जाता है?
A. यांग्स-क्यांग B. ह्वांगहो
C. आमुर D. साल्वीन

51. क्षेत्रफल की दृष्टि से विश्व का सबसे बड़ा नदी डेल्टा कौन-सा है?
A. नील नदी का डेल्टा B. अमेजन नदी का डेल्टा
C. सुन्दरवन डेल्टा D. मिसीसिपी नदी का डेल्टा

52. परित्यक्त डेल्टा का उदाहरण निम्न में से किस नदी द्वारा प्रस्तुत किया जाता है?
A. नील B. गंगा
C. ह्वांगहो D. अमेजन

53. निम्नलिखित में से कौन-सी नदी ज्वारनदमुख का निर्माण करती है?
A. यांग्टिसीक्यांग B. नील
C. मेनाम D. नर्मदा

54. रेड रिवर (लाल नदी) के डेल्टा क्षेत्र में कौन-सा नगर स्थित है?
A. सिओल B. हनोई
C. हैंकाऊ D. बैंकाक

55. एक ही तापमान वाले स्थानों को जोड़ने वाली काल्पनिक रेखाएँ कहलाती हैं–
A. आइसोबार B. आइसोहाइट
C. आइसो हैलाइन D. आइसोथर्म

56. आइसोहेल रेखाओं द्वारा क्या प्रदर्शित किया जाता है?
A. समान वर्षा B. समान ऊँचाई
C. समान धूप D. समान हिमपात

57. एक ही समय में, कम्पन करने वाले स्थानों को जोड़ने वाली रेखाओं की श्रृंखला कहलाती है–
A. कोसीस्मल लाइन्स B. आइसोसीस्मल लाइन्स
C. होमोसीस्मल लाइन्स D. सीस्मोलाइन्स

58. आइसोबार मानचित्र पर उन स्थानों को दर्शाने के लिए खींची गई रेखाएँ हैं, जहाँ पर–
A. एक जैसा तापमान है
B. एक जैसा वायुमंडलीय दाब है
C. एक जैसी ऊँचाई है
D. समान लवणता है

59. समान मेघाच्छन्नता को मिलाने वाली रेखा कहलाती है?
A. आइसोनिफ B. आइसोनेफ
C. आइसोराइम D. आइसोफेन

60. समान वर्षा होने वाले क्षेत्र को जोड़ने वाली रेखा कही जाती है–
A. आइसोबार B. आइसोहाइट
C. आइसोथर्म D. आइसो हैलाइन

61. समुद्र के अन्दर समान गहराई वाले स्थानों को मिलाने वाली रेखा कहलाती है–
A. आइसोबार B. आइसोथर्म
C. आइसोबाथ D. आइसोक्रोन

62. क्षेत्रफल की दृष्टि से विश्व का सबसे बड़ा भू-आवेष्ठित देश कौन-सा है?
A. जायरे B. युगाण्डा
C. कजाकिस्तान D. तंजानिया

63. निम्नलिखित में से कौन-सा बन्दरगाह 'यूरो पोर्ट' के नाम से जाना जाता है?
A. लिस्बन B. रॉटरडम
C. लन्दन D. हैम्बर्ग

64. 'पाँच सागरों का पत्तन' किसे कहा जाता है?
A. लेनिनग्राड B. मास्को
C. राटरडम D. ब्लडीवोस्टक

65. ओपीसोमीटर का प्रयोग किस कार्य में किया जाता है?
A. क्षेत्रफल मापन में B. दूरी मापन में
C. दिशा मापन में D. प्रवणता मापन में

66. सापेक्षिक आर्द्रता के मापन हेतु किस उपकरण का प्रयोग किया जाता है?
A. हाइग्रोमीटर B. हाइड्रोमीटर
C. बैरोमीटर D. मैनोमीटर

67. आकाश के नीलापन का मापन किस भौगोलिक यंत्र द्वारा किया जाता है?
A. क्लाइनोमीटर B. पायरोमीटर
C. एक्टिनोमीटर D. साइनोमीटर

68. मोंगिया पत्तन किस राष्ट्र में स्थित है?
A. श्रीलंका B. बांग्लादेश
C. भूटान D. भारत

69. कैलोरीमीटर से क्या मापा जाता है?
A. तापमान B. अवशोषण
C. उष्मा की मात्रा D. रंग

70. नैफोमीटर से निम्नलिखित में से किसका मापन किया जाता है?
A. वर्षा की मात्रा
B. बादलों की दिशा एवं गति
C. सागरीय लवणता की मात्रा
D. प्रवणता की माप

71. भूमध्य रेखा के निकट किस तरह के वन पाए जाते हैं?
A. पतझड़ी वन B. शंकुधारी वन
C. घास स्थल वन D. उष्णकटिबंधीय वन

72. पैडंग क्या है?
A. द.पू. एशियाई उष्णकटिबंधीय घास भूमि
B. ऑस्ट्रेलिया के घास के मैदान
C. स्थानान्तरणशील कृषि पद्धति
D. अमेजन की सहायक नदी

73. किसी प्राकृतिक प्रदेश में समरूपता होती है–
A. जलवायु और प्राकृतिक वनस्पति की
B. जलवायु और व्यवसाय की
C. मृदा और जल निकास की
D. आर्थिक और प्रजातियों की

74. किस प्रदेश में पूरे साल वर्षा होती है?
A. भूमध्यसागरीय B. विषुवतीय
C. मानसूनी D. शीतोष्ण

75. सेल्वा वन कहाँ मिलते हैं?
A. मानसूनी प्रदेश B. भूमध्यसागरीय प्रदेश
C. विषुवतीय प्रदेश D. टैगा प्रदेश

76. 'विकास का प्रदेश' किसे कहा जाता है?
A. मानसूनी प्रदेश B. विषुवतीय प्रदेश
C. भूमध्यसागरीय प्रदेश D. सवाना प्रदेश

77. 'प्रयास का प्रदेश' किसे कहा जाता है?
A. भूमध्यसागरीय प्रदेश B. पश्चिमी यूरोपीय प्रदेश
C. विषुवतीय प्रदेश D. मानसूनी प्रदेश

78. विश्व का सबसे बड़ा दुग्ध उत्पादक है–
A. ब्राजील B. अमेरिका
C. भारत D. जापान

79. विश्व में तम्बाकू का सबसे बड़ा उत्पादक देश है–
A. भारत B. संयुक्त राज्य अमेरिका
C. चीन D. ब्राजील

80. विश्व में इलायची का सर्वाधिक उत्पादन कहाँ होता है?
A. चीन B. ग्वाटेमाला
C. ब्राजील D. कोलम्बिया

81. विश्व में अफीम का सबसे बड़ा उत्पादक देश कौन है?
A. अफगानिस्तान B. बोलीविया
C. पाकिस्तान D. केन्या

82. विश्व में आलू का सर्वाधिक उत्पादन कहाँ होता है?
A. भारत B. रूस
C. ब्राजील D. चीन

83. सर्वाधिक सघन खेती प्रचलित है–
A. चीन में B. भारत में
C. इण्डोनेशिया में D. जापान में

84. सोपान कृषि कहाँ की जाती है?
A. पहाड़ों के ढलानों पर
B. शुष्क क्षेत्रों में
C. छतों पर पहाड़ों के ढलानों पर
D. पहाड़ों की चोटी पर

85. झूम कृषि कहाँ पर की जाती है?
A. उत्तर-पूर्व भारत B. दक्षिण-पश्चिम भारत
C. दक्षिण-पूर्व भारत D. उत्तर भारत

86. प्रसिद्ध मत्स्य क्षेत्र 'ग्रैंड बैंक' स्थित है–
A. प्रशांत महासागर में
B. आर्कटिक महासागर में
C. अटलांटिक महासागर में
D. हिन्द महासागर में

87. प्रमुख मत्स्यन क्षेत्र 'डॉगर बैंक' कहाँ स्थित है?
A. उत्तरी सागर B. बोथनिया की खाड़ी
C. इंगलिश चैनल D. हिन्द महासागर

88. संसार में ताँबा का अग्रणी उत्पादक है–
A. ऑस्ट्रेलिया B. चीन
C. भारत D. चिली

89. संसार में टाइटेनियम का सबसे बड़ा उत्पादक है–
A. भारत B. जापान
C. चीन D. सं.रा. अमेरिका

90. निम्नलिखित में से किस देश में निकेल का सबसे अधिक उत्पादन होता है?
A. इंडोनेशिया B. रूस
C. सं.रा. अमेरिका D. क्यूबा

91. भारत की कौन-सी नदी अरब सागर में गिरती है?
A. महानदी B. कृष्णा
C. नर्मदा D. कावेरी

92. विश्व के विशालतम स्वर्ण क्षेत्र दक्षिण अफ्रीका की निम्नलिखित में से कौन-सी पर्वत श्रेणियों में अवस्थित है?
A. रोगेवेल्डबर्ग B. ग्रूट स्वार्ट बर्ग
C. विटवाटर्सरैण्ड D. ड्रेकेन्सबर्ग

93. ऑस्ट्रेलिया में स्थित कालगुर्ली किसके लिए विख्यात है?
A. स्वर्ण उत्पादन B. उत्तम जलवायु
C. शिक्षा केन्द्र D. मुर्गी पालन

94. पृथ्वी से प्राप्त की जाने वाली ऊर्जा को क्या कहते हैं?
A. ज्वारीय ऊर्जा B. भूतापीय ऊर्जा
C. पवन ऊर्जा D. बायो गैस

95. विश्व में पवन ऊर्जा का सबसे बड़ा उत्पादक देश है–
A. चीन B. जर्मनी
C. नीदरलैण्ड D. भारत

96. विश्व में यूरेनियम का सर्वाधिक उत्पादन होता है–
A. भारत में B. कजाकिस्तान में
C. सं.रा.अमेरिका में D. चीन में

97. विश्व के एक-तिहाई से अधिक कच्चे इस्पात का उत्पादन प्राप्त होता है–
A. चीन से B. जापान से
C. रूस से D. सं.रा. अमेरिका से

98. जो ऊर्जा पृथ्वी की सतह के नीचे संचित ऊर्जा को काम में ला सकती है, उसे क्या कहा जाता है?

A. ऊष्मीय ऊर्जा B. परमाणुक ऊर्जा
C. ज्वारीय ऊर्जा D. भू-तापीय ऊर्जा

99. ऊन का सबसे बड़ा उत्पादक देश कौन-सा है?

A. चीन B. अमेरिका
C. ऑस्ट्रेलिया D. ब्रिटेन

100. विश्व में रेशमी वस्त्र का सबसे बड़ा उत्पादक देश है–

A. चीन B. भारत
C. सं.रा. अमेरिका D. जापान

101. विश्व का सबसे बड़ा कपास उत्पादक देश कौन-सा है?

A. चीन B. भारत
C. अमेरिका D. पाकिस्तान

102. प्राचीनतम अन्तर्राष्ट्रीय एयरलाइन है–

A. डच के.एल.एम. B. एयर कनाडा
C. क्वांटास एयरवेज D. एयर सहारा

103. जनसंख्या के अध्ययन को कहते हैं–

A. जल विज्ञान B. जनांकिकी
C. जलवायु विज्ञान D. शैल विज्ञान

104. मानव जातियों के वर्गीकरण के लिए निम्न में से किस कसौटी का प्रयोग नहीं किया जाता है?

A. आँख B. कान
C. नाक D. बाल

105. अफ्रीका की मूलभूत जनजाति 'पिग्मी' किस नदी घाटी में पायी जाती है?

A. नाइजर B. कांगो
C. नील D. जाम्बेजी

106. किस देश को 'वनों का देश' कहा जाता है?

A. ब्राजील
B. कांगो प्रजातांत्रिक गणतंत्र
C. केन्या
D. जायरे

107. निम्नलिखित में से किसे 'यूरोप का मरीज' कहा जाता है?

A. पुर्तगाल B. तुर्की
C. ग्रीस D. इटली

108. 'डूबते सूर्य का देश' किसे कहा जाता है?

A. जापान B. ब्रिटेन
C. नार्वे D. भारत

109. निम्नलिखित में से किसे 'सूर्योदय का देश' कहा जाता है?

A. ब्रिटेन B. जापान
C. नार्वे D. नीदरलैण्ड

110. 'प्रातः कालीन शांति की भूमि' निम्नलिखित में से किसे कहा जाता है?

A. जापान B. कोरिया
C. ब्रिटेन D. फिनलैण्ड

111. भारत के किस नगर को 'भारत की सिलिकन वैली' कहा जाता है?

A. बेंगलुरू B. चेन्नई
C. मुम्बई D. हैदराबाद

112. किसे दक्षिण भारत का मैनचेस्टर कहा जाता है?

A. कोयम्बटूर B. मदुरै
C. बेंगलुरू D. चेन्नई

113. निम्नलिखित में से किसे 'भारत की श्रिम्फ राजधानी' कहा जाता है?

A. मेंगलूर B. नागपट्टनम
C. कोच्चि D. नेल्लूर

114. निम्न में से किसको 'पर्ल सिटी' कहा जाता है?

A. काण्डला B. तूतीकोरिन
C. कोच्चि D. हैदराबाद

115. निम्नलिखित में से किसको प्रशांत महासागर की पार सड़क कहा जाता है?

A. टोंगा B. फिजी
C. हवाई D. एलिस

116. 'दीव' एक द्वीप है–

A. दमन के तट पर
B. गोवा के तट पर
C. गुजरात के तट पर
D. महाराष्ट्र के तट पर

117. डंकन पास किसके बीच स्थित है?

A. उत्तरी अंडमान एवं मध्य अंडमान
B. दक्षिणी अंडमान एवं मध्य अंडमान
C. दक्षिणी अंडमान एवं छोटा अंडमान
D. कार निकोबार एवं छोटा निकोबार

118. लद्दाख को किस वर्ष एक केन्द्रशासित प्रदेश बनाया गया?

A. सन् 2018 में B. सन् 2019 में
C. सन् 2020 में D. सन् 2017 में

119. भारत के भौगोलिक मानचित्र कौन तैयार करता है?
A. भारतीय भूवैज्ञानिक सर्वेक्षण
B. भारतीय सर्वेक्षण
C. रक्षा मंत्रालय
D. भारतीय भौगोलिक सर्वेक्षण

120. कुल्लूघाटी निम्नलिखित पर्वत श्रेणियों के बीच अवस्थित हैं–
A. धौलाधर तथा पीरपंजाल
B. रणज्योति तथा नागटिब्बा
C. लद्दाख तथा पीरपंजाल
D. मध्य हिमालय तथा शिवालिक

121. हिमाचल प्रदेश में स्थित दर्रा है–
A. शिपकी ला B. जोजिला
C. नाथुला D. जेलेप्ला

122. जोजिला दर्रा जोड़ता है–
A. श्रीनगर और लेह को
B. कलिम्पोंग और ल्हासा को
C. चम्बा और स्पीति को
D. अरुणाचल प्रदेश और ल्हासा को

123. निम्न में कौन-सी नदी हिमाचल से परे की नदी है?
A. गंगा B. यमुना
C. सतलज D. रावी

124. प्रायद्वीपीय भारत की सबसे बड़ी नदी कौन-सी है?
A. नर्मदा B. गोदावरी
C. महानदी D. कावेरी

125. चम्बल नदी किन राज्यों में से होकर बहती है?
A. उत्तर प्रदेश, मध्य प्रदेश, राजस्थान
B. मध्य प्रदेश, गुजरात, उत्तर प्रदेश
C. राजस्थान, मध्य प्रदेश, बिहार
D. गुजरात, मध्य प्रदेश, छत्तीसगढ़

126. भारत में सबसे लम्बा बांध है–
A. भाखड़ा बांध B. नागार्जुन सागर बांध
C. हीराकुड बांध D. कोसी बांध

127. रिहन्द बांध परियोजना से किन राज्यों की सिंचाई होती है?
A. गुजरात और महाराष्ट्र
B. ओडिशा और पश्चिम बंगाल
C. उत्तर प्रदेश और झारखंड
D. केरल और कर्नाटक

128. गिरना परियोजना कहाँ स्थित है?
A. आंध्र प्रदेश B. महाराष्ट्र
C. ओडिशा D. छत्तीसगढ़

129. अक्टूबर और नवम्बर में कहाँ अधिक वर्षा होती है?
A. मालवा का पठार B. छोटानागपुर का पठार
C. पूर्वी पहाड़ियाँ D. कोरोमण्डल तट

130. भारत में वन अनुसंधान संस्थान कहाँ स्थित हैं?
A. दिल्ली B. भोपाल
C. देहरादून D. लखनऊ

131. वनरोपन प्रक्रिया है–
A. वन साफ करने की
B. और पेड़ लगाने की
C. पेड़ काटने की
D. वन संसाधनों को एकत्र करने की

132. भारत में अधिकांश वन संपदा का मालिक कौन है?
A. निगमित निकाय B. गैर-सरकारी व्यक्ति
C. जनजातियाँ D. राज्य

133. नीलगिरि पहाड़ियों में पेड़ की सामान्य जाति है–
A. साल B. चीड़
C. यूकेलिप्टस D. टोंक (सागौन)

134. अपने प्राकृतिक परिवेश में वन्य जीवन के लिए कानूनी तौर पर आरक्षित क्षेत्र हैं–
A. बायोस्फीयर रिजर्व B. सेंक्चुअरी
C. सामाजिक वन D. नेशनल पार्क

135. वह राज्य जहाँ सुल्तानपुर पक्षी विहार स्थित है–
A. उत्तर प्रदेश B. राजस्थान
C. हरियाणा D. गुजरात

136. विश्व का एकमात्र प्लावी राष्ट्रीय पार्क स्थित है–
A. मणिपुर में B. कुआलालम्पुर में
C. बिलासपुर में D. दिसपुर में

137. काजीरंगा किसलिए जाना जाता है?
A. गैंडा के लिए B. बाघ के लिए
C. पक्षी के लिए D. गौरेया के लिए

138. मदुमलाई पशु विहार प्रसिद्ध है–
A. व्याघ्रों के लिए B. गवलों (बाइसन) के लिए
C. पक्षियों के लिए D. हाथियों के लिए

139. जीवमण्डल आरक्षित क्षेत्रों की पहली परियोजना स्कीम कौन-सी थी?
A. सुन्दरवन जीवमण्डल आरक्षित क्षेत्र
B. नीलगिरि जीवमण्डल आरक्षित क्षेत्र
C. नन्दादेवी जीवमण्डल आरक्षित क्षेत्र
D. मन्नार की खाड़ी जीवमण्डल आरक्षित क्षेत्र

140. भारत के उत्तरी मैदान की मृदा सामान्यतः कैसे बनी है?
A. तलावचन से
B. तलोच्चन से
C. स्वस्थाने अपचयन द्वारा
D. अपरदन द्वारा

141. प्रायद्वीपीय भारत में क्षेत्रीय मृदा के निम्न प्रकारों में से कौन-सा है?
A. जलोढ़ मृदा B. लाल और पीली मृदा
C. वन मृदा D. खारी मृदा

142. भारत के किस क्षेत्र में अत्यधिक असिंचित खेती की जाती है?
A. कनेरा के मैदान B. दक्कन के पठार
C. कोरोमण्डल मैदान D. गंगा के मैदान

143. भारत में कृषि को दुष्प्रभावित करने वाला मौसम का सबसे महत्वपूर्ण तत्व है–
A. तापमान B. आर्द्रता
C. पवन D. वृष्टि

144. भारत में अधिकतम कृषि योग्य क्षेत्र घेरने वाली फसल है–
A. चावल B. गेहूँ
C. चना D. अलसी

145. उस खाद्य फसल का नाम बताइए जो भारत में सबसे अधिक उपज देती है–
A. गेहूँ B. ज्वार
C. मक्का D. चावल

146. मध्य प्रदेश विशालतम उत्पादक है–
A. कपास का B. तिलहन का
C. दालों का D. मक्का का

147. भारत का कॉफी अनुसंधान संस्थान कहाँ स्थित है?
A. येरकाड B. वायनाड
C. कुर्ग D. कोयम्बटूर

148. भारत में श्वेत क्रांति के जनक माने जाते हैं–
A. डॉ वी. कुरियन B. श्री एस.एस. राव
C. श्री एस.के. भारद्वाज D. श्री मोरारजी देसाई

149. भारत में ऊर्जा का मुख्य स्रोत क्या है?
A. आण्विक B. तापीय
C. जल-विद्युत D. सौर

150. भारत में विद्युत आपूर्ति सबसे पहले कहाँ शुरू हुई?
A. कोलकाता B. दार्जिलिंग
C. मुम्बई D. चेन्नई

151. भारत में सबसे ज्यादा ताप-विद्युत उत्पन्न करने वाला राज्य कौन-सा है?
A. तमिलनाडु B. महाराष्ट्र
C. बिहार D. छत्तीसगढ़

152. निम्न में से किस स्थान पर विद्युत जलशक्ति से पैदा की जाती है?
A. न्येवली B. एन्नौर
C. तूतीकोरिन D. मेट्टूर

153. आन्ध्र प्रदेश के तुमालापल्ली में कौन-सा सर्वाधिक निक्षेप पाया जाता है?
A. यूरेनियम निक्षेप B. टंग्स्टन निक्षेप
C. कोयला निक्षेप D. बॉक्साइट निक्षेप

154. भारत का सबसे महत्वपूर्ण लघु उद्योग है–
A. इलेक्ट्रॉनिकी उद्योग
B. हथकरघा उद्योग
C. शर्करा उद्योग
D. इंजीनियरी उद्योग

155. क्षेत्रफल की दृष्टि से विश्व का सबसे बड़ा देश कौन-सा है?
A. रूस B. चीन
C. अमेरिका D. भारत

156. केन्द्रीय चर्म अनुसंधान संस्थान कहाँ स्थित है?
A. पुणे B. गुवाहाटी
C. चेन्नई D. श्रीनगर

157. शेरशाह द्वारा निर्मित ग्रैंड ट्रंक रोड पंजाब को किसके साथ जोड़ती थी?
A. लाहौर B. मुल्तान
C. आगरा D. पूर्वी बंगाल

158. भारत में सर्वप्रथम जनगणना कब हुई थी?
A. 1861 ई॰ B. 1881 ई॰
C. 1872 ई॰ D. 1851 ई॰

159. भारत के जनसंख्या इतिहास में जनांकिकीय विभाजन वर्ष कहा जाता है–
A. 1921 ई॰ B. 1941 ई॰
C. 1931 ई॰ D. 1951 ई॰

160. जनगणना 2011 के अनुसार भारत का सबसे बड़ा जनजातीय समूह है–
A. गोंड B. भील
C. संथाल D. थारू

उत्तरमाला

1	2	3	4	5	6	7	8	9	10
D	D	A	C	D	D	D	D	B	D
11	**12**	**13**	**14**	**15**	**16**	**17**	**18**	**19**	**20**
A	C	B	A	D	B	D	C	D	A
21	**22**	**23**	**24**	**25**	**26**	**27**	**28**	**29**	**30**
A	C	D	C	D	B	A	D	D	C
31	**32**	**33**	**34**	**35**	**36**	**37**	**38**	**39**	**40**
A	A	B	C	A	C	B	C	A	D
41	**42**	**43**	**44**	**45**	**46**	**47**	**48**	**49**	**50**
A	B	B	A	D	A	B	C	D	B
51	**52**	**53**	**54**	**55**	**56**	**57**	**58**	**59**	**60**
C	C	D	B	D	C	B	B	B	B
61	**62**	**63**	**64**	**65**	**66**	**67**	**68**	**69**	**70**
C	C	B	B	B	A	D	B	C	B
71	**72**	**73**	**74**	**75**	**76**	**77**	**78**	**79**	**80**
D	A	A	B	C	A	B	C	C	B
81	**82**	**83**	**84**	**85**	**86**	**87**	**88**	**89**	**90**
A	D	D	A	A	C	A	D	C	A
91	**92**	**93**	**94**	**95**	**96**	**97**	**98**	**99**	**100**
C	C	A	B	A	B	A	D	C	A
101	**102**	**103**	**104**	**105**	**106**	**107**	**108**	**109**	**110**
A	A	B	B	B	B	B	B	B	B
111	**112**	**113**	**114**	**115**	**116**	**117**	**118**	**119**	**120**
A	A	D	B	C	C	C	B	B	A
121	**122**	**123**	**124**	**125**	**126**	**127**	**128**	**129**	**130**
A	A	C	B	A	C	C	B	B	C
131	**132**	**133**	**134**	**135**	**136**	**137**	**138**	**139**	**140**
B	D	D	A	C	A	A	A	B	B
141	**142**	**143**	**144**	**145**	**146**	**147**	**148**	**149**	**150**
B	B	D	A	D	C	C	A	B	B
151	**152**	**153**	**154**	**155**	**156**	**157**	**158**	**159**	**160**
B	D	A	B	A	C	D	C	A	B

☆☆☆☆☆☆

भारतीय अर्थव्यवस्था

- अर्थव्यवस्था एक ऐसा तंत्र या ढाँचा है जिसके अन्तर्गत विभिन्न प्रकार की आर्थिक क्रियाएँ सम्पादित की जाती हैं, जैसे--कृषि, उद्योग, व्यापार, बैंकिंग, बीमा, परिवहन तथा संचार आदि। दूसरे शब्दों में, अर्थव्यवस्था आर्थिक क्रियाओं का एक ऐसा संगठन है जिसके अन्तर्गत लोग कार्य करके अपनी आजीविका चलाते हैं।
- आर्थिक क्रियाओं को तीन भागों में बाँटा जाता है–
  - *(i)* प्राथमिक क्षेत्र (Primary Sector)
  - *(ii)* द्वितीयक क्षेत्र (Secondary Sector)
  - *(iii)* तृतीयक क्षेत्र या सेवा क्षेत्र (Tertiary Sector or Service Sector)
  - *(i)* **प्राथमिक क्षेत्र (Primary Sector):** प्राथमिक क्षेत्र को कृषि क्षेत्र भी कहा जाता है। इसके अन्तर्गत कृषि, पशु पालन, मछली पालन, जंगलों से वस्तुओं को प्राप्त करना जैसे व्यवसाय आते हैं।
  - *(ii)* **द्वितीयक क्षेत्र (Secondary Sector):** द्वितीयक क्षेत्र को औद्योगिक क्षेत्र भी कहा जाता है। इसके अन्तर्गत खनिज व्यवसाय, निर्माण कार्य, जनोपयोगी सेवाएँ, जैसे–गैस और बिजली आदि के उत्पादन आते हैं।
  - *(iii)* **तृतीयक क्षेत्र (Tertiary Sector):** तृतीयक क्षेत्र को सेवा क्षेत्र भी कहा जाता है। इसके अन्तर्गत बैंक एवं बीमा, परिवहन, संचार एवं व्यापार आदि क्रियाएँ सम्मिलित होती हैं। ये क्रियाएँ प्राथमिक एवं द्वितीयक क्षेत्रों की क्रियाओं को सहायता प्रदान करती हैं। इसलिए इसे सेवा क्षेत्र कहा जाता है।
- आजादी के समय प्राथमिक क्षेत्र का योगदान 58.7 प्रतिशत था जो घटकर 2022-23 तक अब केवल 18.42 प्रतिशत रह गया है। द्वितीयक क्षेत्र का योगदान 1947 में 14.3 प्रतिशत था जो 2022-23 तक बढ़कर 28.25 प्रतिशत हो गया है। तृतीयक क्षेत्र का योगदान 1947 में 27 प्रतिशत था जो वर्ष 2022-23 तक बढ़कर 53.34 प्रतिशत हो गया है।

अर्थव्यवस्था के प्रकार (Types of Economy)

विश्व में तीन प्रकार की अर्थव्यवस्था पाई जाती है–

1. **पूँजीवादी अर्थव्यवस्था (Capitalist Economy):** पूँजीवादी अर्थव्यवस्था वह अर्थव्यवस्था है जहाँ उत्पादन के साधनों का स्वामित्व निजी व्यक्तियों के पास होता है जो इसका उपयो[ग] अपने निजी लाभ के लिए करते हैं। जैसे–अमेरिका, जापा[न] फ्रांस आदि।
2. **समाजवादी अर्थव्यवस्था (Socialist Economy[):]** समाजवादी अर्थव्यवस्था वह अर्थव्यवस्था है जहाँ उत्पादन [के] साधनों का स्वामित्व एवं संचालन देश की सरकार के पा[स] होता है जिसका उपयोग सामाजिक कल्याण के लिए कि[या] जाता है। चीन, क्यूबा, रूस आदि देशों में समाजवादी अर्थव्यव[स्था] है।
3. **मिश्रित अर्थव्यवस्था (Mixed Economy):** मिश्रि[त] अर्थव्यवस्था पूँजीवादी तथा समाजवादी अर्थव्यवस्था का मिश्[रण] है। मिश्रित अर्थव्यवस्था वह अर्थव्यवस्था है जहाँ उत्पादन [के] साधनों का स्वामित्व सरकार तथा निजी व्यक्तियों के प[ास] होता है।

राष्ट्रीय विकास परिषद् (National Development Council)

- भारत में राष्ट्रीय विकास परिषद् का गठन 6 अगस्त, 19[52] को किया गया था। इसका गठन आर्थिक नियोजन हेतु रा[ज्य] सरकारों तथा योजना आयोग के बीच तालमेल तथा सहय[ोग] का वातावरण बनाने के लिए किया गया था।
- राष्ट्रीय विकास परिषद् में सभी राज्यों के मुख्यमंत्री इसके प[देन] सदस्य होते हैं।
- प्रत्येक पंचवर्षीय योजना अन्त में राष्ट्रीय विकास परिषद् द[्वारा] अनुमोदित होती है।

योजना आयोग

- योजना आयोग का भारतीय संविधान में कोई उल्लेख [नहीं] है। अतः इसका गठन 15 मार्च, 1950 को परामर्शदात्री निक[ाय] के रूप में किया गया था।
- 1 जनवरी, 2015 से भारत में योजना आयोग का अस्ति[त्व] समाप्त कर दिया गया है तथा इसके स्थान पर 'नीति आय[ोग'] संस्था बनाई गई है।

नीति आयोग

मंत्रिमण्डल के एक प्रस्ताव के तहत यह नई संस्था 1 जनवरी, 2015 से अस्तित्व में आ गई है। इस नई संस्था को 'राष्ट्रीय भारत परिवर्तन संस्थान' नाम दिया गया है तथा आमतौर पर 'नीति आयोग' के नाम से इसे जाना जा रहा है।

प्रधानमंत्री की अध्यक्षता वाला यह आयोग सरकार के थिंक टैंक (बौद्धिक संस्थान) के साथ-साथ राज्य सरकारों के लिए भी नीति निर्माण करने वाले संस्थान की भूमिका निभाएगा।

केन्द्र व राज्य सरकारों को राष्ट्रीय व अन्तर्राष्ट्रीय महत्व के महत्वपूर्ण मुद्दों पर रणनीतिक व तकनीकी सलाह भी यह देगा।

योजनाओं के भावी स्वरूप आदि के सम्बन्ध में सरकार को सलाह भी यह आयोग देगा।

सभी राज्यों के मुख्यमंत्रियों तथा केन्द्रशासित क्षेत्रों के उपराज्यपालों को नीति आयोग की अधिशासी परिषद् (Governing Council) में शामिल किया गया है। इस प्रकार नीति आयोग का स्वरूप योजना आयोग की तुलना में अधिक संघीय बनाया गया है।

- प्रधानमंत्री की अध्यक्षता वाले इस आयोग में एक उपाध्यक्ष व एक मुख्य कार्यकारी अधिकारी (Chief Executive Officer—CEO) का प्रावधान किया गया।

पंचवर्षीय योजनाएँ

- 1 अप्रैल, 1951 से भारत की प्रथम पंचवर्षीय योजना की शुरुआत की गई। तत्पश्चात् अब तक बारह पंचवर्षीय योजनाएँ लागू की जा चुकी हैं।
- **15 वर्षीय दृष्टिकोण :** भारत की 12वीं पंचवर्षीय योजना 31 मार्च, 2017 को पूरी होने के साथ ही देश में पंचवर्षीय योजनाओं की व्यवस्था समाप्त हो गई है। इसके स्थान पर 15 वर्षीय दृष्टिकोण, सात वर्षीय रणनीति व तीन वर्षीय कार्य योजना नीति आयोग द्वारा तैयार की गई है। 15 वर्षीय दृष्टिकोण (Vision) 2031-32 में ऐसे भारत की कल्पना की गई है, जिसमें पूरी तरह शिक्षित समाज हो तथा सभी को स्वास्थ्य सुविधा उपलब्ध हो।

पंचवर्षीय योजनाएँ

योजना क्रम	योजना अवधि	लक्षित विकास दर	वास्तविक विकास दर	सर्वोच्च प्राथमिकता वाले क्षेत्र
प्रथम योजना	1951-56	2.1	3.6	कृषि
द्वितीय योजना	1956-61	4.5	4.27	भारी उद्योग
तृतीय योजना	1961-66	5.6	2.84	खाद्यान्न एवं कृषि
चतुर्थ योजना	1969-74	5.5	3.30	कृषि एवं सिंचाई
पंचम योजना	1974-78	4.4	5.00	जनस्वास्थ्य एवं समाज कल्याण
षष्टम योजना	1980-85	5.2	5.66	कृषि उद्योग एवं ऊर्जा
सप्तम योजना	1985-90	5.4	5.8	ऊर्जा, खाद्यान्न एवं मानव संसाधन
अष्टम योजना	1992-97	5.6	6.50	मानव संसाधन
नवम योजना	1997-2002	6.5	5.40	सामाजिक न्याय एवं ग्रामीण विकास
दशम योजना	2002-07	8.0	7.8	रोजगार एवं ऊर्जा
एकादश योजना	2007-12	9.0	8.2	व्यापक तथा समावेशी विकास
द्वादश योजना	2012-17	8.0		त्वरित, सतत् और समावेशी विकास

ई आर्थिक नीति

रत में आर्थिक सुधारों का मतलब उन नीतियों से है जिनका रंभ 1991 से अर्थव्यवस्था में कुशलता, उत्पादकता, लाभदायकता i प्रतियोगिता की शक्ति के स्तरों में वृद्धि करने के दृष्टिकोण किया गया है।

- नई आर्थिक नीति के तीन प्रमुख घटक हैं–उदारीकरण, निजीकरण तथा वैश्वीकरण। उदारीकरण का अर्थ सरकार द्वारा लगाए गए सभी अनावश्यक नियंत्रणों तथा प्रतिबंधों जैसे–लाइसेंस, कोटा आदि को हटाना है। निजीकरण का अभिप्राय, निजी क्षेत्र द्वारा सार्वजनिक क्षेत्र के उद्यमों पर पूर्ण रूप से या आंशिक रूप से स्वामित्व प्राप्त करना तथा उनका प्रबंध करना है।

- वर्तमान में नई औद्योगिक नीति के अन्तर्गत आरक्षित उद्योगों की संख्या 3 है– *(i)* परमाणु ऊर्जा *(ii)* रेल परिवहन एवं *(iii)* परमाणु ऊर्जा की अनुसूची में निर्दिष्ट खनिज।
- 100% निर्यात मूलक इकाइयों में 100% विदेशी पूँजी निवेश की स्वीकृति दी गई है।
- वैश्वीकरण वह प्रक्रिया है जिसके द्वारा विश्व की विभिन्न अर्थव्यवस्थाओं का समन्वय या एकीकरण किया जाता है ताकि वस्तुओं एवं सेवाओं, प्रौद्योगिकी, पूँजी और श्रम या मानवी पूँजी का भी निर्बाध प्रवाह हो सके।

विभिन्न योजनाएँ एवं उनके उद्देश्य

कार्यक्रम का नाम	वर्ष	उद्देश्य
• सम्पूर्ण ग्रामीण रोजगार योजना	2001	रोजगार आश्वासन योजना और जवाहर ग्राम समृद्धि योजना को इसमें मिलाकर ग्रामीण क्षेत्र में रोजगार का सृजन करना व खाद्यान्न उपलब्ध कराना।
• राष्ट्रीय राजमार्ग योजना	2001	समुचित गुणवत्ता वाले राष्ट्रीय राजमार्गों को विकसित करने के साथ-साथ रोजगार के अवसर उपलब्ध कराना।
• सर्वशिक्षा अभियान	2001	6-14 वर्ष के सभी बच्चों को 2010 तक आठवीं तक की निःशुल्क एवं गुणवत्तायुक्त प्राथमिक शिक्षा उपलब्ध कराना।
• स्वजल धारा योजना	2002	ग्राम पंचायतों के माध्यम से कुएँ, बावड़ी व हैण्डपम्प लगाने की सुविधा उपलब्ध कराना।
• निर्मल भारत योजना	2002	मलिन बस्तियों में सामुदायिक शौचालयों की सुविधा का विस्तार।
• अंशदायी बीमा योजना	2002	10 लाख बुनकरों व शिल्पकारों को बीमा सुरक्षा।
• जनरक्षा बीमा योजना	2002-03	₹ 1 प्रतिदिन भुगतान से चयनित व्यक्ति का निर्धारित अस्पताल में ₹ 30 हजार तक का उपचार।
• जयप्रकाश नारायण रोजगार गारण्टी योजना	2002-03	देश के पिछड़े ग्रामीण क्षेत्रों में गरीबों व जरूरतमंदों को रोजगार उपलब्ध कराने हेतु।
• वन्दे मातरम योजना	2004	गरीब एवं पिछड़े वर्ग की गर्भवती महिलाओं को स्वास्थ्य सम्बन्धी सुविधाएँ उपलब्ध कराना।
• जननी सुरक्षा योजना	2003	गर्भवती महिलाओं को शिशु जन्म तथा आवश्यक चिकित्सा सुविधाएँ उपलब्ध कराते हु बच्चे के जन्म पर नकद सहायता उपलब्ध कराना।
• निर्मल ग्राम पुरस्कार योजना	2003	स्वच्छता के क्षेत्र में अच्छा कार्य करने वाली त्रिस्तरीय पंचायतों को पुरस्कृत कर प्रोत्साहित करन

भारत सरकार की प्रमुख कल्याणकारी योजनाएँ

कार्यक्रम का नाम	वर्ष	उद्देश्य
• मिड-डे-मील योजना	1995	स्कूली बच्चों को दोपहर का भोजन उपलब्ध कराना।
• स्वर्ण जयंती शहरी रोजगार योजना	1997	शहरी क्षेत्रों में निर्धनता निवारण योजना।
• स्वर्ण जयन्ती ग्राम स्वरोजगार	1999	सामूहिक प्रयास पर बल। सहायता प्राप्त गरीब व्यक्ति को 3 वर्ष में BPL के ऊप लाना। इसमें छः कार्यक्रमों का विलय कर दिया गया। *(i)* IRDP *(ii)* TRYSEM *(iii)* DWCRA *(iv)* SITRA *(v)* MWS *(vi)* GKY
• जनश्री बीमा योजना	2000	BPL लोगों को बीमा सुरक्षा कवच देना।

कार्यक्रम का नाम	वर्ष	उद्देश्य
अन्त्योदय अन्न योजना	2000	BPL परिवारों के सर्वाधिक गरीबों को अनाज 2 रु./किलो गेहूँ एवं 3 रु. किलो चावल उपलब्ध कराना।
आश्रय बीमा योजना	2001	रोजगार छूटे कर्मचारियों को सुरक्षा कवच प्रदान करना।
जवाहरलाल नेहरू राष्ट्रीय शहरी नवीनीकरण योजना	2005	शहरी अवस्थापना विकास।
भारत निर्माण योजना	2006	ग्रामीण अवस्थापना, सर्वांगीण तथा व्यापक विकास योजना।
महात्मा गांधी रोजगार गारंटी योजना	2006	1 वर्ष में 100 दिन का रोजगार उपलब्ध कराना।
राष्ट्रीय ग्रामीण पेयजल योजना	2009	ग्रामीण क्षेत्रों में पेयजल सुविधा उपलब्ध कराना।
प्रधानमंत्री जनधन योजना	2014	आमजन को बैंकिंग सुविधा उपलब्ध करवाने हेतु।
अटल पेंशन योजना	2015	सामाजिक क्षेत्र योजना पेंशन क्षेत्र से संबंधित।
दीनदयाल उपाध्याय ग्राम ज्योति योजना	2015	इस कार्यक्रम का उद्देश्य ग्रामीण भारत में सभी घरों को 24 × 7 निर्बाध विद्युत आपूर्ति उपलब्ध कराने है।
डिजिटल भारत कार्यक्रम	2015	सरकारी सेवाओं को इलेक्ट्रॉनिक रूप में नागरिकों के लिए उपलब्ध कराना हैं और लोगों को नवीनतम सूचना और संचार प्रौद्योगिक से लाभ सुनिश्चित करना है।
प्रधानमंत्री सुरक्षा बीमा योजना	2015	₹ 20 के वार्षिक प्रीमियम के साथ दुर्घटना बीमा।
प्रधानमंत्री जीवन ज्योति बीमा योजना	2015	यह मूल रूप से एक वार्षिक आधार पर या समय की एक लम्बी अवधि के लिए होता है। यह पॉलिसी धारक के मृत्यु पर जीवन बीमा कवरेज प्रदान करता है।
कौशल भारत कार्यक्रम (राष्ट्रीय कौशल विकास मिशन)	2015	2022 तक कम से कम 40 करोड़ कुशल लोगों को प्रशिक्षित करने के लिए संस्थागत क्षमता प्रदान करना है।
प्रधानमंत्री उज्जवला योजना	2016	ऐसी महिलाएँ जो गरीबी रेखा से नीचे जीवनयापन करती हैं, उन्हें मुफ्त एलपीजी कनेक्शन प्रदान करना है।
'सौभाग्य' योजना	2017	प्रधानमंत्री-सहज बिजली हर घर योजना व (SAUBHAGY) का शुभारम्भ
जीरो हंगर कार्यक्रम	2017	गोरखपुर (उ.प्र.), थाणे (महाराष्ट्र) तथा कोरापुट (ओडिशा) में सन् 2030 तक भुखमरी को समाप्त करने की पायलट योजना।
प्रधानमंत्री गरीब कल्याण योजना	2020	'कोरोना वायरस' के खिलाफ लड़ाई लड़ने में मदद करना।
मिशन अमृत सरोवर	2022	भविष्य की पीढ़ी के लिए जल संग्रहण और संरक्षण
पीएम विश्वकर्मा योजना	2023	बढ़ई, सुनार, लोहार सहित 18 विभिन्न श्रेणियों के लोगों के लिए आर्थिक उन्नयन हेतु रियायती ब्याज पर ₹ 3 लाख तक का ऋण।

कृषि

कृषि भारतीय अर्थव्यवस्था का एक आधार स्तंभ है। निजी क्षेत्र का यह सबसे प्रमुख व्यवसाय है।

स्थिर कीमतों (2011-12) पर सकल मूल्यवर्द्धन में वर्ष 2019-20 में कृषि एवं सहायक क्रियाएं क्षेत्रक का हिस्सा 14.65% है। जबकि यह क्षेत्र कुल जनसंख्या के 52% लोगों को रोजगार उपलब्ध कराता है तथा कुल निर्यात में इसका हिस्सा 11.76% है।

हरित क्रांति का अर्थ आधुनिक कृषि तकनीकी उन्नत बीजों, खाद, सिंचाई तथा जैवकीय प्रबन्ध का कृषि क्षेत्र में प्रयोग करने से है।

- हरित क्रांति की शुरुआत 1966 में हुई। हरित क्रांति का विचार नॉरमन बोरलॉग ने दिया था। भारत में हरित क्रांति को डॉ. एम. एस. स्वामीनाथन ने सफल बनाया।
- हरित क्रांति का सर्वाधिक सकारात्मक प्रभाव गेहूँ पर पड़ा है, जिसकी पैदावार में 500% की वृद्धि हुई।
- राष्ट्रीय कृषि तथा ग्रामीण विकास बैंक (नाबाड) की स्थापना जुलाई, 1982 में की गई थी। इसका मुख्यालय मुम्बई में है।
- नाबार्ड ग्रामीण क्षेत्रों में कृषिगत ऋण तथा उत्पादन बढ़ाने के लिए ऋण प्रदान करता है।
- राष्ट्रीय कृषि सहकारी विपणन भारतीय संघ (नेफेड) राष्ट्रीय स्तर पर एक शीर्ष सहकारी संगठन है।

कृषि क्षेत्र की विभिन्न क्रांतियाँ

क्रांति	सम्बन्धित क्षेत्र
• श्वेत क्रांति	दुग्ध उत्पादन
• नीली क्रांति	मछली उत्पादन
• पीली क्रांति	तिलहन उत्पादन
• ग्रे क्रांति	ऊन उत्पादन
• इन्द्रधनुषी क्रांति	समग्र कृषि उत्पादन
• सिल्वर क्रांति	अण्डा एवं पोल्ट्री उत्पादन
• सुनहरी क्रांति	बागवानी उत्पादन

उद्योग

- सन् 1948 ई. की प्रथम औद्योगिक नीति में सार्वजनिक तथा निजी क्षेत्र दोनों के ही महत्व को स्वीकार किया गया था परन्तु मूल उद्योगों के विकास का दायित्व सार्वजनिक क्षेत्र को सौंपा गया।
- 1956 ई. में दूसरी औद्योगिक नीति घोषित की गई। इस नीति में सार्वजनिक क्षेत्र द्वारा अर्थव्यवस्था के विकास पर जोर दिया गया।
- 1991 ई. में तीसरी औद्योगिक नीति में अर्थव्यवस्था में व्यापक स्तर पर उदारवादी कार्यक्रमों की घोषणा की गई। यह उदारीकरण और निजीकरण पर आधारित था।
- सार्वजनिक क्षेत्र के उपक्रमों को वाणिज्य एवं प्रबंधन की स्वायत्तता देने के लिए नवरत्न एवं मिनीरत्न की संकल्पना सन् 1997 ई. में शुरू की गई थी। यह दर्जा 'केन्द्रीय लोक उद्यम विभाग' द्वारा दिया जाता है।
- 21 दिसम्बर, 2009 को केन्द्रीय मंत्रिमंडल ने सार्वजनिक क्षेत्र की कम्पनियों के लिए महारत्न क्षेत्रों का सृजन किया।
- महारत्न का दर्जा प्राप्त कम्पनियाँ अपनी कुल निवल मूल्य के 15% तक का निवेश करने के लिए स्वतंत्र है।
- महारत्न का दर्जा प्राप्त करने के लिए निर्धारित किए गए मापदण्ड निम्नलिखित हैं–
  - *(i)* नवरत्न का दर्जा प्राप्त होना चाहिए।
  - *(ii)* कम्पनी का विदेश में भी कारोबार होना चाहिए।
  - *(iii)* भारतीय शेयर बाजार में सूचीबद्ध होना चाहिए।
  - *(iv)* कम्पनी का वार्षिक औसत टर्नओवर, पिछले तीन वर्षों में ₹ 20,000 करोड़ से अधिक का होनां चाहिए।
  - *(v)* पिछले तीन वर्षों में कम्पनी का वार्षिक शुद्ध लाभ ₹ 2500 करोड़ से अधिक होना चाहिए।
  - *(vi)* कम्पनी का निवल मूल्य पिछले तीन वर्षों में ₹ 10,000 करोड़ से अधिक हो।

नवरत्न कम्पनियाँ (जनवरी 2024 तक)

- भारत इलेक्ट्रॉनिक्स लिमिटेड (BEL)
- शिपिंग कॉर्पोरेशन ऑफ इण्डिया लिमिटेड (SCIL)
- निवेली लिग्नाइट लिमिटेड (NLL)
- महानगर टेलीफोन निगम लिमिटेड (MTNL)
- राष्ट्रीय खनिज विकास निगम (NMDC)
- राष्ट्रीय इस्पात निगम लिमिटेड (RINL)
- हिन्दुस्तान एयरोनॉटिक्स लिमिटेड (HAL)
- नेशनल एल्यूमिनियम कंपनी (NALCO)
- इंजीनियर्स इंडिया लिमिटेड (EIL)
- नेशनल बिल्डिंग कंस्ट्रक्शन कॉर्पोरेशन लि. (NBCCL)
- कन्टेनर कॉर्पोरेशन ऑफ इंडिया लि. (CONCOR)
- रेल विकास निगम लिमिटेड
- ओएनजीसी विदेश लिमिटेड
- राष्ट्रीय केमिकल्स एंड फर्टिलाइजर्स लिमिटेड
- IRCON इन्टरनेशनल लिमिटेड
- RITES लिमिटेड

महारत्न कम्पनियाँ (जनवरी 2024 तक)

- भारतीय तेल निगम (IOC)
- राष्ट्रीय ताप विद्युत निगम (NTPC)
- भारतीय इस्पात प्राधिकरण लिमिटेड (SAIL)
- कोल इण्डिया लिमिटेड (CIL)
- तेल एवं प्राकृतिक गैस निगम (ONGC)
- भारतीय गैस प्राधिकरण लिमिटेड (GAIL)
- भारत हैवी इलेक्ट्रिकल्स लिमिटेड (BHEL)
- भारत पेट्रोलियम कॉर्पोरेशन लिमिटेड (BPCL)
- पॉवर ग्रिड कॉर्पोरेशन ऑफ इण्डिया लिमिटेड (PGCIL)
- हिन्दुस्तान पेट्रोलियम कॉर्पोरेशन लिमिटेड (HPCL)
- पॉवर फाइनेंस कॉर्पोरेशन (PFC)
- ग्रामीण विद्युतीकरण निगम (REC)
- ऑयल इण्डिया लिमिटेड (OIL)

- कपड़ा उद्योग भारत का कृषि के बाद दूसरा सबसे ब रोजगार प्रदान करने वाला उद्योग है, जो देश के औद्यो उत्पादन का 14%, सकल घरेलू उत्पाद का लगभग 4%, विनिर्मित औद्योगिक उत्पादन के 20% व कुल निर्यातों 24.6% की आपूर्ति करता है।
- लघु उद्योग को वित्त प्रदान करने के उद्देश्य से सन् 1990 में SIDBI अर्थात् भारतीय लघु उद्योग विकास बैंक स्थापना की गई।

वर्ष 2006 में सूक्ष्म, लघु एवं मध्यम उद्यम विकास अधिनियम (MSMED) लाया गया।

आबिद हुसैन समिति लघु उद्योगों में सुधार से सम्बद्ध है।

विनिर्माण क्षेत्र के उद्यमों का वर्गीकरण

उद्यम	स्थापित करने में लगा धन
• सूक्ष्म उद्योग	₹ 25 लाख तक
• लघु उद्योग	₹ 25 लाख से ₹ 5 करोड़ तक
• मध्यम उद्योग	₹ 4 करोड़ से ₹ 10 करोड़ तक

सेवा क्षेत्र से सम्बन्धित उद्यमों का वर्गीकरण

उद्यम	स्थापित करने में लगा धन
• सूक्ष्म उद्योग	₹ 10 लाख तक
• लघु उद्योग	₹ 10 लाख से ₹ 2 करोड़ तक
• मध्यम उद्योग	₹ 2 करोड़ रु. से ₹ 5 करोड़ तक

सार्वजनिक क्षेत्र के औद्योगिक उपक्रम

नाम	स्थान
भारतीय उर्वरक निगम लि॰	सिन्दरी (झारखंड), नांगल (पंजाब), ट्राम्बे (महाराष्ट्र), गोरखपुर (उत्तर प्रदेश), नामरूप (असम), दुर्गापुर (पश्चिम बंगाल)
हिन्दुस्तान एण्टीबायोटिक लि॰	पिम्परी (महाराष्ट्र)
भारी जल संयन्त्र	नेवेली (तमिलनाडु), नाहर-कटिया (असम), राउरकेला (ओडिशा), ट्रॉम्बे (महाराष्ट्र)
भारत डायनामिक्स लिमिटेड	हैदराबाद
भारत इलेक्ट्रॉनिक्स लिमिटेड	जलाहाली (कर्नाटक), गाजियाबाद (उ॰प्र॰)।
भारत हैवी इलेक्ट्रिकल्स लि॰	रानीपुर (उत्तराखंड), रामचंद्रपुर (आंध्र प्रदेश), तिरूचिरापल्ली (तमिलनाडु), भोपाल (मध्य प्रदेश)
भारत हैवी प्लेट एवं वैसेल्स लि.	विशाखापत्तनम (आन्ध्र प्रदेश)
सेन्ट्रल मशीन टूल्स	बेंगलुरू (कर्नाटक)
चितरंजन लोकोमोटिव वर्क्स	चितरंजन (पश्चिम बंगाल)
कोचीन शिपयार्ड	कोच्चि
• डीजल लोकोमोटिव वर्क्स	मरवाडीह, वाराणसी (उ.प्र.)
• गार्डेन रीच वर्कशॉप लि॰	कोलकाता
• हैवी इलेक्ट्रिकल्स लिमिटेड	बेंगलुरू
• भारी इंजीनियरिंग निगम लि॰	राँची
• भारी वाहन कारखाना	अवाड़ी (तमिलनाडु)
• हिन्दुस्तान केबल्स कारखाना	रूपनारायणपुर (पश्चिम बंगाल)
• हिन्दुस्तान मशीन टूल्स	जलाहाली (कर्नाटक), पिंजौर (हरियाणा), हैदराबाद, कालामसारी (केरल)
• हिन्दुस्तान शिपयार्ड	विशाखापत्तनम एवं कोच्चि
• हिन्दुस्तान कार्बनिक रसायन लिमिटेड	रसायनी (महाराष्ट्र)
• भारतीय दवा एवं औषधि लिमिटेड (एण्टीबायोटिक संयंत्र, I.D.P.L.)	ऋषिकेश
• संश्लेषित दवा परियोजना	हैदराबाद
• इंटीग्रल कोच फैक्ट्री	पेराम्बूर (तमिलनाडु), कोटकपूरा (पंजाब)
• भारतीय मशीन टूल निगम	अजमेर
• मझगाँव डॉक्स लिमिटेड	मुम्बई
• खनन एवं सम्बद्ध उपकरण निगम लिमिटेड	दुर्गापुर
• राष्ट्रीय खनिज विकास निगम	हैदराबाद
• हिंदुस्तान जिंक लिमिटेड	उदयपुर (राजस्थान)
• भारत एल्युमीनियम कम्पनी लिमिटेड	कोरबा (छत्तीसगढ़), रत्नागिरी (महाराष्ट्र)
• हिंदुस्तान कॉपर लिमिटेड	अग्निगुडला (आंध्र प्रदेश), दारिबा (राजस्थान), मलाजखण्ड (म.प्र.), राखा (झारखंड)
• भारत गोल्ड माइन्स लिमिटेड	कोलार (कर्नाटक)
• नेवेली लिग्नाइट निगम	नेवेली (तमिलनाडु)
• भारतीय तेलशोधक लिमिटेड	बरौनी (बिहार), नूनमाटी (असम)
• भारतीय विस्फोटक कारखाना	गोमिया, हजारीबाग (झारखंड)
• राष्ट्रीय अखबारी कागज कारखाना लिमिटेड	नेपानगर (म॰प्र॰)

- भारतीय मानक ब्यूरो (बी.आई.एस.) की स्थापना 1947 में की गई थी।
- बी.आई.एस. विभिन्न उत्पादों पर गुणवत्ता चिह्न अर्थात् आई.एस.आई. चिह्न आवंटित करती है।

भारत के प्रमुख वित्तीय संस्थान

वित्तीय संस्थान	स्थापना वर्ष	मुख्यालय	उद्देश्य
• भारतीय औद्योगिक वित्त निगम लि. (IFCI)	1948	नई दिल्ली	देश के औद्योगिक प्रतिष्ठानों के लिए मध्यावधि दीर्घावधि साख की व्यवस्था करना।
• भारतीय औद्योगिक ऋण तथा निवेश निगम लिमिटेड (ICICI)	1955	मुम्बई	निजी क्षेत्रों के लघु तथा मध्यम उद्योगों का विकास
• जीवन बीमा निगम (LIC)	1956	मुम्बई	बीमा सुविधा उपलब्ध कराना।
• भारतीय औद्योगिक विकास बैंक लि. (IDBI)	1964	मुम्बई	औद्योगिक उद्यमों को वित्तीय सहायता प्रदान करना।
• भारतीय यूनिट ट्रस्ट (UTI)	1964	मुम्बई	लघु एवं मध्यम उद्योगों में निवेश।
• भारतीय आयात-निर्यात बैंक (EXIM Bank)	1982	मुम्बई	आयात-निर्यात की वित्तीय आवश्यकताओं की पूर्ति करना
• राष्ट्रीय कृषि तथा ग्रामीण विकास बैंक (NABARD)	1982	मुम्बई	कृषि एवं ग्रामीण विकास के लिए वित्त उपलब्ध कराना।
• भारतीय औद्योगिक निवेश बैंक लि. (IIBIL)	1985	–	रूग्ण तथा बन्द पड़े उद्यमों का पुनर्निर्माण।
• राष्ट्रीय आवास बैंक (NHB)	1988	नई दिल्ली	आवास सम्बन्धी वित्त की व्यवस्था करना।
• भारतीय लघु उद्योग विकास बैंक (SIDBI)	1990	लखनऊ	छोटे उद्योगों का वित्त पोषण करना।

वित्त आयोग के अध्यक्ष

प्रथम वित्त आयोग	:	के॰ सी॰ नियोगी
द्वितीय वित्त आयोग	:	के॰ संतानम
तृतीय वित्त आयोग	:	ए॰ के॰ चंदा
चतुर्थ वित्त आयोग	:	डॉ. राजमन्नार
पंचम वित्त आयोग	:	महावीर त्यागी
छठा वित्त आयोग	:	ब्रह्मानंद रेड्डी
सातवां वित्त आयोग	:	न्या॰ शेलात
आठवां वित्त आयोग	:	वाई॰ वी॰ चव्हाण
नवां वित्त आयोग	:	एन॰ के॰ पी॰ साल्वे
दसवां वित्त आयोग	:	के॰ सी॰ पंत
ग्यारहवां वित्त आयोग	:	प्रो॰ ए॰ एम॰ खुसरो
बारहवां वित्त आयोग	:	सी॰ रंगराजन
तेरहवां वित्त आयोग	:	विजय केलकर
चौदहवां वित्त आयोग	:	वाई॰ वी॰ रेड्डी
पन्द्रहवां वित्त आयोग	:	एन॰ के॰ सिंह
सोलहवाँ वित्त आयोग	:	अरविंद पनगढ़िया

भारत का विदेश व्यापार

- भारत का विश्व व्यापार में कुल हिस्सा मात्र 1.4% है।
- भारत के आयात में सर्वाधिक हिस्सा पेट्रोलियम उत्पादों का है।
- भारत का प्रथम निर्यात संवर्धन औद्योगिक पार्क सीतापुर (जयपुर) में स्थापित किया गया है।
- एशिया का प्रथम निर्यात प्रसंस्करण केन्द्र काण्डला (गुजर में 1965 ई॰ में स्थापित किया गया था।
- सेज (SEZ) अधिनियम, 2005 के प्रमुख प्रावधान निम्नलिरि हैं–
  - – कर मुक्त आयात की स्वतंत्रता।
  - – एकल खिड़की योजना के अन्तर्गत सेज स्थापित करने नीति।
  - – केन्द्रीय व्यापार कर एवं सेवा कर में छूट।
  - – सेज द्वारा किए जाने वाले निर्यात पर 100% की छूट।
- भुगतान संतुलन का अभिप्राय किसी देश का अन्य देश निवासियों के साथ एक वर्ष की अवधि में समस्त लेन-देन हे है। भुगतान संतुलन खाते के दो भाग होते हैं–
  - – चालू खाता (Current Account)
  - – पूँजी खाता (Capital Account)
- चालू खाते के अन्तर्गत वस्तुगत व्यापार के साथ-साथ अदृ मदों (परिवहन, पर्यटन, बीमा, उपहार आदि) की लेनदारियो देनदारियों को सम्मिलित किया जाता है।
- पूँजी खाते में पूँजीगत लेन-देन जैसे–ऋणों की प्राप्तियां अदायगियाँ, करेन्सी लदान, स्वर्ण हस्तान्तरण आदि की प्रविष्टि की जाती हैं।

- पूँजी खाते में रुपये की पूर्ण परिवर्तनीयता हेतु एस.तारापोर समिति का गठन किया गया।
- विदेशी मुद्रा भण्डार की दृष्टि से भारत, चीन, जापान एवं रूस के बाद चौथा सबसे बड़ा विदेशी मुद्रा भण्डार वाला देश है।
- **विदेश व्यापार नीति (2023):**
केन्द्रीय वाणिज्य और उद्योग, उपभोक्ता मामले, खाद्य और सार्वजनिक वितरण और कपड़ा मंत्री श्री पीयूष गोयल ने 31 मार्च, 2023 को विदेश व्यापार नीति 2023 लॉन्च की। नीति का मुख्य दृष्टिकोण 4 स्तंभों पर आधारित है–
  (*i*) छूट के लिए प्रोत्साहन,
  (*ii*) सहयोग के माधयम से निर्यात प्रोत्साहन–निर्यातक, राज्य, जिले, भारतीय मिशन।
  (*iii*) व्यापार करने में आसानी, लेनदेन लागत में कमी और ई-पहल और
  (*iv*) उभरते क्षेत्र–ई-कॉमर्स निर्यात हब के रूप में विकासशील जिले और SCOMET नीति को सुव्यवस्थित करना।
- **राष्ट्रीय आय (National Income):** किसी देश में एक वर्ष की अवधि में उत्पादित सभी वस्तुओं एवं सेवाओं के मौद्रिक मूल्य के योग को राष्ट्रीय आय कहा जाता है।
- **सकल घरेलू उत्पाद (Gross Domestic Product):** किसी देश की सीमा के अन्दर किसी भी दी गई समयावधि, प्रायः एक वर्ष में उत्पादित समस्त अंतिम वस्तुओं तथा सेवाओं का कुल बाजार या मौद्रिक मूल्य उस देश का सकल घरेलू उत्पाद (GDP) कहा जाता है।
- **सकल राष्ट्रीय उत्पाद (Gross National Product):** किसी देश में एक साल के अन्तर्गत जितनी वस्तुओं तथा सेवाओं का उत्पादन होता है उनके मौद्रिक मूल्य को कुल राष्ट्रीय उत्पाद कहते हैं। कुल राष्ट्रीय उत्पाद को निकालने के लिए सकल घरेलू उत्पादन में देशवासियों द्वारा विदेशों में उत्पादित वस्तुओं और सेवाओं के मूल्य को जोड़ दिया जाता है तथा विदेशियों द्वारा देश में उत्पादित वस्तुओं के मूल्य को घटा दिया जाता है।
- **शुद्ध राष्ट्रीय उत्पाद (Net National Product):** सकल राष्ट्रीय उत्पाद में से मूल्यह्रास की राशि घटा देने के उपरान्त शुद्ध राष्ट्रीय उत्पाद ज्ञात किया जाता है।
- **प्रति व्यक्ति आय (Per Capita Income):** राष्ट्रीय आय में देश की कुल जनसंख्या से भाग देने पर जो राशि प्राप्त होती है उसे प्रतिव्यक्ति आय कहते हैं।
- केन्द्रीय सांख्यिकीय संगठन नियमित रूप से आय के राष्ट्रीय आँकड़े प्रकाशित करता है।
- **भारतीय कर प्रणाली–**
  – कुछ कर ऐसे होते हैं जो केन्द्र सरकार द्वारा लगाए जाते हैं, एकत्र किए जाते हैं एवं उपयोग भी किए जाते हैं। सीमा शुल्क, निगम कर, पूँजी कर आदि इसके प्रमुख उदाहरण हैं।
  – कुछ कर ऐसे होते हैं जो केन्द्र सरकार द्वारा लगाए जाते हैं परन्तु उससे प्राप्त राजस्व में केन्द्र व राज्य दोनों ही भागीदार होते हैं। केन्द्रीय उत्पाद शुल्क एवं आय कर इसके अन्तर्गत आते हैं।
  – कुछ कर ऐसे होते हैं जिसे केन्द्र सरकार द्वारा लगाया जाता है परन्तु राज्य सरकार द्वारा एकत्र किया जाता है। इसमें एकत्र करों से प्राप्त राजस्व का उपभोग राज्य सरकार ही करती है। स्टाम्प शुल्क, दवाइयों तथा शृंगार के सामान पर उत्पादन शुल्क इसके अन्तर्गत आते हैं।
  – करों का एक समूह ऐसा होता है जो केन्द्र सरकार द्वारा लगाया जाता है तथा एकत्र किया जाता है परन्तु उससे प्राप्त राजस्व राज्य सरकारों में बाँट दिया जाता है। इसके अन्तर्गत रेल किराया एवं भाड़े पर शुल्क, समुद्री पोत एवं वायुयान से यात्रा पर कर, समाचार-पत्रों पर कर, विज्ञापन पर कर तथा कृषि भूमि के अलावा अन्य सभी सम्पदा शुल्क आदि आते हैं।
  – कुछ कर ऐसे होते हैं जिन्हें राज्यों द्वारा लगाया जाता है तथा उन्हीं के द्वारा एकत्र किया जाता है और उनसे प्राप्त राजस्व का उपयोग भी किया जाता है। भू-राजस्व, कृषि आय पर कर, बिक्री कर, मनोरंजन कर, प्रलेखों पर स्टॉम्प शुल्क इत्यादि इसके अन्तर्गत आते हैं।
- वस्तु एवं सेवा कर (जीएसटी) भारत में 1 जुलाई, 2017 से लागू होने वाली एक महत्वपूर्ण अप्रत्यक्ष कर व्यवस्था है जिसे सरकार व कई अर्थशास्त्रियों द्वारा इसे स्वतंत्रता के पश्चात् सबसे बड़ा आर्थिक सुधार बताया गया है। इससे केन्द्र एवं विभिन्न राज्य सरकारों द्वारा भिन्न-भिन्न दरों पर लगाए जा रहे विभिन्न करों को हटाकर पूरे देश के लिए एक ही अप्रत्यक्ष कर प्रणाली लागू की गई है।

प्रत्यक्ष कर		अप्रत्यक्ष कर	
• आय कर	• धन कर	• केन्द्रीय उत्पाद शुल्क	
• निगम कर	• एस्टेट ड्यूटी	• सीमा शुल्क	• सेवा कर
• व्यय कर	• ब्याज कर	• बिक्री कर	

- **रिजर्व बैंक ऑफ इण्डिया:** इसकी स्थापना 1 अप्रैल, 1935 को की गई थी तथा इसका राष्ट्रीयकरण 1 जनवरी, 1949 को किया गया। इसका मुख्यालय मुम्बई में स्थित है।
- भारतीय रिजर्व बैंक के दो प्रकार के कार्य हैं–
  सामान्य केन्द्रीय बैंकिंग कार्य तथा विकास सम्बन्धी कार्य।
- सामान्य केन्द्रीय बैंकिंग कार्य के अधीन भारतीय रिजर्व बैंक के निम्नलिखित कार्य हैं–
  - करेंसी नोटों का निर्गमन।
  - सरकारी बैंकर का काम।
  - बैंकों के बैंक का काम।
  - विदेशी विनिमय को नियंत्रित करना।
  - साख नियंत्रण का कार्य।
  - आँकड़ों का संग्रहण और प्रकाशन।
- विकास सम्बन्धी या प्रवर्तन कार्य के अन्तर्गत भारतीय रिजर्व बैंक के निम्नलिखित कार्य हैं–
  - मुद्रा बाजार पर प्रतिबन्धात्मक नियंत्रण।
  - बचतों को बैंकों व अन्य वित्तीय संस्थाओं के माध्यम से उत्पादन के लिए उपलब्ध कराना।
  - लोगों में बैंकिंग की आदत बढ़ाने के लिए प्रयास करना।
- सिक्के एवं एक रुपये का नोट भारत सरकार निर्गत करती है, जबकि ₹ 5, 10, 20, 50, 100, 200 तथा 500 के करेन्सी नोट भारतीय रिजर्व बैंक निर्गत करता है।
- भारत में वित्तीय वर्ष 1 अप्रैल से 31 मार्च तक होता है।
- इम्पीरियल बैंक ऑफ इण्डिया का राष्ट्रीयकरण 1 जुलाई, 1955 को किया गया था। राष्ट्रीयकरण के बाद इसको स्टेट बैंक ऑफ इण्डिया के नाम से जाना जाता है।
- **सहकारी बैंक (Co-operative Bank):** आपसी सहयोग और सद्भावना के आधार पर जो वित्तीय संस्थाएँ कार्यशील हैं उसे सहकारी बैंक कहते हैं, यद्यपि ये राज्य सरकारों के द्वारा रिजर्व बैंक ऑफ इण्डिया के दिशा निर्देशों पर कार्य करती हैं।
- भारत में प्रथम ग्रामीण बैंक की स्थापना 2 अक्टूबर, 1975 ई. को हुई। सिक्किम और गोवा को छोड़कर देश के सभी राज्यों में क्षेत्रीय ग्रामीण बैंक कार्यरत हैं।
- बैंकिंग प्रणाली की पुनर्संरचना के सम्बन्ध में सुझाव देने हेतु 1991 ई॰ में नरसिम्हन समिति का गठन किया गया।
- **भूमि-विकास बैंक (Land Development Bank):** यह किसानों की भूमि को बंधक रखकर कृषि में स्थायी सुधार एवं विकास के लिए दीर्घकालीन ऋण प्रदान करता है।
- 50 करोड़ से अधिक पूँजी वाले 14 बड़े व्यावसायिक बैंकों का राष्ट्रीयकरण 19 जुलाई, 1969 को किया गया था।

प्रथम चरण में राष्ट्रीयकृत बैंक

1. बैंक ऑफ बड़ौदा
2. बैंक ऑफ इंडिया
3. यूनियन बैंक ऑफ इण्डिया
4. बैंक ऑफ महाराष्ट्र
5. सेंट्रल बैंक ऑफ इण्डिया
6. केनरा बैंक
7. पंजाब नेशनल बैंक
8. देना बैंक
9. यूनाइटेड बैंक ऑफ इंडिया
10. सिंडिकेट बैंक
11. इलाहाबाद बैंक
12. यूनाइटेड कमर्शियल बैंक
13. इण्डियन बैंक
14. इण्डियन ओवरसीज बैंक

- 200 करोड़ से अधिक पूँजी वाले 6 अनुसूचित बैंकों का राष्ट्रीयकरण 15 अप्रैल, 1980 को किया गया।

द्वितीय चरण में राष्ट्रीयकृत बैंक

1. आंध्रा बैंक
2. विजया बैंक
3. कॉपरिशन बैंक
4. न्यू बैंक ऑफ इण्डिया
5. ओरियण्टल बैंक ऑफ कॉमर्स
6. पंजाब तथा सिंध बैंक

बैंकों का विलय

वर्ष 1993 में न्यू बैंक ऑफ इंडिया का पंजाब नेशनल बैंक में तथा वर्ष 2019 में विजया बैंक और देना बैंक का बैंक ऑफ बड़ौदा में विलय हो गया है। वर्ष 2020 में ओरिएंटल बैंक ऑफ कॉमर्स और यूनाइटेड बैंक ऑफ इंडिया का पंजाब नेशनल बैंक में, सिंडीकेट बैंक का केनरा बैंक में, आन्ध्रा बैंक और कॉर्पोरेशन बैंक का यूनियन बैंक ऑफ इंडिया में तथा इलाहाबाद बैंक का इंडियन बैंक में विलय हो गया। इस विलय के पश्चात् अब देश में एसबीआई सहित सार्वजनिक क्षेत्र के बैंकों की संख्या घटकर 12 रह गई है।

भारत में प्रतिभूति मुद्रण संस्थान

छापेखाने व टक्साल	छपाई	स्थान
• इण्डिया सिक्योरिटी प्रेस	डाक सम्बन्धी लेखन सामग्री, बैंकों के बॉण्ड, राष्ट्रीय बचत पत्र व सरकारी प्रतिभूतियाँ	नासिक (महाराष्ट्र)
• बैंक नोट प्रेस	20, 50, 100 व 500 मूल्य वर्ग के नोट	देवास (म॰प्र॰)
• सिक्योरिटी प्रिन्टिंग प्रेस	भारत प्रतिभूति मुद्रणालय, नासिक प्रेस के उत्पादन की अनुपूर्ति हेतु डाक लेखन सामग्री	हैदराबाद
• सिक्योरिटी प्रिन्टिंग प्रेस	200 एवं 500 मूल्य वर्ग के नए नोट	मैसूर (कर्नाटक)
• सिक्योरिटी पेपर मिल	बैंक और करेन्सी नोट कागज तथा नॉन-ज्यूडिशियल स्टाम्प	होशंगाबाद (म॰प्र॰)
• करेन्सी प्रेस नोट	10, 50, 100 तथा 500 मूल्य वर्ग के नोट	नासिक (महाराष्ट्र)
• टकसालें (Mints)	सिक्के एवं विभिन्न प्रकार के पदकों का उत्पादन	मुम्बई, नोएडा, कोलकाता, हैदराबाद

भारत में गठित प्रमुख आर्थिक समितियाँ

समिति का नाम	उद्देश्य
• नरसिम्हन समिति	बैंकिंग क्षेत्र में सुधार हेतु
• डी. सुब्बाराव समिति	मौद्रिक नीति पर सलाह हेतु
• राजा चेलैया समिति	कर-सुधार पर सलाह हेतु
• रघुराजन समिति	वित्तीय क्षेत्र में सुधार
• रामनंदन प्रसाद समिति	सर्वोच्च न्यायालय के आदेशानुसार क्रिमीलेयर की पहचान के लिए गठित विशेष समिति
• स्वामीनाथन समिति	समुद्रतटीय संसाधनों का पर्यावरणीय दृष्टि से दीर्घकालीन उपयोग सम्भव होने से सम्बन्धित
• प्रो॰ सी.पी. चन्द्रशेखर समिति	सेवा मूल्य सूचकांक के निर्माण हेतु। रिपोर्ट में निर्धनता की पहचान के लिए 'कास्ट ऑफ लिविंग' सूचकांक को आधार बनाया।
• चन्द्रशेखर समिति	पूर्व सैनिकों की 'एक रैंक, एक पेंशन' की माँग पर गठित
• सुरेश तेंदुलकर समिति	गरीबी रेखा से नीचे की जनसंख्या के आकलन हेतु मानकों के पुनर्निर्धारण के लिए
• प्रवर सेनगुप्ता समिति	निजी क्षेत्र की कुछ स्वदेशी-कम्पनियों को 'रक्षा उद्योग रत्न' का दर्जा प्रदान करने से सम्बन्धित
• रंगराजन समिति	भारतीय अर्थव्यवस्था के लिए बचत और निवेश का आकलन करने और इसमें सुधार के उपायों को सुझाने हेतु
• मदन मोहन पुंछी आयोग	केन्द्र राज्य सम्बन्ध पर
• जे.जे. ईरानी समिति	नए कम्पनी विधेयक के लिए सुझाव हेतु
• वाई.एस.पी. थोराट	चीनी उद्योग की स्थिति की समीक्षा हेतु
• अभिजीत सेन समिति	कृषिगत वस्तुओं के वायदा कारोबार से सम्बन्धित
• बी.के॰ चतुर्वेदी समिति	सार्वजनिक क्षेत्र की तेल कम्पनियों की वित्तीय स्थिति की समीक्षा हेतु
• राकेश मोहन समिति	सरकार व रिजर्व बैंक ऑफ इण्डिया द्वारा देश के वित्तीय क्षेत्रक की पूर्ण जाँच हेतु
• के.आर. वेणुगोपाल समिति	सार्वजनिक वितरण प्रणाली के तहत केन्द्रीय निर्गम मूल्य निर्धारण हेतु
• महाजन समिति	चीनी उद्योग
• टी॰ कन्नन समिति	कपड़ा उद्योग

समिति का नाम	उद्देश्य
• महालनोबिस समिति	राष्ट्रीय आय
• खुसरो समिति	कृषि साख
• मल्होत्रा समिति	बीमा क्षेत्र में सुधार
• भण्डारी समिति	क्षेत्रीय ग्रामीण बैंकों की पुनर्संरचना
• भूरेलाल समिति	मोटरवाहन करों में वृद्धि
• गोइपोरिया समिति	बैंक सेवा सुधार
• एस. तारापोर समिति	रुपये की पूँजी खाते पर परिवर्तनीयता
• आबिद हुसैन समिति	लघु उद्योग
• बी.एस. व्यास समिति	कृषि एवं ग्रामीण साख विस्तार
• गोस्वामी समिति	औद्योगिक रूग्णता
• रेखी समिति	अप्रत्यक्ष कर
• स्वामीनाथन समिति	जनसंख्या नीति
• दांतवाला समिति	बेरोजगारी के अनुमान

मुद्रा एवं पूँजी बाजार

- मुद्रा बाजार अल्पावधि की वित्तीय व्यवस्था का बाजार है, जबकि पूँजी बाजार में मध्यम तथा दीर्घकाल के कोषों का आदान-प्रदान किया जाता है।
- डिस्काउन्ट एंड फाइनेन्स हाउस ऑफ इण्डिया लिमिटेड (DFHI), मुद्रा बाजार की एक संस्था है जिसकी स्थापना सन् 1988 ई॰ में की गई तथा इसका कार्य बैंकों तथा वित्तीय संस्थानों की कटौती और फिर कटौती की आवश्यकताओं को पूरा करना है।
- पूँजी बाजार को मोटे तौर पर दो भागों में बाँटा जाता है–गिल्ट एज्ड बाजार और औद्योगिक प्रतिभूति बाजार।
- गिल्ट एज्ड बाजार में रिजर्व बैंक के माध्यम से सरकारी और अर्द्धसरकारी प्रतिभूतियों का क्रय-विक्रय किया जाता है।
- औद्योगिक प्रतिभूति बाजार में पहले से स्थापित औद्योगिक उपक्रमों या नए स्थापित होने वाले उपक्रमों के शेयरों व डिबेन्चरों का क्रय-विक्रय किया जाता है।
- शेयरों व अंशपत्रों का क्रय-विक्रय जिस बाजार में होता है उसे शेयर बाजार कहते हैं। इस प्रकार के क्रय-विक्रय की सुविधा विभिन्न स्टॉक एक्सचेंज उपलब्ध कराते हैं।
- बॉम्बे स्टॉक एक्सचेंज (BSE) एशिया का सबसे पुराना स्टॉक एक्सचेंज है। इसकी स्थापना 1875 में की गई थी।
- **राष्ट्रीय शेयर बाजार (National Stock Exchange):** फेरवानी समिति की अनुशंसा पर राष्ट्रीय शेयर बाजार (NSE) की स्थापना की गई थी।
- NCDEX भारत का पहला कमोडिटी एक्सचेंज है। कुछ अन्य प्रमुख कमोडिटी एक्सचेंज निम्नलिखित हैं–
- मल्टी कमोडिटी एक्सचेंज (मुम्बई)
- नेशनल मल्टी कमोडिटी एक्सचेंज (अहमदाबाद)
- इण्डिया कमोडिटी एक्सचेंज (गुरुग्राम)
- नेशनल स्पॉट एक्सचेंज लिमिटेड (मुम्बई)

विश्व के प्रसिद्ध शेयर बाजारों के प्रमुख शेयर मूल्य सूचकांक

शेयर मूल्य सूचकांक	सम्बन्धित देश
1. सी.एन.एक्स. निफ्टी	भारत (NSE)
2. सेन्सेक्स	भारत (BSE)
3. नैस्डैक	सं.रा. अमेरिका
4. हैंगसैंग	हांगकांग
5. कैक	फ्रांस
6. डैक्स	जर्मनी
7. एफटीएसइ (100)	ब्रिटेन
8. कोस्पी	कोरिया
9. निक्की	जापान
10. स्ट्रेट्स	सिंगापुर
11. शंघाई	चीन
12. सियोल कम्पोजिट	दक्षिण कोरिया
13. सेट	थाइलैंड

14. डो जोन्स	सं.रा. अमेरिका
15. तेन	ताइवान
16. KLSE कम्पोजिट	मलेशिया
17. जकार्ता कम्पोजिट	इण्डोनेशिया

भारतीय प्रतिभूति एवं विनिमय बोर्ड (SEBI)

- सेबी की स्थापना 12 अप्रैल, 1988 को की गई थी परन्तु इसे वैधानिक दर्जा 30 जनवरी, 1992 को दिया गया।
- भारतीय पूँजी बाजार को विनियमित करने का वैधानिक अधिकार सेबी के पास है।
- म्यूचुअल फंड इंडस्ट्री का नियामक भी सेबी है।
- किसी भी स्टॉक एक्सचेंज को मान्यता प्रदान करने का अधिकार सेबी को है।
- सेबी भारतीय पूँजी बाजार में निवेशकों के हितों का संरक्षण करने का कार्य करती है।
- सेबी का प्रबन्ध 6 सदस्यों द्वारा किया जाता है, जिनमें एक चेयरमैन होता है जो केन्द्र सरकार द्वारा नामित होता है।

महत्वपूर्ण आर्थिक शब्दावली

- **रेपो दर:** अल्पकालिक आवश्यकताओं की पूर्ति हेतु जिस ब्याज दर पर कॉमर्शियल बैंक रिजर्व बैंक से नकदी ऋण प्राप्त करते हैं, 'रेपो दर' कहलाता है।
- **बैंक रेट:** जिस सामान्य ब्याज दर पर रिजर्व बैंक द्वारा वाणिज्यिक बैंकों को पैसा उधार दिया जाता है, बैंक दर कहलाता है। इसके माध्यम से रिजर्व बैंक द्वारा साख नियंत्रण/क्रेडिट कन्ट्रोल किया जाता है।
- **रिवर्स रेपो दर:** बैंकों द्वारा अपनी अतिरिक्त राशि को रिजर्व बैंक में जमा करने पर रिवर्स रेपो दर से ब्याज मिलता है।
- **प्राइम लैंडिंग रेट (पी.एल.आर.):** प्राइम लैंडिंग रेट वह ब्याज दर है, जिस पर बैंक उस ग्राहक को जिसके संबंध में जोखिम शून्य है, को ऋण देने को तैयार है। यह दर एक प्रकार से आधारित ब्याज दर के रूप में कार्य करती है।
- **नकद आरक्षित अनुपात (सी.आर.आर.):** नकद आरक्षित अनुपात किसी वाणिज्यिक बैंक में कुल जमा राशि का वह भाग है जिसे रिजर्व बैंक के पास अनिवार्य रूप से जमा करना पड़ता है। इसकी दर जितनी ऊँची होती है बैंकों की साख सृजन क्षमता उतनी ही कम होती है।
- **वैधानिक तरलता अनुपात (एस.एल.आर.):** किसी वाणिज्यिक बैंक में कुल जमा राशि का वह भाग जो नकद स्वर्ण व विदेशी मुद्रा के रूप में उसे अपने पास अनिवार्य रूप से रखना पड़ता है, 'वैधानिक तरलता अनुपात' कहलाता है। बैंकों को वित्तीय संकट का सामना करने हेतु रिजर्व बैंक द्वारा ऐसी व्यवस्था की गयी है।
- **क्रेडिट कार्ड:** यह एक प्लास्टिक मुद्रा है। क्रेडिट कार्ड के अन्तर्गत ग्राहक की वित्तीय स्थिति को देखते हुए बैंक उसकी साख की एक राशि निर्धारित कर देती है जिसके अन्तर्गत वह अपने क्रेडिट कार्ड के माध्यम से निर्धारित धनराशि के अन्दर वस्तुओं और सेवाओं को खरीद सकता है। विश्व में प्रचलित क्रेडिट कार्डों में VISA, मास्टर कार्ड, अमेरिकन एक्सप्रेस आदि प्रसिद्ध हैं।
- **डेबिट कार्ड:** डेबिट कार्ड भी एक प्रकार की प्लास्टिक मुद्रा है। इसे बैंक कार्ड के नाम से भी जाना जाता है। यह खरीददारी करते समय भुगतान की वैकल्पिक पद्धति प्रदान करता है।
- **किसान क्रेडिट कार्ड:** इसे भारतीय रिजर्व बैंक एवं नाबार्ड की योजना के अन्तर्गत 1998 ई. में लागू किया गया। किसान इसे बैंक को उपलब्ध कराकर अपनी फसल के लिए आवश्यक ऋण ले सकता है।
- **बजट (Budget):** किसी संस्था या सरकार के एक वर्ष की अनुमानित आय-व्यय का लेखा-जोखा बजट कहलाता है।
- **बूम:** अर्थव्यवस्था में जब आर्थिक क्रियाओं का तेजी से विस्तार होता है तब बूम की स्थिति कही जाती है। यह मंदी अथवा रिसेशन की विपरीत स्थिति है, माँग में वृद्धि के परिणामस्वरूप किसी उद्योग विशेष में भी बूम की स्थिति उत्पन्न हो सकती है।
- **बफर स्टॉक:** आपातकालीन स्थिति में किसी वस्तु की कमी को पूरा करने के लिए वस्तु का तैयार स्टॉक बफर स्टॉक कहलाता है।
- **एटीएम (ATM):** एटीएम स्वचालित टेलर मशीन (Automated Teller Machine) को कहते हैं। यह मशीन 24 घंटे रुपये निकालने तथा जमा करने की सेवा प्रदान करती है।
- **कोर बैंकिंग (Core Banking):** कोर बैंकिंग के द्वारा कुछ ही क्षणों में देश या विदेश के एक से दूसरे भाग में मुद्रा का हस्तांतरण बिना किसी कठिनाई के किया जाता है।
- **IFSC कोड:** यह 'इण्डियन फाइनेंशियल सिस्टम कोड' है जो सामान्यतः 11 अंकों का होता है। इसमें पहले के 4 अक्षरों में बैंक का नाम, एक शून्य तथा अन्तिम 6 अंकों में बैंक ब्रॉन्च से सम्बन्धित विवरण रहता है।
- **NEFT प्रणाली:** इंटरनेट के माध्यम से नेशनल इलेक्ट्रॉनिक फण्ड ट्रान्सफर के द्वारा धनराशि को एक बैंक से उसी तथा

अन्य बैंक के खाते में खाताधारक द्वारा स्वयं ही हस्तान्तरित किया जा सकता है।

- **RTGS प्रणाली:** सामान्यतः धनराशि को खाताधारक द्वारा इण्टरनेट के माध्यम से रियल टाइम ग्रॉस सेटलमैंट विधि से किसी भी खाताधारक के किसी भी बैंक के खाते में त्वरित रूप में भेजा जा सकता है।
- **नेट बैंकिंग:** बैंकिंग की इस प्रणाली में इन्टरनेट के माध्यम से सभी प्रकार के बैंकिंग कार्यों का संचालन किया जाता है। इसमें किसी तरह का भुगतान अपने एकाउण्ट में ऑनलाइन प्राप्त कर सकते हैं तथा दूसरों को भुगतान भी कर सकते हैं। जैसे–मोबाइल का बिल, बिजली का बिल आदि का भुगतान।
- **ब्रिज:** किसी परियोजना या प्रोजेक्ट की अस्थायी वित्त व्यवस्था को ब्रिज ऋण कहते हैं।
- **एग्रोनमिक्स:** यह किसी श्रमिक की कार्यक्षमता एवं उसके द्वारा किए जाने वाले वास्तविक कार्य के मध्य सम्बन्ध का अध्ययन करता है।
- **मन्दी:** मन्दी की स्थिति में वस्तुओं की माँग उसकी आपूर्ति की तुलना में कम हो जाती है। फलस्वरूप कम्पनियाँ उत्पादन कम कर देती हैं तथा अपने कर्मचारियों की छँटनी कर देती है और बेरोजगारी एवं क्रयशक्ति में ह्रास की स्थिति उत्पन्न हो जाती है।
- **जनांकिकी:** किसी देश की जनसंख्या वृद्धि, जनसंख्या का भौगोलिक वितरण, जन्म दर, मृत्यु दर, प्रवजन दर, लिंग, शिक्षा स्तर, आय स्तर इत्यादि का सांख्यिकी माध्यम से अर्थशास्त्र के अन्तर्गत अध्ययन करना ही जनांकिकी कहलाता है।
- **क्रेता बाजार:** क्रेता बाजार में किसी वस्तु की माँग कम तथा आपूर्ति अधिक होती है। यह स्थिति क्रेता को विक्रेता से बेहतर स्थिति में रखती है।
- **विमुद्रीकरण:** जब काला धन अर्थव्यवस्था के लिए खतरा बन जाता है, तो इसे दूर करने के लिए विमुद्रीकरण की विधि अपनाई जाती है। इसके अन्तर्गत सरकार पुरानी मुद्रा को समाप्त कर देती है और नई मुद्रा चालू कर देती है। इस प्रक्रिया में जिनके पास काला धन होता है, वह उसके बदले में नई मुद्रा लेने का साहस नहीं जुटा पाते हैं और काला धन स्वयं ही नष्ट हो जाता है।
- **फ्लोटिंग ऑफ करेन्सी:** इसके अन्तर्गत किसी मुद्रा की विनिमय दर को स्वतंत्र छोड़ दिया जाता है ताकि माँग और पूर्ति की दशाओं के आधार पर वह अपना नया मूल्य स्वयं तय कर सके।
- **अवमूल्यन:** इसमें किसी मुद्रा का विनिमय मूल्य अन्य मुद्राओं की तुलना में जानबूझकर कम कर दिया जाता है। इन परिस्थितियों के अनुसार सरकारें देश में निर्यात को बढ़ावा देने के लिए करती हैं।
- **मुद्रा संकुचन:** जब बाजार में मुद्रा की कमी के कारण कीमतें गिर जाती है, उत्पादन व व्यापार गिर जाता है और बेरोजगारी बढ़ती है, वह अवस्था मुद्रा संकुचन कहलाती है।
- **मुद्रास्फीति:** अर्थव्यवस्था में जब मुद्रा की आपूर्ति बढ़ जाती है तो वह वस्तुओं की माँग को बढ़ा देती है। लेकिन संसाधन सीमित एवं पूर्ण रूप से रोजगारयुक्त होने के कारण वस्तुओं की पूर्ति मुद्रा की पूर्ति के अनुपात में नहीं बढ़ पाती, परिणामस्वरूप वस्तुओं की कीमतें बढ़ जाती है। दूसरे शब्दों में, मुद्रा प्रसार या मुद्रास्फीति वह अवस्था है, जिससे मुद्रा का मूल्य गिर जाता है और कीमतें बढ़ जाती हैं।
- **कार्बन कर:** कार्बन कर की अवधारणा वैश्विक तापन के कारण अवतरित हुई। इसके अन्तर्गत उन ऊर्जा स्रोतों पर कर लगता है जो वायुमंडल में कार्बन-डाइऑक्साइड का उत्सर्जन करते हैं।
- **उपहार कर:** किसी व्यक्ति को उपहार दिए जाने पर जो कर लगाया जाता है, उसे उपहार कर कहते हैं।
- **प्रगामी कर:** यह क्रमबद्ध कर व्यवस्था है जिसमें अधिक आय श्रेणी वाले ऊँची दर पर कर अदा करते हैं अर्थात् आय में वृद्धि के साथ-साथ कर में भी समानुपातिक वृद्धि होती रहती है।
- **दुर्लभ मुद्रा:** अन्तर्राष्ट्रीय व्यापार में अनुकूल संतुलन की स्थिति वाली मुद्रा, जिसको प्राप्त करना कठिन होता है, को 'दुर्लभ मुद्रा' (Hard Currency) कहा जाता है।
- **रिसेशन:** रिसेशन मन्दी की अवस्था है जिसमें वस्तुओं की आपूर्ति की तुलना में उनकी माँग कम हो जाती है।
- **राजस्व घाटा:** कुल राजस्व प्राप्तियों की तुलना में जब कुल राजस्व व्यय अधिक होता है तो इसे राजस्व घाटा कहा जाता है।
- **प्राथमिक घाटा:** जब राजकोषीय घाटे में से ब्याज भुगतान को घटा दिया जाता है तो बचे अवशेष को प्राथमिक घाटा कहते हैं। प्राथमिक घाटा वर्तमान वर्ष के घाटे की माप करता है। इसे शुद्ध राजकोषीय घाटा भी कहते हैं।
- **लॉरेन्ज वक्र:** इस पद्धति के द्वारा लोगों के बीच आय में विषमता को ज्ञात किया जाता है।
- **लैफर वक्र:** यह वक्र कर से राजस्व की प्राप्ति तथा कर दर के बीच सम्बन्ध को व्यक्त करता है। यह वक्र बताता है कि एक सीमा तक कर में कमी या वृद्धि करने से कुल राजस्व में वृद्धि होती है परन्तु जब कर इष्टतम स्तर पर होता है तो उसमें कमी या वृद्धि सरकार के कुल राजस्व में कमी करती है।
- **माँग का नियम:** अन्य बातों के समान रहने पर वस्तु की कीमत तथा माँग के बीच विपरीत सम्बन्ध होते हैं अर्थात् वस्तु की कीमत में कमी वस्तु की माँग में वृद्धि करेगी तथा इसके विपरीत कीमत में वृद्धि वस्तु की माँग में कमी करेगी और यही माँग का नियम है।

- **भुगतान संतुलनः** किसी देश द्वारा अन्य देशों या अन्तर्राष्ट्रीय संस्थाओं के साथ होने वाले लेन-देन में आगत-निर्गत का वह लेखा-जोखा, जो दो खण्डों–चालू खाता और पूँजी खाता में विभाजित होता है, भुगतान संतुलन कहलाता है।
- **कराघातः** जिस व्यक्ति पर सर्वप्रथम कर लगाया जाता है, और जिस पर कर का प्रत्यक्ष मौद्रिक भार पड़ता है तथा सरकार जिससे कर वसूल करती है, उस पर कराघात माना जाता है।
- **ले ऑफः** जब किसी वस्तु की माँग में कमी होने से औद्योगिक संस्थानों द्वारा उत्पादन कम किए जाने के कारण, कर्मचारियों की नौकरी से छँटनी की जाती है तो इसे ले ऑफ कहा जाता है।
- **गैर-निष्पादनकारी परिसम्पत्तियाँः** बैंकों द्वारा प्रदान किए गए ऐसे ऋण और उस पर देय ब्याज जिनका किसी वित्तीय वर्ष में मूलधन का भुगतान 90 दिनों तक रोक लिया जाता है गैर-निष्पादनकारी परिसम्पत्तियाँ मानी जाती हैं।
- **नकद साख (Cash Credit):** इस प्रकार की व्यवस्था के अन्तर्गत बैंक अपने ग्राहकों को ऋण पत्र, व्यापारिक माल अथवा अन्य स्वीकृत प्रतिभूतियों के आधार पर ऋण देते हैं।
- **अधिविकर्ष (Overdraft):** जब कोई व्यावसायिक बैंक अपने ग्राहकों को उसके खाते में जमा रकम से अधिक रकम निकालने की सुविधा देता है तो उसे अधिविकर्ष की सुविधा कहते हैं।
- **सूक्ष्म-वित्तीय संस्थाएँ (Micro Financial Institutions):** छोटे पैमाने पर गरीब जरूरतमंद लोगों को स्वयंसेवी संस्था के माध्यम से कम ब्याज पर साख अथवा ऋण की व्यवस्था करने वाली संस्था को सूक्ष्म-वित्तीय संस्थाएँ कहते हैं।
- **चेक (Cheque):** चेक एक प्रकार का साख पत्र है। यह एक प्रकार का लिखित आदेश है जो बैंक में रुपया जमा करने वाला अपने बैंक को देता है कि उसमें लिखित रकम उसमें लिखित व्यक्ति को दे दी जाए।
- **बैंक ड्राफ्ट (Bank Draft):** बैंक ड्राफ्ट वह पत्र है जो एक बैंक अपनी किसी शाखा या अन्य किसी बैंक को आदेश देता है कि उस पत्र में लिखी हुई रकम उसमें अंकित व्यक्ति को दे दी जाए।
- **यात्री चेकः** यात्रियों की सुविधा के लिए यात्री चेक बैंकों द्वारा जारी किये जाते हैं। कोई भी यात्री बैंक में निश्चित रकम जमा कर देने पर यात्री चेक प्राप्त कर सकता है। यात्री बैंक की किसी भी शाखा में यात्री चेक प्रस्तुत कर मुद्रा प्राप्त कर सकता है।
- **प्रतिज्ञा पत्र (Promissory):** यह एक प्रकार का साख पत्र होता है। इस पत्र में ऋणी की माँग पर या एक निश्चित अवधि के बाद उसमें अंकित रकम ब्याज सहित देने का वादा किया जाता है।
- **आर्बिट्रेजः** विभिन्न मुद्रा विनिमय बाजारों में जब किसी बाजार में मुद्रा का क्रय कम मूल्य पर किया जाए तथा उसे तुरंत दूसरे बाजारों में अधिक कीमतों पर विक्रय कर दिया जाए, तो इस क्रिया को आर्बिट्रेज कहते हैं।
- **एमोर्टाइजेशनः** किसी ऋण के निर्धारित ब्याज का जब पूर्ण भुगतान किया जाता है, तो उसे एमोर्टाइजेशन कहा जाता है।
- **स्टैगफ्लेशनः** यह अर्थव्यवस्था की वह अवस्था है जिसमें मुद्रास्फीति के साथ-साथ मंदी एवं बेरोजगारी की स्थिति होती है।
- **रिफ्लेशनः** आर्थिक मंदी की अवस्था में सरकार द्वारा कुछ ऐसे कदम उठाए जाते हैं जिससे लोगों की क्रयशक्ति में वृद्धि हो ताकि वस्तुओं की माँग बढ़े, इसके परिणामस्वरूप मूल्य स्तर में जो वृद्धि होती है उसे रिफ्लेशन कहा जाता है।
- **ब्लूचिप शेयरः** ब्लूचिप शेयर ऐसी कम्पनियों के शेयर होते हैं जिनका बाजार पूँजीकरण बहुत अधिक होता है और इनके बाजार मूल्यों में अपेक्षाकृत स्थिरता होती है।
- **ऐक्टिव शेयर (Active Share):** वैसे शेयर जिनका क्रय-विक्रय नियमित रूप से प्रतिदिन शेयर बाजार में होता है एक्टिव शेयर होते हैं।
- **डिफेंसिव शेयरः** इन शेयरों के मूल्यों में भारी उतार-चढ़ाव नहीं होता है। डिफेंसिव शेयरों पर वर्तमान लाभ तथा पूँजीगत लाभ सामान्य दर से बढ़ता है।
- **राइट शेयरः** किसी कंपनी द्वारा जारी नए शेयरों को क्रय करने का पहला अधिकार वर्तमान शेयरधारक का होता है। वर्तमान शेयरधारक के इस अधिकार को पूर्ण क्रय का अधिकार कहा जाता है तथा इस अधिकार के कारण उनको जो शेयर प्राप्त होता है, उसे राइट शेयर कहा जाता है।
- **बोनस शेयरः** जब किसी कम्पनी द्वारा अपने अर्जित लाभों में से रखे नये रिजर्व को शेयर के रूप में वर्तमान शेयरधारकों के मध्य आनुपातिक रूप से बाँट दिया जाता है तो इसे बोनस शेयर कहा जाता है।
- **पूर्वाधिकार शेयर (Preferencial Share):** पूर्वाधिकार शेयरों को कम्पनी द्वारा सर्वप्रथम लाभांश का भुगतान किया जाता है तथा लाभांश की दर निश्चित होती है। इसके अतिरिक्त यदि भविष्य में कंपनी का समापन होता है तो लेनदारों का भुगतान करने के बाद कम्पनी की सम्पत्तियों से वसूली गई राशि में से इस श्रेणी में शेयरधारक को अपनी पूँजी अन्य शेयरधारक की तुलना में पहले प्राप्त करने का अधिकार होता है।

- **कंट्रेरियन शेयरः** ऐसे शेयर बाजार की सामान्य प्रकृति के विपरीत व्यापार करते हैं अर्थात् बाजार में शेयरों के भाव में वृद्धि हो रही है तो इन शेयरों के भाव कम हो जाते हैं और यदि बाजार का रूख गिरावट का है तो इन शेयरों का मूल्य बढ़ जाता है।
- **इनसाइडर ट्रेडिंगः** कम्पनी की गुप्त सूचना के आधार पर अतिरिक्त मुनाफा कमाने के लिए सम्बन्धित कम्पनी के शेयरों में की गई खरीद-बिक्री इनसाइडर ट्रेडिंग कहलाती है।
- **फ्लोटिंग स्टॉकः** किसी कम्पनी की चुकता पूँजी का वह भाग फ्लोटिंग स्टॉक कहलाता है जो शेयर बाजार में क्रय-विक्रय के लिए उपलब्ध रहता है।
- **स्टैगः** स्टैग उन व्यक्तियों को कहा जाता है जो नई कंपनियों के इश्युओं में भारी मात्रा में शेयरों के लिए आवेदन करते हैं।
- **शार्ट सेलिंगः** जब किसी शेयर कारोबारी द्वारा बाजार में उतनी मात्रा में शेयर बेच दिए जाते हैं जितना उसके पास वह शेयर पूर्व से होता नहीं है तब यह प्रक्रिया शार्ट सेलिंग कहलाती है।
- **तेजड़िया और मंदरिया (Bulls and Bears):** यह शेयर कारोबार से संबंधित शब्द हैं। स्टॉक एक्सचेंजों में तेजड़िया उस व्यक्ति को कहा जाता है जो स्टॉक की कीमत बढ़ाना चाहता है तथा मंदरिया उसे जो स्टॉक की कीमत घटाना चाहता है।
- **भागीदारी नोट्सः** विदेशी संस्थागत निवेशकों (FIIs) द्वारा उन निवेशकों को निर्गत किए जाते हैं जो भारतीय पूँजी बाजार में निवेश करना चाहते हैं, किन्तु अपना निबन्धन सेबी के साथ नहीं करना चाहते हैं।

वस्तुनिष्ठ प्रश्नावली

1. मिश्रित अर्थव्यवस्था किसका उल्लेख करती है?
A. भारी, लघु और कुटीर उद्योगों का सहअस्तित्व
B. कृषि के साथ-साथ कुटीर उद्योगों का संवर्द्धन
C. धनी और निर्धन दोनों का सहअस्तित्व
D. सार्वजनिक और निजी क्षेत्र दोनों का सहअस्तित्व

2. आर्थिक विकास के दृष्टिकोण से भारत की गिनती होती है–
A. पिछड़े राष्ट्र के रूप में
B. विकसित राष्ट्र के रूप में
C. विकासशील राष्ट्र के रूप में
D. अर्द्धविकसित राष्ट्र के रूप में

3. भारतीय अर्थव्यवस्था का कौन-सा क्षेत्र सकल राष्ट्रीय उत्पाद में सबसे अधिक योगदान करता है?
A. प्राथमिक क्षेत्र　B. द्वितीयक क्षेत्र
C. तृतीयक क्षेत्र　D. सार्वजनिक क्षेत्र

4. बन्द अर्थव्यवस्था (Closed economy) वह अर्थव्यवस्था है, जिसमें–
A. मुद्रापूर्ति पूर्णतः नियंत्रित होती है
B. घाटे की वित्त व्यवस्था होती है
C. केवल निर्यात होता है
D. न तो निर्यात, न ही आयात होता है

5. कपार्ट (CAPART) का मुख्यालय कहाँ स्थित है?
A. नई दिल्ली　B. मुंबई
C. कोलकाता　D. बेंगलुरु

6. सेल (SAIL) की स्थापना कब की गई थी?
A. 1984 में　B. 1974 में
C. 1990 में　D. 1964 में

7. निम्नलिखित में से कौन-सा मानव विकास सूचकांक का हिस्सा नहीं है?
A. स्वास्थ्य एवं पोषण
B. प्रतिव्यक्ति आय
C. जन्म के समय जीवन प्रत्याशा
D. सकल नाम निवेश दर

8. राज्य स्तरीय मानव विकास रिपोर्ट जारी करने वाला प्रथम राज्य है–
A. केरल　B. मध्य प्रदेश
C. मिजोरम　D. तमिलनाडु

9. प्रधानमंत्री जन आरोग्य योजना अधिकृत तौर पर कब प्रारम्भ हुई?
A. 25 सितम्बर, 2018
B. 1 अप्रैल, 2018
C. 15 अगस्त, 2018
D. 2 अक्टूबर, 2018

10. भारत में प्रच्छन्न बेरोजगारी सामान्यतः दिखती है–
A. कृषि क्षेत्र में　B. फैक्टरी क्षेत्र में
C. सेवा क्षेत्र में　D. इन सभी क्षेत्रों में

किसी देश का आर्थिक विकास किस पर निर्भर करता है?

A. प्राकृतिक संसाधन B. पूँजी निर्माण

C. बाजार का आकार D. उपर्युक्त सभी

मानव विकास सूचकांक किसने बनाया था?

A. UNCTAD B. ASEAN

C. IBRD D. UNDP

तेंदुलकर समिति ने भारत में गरीबी रेखा के नीचे की जनसंख्या का प्रतिशत कितना आकलित किया है?

A. 27.2% B. 37.2%

C. 22.2% D. 32.7%

. किसी अर्थव्यवस्था में क्षेत्रों को सार्वजनिक और निजी में किस आधार पर वर्गीकृत किया जाता है?

A. कच्ची सामग्रियों का प्रयोग

B. आर्थिक गतिविधियों का स्वरूप

C. उद्यमों का स्वामित्व

D. रोजगार की शर्तें

. 'ड्रेन का सिद्धान्त' (The Theory of Drain) किसने प्रतिपादित किया था?

A. बाल गंगाधर तिलक B. दादाभाई नौरोजी

C. गोपालकृष्ण गोखले D. गोविन्द राणाडे

. भारत में राष्ट्रीय आय का आकलन सबसे पहले किसने किया था?

A. महालनोबिस B. दादाभाई नौरोजी

C. वी.के.आर.वी. राव D. सरदार पटेल

. राष्ट्रीय आय है–

A. बाजार मूल्य पर निबल राष्ट्रीय उत्पाद

B. उत्पादन लागत पर निबल राष्ट्रीय उत्पाद

C. बाजार मूल्य पर निबल देशीय उत्पाद

D. उत्पादन लागत पर निबल देशीय उत्पाद

. प्रतिव्यक्ति आय निकालने के लिए राष्ट्रीय आय को भाग दिया जाता है–

A. देश की कुल जनसंख्या से

B. कुल कार्यशील जनसंख्या से

C. देश के क्षेत्रफल से

D. प्रयुक्त पूँजी के परिमाण से

. भारत में राष्ट्रीय आय का आकलन करने के लिए उत्तरदायी सरकारी एजेंसी है–

A. भारतीय सांख्यिकीय संगठन

B. भारतीय रिजर्व बैंक

C. राष्ट्रीय सांख्यिकीय संगठन

D. राष्ट्रीय अनुप्रयुक्त अर्थशास्त्र अनुसंधान परिषद्

20. निम्नलिखित में से आर्थिक विकास की बेहतर माप कौन-सी है?

A. सकल घरेलू उत्पाद B. प्रयोज्य आय

C. निबल राष्ट्रीय उत्पाद D. प्रतिव्यक्ति आय

21. मूल्यह्रास किसके बराबर होता है?

A. सकल राष्ट्रीय उत्पाद – निबल राष्ट्रीय उत्पादन

B. निबल राष्ट्रीय उत्पादन – सकल राष्ट्रीय उत्पादन

C. सकल राष्ट्रीय उत्पाद – वैयक्तिक आय

D. वैयक्तिक आय – वैयक्तिक कर

22. निम्नलिखित में से कौन-सी राष्ट्रीय आय के मापन की विधि नहीं है?

A. मूल्य वर्द्धित विधि B. आय विधि

C. निवेश विधि D. व्यय विधि

23. राष्ट्रीय आय निकालने के लिए NNP में से किसे घटाया जाता है?

A. अप्रत्यक्ष कर B. पूँजी उपभोग छूट

C. इमदाद (Subsidy) D. ब्याज

24. GNP और NNP निकालने के लिए निम्न में से किसे घटाया जाता है?

A. ह्रास B. ब्याज

C. कर D. इमदाद

25. प्रतिव्यक्ति आय–

A. $\frac{\text{निबल राष्ट्रीय उत्पाद}}{\text{कुल जनसंख्या}}$ B. $\frac{\text{कुल जनसख्या}}{\text{राष्ट्रीय आय}}$

C. $\frac{\text{सकल राष्ट्रीय उत्पाद}}{\text{कुल जनसख्या}}$ D. $\frac{\text{राष्ट्रीय आय}}{\text{कुल जनसख्या}}$

26. किसी देश का निबल राष्ट्रीय उत्पाद (NNP) होती है–

A. सकल घरेलू उत्पाद में मूल्य ह्रास भत्ते घटाकर

B. सकल घरेलू उत्पाद में विदेशों से निबल आय जोड़कर

C. सकल घरेलू उत्पाद में विदेशों से निबल आय घटाकर

D. सकल राष्ट्रीय उत्पाद में मूल्य ह्रास भत्ते घटाकर

27. निम्न में से किस क्षेत्र से भारत में सकल घरेलू उत्पाद (GDP) का सबसे बड़ा भाग प्राप्त होता है?

A. कृषि तथा संबंधित क्षेत्रों से

B. रक्षा तथा लोक प्रशासन से

C. सेवा क्षेत्र से

D. विनिर्माण, निर्माण, बिजली तथा गैस से

28. आय विधि से राष्ट्रीय आय का आकलन करते समय निम्नलिखित में से किसको शामिल नहीं किया जाता है?

A. किराया B. मिश्रित आय

C. पेंशन D. अवितरित आय

29. सकल घरेलू उत्पाद इसका मुद्रा मूल्य है–
A. वस्तुओं और सेवाओं के स्टॉक का
B. एक वर्ष में उत्पादित सभी अंतिम वस्तुओं और सेवाओं का
C. केवल बाजार के लिए उत्पादित वस्तुओं का
D. बाजार के लिए और अपने उपयोग के लिए उत्पादित वस्तुओं का

30. व्यय विधि के माध्यम से GNP की गणना में क्या शामिल नहीं किया जाता?
A. सकल घरेलू निजी निवेश
B. निबल विदेशी निवेश
C. मूल्यह्रास व्यय
D. निजी उपभोग व्यय

31. सॉफ्ट करेन्सी से तात्पर्य है–
A. वह मुद्रा जिसकी आपूर्ति मांग की अपेक्षा अधिक हो
B. वह मुद्रा जिसकी आपूर्ति मांग की अपेक्षा कम हो
C. वह मुद्रा जिसकी मांग और आपूर्ति दोनों स्थिर हो
D. उपर्युक्त में से कोई नहीं

32. बाजार के नियम के प्रस्तुतकर्ता थे–
A. जे.बी. से B. रिकार्डो
C. ए.सी. पिगाओ D. माल्थस

33. निम्नलिखित में वह वर्ग कौन है, जिसको मुद्रास्फीति के कारण सबसे अधिक हानि होती है?
A. देनदार
B. लेनदार
C. व्यापारी वर्ग
D. वास्तविक परिसम्पत्तियों के धारक

34. भारत में मुद्रास्फीति मापी जाती है–
A. थोक मूल्य सूचकांक द्वारा
B. शहरी और कामगारों के लिए उपभोक्ता मूल्य सूचकांक द्वारा
C. कृषि श्रमिकों के लिए उपभोक्ता मूल्य सूचकांक द्वारा
D. राष्ट्रीय आय अवस्फीति द्वारा

35. गिल्ट एज्ड बाजार किससे सम्बन्धित है?
A. कटे-फटे पुराने करेंसी नोट
B. सोना-चाँदी/सर्राफा
C. सरकारी प्रतिभूतियाँ
D. निगम ऋण-पत्र

36. भारतीय रिजर्व बैंक है–
A. वाणिज्यिक बैंक B. केन्द्रीय बैंक
C. सहकारी बैंक D. अग्रणी बैंक

37. आर.बी.आई. का मुख्यालय कहाँ पर स्थित है?
A. दिल्ली B. कोलकाता
C. मुम्बई D. चेन्नई

38. बैंक की नई शाखाएँ खोलने के लाइसेंस किसके द्वारा दि जाते हैं?
A. वित्त मंत्रालय B. भारतीय बैंक संघ
C. आर.बी.आई. D. राज्यस्तरीय बैंकर समि

39. भारतीय मुद्रा को पूर्ण परिवर्तनीय बनाया गया–
A. 1992-93 के केन्द्रीय बजट में
B. 1993-94 के केन्द्रीय बजट में
C. 1994-95 के केन्द्रीय बजट में
D. 1995-96 के केन्द्रीय बजट में

40. निम्नलिखित में से कौन मुद्रास्फीति के नियंत्रण की वि नहीं है?
A. माँग पर नियंत्रण B. मुद्रा की पूर्ति पर नियंत्र
C. ब्याज दर में कमी D. वस्तुओं की राशनिंग

41. मुद्रास्फीति से बाजार की वस्तुएँ–
A. सस्ती हो जाती हैं B. महँगी हो जाती हैं
C. बिल्कुल नहीं मिलती हैं D. प्रचुरता से मिलती है

42. भारतीय रिजर्व बैंक का लेखा वर्ष होता है–
A. अप्रैल-मार्च B. जुलाई-जून
C. अक्टूबर-सितम्बर D. जनवरी-दिसम्बर

43. दुर्गापुर इस्पात संयंत्र किसके सहयोग से बनाया गया था
A. फ्रांस B. ब्रिटेन
C. अमेरिका D. जापान

44. निम्नलिखित में से एक भारतीय मौद्रिक नीति के बारे में निर्णय लेता है–
A. भारत के वित्त मंत्री B. भारतीय रिजर्व बैंक
C. भारत के प्रधानमंत्री D. अन्तर्राष्ट्रीय मौद्रिक को

45. बैंक नोट प्रेस कहाँ स्थित है?
A. नासिक B. देवास
C. नोएडा D. मुम्बई

46. भारत का सबसे बड़ा व्यावसायिक बैंक है–
A. पंजाब नेशनल बैंक B. आईसीआईसीआई बैंक
C. भारतीय स्टेट बैंक D. एचडीएफसी बैंक

47. भारत में सबसे अधिक ईंधन रिजर्व किसका है?
A. तेल B. गैस
C. कोयला D. जल

48. विश्व में आम तथा केले के उत्पादन में किस देश का प्रथम स्थान है?
A. भारत

B. अमेरिका
C. सिंगापुर
D. मलेशिया

राष्ट्रीय कृषि एवं ग्रामीण विकास बैंक की स्थापना किस पंचवर्षीय योजनावधि में की गई थी?

A. चौथी पंचवर्षीय योजना B. पाँचवीं पंचवर्षीय योजना
C. छठी पंचवर्षीय योजना D. सातवीं पंचवर्षीय योजना

राष्ट्रीय आवास बैंक किसका नियंत्रित उपक्रम है?

A. भारतीय रिजर्व बैंक
B. नाबार्ड
C. भारतीय यूनिट ट्रस्ट
D. भारतीय जीवन बीमा निगम

भारतीय लघु उद्योग विकास बैंक (SIDBI) का मुख्यालय कहाँ है?

A. लखनऊ B. मुम्बई
C. दिल्ली D. कोलकाता

केन्द्र सरकार द्वारा लाँच की गई प्रधानमंत्री वय वंदना योजना किससे संबंधित योजना है?

A. बैंकिंग B. पेंशन
C. बीमा D. दूरसंचार

भारतीय यूनिट ट्रस्ट (U.T.I.) की स्थापना किस वर्ष की गई?

A. 1961 में B. 1962 में
C. 1963 में D. 1964 में

भारत की सबसे बड़ी म्यूचुअल फण्ड संस्था है–

A. L.I.C. B. U.T.I.
C. Reliance D. S.B.I.

भारतीय जीवन बीमा निगम (L.I.C.) की स्थापना किस वर्ष की गई?

A. 1949 में B. 1956 में
C. 1952 में D. 1964 में

भारत में सर्वप्रथम म्यूचुअल फंड किसने प्रारंभ किया?

A. G.I.C. B. Tata Capital
C. U.T.I. D. L.I.C.

बीमा नियामक एवं विकास प्राधिकरण (I.R.D.A.) का मुख्यालय कहाँ हैं?

A. नई दिल्ली B. मुम्बई
C. हैदराबाद D. कोलकाता

आर.एन. मल्होत्रा समिति किस क्षेत्र में सुधारों से सम्बन्धित थी?

A. कर सुधार B. बीमार उद्योग
C. बीमा क्षेत्र D. चीनी उद्योग

59. भारत में प्रतिभूति बाजार का नियमन करने वाली संस्था कौन है?

A. सेबी B. इरडा
C. भारतीय रिजर्व बैंक D. एन.एस.ई.

60. भारतीय प्रतिभूति एवं विनिमय बोर्ड की स्थापना कब की गई?

A. 1988 में B. 1992 में
C. 1982 में D. 1984 में

61. 'बोवेस्पा' किस देश का स्टॉक एक्सचेंज है?

A. ब्राजील B. इटली
C. चीन D. जापान

62. भारत का सबसे पुराना स्टॉक एक्सचेंज कौन-सा है?

A. नेशनल स्टॉक एक्सचेंज
B. अहमदाबाद स्टॉक एक्सचेंज
C. बॉम्बे स्टॉक एक्सचेंज
D. दिल्ली स्टॉक एक्सचेंज

63. बॉम्बे स्टॉक एक्सचेंज का सूचकांक है–

A. सीएनएक्स निफ्टी B. सेन्सेक्स
C. DOLEX D. नैस्डैक

64. सी.एन.एक्स. निफ्टी किस स्टॉक एक्सचेंज का संवेदी सूचकांक है?

A. बॉम्बे स्टॉक एक्सचेंज
B. नेशनल स्टॉक एक्सचेंज
C. दिल्ली स्टॉक एक्सचेंज
D. अहमदाबाद स्टॉक एक्सचेंज

65. क्रिसिल (CRISIL) है

A. बैंक B. बीमा कम्पनी
C. डिपॉजिटरी D. क्रेडिट रेटिंग

66. 'ऑपरेशन फ्लड' कार्यक्रम का प्रारंभ कब हुआ था?

A. 1951 में B. 1975 में
C. 1970 में D. 1985 में

67. सस्ती मुद्रा का अर्थ है–

A. ब्याज की कम दर B. बचत का निम्न स्तर
C. आय का निम्न स्तर D. निम्न जीवन स्तर

68. भारतीय रिजर्व बैंक की खुला बाजार कार्यवाही का अर्थ है, क्रय और विक्रय–

A. वाणिज्यिक बिलों का B. विदेशी मुद्रा का
C. स्वर्ण का D. सरकारी बॉण्डों का

69. मुद्रा के अवमूल्यन के फलस्वरूप होता है–

A. निर्यात व्यापार का प्रसार
B. आयात व्यापार का संकुचन

C. आयात स्थानापत्ति का प्रसार
D. उपर्युक्त सभी

70. भारतीय रिजर्व बैंक का राष्ट्रीयकरण किया गया था?
A. 1947 में B. 1948 में
C. 1949 में D. 1951 में

71. भारत में कागजी नोट मुद्रा को जारी करने का पूर्ण अधिकार किसके पास है?
A. भारत सरकार B. वित्त आयोग
C. रिजर्व बैंक D. सेन्ट्रल बैंक ऑफ इंडिया

72. भारत में पहला ऋण वसूली न्यायाधिकरण किस शहर में स्थापित किया गया था?
A. दिल्ली B. जयपुर
C. कोलकाता D. बेंगलुरु

73. आई.एम.एफ. (IMF) के अनुसार हर सदस्य को अपनी वैध मुद्रा का सममूल्य घोषित करना होता है अमेरिकी डॉलर के रूप में और–
A. सिल्वर के रूप में
B. स्वर्ण के रूप में
C. पाउण्ड-स्टर्लिंग के रूप में
D. हीरे के रूप में

74. यदि धन (मुद्रा) बहुत अधिक हो और माल अथवा वस्तु बहुत कम हो तो वह स्थिति होती है–
A. अवस्फीति B. मुद्रास्फीति
C. मंदी D. गतिरोध

75. बैंक दर में परिवर्तन से प्रभावित होता है–
A. ब्याज की बाजार दर
B. निवेश के लिए चुनिंदा उद्योग
C. ऋण देने वाले बैंक
D. नकदी आरक्षण अनुपात

76. बैंक दर ब्याज की वह दर है, जिस पर–
A. वाणिज्यिक बैंक जनता से जमा लेते हैं
B. केन्द्रीय बैंक वाणिज्यिक बैंकों को ऋण देते हैं
C. सरकारी ऋण जारी किए जाते हैं
D. वाणिज्यिक बैंक अपने ग्राहकों को ऋण देते हैं

77. जिस विदेशी मुद्रा में शीघ्र देशांतरण की प्रवृत्ति हो, उसे कहते हैं–
A. दुर्लभ मुद्रा B. सुलभ मुद्रा
C. स्वर्ण मुद्रा D. गरम मुद्रा

78. सरकार अर्थोपाय ऋण (Ways and means advances) लेती है–
A. RBI से B. IDBI से
C. SBI से D. ICICI से

79. निम्नलिखित में से किसको वास्तविक मजदूरी (वेतन) प्रमुख निर्धारक माना जाता है?
A. अतिरिक्त आमदनी B. कार्य की प्रकृति
C. पदोन्नति की संभावना D. मुद्रा की क्रय-शक्ति

80. निम्नलिखित भारतीय बैंकों में से कौन-सा एक राष्ट्रीय बैंक नहीं है?
A. पंजाब नेशनल बैंक B. बैंक ऑफ बड़ौदा
C. फेडरल बैंक D. इंडियन बैंक

81. सहभागित नोट निम्नलिखित में से किस एक से सम्बन्धि है?
A. भारतीय संचित निधि
B. विदेशी संस्थागत निवेशक
C. संयुक्त राष्ट्र विकास कार्यक्रम
D. क्योटो प्रोटोकॉल

82. एमसीएक्स–एसएक्स (MCX-SX) क्या है?
A. एक तरह का सुपर कम्प्यूटर
B. चंद्रमा संबद्ध अन्वेषी का नाम
C. ऑनलाइन स्टॉक एक्सचेंज
D. नाभिकीय शक्तियुक्त पनडुब्बी

83. भारतीय रिजर्व बैंक के द्वारा नकद कोष अनुपात में क की जाती है, तो इसका साख सृजन पर प्रभाव होगा–
A. वृद्धि B. कमी
C. कोई प्रभाव नहीं D. कोई अन्य नहीं

84. एक रुपये के नोट पर हस्ताक्षर होते हैं–
A. वित्त मंत्रालय के सचिव के
B. गवर्नर, भारतीय रिजर्व बैंक के
C. वित्त मंत्री के
D. इनमें से किसी के नहीं

85. बैंक दर वह दर है, जिस पर–
A. एक बैंक पब्लिक को उधार देता है
B. RBI पब्लिक को उधार देता है
C. RBI वाणिज्यिक बैंकों को उधार देता है
D. भारत सरकार अन्य देशों को उधार देती है

86. वह कौन-सा बैंक है, जिसने कृषकों के पास पहुँचने के लि 'किसान क्लब' बनाए हैं?
A. क्षेत्रीय ग्रामीण बैंक B. पंजाब नेशनल बैंक
C. भारतीय स्टेट बैंक D. इलाहाबाद बैंक

87. भारत में रुपए का अवमूल्यन पहली बार जिस वर्ष किय गया था, वह था–
A. 1949 B. 1966
C. 1972 D. 1990

नई मुद्रा 'यूरो' किस वर्ष में प्रारंभ की गई?
A. 1996 में B. 1997 में
C. 1998 में D. 1999 में

किसी अर्थव्यवस्था में मुद्रा के मूल्य और कीमत स्तर के बीच सम्बन्ध होता है–
A. अनुलोम B. प्रतिलोम
C. समानुपातिक D. स्थिर

भारत में सिक्के जारी करने के लिए कौन अधिकृत है?
A. भारतीय रिजर्व बैंक B. वित्त मंत्रालय
C. इण्डियन ओवरसीज बैंक D. भारतीय स्टेट बैंक

भारतीय रिजर्व बैंक करेंसी नोट जारी करता है–
A. नियत प्रत्ययी प्रणाली के अंतर्गत
B. अधिकतम प्रत्ययी प्रणाली के अंतर्गत
C. नियत न्यूनतम आरक्षण प्रणाली के अन्तर्गत
D. अनुपाती आरक्षण प्रणाली के अन्तर्गत

स्टैगफ्लेशन की स्थिति है–
A. गतिरोध और अवस्फीति की
B. गतिरोध और मंदी की
C. गतिरोध और मुद्रास्फीति की
D. गतिरोध और पुनरूत्थान की

किस वर्ष नाबार्ड की स्थापना हुई?
A. 1992 B. 1982
C. 1962 D. 1952

मुद्रा आपूर्ति किसके द्वारा नियंत्रित की जाती है?
A. नीति आयोग B. वित्त आयोग
C. आर.बी.आई. D. व्यापारिक बैंक

भारत में ग्रामीण अवस्थापना विकास कोष कार्यक्रम को क्रियान्वित करने वाली मुख्य संस्था है–
A. नाबार्ड B. राज्य सहकारी बैंक
C. आर.बी.आई. D. एस.बी.आई.

ग्रामीण बैंकों की कार्यकारी समूह की सिफारिशों के फलस्वरूप शुरू में 5 ग्रामीण प्रादेशिक बैंक स्थापित किये गये थे, वर्ष–
A. 1973 में B. 1974 में
C. 1975 में D. 1976 में

फेडरल रिजर्व निम्नलिखित में से किस देश का एक वित्तीय संगठन है?
A. यू.एस.ए. B. ब्रिटेन
C. जर्मनी D. ग्रीस

भारत में ट्रेजरी बिल बेचे जाते हैं–
A. आर.बी.आई. द्वारा B. राज्य सरकारों द्वारा
C. व्यापारिक बैंकों द्वारा D. सेबी द्वारा

99. निम्नलिखित में कौन माल के आयात हेतु विदेशी विनिमय को स्वीकृति देता है?
A. कोई भी राष्ट्रीयकृत बैंक
B. विनिमय बैंक
C. भारतीय रिजर्व बैंक
D. वित्त मंत्रालय

100. अल्पकालिक सरकारी प्रतिभूति पत्र को क्या कहा जाता है?
A. शेयर B. डिबेंचर
C. म्यूचुअल फंड D. ट्रेजरी बिल

101. भारत में व्यापारिक बैंकों की देनदारी के घटकों में निम्नलिखित में से सबसे महत्वपूर्ण कौन है?
A. सावधि जमा धनराशि B. माँग जमा धनराशि
C. अन्तर बैंक देनदारियाँ D. अन्य उधार

102. मुद्रास्फीति की उच्च दर और बेरोजगारी की उच्च दर की एक साथ उपस्थिति को क्या कहते हैं?
A. गतिरोध B. स्टैगफ्लेशन
C. चलस्फीति D. अवस्फीति

103. दुर्लभ मुद्रा किसे कहते हैं?
A. ऐसी मुद्रा जो ऋण के बदले चुकायी जाती है
B. ऐसी मुद्रा जो सोने के रूप में हो
C. ऐसी मुद्रा जो आसानी से सुलभ हो
D. ऐसी मुद्रा जो आसानी से सुलभ न हो

104. वाणिज्यिक बैंकों द्वारा भारतीय रिजर्व बैंक के पास रखे हुए सांविधिक न्यूनतम से अधिक रिजर्व कहलाते हैं–
A. नकदी रिजर्व B. जमा रिजर्व
C. बेसिक रिजर्व D. क्षणिक रिजर्व

105. किसी अर्थव्यवस्था में निम्न में से कौन-सा ऐसा कार्य है, जो केन्द्रीय बैंक के कार्यों में शामिल नहीं है?
A. विदेशी मुद्रा विनिमय का कार्य
B. मौद्रिक नीति पर नियंत्रण
C. सरकारी खर्च पर नियंत्रण
D. बैंकर का बैंक के रूप में कार्य

106. निम्नलिखित में से कौन-सी मुद्रा/मुद्राएँ कृत्रिम समझी जाती है?
A. ADR B. GDR
C. SDR D. AAR व SCR दोनों

107. भारत में सभी राष्ट्रीयकृत बैंकों में बचत खातों पर दी जाने वाली ब्याज दर किसके द्वारा निर्धारित की जाती है?
A. केन्द्रीय वित्त मंत्रालय B. केन्द्रीय वित्त आयोग
C. भारतीय बैंक संघ D. इनमें से कोई नहीं

108. आर्थिक विकास सामान्यतः युग्मित होता है–
A. अवस्फीति के साथ B. स्फीति के साथ
C. स्टैगफ्लेशन के साथ D. अतिस्फीति के साथ

109. भारतीय रिजर्व बैंक की बैंक दर कम करने के फलस्वरूप–
A. बाजार की तरलता बढ़ जाती है
B. बाजार की तरलता घट जाती है
C. बाजार की तरलता पर कोई प्रभाव नहीं पड़ता है
D. वाणिज्यिक बैंक अधिक जमा पूँजी संगृहीत कर लेते हैं

110. निम्नलिखित में से कौन-सी वाणिज्यिक शब्दावली उस क्रियाविधि को इंगित करती है जिसके माध्यम से वाणिज्यिक बैंक सरकार को उधार देता है?
A. नकदी रिजर्व अनुपात (CRR)
B. ऋण सेवा दायित्व (DSO)
C. तरलता समायोजन सुविधा
D. सांविधिक तरलता अनुपात (SLR)

111. जब भारतीय रिजर्व बैंक नकदी रिजर्व अनुपात (CRR) में वृद्धि की घोषणा करता है, तो उसका तात्पर्य क्या है?
A. वाणिज्यिक बैंकों के पास उधार देने के लिए कम मुद्रा होगी
B. भारतीय रिजर्व बैंक के पास उधार देने के लिए मुद्रा होगी
C. केन्द्र सरकार के पास उधार देने के लिए कम मुद्रा होगी
D. वाणिज्यिक बैंकों के पास उधार देने के लिए अपेक्षाकृत अधिक मुद्रा होगी

112. इनसाइडर ट्रेडिंग सम्बन्धित है–
A. सार्वजनिक व्यय से B. करारोपण से
C. शेयर बाजार से D. हवाला से

113. निम्नलिखित में से कौन-सा वैकल्पिक धन का उदाहरण है?
A. करेंसी नोट B. सिक्के
C. चेक D. बॉण्ड

114. भारत में निम्नलिखित में से कौन-सा वायदा बाजार आयोग द्वारा विनियमित होता है?
A. मुद्रा फ्यूचर्स व्यापार
B. जिंस फ्यूचर्स व्यापार
C. इक्विटी फ्यूचर्स व्यापार
D. जिंस फ्यूचर्स एवं इक्विटी फ्यूचर्स व्यापार दोनों

115. सेंट्रल बैंक (केन्द्रीय बैंक) के परिमाणात्मक उधार नियंत्रण उपाय में निम्नलिखित में से क्या शामिल नहीं है?
A. बैंक दर नीति B. खुला बाजार प्रचलन
C. नकदी रिजर्व अनुपात D. नैतिक दबाव

116. सरकारी विमानन कंपनी एयर इंडिया का निम्नलिखित में से किसके द्वारा अधिग्रहण कर लिया गया है?
A. रिलायंस B. टाटा
C. गोयनका D. भारती

117. भारत में वर्तमान मुद्रा प्रणाली का प्रबंधकर्ता है–
A. केन्द्रीय वित्त मंत्रालय B. भारतीय रिजर्व बैं
C. राष्ट्रीयकृत बैंक D. सेबी

118. निम्नलिखित में से कौन-सी समिति बैंकिंग क्षेत्र में सु से सम्बन्धित है?
A. एल.सी. गुप्ता B. नरसिम्हन
C. चक्रवर्ती D. केलकर

119. भारत में मौद्रिक नीति किसके द्वारा बनायी और लाग जाती है?
A. केन्द्र सरकार
B. एसोचैम
C. भारतीय रिजर्व बैंक
D. फिक्की

120. केन्द्र सरकार का पहला डिजिटल बजट किस वर्ष लोक में पेश किया गया?
A. 2019–20 B. 2020–21
C. 2021–22 D. 2022–23

121. भारत में विदेशी विनिमय संचय का रख-रखाव किसके किया जाता है?
A. भारतीय रिजर्व बैंक
B. भारतीय स्टेट बैंक
C. वित्त मंत्रालय, भारत सरकार द्वारा
D. भारतीय आयात-निर्यात बैंक द्वारा

122. निम्नलिखित में से कौन-सी संस्था भारत में कृषि ग्रामीण विकास के लिए ऋण से सम्बन्धित कार्य करती
A. IDBI B. NABARD
C. SIDBI D. ICICI

123. निम्नलिखित में से किस पद का सम्बन्ध RBI के कार्य नहीं है?
A. खुला बाजार परिचालन
B. आरक्षित नकदी निधि अनुपात
C. SENSEX
D. चलनिधि समायोजन सुविधा

124. बैंकों की निम्नलिखित में से कौन-सी सेवा/उत्पाद विशेष छात्रों की सहायता के लिए तैयार किया गया है?
A. वैयक्तिक ऋण B. कॉर्पोरेट ऋण
C. शिक्षा ऋण D. कारोबार ऋण

125. भारत में बैंकों का पहली बार राष्ट्रीयकरण कब हुआ थ
A. 1950 में B. 1960 में
C. 1969 में D. 1979 में

. विशेष आर्थिक क्षेत्र की अवधारणा सबसे पहले कहाँ शुरू की गई थी?

A. चीन में　　B. भारत में
C. जापान में　　D. पाकिस्तान में

7. भारत में वस्तुओं को पेटेंट कितने वर्षों की अवधि के लिए जारी किया जाता है

A. 10　　B. 15
C. 20　　D. 25

3. देश में जीएसटी का प्रावधान किस संविधान संशोधन अधिनियम के तहत किया गया है?

A. 115 वाँ　　B. 122 वाँ
C. 101 वाँ　　D. 123 वाँ

9. केन्द्र सरकार की नई 'स्टैण्ड अप इंडिया' योजना निम्नलिखित में से किस वर्ग के लाभार्थ है?

A. अनु. जाति　　B. अनु. जनजाति
C. महिलाएं　　D. इनमें से सभी के

0. निम्नलिखित में से कौन-सा स्टील संयंत्र भारत में 1965 में प. जर्मनी के सहयोग से शुरू हुआ था?

A. जमशेदपुर टाटा स्टील संयंत्र
B. राउरकेला स्टील संयंत्र
C. दुर्गापुर स्टील संयंत्र
D. बोकारो स्टील संयंत्र

1. एग्मार्क किसके मानक की गारंटी है?

A. गुणवत्ता　　B. मात्रा
C. वजन　　D. आकार

2. भारत में थोक मूल्य सूचकांक का आधार वर्ष अब क्या है?

A. 2004-05　　B. 2011-12
C. 2009-10　　D. 2010-11

3. भारत में रासायनिक उर्वरकों के दो बड़े उपभोक्ता हैं–

A. आंध्र प्रदेश एवं महाराष्ट्र
B. पंजाब एवं हरियाणा
C. पंजाब एवं उत्तर प्रदेश
D. उत्तर प्रदेश एवं आंध्र प्रदेश

4. शर्करा फैक्ट्रियों की अधिकतम संख्या कहाँ पर है?

A. उत्तर प्रदेश　　B. बिहार
C. तमिलनाडु　　D. असम

5. भारत में पूँजी प्रधान उद्योग का सर्वोत्तम उदाहरण है–

A. वस्त्र उद्योग
B. इस्पात उद्योग
C. पर्यटन उद्योग
D. खेलकूद के सामान का उद्योग

136. बहुराष्ट्रीय कंपनी से क्या तात्पर्य है?

A. ऐसा व्यक्ति जो कई देशों में जा चुका हो
B. ऐसी कंपनी जो कई देशों में अपना कार्य संचालन करती है
C. ऐसा व्यक्ति जिसके पास कई देशों की नागरिकता है
D. विकासशील देशों की सहायता के लिए स्थापित संगठन

137. पन्द्रहवें वित्त आयोग के अध्यक्ष कौन थे?

A. एन.के. सिंह
B. वाई.वी. रेड्डी
C. डॉ. राजीव कुमार
D. डॉ. अरविन्द पनगढ़िया

138. निम्नलिखित में से कौन-सी एक भारत की सबसे बड़ी सॉफ्टवेयर कंपनी है?

A. इन्फोसिस　　B. टी.सी.एस.
C. विप्रो　　D. एच.सी.एल. टेक

139. इस समय भारत का सबसे बड़ा तेलशोधक कारखाना निम्न में से कौन-सा है?

A. रिलायंस, जामनगर रिफाइनरी
B. IOC, मथुरा
C. HPCL, विशाखापत्तनम
D. BPCL, मुम्बई

140. भारत के किस राज्य को 'चीनी का कटोरा' कहा जाता है?

A. उत्तर प्रदेश　　B. पंजाब
C. आंध्र प्रदेश　　D. बिहार

141. भारत में मिल निर्मित कपड़े का सर्वाधिक उत्पादन प्राप्त होता है–

A. मध्य प्रदेश से　　B. गुजरात से
C. महाराष्ट्र से　　D. पंजाब से

142. नवरत्न स्टेटस सम्बन्धित है–

A. संयुक्त उद्यम कंपनी से　　B. निजी कंपनी से
C. सार्वजनिक कंपनी से　　D. पावर सेक्टर कम्पनी से

143. भारत निर्माण योजना का सम्बन्ध है–

A. अवस्थापन विकास से
B. खाद्यान्न उत्पादन आत्मनिर्भरता से
C. परिवार कल्याण कार्यक्रम से
D. उपर्युक्त में से कोई नहीं

144. निम्नलिखित में से किसकी दृष्टि से भारतीय अर्थव्यवस्था में कुटीर तथा लघु उद्योग आवश्यक है?

A. आय सृजन　　B. बड़े पैमाने पर उत्पादन
C. अल्प लागत प्रौद्योगिकी　　D. रोजगार सृजन

145. निम्नलिखित में से उत्पादन का सर्वाधिक गतिशील कारक कौन-सा है?

A. भूमि B. श्रम
C. पूँजी D. संगठन

146. भारत में जीएसटी का प्रावधान किस संविधान संशोधन अधिनियम के तहत किया गया है?

A. 100वाँ B. 102वाँ
C. 101वाँ D. 103वाँ

147. विश्व बैंक से आशय है–

A. IBRD
B. IBRD & IDA
C. IBRD, IDA, IFC & MIGA
D. IBRD, IDA, IFC, MIGA & ICSID

148. भारत में श्वेत क्रांति के जनक माने जाते हैं–

A. डॉ. वी. कुरियन B. श्री एस.एच. राव
C. श्री एस.के. भारद्वाज D. श्री मोरारजी देसाई

149. भारत में हरित क्रांति का जनक किसे माना जाता है

A. नॉर्मन अर्नेस्ट बॉरलोग B. एम.एस. स्वामीनाथ
C. जे.एस. थॉमसन D. इनमें से कोई नहीं

150. ऑपरेशन फ्लड किस कार्य से सम्बन्धित है?

A. दुग्ध उत्पादन B. गेहूँ उत्पादन
C. बाढ़ नियंत्रण D. जल संचयन

उत्तरमाला

1	2	3	4	5	6	7	8	9	10
D	C	C	D	A	B	A	B	A	A
11	**12**	**13**	**14**	**15**	**16**	**17**	**18**	**19**	**20**
D	D	B	C	B	B	B	A	C	D
21	**22**	**23**	**24**	**25**	**26**	**27**	**28**	**29**	**30**
A	C	A	A	C	D	C	D	B	C
31	**32**	**33**	**34**	**35**	**36**	**37**	**38**	**39**	**40**
A	A	B	A	B	B	C	C	B	C
41	**42**	**43**	**44**	**45**	**46**	**47**	**48**	**49**	**50**
B	B	B	B	B	C	C	A	C	A
51	**52**	**53**	**54**	**55**	**56**	**57**	**58**	**59**	**60**
A	B	D	B	B	C	C	C	A	A
61	**62**	**63**	**64**	**65**	**66**	**67**	**68**	**69**	**70**
A	C	B	B	B	C	A	D	D	C
71	**72**	**73**	**74**	**75**	**76**	**77**	**78**	**79**	**80**
C	C	C	B	A	B	D	A	D	C
81	**82**	**83**	**84**	**85**	**86**	**87**	**88**	**89**	**90**
B	C	A	A	C	A	A	D	B	B
91	**92**	**93**	**94**	**95**	**96**	**97**	**98**	**99**	**100**
C	C	B	C	A	C	A	A	C	D
101	**102**	**103**	**104**	**105**	**106**	**107**	**108**	**109**	**110**
A	B	D	A	C	C	D	B	A	D
111	**112**	**113**	**114**	**115**	**116**	**117**	**118**	**119**	**120**
A	C	C	B	D	B	B	B	C	C
121	**122**	**123**	**124**	**125**	**126**	**127**	**128**	**129**	**130**
A	B	A	C	C	A	C	C	D	B
131	**132**	**133**	**134**	**135**	**136**	**137**	**138**	**139**	**140**
A	B	B	A	B	B	A	B	A	A
141	**142**	**143**	**144**	**145**	**146**	**147**	**148**	**149**	**150**
B	C	A	D	C	C	D	A	B	A

☆☆☆☆☆☆

भारतीय राजव्यवस्था

भारत का संविधान

- संविधान का निर्माण भारतीय जनता द्वारा चुने गए प्रतिनिधियों की संविधान सभा द्वारा किया गया।
- संविधान सभा का प्रथम अधिवेशन 9 दिसम्बर, 1946 को दिल्ली में हुआ जिसकी अध्यक्षता डॉ. सच्चिदानंद सिन्हा ने की थी।
- 11 दिसम्बर, 1946 को डॉ. राजेन्द्र प्रसाद को संविधान सभा का स्थायी अध्यक्ष नियुक्त किया गया।
- डॉ. भीमराव अम्बेडकर की अध्यक्षता में सात सदस्यों वाली प्रारूप समिति ने संविधान का अन्तिम रूप से निर्माण किया।
- 26 नवम्बर, 1949 को संविधान अंगीकृत किया गया तथा 26 जनवरी, 1950 से इसे सम्पूर्ण भारत में लागू किया गया। इसी कारण 26 जनवरी को गणतंत्र दिवस मनाया जाता है।
- 26 नवम्बर, 1949 को पारित भारतीय संविधान में 22 भाग, 395 अनुच्छेद तथा 8 अनुसूचियां थी।
- भारतीय संविधान का लगभग दो-तिहाई भाग 'भारत शासन अधिनियम 1935' से लिया गया था।
- संविधान की प्रस्तावना को संविधान की कुंजी कहा जाता है।
- संविधान के 42वें संशोधन अधिनियम 1976 के द्वारा इसमें 'पन्थ निरपेक्ष' तथा 'समाजवादी' एवं 'अखंडता' शब्द जोड़े गए।
- भारतीय संविधान के निर्माण में विभिन्न देशों के संविधान से उनके महत्वपूर्ण तत्व समावेशित किए गए थे।

भारतीय संविधान में विदेशी तत्व

राष्ट्र	विविध स्रोत
• संयुक्त राज्य अमेरिका	मौलिक अधिकार, न्यायिक पुनर्विलोकन, संविधान की सर्वोच्चता, न्यायपालिका की स्वतंत्रता, निर्वाचित राष्ट्रपति एवं उस पर महाभियोग, उपराष्ट्रपति का पद, उच्चतम एवं उच्च न्यायालयों के न्यायाधीशों को हटाने की विधि एवं वित्तीय आपात।
• ब्रिटेन	संसदीय शासन प्रणाली; एकल नागरिकता व विधि निर्माण प्रक्रिया।
• आयरलैंड	नीति निर्देशक तत्व, राष्ट्रपति के निर्वाचक मंडल की व्यवस्था, आपातकालीन उपबंध।
• ऑस्ट्रेलिया	प्रस्तावना की भाषा, समवर्ती सूची का प्रावधान, केन्द्र व राज्यों के बीच संबंध तथा शक्तियों का विभाजन।
• सोवियत संघ (रूस)	मौलिक कर्त्तव्य।
• जापान	विधि द्वारा स्थापित प्रक्रिया।
• फ्रांस	गणतंत्रात्मक शासन पद्धति।
• कनाडा	संघात्मक शासन व्यवस्था एवं अवशिष्ट शक्तियों का केन्द्र के पास होना।
• द॰ अफ्रीका	संविधान संशोधन की प्रक्रिया का प्रावधान।
• जर्मनी	आपातकाल के प्रवर्तन के दौरान राष्ट्रपति को मौलिक अधिकारों से संबंधित शक्तियां।

भारतीय संविधान की अनुसूचियाँ

- **पहली अनुसूचीः** इसमें भारतीय संघ के घटक राज्यों एवं संघ शासित क्षेत्रों का उल्लेख है।
- **दूसरी अनुसूचीः** इसमें भारतीय राजव्यवस्था के विभिन्न पदाधिकारियों को प्राप्त होने वाले वेतन, भत्ते और पेन्शन आदि का उल्लेख है।
- **तीसरी अनुसूचीः** इसमें विभिन्न पदाधिकारियों द्वारा पद-ग्रहण के समय लिये जाने वाले शपथ का उल्लेख है।

1674 (Gen. Aware.)–10

- **चौथी अनुसूचीः** इसमें विभिन्न राज्यों तथा संघीय क्षेत्रों की राज्य सभा में प्रतिनिधित्व का विवरण दिया गया है।
- **पाँचवीं अनुसूचीः** इसमें विभिन्न अनुसूचित क्षेत्रों और अनुसूचित जनजाति के प्रशासन और नियंत्रण के बारे में उल्लेख है।
- **छठी अनुसूचीः** इसमें असम, मेघालय, त्रिपुरा और मिजोरम राज्यों के जनजाति क्षेत्रों के प्रशासन का प्रावधान है।
- **सातवीं अनुसूचीः** इसमें केन्द्र और राज्यों के बीच शक्तियों के बँटवारे के बारे में उल्लेख है। इसके अन्तर्गत तीन सूचियाँ हैं–संघ सूची, राज्य सूची और समवर्ती सूची।
- **आठवीं अनुसूचीः** इसमें भारत की 22 भाषाओं का उल्लेख है।
- **नौवीं अनुसूचीः** संविधान में यह अनुसूची प्रथम संविधान संशोधन अधिनियम, 1951 द्वारा जोड़ी गई। इसके अन्तर्गत राज्य द्वारा सम्पत्ति के अधिग्रहण की विधियों का उल्लेख है।
- **दसवीं अनुसूचीः** यह संविधान में 52वें संशोधन (1985), द्वारा जोड़ी गई। इसमें दल-बदल से सम्बन्धित प्रावधानों का उल्लेख है।
- **ग्यारहवीं अनुसूचीः** यह अनुसूची 73वें संवैधानिक संशोधन (1993) द्वारा जोड़ी गई। इसमें पंचायती राज संस्थाओं को कार्य करने के लिए 29 विषय प्रदान किए गए हैं।
- **बारहवीं अनुसूचीः** यह अनुसूची 74वें संवैधानिक संशोधन (1993) द्वारा जोड़ी गई। इसमें शहरी क्षेत्र की स्थानीय स्वशासन संस्थाओं को कार्य करने के लिए 18 विषय दिए गए हैं।

भारतीय संविधान के कुछ महत्वपूर्ण अनुच्छेद

अनुच्छेद	*प्रावधान*
• अनुच्छेद 1	संघ का नाम और उसका राज्य क्षेत्र
• अनुच्छेद 2	नये राज्यों का प्रवेश व स्थापना
• अनुच्छेद 3	नये राज्यों का निर्माण और वर्तमान राज्यों के क्षेत्रों, सीमाओं और नामों में परिवर्तन
• अनुच्छेद 5-11	नागरिकता के प्रावधान
• अनुच्छेद 12-35	मौलिक अधिकारों का प्रावधान
• अनुच्छेद 36-51	राज्य के नीति-निदेशक तत्व
• अनुच्छेद 51(क)	मौलिक कर्त्तव्य
• अनुच्छेद 52-73	भारत के राष्ट्रपति एवं उपराष्ट्रपति
• अनुच्छेद 74-75	मंत्रिपरिषद् की व्यवस्था एवं उसके कार्य
• अनुच्छेद 76	भारत का महान्यायवादी
• अनुच्छेद 79	संसद का गठन
• अनुच्छेद 80	राज्य सभा की संरचना
• अनुच्छेद 81	लोक सभा की संरचना
• अनुच्छेद 89	राज्य सभा का सभापति एवं उपसभापति
• अनुच्छेद 93	लोक सभा का अध्यक्ष एवं उपाध्यक्ष
• अनुच्छेद 108	कुछ दशाओं में दोनों सदनों की संयुक्त बैठक
• अनुच्छेद 109	धन विधेयक के सम्बन्ध में विशेष प्रक्रिया
• अनुच्छेद 110	धन विधेयक की परिभाषा
• अनुच्छेद 112	वार्षिक वित्तीय विवरण

अनुच्छेद	*प्रावधान*
• अनुच्छेद 124	उच्चतम न्यायालय की स्थापना और गठन
• अनुच्छेद 143	उच्चतम न्यायालय से परामर्श करने की राष्ट्रपति की शक्ति
• अनुच्छेद 148	भारत का नियंत्रक महालेखा परीक्षक
• अनुच्छेद 149	नियंत्रक एवं महालेखा परीक्षक के कर्त्तव्य और शक्तियाँ
• अनुच्छेद 153-162	राज्यपाल की नियुक्ति व अधिकार
• अनुच्छेद 163-164	राज्य की मंत्रिपरिषद्
• अनुच्छेद 165	राज्य का महाधिवक्ता
• अनुच्छेद 168-177	राज्य का विधानमंडल
• अनुच्छेद 178-187	राज्य विधानमंडल के अधिकारी
• अनुच्छेद 188-193	राज्य विधानमंडल का कार्य संचालन
• अनुच्छेद 216	उच्च न्यायालय का गठन
• अनुच्छेद 226	कुछ रिट निकालने की उच्च न्यायालय की शक्ति
• अनुच्छेद 233	जिला न्यायाधीशों की नियुक्ति
• अनुच्छेद 239-241	संघ राज्य क्षेत्र
• अनुच्छेद 243-243(ण)	पंचायती राज का गठन व इसके अन्य उपबन्ध
• अनुच्छेद 243(त) से 243(य, छ)	नगरपालिकाएँ व इसके अन्य उपबंध

अनुच्छेद	प्रावधान
• अनुच्छेद 248	अवशिष्ट विधायी शक्तियां
• अनुच्छेद 249	राज्य की सूची के विषयों के संबंध में राष्ट्रीय हित में विधि बनाने की संसद की शक्ति
• अनुच्छेद 250	यदि आपात की उद्घोषणा प्रवर्तन में हो तो राज्यसूची के विषय के संबंध में विधि बनाने की संसद की शक्ति
• अनुच्छेद 253	अन्तर्राष्ट्रीय करारों को प्रभावी करने के लिए विधान
• अनुच्छेद 262	अन्तर्राज्यिक नदियों या नदी के जल संबंधी विवादों का न्यायनिर्णयन
• अनुच्छेद 263	अन्तर्राज्य परिषद् के संबंध में उपबंध
• अनुच्छेद 266	भारत और राज्यों की संचित निधियां और लोक लेखा
• अनुच्छेद 267	आकस्मिक निधि
• अनुच्छेद 280	वित्त आयोग का गठन
• अनुच्छेद 300(क)	विधि के प्राधिकार के बिना व्यक्तियों को सम्पत्ति से वंचित न किया जाना
• अनुच्छेद 312	अखिल भारतीय सेवाएं
• अनुच्छेद 315	संघ और राज्यों के लिए लोक सेवा आयोग
• अनुच्छेद 324	भारत का निर्वाचन आयोग
• अनुच्छेद 326	लोक सभा और राज्यों की विधान सभाओं के लिए निर्वाचन में वयस्क मताधिकार का होना
• अनुच्छेद 330	लोक सभा में अनुसूचित जातियों और जनजातियों के लिए स्थानों का आरक्षण
• अनुच्छेद 331	लोक सभा में आंग्ल-भारतीय समुदाय का प्रतिनिधित्व
• अनुच्छेद 332	राज्यों की विधान सभा में अनुसूचित जातियों और अनुसूचित जनजातियों के लिए स्थानों का आरक्षण
• अनुच्छेद 333	राज्य की विधानसभाओं में आंग्ल- भारतीय समुदाय का प्रतिनिधित्व
• अनुच्छेद 343	संघ की भाषा

अनुच्छेद	प्रावधान
• अनुच्छेद 344	राजभाषा के संबंध में आयोग और संसद की समिति
• अनुच्छेद 348	उच्चतम न्यायालय और उच्च न्यायालयों में और अधिनियमों, विधेयकों आदि के लिए प्रयोग की जाने वाली भाषा
• अनुच्छेद 350 (क)	प्राथमिक स्तर पर मातृभाषा में शिक्षा की सुविधाएं
• अनुच्छेद 351	हिन्दी भाषा के विकास के लिए निर्देश
• अनुच्छेद 352	आपात की उद्घोषणा
• अनुच्छेद 356	राज्यों में सांविधिक तंत्र के विफल हो जाने की दशा में उपबंध
• अनुच्छेद 358	आपात के दौरान अनुच्छेद 19 के उपबंधों का निलंबन
• अनुच्छेद 360	वित्तीय आपात के बारे में उपबंध
• अनुच्छेद 368	संविधान का संशोधन करने की संसद की शक्ति और उसके लिए प्रक्रिया

नागरिकता (भाग-2, अनुच्छेद 5 से 11)

- भारत में एकल नागरिकता का प्रावधान किया गया है।
- भारतीय नागरिकता अधिनियम, 1955 के अनुसार निम्नलिखित में से किसी एक आधार पर नागरिकता प्राप्त की जा सकती है–

1. **जन्मजातः** इसके अन्तर्गत 26 जनवरी, 1950 तथा उसके बाद भारत में जन्म लेने वाला व्यक्ति भारत का जन्मजात नागरिक होगा। इस नियम के दो अपवाद हैं– प्रथम, विदेशी राजनयिकों के भारत में जन्मे बच्चे। द्वितीय, शत्रुओं के अधीन भारत के किसी भाग में उत्पन्न बच्चे।
2. **वंशानुगतः** 26 जनवरी, 1950 तथा उसके उपरान्त भारत के बाहर जन्म लेने वाला बच्चा वंशानुक्रम से भारत का ही नागरिक कहलाएगा, यदि उसके जन्म के समय उसका पिता भारत का नागरिक हो।
3. **देशीयकरण द्वाराः** भारत सरकार से देशीयकरण का प्रमाण-पत्र प्राप्त कर भारत की नागरिकता प्राप्त की जा सकती है।
4. **पंजीकरण द्वाराः** पंजीकरण के द्वारा भारत की नागरिकता प्राप्त की जा सकती है।
5. **भूमि विस्तार द्वाराः** राज्य भू-भाग का अगर विस्तार होता है तब उस अधिगृहीत क्षेत्र के निवासियों को भारत की नागरिकता मिल जाती है।

मौलिक अधिकार (भाग-3, अनुच्छेद 12 से 35 तक)

- जब संविधान का प्रवर्तन किया गया, उस समय मूल अधिकारों की संख्या 7 थी। लेकिन 44वें संविधान संशोधन, 1976 के द्वारा सम्पत्ति के मूल अधिकार को समाप्त करके इस अधिकार को विधिक अधिकार बना दिया गया।
- भारतीय नागरिकों को निम्नलिखित छः प्रकार के मौलिक अधिकार प्राप्त हैं–

1. समता का अधिकार

- **अनुच्छेद 14:** विधि के समक्ष समता का अधिकार।
- **अनुच्छेद 15:** धर्म, नस्ल, जाति, लिंग या जन्म-स्थान के आधार पर भेदभाव का निषेध।
- **अनुच्छेद 16:** लोक नियोजन के विषय में अवसर की समता।
- **अनुच्छेद 17:** अस्पृश्यता का अंत।
- **अनुच्छेद 18:** उपाधियों का अंत।

2. स्वतंत्रता का अधिकार

- **अनुच्छेद 19:** संविधान में छः प्रकार की स्वतंत्रता का अधिकार है–
  - *(i)* बोलने की स्वतंत्रता,
  - *(ii)* शांतिपूर्वक बिना हथियारों के एकत्रित होने और सभा करने की स्वतंत्रता,
  - *(iii)* संघ बनाने की स्वतंत्रता,
  - *(iv)* देश के किसी भी क्षेत्र में आवागमन की स्वतंत्रता,
  - *(v)* देश के किसी भी क्षेत्र में निवास करने और बसने की स्वतंत्रता,
  - *(vi)* सम्पत्ति का अधिकार।
- **अनुच्छेद 20:** अपराधों के लिए दोष-सिद्धि के संबंध में संरक्षण।
- **अनुच्छेद 21:** प्राण एवं दैहिक स्वतंत्रता का संरक्षण।
- **अनुच्छेद 21 (क):** राज्य 6 से 14 वर्ष की आयु के समस्त बच्चों को इस ढंग से जैसा कि राज्य, विधि द्वारा अवधारित करें, निःशुल्क तथा अनिवार्य शिक्षा उपलब्ध करेगा। (86वाँ संशोधन-2002 के द्वारा।)
- **अनुच्छेद 22:** कुछ दशाओं में गिरफ्तारी और निरोध में संरक्षण।

3. शोषण के विरूद्ध अधिकार

- **अनुच्छेद 23:** मानव के दुर्व्यापार और बलात् श्रम का प्रतिषेध।
- **अनुच्छेद 24:** बालकों के नियोजन का प्रतिषेध।

4. धार्मिक स्वतंत्रता का अधिकार

- **अनुच्छेद 25:** अंतःकरण की और धर्म के अबाध रूप से मानने, आचरण और प्रचार करने की स्वतंत्रता।
- **अनुच्छेद 26:** धार्मिक कार्यों के प्रबंध की स्वतंत्रता।
- **अनुच्छेद 27:** राज्य किसी भी व्यक्ति को ऐसे कर देने के लिए बाध्य नहीं कर सकता है, जिसकी आय किसी विशेष धर्म अथवा धार्मिक सम्प्रदाय की उन्नति या पोषण में व्यय करने के लिए विशेष रूप से निश्चित कर दी गई है।
- **अनुच्छेद 28:** राज्य-विधि से पूर्णतः पोषित किसी शिक्षा संस्था में कोई धार्मिक शिक्षा नहीं दी जाएगी।

5. संस्कृति एवं शिक्षा संबंधी अधिकार

- **अनुच्छेद 29:** अल्पसंख्यक वर्गों के हितों का संरक्षण।
- **अनुच्छेद 30:** शिक्षा संस्थाओं की स्थापना और प्रशासन करने का अल्पसंख्यक वर्गों को अधिकार।

6. संवैधानिक उपचारों का अधिकारः

- **अनुच्छेद 32:** इसके अन्तर्गत मौलिक अधिकारों को प्रवर्तित कराने के लिए समुचित कार्रवाइयों द्वारा उच्चतम न्यायालय में आवेदन करने का अधिकार प्रदान किया गया है। इस सन्दर्भ में सर्वोच्च न्यायालय को पाँच तरह के रिट (writ) निकालने की शक्ति प्रदान की गयी है। ये रिट निम्नलिखित हैं–
  - *(i)* बन्दी प्रत्यक्षीकरण,
  - *(ii)* परमादेश,
  - *(iii)* प्रतिषेध-लेख,
  - *(iv)* उत्प्रेषण,
  - *(v)* अधिकार पृच्छा-लेख।

राज्य के नीति निदेशक सिद्धांत

(भाग-4, अनुच्छेद 36 से 51 तक)

- नीति निदेशक सिद्धांत राष्ट्र के प्रशासकों के लिए एक आचार संहिता है।
- इसे न्यायालय द्वारा लागू नहीं किया जा सकता अर्थात् इसे वैधानिक शक्ति प्राप्त नहीं है।
- राज्य के नीति निर्देशक सिद्धांत निम्न हैं–
  - **अनुच्छेद 38:** राज्य लोक कल्याण की अभिवृद्धि के लिए सामाजिक व्यवस्था बनायेगा।
  - **अनुच्छेद 39:** राज्य का यह कर्त्तव्य है कि वह समान कार्य के लिए समान वेतन प्रदान करे।
  - **अनुच्छेद 40:** ग्राम पंचायतों का गठन।
  - **अनुच्छेद 41:** कुछ दशाओं में काम, शिक्षा और लोक सहायता पाने का अधिकार।

- **अनुच्छेद 42:** काम की न्याय संगत और मानवोचित दशाओं तथा प्रसूति सहायता का उपबंध।
- **अनुच्छेद 43:** कर्मकारों के लिए निर्वाहन मजदूरी एवं कुटीर उद्योग को प्रोत्साहन।
- **अनुच्छेद 44:** नागरिकों के लिए एक समान सिविल संहिता।
- **अनुच्छेद 45:** बालकों के लिए निःशुल्क और अनिवार्य शिक्षा का उपबन्ध।
- **अनुच्छेद 46:** राज्य की अनुसूचित जातियों, अनुसूचित जनजातियों और अन्य दुर्बल वर्गों की शिक्षा और अर्थ संबंधी हितों की अभिवृद्धि।
- **अनुच्छेद 47:** पोषाहार स्तर और जीवन स्तर को ऊंचा करने तथा लोक स्वास्थ्य का सुधार करने का राज्य कर्त्तव्य।
- **अनुच्छेद 48:** कृषि और पशुपालन का संगठन।
- **अनुच्छेद 48 (क):** पर्यावरण का संरक्षण तथा संवर्धन और वन्य जीवों की रक्षा का प्रयास करेगा।
- **अनुच्छेद 49:** राष्ट्रीय महत्व के संस्मारकों, स्थानों और वस्तुओं का संरक्षण।
- **अनुच्छेद 50:** कार्यपालिका से न्यायपालिका का पृथक्करण।
- **अनुच्छेद 51:** अन्तर्राष्ट्रीय शांति और सुरक्षा की अभिवृद्धि।

मौलिक कर्त्तव्य [भाग-4 (क) में अनुच्छेद 51 (क)]

- मौलिक कर्तव्य संविधान के 42वें संशोधन अधिनियम द्वारा अंतःस्थापित किये गये।
- मौलिक कर्त्तव्यों की संख्या 11 है, जो इस प्रकार हैं: प्रत्येक नागरिक का यह कर्त्तव्य होगा कि–

1. संविधान का पालन करे और उसके आदर्शों, संस्थाओं, राष्ट्रध्वज और राष्ट्रगान का आदर करें।
2. स्वतंत्रता के लिए हमारे राष्ट्रीय आन्दोलन को प्रेरित करने वाले उच्च आदर्शों को हृदय में संजोये रखे और उनका पालन करे।
3. भारत की प्रभुता, एकता और अखण्डता की रक्षा करे और उसे अक्षुण्ण रखे।
4. देश की रक्षा करें और आह्वान किये जाने पर राष्ट्र की सेवा करे।
5. भारत के सभी लोगों में समरसता और समान भ्रातृत्व की भावना का निर्माण करे।
6. हमारी सामाजिक संस्कृति की गौरवशाली परंपरा का महत्व समझें और उसका परिरक्षण करे।
7. प्राकृतिक पर्यावरण की रक्षा और उसका संवर्द्धन करे।
8. वैज्ञानिक दृष्टिकोण और ज्ञानार्जन की भावना का विकास करे।
9. सार्वजनिक संपत्ति को सुरक्षित रखें।
10. व्यक्तिगत और सामूहिक गतिविधियों के सभी क्षेत्रों में उत्कर्ष की ओर बढ़ने का सतत् प्रयास करें।
11. 6 से 14 साल तक की आयु के बच्चे के माता-पिता या अभिभावक अपने बच्चे को शिक्षा दिलाने के लिए अवसर उपलब्ध कराने का प्रयास करेंगे।

संघीय कार्यपालिका

- भारत में संसदीय शासन प्रणाली को अपनाया गया है। संसद के अन्तर्गत राष्ट्रपति, राज्य सभा और लोक सभा आते हैं।
- राष्ट्रपति देश का संवैधानिक प्रधान होता है।
- अनुच्छेद 58 के अनुसार कोई व्यक्ति राष्ट्रपति होने योग्य तब होगा, जब वह–

1. भारत का नागरिक हो।
2. 35 वर्ष की आयु पूरी कर चुका हो।
3. लोक सभा का सदस्य निर्वाचित किए जाने योग्य हो।
4. चुनाव के समय लाभ का पद धारण नहीं किया हो।

राष्ट्रपति

- राष्ट्रपति का निर्वाचन एक निर्वाचक मंडल के द्वारा होता है।
- निर्वाचक मंडल में राज्य सभा, लोक सभा और राज्यों की विधानसभाओं में निर्वाचित सदस्य शामिल होते हैं।
- राष्ट्रपति का निर्वाचन समानुपातिक प्रतिनिधित्व प्रणाली और एकल संक्रमणीय मत पद्धति के द्वारा होता है।
- राष्ट्रपति के निर्वाचन से संबंधित विवादों का निपटारा उच्चतम न्यायालय द्वारा किया जाता है।
- राष्ट्रपति का कार्यकाल 5 वर्षों का होता है। अपने पद की समाप्ति के बाद भी वह पद पर तब तक बना रहेगा जब तक उसका उत्तराधिकारी पद ग्रहण नहीं कर लेता है।
- उच्चतम न्यायालय का प्रधान न्यायाधीश राष्ट्रपति को शपथ दिलाता है।
- राष्ट्रपति अपना पदत्याग उपराष्ट्रपति को संबोधित अपने त्यागपत्र के द्वारा कर सकता है।

- राष्ट्रपति द्वारा संविधान के प्रावधानों के उल्लंघन पर संसद में उस पर महाभियोग चलाया जा सकता है।
- **राष्ट्रपति के अधिकार एवं कर्त्तव्यः** राष्ट्रपति संविधान के अधीन निम्नलिखित अधिकारियों एवं आयोगों को नियुक्त करने की शक्ति रखता है–
  1. भारत का प्रधानमंत्री
  2. संघीय मंत्रिपरिषद् के अन्य मंत्री
  3. भारत का महान्यायवादी
  4. नियंत्रक एवं महालेखा परीक्षक
  5. उच्चतम न्यायालय के न्यायाधीश
  6. उच्च न्यायालय के न्यायाधीश
  7. राज्यों के राज्यपाल
  8. केन्द्रशासित प्रदेशों के प्रशासक
  9. भारत के विदेशों में राजदूत एवं उच्चायुक्त
  10. जल प्रदाय से संबंधित आयोग
  11. वित्त आयोग
  12. संघ लोक सेवा आयोग के अध्यक्ष तथा सदस्य
  13. राज्यों के समूहों के लिए संयुक्त आयोग
  14. मुख्य निर्वाचन आयुक्त तथा निर्वाचन आयोग के अन्य सदस्य
  15. अनुसूचित जाति तथा अनुसूचित जनजातियों के लिए विशेष अधिकारी/आयोग
  16. अनुसूचित क्षेत्रों के प्रशासन पर प्रतिवेदन देने के लिए आयोग
  17. पिछड़े वर्गों का अध्ययन करने के लिए आयोग
  18. राजभाषा आयोग
  19. भाषायी अल्पसंख्यक आयोग

विधायी शक्तियां

1. संसद का सत्रावसान तथा विघटन।
2. राष्ट्रपति का अभिभाषण तथा संदेश भेजना।
3. राज्य सभा के सदस्यों का मनोनयन – राज्य सभा के लिए कला, साहित्य, विज्ञान, समाज सेवा या सहकारिता क्षेत्र के 12 सदस्यों को मनोनीत कर सकता है।
4. संसद द्वारा पारित विधेयक राष्ट्रपति के अनुमोदन के बाद ही कानून बनते हैं।
5. संसद में निम्न विधेयकों को प्रस्तुत करने से पूर्व राष्ट्रपति की अनुमति आवश्यक है--
   (*i*) नये राज्यों का निर्माण और वर्तमान राज्य के क्षेत्रों, सीमाओं या नामों में परिवर्तन संबंधी विधेयक।
   (*ii*) धन विधेयक (अनुच्छेद 110)।
   (*iii*) संचित निधि में व्यय करने वाले विधेयक।
   (*iv*) ऐसे कराधान पर, जिसमें राज्य-हित जुड़े हैं, प्रभाव डालने वाले विधेयक।
   (*v*) राज्यों के बीच व्यापार, वाणिज्य और समागम पर निर्बन्धन लगाने वाले विधेयक।
6. अनुच्छेद 123 के अन्तर्गत अध्यादेश जारी करने की शक्ति।
7. राष्ट्रपति भारतीय सेना का सर्वोच्च कमांडर होता है।
8. संविधान के अनुच्छेद 72 के अन्तर्गत राष्ट्रपति को किसी अपराध के लिए दोषी ठहराए गए किसी व्यक्ति के दण्ड को क्षमा करने, उसका प्रविलम्बन, परिहार और लघुकरण की शक्ति प्राप्त है।
9. राष्ट्रपति अनुच्छेद 143 के अधीन किसी सार्वजनिक महत्व के प्रश्न पर उच्चतम न्यायालय से परामर्श ले सकता है, लेकिन वह यह परामर्श मानने के लिए बाध्य नहीं है।
10. **राष्ट्रपति की आपातकालीन शक्तियाँः** संविधान में अनुच्छेद 352 से अनुच्छेद 360 तक आपातकालीन उपबंध किए गए हैं। केन्द्रीय मंत्रिपरिषद् के परामर्श से राष्ट्रपति तीन प्रकार के आपात लागू कर सकता है– (i) युद्ध या बाह्य आक्रमण या सशस्त्र विद्रोह के कारण लगाया गया आपात (अनु. 352)। (ii) राज्यों में सांविधानिक तंत्र के विफल होने से उत्पन्न आपात (अनु. 356)। (iii) वित्तीय आपात (अनु. 360)।

उपराष्ट्रपति

- संविधान के अनुच्छेद 63 के अनुसार, भारत का एक उपराष्ट्रपति होगा। इसका कार्यकाल 5 वर्षों का होता है।
- उपराष्ट्रपति राज्य सभा का पदेन सभापति होता है।
- उपराष्ट्रपति का निर्वाचन संसद के दोनों सदनों के सदस्यों से मिलकर बनने वाले निर्वाचक मंडल द्वारा आनुपातिक प्रतिनिधित्व पद्धति के अनुसार एकल संक्रमणीय मत द्वारा होगा तथा ऐसा निर्वाचन गुप्त होगा। कोई व्यक्ति उपराष्ट्रपति निर्वाचित होने का पात्र तभी होगा जब वह–

(i) भारत का नागरिक हो,
(ii) पैंतीस वर्ष की आयु पूरी कर चुका हो,
(iii) राज्य सभा का सदस्य निर्वाचित होने के योग्य हो।

मंत्रिपरिषद्

अनु. 74 के अनुसार, राष्ट्रपति को सहायता और सलाह देने के लिए मंत्रिपरिषद् होगी, जिसका प्रमुख **प्रधानमंत्री** होगा।
प्रधानमंत्री की नियुक्ति राष्ट्रपति करता है तथा अन्य मंत्रियों की नियुक्ति राष्ट्रपति प्रधानमंत्री की सलाह पर करता है।
मंत्री राष्ट्रपति के प्रसादपर्यंत अपने-अपने पद धारण करते हैं।
मंत्रिपरिषद् लोक सभा के प्रति सामूहिक रूप से उत्तरदायी होती है।
राष्ट्रपति मंत्रियों को पद एवं गोपनीयता की शपथ दिलाता है।
किसी भी गैर संसद सदस्य को मंत्री बनाया जा सकता है, लेकिन उसे 6 मास की अवधि तक संसद का सदस्य हो जाना चाहिए।
प्रधानमंत्री नीति (NITI) आयोग का पदेन अध्यक्ष होता है।
संवैधानिक रूप से देश की समस्त शक्तियाँ राष्ट्रपति के हाथों में होती हैं किन्तु उसकी समस्त शक्तियों का उपयोग मंत्रिपरिषद् प्रधानमंत्री के नेतृत्व में संचालित करती है।

संसद

भारत की केन्द्रीय व्यवस्थापिका को संसद कहा जाता है।
भारतीय संसद के तीन अंग हैं–राष्ट्रपति, राज्य सभा और लोक सभा।
संसद के उच्च सदन को राज्य सभा तथा निम्न सदन को लोक सभा कहा जाता है।

राज्य सभा

संविधान के अनुच्छेद 80 के अनुसार, राज्य सभा का गठन 250 सदस्यों द्वारा होता है। इनमें 12 सदस्य राष्ट्रपति द्वारा नाम निर्देशित किये जाते हैं तथा शेष 238 का चुनाव राज्य तथा संघ राज्य क्षेत्रों की विधानसभाओं द्वारा किया जाता है।
राज्य सभा की वर्तमान सदस्य संख्या 245 है।
राज्य सभा का कभी विघटन नहीं होता, लेकिन इसके सदस्य 6 वर्ष के लिए चुने जाते हैं।
राज्य सभा पहली बार 3 अगस्त, 1952 को विधिवत गठित हुई थी।
राज्य सभा का कोई सदस्य यदि सदन की अनुमति के बिना सदन से 60 दिनों से अधिक अनुपस्थित रहता है, तो सदन में उसका स्थान समाप्त हो सकता है।
राज्य सभा के सदस्यों का चुनाव अप्रत्यक्ष रूप से होता है।

- राज्य सभा का सदस्य होने के लिए अर्हता–
  1. वह भारत का नागरिक हो।
  2. उसकी आयु सीमा 30 वर्ष या उससे अधिक हो।
  3. संसदीय विधि द्वारा निर्धारित सभी योग्यताएँ रखता हो।
- राज्य सभा का अधिवेशन वर्ष में कम-से-कम दो बार राष्ट्रपति द्वारा बुलाया जाता है। संविधान में यह प्रावधान है कि राज्य सभा के दो अधिवेशनों के बीच 6 महीने से अधिक का अन्तराल नहीं हो सकता।
- राज्य सभा को यह अधिकार प्राप्त है कि वह संविधान के अनुच्छेद 249 के तहत राज्य सूची के किसी विषय को राष्ट्रीय महत्व का घोषित कर सके।

लोक सभा

- अनुच्छेद 81 के अनुसार, लोक सभा का गठन 5 वर्ष के लिए किया जाता है। वर्तमान में इसकी सदस्य संख्या 543 है। (संविधान के 104वें संशोधन द्वारा लोकसभा में दो एंग्लो इंडियन सदस्यों के राष्ट्रपति द्वारा मनोनयन की व्यवस्था को वर्ष 2020 में समाप्त कर दिया गया है।)
- लोक सभा के सदस्यों का चुनाव गुप्त मतदान के द्वारा वयस्क मताधिकार (18 वर्ष) के आधार पर होता है।
- लोक सभा की सदस्यता के लिए अनिवार्य योग्यताएँ निम्नलिखित हैं–
  (i) भारत का नागरिक हो,
  (ii) उसकी आयु 25 वर्ष या इससे अधिक हो,
  (iii) भारत सरकार अथवा किसी राज्य सरकार के अन्तर्गत वह कोई लाभ के पद पर नहीं हो,
  (iv) वह पागल तथा दिवालिया न हो।
- प्रधानमंत्री के परामर्श के आधार पर राष्ट्रपति के द्वारा लोक सभा को समय से पूर्व भी भंग किया जा सकता है।
- आपातकाल की घोषणा लागू होने पर विधि द्वारा संसद लोक सभा के कार्यकाल में वृद्धि कर सकती है, जो एक बार में एक वर्ष से अधिक नहीं होगी।
- लोक सभा की दो बैठकों में 6 माह से अधिक का अन्तर नहीं होना चाहिए।
- लोक सभा की गणपूर्ति या कोरम कुल सदस्य संख्या का दसवाँ भाग होता है।
- संविधान के अनुच्छेद 108 में संसद के संयुक्त अधिवेशन की व्यवस्था है। संयुक्त अधिवेशन की अध्यक्षता लोक सभा अध्यक्ष करता है।

- धन विधेयक के सम्बन्ध में लोक सभा का निर्णय अंतिम होता है। इस संबंध में संयुक्त अधिवेशन की व्यवस्था नहीं है।
- संविधान के अनुच्छेद 93 के अनुसार, लोक सभा स्वयं ही अपने सदस्यों में से एक अध्यक्ष और एक उपाध्यक्ष का निर्वाचन करेगी।
- प्रथम लोक सभा अध्यक्ष जी.वी. मावलंकर एवं उपाध्यक्ष श्री अनंतशयनम आयंगर थे।
- किसी संसद सदस्य की योग्यता अथवा अयोग्यता से सम्बन्धित प्रश्न का अंतिम विनिश्चय चुनाव आयोग की सलाह से राष्ट्रपति करता है।
- यदि कोई सदस्य सदन की अनुमति के बिना 60 दिनों की अवधि से अधिक समय के लिए सदन के सभी बैठकों से अनुपस्थित रहता है तो सदन उसकी सदस्यता समाप्त कर सकता है।
- संविधान के अनुच्छेद 110 में धन विधेयक एवं अनु॰ 112 में वार्षिक वित्तीय विवरण (बजट) का उल्लेख है।

संसद की समितियां

- **लोक लेखा समितिः** इस समिति में लोकसभा के 15 तथा राज्यसभा के 7 सदस्य होते हैं। इसका कार्यकाल एक वर्ष का होता है तथा लोकसभा में विपक्ष का नेता इसका अध्यक्ष होता है। यह समिति मुख्य रूप से सरकार के अर्थव्यय के लेखा जोखा का जांच करती है।
- **प्राक्कलन समितिः** इस समिति में लोकसभा के 30 सदस्य होते हैं। इसका मुख्य कार्य विभिन्न मंत्रालयों व विभागों के प्रस्तावित अर्थ व्यय की जांच होता है।
- **सार्वजनिक उद्यम समितिः** इस समिति में लोकसभा के 15 और राज्यसभा के 7 सदस्य होते हैं। इसका कार्यकाल एक वर्ष होता है। यह सार्वजनिक उपक्रम से संबंधित उन मुद्दों की जांच करती है जो लोकसभा अध्यक्ष द्वारा समय-समय पर उन्हें सौंपे जाते हैं।
- **याचिका संबंधी समितिः** यह समिति सांसदों द्वारा दाखिल की गई याचिकाओं पर विचार करती है तथा उपचारात्मक उपाय सुझाती है।
- **विशेषाधिकार समितिः** यह समिति सदस्यों के विशेषाधिकारों की सुरक्षा करती है।
- **सरकारी आश्वासन समितिः** यह समिति यह सुनिश्चित करती है कि सरकार द्वारा किए गए वायदे और दिए गए आश्वासन पूरे हों।

भारत का महान्यायवादी

- अनु॰ 76 के अनुसार, भारत का एक महान्यायवादी होता है। यह भारत सरकार का सर्वोच्च विधि अधिकारी होता है।
- महान्यायवादी संसद का सदस्य नहीं होता परन्तु वह किसी भी सदन में अथवा उसकी समितियों में बोल सकता है और उसकी कार्यवाही में भाग ले सकता है, यद्यपि उसे मत देने का अधिकार नहीं होता है।
- भारत का महान्यायवादी राष्ट्रपति के प्रसादपर्यंत पद धारण करता है।

भारत का नियंत्रक एवं महालेखा परीक्षक (CAG)

- भारतीय संविधान के अनुच्छेद 148 के अन्तर्गत नियंत्रक एवं महालेखा परीक्षक के पद का प्रावधान किया गया है।
- नियंत्रक एवं महालेखा परीक्षक की नियुक्ति राष्ट्रपति द्वारा की जाती है। यह देश की समस्त वित्तीय प्रणाली का लेखा परीक्षण करता है।
- संविधान के अनुच्छेद 151 के अन्तर्गत कैग अपनी रिपोर्ट केन्द्र के सम्बन्ध में राष्ट्रपति को तथा राज्यों के सन्दर्भ में राज्यपाल को सौंपता है।
- यह लोक लेखा समिति के समीप रहकर कार्य करता है।

संविधान में संशोधन

- अनुच्छेद 368 में संविधान संशोधन की प्रक्रिया का उल्लेख है। इसमें संशोधन की तीन विधियों को अपनाया गया है–
  - (*i*) साधारण विधि द्वारा संशोधन।
  - (*ii*) संसद के विशेष बहुमत द्वारा संशोधन।
  - (*iii*) संसद के विशेष बहुमत और राज्य के विधानमंडलों की स्वीकृति से संशोधन।

न्यायपालिका

उच्चतम न्यायालय

- अनुच्छेद 124 में उच्चतम न्यायालय के गठन संबंधी प्रावधान किये गये हैं।
- उच्चतम न्यायालय में एक मुख्य न्यायाधीश तथा 33 अन्य न्यायाधीश होते हैं।
- उच्चतम न्यायालय के मुख्य न्यायाधीश तथा अन्य न्यायाधीशों की नियुक्ति राष्ट्रपति द्वारा की जाती है।

उच्चतम न्यायालय के न्यायाधीश के लिए योग्यताएँ हैं–

(*i*) वह भारत का नागरिक हो।

(*ii*) वह किसी उच्च न्यायालय अथवा दो या दो से अधिक न्यायालयों में लगातार कम-से-कम 5 वर्षों तक न्यायाधीश के रूप में कार्य कर चुका हो।

या

किसी उच्च न्यायालय या न्यायालयों में लगातार 10 वर्षों तक अधिवक्ता रह चुका हो।

या

राष्ट्रपति की राय में पारंगत विधिवेत्ता हो।

उच्चतम न्यायालय का प्रत्येक न्यायाधीश तब तक पद धारण करेगा जब तक वह 65 वर्ष की आयु प्राप्त नहीं कर लेता। इससे पूर्व उसे उसके पद से साबित कदाचार या असमर्थता के आधार पर हटाया जा सकता है।

कदाचार या असमर्थता के आधार पर हटाये जाने के लिए संसद के प्रत्येक सदन द्वारा अपनी कुल सदस्य संख्या के बहुमत द्वारा तथा उपस्थित और मत देने वाले सदस्यों के कम-से-कम दो-तिहाई बहुमत द्वारा पारित प्रस्ताव को राष्ट्रपति के समक्ष उसी सत्र में रखा जाता है, तब राष्ट्रपति के आदेश से न्यायाधीश को हटाया जाता है।

उच्चतम न्यायालय का क्षेत्राधिकार

1. **प्रारंभिक क्षेत्राधिकार**

(*i*) भारत संघ तथा एक या एक से अधिक राज्यों के मध्य उत्पन्न विवादों में।

(*ii*) भारत संघ तथा कोई एक राज्य या अनेक राज्यों और एक या एक से अधिक राज्यों के बीच विवादों में।

(*iii*) दो या दो से अधिक राज्यों के बीच ऐसे विवाद में जिसमें अनेक वैधानिक अधिकारों का प्रश्न निहित है।

प्रारंभिक क्षेत्राधिकार के अन्तर्गत उच्चतम न्यायालय उसी विवाद को निर्णय के लिए स्वीकार करेगा, जिसमें किसी तथ्य या विधि का प्रश्न शामिल है।

2. **अपीलीय क्षेत्राधिकार:** देश का सबसे बड़ा अपीलीय न्यायालय उच्चतम न्यायालय है। भारत के राज्य क्षेत्र के किसी उच्च न्यायालय के निर्णय के विरुद्ध अपील सुनने का अधिकार है।

3. **परामर्शदात्री क्षेत्राधिकार:** यदि किसी समय राष्ट्रपति को ऐसा प्रतीत होता है, किसी व्यापक विधि या तथ्य का प्रश्न है या उत्पन्न होने वाला है तथा वह उच्चतम न्यायालय से राय लेना समीचीन समझता है, तो उच्चतम न्यायालय से राय ले सकता है तथा उच्चतम न्यायालय उस पर अपनी राय देगा।

4. **पुनर्विचार सम्बन्धी क्षेत्राधिकार:** अनु॰ 137 के अनुसार, उच्चतम न्यायालय स्वयं के दिए गए आदेश या निर्णय पर पुनर्विचार कर सकता है तथा यदि उचित समझें तो उसमें आवश्यक परिवर्तन कर सकता है।

5. **अभिलेख न्यायालय:** अनु॰ 129 उच्चतम न्यायालय को अभिलेख न्यायालय का स्थान प्रदान करता है। इसका अभिप्राय यह है कि इस न्यायालय के निर्णय सब जगह साक्षी के रूप में स्वीकार किए जाएंगे और इसकी प्रामाणिकता के विषय में प्रश्न नहीं किया जाएगा।

6. **मौलिक अधिकारों का रक्षक:** भारत का उच्चतम न्यायालय नागरिकों के मौलिक अधिकारों का रक्षक है। अनु॰ 32 सर्वोच्च न्यायालय को विशेष रूप से उत्तरदायी ठहराता है कि वह मौलिक अधिकारों को लागू करने के लिए आवश्यक कार्रवाई करें। न्यायालय मौलिक अधिकारों की रक्षा के लिए बन्दी प्रत्यक्षीकरण, परमादेश, प्रतिषेध, अधिकार पृच्छा और उत्प्रेषण के लेख जारी कर सकता है।

- भारत में संविधान की सर्वोच्चता की रक्षा करने का उत्तरदायित्व उच्चतम न्यायालय का है। अतः उच्चतम न्यायालय संघीय या राज्यों के विधानमण्डलों के द्वारा अतिक्रमण किये जाने पर उनके द्वारा बनाये गये कानूनों को रद्द कर सकता है। यह शक्ति न्यायिक पुनरावलोकन के रूप में समझी जाती है।

उच्च न्यायालय

- संविधान के अनुच्छेद 214 में यह उपबंध है कि प्रत्येक राज्य में एक उच्च न्यायालय होगा।
- प्रत्येक उच्च न्यायालय में एक मुख्य न्यायाधीश सहित अन्य अनेक न्यायाधीश होते हैं जो समय-समय पर राष्ट्रपति द्वारा नियुक्त किये जाते हैं।
- संविधान के अनुच्छेद 217 में उच्च न्यायालय के न्यायाधीशों के लिए निम्नलिखित शर्तें हैं–

(*i*) वह भारत का नागरिक हो।

(*ii*) भारत में कम-से-कम 10 वर्ष तक न्यायाधीश के पद पर कार्य कर चुका हो अथवा किसी उच्च न्यायालय अथवा दो या दो से अधिक न्यायालयों में लगातार कम-से-कम 10 वर्ष तक अधिवक्ता रहा हो।

या

राष्ट्रपति की दृष्टि में प्रतिष्ठित विधिवेत्ता हो।

(*iii*) जिसकी आयु 62 वर्ष से अधिक न हो।

- **उच्च न्यायालय के कार्य एवं क्षेत्राधिकार–**

1. प्रारंभिक क्षेत्राधिकार

2. अपीलीय क्षेत्राधिकार
3. रिट जारी करने का अधिकार
4. अधीनस्थ न्यायालयों पर नियंत्रण

राज्य की कार्यपालिका

- राज्य की कार्यपालिका का प्रधान **राज्यपाल** होता है, जो मंत्रिपरिषद् की सलाह के अनुसार कार्य करता है।
- अनुच्छेद 153 के अन्तर्गत सामान्यतया प्रत्येक राज्य के लिए एक राज्यपाल होगा, किन्तु 1956 में किये गये संशोधन के अनुसार एक ही व्यक्ति को दो या दो से अधिक राज्यों का राज्यपाल नियुक्त किया जा सकता है।
- राज्यपाल की नियुक्ति राष्ट्रपति करता है। इस पद पर नियुक्ति हेतु निम्नलिखित योग्यताएँ होनी चाहिए–
  1. वह भारत का नागरिक हो,
  2. वह 35 वर्ष की आयु पूरी कर चुका हो,
  3. वह राज्य सरकार या केन्द्र सरकार या राज्यों के नियंत्रण के अधीन किसी सार्वजनिक उपक्रम में लाभ के पद पर न हो, तथा
  4. वह राज्य विधान सभा का सदस्य चुने जाने की योग्यता रखता हो।
- राज्यपाल की नियुक्ति 5 वर्षों के लिए होती है। पाँच वर्ष की अवधि से पूर्व भी उसे राष्ट्रपति के द्वारा हटाया जा सकता है।
- राज्यपाल अपने कार्यकाल की समाप्ति के पूर्व भी राष्ट्रपति को अपना त्यागपत्र भेज सकता है।

राज्यपाल के कार्य तथा अधिकार

कार्यपालिका संबंधी

- राज्य के समस्त कार्यपालिका संबंधी कार्य राज्यपाल के नाम से किए जाते हैं।
- राज्यपाल मुख्यमंत्री की नियुक्ति करता है तथा मुख्यमंत्री की सलाह पर मंत्रिपरिषद् के अन्य सदस्यों की नियुक्ति करता है।
- राज्य के महाधिवक्ता तथा राज्य के लोक सेवा आयोग के सदस्यों की नियुक्ति करता है।
- राज्यपाल का अधिकार है कि वह राज्य के प्रशासन के संबंध में मुख्यमंत्री से सूचना प्राप्त करे।
- राज्यपाल राज्य के विश्वविद्यालयों का कुलाधिपति होता है तथा उपकुलपतियों को भी नियुक्त करता है।
- राज्यपाल संवैधानिक तंत्र की विफलता की स्थिति में राष्ट्रप[ति] से राज्य में राष्ट्रपति शासन की सिफारिश करता है।
- अध्यादेश जारी करने का अधिकार।

विधायी शक्तियां

- राज्यपाल राज्य विधान मंडल का अंग होता है।
- राज्य विधान मंडल का सत्रावसान करने, सत्र बुलाने त[था] विधान सभा को विघटित करने का अधिकार है।
- राज्यपाल को विधान मंडल में अभिभाषण करने व संदेश भेज[ने] का अधिकार है।
- जिन राज्यों में विधानपरिषद् है, वहां पर राज्यपाल ऐसे कु[छ] व्यक्तियों को, जिन्हें साहित्य, विज्ञान, कला, समाज सेवा त[था] सहकारिता आन्दोलन के संबंध में विशेष ज्ञान या व्यावहारि[क] अनुभव होता है, मनोनीत कर सकता है।
- राज्य विधान मंडल के समक्ष राज्यपाल वार्षिक वित्तीय विवर[ण] (बजट) प्रस्तुत करवाता है।
- विधान सभा में धन विधेयक राज्यपाल की पूर्व अनुमति से [ही] पेश किया जाता है।

राज्यपाल की न्यायिक शक्तियां

- राज्यपाल को उस विषय संबंधी, जिस विषय पर उस राज्य [की] कार्यपालिका शक्ति का विस्तार है, किसी विधि के विरुद्ध, कि[सी] अपराध के लिए सिद्ध दोष ठहराये गए किसी व्यक्ति के दंड [को] क्षमा, उसका प्रविलंबन, लघुकरण या परिहार कर सकता है

महाधिवक्ता

- प्रत्येक राज्य का एक महाधिवक्ता होगा (अनु. 165)। वह भा[रत] के महान्यायवादी के समान राज्य का अधिकारी होगा अ[ौर] राज्य में उसके महान्यायवादी के कार्यों के समान ही कृत्य हों[गे]
- महाधिवक्ता राज्य के राज्यपाल द्वारा नियुक्त किया जाये[गा] और राज्यपाल के प्रसादपर्यंत पद धारण करेगा।
- महाधिवक्ता को राज्य के विधानमंडल के सदनों की कार्यवाहि[यों] में भाग लेने और बोलने का अधिकार है, किंतु मतदान [का] अधिकार नहीं है। (अनु. 177)

राज्य मंत्रिपरिषद्

- अनुच्छेद 163 के अन्तर्गत राज्यपाल की सहायता और सल[ाह] देने के लिए एक मंत्रिपरिषद् होती है जिसका प्रधान **मुख्यम[ंत्री]** होता है।

नुच्छेद 164 के अनुसार, मुख्यमंत्री की नियुक्ति राज्यपाल रता है तथा अन्य मंत्रियों की नियुक्ति राज्यपाल, मुख्यमंत्री ो सलाह पर करता है।

त्रिपरिषद् राज्य की विधान सभा के प्रति सामूहिक रूप से तरदायी होता है। सामान्यतः मुख्यमंत्री अपने पद पर तब क बना रहता है जब तक उसे विधान सभा का विश्वास प्राप्त ता है।

धानपरिषद्

विधान के अनुच्छेद 168 में प्रत्येक राज्य के लिए विधानमण्डल ो व्यवस्था की गई है, जो कि राज्यपाल तथा जहाँ दो सदन वहां दो सदनों से और जहां एक सदन है वहां एक सदन मिलकर बनेगा।

ज्य विधान सभा की (दो-तिहाई बहुमत) अनुशंसा पर संसद म्बन्धित राज्य में विधान परिषद् का उत्सादन एवं गठन कर कती है।

धान परिषद् के सदस्यों की संख्या उस राज्य के विधानसभा सदस्यों की संख्या से 1/3 से अधिक नहीं हो सकती। कन्तु, वह संख्या 40 से कम नहीं होनी चाहिए।

धान परिषद् एक स्थायी सदन है। इसका विघटन नहीं होता। सके सदस्यों का कार्यकाल 6 वर्ष का होता है। इसके 1/3 दस्य प्रत्येक दो वर्ष की समाप्ति पर अपना पद त्याग करते और उनके स्थान पर नए सदस्यों का चुनाव होता है।

धान परिषद् का सत्र एक वर्ष में दो बार अवश्य होना चाहिए।

म्नलिखित छह राज्यों में विधान परिषद् विद्यमान हैं–

. उत्तर-प्रदेश 2. कर्नाटक 3. महाराष्ट्र
. आंध्र प्रदेश 5. बिहार 6. तेलंगाना

धान सभा

नुच्छेद 170 के अनुसार, विधान सभा के सदस्यों की संख्या धिकतम 500 और न्यूनतम 60 होगी। अपवादस्वरूप सिक्किम 32), गोवा (40) मिजोरम (40) एवं पुडुचेरी (30) हैं।

धान सभा में निर्वाचित होने के लिए न्यूनतम आयु सीमा 25 र्ष है।

कसी विधेयक को धन विधेयक माना जाए अथवा नहीं, सका निर्णय विधान सभा अध्यक्ष ही करता है।

दन की कार्यवाही आयोजित करने के लिए गणपूर्ति के रूप एक-दहाई सदस्यों की आवश्यकता होती है।

- विधान सभा का कार्यकाल 5 वर्ष है, किन्तु राज्य मंत्रिपरिषद् की सिफारिश पर इसे समय से पूर्व भी भंग किया जा सकता है।
- **विधान सभा के अधिकार एवं कार्य–**
  1. **विधायी:** विधान सभा को संविधान द्वारा विधित राज्य सूची के विषय पर कानून बनाने का अधिकार प्राप्त है।
  2. **वित्तीय:** विधान सभा को राज्य बजट पारित करने का अधिकार है। राज्य विधानमंडल राज्य सरकार की वित्तीय अवस्था को पूर्णतया नियंत्रित करता है। कोई धन विधेयक प्रारंभ में विधान सभा में ही प्रस्तुत किया जा सकता है। जब विधान सभा किसी धन विधेयक को पारित कर देती है, तब वह विधानपरिषद् के पास भेज दिया जाता है। विधानपरिषद् को 14 दिनों के भीतर इसे विधान सभा को लौटाना पड़ता है। विधान परिषद् उस विधेयक के संबंध में संस्तुतियाँ तो दे सकती हैं, किन्तु वह न तो उसे अस्वीकार कर सकती है और न उसमें संशोधन कर सकती है।
  3. **कार्यपालिका पर नियंत्रण:** मंत्रिपरिषद् सामूहिक रूप से विधान सभा के प्रति उत्तरदायी होती है। विधान सभा में मंत्रिपरिषद् के विरुद्ध अविश्वास प्रस्ताव पारित हो जाने के बाद समूची मंत्रिपरिषद् को त्यागपत्र देना पड़ता है।

अन्तर्राज्य परिषद्

- संविधान के अनुच्छेद 263 के अन्तर्गत केन्द्र एवं राज्यों के बीच समन्वय स्थापित करने के लिए राष्ट्रपति एक अन्तर्राज्य परिषद् की स्थापना कर सकता है।
- अन्तर्राज्य परिषद् में प्रधानमंत्री तथा उनके द्वारा मनोनीत छह कैबिनेट स्तर के मंत्री, सभी राज्यों एवं संघ राज्य क्षेत्रों के मुख्यमंत्री एवं संघ राज्य क्षेत्रों के प्रशासक इसके सदस्य होते हैं।
- अन्तर्राज्य परिषद् की बैठक वर्ष में तीन बार की जाएगी जिसकी अध्यक्षता प्रधानमंत्री या उनकी अनुपस्थिति में प्रधानमंत्री द्वारा नियुक्त कैबिनेट स्तर का मंत्री करता है।
- अंतर्राज्य परिषद् का प्राथमिक उद्देश्य समन्वय और परिसंघीय घनिष्ठता स्थापित करना है।

वित्त आयोग

- अनुच्छेद 280 के अनुसार, राष्ट्रपति प्रत्येक पाँचवें वर्ष की समाप्ति पर या ऐसे पूर्वत्तर समय पर, जिसे वह आवश्यक समझे वित्त आयोग का गठन करेगा।
- वित्त आयोग में एक अध्यक्ष तथा चार अन्य सदस्य होते हैं।

- वित्त आयोग की सिफारिशों पर विचार करने के बाद ही करों एवं प्राप्तियों का वितरण संघ एवं राज्यों के बीच किया जाता है।

लोक सेवा आयोग

- संविधान के अनुच्छेद 315 के अनुसार, संघ एवं राज्यों के लिए एक लोक सेवा आयोग होंगे।
- अनुच्छेद 316 के अनुसार, संघ लोक सेवा आयोग के अध्यक्ष एवं अन्य सदस्यों की नियुक्ति राष्ट्रपति करता है तथा राज्य लोक सेवा आयोग के अध्यक्ष एवं अन्य सदस्यों की नियुक्ति राज्यपाल करता है।
- संघ लोक सेवा आयोग के अध्यक्ष एवं अन्य सदस्यों की नियुक्ति 6 वर्षों के लिए की जाती है। यदि वह 6 वर्षों के अन्दर 65 वर्ष की आयु पूरी कर लेता है तो वह पदमुक्त हो जाता है। राज्य लोक सेवा आयोग के सम्बन्ध में यह आयु सीमा 62 वर्ष है।
- लोक सेवा आयोग संघ तथा राज्यों में सेवाओं में नियुक्तियों के लिए परीक्षाओं का संचालन करते हैं।

निर्वाचन आयोग

- अनुच्छेद 324 के अनुसार, निर्वाचनों के अधीक्षण, निदेशन और नियंत्रण के लिए एक निर्वाचन आयोग होगा।
- निर्वाचन आयोग का गठन मुख्य निर्वाचन आयुक्त एवं अन्य निर्वाचन आयुक्तों से किया जाता है, जिनकी नियुक्ति राष्ट्रपति द्वारा की जाती है।
- मुख्य चुनाव आयुक्त का कार्यकाल 6 वर्ष या 65 वर्ष की आयु, जो भी पहले हो, तक होगा। अन्य चुनाव आयुक्तों का कार्यकाल 6 वर्ष या 62 वर्ष की आयु जो पहले हो, तक रहता है।
- अनुच्छेद 326 के अनुसार, लोक सभा और प्रत्येक विधान सभा के लिए निर्वाचन वयस्क मताधिकार के आधार पर होते हैं।
- मुख्य निर्वाचन आयुक्त को महाभियोग जैसी प्रक्रिया से ही हटाया जा सकता है।

निर्वाचन आयोग के मुख्य कार्य

- मतदाता सूचियों को तैयार करना।
- चुनाव क्षेत्रों का परिसीमन।
- राजनीतिक दलों को मान्यता प्रदान करना।
- राजनीतिक दलों को चुनाव चिह्न प्रदान करना।
- संसद एवं विधानमंडल के सदस्यों तथा राष्ट्रपति एवं उपराष्ट्रपति का समयानुसार चुनाव करवाना।
- राजनीतिक दलों के लिए आचारसंहिता का निर्माण करना।

राजभाषा

- अनुच्छेद 343 के अनुसार, संघ की राजभाषा हिन्दी औ[illegible] देवनागरी होगी।
- अनुच्छेद 344 में राष्ट्रपति को राजभाषा से सम्बन्धि[illegible] विषयों में सलाह देने के लिए एक आयोग की नियुवि[illegible] प्रावधान है।
- संविधान के अनुच्छेद 345 के अधीन प्रत्येक राज्य के विधा[illegible] को यह अधिकार दिया गया है कि वह आठवीं अनुस[illegible] अन्तर्विष्ट भाषाओं में से किसी एक या अधिक को स[illegible] कार्यों के लिए राज्य की सरकारी भाषा के रूप में अंगीक[illegible] सकता है। किन्तु राज्यों में परस्पर संबंधों में तथा सं[illegible] राज्यों के परस्पर संबंधों में संघ की राजभाषा को ही प्रा[illegible] भाषा माना जाएगा।

स्थानीय प्रशासन

पंचायती राज

- अनुच्छेद 40 के अनुसार, 'राज्य ग्राम पंचायतों का [illegible] करने के लिए कदम उठायेगा और उनको ऐसी शक्तिय[illegible] प्राधिकार प्रदान करेगा, जो उन्हें स्वायत्त शासन की इ[illegible] के रूप में कार्य करने योग्य बनाने के लिए आवश्यक [illegible]
- 73वाँ संविधान संशोधन पंचायती राज से संबंधित है। [illegible] मुख्य प्रावधान निम्नलिखित हैं–
  1. पंचायती राज का ढाँचा त्रिस्तरीय होगा। ग्राम स्[illegible] ग्राम पंचायत, प्रखण्ड स्तर पर पंचायत समिति तथा [illegible] स्तर पर जिला परिषद् के गठन की व्यवस्था की [illegible]
  2. इसका निर्वाचन पाँच वर्षों के लिए होता है। सम[illegible] पंचायत के भंग होने पर 6 माह के अन्दर निर्वाचन [illegible]
  3. पंचायती राज संस्था के प्रत्येक स्तर में महिलाओ[illegible] एक-तिहाई स्थानों पर आरक्षण का प्रावधान है।

नगरपालिकाएँ

- 74वां संविधान संशोधन अधिनियम, 1993 के तहत भ[illegible] संविधान के अनुच्छेद 243(त) से 243(य)(छ) तक [illegible] विशेष उल्लेख है।
- इसके अन्तर्गत तीन प्रकार की नगरीय व्यवस्था का उल्ले[illegible] (1) नगर पंचायत (2) नगरपालिका परिषद् (3) नगर [illegible]
- नगरपालिकाओं में महिलाओं के लिए एक-तिहाई भाग [illegible] आरक्षित है।
- नगरीय संस्थाओं का कार्यकाल पाँच वर्ष का होगा। वि[illegible] की स्थिति में छह माह के अन्दर चुनाव अनिवार्य होते[illegible]

महत्वपूर्ण संविधान संशोधन

संविधान संशोधन	प्रावधान
यम संविधान संशोधन अधिनियम, 1951	• मौलिक अधिकारों में समानता, स्वतंत्रता तथा सम्पत्ति के अधिकार को सीमित किया गया।
तीय संविधान संशोधन अधिनियम, 1952	• लोक सभा चुनाव के लिए प्रतिनिधित्व के अनुपात को पुनः समायोजित किया गया।
तवां संविधान संशोधन अधिनियम, 1956	• लोक सभा एवं राज्य सभा में सीटों का पुनर्वितरण। • राज्यों का पुनर्गठन-14 राज्य तथा 6 केन्द्रशासित प्रदेश। • संघ राज्य क्षेत्र का प्रावधान।
0वाँ संविधान संशोधन अधिनियम, 1961	• दादरा तथा नगर हवेली को भारत का अंग बनाया गया।
2वाँ संविधान संशोधन अधिनियम, 1962	• गोवा, दमन एवं दीव को भारत का अंग बनाया गया।
3वाँ संविधान संशोधन अधिनियम, 1962	• कुछ विशेष उपबन्धों के साथ नगालैंड को नया राज्य बनाया गया।
4वाँ संविधान संशोधन अधिनियम, 1962	• पुडुचेरी को भारत का अंग बनाया गया।
वाँ संविधान संशोधन अधिनियम, 1967	• सिंधी भाषा को आठवीं अनुसूची में सम्मिलित किया गया।
2वाँ संविधान संशोधन अधिनियम, 1969	• मेघालय को नया राज्य बनाया गया।
6वाँ संविधान संशोधन अधिनियम, 1971	• भूतपूर्व देशी राज्यों के शासकों की विशेष उपाधियों एवं उनके प्रिवी-पर्स को समाप्त कर दिया गया।
वाँ संविधान संशोधन अधिनियम, 1973	• इसके द्वारा लोक सभा के सदस्यों की संख्या 525 से 545 कर दी गई तथा केन्द्रशासित प्रदेशों का प्रतिनिधित्व 25 से घटाकर 20 कर दिया गया।
6वाँ संविधान संशोधन अधिनियम, 1975	• सिक्किम को भारत का 22वाँ राज्य बनाया गया।
9वाँ संविधान संशोधन अधिनियम, 1975	• राष्ट्रपति, उपराष्ट्रपति, प्रधानमंत्री एवं लोक सभाध्यक्ष के निर्वाचन संबंधी विवादों को न्यायिक पुनर्विचार से मुक्त रखा गया।
2वाँ संविधान संशोधन अधिनियम, 1976	• संविधान की प्रस्तावना में पन्थनिरपेक्ष, समाजवादी तथा अखण्डता जैसे शब्द जोड़े गए। • नीति निदेशक सिद्धांतों को मूल अधिकारों पर वरीयता दी गई। • संविधान में अनु. 51 'क' के अन्तर्गत 10 मौलिक कर्तव्य जोड़े गए। • राष्ट्रपति को मंत्रिमंडल की सलाह को मानना अनिवार्य कर दिया गया। • लोक सभा एवं विधानसभाओं की अवधि को 5 वर्ष से बढ़ाकर 6 वर्ष कर दिया गया।
4वाँ संविधान संशोधन अधिनियम, 1978	• राष्ट्रीय आपात की उद्घोषणा 'आंतरिक अशांति' के आधार पर नहीं की जा सकती, बल्कि सशस्त्र विद्रोह के कारण की जा सकेगी। • संपत्ति के मूल अधिकार को विधिक अधिकार में परिवर्तित कर दिया गया। • लोकसभा तथा विधान सभाओं की अवधि को 6 वर्ष से घटाकर 5 वर्ष किया गया। • व्यक्तिगत स्वतंत्रता के अधिकार को शक्तिशाली बनाया गया।
2वाँ संविधान संशोधन अधिनियम, 1985	• संविधान में दसवीं अनुसूची को जोड़कर दल-बदल को रोकने के लिए कानून बनाया गया।

संविधान संशोधन	प्रावधान
• 61वाँ संविधान संशोधन अधिनियम, 1989	• मतदान करने की न्यूनतम आयु 21 वर्ष से घटाकर 18 वर्ष कर दी गई।
• 71वाँ संविधान संशोधन अधिनियम, 1992	• कोंकणी, मणिपुरी तथा नेपाली भाषाओं को 8वीं अनुसूची में शामिल किया
• 73वाँ संविधान संशोधन अधिनियम, 1993	• पंचायती राज सम्बन्धी प्रावधान किये गए। • 11वीं अनुसूची जोड़ी गई।
• 74वाँ संविधान संशोधन अधिनियम, 1993	• 12वीं अनुसूची जोड़ी गई तथा नगरपालिकाओं के गठन सम्बन्धी प्रावधान किये
• 86वाँ संविधान संशोधन अधिनियम, 2002	• संविधान में अनुच्छेद-21 (क), 45 तथा 51 (क) (ज्ञ) जोड़ा गया। • राज्य द्वार 14 वर्ष के सभी बच्चों को निःशुल्क और अनिवार्य सेवा का प्रावधान किया
• 91वाँ संविधान संशोधन अधिनियम, 2003	• दल-बदल व्यवस्था में संशोधन किया गया। अब केवल सम्पूर्ण दल के विल मान्यता है। • केन्द्र तथा राज्यों में मंत्रिपरिषद् की संख्या क्रमशः लोक सभा विधान सभा की सदस्य संख्या का 15% से अधिक नहीं होगी।
• 92वाँ संविधान संशोधन अधिनियम, 2003	• डोगरी, मैथिली, बोडो और सन्थाली भाषाओं को संविधान की आठवीं अनुस शामिल किया गया।
• 96वाँ संविधान संशोधन अधिनियम, 2011	• 'उडिया' भाषा का 'ओडिया' में परिवर्तन किया गया।
• 98वाँ संविधान संशोधन अधिनियम, 2012	• संविधान में अनुच्छेद 371(J) शामिल किया गया। इसका उद्देश्य कर्नाटक के रा को हैदराबाद-कर्नाटक क्षेत्र के विकास हेतु कदम उठाने के लिए सशक्त करन
• 99वाँ संविधान संशोधन अधिनियम, 2013	• यह अधिनियम प्रस्तावित राष्ट्रीय न्यायिक नियुक्ति आयोग (NJAC) की र एवं कामकाज हेतु संविधान की विभिन्न अनुच्छेद 124(2), 127(1), 128, 2 व (2) तथा 224(क) में संशोधन किया गया।
• 100वाँ संविधान संशोधन अधिनियम, 2014	• इस विधेयक का उद्देश्य भारत एवं बांग्लादेश के मध्य 41 वर्ष पुराने भ समझौता—LBA 1974 को प्रभाव में लाना है।
• 101वाँ संविधान संशोधन अधिनियम, 2016	• इस अधिनियम द्वारा "वस्तु एवं सेवा कर (जीएसटी)" लागू करने के संविधान की धाराएं 248, 249, 250, 268, 269, 270, 271, 286, 36 368 में संशोधन किया गया है।
• 103वाँ संविधान संशोधन अधिनियम, 2019	• आर्थिक रूप से पिछड़े वर्ग के लोगों के लिए 10% आरक्षण का प्रावधान।
• 104वाँ संविधान संशोधन अधिनियम, 2019	• लोक सभा और विधान सभाओं में अनुसूचित जातियों एवं जनजातियों व आरक्षण की अवधि को 10 वर्ष और बढ़ाया गया तथा आंग्ल-भारतीयों व सीटों के आरक्षण को समाप्त किया गया।
• 105वाँ संविधान संशोधन अधिनियम, 2021	• सामाजिक और आर्थिक रूप से पिछड़े वर्गों की पहचान और चिह्नित करने राज्य सरकारों की शक्तियों को बहाल किया गया।
• 106वाँ संविधान संशोधन अधिनियम, 2023	• लोकसभा एवं राज्य विधानसभाओं में महिलाओं के लिए 33 प्रतिश आरक्षित करने का प्रावधान किया गया।

महत्वपूर्ण राजनैतिक शब्दावली

- **आकस्मिक निधिः** संविधान के अनुच्छेद 267 के अनुसार, भारत सरकार एक आकस्मिक निधि की स्थापना करेगी। इसमें जमा धनराशि का व्यय विधि द्वारा स्थापित प्रक्रिया के अनुसार किया जाता है। संसद की स्वीकृति से इस मद से धन निकाला जा सकता है। राष्ट्रपति विशिष्ट परिस्थितियों में अग्रिम रूप से इस निधि से धन निकाल सकता है।
- **संचित निधिः** अनुच्छेद 266 में संचित निधि का प्रावधान है। संचित निधि से धन संसद में प्रस्तुत अनुदान माँगों के द्वारा ही व्यय किया जाता है। राज्यों को करों एवं शुल्कों में अंश देने के बाद जो धन बचता है, निधि में डाल दि है। राष्ट्रपति, उपराष्ट्रपति, नियंत्रक एवं महालेखा आदि के वेतन तथा भत्ते इसी पर भारित होते हैं।
- **अध्यादेशः** जब संसद का अधिवेशन नहीं चल रहा किसी उद्देश्य विशेष के लिए कानून की आवश्यकत राष्ट्रपति अध्यादेश जारी कर सकता है। इस अध्य प्रभाव संसद द्वारा निर्मित विधि के जैसा ही होता है

अविश्वास प्रस्तावः यह प्रस्ताव लोक सभा में विपक्ष के द्वारा प्रस्तुत किया जाता है। इसकी प्रस्तुति के लिए लोक सभा के कम-से-कम 50 सदस्यों के प्रस्ताव का समर्थन आवश्यक होता है। अविश्वास प्रस्ताव अगर लोक सभा में बहुमत से पास हो जाए तो मंत्रिपरिषद् को त्याग-पत्र देना पड़ता है।

कार्यस्थगन प्रस्तावः जब संसद के सदस्यों को लगता है कि देश में कोई विशेष घटना हुई है, तो उस पर चर्चा करने के लिए संसद सदस्य प्रस्ताव पारित कर सदन की कार्यवाही को स्थगित कर उस घटना पर चर्चा करने की माँग करते हैं, इसलिए इसे कार्यस्थगन या 'काम रोको प्रस्ताव' कहा जाता है।

- **ध्यानाकर्षण प्रस्तावः** अध्यक्ष की अनुमति से जब कोई संसद सदस्य किसी मंत्री का ध्यान सार्वजनिक हित की दृष्टि से अति आवश्यक विषय की ओर आकर्षित करना चाहते हैं तो उसे ध्यानाकर्षण प्रस्ताव कहते हैं।
- **विश्वास प्रस्तावः** बहुमत का समर्थन प्रदर्शित करने के लिए मंत्रिपरिषद् द्वारा संसद में यह लाया जाता है। विश्वास प्रस्ताव के पारित न होने की दशा में सरकार को त्याग-पत्र देना पड़ता है।
- **विशेषाधिकार प्रस्तावः** यह प्रस्ताव संसद के किसी सदस्य द्वारा पेश किया जाता है, जब उसे ये प्रतीत होता है कि मंत्रिपरिषद् के किसी सदस्य ने संसद में झूठा तथ्य प्रस्तुत करके सदन के विशेषाधिकार का उल्लंघन किया है।
- **लेखानुदानः** अनुच्छेद 116(क) के अन्तर्गत लोक सभा लेखाअनुदान पारित कर सरकार के लिए एक अग्रिम राशि मंजूर कर सकती है, जिसके बारे में बजट-विवरण देना सरकार के लिए सम्भव नहीं हो।
- **विनियोग विधेयकः** विनियोग विधेयक में भारत की संचित निधि पर भारित व्यय की पूर्ति के लिए अपेक्षित धन तथा सरकार के खर्च हेतु अनुदान की माँग शामिल होती है। भारत की संचित निधि में से कोई भी धन विनियोग विधेयक के द्वारा ही निकाला जा सकता है।
- **वित्त विधेयकः** संविधान का अनुच्छेद 112 वित्त विधेयक को परिभाषित करता है। जिन वित्तीय प्रस्तावों को सरकार आगामी वर्ष के लिए सदन में प्रस्तुत करती है, उन वित्तीय प्रस्तावों को मिलकर वित्त विधेयक की रचना होती है।
- **धन विधेयकः** संसद में राजस्व एकत्र करने अथवा अन्य प्रकार से धन से संबद्ध विधेयक को धन विधेयक कहते हैं। संविधान के अनुच्छेद 110(1) के उपखण्ड (क) से (छ) तक में उल्लिखित विषयों से सम्बन्धित विधेयकों को धन विधेयक कहा जाता है। धन विधेयक केवल लोक सभा में ही पेश किया जाता है।
- **शून्य कालः** संसद के दोनों सदनों में प्रश्नकाल के ठीक बाद के समय को शून्य काल कहा जाता है। यह 12 बजे प्रारंभ होता है इस वजह से इसे 'जीरो आवर' या 'शून्य काल' कहा जाता है। इस अवधि में सांसद अविलम्बनीय महत्व के मामले सदन में उठाते हैं।
- **अनुपूरक प्रश्नः** सदन में किसी सदस्य द्वारा अध्यक्ष की अनुमति से किसी विषय, जिसके सम्बन्ध में उत्तर दिया जा चुका है, के स्पष्टीकरण हेतु अनुपूरक प्रश्न पूछने की अनुमति प्रदान की जाती है।
- **तारांकित प्रश्नः** जिन प्रश्नों का उत्तर सदस्य तुरंत सदन में चाहता है उसे तारांकित प्रश्न कहा जाता है। तारांकित प्रश्नों का उत्तर मौखिक दिया जाता है।

वस्तुनिष्ठ प्रश्नावली

1. केन्द्र में द्वैध शासन किस अधिनियम के अन्तर्गत स्थापित किया गया?

A. 1909 के अधिनियम

B. भारत सरकार अधिनियम, 1919

C. भारत सरकार अधिनियम, 1935

D. भारतीय स्वतंत्रता अधिनियम, 1947

2. किस अधिनियम की प्रमुख विशेषता प्रांतीय स्वायत्तता थी?

A. 1935 B. 1919

C. 1904 D. 1858

3. संघीय प्रणाली का पहला प्रयास भारत सरकार अधिनियम .... द्वारा किया गया था।

A. 1909 B. 1919

C. 1935 D. इनमें से कोई नहीं

4. भारत की संविधान सभा गठित करने का आधार क्या था?

A. भारतीय राष्ट्रीय कांग्रेस का प्रस्ताव

B. कैबिनेट मिशन प्लान, 1946

C. भारतीय स्वतंत्रता अधिनियम, 1947
D. भारतीय डोमिनियन के प्रान्तीय/राज्य/ विधानमण्डल के प्रस्ताव

5. संविधान की प्रारूप समिति के समक्ष प्रस्तावना का प्रस्ताव किसने रखा?
A. डॉ. बी.आर. अम्बेडकर B. बी.एन. राव
C. महात्मा गाँधी D. जवाहरलाल नेहरू

6. भारतीय संविधान सभा की संघीय शक्ति समिति के अध्यक्ष कौन थे?
A. सरदार पटेल
B. डॉ. बी.आर. अम्बेडकर
C. अल्लादी कृष्णा स्वामी अय्यर
D. पं. जवाहर लाल नेहरू

7. भारत का संविधान लागू हुआ था–
A. 26 जनवरी, 1950 को B. 26 जनवरी, 1952 को
C. 15 अगस्त, 1948 को D. 26 नवम्बर, 1949 को

8. संविधान सभा ने भारत के संविधान को कब स्वीकृत किया था?
A. 12 दिसम्बर, 1946 B. 15 अगस्त, 1947
C. 26 नवम्बर, 1949 D. 26 जनवरी, 1950

9. भारतीय संविधान सभा ने भारतीय राष्ट्रीय ध्वज की रूपरेखा को कब अंगीकार किया?
A. 23 अगस्त, 1947 B. 13 सितम्बर, 1947
C. 15 अगस्त, 1947 D. 22 जुलाई, 1947

10. भारतीय संविधान में समवर्ती सूची किसके संविधान से ली गई है?
A. यू.एस.ए. B. कनाडा
C. जर्मनी D. ऑस्ट्रेलिया

11. अब तक भारत के संविधान की उद्देशिका में कितनी बार संशोधन किया जा चुका है?
A. एक बार B. दो बार
C. तीन बार D. कभी नहीं

12. भारतीय संविधान की उद्देशिका में परिवर्तन किस संशोधन अधिनियम में किए गए थे?
A. 38वाँ संशोधन अधिनियम, 1975
B. 40वाँ संशोधन अधिनियम, 1976
C. 42वाँ संशोधन अधिनियम, 1976
D. 44वाँ संशोधन अधिनियम, 1978

13. भारतीय संविधान के किस संशोधन द्वारा प्रस्तावना में दो शब्द 'समाजवादी' और 'धर्मनिरपेक्ष' जोड़े गए थे?
A. 28वें B. 40वें
C. 42वें D. 52वें

14. भारत में वैध प्रभुसत्ता निहित है–
A. राष्ट्रपति में B. न्यायपालिका में
C. मंत्रिमंडल में D. संविधान में

15. निम्नलिखित में से कौन-सी विशेषता भारतीय संघ और अमेरिकी संघ दोनों में साझी है?
A. एकल नागरिकता
B. दोहरी नागरिकता
C. संविधान में तीन सूचियाँ
D. संविधान की व्याख्या के लिए संघीय उच्चतम न्यायालय

16. भारतीय संविधान में सम्मिलित नीति निदेशक तत्वों की प्रेरणा हमें किस संविधान से प्राप्त हुई है?
A. ऑस्ट्रेलिया B. अमेरिका
C. फ्रांस D. आयरलैंड

17. भारतीय संविधान में मौलिक अधिकारों का उल्लेख करते हुए निम्नलिखित में से किस देश का अनुसरण किया गया है?
A. ब्रिटेन B. अमेरिका
C. फ्रांस D. ऑस्ट्रेलिया

18. भारत की संसदीय प्रणाली प्रभावित है–
A. इंग्लैंड से B. USA से
C. जर्मनी से D. आयरलैंड से

19. भारत के राष्ट्रपति की आपातकालीन शक्तियाँ निम्नलिखित में से किस देश की देन है?
A. कनाडा के संविधान की
B. ऑस्ट्रेलिया के संविधान की
C. जर्मनी के वीमर संविधान की
D. अमेरिका के संविधान की

20. भारतीय संविधान में कुल कितने भाग हैं?
A. 12 B. 18
C. 22 D. 24

21. दल-बदल के आधार पर निर्वाचित सदस्यों की अयोग्यता सम्बन्धी विवरण संविधान की किस अनुसूची में दिया गया है?
A. 8वीं B. 9वीं
C. 10वीं D. 11वीं

2. भारतीय संविधान की अनुसूचियों में से कौन-सी एक राज्य के नामों की सूची तथा उसके राज्य क्षेत्रों का ब्यौरा देती है?

A. पहली B. दूसरी
C. तीसरी D. चौथी

3. भारतीय संविधान में 9वीं अनुसूची परिवर्तित हुई–

A. प्रथम संशोधन द्वारा B. आठवें संशोधन द्वारा
C. नौवें संशोधन द्वारा D. 42वें संशोधन द्वारा

4. भारत के संविधान की किस अनुसूची में विभिन्न राज्यों में अनुसूचित क्षेत्रों के प्रशासन और नियंत्रण के लिए विशेष उपबन्ध हैं?

A. तीसरी B. पाँचवीं
C. सातवीं D. नौवीं

5. सर्वसम्मति से निर्वाचित भारत के राष्ट्रपति थे–

A. एस. राधाकृष्णन
B. वी.वी. गिरि
C. ज्ञानी जैल सिंह
D. एन. संजीवा रेड्डी

6. संविधान के अनुच्छेद-1 में भारत को क्या कहा गया है?

A. परिसंघ
B. महासंघ
C. परिसंघ प्रबल एकात्मक आधार पर
D. राज्यों का संघ

27. भारतीय संविधान के किस अनुच्छेद में 'प्रेस की स्वतंत्रता दी गई है?

A. अनुच्छेद 14 B. अनुच्छेद 25
C. अनुच्छेद 21A D. अनुच्छेद 19(i)

28. मौलिक अधिकार के अंतर्गत कौन-सा अनुच्छेद बच्चों के शोषण से सम्बन्धित है?

A. अनुच्छेद 17 B. अनुच्छेद 19
C. अनुच्छेद 23 D. अनुच्छेद 24

29. भारतीय संविधान का कौन-सा अनुच्छेद संसद को अंतर्राष्ट्रीय समझौतों को लागू करने के लिए विधि निर्माण करने की शक्ति प्रदान करता है?

A. अनुच्छेद 249 B. अनुच्छेद 250
C. अनुच्छेद 252 D. अनुच्छेद 253

30. भारतीय संविधान का कौन-सा अनुच्छेद संवैधानिक प्रावधानों की संघीय संसद/राज्य विधानपालिकाओं द्वारा बनाये गए नियमों/कानूनों पर प्राथमिकता प्रदान करती है?

A. अनुच्छेद 13 B. अनुच्छेद 32
C. अनुच्छेद 245 D. अनुच्छेद 326

31. भारतीय संविधान के किस अनुच्छेद में अनुसूचित-जनजातियों के लिए एक राष्ट्रीय आयोग का प्रावधान है?

A. अनुच्छेद 338A B. अनुच्छेद 341
C. अनुच्छेद 16 D. अनुच्छेद 82

32. संविधान के किस अनुच्छेद में यह व्यवस्था की गई है कि प्रत्येक राज्य शिक्षा के प्राथमिक स्तर पर मातृभाषा में शिक्षा की पर्याप्त सुविधाओं की व्यवस्था करने का प्रयास करेगा?

A. अनुच्छेद 349 B. अनुच्छेद 35
C. अनुच्छेद 350 D. अनुच्छेद 351

33. संघ का यह कर्त्तव्य होगा कि वह बाह्य तथा आंतरिक गड़बड़ी से प्रत्येक राज्य की रक्षा करें–ऐसा प्रावधान भारतीय संविधान के निम्न अनुच्छेदों में से किस एक में है?

A. अनु. 215 B. अनु. 275
C. अनु. 325 D. अनु. 355

34. भारतीय संविधान के किस अनुच्छेद में भारतीय नागरिकों के मूल कर्त्तव्य शामिल हैं?

A. अनु. 50 क B. अनु. 50 ख
C. अनु. 51 क D. अनु. 51 ख

35. भारतीय संविधान के अनुच्छेद 17 में उपबंध किया गया है–

A. कानून के समक्ष समता का
B. सरकारी नौकरी के मामलों में अवसर की समता का
C. पदवियों के उन्मूलन का
D. अस्पृश्यता उन्मूलन का

36. निम्नलिखित में से किस वर्ष सिक्किम को राज्य का दर्जा दिया गया था?

A. 1973 में B. 1974 में
C. 1975 में D. 1976 में

37. भारतीय राज्यों का भाषायी आधार पर पुनर्गठन किस वर्ष किया गया था?

A. 1947 B. 1951
C. 1956 D. 1996

38. हरियाणा कब राज्य बना?

A. 1 नवम्बर, 1966 B. 1 अक्टूबर, 1966
C. 1 सितम्बर, 1966 D. 1 नवम्बर, 1965

39. भारत में एकल नागरिकता की अवधारणा अपनाई गई है–

A. इंग्लैड से B. यू.एस.ए. से
C. कनाडा से D. फ्रांस से

40. नागरिकता प्राप्त करने के लिए शर्तें निर्धारित करने वाला सक्षम निकाय कौन-सा है?

A. चुनाव आयोग B. राष्ट्रपति
C. संसद D. संसद और विधानसभाएँ

41. भारतीय संविधान के निम्नलिखित अनुच्छेदों में से कौन विधायन सत्ता पर पूर्ण नियंत्रण लगाता है?

A. अनुच्छेद 14 B. अनुच्छेद 15
C. अनुच्छेद 16 D. अनुच्छेद 17

42. मत देने का अधिकार होता है–

A. एक राजनीतिक अधिकार
B. एक नागरिक अधिकार
C. एक आर्थिक अधिकार
D. एक कानूनी अधिकार

43. संविधान के अन्तर्गत बन्दी प्रत्यक्षीकरण समादेश जारी करने का अधिकार किसमें निहित है?

A. केवल उच्च न्यायालय
B. केवल उच्चतम न्यायालय
C. उच्च तथा उच्चतम न्यायालय दोनों
D. जनपद न्यायालय तथा उनके ऊपर के सभी न्यायालय

44. निम्नलिखित में से कौन-सा मूल अधिकार नहीं है?

A. समता का अधिकार
B. सम्पत्ति का अधिकार
C. स्वतंत्रता का अधिकार
D. सांविधानिक उपचारों का अधिकार

45. निम्नलिखित में से किस याचिका (writ) का शाब्दिक अर्थ होता है–हम आदेश देते हैं?

A. बंदी प्रत्यक्षीकरण B. परमादेश
C. अधिकार पृच्छा D. उत्प्रेषण

46. निम्नोक्त समादेशों में से कौन-सा समादेश किसी अवैध व्यक्ति से सरकारी पद को बचाने के लिए जारी किया जाता है?

A. उत्प्रेषण B. परमादेश
C. निषेधाज्ञा D. अधिकार पृच्छा

47. निम्नलिखित में से किस वर्ष संविधान में मूल कर्त्तव्यों को अन्तः स्थापित किया गया?

A. 1972 ई. B. 1976 ई.
C. 1977 ई. D. 1978 ई.

48. भारतीय संविधान में मौलिक कर्त्तव्यों की सूची निम्नलिखित में से किस भाग के रूप में जोड़ी गई थी?

A. चार B. पाँच
C. दो D. तीन

49. भारतीय संसद बनती है–

A. केवल लोक सभा के द्वारा
B. राज्य सभा एवं लोक सभा के द्वारा
C. लोक सभा एवं राष्ट्रपति के द्वारा
D. लोक सभा, राज्य सभा एवं राष्ट्रपति के द्वारा

50. साधारण विधेयक से सम्बन्धित गतिरोध को दूर करने के लिए संसद के दोनों सदनों की संयुक्त बैठक कौन बुलाता है?

A. राष्ट्रपति B. मंत्रिपरिषद्
C. लोकसभा अध्यक्ष D. राज्य सभा का सभापति

51. सांसदों के वेतन का निर्णय कौन करता है?

A. संसद B. केन्द्रीय मंत्रिपरिषद्
C. राष्ट्रपति D. लोकसभा अध्यक्ष

52. संसदीय प्रणाली वाली सरकार को अन्य किस नाम से जाना जाता है?

A. अनुक्रियाशील सरकार B. उत्तरदायी सरकार
C. संघीय सरकार D. राष्ट्रपतीय सरकार

53. भारत में कार्यपालिका का अध्यक्ष कौन होता है?

A. राष्ट्रपति
B. प्रधानमंत्री
C. विरोधी दल का नेता
D. भारत सरकार का मुख्य सचिव

54. राष्ट्रपति को हटाया जा सकता है–

A. अविश्वास प्रस्ताव लाकर
B. संविधान संशोधन से
C. कानूनी कार्यवाही से
D. महाभियोग द्वारा

55. भारत के राष्ट्रपति निर्वाचित होने के पात्र बनने के लिए किसी व्यक्ति की आयु पूर्ण होनी चाहिए–

A. 21 वर्ष B. 25 वर्ष
C. 30 वर्ष D. 35 वर्ष

56. भारतीय संविधान के अनुसार देश का प्रथम नागरिक कौन होता है?

A. राष्ट्रपति B. लोकसभा अध्यक्ष
C. उपराष्ट्रपति D. प्रधानमंत्री

57. निम्नलिखित में से कौन लगातार दो बार राष्ट्रपति रहे थे?

A. डॉ. राजेन्द्र प्रसाद B. डॉ. एस. राधाकृष्णन
C. डॉ. जाकिर हुसैन D. A और B दोनों

58. राष्ट्रपति के चुनाव में विवाद होने पर किसकी सलाह ली जाती है?

A. उपराष्ट्रपति B. चुनाव आयोग
C. सर्वोच्च न्यायालय D. लोकसभा अध्यक्ष

59. भारत सरकार का सांविधानिक अध्यक्ष कौन है?
A. राष्ट्रपति
B. प्रधानमंत्री
C. भारत का मुख्य न्यायाधीश
D. महान्यायवादी

60. भारत के पहले राष्ट्रपति के रूप में डॉ. राजेन्द्र प्रसाद का चुनाव किया गया था–
A. निर्वाचकमंडल द्वारा B. भारत की जनता द्वारा
C. संविधान सभा द्वारा D. संसद द्वारा

61. भारत के उपराष्ट्रपति का चुनाव किया जाता है–
A. संसद के सदस्यों द्वारा
B. राज्य सभा के सदस्यों द्वारा
C. संसद के निर्वाचित सदस्यों द्वारा
D. संसद और राज्य विधानसभाओं के सदस्यों द्वारा

62. राष्ट्रपति द्वारा राज्य सभा में कितने व्यक्ति मनोनीत किये जाते हैं?
A. 10 B. 15
C. 12 D. 20

63. राज्य सभा के सदस्यों के लिए न्यूनतम आयु .... है।
A. 21 वर्ष B. 25 वर्ष
C. 30 वर्ष D. 35 वर्ष

64. निम्नलिखित में से किसके सम्बन्ध में राज्य सभा को लोक सभा के अपेक्षाकृत अधिक अधिकार प्राप्त हैं?
A. धन विधेयक
B. धनेतर विधेयक
C. नई अखिल भारतीय सेवाओं का गठन करना
D. संविधान का संशोधन

65. राज्य सभा को भंग करने में कौन सक्षम है?
A. अध्यक्ष राज्य सभा B. राष्ट्रपति
C. संसद का संयुक्त सत्र D. उपर्युक्त में से कोई नहीं

66. वर्तमान में लोक सभा सदस्यों की प्रभावी संख्या कितनी है?
A. 540 B. 543
C. 548 D. 552

67. निम्न में से किस राज्य में विधान परिषद है।
A. राजस्थान B. उत्तर प्रदेश
C. ओडिशा D. पश्चिम बंगाल

68. किसी विशेष दिन लोक सभा में अधिकतम कितने तारांकित प्रश्न पूछे जा सकते हैं?
A. 15 B. 20
C. 25 D. कोई सीमा नहीं

69. लोक सभा चुनाव में कोई प्रत्याशी अपनी जमानत खो देता है यदि उसे प्राप्त न हो सके–
A. वैध मतों का 1/3 B. वैध मतों का 1/4
C. वैध मतों का 1/5 D. इनमें से कोई नहीं

70. उत्तर प्रदेश के अतिरिक्त लोक सभा में किन दो राज्यों का प्रतिनिधित्व सबसे अधिक है?
A. बिहार और आन्ध्र प्रदेश
B. महाराष्ट्र और पश्चिम बंगाल
C. कर्नाटक और आन्ध्र प्रदेश
D. तमिलनाडु और राजस्थान

71. लोक सभा के निर्वाचन क्षेत्रों का सीमा निर्धारण पहली बार निम्नलिखित में से किस ई॰ सन् में किया गया था?
A. 1970 B. 1972
C. 1976 D. 1977

72. संसद के दोनों सदनों की संयुक्त बैठक को भेजा गया विधेयक का पारित होना होता है–
A. उपस्थित सदस्यों के साधारण बहुमत से
B. कुल सदस्यों के पूर्ण बहुमत से
C. उपस्थित सदस्यों के दो-तिहाई बहुमत से
D. उपस्थित सदस्यों के तीन-चौथाई बहुमत से

73. निम्नलिखित में से कौन-सा एक लोक सभा का सर्वाधिक बड़ा (क्षेत्रफल के अनुसार) निर्वाचन क्षेत्र है?
A. काँगड़ा B. लद्दाख
C. कच्छ D. भीलवाड़ा

74. मंत्रिमंडल (संघीय) की बैठक की अध्यक्षता कौन करता है?
A. राष्ट्रपति B. उपराष्ट्रपति
C. लोकसभा अध्यक्ष D. प्रधानमंत्री

75. भारत के प्रधानमंत्री–
A. राष्ट्रपति द्वारा चुने जाते हैं
B. राज्यों के मुख्यमंत्री द्वारा चुने जाते हैं
C. लोक सभा में बहुमत दल के नेता होते हैं
D. चुने नहीं जाते, बल्कि वंशगत होते हैं

76. भारतीय संविधान के अनुसार तथ्यात्मक सम्प्रभुता निवास करती है–
A. संसद में B. राष्ट्रपति में
C. प्रधानमंत्री में D. जनता में

77. भारतीय संविधान के अनुच्छेद 74 और 75 किन विषयों पर विचार करते हैं?
A. मंत्रिपरिषद् B. लोक सभा के सदस्य
C. राष्ट्रपति D. मंत्रिमंडल के सदस्य

78. भारत सरकार का वह मंत्री जो संसद के दोनों में से किसी सदन का सदस्य नहीं है, उसे मंत्री के पद से मुक्त हो जाना पड़ता है–

A. 6 मास बाद B. 1 वर्ष बाद
C. 2 वर्ष बाद D. 3 वर्ष बाद

79. संघीय मंत्रिपरिषद् अपने आचरण के लिए किसके प्रति उत्तरदायी होता है?

A. राष्ट्रपति B. लोक सभा
C. राज्य सभा D. संसद

80. मंत्रिपरिषद् व्यक्तिगत रूप से उत्तरदायी होता है–

A. राष्ट्रपति के प्रति
B. प्रधानमंत्री के प्रति
C. लोकसभा अध्यक्ष के प्रति
D. संसद के प्रति

81. सामूहिक रूप से मंत्रिपरिषद् किसके प्रति उत्तरदायी होता है?

A. राष्ट्रपति B. प्रधानमंत्री
C. लोक सभा D. संसद

82. भारतीय गणराज्य में वास्तविक कार्यकारी प्राधिकार निम्नलिखित में से किसके पास होता है?

A. प्रधानमंत्री B. राष्ट्रपति
C. नौकरशाही D. मंत्रिपरिषद्

83. निम्नलिखित में से कौन भारत के उपप्रधानमंत्री नहीं रहे हैं?

A. सरदार पटेल B. एल.के. आडवाणी
C. चरण सिंह D. बी.डी. जत्ती

84. लोक सभा में विरोधी दल के नेता के रूप में मान्यता देने के लिए उसके दल के सदस्यों की संख्या कुल सदस्यों की संख्या के कम-से-कम कितने प्रतिशत होनी चाहिए?

A. 10% B. 15%
C. 25% D. 50%

85. लोक सभा में विरोधी दल के पहले मान्यता प्राप्त नेता थे--

A. श्यामा प्रसाद मुखर्जी B. इन्दिरा गाँधी
C. रामसुभग सिंह D. वाई.बी. चौहान

उत्तरमाला

1	2	3	4	5	6	7	8	9	10
C	A	C	B	C	D	A	C	D	D
11	**12**	**13**	**14**	**15**	**16**	**17**	**18**	**19**	**20**
A	C	C	D	D	D	B	A	C	C
21	**22**	**23**	**24**	**25**	**26**	**27**	**28**	**29**	**30**
C	A	A	B	D	D	D	D	D	C
31	**32**	**33**	**34**	**35**	**36**	**37**	**38**	**39**	**40**
A	C	D	C	D	C	C	A	A	C
41	**42**	**43**	**44**	**45**	**46**	**47**	**48**	**49**	**50**
A	B	C	B	A	D	B	A	D	A
51	**52**	**53**	**54**	**55**	**56**	**57**	**58**	**59**	**60**
A	C	A	D	D	A	A	C	A	C
61	**62**	**63**	**64**	**65**	**66**	**67**	**68**	**69**	**70**
A	C	C	C	D	B	B	B	D	B
71	**72**	**73**	**74**	**75**	**76**	**77**	**78**	**79**	**80**
B	A	B	D	C	A	A	A	B	A
81	**82**	**83**	**84**	**85**					
C	D	D	A	D					

☆☆☆☆☆☆

सामान्य विज्ञान

विज्ञान की विविध शाखाएं

नाम	अध्ययन	नाम	अध्ययन
एरोनॉटिक्स	वैमानिकी का अध्ययन	फिलाटेली	टिकट संग्रह कला
एनाटोमी	मानव शरीर की रचना	हार्टीकल्चर	बागवानी
आर्कियोलॉजी	पुरातत्व अध्ययन	सीस्मोलॉजी	भूकंप का अध्ययन
एकॉस्टिक	ध्वनि से संबंधित अध्ययन	ऑस्टोलॉजी	हड्डियों का अध्ययन
एस्ट्रोनामी	खगोल अध्ययन	जेनेटिक्स	आनुवंशिकी का अध्ययन
एण्टोमोलॉजी	कीटाणुओं का अध्ययन	जूलॉजी	जन्तु विज्ञान
एस्ट्रोफिजिक्स	ग्रह-मंडल का अध्ययन	बायलॉजी	प्राणी विज्ञान
कैलिस्थेनिक्स	व्यायाम विद्या का अध्ययन	जिओलॉजी	भूगर्भ की बनावट का अध्ययन
क्रोनोलॉजी	ऐतिहासिक क्रम का अध्ययन	पैथॉलाजी	रोगों का अध्ययन
बॉटनी	वनस्पति का अध्ययन	फिजिक्स	भौतिक विज्ञान
केमिस्ट्री	रसायन का अध्ययन	बायोकेमिस्ट्री	प्राणी का रासायनिक अध्ययन
सेरामिक्स	चीनी के बर्तनों के निर्माण का अध्ययन	युजेनिक्स	नस्ल सुधार का अध्ययन
इकोलॉजी	जीव एवं पर्यावरण संबंधों का अध्ययन	एटिमोलॉजी	शब्द व्युत्पत्ति का अध्ययन
एन्टोमोलॉजी	कीट-पतंगों का अध्ययन		

आविष्कार और आविष्कारक

आविष्कार	आविष्कारक	देश	सन्
वायुयान	ओरविल और विलबर राइट	अमेरिका	1903
बॉल-पाइंट	जॉन जे॰ लाउड	अमेरिका	1888
बैरोमीटर	इवेंजलिस्ता टौरीसेली	इटली	1644
बाईसिकिल	कर्कपैट्रिक मैकमिलन	इंग्लैंड	1839-40
बाईफोकल लेंस	बेन्जामिन फ्रैंकलिन	अमेरिका	1780
बनसेन बर्नर	आर॰ विल्हेम वोन बनसेन	जर्मनी	1855
कार (पेट्रोल)	कार्ल बेन्ज	जर्मनी	1888
सीमेंट (पोर्टलैंड)	जोसेफ एस्पडिन	इंग्लैंड	1824
सिनेमा	निकोलस और जीन लूमियर	फ्रांस	1895
क्लॉक (मैकेनिकल)	आई.सिंग और लियांग लिंग-तसान	चीन	1725
डीजल इंजन	रूडोल्फ डीजल	जर्मनी	1895
डायनेमो	हाइपोलाइट पिक्सी	फ्रांस	1832
इलैक्ट्रिक लैम्प	थॉमस अल्वा एडिसन	अमेरिका	1879
सेफ्टी पिन	वाल्टर हन्ट	अमेरिका	1849
सिलाई मशीन	बार्थलेमी थिम्मोनियर	फ्रांस	1829
जहाज (भाप)	जे॰सी॰ पेरियर	फ्रांस	1775

जहाज (टरबाइन)	होन॰ सर सी॰ पारसंस	इंग्लैंड	1894
स्लाइड रूल	विलियम ऑग्ट्रेड	इंग्लैंड	1621
भाप का इंजन	जेम्स वॉट	इंग्लैंड	1765
स्टेनलेस स्टील	हेरि ब्रियरले	इंग्लैंड	1913
समुद्री जहाज	डेविड़ बुशनेल	अमेरिका	1776
टैंक	सर अर्नस्ट स्विनटन	इंग्लैंड	1914
टेलीग्राफ	एम॰ लम्मोंड	फ्रांस	1787
टेलीग्राफ कोड	सैमुअल एफ॰ बी॰ मोर्स	अमेरिका	1837
टेलीफोन (परफैक्टेड)	अलेक्जैण्डर ग्राहम बेल	अमेरिका	1876
टेलीस्कोप	हेन्स लिप्परशे	नीदरलैंड्स	1608
टेलीविजन (मैकेनिकल)	जे॰एल॰ बेयर्ड	इंग्लैंड	1926
टेलीविजन (इलेक्ट्रॉनिक)	पी॰टी॰ फार्न्सवर्थ	अमेरिका	1927
थर्मामीटर	गैलिलियो गैलिली	इटली	1593
ट्रांसफार्मर	माइकल फैराडे	इंग्लैंड	1831
ट्रांजिस्टर	बरडीन, शोकले तथा ब्राट्टेन	अमेरिका	1948
टाइपराइटर	पेलेग्रिन टेर्री	इटली	1808
कपड़ा धोने की मशीन (विद्युत)	हर्ले मशीन कम्पनी	अमेरिका	1907
घड़ी	बारथोलोम्यू मैनफ्रेडी	इटली	1462

माप/तौल की इकाइयां

वॉट	बिजली की शक्ति की इकाई
ओम	विद्युत प्रतिरोध
हर्ट्ज	तरंगों की आवृत्ति
डाइन	बल की सापेक्ष इकाई
कैलोरी	ऊष्मा की इकाई
कूलम्ब	विद्युत की मात्रा
एम्पियर	विद्युत धारा
नॉट	समुद्र पोतों की गति
बार	वायुमंडलीय दाब की इकाई
डेसीबल	सापेक्ष ध्वनि की तीव्रता
एंगस्ट्रम	प्रकाश तरंगों की लम्बाई
कैरेट	बहुमूल्य पत्थर की तौल
फैदम	समुद्र की गहराई की इकाई
न्यूटन	बल
कैन्डला	ज्योति तीव्रता
प्रकाश वर्ष	आकाश के ग्रहों आदि की दूरी की इकाई

चिकित्सा विज्ञान संबंधी आविष्कार

फ्रेडरिक-बैटिन	इन्सुलिन (डायबिटीज के उपचार के लिए)
ब्रह्मचारी यू.एन.	काला-ज्वर बुखार की चिकित्सा
डॉ. क्रिश्चियन बर्नार्ड	हृदय प्रत्यारोपण
जी. डोमाग	सल्फा ड्रग्स
राबर्ट कोच	हैजे का टीका
डॉ. पाल मुलर	डी.डी.टी.
आइजकमेन	बेरी-बेरी की चिकित्सा
आर्थर बर्ग तथा जेम्स वाटसन	आर.एन.ए.
जेम्स वाटसन तथा क्रिक	डी.एन.ए.
ड्रेसर	एस्प्रिन
रेबी	क्लोरोक्वीन (कुनैन)
हरगोविन्द खुराना	कृत्रिम जीन
फिनले	टेरामाइसिन
ल्यूवेनहॉक	बैक्टीरिया
रोबर्थ	टायफायड के जीवाणु
रीड	पीले बुखार की चिकित्सा
फिन्सेन	अल्ट्रा वायलेट रेंज द्वारा चिकित्सा
पाल एरिक	सिफलिस की चिकित्सा
सर अलेक्जेंडर फ्लेमिंग और फ्लोरे	पेन्सिलिन
विलियम हार्वे	रक्त परिवहन (संचरण)
कार्ल लैंडस्टीनर	रक्त-आधान

ैनीमेन	होम्योपैथी की स्थापना
ंक	विटामिन
ैकुलन	विटामिन 'ए'
ैकुलन	विटामिन 'बी'
यूजोक्ट होल्कट	विटामिन 'सी'
एफ.जी. हॉपकिन्स	विटामिन 'डी'
एडवर्ड जेनर	चेचक का टीका
राबर्ट कोच	टी.बी. की चिकित्सा
लेनेक	स्टेथॉस्कोप
लार्डजोसेफ लिस्टर	एण्टीसेप्टिक द्वारा चिकित्सा
लुई पाश्चर	हाइड्रोफोबिया की चिकित्सा
डॉ. रोनेल्ड रॉस	मलेरिया की चिकित्सा
डॉ. जोन्स् इ. साल्क	एण्टी पोलियो वैक्सीन
सर जेम्स हैरीसन	क्लोरोफार्म की खोज
वैक्समैन	स्ट्रेप्टोमाइसिन

विटामिन की कमी से होने वाले रोग

विटामिन	रोग	स्रोत
विटामिन A	रतौंधी	गाजर, दूध, अंडा
विटामिन B_{12}	अरक्तता	कलेजी, अंडा
विटामिन B_1	बेरी-बेरी	दाल, अंडा, मूंगफली
विटामिन C	स्कर्वी	संतरा, टमाटर
विटामिन B_2	मुँह की त्वचा	कलेजी, दूध, मांस
विटामिन D	सूखा रोग	सूर्य का प्रकाश,
विटामिन B_6	एनीमिया और होंठ फटना	कलेजी, दूध, मांस, मछली का तेल
विटामिन E	बांझपन	हरी सब्जियाँ, दूध, कलेजी
विटामिन B_7	पेलाग्रा	मछली, अंडा
विटामिन K	रक्त का थक्का जमने में कमी	हरी सब्जी

प्रमुख बीमारियों द्वारा प्रभावित अंग

बीमारी	प्रभावित अंग
निमोनिया	फेफड़े
टायफाइड	आँत
डिप्थीरिया	श्वसन नलिका
सिफलिस	जनन अंग
मेनिनजाइटिस	मस्तिष्क
आर्थ्राइटिस	जोड़ों की सूजन
एग्जीमा	चमड़ी
पीलिया	यकृत
अतिसार	आँत का अग्रभाग
सुजाक, श्वेत प्रदर	मूत्र मार्ग
प्लूरिसी	छाती
पायरिया	दाँत तथा मसूड़े
गठिया या ट्यूमैटिज्म	जोड़ों में
टिटनेस	तंत्रिका तंत्र, मांसपेशी
कुष्ठ	त्वचा, तंत्रिकाएं
हैजा	आँत, आहार नाल
रिकेट्स	हड्डियाँ
गोइटर (गण्डमाला)	थाइराइड ग्रंथि
काली खाँसी	श्वसन तंत्र
बॉट्यूलिज्म	तंत्रिका-तंत्र
एड्स	सम्पूर्ण शरीर
प्लेग	फेफड़े, लाल रक्त कणिकाएं
रेबीज या हाइड्रोफोबिया	तंत्रिका तंत्र
खसरा	सम्पूर्ण शरीर
कालाजार	रुधिर, प्लीहा व अस्थि मज्जा
हरपीस	त्वचा, श्लेष्मकला
क्षय रोग	शरीर का कोई भी अंग, विशेषकर फेफड़े
केटेरेक्ट, ग्लाइकोमा, ट्रेकोमा, मायोपिया	आँख
चेचक	सम्पूर्ण शरीर, विशेषकर चेहरा तथा हाथ-पैर

प्रमुख पाचक एन्जाइम एवं उनके कार्य

पाचक एन्जाइम	स्रोत	कार्य
टाइलिन	लार ग्रन्थि	स्टार्च का माल्टोस में परिवर्तन
एमाइलेज	लार ग्रन्थि, अग्न्याशय	पॉलीसैकेराइड का डाइसैकेराइड में परिवर्तन
पेप्सिन	आमाशय	प्रोटीन को पेप्टाइड खण्डों में तोड़ना
ट्रिप्सिन एवं काइमोट्रिप्सिन	अग्न्याशय	प्रोटीन एवं पॉलीपेप्टाइड को पेप्टाइड खण्डों में तोड़ना
लाइपेस	अग्न्याशय	ट्राइग्लिसराइड को वसीय अम्ल एवं मोनोग्लिसराइड में तोड़ना

मानव शरीर से सम्बन्धित महत्वपूर्ण तथ्य

तथ्य	स्थिति/मात्र
अस्थियों की कुल संख्या	206
सबसे छोटी अस्थि	स्टेपीज (मध्य कर्ण में)
सबसे लम्बी अस्थि	फीमर (जंघा में)
कशेरुकाओं की कुल संख्या	33
पेशियों की कुल संख्या	+639
सबसे लम्बी पेशी	सारटोरियस
बड़ी आँत की लम्बाई	1.5 मी (4.9 फीट)
छोटी आँत की लम्बाई	6.25 मी (20 फीट)
यकृत का भार (पुरुष में)	1.4-1.8 किग्रा
यकृत का भार (महिला में)	1.2-1.4 किग्रा
सबसे बड़ी ग्रन्थि	यकृत
सर्वाधिक पुनरुद्भवन की क्षमता	यकृत में
सबसे कम पुनरुद्भवन की क्षमता	मस्तिष्क में
शरीर का सबसे कठोर भाग	दाँत का इनेमल
सबसे बड़ी लार ग्रन्थि	पैरोटिड ग्रन्थि
शरीर का सामान्य तापमान	98.4°F (37°C)
शरीर में रुधिर की मात्रा	5.5 ली
हीमोग्लोबिन की औसत मात्रा (पुरुष में)	13.16 g/dl
हीमोग्लोबिन की औसत मात्रा (महिला में)	11.5-14 g/dl
श्वेत रुधिर कोशिकाओं (WBCs) की संख्या	5000-10000/cu mm
सबसे छोटी श्वेत रुधिर कोशिका	लिम्फोसाइट
सबसे बड़ी श्वेत रुधिर कोशिका	मोनोसाइट कोशिका
श्वेत रुधिर कोशिकाओं का जीवनकाल	120 दिन
लाल रुधिर कोशिकाओं (RBCs) का जीवनकाल	2-5 दिन
रुधिर का थक्का बनने का समय	3-6 मिनट
सर्वग्राही रुधिर वर्ग	AB
सर्वदाता रुधिर वर्ग	O
सामान्य रुधिर दाब	120/80 Hg
वयस्क में हृदय गति	72 बार प्रति मिनट

श्वसन अंग और उसके उदाहरण

श्वसन अंग	उदाहरण
फेफड़े	मनुष्य, मेंढक, पक्षी, छिपकली, पशु इत्या
त्वचा	मेंढक, केंचुआ
गिल्स	टैडपोल, मछली प्रॉन
श्वसन नाल	कीट
शरीर सतह	अमीबा, युग्लीना

जन्तु विज्ञान से सम्बन्धित महत्वपूर्ण तथ्य

विशेषता — **नाम**

- सबसे बड़ी स्तनी—**नीली व्हेल**
- सबसे विशाल स्थलीय स्तनी—**हाथी**
- सबसे बड़ी अस्थि—**फीमर (जंघा में)**
- सबसे बड़ा अण्डा—**शतुरमुर्ग**
- सबसे बड़ा शिरा—**इन्फीरियर वेना केवा**
- सबसे बड़ा स्थलीय पक्षी—**शतुरमुर्ग**
- विशालतम जीवित सरीसृप—**टर्टिल**
- विश्व में सबसे विषैला सर्प—**ऑस्ट्रेलिया का पेनिन्सुल टाइगर सर्प**
- सबसे लम्बा स्तनी—**जिराफ**
- सबसे छोटी चिड़िया—**हमिंग बर्ड**
- दाँत रहित स्तनी—**चींटीखोर**
- शरीर का सबसे व्यस्त अंग—**यकृत**
- शरीर का सबसे भारी अंग—**यकृत**
- सबसे भारी कशेरुका—**लुम्बर**
- सबसे मजबूत पेशी—**जबड़े की पेशी**
- सबसे पुराना प्राइमेट—**लीमर**
- सबसे पुरानी स्तनी—***एकिडना***
- सबसे पुराना कपि—**गिब्बन**
- सबसे विषैला भारतीय सर्प—**किंग कोबरा**
- विषैली छिपकली—***हीलोडर्मा***
- विषैली मछली—**स्टोन मछली**
- अण्डा देने वाली स्तनी—***एकिडना,* डक बिल्ड प्लेटीप**
- सबसे छोटा स्तनी—**छछुँदर**
- सबसे तेज दौड़ने वाला जन्तु—**चीता**
- सबसे बड़ा सर्प—**पाइथन**
- घोंसला बनाने वाला साँप—**किंग कोबरा**

✧✧✧✧✧

विश्व : विविध

विश्व की धार्मिक जनसंख्या (2022)

धर्मावलम्बी	मानने वालों की संख्या	धर्मावलम्बी	मानने वालों की संख्या
ईसाई	2.5 अरब	जुचे	1.9 करोड़
इस्लाम	1.9 अरब	स्पीरिटिज्म	1.4 करोड़
नास्तिक (atheism)	1.4 अरब	यहूदी	1.4 करोड़
हिंदू	107.0 करोड़	बहाई	89 लाख
बौद्ध	54.5 करोड़	जैन	64 लाख
चीनी लोक धर्म	47.6 करोड़	शिन्टो	28 लाख
एनीमिस्ट	13.6 करोड़	जरथुस्ट	1.9 लाख
अफ्रीकन लोक धर्म	10.0 करोड़	टेनरिक्यो	20 लाख
सिक्ख	2.7 करोड़	एकल विश्ववादी	8 लाख

विदेशी लेखक

पुस्तकें	लेखक	पुस्तकें	लेखक
ए चाइना पैसेज	जे.के. गेलब्रेथ	ब्रेझनेव-द मास्क्स ऑफ पावर	जान डार्नवर्ग
ए डेंजरस प्लेस	डेनिस पैट्रिक मोमनिहन	सीजर एंड क्लियोपेट्रा	जार्ज बर्नार्ड शा
ए डॉल्स हाउस	इप्सन	कैंसर वार्ड	एलेक्जेंडर सोलझेनिस्तिन
ए फेयरवेल टू आर्म्स	अर्नेस्ट हैमिंग्वे	चार्जिंग	लियो विलमन
ए मिड समर नाईट्स ड्रीम	शेक्सपीयर	चैरी आर्कड	एंटन चेखोव
ए पेयर ऑफ ब्लू आईज	थॉमस हार्डी	चिल्ड्रन ऑफ गेबेल्वी	नकीब महफूज
ए पैसेज टू इंडिया	ई. एम. फोस्टर	कामेडी ऑफ इटर्स	शेक्सपीयर
बेबिट	सिनक्लेयर लिविस	क्राइम एंड पनिसमेंट	फिदूर दोस्तोवस्की
बेनहुर	लिविस वैलेस	क्रिटिकल मास	बिलयम ई. बूरोअज और राबर्ट विंड्रेम
बैरी पैचेज	येवगेनि येव्लुशेंको	क्रासिंग द थ्रेसहोल्ड ऑफ होप	पोप जान पॉल II
बर्थ एंड डेथ ऑफ सन	जार्ज गैमोव	द क्राउन ऑफ वाइल्ड ओलिव	जान रस्किन
बिटर स्वीट	नील कोवार्ड	कास्मोस	कार्ल सगन
द ब्लाइंड ब्यूटी	बेरिस पेस्त्रनक	डार्कनेस एट नून	आर्थर कोएस्लर
ब्लू बर्ड	मौरिस मैक्टरलिंक	दास कैपिटल	कार्ल मार्क्स
बोस्तां	जाय एडम्सन		

पुस्तकें	लेखक
डेविड कांपरफील्ड	चार्ल्स डिकेन्स
डेज ऑफ हिज ग्रेस	इविंद जानसन
डेथ ऑफ ए प्रेसिडेंट	बिलियम मैनचेस्टर
एम्मा	जेन आस्टिन
इंड्स एंड मींस	एलडोअस हक्सले
एस्केप	जान फोरस्टायल
इरहॉन	सेमुअल बटलर
एस्से ऑफ इलिया	चार्ल्स लैंब
आई ऑफ द स्ट्रौम	पैट्रिक ह्वाइट
एक्सपेंडिंग यूनिवर्स	आर्थर स्टेनले इडिंग्डन
एक्सपेरिमेंट विद अनट्रुथ	माइकल एंडरसन
फर्स्ट सर्किल	एलेक्जेंडर सोलझेनिस्तिन
फेस टू फेस	लिसे और लिसा बे
फैन्ट्स आर. फैक्ट्स	खान अब्दुल वली खान
ग्रामर ऑफ पॉलिटिक्स	हेराल्ड जोसफ लास्की
ग्रेट एक्सपैक्टेशन	चार्ल्स डिकिन्स
द ग्रेट इलयूजन	नार्मल एंजेल
ग्रे इमिनेंस	एलडोअस हक्सले
गुलग आर्किप्लेगो	अलेक्जेंडर सोल्फेनिस्तिन
गुलिवर्स ट्रेवल	जोनाथन स्विफ्ट
जिप्सी	पुश्किन
हैमलेट	विलियम शेक्सपीयर
हैप्पी वैली	पैट्रिक ह्वाइट
हीट एंड डस्ट	रुथ परावर झबवाला
इनसाइड एशिया	जॉन गुन्थर
इनसाइड द थर्ड राइट	एलबर्ट स्पेंसर
द इनविजिवल मैंन	एच. जी. वेल्स
इसेबेला	जान कीट्स
इवानहो	सर वॉल्टर स्काट
जेन आयर	शारलोटि ब्रान्टे
जेन क्रिस्टोफर	रोमेन रोलेण्ड
जंगल बुक	रूडयार्ड किपलिंग
जुलियस सीजर	विलियम शेक्सपीयर
जुरासिक पार्क	मिशेल क्रिकटन
केन एंड अवेल	जेफ्री आर्कर
केन अटेंडेंट गॉडोट	सैमुअल बेकेट

पुस्तकें	लेखक
कैनिल बर्थ	सर वॉल्टर स्काट
किडनैप्ड	राबर्ट लुईस स्टीवेंसन
किम	रूडयार्ड किपलिंग
लेस मिजरेबल्स	विक्टर ह्यूगो
लाईफ ऑफ डाक्टर सेमुअल जॉन्सन	जेम्स बॉस्वेल
लिविंग रूम	ग्राहम ग्रीन
लोलिता	बी. नाबाकोव
लार्ड ऑफ द फाइल्स	विलियम गोल्डिग
नाइन डेज वंडर	जान मैंसफील्ड
नाइंटिन एटीफोर	जार्ज आरवेल
नाइन्थ सिंफनी	ली बेथोवन
ओ येरूशलम	लैरी कालिन्स
ओडिसी	होमर
ऑफ ह्यूमन बान्डेज	सोमरसेट मॉम
ओह, कैलकटा	कीनथ टिनन
ओह, लिबॉक्स जोर्स	सैमुअल बेकेट
द ओल्ड मैंन एंड सी	अर्नेस्ट हैमिंग्वे
ओलिवर ट्विस्ट	चार्ल्स डिकिन्स
आन कंट्राडिक्शन	माओत्से तुंग
वन हंर्डेड इयर्स ऑफ सॉलिट्र्यूड	अक्तावियो पेज
वार एण्ड पीस	लियो टालस्टाय
वन लाइफ	क्रिश्चन बर्नार्ड
ओनली वन इयर	स्वेतलाना
ऑरिजिन ऑफ स्पीसेज	चार्ल्स डार्विन
द ओरियन	रिचर्ड हेनरी हार्न
द प्रिंस	निकोलो मैक्यिावली
प्राइड एंड प्रेजूडिस	जेन ऑस्टिन
प्रिंसीपिया	आइजक न्यूटन ब्रोन्टे
द प्रोफेसर	चेरियट ब्रान्टे
पिगमेलियन	जार्ज बर्नार्ड शा
रेन्स केम	लुईस ब्रोमफील्ड
रेप ऑफ बांग्लादेश	एंथोनी मेक्रेहेंस
रेजर्स एज	डब्ल्यू. सोमरसेट मौम
रेड गॉनलेट	वाल्टर स्कॉट
रेड स्टार ओवर चायना	एजर स्नो

पुस्तकें	लेखक
...क्शन आन द ...व रिवोल्यूशन	एडमंड बर्क
...त्र	जीन पॉल सार्थ
...लक	प्लेटो
...इबल्स	आर.बी. शेरिडन
...सन क्रूसो	डेनियल डिफो
... कैयर	पीटर राइट
...जॉन	जार्ज बर्नार्ड शा
...र एंड ब्रदर्स ओमिनीबस	सी.पी. स्नो
...इविंग डूम्स डे	ब्रूस सिवले
... फ्राम शेक्सपीयर	चार्ल्स लैम्ब
...स्म	सर वाल्टर स्कॉट
... ऑफ द एप्स	एडगर राइस बूरोग्ध्स
...पेस्ट	विलियम शेक्सपीयर
...ऑफ द डी अरबरविलिस	थामस हार्डी
...मेंट ऑफ ब्यूटी	राबर्ट ब्रिजेज
...यू जीब्स	पी.जी. वोडहाउस
...टाइजेज ऑफ गवर्नमेंट	जॉन लॉक
...क ऑफ कैंसर	हेनरी मिलर
...मेट मेजर	थामस हार्डी
...थ नाइट	विलियम शेक्सपीयर
... ऑफ द लॉक	एलेक्जेंडर पोप
...किर्र	पी.जी. वूडहाउस
...ड	पी.जी. वूडहाउस
...सेस	जेम्स ज्वाइस
...ल टॉम्स केबिन	हैरिट बी. स्टोव
...नेवर्स अराउंड अस	जेम्स जींस
... दिस लास्ट	जान रस्किन
...पटर्न्ड स्वॉयल	मिखेल सोलोवोक
...पया	थामस मूर
... ऑफ डॉल्स	जैक्वेलिन सुसान
...रायज जर्नल	पेंडेरल मूल
...र ऑफ वेकफील्ड	ओलिवट गोल्डस्मिथ
... फॉर गोडाट	थामस बेकेट
...अप इंडिया	एनी बेसेंट
...एंड पीस	लियो टॉलस्टाय

पुस्तकें	लेखक
द वेस्ट लैंड	टी.एस. इलियट
वे टू आफ आल फ्लेस	सेमुअल बटलर
गॉड इज ए बुलेट	बोस्टम तेरान
हैरी पाटर शृंखला की 7 पुस्तकें	जे.के. रोलिंग
द ब्लाइंड एसेसिन (वर्ष 2000 के लिए बुकर पुरस्कार से सम्मानित)	मारग्रेट एटवुड
राइडिंग दि बुलेट (इंटरनेट पर विश्व का प्रथम उपन्यास)	स्टीफन किंग
महादेवी वर्मा	कैरीन शोमर
द डे डायना डाइड	क्रिस्टोफर एण्डरसन
द नेक्स्ट वर्ल्डवार	जेम्स एडम्स
विजनेश @ द स्पीड ऑफ थॉट	बिल गेट्स
द टेस्टामेंट	जॉन ग्रीशम
ग्रेट वनडे इंटरनेशनल	गुलु एजेकील
ब्लाइंडनेस	जोस सरमागो
ऑल द नेम्स	जोस सरमागो
मैनुअल ऑफ पेंटिंग्स एंड कैलीग्राफी	जोस सरमागो
एम्सटर्डम (वर्ष 1998 के लिए बुकर पुरस्कार से सम्मानित)	इयान मैकेवन
मास्टर जार्जी	बेरिल बाइनब्रिज
इंगलैंड, इंगलैंड	जूलियन बार्नेस
द इंडस्ट्री ऑफ सोल्स	मार्टिन बूथ
ब्रेकफास्ट आन प्लूटो	पैट्रिक मैक्वे
द रेस्ट्रेन ऑफ वीट्स	मेंग्नस मिल्स
1998 : ए लव स्टोरी (मोनिका-क्लिंटन यौन संबंधों पर आधारित रिपोर्ट)	केनेथ स्टार
वूमन इन माडर्न इण्डिया	जेराल्डीन फोरवेस
सराह, द डचेज ऑफ यार्क : माई स्टोरी	साराह फार्ग्यूसन
द वेल्थ ऑफ नेशंस	एडम स्मिथ
विलहेम मिस्टर	जे.डब्ल्यू. वान गोथे
विटनेस टू एन इरा	फ्रैंक मोरिस
वुथेरिंग हाईट्स	इमिली ब्रोन्टे

संयुक्त राष्ट्र संघ (UNO)

संयुक्त राष्ट्र संघ (यूएनओ) : 'संयुक्त राष्ट्र' शब्द का प्रयोग सर्वप्रथम यू.एस.ए. के राष्ट्रपति फ्रैंकलिन डी. रूजवेल्ट द्वारा किया गया। संयुक्त राष्ट्र के चार्टर के निर्माण में 50 देशों के प्रतिनिधियों ने भाग लिया और इसकी घोषणा पर 26 जून, 1945 को हस्ताक्षर किए गए। लेकिन आधिकारिक रूप से यह 24 अक्टूबर, 1945 को अस्तित्व में आया। संयुक्त राष्ट्र के घोषणा पत्र में 19 अध्यायों में वर्गीकृत 111 अनुच्छेद हैं तथा एक प्रस्तावना है।

मुख्यालय/भाषाएं: संयुक्त राष्ट्र का मुख्यालय न्यूयॉर्क (अमेरिका) में है तथा इसका यूरोपीय कार्यालय जिनेवा में है। अरबी, चीनी, अंग्रेजी, फ्रेंच, रूसी और स्पेनिश संयुक्त राष्ट्र की आधिकारिक भाषाएं हैं। स्पेनिश महासभा तथा आर्थिक और सामाजिक परिषद् की भी आधिकारिक भाषा है।

ध्वज: संयुक्त राष्ट्र के ध्वज की पृष्ठभूमि हल्की नीली है तथा इसका मध्य भाग सफेद है, ध्वज पर विश्व का मानचित्र अंकित है जो उत्तरी ध्रुव की ओर से ऊपर उठा हुआ दिखाई देता है। मानचित्र पर फैली हुई जैतून की शाखाओं का एक युग्म (शांति के प्रतीक) भी अंकित हैं। इस ध्वज को महासभा द्वारा 20 अक्तूबर, 1947 को अपनाया गया था।

संयुक्त राष्ट्र संघ के अंग: इसके छह प्रमुख अंग हैं–साधारण सभा, सुरक्षा परिषद्, अन्तर्राष्ट्रीय न्यायालय, आर्थिक तथा सामाजिक परिषद्, न्यासी परिषद् तथा सचिवालय।

साधारण सभा: यह संयुक्त राष्ट्र की संसद है। संयुक्त राष्ट्र के सभी सदस्य इसके सदस्य होते हैं। प्रत्येक सदस्य राष्ट्र को इसमें 5 सदस्य भेजने का अधिकार है। 193 सदस्यों वाली यह महासभा विश्व शांति, अन्तर्राष्ट्रीय सहयोग तथा निरस्त्रीकरण पर विचार करती है।

सुरक्षा परिषद् (Security Council)

सुरक्षा परिषद् संयुक्त राष्ट्र का कार्यकारी अंग है। इसमें दो प्रकार के सदस्य होते हैं—स्थायी तथा अस्थायी। स्थायी सदस्यों : चीन, फ्रांस, ग्रेट ब्रिटेन, संयुक्त राज्य अमेरिका और रूस (पहले सोवियत संघ); के नाम घोषणा पत्र में ही उल्लिखित हैं। महासभा 2 वर्षों के कार्यकाल के लिए 10 अस्थायी सदस्यों का चुनाव करती है जिसमें से 5 सदस्य अफ्रीका और एशिया महादेश से, दो लैटिन अमेरिकी देशों से, दो पश्चिमी यूरोप व अन्य महादेश से और एक पूर्वी यूरोपीय देशों में से चुना जाता है। 5 स्थायी सदस्यों क कार्रवाई पर वीटो का अधिकार प्राप्त है।

अन्तर्राष्ट्रीय न्यायालय

(International Court)

न्यायालय एक स्वायत्त संस्था है जो अपने सभापति, उपसभा रजिस्ट्रार की नियुक्ति करती है। इसका मुख्यालय हेग, नीद है परन्तु आवश्यकता पड़ने पर अन्य स्थानों पर भी इसकी ब सकती है। संयुक्त राष्ट्र के सभी सदस्य अन्तर्राष्ट्रीय न्याय स्वयंमेव सदस्य हैं।

इस न्यायालय में महासभा तथा सुरक्षा परिषद् द्वारा 9 अवधि के लिए निर्वाचित 15 स्वतंत्र न्यायाधीश होते हैं नियुक्ति का आधार उनका 'उच्च नैतिक चरित्र' तो होता उनकी योग्यता इतनी होनी चाहिए कि वे अपने-अपने सर्वोच्च न्यायिक पद पर नियुक्ति के योग्य माने जा सकें।

सचिवालय (Secretariat)

स्थायी रूप से निरंतर कार्य करने वाला एक ऐसा निका संयुक्त राष्ट्र को सभा तथा परिषद् की सामाजिक बैठकों क से उठाकर एक स्थायी एवं सुसंबद्ध संगठन का स्वरूप प्रदा है। सचिवालय में एक महासचिव होता है जिसकी नियुक्ति परिषद् की सिफारिश पर महासभा द्वारा की जाती है तथा न्यूय जिनेवा में कार्य करने वाले 10,000 से अधिक कर्मचारीगण

महासचिव का निर्वाचन 5 वर्षों के लिए होता है तथा अ प्राप्ति के तत्काल बाद उसका फिर से निर्वाचन किया जा स

संयुक्त राष्ट्र के महासचिवों की सूची

1.	त्रिग्वेली (नार्वे)	1946-19
2.	डॉ. डैग एच.ए.सी. हैमरशोल्ड (स्वीडन)	1953-19
3.	ऊ थांट (म्यांमार)	1961-19
4.	डॉ. कुर्त वाल्दहीम (ऑस्ट्रिया)	1972-19
5.	पैरेज द कुइयार (पेरू)	1982-19
6.	बुतरस बुतरस घाली (मिस्र)	1992-19
7.	कोफी अन्नान (घाना)	1997-20
8.	बान की-मून (दक्षिण कोरिया)	2007-20
9.	एंटोनियो गुटेरस (पुर्तगाल)	2017 से

ुक्त राष्ट्र से संबद्ध विशिष्ट अभिकरण

र्राष्ट्रीय आण्विक ऊर्जा अभिकरण ाईएईए) : संपूर्ण विश्व में अणुशक्ति अधिक से अधिक उपयोग शांति, ास्थ्य तथा समृद्धि के लिए हो, इसे निश्चित करने हेतु इस अभिकरण की स्थापना 29 जुलाई, 57 को की गई। इसका मुख्यालय वियना में है।

तर्राष्ट्रीय श्रमिक संगठन ाईएलओ) : इसकी स्थापना 1919 गई। यह मजदूरी, काम के घंटों के ारण, नौकरी करने की न्यूनतम आयु, द्योगिक सुरक्षा, सामाजिक सुरक्षा, संगठन बनाने की तंत्रता जैसे विषयों पर न्यूनतम अंतर्राष्ट्रीय मानकों का निर्धारण ता है। इसका मुख्यालय जिनेवा, स्विट्जरलैण्ड में है।

र्राष्ट्रीय पुनर्निर्माण एवं विकास बैंक ाईबीआरडी) : इसका लोकप्रिय नाम श्व बैंक है। इसकी स्थापना राष्ट्रों को ेश संबंधी पूंजी उपलब्ध करा कर उनके र्निर्माण और विकास में सहायता उपलब्ध कराने हेतु 1945 की गई थी। इसका मुख्यालय वाशिंगटन, संयुक्त राज्य ेरिका में है।

र्राष्ट्रीय वित्त परिषद् (आईएफसी) : इसकी स्थापना 56 में की गई थी। इसका उद्देश्य स्य राष्ट्रों खासतौर से अल्प कसित क्षेत्रों के आर्थिक विकास के ए निजी उत्पादक उद्यमों को बढ़ावा देना है। इसका मुख्यालय शिंगटन, यूएसए में है।

र्राष्ट्रीय मुद्राकोष (आईएमएफ) : र्राष्ट्रीय स्तर पर मौद्रिक सहयोग तथा पार को बढ़ावा देने के लिए 27 म्बर, 1945 को इस अभिकरण की पना की गई थी। इसका मुख्यालय वाशिंगटन, यूएसए में है।

र्राष्ट्रीय नागरिक उड्डयन संगठन ाईसीएओ) : अंतर्राष्ट्रीय उड्डयन की स्याओं का अध्ययन करने तथा नागरिक डयन के संदर्भ में अंतर्राष्ट्रीय मानकों और नियमन की स्थापना के लिए इस अभिकरण की स्थापना 4 अप्रैल, 1944 को हुई। यह सुरक्षा उपायों, प्रचालन हेतु एकसमान नियमों व अंतर्राष्ट्रीय सीमाओं के लिए सरलतम प्रक्रियाओं को बढ़ावा देता है। इसका मुख्यालय मांट्रियल, कनाडा में है।

7. **अंतर्राष्ट्रीय तार संवाद संघ (आईटीयू) :** इसकी स्थापना 1865 में अंतर्राष्ट्रीय तार संघ के नाम से की गई थी। परंतु 1934 में इसका नाम बदलकर अंतर्राष्ट्रीय तार संवाद संघ कर दिया गया। 1947 में इसका पुनर्गठन किया गया। यह सभी प्रकार के दूरसंचार के सुधार तथा तर्कसंगत इस्तेमाल के संदर्भ में अंतर्राष्ट्रीय सहयोग को बढ़ावा देता है। इसका मुख्यालय जिनेवा, स्विट्जरलैंड में है।

8. **अंतर्राष्ट्रीय विकास संगठन (आईडीए) :** विश्व बैंक से संबद्ध एक अभिकरण के रूप में इसकी स्थापना 1960 में की गई थी। यह अभिकरण अल्पविकसित देशों को महत्त्वपूर्ण परियोजनाओं हेतु बहुत ही कम ब्याज पर लम्बी अवधि के लिए ऋण उपलब्ध कराता है। इसका मुख्यालय वाशिंगटन, यूएसए में है।

9. **अंतर्राष्ट्रीय मेरीटाइम संगठन (आईएमओ):** समुद्र के संदर्भ में सरकारी नियमनों तथा कार्यों के क्षेत्र में सदस्य राष्ट्रों के बीच सहयोग बढ़ाने की एक मशीनरी के रूप में, इसका गठन 1948 में किया गया था। इसका मुख्यालय लंदन, यूके में है।

10. **अंतर्राष्ट्रीय कृषि विकास कोष (आईएफएडी) :** विकासशील देशों में कृषि विकास के लिए रियायती दरों पर अतिरिक्त संसाधनों को जुटाने के लिए इस अभिकरण की स्थापना 1977 में की गई थी। इसका मुख्यालय रोम, इटली में है।

11. **व्यापार एवं प्रशुल्क पर सामान्य समझौता (गैट) :** सदस्यों के बीच प्रशुल्कों को कम करने और उसे स्थिर बनाए रखने के लिए 'गैट' नामक एक समझौता किया गया। समझौते में विवादों का समाधान करने का प्रावधान है। अंततः 1 जनवरी, 1995 को गैट का अधिकार विश्व व्यापार संगठन (डब्ल्यूटीओ) के हाथ में आ गया।

12. खाद्य और कृषि संगठन (एफएओ) : पोषण स्तर तथा लोगों का जीवन स्तर ऊपर उठाने के उद्देश्य से इसकी स्थापना 1945 में की गई थी। यह आधारभूत भूमि एवं जन संसाधनों के विकास को बढ़ावा देता है तथा प्राथमिक वस्तुओं के लिए स्थिर अंतर्राष्ट्रीय बाजार की स्थापना करता है। इसका मुख्यालय रोम, इटली में है।

13. संयुक्त राष्ट्र शैक्षिक, वैज्ञानिक और सांस्कृतिक संगठन (यूनेस्को) : इसकी स्थापना 1946 में की गई थी। इसका लक्ष्य शिक्षा एवं समृद्ध सांस्कृतिक परम्पराओं तक लोगों की पहुंच बनाकर, वैज्ञानिक प्रयासों को संगठित कर, कलाकारों, शिक्षाविदों और बुद्धिजीवियों को एकजुट कर अंतर्राष्ट्रीय समझदारी में विकास की उपयुक्त परिस्थितियों का निर्माण करना है। इसका मुख्यालय पेरिस, फ्रांस में है।

14. संयुक्त राष्ट्र आपातकालीन बाल कोष (यूनिसेफ) : युद्ध का शिकार बने बच्चों के पुनर्वास तथा बच्चों के स्वास्थ्य की देखभाल करने के लिए 1946 में इसकी स्थापना की गई। बाढ़, भूकंप जैसी अन्य आपदाएं, जो बच्चों और माताओं को प्रभावित करती हैं, के समय यूनिसेफ ने आपातकालीन राहत कार्रवाइयां की हैं। इसका मुख्यालय न्यूयार्क, यूएसए में है।

15. संयुक्त राष्ट्र शरणार्थी उच्चायोग (यूएनएचसीआर) : इसकी स्थापना 1951 में की गई थी। यह अभिकरण अंतर्राष्ट्रीय सहायता की उम्मीद कर रहे शरणार्थियों की देखभाल के संदर्भ में अंतर्राष्ट्रीय सहयोग को संगठित करता है तथा इसका संयोजन और सर्वेक्षण करता है। इसका मुख्यालय जिनेवा (स्विटजरलैंड) में है।

16. संयुक्त राष्ट्र पर्यावरण कार्यक्रम (यूएनईपी) : प्राकृतिक पर्यावरण की सुरक्षा, वायु और ध्वनि प्रदूषण की रोकथाम, मिट्टी के क्षरण तथा मरुस्थलीकरण के विस्तार को रोकने आदि के संदर्भ में राष्ट्रों को सहयोग प्रदान करने हेतु इसकी स्थापना 1972 में की गई थी। इसका मुख्यालय नैरोबी, केन्या में है।

17. विश्व डाक संघ (यूपीयू) : इसकी स्थापना 1875 में ही हुई थो । 1949 में इसे संयुक्त राष्ट्र का अंग बना लिया गया। इसकी स्थापना सभी सदस्य देशों के बीच बेहतर संवाद व्यवस्था कायम करने हेतु एकल स्थलीय डाक व्यवस्था का निर्माण करने तथा डाक सेवा में सुधार करने हेतु किया गया था। इसका मुख्यालय बर्न, स्विट्जरलैंड

18. संयुक्त राष्ट्र औद्योगिक विकास संगठन (यूनिडो अभिकरण 1967 में अस्तित्व में आया, परंतु 1979 नए संविधान को स्वीकृत किया गया। इसका उद्देश्य नई अंतर्राष्ट्रीय आर्थिक व्यवस्था की स्थापना में सहयोग करने को ध्यान में रखते हुए विकासशील देशों में औद्योगिक विकास को बढ़ावा देना है। इसका मुख वियेना, आस्ट्रिया में है।

19. व्यापार और विकास पर संयुक्त राष्ट्र सम्मेलन (अंकट विकासशील देशों में आर्थिक विकास को बढ़ावा देकर उन्हें विकसित देशों की श्रेणी में खड़ा करने के उद्देश्य से तथा अंतर्राष्ट्रीय व्यापार को बढ़ावा देने के उद्देश्य से इसकी स्थापना 1964 में की गई थी। इसका मुख्यालय जिनेवा (स्विटजरलैंड) में है।

20. संयुक्त राष्ट्र जनसंख्या कोष (यूएनएफपीए) : इसकी स्थापना 1969 में की गई। यह विश्व जनसंख्या की समस्या समाधान करता है तथा परिवार कल्याण से सं परियोजनाओं के लिए वित्त प्रदान करता है। इसका मुख न्यूयार्क (यू.एस.ए.) में है।

21. वैश्विक बौद्धिक संपत्ति अधिकार संगठन (डब्ल्यूआईपीओ): स्टाकहोम में एक समझौते पर हस्ताक्षर किए जाने के बाद, इसकी स्थापना 1967 में की गई। इसका मुख्यालय जिनेवा में है। यह वैश्विक आधार पर औद्योगिक संपदा (आविष्कार, ट्रेडमार्क और डिजायन) तथा कापीराइट सामग्री (साहि लेखों, कलाकृतियों, तस्वीरों अथवा अन्य कल उपलब्धियों) को सुरक्षा प्रदान करता है।

22. विश्व मौसम विज्ञान संगठन (डब्ल्यूएमओ) : और अंतरिक्ष संबंधी सर्वेक्षण करने और इनसे संबंधित भू-भौतिक सर्वेक्षणों के लिए स्टेशनों का नेटवर्क

करने के लिए विश्वव्यापी सहयोग को संगठित करने के उद्देश्य से यह अभिकरण 1951 में अस्तित्व में आया। यह मौसम विज्ञान के क्षेत्र में अनुसंधान और प्रशिक्षण को बढ़ावा देता है। इसका मुख्यालय जिनेवा, स्विट्जरलैंड में है।

3. विश्व स्वास्थ्य संगठन (डब्ल्यूएचओ) : इसकी स्थापना 1948 में की गई। इसका लक्ष्य सभी लोगों के लिए स्वास्थ्य के सर्वोच्च मानकों की प्राप्ति है। यह औषधियों के लिए जैविक मानक तैयार करने, रोगों के बारे में सूचनाओं को एकत्र करने एवं उनका प्रसारण करने तथा तकनीकी और वैज्ञानिक कार्यों के संबंध में विशिष्ट अंतर्राष्ट्रीय अनुसंधान कराने और उनका प्रकाशन करने जैसे कार्यों से संलग्न है। इसका मुख्यालय जिनेवा, स्विट्जरलैंड में है।

24. विश्व व्यापार संगठन (डब्ल्यूटीओ) : गैट के स्थान पर इस अभिकरण की स्थापना 1995 में की गई। यह 120 देशों के बीच 8 वर्षों तक चली लम्बी चर्चा का प्रतिफल था। इसका लक्ष्य सदस्य देशों के बीच व्यापार को बढ़ावा देना है तथा सभी प्रकार की प्रत्यक्ष-अप्रत्यक्ष बाधाओं को दूर करना है। इसका मुख्यालय जिनेवा में है।

प्रमुख अन्तर्राष्ट्रीय सहयोग संगठन

संगठन	स्थापना वर्ष	मुख्यालय	प्रमुख उद्देश्य
• राष्ट्रमंडल	1949	लंदन	भूतपूर्व ब्रिटिश उपनिवेशों के परस्पर (Commonwealth) हितों की रक्षा।
• गुट निरपेक्ष आंदोलन (NAM)	1961	जकार्ता	शांति एवं निरस्त्रीकरण।
• दक्षिण एशियाई क्षेत्रीय सहयोग संघ (SAARC)	1985	काठमांडू	दक्षिण एशियाई क्षेत्र के देशों में परस्पर सहयोग।
• आसियान	1967	जकार्ता	दक्षिण पूर्व एशिया में आर्थिक प्रगति को त्वरित करना तथा स्थायित्व को बनाए रखना।
• एपेक	1989	सिंगापुर	प्रशांत तटीय देशों में क्षेत्रीय सहयोग एवं मुक्त व्यापार।
• बिम्सटेक	1997	ढाका	आप्रसी सहयोग के लिए व्यापार निवेश, उद्योग एवं विज्ञान तकनीक को बढ़ावा देना।
• उत्तर अटलांटिक संगठन (NATO)	1949	ब्रुसेल्स	परस्पर सैनिक शक्ति संतुलन बनाए रखना।
• यूरोपीय संघ	1958 में स्थापित EEC का परिवर्तित रूप	ब्रुसेल्स	यूरोप के आर्थिक सामाजिक मुद्दों पर विचार करना, जनवरी 2002 से यूरो मुद्रा का यूरोप के 17 देशों में चलन, 1998 में फ्रेंकफर्ट (जर्मनी) में 'यूरोपीय सेन्ट्रल बैंक' की स्थापना, 27 सदस्यीय यूरोपीय संघ के 8 देश यूरो मुद्रा संघ के सदस्य नहीं हैं।
• ओपक (OPEC)	1960	वियना	तेल निर्यातक देशों का संगठन सदस्य राष्ट्रों के हितों की सुरक्षा एवं गला काट स्पर्धा उत्पन्न होने से रोकता है।
• शंघाई सहयोग संगठन (SCO)	2001	बीजिंग	चीन, रूस, कजाखस्तान, किर्गिस्तान, ताजिकिस्तान, उज्बेकिस्तान, भारत एवं पाकिस्तान इसके सदस्य राष्ट्र हैं।
• ब्रिक्स (BRICS)	2008	–	ब्राजील, रूस, भारत, चीन, दक्षिण अफ्रीका, मिस्र, इथोपिया, ईरान, संयुक्त अरब अमीरात और सऊदी अरब इसके सदस्य राष्ट्र हैं।
• स्वतंत्र देशों का राष्ट्रकुल (CIS)	1991	मिंस्क (बेलारूस)	यह सोवियत संघ से पृथक हुए देशों का संगठन है। इसका मुख्य उद्देश्य सदस्य राष्ट्रों के बीच सहयोग व समन्वय है।
• एशियाई विकास बैंक (ADB)	1967	मनीला	इसका मुख्यालय मनीला, फिलीपीन्स में है। संयुक्त राष्ट्र इसका प्रायोजक है।
• इंटरपोल	1923	लियोन (फ्रांस)	इसकी स्थापना का उद्देश्य सदस्य देशों के बीच पुलिस गतिविधियों में बेहतर संयोजन स्थापित करना है।

☆☆☆☆☆☆

भारत : विविध

भारत एक संक्षिप्त परिचय

✦ जनसंख्या	:	1,21,08,54,977 (1.21 अरब)
✦ क्षेत्रफल	:	32,87,263 वर्ग कि.मी.
✦ भौगोलिक स्थिति	:	8°4' और 37°6' उत्तरी अक्षांश के बीच
	:	68°7' और 97°25' पूर्वी देशांतर के बीच
✦ तटरेखा की लम्बाई	:	7,516.6 कि.मी.
✦ प्रमुख भाषाएं	:	22
✦ राष्ट्र गान	:	जन-गण-मन
✦ राष्ट्र गीत	:	वंदे मातरम्
✦ राष्ट्रीय मुद्रा	:	रुपया (₹) (1 रुपया = 100 पैसे)
✦ राष्ट्रीय पशु	:	बाघ
✦ राष्ट्रीय पक्षी	:	मोर
✦ भारत की चारित्रिक विशेषताएँ	:	समाजवादी, पंथनिरपेक्ष, लोकतांत्रिक, गणराज्य
✦ विधान मण्डल	:	केन्द्र में द्विसदनीय संसद तथा राज्यों में एकल, द्विसदनीय विधान मण्डल
✦ कार्यकारी कार्यपालिका	:	केन्द्र में राष्ट्रपति, उपराष्ट्रपति और मंत्रिपरिषद्, राज्य में राज्यपाल और मंत्रिपरिषद्
✦ विधायिका	:	राष्ट्रपति और लोकसभा एवं राज्य सभा
✦ न्यायपालिका	:	कार्यपालिका से स्वतंत्र, सर्वोच्च न्यायालय सबसे बड़ी न्यायिक संस्था
✦ सड़क मार्ग की लम्बाई	:	63.22 लाख कि.मी. (दिसम्बर, 2022 तक)
✦ खाद्यान्न उत्पादन	:	329.69 मिलियन टन (2022-2023)
✦ प्रति व्यक्ति आय	:	₹ 1,85,854 (2023-2024 के चालू मूल्यों पर अनुमानित)

वैज्ञानिक गतिविधियां

परमाणु ऊर्जा

भारत में परमाणु ऊर्जा कार्पोरेशन लिमिटेड के अधीन सात परमाणु निर्माण केन्द्र (अणु ऊर्जा बिजलीघर) चल रहे हैं।

(i) तारापुर-महाराष्ट्र
(ii) रावतभाटा-राजस्थान
(iii) कल्पक्कम-तमिलनाडु
(iv) नरौरा-उत्तर प्रदेश
(v) काकरापारा-गुजरात
(vi) कुडनकुलम-तमिलनाडु, और
(vii) कैगा-कर्नाटक।

प्रमुख ऊर्जा परियोजनाएं

ताप बिजलीघर (थर्मल परियोजनाएं)

1.	कोठागुंडम परियोजना	:	आन्ध्र प्रदेश
2.	नहरकटिया परियोजना	:	असम
3.	बरौनी परियोजना	:	बिहार
4.	पतरातू परियोजना	:	झारखण्ड
5.	बदरपुर परियोजना	:	दिल्ली
6.	धुवारन परियोजना	:	गुजरात
7.	उकाई परियोजना	:	गुजरात
8.	कोरबा परियोजना	:	छत्तीसगढ़
9.	विन्ध्याचल परियोजना	:	मध्य प्रदेश
0.	सन्थालडीह परियोजना	:	प. बंगाल
1.	कोराडी परियोजना	:	महाराष्ट्र
2.	तालचर परियोजना	:	ओडिशा
3.	नानक परियोजना	:	पंजाब
14.	एन्नोर परियोजना	:	तमिलनाडु
15.	नैवेली परियोजना	:	तमिलनाडु
16.	हरदुआगंज परियोजना	:	उत्तर प्रदेश
17.	पनकी परियोजना	:	उत्तर प्रदेश
18.	सिंगरौली परियोजना	:	उत्तर प्रदेश
19.	रामगुंडम परियोजना	:	आन्ध्र प्रदेश
20.	फरक्का परियोजना	:	प. बंगाल
21.	रिहन्द परियोजना	:	उत्तर प्रदेश
22.	कहलगांव परियोजना	:	बिहार
23.	सतपुड़ा परियोजना	:	मध्य प्रदेश-राजस्थान
24.	ट्राम्बे परियोजना	:	महाराष्ट्र
25.	बंडेल परियोजना	:	प. बंगाल
26.	दहानू परियोजना	:	महाराष्ट्र

. पनबिजली घर (हाइड्रो इलेक्ट्रिक परियोजनाएं)

1.	मचकुंड परियोजना	:	आन्ध्र प्रदेश
2.	श्री सैलम परियोजना	:	आन्ध्र प्रदेश
3.	सिलेरू परियोजना	:	आन्ध्र प्रदेश
4.	सलाल परियोजना	:	जम्मू व कश्मीर
5.	शरावती परियोजना	:	कर्नाटक
6.	इडुकी परियोजना	:	केरल
7.	कोयना परियोजना	:	महाराष्ट्र
8.	लोकटक परियोजना	:	मणिपुर
9.	हीराकुड परियोजना	:	ओडिशा
10.	यमुना परियोजना	:	उत्तर प्रदेश
11.	मनेरी परियोजना	:	उत्तराखंड
12.	दूलहस्ती परियोजना	:	जम्मू व कश्मीर
13.	उरी परियोजना	:	जम्मू व कश्मीर
14.	चमेरा परियोजना	:	हिमाचल प्रदेश
15.	टनकपुर परियोजना	:	उत्तराखंड
16.	बरा सियुल परियोजना	:	हिमाचल प्रदेश
17.	भाखड़ा परियोजना	:	पंजाब
18.	यमुना परियोजना	:	उत्तराखंड
19.	नाथपा झाकरी परियोजना	:	हिमाचल प्रदेश
20.	दोयांग परियोजना	:	नगालैण्ड
21.	रंगानदी परियोजना	:	अरुणाचल प्रदेश

भारी जल

प्रेशराइज्ड हैवी वाटर रिएक्टरों को चलाने के लिए भारी जल की आवश्यकता अनिवार्य है : यह कूलेंट और मॉडरेटर का काम करता है। भारी जल का पहला कारखाना 1961 में नंगल में बना था। बाद में 7 अन्य कारखाने (i) वडोदरा, (ii) तूतीकोरिन, (iii) कोटा, (iv) तालचेर, (v) थाल, (vi) हजीरा और (vii) मानगुरु में स्थापित किए गए हैं।

अनुसंधान एवं विकास केन्द्र

परमाणु ऊर्जा और उससे जुड़े विषयों में अनुसंधान के प्रमुख केन्द्र हैं : (i) भाभा एटॉमिक रिसर्च सेन्टर, ट्रॉम्बे (महाराष्ट्र), (ii) इन्दिरा गांधी सेन्टर फॉर एटॉमिक रिसर्च, कलपक्कम (तमिलनाडु), (iii) सेन्टर फॉर एडवान्स्ड टेक्नॉलोजी इन्दौर (मध्य प्रदेश), (iv) वेरिएबल एनर्जी साइक्लोट्रॉन सेन्टर, कोलकाता (पश्चिम बंगाल) और (v) एटॉमिक मिनरल्स डायरेक्टोरेट फॉर एक्सप्लोरेशन एण्ड रिसर्च, हैदराबाद (तेलंगाना)।

परमाणु ऊर्जा विभाग के अधीन सरकारी क्षेत्र के चार उपक्रम हैं : (i) न्यूक्लियर पावर कार्पोरेशन ऑफ इण्डिया लिमिटेड, (ii) यूरेनियम कार्पोरेशन ऑफ इण्डिया लिमिटेड, (iii) इण्डियन रेयर अर्थ्स लिमिटेड, (iv) इलेक्ट्रॉनिक्स कार्पोरेशन ऑफ इण्डिया लिमिटेड।

अन्तरिक्ष अनुसंधान

भारतीय अन्तरिक्ष अनुसंधान संगठन 1969 में स्थापित हुआ, लेकिन भारत में औपचारिक ढंग से अन्तरिक्ष कार्यक्रम 1972 में अन्तरिक्ष आयोग और अन्तरिक्ष विभाग की स्थापना के बाद प्रारंभ हुआ। भारत के अंतरिक्ष कार्यक्रम का प्रमुख लक्ष्य अंतरिक्ष आधारित सेवाओं का प्रयोग, संचार, मौसम विज्ञान, संसाधनों के सर्वे जैसे कामों को करना है और इस प्रयोजन की पूर्ति के लिए उपग्रह तैयार करना, उन्हें कक्षा में पहुंचाने हेतु यान और इससे संबंधित प्रणालियों का विकास करना है।

उपग्रह प्रक्षेपण

(1) **आर्यभट्ट :** 19 अप्रैल, 1975 को दोपहर 1 बजे भारत ने अपना पहला उपग्रह आर्यभट्ट कक्षा में स्थापित किया। इसके साथ ही भारत अंतरिक्ष युग में प्रवेश करने वाला ग्यारहवां देश बन गया।

(2) **भास्कर :** भारत का दूसरा उपग्रह भास्कर 7 जून, 1979 को सायं 4 बजे सोवियत कास्मोड्रम से अंतरिक्ष की कक्षा में स्थापित किया गया। 444 किलोग्राम वजन वाले इस उपग्रह का निर्माण बंगलूर स्थित उपग्रह-निर्माण केन्द्र में भारतीय वैज्ञानिकों ने किया था।

(3) **रोहिणी :** 10 अगस्त, 1979 को प्रात: 8.30 बजे भारत ने एस.एल.वी. 3 (उपग्रह प्रक्षेपक वाहन) नामक राकेट द्वारा 35 किलोग्राम भार वाले रोहिणी उपग्रह को कक्षा में स्थापित किया। इस राकेट का निर्माण-कार्य विक्रम साराभाई अंतरिक्ष केन्द्र में पूरा हुआ था।

(4) **रोहिणी II :** भारत के चतुर्थ उपग्रह रोहिणी II को 18 जुलाई, 1980 को श्रीहरिकोटा से एस.एल.वी. 3 वाहन द्वारा अंतरिक्ष में भेजा गया।

(5) **एपल (APPLE) :** भारतीय 'एपल' उपग्रह 19 जून, 1981 को फ्रांसीसी गयाना के कोरू अंतरिक्ष केन्द्र से यूरोपीय प्रक्षेपण रॉकेट 'एरियन' की सहायता से अंतरिक्ष में प्रक्षेपित किया गया था। एपल एक संचार उपग्रह था।

(6) **भास्कर II :** भारत ने अपना पांचवां उपग्रह भास्कर II, 20 नवम्बर, 1981 को रूस के वोल्गाग्राद अंतरिक्ष केन्द्र से रूस द्वारा प्रदत्त उत्थापक रॉकेट द्वारा अंतरिक्ष कक्षा में प्रस्थापित किया।

(7) **इन्सेट-1A :** भारत का प्रथम बहुप्रयोजनीय संचार उपग्रह इन्सेट-1A, 10 अप्रैल, 1982 को अमेरिका के केनेडी स्पेस सेन्टर से अंतरिक्ष में स्थापित किया गया।

(8) **इन्सेट-1 B :** भारत का दूसरा बहुप्रयोजनीय उपग्रह इन्सेट-1 B अमरीकी स्पेस शटल द्वारा 31 अगस्त, 1983 को कक्षा में पहुंचाया गया। यह एक साथ तीन सेवायें देता है—दूर संचार, जन संचार एवं मौसम संबंधी जानकारी।

(9) **IRS-1A :** 17 मार्च, 1988 को भारत का 980 कि.ग्रा. का दूर संवेदी उपग्रह IRS-1A पूर्व सोवियत रूस के बैकानूर अंतरिक्ष केन्द्र से रूसी राकेट की सहायता से अंतरिक्ष में भेजा गया।

(10) **IRS-1B :** भारत का दूसरा संवेदी उपग्रह IRS-1B एक सोवियत राकेट की सहायता से 29 अगस्त, 1991 को अंतरिक्ष में पहुंचाया गया।

(11) **INSAT- 2B :** यह उपग्रह 23 जुलाई, 1993 को फ्रेंच गयाना, के कोरू अंतरिक्ष केन्द्र से छोड़ा गया।

(12) **INSAT-2C :** दक्षिणी अमेरिका में फ्रेंच गयाना के कोरू अंतरिक्ष केन्द्र से यूरोपियन स्पेस एजेन्सी के एरियन रॉकेट से 7 दिसम्बर, 1995 को INSAT-2C को सफलतापूर्वक अंतरिक्ष में पहुंचाया गया।

(13) **IRS-1C :** विश्व का सबसे समुन्नत दूरसंवेदी उपग्रह भारत का IRS-1C उपग्रह 28 दिसम्बर 1995 को बैकानूर अंतरिक्ष केन्द्र से एक रूसी रॉकेट की सहायता से सफलतापूर्वक अंतरिक्ष में छोड़ा गया।

(14) **INSAT-2D :** भारत के चौथे दूरसंचार उपग्रह INSAT-2D को 4 जून, 1997 को फ्रेंच गयाना के कोरू अंतरिक्ष से यूरोपियन रॉकेट एरियन की मदद से सफलतापूर्वक अंतरिक्ष में पहुंचाया गया।

(15) **IRS-1D :** 7 अक्टूबर, 1997 को इस उपग्रह को पी.एस.एल.वी-डी4 की सहायता से अंतरिक्ष में पहुंचाया गया।

(16) **INSAT-2E :** INSAT-2 श्रृंखला का अंतिम उपग्रह INSAT- 2E 3 अप्रैल, 1999 को फ्रेंच गुयाना में कौरू से यूरोपियन एरियन 42P रॉकेट की सहायता से सफलतापूर्वक अंतरिक्ष में पहुंचाया गया।

(17) **INSAT-3B :** INSAT 3 श्रृंखला का पहला उपग्रह INSAT-3B 22 मार्च, 2000 को फ्रेंच गयाना के कोरू अंतरिक्ष केन्द्र से एरियन-5 रॉकेट की सहायता से सफलतापूर्वक अंतरिक्ष में पहुंचाया गया। इस पर 429 करोड़ रुपए (लान्च एवं बीमा सहित) की लागत आई है।

(18) **INSAT-3C :** INSAT 3 श्रृंखला का दूसरा उपग्रह INSAT-3C 24 जनवरी, 2002 को कौरू से सफलतापूर्वक छोड़ा गया।

(19) **MET SAT:** देश के पहले विशिष्ट मौसम उपग्रह 'मेट सैट' (MET SAT) का सफल प्रक्षेपण 12 सितम्बर, 2002 को PSLV-C4 के जरिए श्रीहरिकोटा से किया गया।

(20) **INSAT-3A:** बहुउद्देश्यीय उपग्रह INSAT-3A का 10 अप्रैल, 2003 को फ्रेंच गुयाना के कौरू प्रक्षेपण स्थल से सफल प्रक्षेपण किया गया।

(21) **INSAT-3E:** बहुउद्देश्यीय संचार उपग्रह INSAT-3E का 28 सितम्बर, 2003 को फ्रेंच गुयाना के कौरू प्रक्षेपण स्थल से सफल प्रक्षेपण किया गया।

(22) **PSLV-C6 :** पांच मई 2005 को बंगाल की खाड़ी के तट पर स्थित श्री हरिकोटा के सतीश धवन अंतरिक्ष केन्द्र से अत्याधुनिक दूर संवेदी उपग्रह 'कार्टोसेट-1' और हैमसेट को सफलता-पूर्वक ध्रुवीय और समस्थैतिक कक्षा में स्थापित किया गया।

(23) **INSAT-4B :** चौथी पीढ़ी के संचार उपग्रह INSAT-4B का 12 मार्च, 2007 को फ्रेंच गुयाना के कौरू प्रक्षेपण स्थल से सफल प्रक्षेपण किया गया।

(24) **PSLV-C7 :** PSLV-C7 द्वारा 10 जनवरी, 2007 को श्री हरिकोटा से चार उपग्रहों को सफलतापूर्वक प्रक्षेपण किया गया। इसमें दो उपग्रह भारत के तथा एक-एक उपग्रह इंडोनेशिया व अर्जेन्टीना के शामिल थे।

(25) **PSLV-C8 :** PSLV-C8, द्वारा 23 अप्रैल, 2007 को इटली के उपग्रह 'एजाइल' को सफलतापूर्वक अंतरिक्ष की कक्षा में स्थापित किया गया।

(26) **INSAT-4CR:** संचार उपग्रह इनसैट-4 सीआर का 2 सितम्बर, 2007 को श्री हरिकोटा से जिओसिनक्रोनस सैटलाइट लॉन्च वीइकल (जीएसएलवीएफ-04) द्वारा सफल प्रक्षेपण किया गया।

(27) **PSLV-C14:** भारतीय अंतरिक्ष अनुसंधान संगठन (इसरो) ने 23 सितम्बर, 2009 को देश के 16वें दूरसंवेदी उपग्रह ओशनसेट-2 सहित सात उपग्रहों को पीएसएलवी-C14 की सहायता से महज 20 मिनट में सफलतापूर्वक कक्षा में स्थापित कर दिया।

(28) **PSLV-C15:** 12 जुलाई, 2010 को कार्टोसेट-2B सहित पांच उपग्रहों का सफल प्रक्षेपण किया गया।

(29) **PSLV-C16:** 20 अप्रैल, 2011 को तीन स्वदेशी उपग्रहों को उनकी कक्षा में स्थापित किया गया।

(30) **PSLV-C17:** 15 जुलाई, 2011 को संचार उपग्रह जीसैट-12 को उसकी कक्षा में स्थापित किया गया।

(31) **PSLV-C18:** 12 अक्टूबर, 2011 को 'मेघा-ट्रॉपिक्स' सहित चार उपग्रहों को कक्षा में स्थापित किया गया।

(32) **PSLV-C19:** 26 अप्रैल, 2012 को राडार इमेजिंग सेटेलाइट रीसैट-1 को उसकी कक्षा में स्थापित किया गया।

(33) **PSLV-C21:** 9 सितंबर, 2012 को दो विदेशी उपग्रहों स्पॉट-6 (फ्रांस) और प्राइटेरेस (जापान) को उनकी कक्षा में स्थापित किया गया।

(34) **एरियन-5:** 29 सितम्बर 2012 को संचार उपग्रह जी सैट-10 वीं उसकी कक्षा में स्थापित किया गया।

(35) **PSLV-C20:** 25 फरवरी 2013 को मौसम संबंधी उपग्रह 'सरल' को उसकी कक्षा में स्थापित किया गया।

(36) **PSLV-C26:** 16 अक्टूबर 2014 को आइआरएनएसएस 1 सी नौवहन उपग्रह को उसकी कक्षा में स्थापित किया गया।

(37) **PSLV-C27:** 28 मार्च 2015 को आइआरएनएसएस 1 डी का सफल प्रक्षेपण किया गया।

(38) **PSLV-C38:** 23 जून, 2017 को कार्टोसेट-2 सहित 31 उपग्रहों का सफल प्रक्षेपण किया गया।

(39) **PSLV-C29 :** इसरो ने 16 दिसम्बर, 2015 को सिंगापुर के छह उपग्रहों को सफलतापूर्वक प्रक्षेपित किया। इस मिशन का नाम इसरो ने टेलीयॉस मिशन रखा था।

(40) **IRNSS-1E :** इसरो ने पीएसएलवी सी-31 के द्वारा 20 जनवरी, 2016 को 1425 किलोग्राम वजनी दिशासूचक उपग्रह आईआरएनएसएस-1ई को सफलतापूर्वक अंतरिक्ष में प्रक्षेपित किया।

(41) **GSLV-F05 :** इसरो ने भूस्थैतिक प्रक्षेपण यान जीएसएलवी एफ 05 से मौसम उपग्रह इनसैट 3डीआर का सफल प्रक्षेपण श्रीहरिकोटा से 8 सितम्बर, 2016 को किया।

(42) **GSLV-III :** देश का सबसे भारी और शक्तिशाली स्वदेशी रॉकेट जीएसएलवी मार्क-III को 5 जून, 2017 को अंतरिक्ष में सफलतापूर्वक प्रक्षेपित किया गया।

(43) **PSLV-C37 :** इसरो ने 15 फरवरी, 2017 को सतीश धवन अंतरिक्ष केन्द्र, श्री हरिकोटा से कार्टोसेट-2 सीरीज उपग्रह के साथ 103 अन्य उपग्रहों का सफलतापूर्वक प्रक्षेपण किया।

(44) **PSLV-C50 :** 17 दिसम्बर, 2020 को संचार उपग्रह CMS-01 का सफल प्रक्षेपण किया गया।

(45) **PSLV-C51 :** 28 फरवरी, 2021 को संचार उपग्रह एमेजोनिया एवं 19 अन्य का सफल प्रक्षेपण किया गया।

(46) **PSLV-C52 :** 14 फरवरी, 2022 को अर्थ ऑबजर्वेशन उपग्रह EOS-04 एवं अन्य का सफल प्रक्षेपण किया गया।

(47) **PSLV-C53 :** 30 जून, 2022 को DS-EO और अन्य का सफल प्रक्षेपण किया गया।

(48) **SSLV-02 :** 10 फरवरी, 2023 को पृथ्वी अवलोकन उपग्रह EOS-07 का सफल प्रक्षेपण किया गया।

(49) **PSLV-C54 :** 22 अप्रैल, 2023 को सिंगापुर के दो उपग्रहों TeLEOS-2 और LUMILITE-4 का सफल प्रक्षेपण किया गया।

(50) **LVM-3 :** 14 जुलाई, 2023 को चंद्रमिशन चंद्रयान-3 का सफल प्रक्षेपण किया गया।

(51) **PSLV-C57 :** 02 सितम्बर, 2023 को सूर्य के अध्ययन हेतु आदित्य-एल 1 का सफल प्रक्षेपण किया गया।

भारत का प्रथम अंतरिक्ष यात्री

3 अप्रैल, 1984 को प्रथम भारतीय अंतरिक्ष में गया। इस प्रकार भारत मानव को अंतरिक्ष में भेजने वाला 14वां देश बन गया। भारत के स्क्वाड्रन लीडर राकेश शर्मा दो अन्य रूसी अंतरिक्ष यात्रियों के साथ सोयुज-T-11 में बैठकर अंतरिक्ष की 9 दिन की यात्रा पर गए। उनकी यात्रा 11 अप्रैल, 1984 को सफलतापूर्वक समाप्त हुई।

भारत में अंतरिक्ष से जुड़ी संस्थाएं

1. **विक्रम साराभाई अंतरिक्ष केन्द्र (वीएसएससी), तिरुवनंतपुरम :** यह अंतरिक्ष अनुसंधान और अंतरिक्ष मामलों से संबद्ध प्रमुख संस्थान है। थुम्बा इक्वेटोरियल रॉकेट लांचिंग केन्द्र वह स्थल है जहां से छोटे रॉकेटों की प्रयोगात्मक उड़ानें आरंभ हुईं। यहां विभिन्न प्रौद्योगिकियों का विकास किया जाता है।
2. **भारतीय अंतरिक्ष अनुप्रयोग केन्द्र (आइएसएसी), बंगलौर :** यह केन्द्र भारतीय उपग्रहों के लिए योजना बनाने, डिजायन करने, फैब्रीकेशन, इंटीग्रेशन और परीक्षण करने के मुख्य उत्तरदायित्व का वहन करता है। भविष्य की स्पेसक्राफ्ट परियोजना के लिए यहां प्रौद्योगिकी का विकास किया जाता है।
3. **श्रीहरिकोटा केन्द्र (एसएचएआर) :** यह केन्द्र आंध्र प्रदेश के तट पर एक द्वीप में स्थित है। सभी रॉकेटों और उपग्रहों का यहां परीक्षण किया जाता है तथा यहीं से उन्हें लांच भी किया जाता है।
4. **अंतरिक्ष अनुप्रयोग केन्द्र (एसएसी), अहमदाबाद :** इस केन्द्र में अनुसंधान, अवधारणा निर्माण, योजना निर्माण और परियोजनाओं का निष्पादन किया जाता है ताकि अंतरिक्ष तकनीक के व्यावहारिक अनुप्रयोग को सफल बनाया जा सके। यहां उपग्रह आधारित दूरसंचार, टेलीविजन सिगनलों की बीजिंग, प्राकृतिक संसाधनों के लिए रिमोट सेंसिंग, उनका सर्वेक्षण और प्रबंधन तथा मौसम की भविष्यवाणी जैसे मामलों का कार्य-व्यवहार किया जाता है।
5. **मास्टर कंट्रोल फैसिलिटी (एमएफसी), हासन :** कर्नाटक स्थित यह स्थल उपग्रहों का पता लगाने और उनका नियंत्रण करने का कार्य करता है।
6. **नेशनल रिमोट सेंसिंग एजेंसी (एनआरएसए), सिकंदराबाद :** रिमोट सेंसिंग उपग्रह पर आधारित देश के संसाधनों की योजना और प्रबंधन के संदर्भ में यहां कार्य-व्यवहार किया जाता है। यह अपने प्रयोगकर्ता को व्यावहारिक सहायता भी प्रदान करता है।

फिजीकल रिसर्च लेबोरेटरी, अहमदाबाद, इसरो टेलीमैट्री, ट्रेकिंग एंड कमांड नेटवर्क (ISTRAC), बंगलौर, सैटेलाइट ट्रैकिंग एंड रेंजिंग स्टेशन (स्टार्स), केवालुर और बंगलौर तथा तिरुवनंतपुरम में स्थित लिक्विड प्रपल्सन सिस्टम्स केन्द्र अंतरिक्ष कार्यक्रम से जुड़े कुछ अन्य महत्त्वपूर्ण केन्द्र हैं।

भारत की मिसाइल शक्ति

पृथ्वी	(जमीन से जमीन पर मार करने वाली थलसैनिक किस्म : 150 किमी. सेना में तैनात)
पृथ्वी	(जमीन से जमीन पर मार करने वाली वायुसैनिक किस्म : 250 किमी. वायुसेना में तैनात)
धनुष	(पृथ्वी की नौसैनिक किस्म युद्धपोत से जमीन पर मार करने वाली : 350 किमी. नौसेना में तैनात)
अग्नि-1	(जमीन से जमीन पर मार करने वाली : 700 किमी : सेना में तैनात)
अग्नि-2	(जमीन से जमीन पर मार करने वाली इंटरमीडिएट रेंज बलिस्टिक मिसाइल: 2000 किमी. सेना में तैनात)
अग्नि-3	(जमीन से जमीन पर मार करने वाली इंटरमीडिएट रेंज बलिस्टिक मिसाइल: 3500-4000 किमी. : थलसेना में तैनात)
अग्नि-4	(जमीन से जमीन पर मार करने वाली इंटरमीडिएट रेंज बलिस्टिक मिसाइल: 3500 किमी. : 2011 एवं 2014 में सफल परीक्षण)
अग्नि-5	जमीन से जमीन पर मार करने वाली अंतरमहाद्वीपीय बैलिस्टिक मिसाइल: 5000 किमी. : 2012 से कई सफल परीक्षण
ब्रह्मोस क्रूज मिसाइल	जमीन से जमीन पर मार करने वाली : 290 किमी. : थलसेना में तैनात
ब्रह्मोस क्रूज मिसाइल	युद्धपोत से युद्धपोत या जमीन पर मार करने वाली : 290 किमी. : नौसेना में तैनात
ब्रह्मोस क्रूज मिसाइल	विमान से छोड़ी जाने वाली 290 किमी क्रूज मिसाइल
ब्रह्मोस क्रूज मिसाइल	पनडुब्बी से छोड़ी जाने वाली 290 किमी क्रूज मिसाइल
आकाश	जमीन से हवा में विमान भेदी : 25 किमी. वायुसेना में शामिल

प्रतिरक्षा

भारत का राष्ट्रपति देश की सशस्त्र सेनाओं का सर्वोच्च कमांडर होता है हालांकि प्रकार्यात्मक और प्रशासनिक नियंत्रण रक्षा मंत्रालय और संबंधित सेवाओं के मुख्यालय के हाथों में रहता है। प्रतिरक्षा प्रत्यक्ष रूप से केन्द्र सरकार के अधिकार क्षेत्र में आती है। प्रतिरक्षा से संबद्ध सभी मामलों के लिए संसद के समक्ष रक्षामंत्री जवाबदेह होता है। इससे यह पता चलता है कि देश में सशस्त्र सेनाएं विधानमंडल के नियंत्रण में आती हैं। प्रतिरक्षा सेवाओं के संदर्भ में तीन तरह की सेवाएं मौजूद हैं। सेना, नौसेना और वायु सेना। इन तीनों सेनाओं का एक-एक मुखिया होता है। वर्ष 2019 में एक चीफ ऑफ डिफेंस स्टाफ (CDS) पद का सृजन किया गया है। इन तीनों सेनाओं में कमीशन की गई विभिन्न श्रेणियां (पद) इस प्रकार हैं :

थल सेना	.नौ सेना	वायु सेना
जनरल	एडमिरल	एयर चीफ मार्शल
लेफ्टिनेंट-जनरल	वाइस-एडमिरल	एयर मार्शल
मेजर जनरल	रियर-एडमिरल	एयर वाइस मार्शल
ब्रिगेडियर	कमोडोर	एयर कमोडोर
कर्नल	कैप्टन	ग्रुप कैप्टन
लेफ्टिनेंट कर्नल	कमाण्डर	विंग कमाण्डर
मेजर	लेफ्टिनेंट कमाण्डर	स्क्वाड्रन लीडर
कैप्टन	लेफ्टिनेंट	फ्लाइट लेफ्टिनेंट
लेफ्टिनेंट	सब-लेफ्टिनेंट	फ्लाइंग आफिसर

थल सेना: थल सेना को एक प्रशिक्षण कमांड और 6 ऑपरेशन कमांड में संगठित किया गया है। ये हैं दक्षिणी, पूर्वी, पश्चिमी, मध्य, उत्तरी और दक्षिणी पश्चिमी कमांड। सेना में अनेकों सशस्त्र तथा सेवा-समूह होते हैं जैसे कि आर्मर्ड कार्प्स, रेजिमेंट ऑफ आर्टिलरी, कार्प्स ऑफ एयर डिफेंस आर्टिलरी, आर्मी एविएशन कार्प्स, कार्प्स ऑफ इंजीनियर्स, कार्प्स ऑफ सिगनल्स, मैकेनाइज्ड इंफैन्ट्री, इंफैन्ट्री, आर्मी सर्विस कार्प्स, आर्मी मेडिकल कार्प्स, मिलिट्री नर्सिंग सर्विसेज, आर्मी ऑर्डिनेंस कार्प्स, कार्प्स ऑफ इलेक्ट्रिकल एंड मैकेनिकल इंजीनियर्स, रिमाऊंट एंड वेटरिनरी कार्प्स, मिलिट्री फार्म सर्विस, आर्मी एजूकेशन कार्प्स, इंटेलीजेंस कार्प्स, कार्प्स ऑफ मिलिट्री पुलिस, आर्मी पोस्टल सर्विस, जज एडवोकेट जनरल डिपार्टमेंट, आर्मी फिजिकल ट्रेनिंग कार्प्स, पॉयोनियर कार्प्स, टेरिटोरियल आर्मी कार्प्स और डिफेंस सिक्योरिटी कार्प्स।

नौसेना: भारतीय नौसेना जो देश की समुद्री सीमा और परिसंपत्तियों की प्रतिरक्षा और सुरक्षा के लिए उत्तरदायी है, को तीन कमांडों में विभाजित किया गया है—पश्चिमी, पूर्वी और दक्षिणी तथा इनके मुख्यालय क्रमशः मुम्बई, विशाखापट्टनम और कोच्चि में स्थित हैं। पश्चिमी और पूर्वी कमाण्ड के पास ऑपरेशनल जहाजी बेड़े हैं जिनमें युद्धपोत, पनडुब्बियां, फ्रिगेट्स और अन्य बेड़े शामिल हैं। दक्षिणी कमांड भारतीय नौसेना की प्रशिक्षण गतिविधियों के लिए उत्तरदायी है।

वायु सेना: देश की वायु सीमा की सुरक्षा करने वाली भारतीय वायुसेना में 5 ऑपरेशनल कमांड हैं तथा 2 फंक्शनल कमांड। ऑपरेशनल कमांड भौगोलिक आधार पर विभाजित हैं यथा पश्चिमी, दक्षिण-पश्चिम, मध्य, पूर्वी और दक्षिणी एयर कमांड। फंक्शनल कमांड मेंटेनेंस और प्रशिक्षण कमांड हैं।

तटरक्षक बल: भारतीय तटरक्षक बल 19 अगस्त, 1978 को अस्तित्व में आया। देश की सबसे युवा सशक्त सेना के कर्तव्य निम्नवत् हैं :

1. तटों पर स्थापित संरचनाओं और कृत्रिम द्वीपों की सुरक्षा, ***2.*** संकट में फंसे मछुआरों की सुरक्षा करना, ***3.*** समुद्री पर्यावरण की सुरक्षा, ***4.*** तस्करी के खिलाफ अभियानों में कस्टम विभाग की सहायता करना और ***5.*** समुद्र में जीवन और संपत्ति की सुरक्षा। तटरक्षक बल के पास तीन अत्यन्त विकसित तटीय गश्ती जहाज (AOPVs), नौ तटीय गश्ती जहाज (OPVs), 23 अति तीव्र गश्ती जहाज (FPVs), 24 इंटरसेप्टर बोट (IBs) ओर इंटरसेप्टर क्रॉफ्ट्स (ICs), 17 डेनियर एयरक्रॉफ्ट और 17 चेतक हैलीकॉप्टर मौजूद हैं। तटरक्षक की कमान और नियंत्रण तटरक्षक महानिदेशक में निहित है। इसका मुख्यालय नई दिल्ली है। इसके तीन क्षेत्रीय मुख्यालय मुंबई, चेन्नई और पोर्ट ब्लेयर में हैं। अपने 11 तटरक्षक जिलों और 6 तटरक्षक स्टेशनों के जरिए ये क्षेत्रीय मुख्यालय संगठन की कमान संभालते हैं।

सेना के लिए प्रशिक्षण केन्द्र

दूरसंचार अभियांत्रिकी सेना कॉलेज, म्हो; सेना इंजीनियरिंग कालेज, किरकी; आर्मर्ड कार्प्स सेंटर एंड स्कूल, अहमदनगर; द कॉलेज ऑफ कॅम्बैट, म्हो; प्रतिरक्षा प्रबंधन संस्थान, सिकंदराबाद; द स्कूल आर्टिलरी, देओराली; द इन्फैंट्री स्कूल, म्हो और बेलगाम; द आर्मी ऑर्डिनेंस स्कूल, जबलपुर; द आर्मी सर्विसेज कार्प्स स्कूल, बरेली; द आर्मी एंड एयर ट्रांसपोर्ट स्कूल, आगरा; द कार्प्स ऑफ मिलिट्री पुलिस सेंटर एंड स्कूल, बेंगलुरु; द इलेक्ट्रिकल एण्ड मैकेनिकल इंजीनियरिंग स्कूल, बड़ोदरा; मिलिट्री कॉलेज ऑफ इलेक्ट्रॉनिक्स एंड मैकेनिकल इंजीनियरिंग, सिकंदराबाद; रिमाउंट

वेटेरिनरी कार्प्स सेंटर एंड स्कूल, मेरठ; इंटेलीजेंस ट्रेनिंग स्कूल एंड डिपो, पुणे।

वायुसेना के लिए प्रशिक्षण केन्द्र

फ्लांइग स्कूल, बिदर; एयरफोर्स फ्लांइग स्कूल, जोधपुर; कॉलेज ऑफ एयर वारफेयर, सिकंदराबाद; एयर फोर्स एडमिनिस्ट्रेटिव कॉलेज, कोयम्बटूर; नेविगेशन एंड सिगनल्स स्कूल, हैदराबाद; एयरफोर्स टेक्निकल कॉलेज, जालाहाली; आइएएफ पाराटूपर्स ट्रेनिंग स्कूल, आगरा; एयरफोर्स अकादमी, हैदराबाद; फाइटर ट्रेनिंग विंग एंड हैलीकॉप्टर ट्रेनिंग स्कूल, हकीमपेट।

नौसेना के लिए प्रशिक्षण केन्द्र

आइएनएस वेनदुरुत्ती, कोचीन; आइएनएस गरुड़, कोचीन; आइएनएस शिवाजी, लोनावाला; आइएनएस वलसुरा, जामनगर; आइएनएस सरकार्स, विशाखापट्टनम; आइएनएस हमाला, मुम्बई; आइएनएस किस्तना (प्रशिक्षण पोत); आइएनएस अंगरका, मुंबई; नौसेना अकादमी, कोचीन; सेलर्स ट्रेनिंग एस्टेब्लिशमेंट, डेबोलिन।

प्रतिरक्षा सेवाओं के लिए संयुक्त प्रशिक्षण संस्थान

राष्ट्रीय रक्षा अकादमी, खड़गवासला
भारतीय सैन्य अकादमी, देहरादून
नेशनल डिफेंस कॉलेज, नई दिल्ली
डिफेंस सर्विसेज स्टॉफ कॉलेज, वेलिंगटन
राष्ट्रीय इंडियन मिलिट्री कॉलेज, देहरादून
आर्म्ड फोर्स मेडिकल कॉलेज, पुणे

उत्पादन और अनुसंधान

देश की प्रतिरक्षा आवश्यकताओं के पर्याप्त अंशों का विकास और उत्पादन देश में ही किया जाता है। रक्षा मंत्रालय के अंतर्गत आठ पब्लिक अंडरटेकिंग कार्यरत हैं :

(क) हिन्दुस्तान एयरोनॉटिक्स लिमिटेड (HAL); ***(ख)*** भारत इलेक्ट्रॉनिक्स लिमिटेड (BEL); ***(ग)*** भारत अर्थ मूवर्स लिमिटेड (BEML); ***(घ)*** मझगांव डॉक लिमिटेड (MDL); ***(ङ)*** गार्डन रीच शिप-बिल्डर्स एंड इंजीनियर्स लिमिटेड (GRSE); ***(च)*** गोवा शिपयार्ड लिमिटेड (GSL); ***(छ)*** मिश्र धातु निगम लिमिटेड (MIDHANI); ***(ज)*** भारत डायनामिक्स लिमिटेड (BDL)

देश की आन्तरिक सुरक्षा हेतु स्थापित संगठन

संगठन	स्थापना वर्ष
इंटेलीजेंस ब्यूरो (IB)	1920
राष्ट्रीय कैडेट कोर (NCC)	1948
प्रादेशिक सेना (Territorial Army)	1948
केन्द्रीय रिजर्व पुलिस बल (CRPF)	1939
असम राइफल्स	1835
नेशनल क्राइम रिकॉर्डस् ब्यूरो	1986
केन्द्रीय जाँच ब्यूरो (CBI)	1953
इंडो-तिब्बती सीमा पुलिस	1962
होम गार्डस्	1962
सीमा सुरक्षा बल (BSF)	1965
केन्द्रीय औद्योगिक सुरक्षा बल (CISF)	1969
तट रक्षा बल (Coast Guards)	1978
राष्ट्रीय सुरक्षा गार्ड (NSG)	1984
रैपिड एक्शन फोर्स (RAF)	1992
रक्षा गुप्तचर एजेंसी (DIA)	2002

प्रादेशिक सेना : इसका गठन सन् 1949 में दूसरी रक्षा पंक्ति के रूप में किया गया था। इसमें 18 से 42 वर्ष तक की आयु के सक्षम शरीर वाले और अपेक्षित योग्यताओं वाले व्यक्तियों को अंशकालिक सैन्य प्रशिक्षण देने के लिए भर्ती किया जाता है।

सीमा सुरक्षा बल : सन् 1965 में गठित यह संगठन एक अर्द्धसैन्य बल के समान है। इसका कार्य सीमा पर चौकसी रखना तथा राज्य सरकारों को शांति और सुव्यवस्था बनाए रखने के लिए सहयोग देना है।

होम गार्ड्स : आन्तरिक सुरक्षा बनाए रखने में पुलिस की सहायता करने, सुरक्षा सेवाओं में सहायता करने और महामारी फैलने पर स्थानीय प्राधिकारियों की सहायता करने के लिए इसका गठन सन् 1962 में किया गया था।

राष्ट्रीय सेवा कोर (एन.एस.सी.) : इसे सन् 1968 में इस उद्देश्य से गठित किया गया था कि विद्यार्थियों को वास्तविक जीवन के समीप लाया जा सके और उनमें उत्तरदायी नेतृत्व के आदर्शों का विकास किया जा सके।

राष्ट्रीय कैडेट कोर (एन.सी.सी.) : इसकी स्थापना 1948 में हुई है। इसमें तीन प्रभाग हैं-(1) वरिष्ठ, (2) कनिष्ठ, (3) छात्रायें (बालिकायें)। वरिष्ठ और कनिष्ठ प्रभागों के तीन स्कंध (विंग) हैं, जिन्हें थल सेना विंग, नौ सेना विंग तथा वायु सेना विंग कहा जाता है। वरिष्ठ प्रभाग में कॉलेज के विद्यार्थी भाग लेते हैं तथा कनिष्ठ प्रभाग उच्च माध्यमिक कक्षाओं के छात्र-छात्राओं के लिए हैं। इसका उद्देश्य नवयुवकों के व्यक्तित्व का विकास करना और उनमें नेतृत्व, चरित्र और सहयोग जैसे गुणों का निर्माण करना है।

परिवहन

रेलवे

रतीय रेलवे देश में सबसे बड़ा राष्ट्रीय उपक्रम है। विश्व रेलवे में इसका महत्वपूर्ण स्थान है। 31 मार्च, 2022 तक स्टेशनों की संख्या 308 तथा रेलमार्ग की कुल लंबाई 68,043 किलोमीटर थी। भारतीय रेल के पास 13,215 रेल इंजन, 84,863 यात्री डिब्बे और 18,896 माल डिब्बे थे। रेलवे ने अपनी 170 वर्ष की अवधि में असाधारण प्रगति की है। इसने देश के सामाजिक-आर्थिक और द्योगिक विकास में महत्त्वपूर्ण भूमिका अदा की है। विभिन्न गेज वाली रेल प्रणाली के तहत कुल 68,043 किलोमीटर लंबे रेलमार्गों र अनेक रेलें चलाई जाती हैं।

ोन (मुख्यालय)

मध्य रेलवे (मुंबई सेंट्रल)	पूर्व रेलवे (कोलकाता)	उत्तर रेलवे (नई दिल्ली)
उत्तर-पूर्व रेलवे (गोरखपुर)	उत्तर-पूर्व सीमांत रेलवे (मालेगांव, गुवाहाटी)	दक्षिण रेलवे (चेन्नई)
दक्षिण मध्य रेलवे (सिकंदराबाद)	दक्षिण पूर्व रेलवे (कोलकाता)	पश्चिम रेलवे (चर्चगेट, मुंबई)
पूर्व मध्य रेलवे (हाजीपुर)	पूर्व तटवर्ती रेलवे (भुवनेश्वर)	उत्तर मध्य रेलवे (प्रयागराज)
उत्तर पश्चिम रेलवे (जयपुर)	दक्षिण पूर्व मध्य रेलवे (विलासपुर)	कोलकाता मेट्रो रेलवे (कोलकाता)
पश्चिम मध्य रेलवे (जबलपुर)	दक्षिण पश्चिम रेलवे हुब्बल्लि (हुबली)	दक्षिण तटीय रेलवे (विशाखापत्तनम), (प्रस्तावित)

जहाजरानी

रिवहन क्षेत्र में देश की अर्थव्यवस्था को मजबूत करने में हाजरानी की प्रमुख भूमिका है। देश का लगभग 95 प्रतिशत मूल्य स्तर पर 70 प्रतिशत) व्यापार समुद्री मार्ग से होता है। वकासशील देशों में भारत के पास व्यापारिक जहाजों का सबसे ड़ा बेड़ा है। व्यापारिक जहाजरानी बेड़े की दृष्टि से भारत विश्व ें 16वें स्थान पर है। इसके बेड़े की सकल पंजीकृत क्षमता जी.टी) 108.8 लाख टन है और बेड़े की औसत आयु 18. 03 वर्ष है। भारतीय जहाजरानी क्षेत्र न केवल राष्ट्रीय तथा अंतर्राष्ट्रीय माल की ढुलाई करता है, बल्कि कई तरह की अन्य सेवाएं भी प्रदान करता है, जैसे–माल लादने-उतारने की सेवाएं, पोतों का निर्माण व रखरखाव, माल अग्रेषण (फ्रेट फॉरवर्डिंग), प्रकाश स्तंभ व्यवस्था, तटवर्ती कर्मचारियों का प्रशिक्षण, आदि। विदेशी मुद्रा अर्जित करने में राष्ट्रीय जहाजरानी का महत्त्वपूर्ण योगदान है।

बंदरगाह

भारतीय समुद्र तट पर 12 बड़े बन्दरगाह और 200 छोटे बन्दरगाह हैं। बड़े बन्दरगाह केन्द्र सरकार के अधीन हैं और छोटे बन्दरगाहों की जिम्मेदारी राज्य सरकारों के ऊपर है।

मुम्बई : यह महाराष्ट्र की राजधानी है, यह एक टापू है जिसे भारत का द्वार भी कहते हैं। व्यापारिक दृष्टि से यह बहुत अच्छा बन्दरगाह है जो सूती कपड़ा उद्योग का केन्द्र है और अपनी अच्छी पृष्ठभूमि रखता है।

जवाहरलाल नेहरू (न्हावा शेबा) : यह मुम्बई का नया बन्दरगाह है, जिस पर लगभग 985 करोड़ रुपया व्यय किया गया है। इसमें तीन महत्त्वपूर्ण रूप से यंत्रीकृत कंटेनर घाट, बड़े आकार के शुष्क मालवाही जहाजों को सम्भालने के लिए दो यंत्रीकृत घाट और एक घाट जहाजों के रख रखाव के लिए बनाया गया है।

श्यामा प्रसाद मुखर्जी (कोलकाता) : कोलकाता पश्चिम बंगाल की राजधानी है। हुगली नदी पर बसा यह ज्वारीय बन्दरगाह बंगाल की खाड़ी से 144 कि.मी. दूर स्थित है।

हल्दिया : यह बन्दरगाह हुगली की एस्चुअरी पर विकसित किया गया है, यह कोलकाता का सहायक बन्दरगाह है, इसके निकट तेलशोधनशाला, लोहा-इस्पात, रेल के डिब्बे, खाद आदि के कारखाने विकसित करने की सम्भावनाएं हैं, यहां से कोयला, कच्चा तेल, पेट्रोलियम पदार्थ, उर्वरक व अन्य शुष्क माल ले जाया जाता है।

गोवा : पश्चिमी तट पर यह एक बड़ा बन्दरगाह है, यहां पर्यटक अधिक आते हैं और विदेशी व्यापार अधिक होता है।

कोच्चि : यह भी केरल राज्य में पश्चिमी तट पर मुम्बई से 928 कि.मी. दूर दक्षिण में स्थित है, यह प्राकृतिक बन्दरगाह है।

दीनदयाल (कांडला) : गुजरात राज्य में कच्छ की खाड़ी में कांडला एक बन्दरगाह के रूप में निर्मित किया गया है। यह ज्वारीय बन्दरगाह है।

चेन्नई (मद्रास) : यह तमिलनाडु की राजधानी है और भारत का तीसरा बड़ा बन्दरगाह है। यह एक व्यापारिक नगर भी है जो सूती कपड़ा उद्योग, चमड़ा उद्योग आदि के लिए विख्यात है।

न्यू मंगलौर : यह कर्नाटक में पश्चिमी तट पर स्थित है। यह ज्वार-भाटा के द्वारा चल पाता है।

पारादीप : बंगाल की खाड़ी में स्थित, कटक से 96 कि.मी. दूर, ओडिशा राज्य में यह बन्दरगाह है। यह सबसे गहरा तथा हर मौसम में कार्य करने वाला बन्दरगाह है।

वी.ओ. चिदंबरनार (तूतीकोरिन) : यह दक्षिणतम बिन्दु पर तमिलनाडु में स्थित है, इसका समुद्र अधिक उथला होने के कारण जहाज पांच मील दूर खड़े होते हैं।

विशाखापत्तनम : यह आंध्र प्रदेश में पूर्वी तट पर कोलकाता और चेन्नई के बीच स्थित है। यह जलयान निर्माण करने वाला बन्दरगाह है। यहां तेलशोधक कम्पनी भी है। यह देश का सबसे गहरा बन्दरगाह है।

मझगांव : यह बन्दरगाह जलयानों की मरम्मत करने के लिए विख्यात है। यहां 12 हजार टन तक के जलयान बनाए जाते हैं। मझगांव, कुल माल लादने की दृष्टि से भारत का पांचवां बड़ा बन्दरगाह है। इस बन्दरगाह से उर्वरक, शीरा, पेट्रोलियम पदार्थ, ग्रेनाइट पत्थर व आम का परिवहन होता है।

अलेप्पी : कोचीन से 48 किलोमीटर दूर पश्चिमी तट पर केरल राज्य का यह मुख्य बन्दरगाह है।

भत्कल : पश्चिमी तट पर कर्नाटक का प्रसिद्ध बन्दरगाह है।

भावनगर : पश्चिमी तट पर खम्भात की खाड़ी पर, गुजरात क मुख्य बन्दरगाह है।

कोजीकोड (कालीकट) : इसका नया नाम कोजीकोड है यह पश्चिमी तट पर केरल राज्य में कोचीन से 145 कि.मी. दूर स्थित है। यहां लकड़ी का व्यापार होता है।

काकीनाडा : यह पूर्वी तट पर गोदावरी के उत्तर में आंध्र प्रदेश में स्थित है। व्यापारिक दृष्टि से यह अच्छा बन्दरगाह है, इसे एशिया विकास बैंक की वित्तीय सहायता से विकसित किय जा रहा है।

कुडलोर : यह पूर्वी तट पर तमिलनाडु का बन्दरगाह है।

धनुषकोडी : रामेश्वरम् की दक्षिणी-पूर्वी नोंक पर यह बन्दरगाह स्थित है। यह दक्षिणी रेलवे का टर्मिनल है।

ओखा : यह गुजरात राज्य का मुख्य बन्दरगाह है, यह सौराष्ट्र की उत्तरी-पश्चिमी सीमा पर स्थित है। यहां से तिलहन, नमक तथा सीमेंट का निर्यात किया जाता है तथा विदेशों से कोयला, पेट्रोलियम, रासायनिक पदार्थ और मशीनें आयात की जाती हैं।

पोरबन्दर : यह गुजरात का महत्त्वपूर्ण बन्दरगाह है और पूर्वी अफ्रीका से इसका अधिकतर व्यापार होता है। वर्षा के दिनों में बन्दरगाह अधिकतर बन्द रहता है, क्योंकि यह बिल्कुल खुला है।

बेदी बन्दरगाह : यह कच्छ की खाड़ी में स्थित है। इसका समुद्र तट जहाजों के लिए बहुत उपयुक्त है, यह वर्ष के सभी मौसमों में खुला रहता है।

नागरिक उड्डयन

भारतीय विमानपत्तन प्राधिकरण 1 अप्रैल, 1995 को अस्तित्व में आया। इसका मुख्य कार्य हवाई अड्डों पर बुनियादी सुविधाओं का निर्माण करना है। यह वायुपत्तनों का प्रबंधन करता है। सार्वजनिक क्षेत्र की इकलौती विमान सेवा कम्पनी एयर इंडिया का जनवरी, 2022 में पूर्ण निजीकरण कर दिया गया है। इसे टाटा संस ने खरीद लिया है। देश की अन्य निजी क्षेत्र की प्रमुख विमान सेवा कम्पनियाँ डेकन विमानन, गो एअरवेज, विस्तारा तथा स्पाइस एयरजेट आदि हैं।

सड़कें

भारत संसार के ऐसे देशों में से एक है जिनमें सड़कों का लम्बा-चौड़ा जाल बिछा हुआ है। हमारा देश विश्व की सबसे बड़ी सड़क प्रणाली वाले देशों में से एक है। 31 दिसम्बर 2022 तक देश की कुल सड़कों की लंबाई 63.32 लाख किलोमीटर है। देश के सड़क नेटवर्क

ष्ट्रीय राजमार्ग, राज्य राजमार्ग, प्रमुख/अन्य जिला सड़कें और ग्रामीण/देहाती सड़कें शामिल हैं। इनमें राष्ट्रीय राजमार्गों की कुल ई 1,44,955 किलोमीटर, राज्य राजमार्गों की 1,67,079 किमी तथा अन्य सड़कों की लम्बाई 60,19,757 किमी. है। राष्ट्रीय राजमार्ग र्गों की कुल लंबाई का मात्र 2.08 प्रतिशत है, लेकिन कुल यातायात का 40 प्रतिशत इन्हीं राष्ट्रीय राजमार्गों के जरिए होता है। सड़क संगठन सड़कों का निर्माण करता है।

आकाशवाणी (ऑल इण्डिया रेडियो)

में सर्वप्रथम रेडियो प्रसारण बम्बई (मुम्बई) और कलकत्ता (कोलकाता) से दो निजी ट्रांसमीटरों द्वारा 1927 में आरम्भ हुआ। सरकार ने 1930 में दोनों को अपने हाथ में ले लिया और उन्हें मिलाकर उसका नाम इण्डियन ब्रॉडकास्टिंग सर्विस रखा। 1936 सका नाम बदलकर ऑल इण्डिया रेडियो रखा गया और 1957 में इसे आकाशवाणी कहा जाने लगा।

स्वतंत्रता प्राप्ति के समय देश में छह आकाशवाणी केंद्र और 18 ट्रांसमीटर थे। ये देश के 2.5 प्रतिशत क्षेत्र में फैले थे और 11 त जनसंख्या तक इनकी पहुंच थी। इस समय (नवम्बर 2022) आकाशवाणी विश्व का सबसे बड़ा प्रसारण तंत्र है। इस समय आकाशवाणी केंद्र और 653 ट्रांसमीटर हैं जिनकी पहुंच देश के 92 प्रतिशत क्षेत्र में 98 प्रतिशत जनसंख्या तक है।

दूरदर्शन (टेलीविजन)

में दूरदर्शन का आरंभ 15 सितम्बर, 1959 से आकाशवाणी के दिल्ली केन्द्र से हुआ। आकाशवाणी के भाग के रूप में टेलीविजन की नियमित शुरुआत दिल्ली (1965), मुंबई (1972), कोलकाता (1975), चेन्नई (1975) में हुई।

दूरदर्शन 15 सितंबर, 1976 को स्वतंत्र रूप से अस्तित्व में आया। उसके बाद रंगीन प्रसारण की शुरुआत नई दिल्ली में 1982 के ाई खेलों के दौरान हुई, जिसके साथ देश में प्रसारण क्षेत्र में बड़ी क्रांति आ गई। वर्तमान में दूरदर्शन के 30 से ज्यादा चैनल हैं। नेशनल चैनल दुनिया का सबसे बड़ा स्थलीय नेटवर्क है जो देश की लगभग 92 प्रतिशत जनसंख्या और 81 प्रतिशत भूभाग तक पहुंचता है।

प्रमुख समाचार पत्र

ार पत्र	शहर	भाषा
बाजार पत्रिका	कोलकाता	अंग्रेजी
मैन	नई दिल्ली/कोलकाता	अंग्रेजी
बाजार पत्रिका	कोलकाता	बंग्ला
	कोलकाता	बंगला
सिमिया	गुवाहाटी	असमिया
मित्र	कोलकाता/मुंबई/कानपुर	हिंदी
	नई दिल्ली/जालंधर	उर्दू
ान टाइम्स	नई दिल्ली/पटना/लखनऊ/भोपाल	अंग्रेजी
	पुणे	मराठी
ाया	इंदौर/नई दिल्ली	हिन्दी
माचार	मुम्बई	गुजराती
त्रिका	विजयवाड़ा	तेलगु
प्रभा	बेंगलुरु	कन्नड़
ान	नई दिल्ली/पटना	हिन्दी
र्जुन	नई दिल्ली	हिन्दी
	चंड़ीगढ़	अंग्रेजी/हिन्दी
ो पत्रिका	जालंधर	पंजाबी
ियल एक्सप्रेस	मुम्बई/दिल्ली	अंग्रेजी
न एक्सप्रेस	नई दिल्ली/मुंबई/अहमदाबाद/ चण्डीगढ़/नागपुर/पुणे/बड़ोदरा	अंग्रेजी

समाचार पत्र	शहर	भाषा
आज	वाराणसी/कानपुर/पटना/ आगरा/गोरखपुर	हिन्दी
टेलीग्राफ	कोलकाता	अंग्रेजी
टाइम्स ऑफ इंडिया	नई दिल्ली/मुंबई/अहमदाबाद/ पटना/लखनऊ/बेंगलुरु	अंग्रेजी
नवभारत टाइम्स	नई दिल्ली/मुंबई/	हिन्दी
जनसत्ता	नई दिल्ली/चण्डीगढ़	हिन्दी
डकन हेराल्ड	बेंगलुरु	अंग्रेजी
डकन क्रॉनिकल	हैदराबाद	अंग्रेजी
बिजनेस स्टैण्डर्ड	कोलकाता	अंग्रेजी
इकोनॉमिक टाइम्स	मुंबई/नई दिल्ली	अंग्रेजी
महाराष्ट्र टाइम्स	मुंबई	मराठी
हिन्दू	चेन्नई/नई दिल्ली	अंग्रेजी
दिनामनि	मदुरै	तमिल
मथरूभूमि	कोझिकोड	मलयालम
पायनियर	नई दिल्ली/लखनऊ/कानपुर	अंग्रेजी
कौमी आवाज	नई दिल्ली	उर्दू
अवाम	नई दिल्ली	उर्दू

समाचार पत्र	शहर	भाषा
राष्ट्रीय सहारा	नई दिल्ली/लखनऊ	हिन्दी
दैनिक जागरण	कानपुर/वाराणसी/आगरा/मेरठ/झांसी/नई दिल्ली/लखनऊ/गोरखपुर/देहरादून/बरेली/जालंधर/पटना	हिन्दी

समाचार पत्र	शहर	भाषा
अमर उजाला	आगरा/अलीगढ़/मेरठ/कानपुर/मुरादाबाद/बरेली/जालंधर	हिन्दी
पंजाब केसरी	नई दिल्ली/जालंधर	हिन्दी
हिन्द समाचार	नई दिल्ली/जालंधर	उर्दू
मलयाला मनोरमा	कोझिकोड	मलयालम
राजस्थान पत्रिका	जयपुर/अजमेर/कोटा	हिन्दी

प्रमुख पत्रिकाएं

साप्ताहिक

पत्रिका	भाषा
बिल्ट्ज	अंग्रेजी
मलयाला मनोरमा	मलयालम
मातृभूमि	मलयालम
देश	बंगला
कुमुदम	तमिल
सुधा	कन्नड़
स्वराज	मराठी

पत्रिका	भाषा
सण्डे	अंग्रेजी
द वीक	अंग्रेजी
इंडिया टुडे	अंग्रेजी, हिन्दी, तमिल
आउट लुक	अंग्रेजी, हिन्दी
नई दुनिया	उर्दू
रोजगार समाचार	अंग्रेजी, हिन्दी, उर्दू

पाक्षिक

पत्रिका	भाषा
फेमिना	अंग्रेजी, हिंदी
फ्रंटलाइन	अंग्रेजी
माधुरी	हिन्दी
सरिता	हिन्दी
बिजनेस वर्ल्ड	अंग्रेजी
जन कल्याण	गुजराती
सरस सलिल	हिन्दी

मासिक

पत्रिका	भाषा
न्यूज एंड इवेन्ट्स	अंग्रेजी/हि
फिल्म फेयर	अंग्रेजी
मनोरमा	हिन्दी
योजना	अंग्रेजी/हि
नंदन	हिन्दी
कादम्बिनी	हिन्दी
आजकल	हिन्दी, उ
विकास सेतु	हिन्दी

रोजगार समाचार

यह साप्ताहिक समाचार पत्र है जो भारत सरकार द्वारा हिन्दी, अंग्रेजी व उर्दू भाषाओं में प्रकाशित होता है। यह अपने ढंग का पहला समाचार पत्र है, जिसमें केन्द्र सरकार, राज्य सरकारों, सरकारी विभागों और सरकारी उपक्रमों में रोजगार के अवसरों (नौकरियों) के बारे में पूरी जानकारी और विज्ञापन होते हैं। यह नई दिल्ली से निकलता है।

समाचार अभिकरण (एजेन्सी)

भारतीय : (1) प्रेस ट्रस्ट ऑफ इण्डिया (पी.टी.आई.)—पी.टी.आई. की हिन्दी में 'भाषा' नाम से न्यूज एजेन्सी है (2) यूनाइटेड न्यूज ऑफ इण्डिया (यू.एन.आई.)—यू.एन.अ की 'वार्ता' के नाम से हिन्दी सेवा है ; (3) हिन्दुस्तान समा एवं (4) समाचार भारती; इंडियन न्यूज सर्विस, इंडियन न एंड फीचर एयरलाइंस।

विदेशी : नियर एण्ड फॉर ईस्ट न्यूज (नाफेन); रायटर्स (ब्रिटे एसोसिएटेड प्रेस ऑफ अमेरिका; यूनाइटेड प्रेस ऑफ अमे (यू. एस. ए.); तास (रूस); ग्लोब न्यूज एजेन्सी, फ्रांस; फीचर्स सिंडिकेट ऑफ यू.एस.ए.; एजेन्सी फ्रांस प्रेस, प्र इंटरनेशनल न्यूज सर्विस, अमेरिका; अंतारा, इंडोनेशिया; अ न्यूज एजेन्सी; अरब देश, सेतका, स्लोवाकिया; न्यू चाइना न एजेन्सी, चीन।

☆☆☆☆☆☆

कला एवं साहित्य

में कला और संस्कृति की समृद्ध परंपरा रही है। भारतीय नहाराजे कला और संस्कृति के बड़े पारखी और हितैषी थे। न सिर्फ कला की विविध शाखाओं को आश्रय दिया, उनके -फलने में मदद की बल्कि कलाकारों, फनकारों को भी समर्थन एवं पुरस्कार प्रदान किया।

संस्कृति विचारने और क्रिया करने की पद्धति है जो सीखी है अपनायी जाती है। इनमें मूल्य, रहन-सहन के तौर-, विचारने की पद्धतियां, भाषा, शिक्षा, कलाकारिता, सामाजिक ना की संस्थाएं आदि शामिल हैं।

ललित कला

अल आर्ट के जरिए चित्रों को उकेरने, कर्मकांडों को सामने और भावनाओं को अभिव्यक्त करने की परंपराएं उतनी ही हैं जितनी कि प्राचीन भारत की सभ्यता। पत्थरों पर नक्काशी और चिकनी मिट्टी के नमूने तैयार करने का कार्य आरंभिक में विकसित हुआ। बाद में धातु की मूर्तियां बनाने, धातु की ं बनाने, चित्रकारी करने और बेल-बूटों की कढ़ाई करने का विकसित हुआ।

भारत के प्रमुख चित्रकार एवं उनकी कृतियां

नीन्द्र नाथ टैगोर	शाहजहाँ का ताज को देखना, बुद्ध और सुजाता, कमल के पत्ते पर अश्रुकण, वन साम्राज्ञी, औरंगजेब का बुढ़ापा, भारतमाता आदि।
नेन्द्र नाथ टैगोर	माँ से विदा लेते चैतन्य, कल्कि अवतार आदि।
ा रवि वर्मा	दुष्यन्त को प्रेम पत्र लिखती शकुन्तला, नायर लेडी, शकुन्तला वियोग आदि।
द लाल बोस	उमा की तपस्या, घायल बकरी को ले जाते भगवान बुद्ध, कृष्णार्जुन, उड़ीसा की एक दुकान, प्रणाम, बसन्त, गोपिनी आदि।
वेंकटप्पा	हनुमान द्वारा लंका दहन, स्वर्ण मृग, राम और मृग तृष्णा आदि।
जॉर्ज कीट	कृष्ण जन्म, कर्ण जन्म, यम मार्कण्डेय निराभरण गोपियाँ आदि।
भवेश चन्द्र सन्याल	आश्रयहीन लड़की, गोल मार्केट के भिखारी आदि।
मनीषी डे	नारीशृंगार, पनघट की ओर, बंगाली शरणार्थी
अमृता शेरगिल	एलिफेन्ट्स बाथिंग इन ग्रीन पुल, हिल साईड भारतीय लड़कियाँ आदि।
नारायण श्रीधर बेन्द्रे	स्टेशन पर यात्री, बुद्ध पूजा आदि।
देवी प्रसाद राय चौधरी	लेपचा कुमारी, भौटिया आदि।
शोभा सिंह	हीर रांझा
सतीश गुजराल	काला चांद

संगीत

भारत में चार प्रकार के संगीत साज मिलते हैं—तंतु या तार वाले, समीर या वायु वाले, अवनाद अथवा थाप से संचालित होने वाले और घन जिसमें घंटियां, मंजीरे, घड़ियाल आदि शामिल हैं। तंतु या तार वाले सामान्य साज हैं जैसे—वीणा, सितार, सारंगी, सरोद, दिलरुबा, इसराज, एकतारा, तानपुरा और मयूरी। वायु संचालित साज हैं शहनाई, बांसुरी, नादस्वरम, निनकिर्नस और पोंगी। थाप अथवा संघात से संचालित होने वाले साज हैं तबला, मृदंग, ढोलक, पखावज, घटाम तथा कंजीरा-मंजीरा। करतल, जल तरंग आदि अन्य भारतीय साज हैं।

गायन के क्षेत्र में विष्णु नारायण भातखण्डे, बेगम अख्तर, बड़े गुलाम अली, हीराभाई बरोडकर, भीमसेन जोशी, केसरभाई केलकर, ओंकारनाथ ठाकुर, सिद्धेश्वरी देवी, त्यागराज, विष्णु दिगंबर पलुसकर, पंकज मलिक, एम.एस. सुब्बालक्ष्मी, पंडित जसराज, गंगूभाई हंगल, मल्लिकार्जुन मंसूर, डागर बंधु, डी.के. जयरामन, के.जे. यशुदास, गुलाम मुस्तफा खान, कुमार गंधर्व, के.एल. वसंधा कुमारी, किशोरी अमोनकर, गिरिजा देवी, वी.के. नारायण स्वामी दीक्षितर, तानसेन, श्यामा शास्त्री, स्वाति तरूनल आदि साजपरक संगीत के कुछ दिग्गज कलाकार रहे हैं।

साजपरक संगीत के कुछ दिग्गज कलाकार निम्न हैं:–

बांसुरी	हरि प्रसाद चौरसिया, पन्नालाल घोष, टी.आर. महालिंगम, एन. रमानी, विजय राघव राव, रघुनाथ सेठ, राजेन्द्र कुल
मंजीरा	वी. नागराजन
घटाम	टी.एच. विनयाकरम
गिटार	पंडित विष्णु मोहन भट्ट, मोहन भट्ट, बृजभूषण कालरा, श्रीकृष्ण नलिन
हारमोनियम	पुरुषोत्तम वालावाकर, एम. धौलपुरी
मृदंग	पालघात आर. रघु, यू.एस. वर्मन
पखावज	गोविन्द राव, अनोखे लाल, कंठी महाराज
रूद्रवीणा	जिया मोहिउद्दीन डागर, असद अली खान
संतूर	शिव कुमार शर्मा, तरूण भट्टाचार्य
सितार	पंडित रविशंकर, बिलायत खान, देबू चौधरी, अब्दुल हलीम जफर खान
सरोद	अली अकबर खान, अमजद अली खान, अलाउद्दीन खान, सरेन रानी, बृ ज नारायण, मुकेश शर्मा, चंदन रा
शहनाई	बिस्मिल्ला खान, सुरबहार इमरत खान, दयाशंकर जगन्नाथ
वायलिन	लालगुडी जयारमण, एल. सुब्रह्मण्यम, एम.एस. गोपालकृष्णन, एस. सुब्रह्मण्यम, वी.जी. जोग, एन. राजन
तबला	अल्लारखा, गुदई महाराज, जाकिर हुसैन, लतीफ खां, किशन महाराज आदि।

नृत्य

भारतीय नृत्य की दो शाखाएं हैं—शास्त्रीय तथा लोकनृत्य। नृत्य शैली की विशिष्टता और जटिल पद्धति को देखते हुए नृत्य की छह शैलियों को शास्त्रीय अथवा कलानृत्य के रूप में रखा गया है। इनमें से प्रत्येक का प्राचीन अथवा मध्यकालीन भारत के विशिष्ट क्षेत्रों, साहित्य तथा संगीत की पुरातन परंपराओं से संबंध रहा है।

भरतनाट्यम : इस नृत्य शैली का ताल्लुक तमिलनाडु से है। यह कर्नाटक संगीत के साथ किया जाने वाला एकांतिक नृत्य है। अपने शुद्ध रूप में यह नृत्य शरीर की विभिन्न हलचलों, कोणों व घुमाव के जरिए लय-ताल का एक बेहतरीन नमूना पेश करता है।

ओडिसी : इसकी उत्पत्ति ओडिशा में हुई है। यह नृत्य भरतनाट्यम के समानांतर है। 'गीत-गोविन्द' नामक काव्य की संरचना इस नृत्य शैली के काव्य तथा संगीत घटकों पर हावी रही है।

मणिपुरी : यह मणिपुर का लयबद्ध नृत्य है। यह राधा-कृष्ण और गोपियों की अवधारणा के इर्द-गिर्द संकेद्रित रही है। नगाड़ों और मंजीरों पर बजने वाले कई प्रकार के ताल इस नृत्य के साथ-साथ चलते हैं।

कत्थक : यह उत्तरी भारत का एक विशिष्ट शहरी नृत्य है। पूर्व में इसे दरबारों से जुड़ी नृत्य परंपरा के रूप में लिया जाता था। इस नृत्य के दौरान गायन चलता रहता है, मृदंग बजते रहते हैं तथा एक और कलाकार एक साज बजाता रहता है। कलाकार यह समूह सुर-ताल का आकर्षक नजारा पेश करता है

कथकली : यह केरल की शास्त्रीय नृत्य नाटिका है। अपने स में यह नृत्य वर्णात्मक होने के बजाय नाट्यरूप में होता है नृत्य महाकाव्यों के मिथकीय घटनाओं पर आधारित हो जिसे अतिनाटकीय अंदाज में प्रस्तुत किया जाता है। नाट कथा आंखों और भौहों के संचालन से, हाथों की भाव-भंगि से तथा शरीर के विशिष्ट संचालन से आगे बढ़ती है।

कुचिपुड़ी : इस नृत्य का अभ्युदय आंध्र प्रदेश में हुआ माना है। पारंपरिक रूप से यह नृत्य नाटिका मंदिरों से संबद्ध रह

लोकनृत्य काफी मनभावन होते हैं और उसमें लोक-संस की झलक मिलती है। नृत्य के दौरान ढोल, मृदंग, आदि ब रहते हैं।

विभिन्न राज्यों के कुछ महत्त्वपूर्ण लोक-नृत्य निम्नलिखित है

- **महाराष्ट्र :** तमाशा, दही हण्डी, गोफ, दीपक, डिंडी
- **गुजरात :** गरबा, रासलीला, तिप्पनी, डांडिया
- **ओडिशा :** छऊ, माया शवरी, दलचाई
- **राजस्थान :** घूमर, कठपुतली, तेरा ताली
- **मध्य प्रदेश :** लोटा नृत्य, जवारा
- **हिमाचल प्रदेश :** दशहरा नृत्य, हिकत, नेतियो

ाब : गिद्धा, भांगड़ा, पणिहारी

र प्रदेश : रासलीला, नौटंकी, थाली, धुरंग, झुमेला, हुड़का
ल, कजरी

ालैण्ड : बांस नृत्य, केदोहोह

सम : बिहू, केली गोपाल, सतरिया

श्चम बंगाल : कीर्तन, कालत्री, असुरबध, वृता, काली नाच

हार : छऊ, मगही, दुर्गा नृत्य

मिलनाडु : तेरुकलथु, कबलतम, कर्गम, पुली वेशम

रल : मोहिनी अट्टम, पदायुनी

र्नाटक : यक्षगान, कुजीता, कोडवास

मू एवं कश्मीर : दुम्हल, हिकत, चाकरी

पुरा : हजागिरि

ध्य प्रदेश : डंडारिया, बंजारा, घण्टा मरदाला

त्रा : गोडे मोदनी, ढकनी

ालय : नोंगकरेम, बांग्ला

गपुर : ढोल चोलम, बसंत रस

याणा : धमचाल, लहूर, भांगड़ा, गिद्दा

रखंड : सरहुल, सोहराई

य नृत्य के प्रख्यात कलाकार हैं:

रतनाट्यम : यामिनी कृष्णमूर्ति, रुक्मिणी देवी अरुणडेल, वप्न सुन्दरी, सोनल मानसिंह, वैजयंती माला, मृणालिनी ाराभाई, चंद्रलेखा, इंद्राणी, राम गोपाल, बाल सरस्वती

थकली : गोपीनाथ, के.के. नायर, कुंजुकुरुप, टी.के. दू, शांताराव, उदयशंकर

चिपुड़ी : स्वप्न सुंदरी, राजा रेड्डी, राधा रेड्डी, शोभा नायर, दांतम सत्यनारायण, विम्पत्ति चिन्ना सत्यम

त्थक : बिरजू महराज, गोपीकृष्ण, शंभू महाराज, सितारा वी, उमा शर्मा, दुर्गा लाल, शोभना नारायण

णिपुरी : उदय शंकर, दरोहरा झावेरी, चैतम्बि सिंह, बिपिन ह, सूर्यमुखी

ोडिसी : केलुचरण महापात्र, इंद्राणी रहमान, माधवी द्गल, प्रोतिमा बेदी, संयुक्ता पाणिग्रही, सोनल मानसिंह, ू दास, प्रियवंदा मोहन्ती, मिनाती दास

सिनेमा

भारत में सबसे पहली चलती-फिरती लेकिन मूक फिल्म 1896 में एक फ्रांसीसी कम्पनी द्वारा मुम्बई में दिखाई गई। हरिश्चन्द्र, भाटवाडेकर पहले भारतीय थे, जिन्होंने 1899 में चलती-फिरती मूक फिल्म बनाई। भारतीय कहानी पर आधारित पहली भारतीय मूक फिल्म 'पुण्डलीक' थी जिसे 1912 में आर.जी. टोनी और एन.सी. चित्रा ने बनाया और उसके बाद 1913 में दादा साहब फाल्के ने 'राजा हरिश्चंद्र' नामक फिल्म बनाई। दादा फाल्के की अन्य फिल्में 'मोहिनी भस्मासुर', 'सत्यवान सावित्री' और 'लंका दहन' सभी मूक थीं। भारत का पहला सिनेमा हाउस 1907 में कोलकाता में बना।

भारत में बनी पहली बोलती फिल्म 'आलमआरा' थी, जिसका निर्माण 1931 में आर्देशिर ईरानी ने बम्बई में किया था।

भारत में पहली रंगीन फिल्म 'किसान कन्या' थी, जो 1937 में बनी थी। पहली सिनेमास्कोप फिल्म गुरुदत्त की 'कागज के फूल' थी, जो 1959 में बनी और पहली 3-D फिल्म 'माई डियर कुट्टीचाथन' (मलयालम) थी, जो 1984 में बनी।

1952 में सेण्ट्रल बोर्ड ऑफ फिल्म सर्टिफिकेशन बना। इस बोर्ड की स्वीकृति मिलने के बाद ही फिल्में प्रदर्शित की जाती हैं।

भारत सरकार द्वारा 1948 में स्थापित फिल्म डिवीजन फिल्म डाक्यूमेंटरी बनाता है। नेशनल फिल्म डेवलपमेंट कार्पोरेशन देश में फिल्मों के विकास में सहायता करता है। चिल्ड्रन्स फिल्म्स सोसाइटी की स्थापना बच्चों और नवयुवकों के लिए स्वस्थ फिल्में बनाने के उद्देश्य से 1955 में की गई थी।

मई 1982 में भारतीय फिल्म उद्योग की स्वर्ण जयंती, 1989 में भारतीय सिनेमा की प्लेटिनम जुबली तथा 2012 में भारतीय सिनेमा का शताब्दी वर्ष मनाया गया।

संस्कृति से संबद्ध अकादमी और संस्थाएं

ललित कला अकादमी : वर्ष 1954 में सरकार ने देश के अंदर और विदेशों में भारतीय कला को बढ़ावा देने और उसका विस्तार करने के उद्देश्य से इस अकादमी की स्थापना की। इसका मुख्यालय दिल्ली में है तथा क्षेत्रीय केंद्र लखनऊ, कोलकाता, चेन्नई और भुवनेश्वर में स्थित है।

संगीत नाटक अकादमी : यह संगीत, नृत्य और नाट्यकला की राष्ट्रीय अकादमी है। 1953 में स्थापित की गई यह अकादमी राज्य सरकारों और स्वैच्छिक संस्थाओं की सहायता से कला के निष्पादन को प्रोत्साहित करती है। यह अकादमी सेमिनार और उत्सवों का आयोजन करती है।

साहित्य अकादमी : साहित्य के संवर्द्धन को समर्पित यह एक राष्ट्रीय निकाय है। 1954 में स्थापित यह अकादमी साहित्य के निरंतर विकास हेतु शिक्षा प्रदान करती है तथा साहित्यिक सृजन को प्रोत्साहित करती है। इसका मुख्यालय दिल्ली में है।

नेशनल स्कूल ऑफ ड्रामा : यह भारत में अपनी तरह का इकलौता नाट्य विद्यालय है जिसकी गिनती विश्व के सर्वश्रेष्ठ थियेटर प्रशिक्षण संस्थाओं में की जाती है। इसे 1959 में संगीत नाटक अकादमी के अंतर्गत स्थापित किया गया था परंतु 1975 में यह एक स्वायत्तशासी संगठन बन गया जिसे केन्द्र सरकार का संस्कृति विभाग वित्त प्रदान करता है।

भारतीय पुरातत्त्व सर्वेक्षण : सरकार के संस्कृति विभाग से संबद्ध इस संस्था की स्थापना 1861 में की गई थी। इसका मुख्य कार्य संरक्षित स्मारकों/स्थलों की देखभाल करना तथा संरक्षण परिरक्षण करना है।

भारत का राष्ट्रीय अभिलेखागार : 1891 में स्थापित यह संस्था सरकार तथा उसकी पूर्ववर्ती संस्थाओं/ निकायों के लिए स्थायी महत्त्व के प्राचीन रिकॉर्डों की संरक्षक है। इसका मुख्यालय नई दिल्ली में है। मुख्यालय दिल्ली के अलावा चार क्षेत्रीय संग्रहणालयों भोपाल, भुवनेश्वर, जयपुर और पांडिचेरी (पुडुचेरी) में प्रमुख अभिलेखों का संग्रह किया गया है। ये केंद्र रिकॉर्डों की देखभाल कर रहे हैं।

अजायबघर : अजायबघर सांस्कृतिक विरासत के संग्रह केंद्र हैं जहां ऐतिहासिक महत्त्व की वस्तुओं, तकनीकों का संरक्षण किया जाता है ताकि उन्हें नष्ट होने से बचाए रखा जा सके और इतिहास के तत्वों को उसी स्वरूप में सामने रखा जा सके।

साहित्य

पुस्तकें और उनके लेखक

पुस्तकें	*लेखक*
आधे अधूरे	मोहन राकेश
आग का दरिया	कुर्रतुल-एन-हैदर
ए मिलियन म्युटिनीज नाऊ	वी.एस. नाइपॉल
ए सूटेबल ब्वाय	विक्रम सेठ
ए पैसेज टू इंग्लैंड	नीरद सी चौधरी
ए वॉयस ऑफ फ्रीडम	नयनतारा सहगल
एक्सेशन टू इंस्टिंक्शन	डॉ. आर. मनेकर
आदि ग्रंथ	गुरु अर्जुन देव
बिट्विन द लाइंस	कुलदीप नैयर
भगवत गीता, महाभारत	वेदव्यास
भारत भारती	मैथिलीशरण गुप्त
विसर्जन	रवीन्द्रनाथ टैगोर
ब्रोकन विंग	सरोजिनी नायडू
बुद्ध चरित	अश्वघोष
बाय गाड्स डिक्री	कपिल देव
चंडालिका	रवीन्द्रनाथ टैगोर
चैमिन	शिवशंकर पिल्लाई
चिदंबरा	सुमित्रानंदन पंत
चिकवीरा राजेन्द्र	मस्ती वेंकटेश अयंगर 'श्री नि
देवदास	शरत चंद्र
डिस्कवरी ऑफ इंडिया	जवाहरलाल नेहरू
डिवाइन लाइफ	शिवानंद
दुर्गेश नन्दिनी	बंकिम चन्द्र चटर्जी
गीत गोविन्द	जयदेव
घासीराम कोतवाल	विजय तेंदुलकर
गीतांजलि	रवीन्द्रनाथ टैगोर
ग्लिम्पसेज ऑफ वर्ल्ड हिस्ट्री	जवाहरलाल नेहरू
गोदान	मुंशी प्रेमचंद
द गॉड ऑफ स्माल थिंग्स	अरुंधति राय
गोल्डन गेट	विक्रम सेठ
गोरा	रवीन्द्र नाथ टैगोर
द गाइड	आर.के. नारायण
गुल-ए-नग्मा	रघुपति सहाय "फिराक"
हर्ष चरित	बाणभट्ट
हिंदू व्यू ऑफ लाइफ	राधाकृष्णन
हिन्दुइज्म	नीरद सी. चौधरी
हितोपदेश	नारायण भट्ट
हंग्री स्टोन्स	रवीन्द्र नाथ टैगोर
आई एम नॉट एन आइलैंड	ख्वाजा अहमद अब्बास
आईडोल्स	सुनील गावस्कर
लौरिंगन	वी.के. भट्टाचार्य
जस्टिस ऑफ पीस के आंसू	जनार्दन प्रसाद सिंह
जूही की कली	सूर्यकांत त्रिपाठी "निराला"
जुग बदल गया	सोहन सिंह शीतल
जाब्स फॉर मिलियंस	वी.वी.गिरि
कादंबरी	बाणभट्ट
कामसूत्र	वात्स्यायन
कामायनी	जयशंकर प्रसाद
कपाल-कुंडला	बंकिम चंद्र चटर्जी
कर्पूर मंजरी	राजशेखर
खाक-ए-दिल	जां निसार अख्तर
किरातार्जुनीयम्	भारवि

पुस्तकें	लेखक
लास्ट फेज	प्यारेलाल
इफ डिवाइन	अरविंदो घोष
डनाइट्स चिल्ड्रन	सलमान रुश्दी
फेड ट्राइएंगल	बलवंत गार्गी
कू थंथी	दत्तात्रेय रामचद्र बेंद्रे
ताजी डेड ऑर अलाइव	समर गुहा
शीथ	उमाशंकर जोशी
ति शतक	भर्तृहरि
ोडाकूजाल	जी शंकर कुरुप
ावर इंडिया	मीनू मसानी
ावर प्रेसिडेंट्स	एम.ए. नायडू
दमावत	मलिक मोहम्मद जायसी
चग्राम	ताराशंकर बंद्योपाध्याय
चतंत्र	विष्णु शर्मा
ाथेर पांचाली	विभूति भूषण बंद्योपाध्याय
मचरित मानस	तुलसीदास
गभूमि	मुंशी प्रेमचंद
ती-अंगझी	टी.एस. पिल्लई
त्नावली	हर्षवर्धन
ड लेप एंड ह्वाइट कैप	पी.वी.आर.राव
मिनिसेंस ऑफ द नेहरू एज	एम.ओ. मथाई
टर्न ऑफ रेड रोज	के.ए. अब्बास
ऋतु सम्हार	कालिदास
ाकेत	मैथिलीशरण गुप्त
संस्कृति के चार अध्याय	रामधारी सिंह "दिनकर"
सत्यार्थ प्रकाश	स्वामी दयानंद
कॉलर एक्स्ट्रा आर्डेनरी	नीरद सी. चौधरी
द स्कोप ऑफ हैप्पीनेस	विजय लक्ष्मी पंडित
सेवन समर्स	मुल्कराज आनंद
रैडो फ्राम लद्दाख	भवानी भट्टाचार्य
नेहरू टु वाजपेयी : प्राइम मिनिस्टर्स	जनार्दन ठाकुर
नए इलाके में	अरुण कमल
विंग्स ऑफ फायर	ए.पी.जे. अब्दुल कलाम
रागमाला	पंडित रविशंकर
मजमीन-ए-गुजराल	आई.के. गुजराल
जत दूर मन पूरे (आत्मकथा)	ज्योति बसु
सूरसागर	सूरदास
तपस्वी ओ तरंगिणी	बुद्धदेव बोस
थिरुकुरल	तिरुवल्लूवर
द नेशंस वॉयस	सी. राज-गोपालाचारी
द सिक्ख टुडे	खुशवंत सिंह
टुवर्ड्स टोटल रिवोल्यूशन	जयप्रकाश नारायण
तुलसी का ज्ञानबोध	सूर्यकांत त्रिपाठी "निराला"

भारतीय भाषाओं के प्रसिद्ध लेखक

असमिया : हेम चन्द्र बरुआ, हेम चन्द्र गोस्वामी, योगेश दास, वीरेन्द्र कुमार भट्टाचार्य, इन्दिरा गोस्वामी।

ओडिया: गोपीनाथ मोहन्ती, राधा नाथराय, गोपाबंधुदास, सच्चिदानंद राउत्रे, कालिन्दी चरण पटनायक, सुरेन्द्र महन्ती, डा. सीताकान्त महापात्र।

बंगला : बंकिम चन्द्र चटर्जी, विभूति भूषण बंद्योपाध्याय, तारा शंकर बंद्योपाध्याय, शरत चन्द्र चटर्जी, रवीन्द्र नाथ ठाकुर, आर.सी. दत्त, प्रेमेन्द्र मित्र, माइकेल मधुसुदन दत्त, काजी नजरूल इस्लाम, विष्णु दे, आशापूर्णा देवी, महाश्वेता देवी, सुभाष मुखोपाध्याय, विभल मित्र।

गुजराती : मीराबाई, नरसिंह मेहता, परमानंद (कवि), के.एम. मुंशी, गोवर्धन राम, नर्मदा सागर, उमाशंकर जोशी, पन्नालाल पटेल, मनभाई पंचौली 'दर्शक', निरंजन भगत, राजेन्द्र केशवलाल साह।

हिन्दी : सूरदास, तुलसीदास, केशव, बिहारी, कबीर, जायसी, मुंशी प्रेमचंद, सुदर्शन, उपेन्द्र नाथ अश्क, जैनेन्द्र कुमार जैन, भारतेन्दु हरिश्चन्द्र, मैथिलीशरण गुप्त, सूर्यकान्त त्रिपाठी 'निराला' महादेवी वर्मा, जयशंकर प्रसाद, सुमित्रानंदन पंत, हरिवंश राय बच्चन, रामधारी सिंह दिनकर, वात्स्यायन अज्ञेय, नरेश मेहता।

कन्नड़ : के.बी. पुटप्पा, रान्ना, पुरन्दर दास, बी.एम. श्रीकान्त, दत्तात्रेय रामचन्द्र बेन्द्रे, के. शिवराम कारन्थ, मस्ति वेंकटेश आयंगर, वी. के. गोकाक, यू.आर. अनंतमूर्ति, गिरिश कर्नाड।

मलयालम : जी. शंकर कुरूप, तझाकी शिवशंकर पिल्लई, सी.बी. रमन पिल्लई, ओ. चन्दु मेनन, कुमारन आसन, वल्लाथोल, नारायण मेनन, एस.के. पोट्टेकर, नलन्कल कृष्ण पिल्लई, एम. टी. वासुदेवन नायर, सी. वी. श्रीरमण, डॉ. एम. लीलावती।

मराठी : तुकाराम, टीकाराम सहाय, हरि नारायण आप्टे, वी. एस. खाण्डेकर, वी.वी. शिरवाडकर, रंगनाथ ठाकरे, बिन्दा करांदीकर, प्रह्लाद केशव अत्रे, श्रीपाद नारायण वेंडसे, एन. सी. फड़के।

पंजाबी : भाई वीरसिंह, वारिस शाह, धनीराम चैत्रिक, अमृता प्रीतम, नानक सिंह, बलवंत गार्गी, के.एस. दुग्गल, डॉ. हरभजन सिंह, निरंजन तसनीम, गुरुदयाल सिंह, सुरजीत दत्तर।

संस्कृत : वाल्मीकि, व्यास, कालिदास, बाणभट्ट, भर्तृहरि, कल्हण, भवभूति, श्री निवास रथ, प्रो. रसिक बिहारी जोशी, प्रो. सुषमा कुलश्रेष्ठ, सत्यव्रत शास्त्री।

तमिल : सुब्रह्मण्यम भारती, रामलिंगम, पी. वी. अकिलंदम, बाल सुन्दरम्, अब्दुल रहमान, डॉ. इन्दिरा पार्थसारथी, डी. जयकांतन।

तेलुगु : लक्ष्मी नरसिंघम, त्रिपुती, विश्वनाथ सत्यनारायण, डॉ. सी. नारायण रेड्डी, गुर्रम जोशुआ बल्लमपती वेंकटसुवैया, डॉ. वलीरेड्डी सीतादेवी।

उर्दू : मिर्जा गालिब, मो. इकबाल, हाली, जोश मलीहाबादी, जिगर मुरादाबादी, साहिर लुधियानवी, रघुपति सहाय "फिराक" गोरखपुरी, राजेन्द्र सिंह बेदी, कृश्न चन्दर, मन्टो, पं. ब्रज नारायण 'चकबस्त', पं. आनन्द नारायण 'मुल्ला', श्रीमती कुर्रतुल एन. हैदर, जोगिन्दर पाल, कुंवर मोहिन्द्र सिंह 'बेदी', अली सरदार जाफरी।

मैथिली : विद्यापति, ज्योतिरीश्वर ठाकुर, नागार्जुन, जीवकान्त, मायानन्द मिश्र, दीना नाथ पाठक 'बन्धु', सुरेन्द्र झा 'सुमन', धीरेन्द्र, बाल गोविन्द झा 'व्यथित'।

☆☆☆☆☆☆

पुरस्कार एवं सम्मान

प्रमुख पुरस्कार एवं सम्मान

- **नोबेल पुरस्कारः** नोबेल पुरस्कार स्वीडन के वैज्ञानिक अल्फ्रेड बर्नहर्ड नोबेल की स्मृति में दिए जाते हैं। भौतिक शास्त्र, रसायन विज्ञान, चिकित्सा, साहित्य तथा शांति के क्षेत्र में उत्कृष्ट योगदान के लिए नोबेल पुरस्कार दिए जाते हैं। अर्थशास्त्र के लिए नोबेल पुरस्कार दिए जाने की शुरुआत 1969 ई. से हुई। इसे अर्थशास्त्र में नोबेल स्मृति पुरस्कार भी कहते हैं।
- **पुलित्जर पुरस्कारः** न्यूयॉर्क वर्ल्ड के प्रकाशक 'जोसेफ पुलित्जर' की स्मृति में 1917 से अमेरिका के कोलम्बिया विश्वविद्यालय द्वारा पत्रकारिता एवं साहित्य के क्षेत्र में दिया जाता है।
- **रेमन मैग्सेसे पुरस्कारः** यह पुरस्कार फिलीपींस के पूर्व राष्ट्रपति रेमन मैग्सेसे की स्मृति में वर्ष 1957 से प्रदान किया जाता है। इस पुरस्कार को एशिया का नोबेल भी कहा जाता है। यह पुरस्कार प्रत्येक वर्ष —जनसेवा, सरकारी सेवा, पत्रकारिता, सामुदायिक नेतृत्व एवं अंतर्राष्ट्रीय सद्भाव के लिए प्रदान किया जाता है।
- **गाँधी शांति अन्तर्राष्ट्रीय पुरस्कारः** विश्व शांति में उल्लेखनीय भूमिका निभाने वाले व्यक्ति को भारत सरकार द्वारा 1995 से दिया जाता है।
- **जवाहरलाल नेहरू अन्तर्राष्ट्रीय सद्भावना पुरस्कारः** भारत सरकार द्वारा यह पुरस्कार अन्तर्राष्ट्रीय शांति, विभिन्न देशों के मध्य मेलमिलाप व मित्रता के क्षेत्र में उल्लेखनीय योगदान हेतु प्रदान किया जाता है।
- **इन्दिरा गाँधी अन्तर्राष्ट्रीय शांति, निरस्त्रीकरण एवं विकास पुरस्कारः** भारत सरकार के द्वारा यह पुरस्कार प्रतिवर्ष अन्तर्राष्ट्रीय शांति, निरस्त्रीकरण एवं विकास के क्षेत्र में विशिष्ट योगदान के लिए दिया जाता है।
- **कलिंग पुरस्कारः** विज्ञान को लोकप्रिय बनाने के लिए यह पुरस्कार कलिंग फाउण्डेशन द्वारा दिया जाता है।
- **ग्रेमी पुरस्कारः** यह पुरस्कार नेशनल एकेडमी फॉर रिकार्डिंग आर्ट्स एण्ड साइंसेज द्वारा पश्चिमी संगीत की विभिन्न विधाओं में विशिष्ट योगदान हेतु प्रदान किया जाता है।
- **ऑस्कर पुरस्कारः** संयुक्त राज्य अमेरिका की नेशनल एकेड ऑफ मोशन पिक्चर्स द्वारा फिल्म जगत के क्षेत्र में दिया जा है।
- **मैन बुकर पुरस्कारः** यह पुरस्कार बुकर कंपनी एवं ब्रिटि प्रकाशक संघ द्वारा संयुक्त रूप से साहित्य के क्षेत्र में उत्कृ कार्य करने के लिए दिया जाता है।
- **भारत रत्नः** यह कला, साहित्य, खेल तथा विज्ञान या ब पैमाने पर जनसेवा में उत्कृष्ट कार्य करने के लिए देश व सर्वोच्च राष्ट्रीय पुरस्कार है।
- **पद्म पुरस्कारः** यह भारत रत्न के बाद दूसरा बड़ा सम्मा है। यह पुरस्कार तीन प्रकार के हैं—
  (i) पद्म विभूषण, *(ii)* पद्म भूषण, *(iii)* पद्मश्री।
- **परमवीर चक्रः** भारत में वीरता के लिए दिया जाने वाल सर्वोच्च पुरस्कार जिसे थल सेना, वायु सेना, जल सेना दुश्मन के सामने बहादुरी के सर्वोत्कृष्ट प्रदर्शन या आत्मबलिदा के लिए दिया जाता है।
- **महावीर चक्रः** देश का यह द्वितीय सर्वोच्च शौर्य पुरस्कार उस बहादुर सैनिक को प्रदान किया जाता है, जिसने शत्रु के दमन में अद्वितीय पराक्रम प्रदर्शित किया है।
- **वीर चक्रः** शौर्य एवं वीरता का तीसरा सर्वोच्च पुरस्कार उसे प्रदान किया जाता है, जिसने शत्रुओं का सामना अदम्य साहस करके उसे पीछे धकेला हो अथवा मौत के घाट उतार दिया हो।
- **अशोक चक्रः** यह देश का सर्वोच्च शान्तिकालीन शौर्य पुरस्कार है। यह पुरस्कार भी शौर्य प्रदर्शन में उल्लेखनीय भूमिका निभाने वाले बहादुर कर्मी को प्रदान किया जाता है।
- **कीर्ति चक्रः** यह पुरस्कार उस वीर सैनिक को प्रदान किया जाता है, जिसने शत्रु के मुकाबले में अभूतपूर्व साहस का प्रदर्शन किया हो।
- **शौर्य चक्रः** युद्ध की परिस्थितियों में अद्भुत शौर्य प्रदर्शित करने वाले शूरवीरों को यह पुरस्कार प्रदान किया जाता है।
- **दादा साहेब फाल्के पुरस्कारः** दादा साहेब फाल्के की स्मृति में स्थापित यह पुरस्कार सूचना एवं प्रसारण मंत्रालय, भारत सरकार द्वारा उस व्यक्ति को दिया जाता है, जिसने भारतीय सिनेमा के विकास में उल्लेखनीय योगदान दिया हो।

- **भारतीय ज्ञानपीठ पुरस्कारः** संविधान की 8वीं अनुसूची में उल्लिखित 22 भाषाओं और अंग्रेजी में से किसी भी भाषा में उत्कृष्ट साहित्य के सृजन के लिए दिया जाता है।
- **साहित्य अकादमी पुरस्कारः** अंग्रेजी सहित 24 भाषाओं में गत् पाँच वर्षों में प्रकाशित उत्कृष्ट रचना के लिए साहित्य अकादमी पुरस्कार, भारत सरकार द्वारा दिया जाता है।
- **मूर्तिदेवी पुरस्कारः** भारतीय जीवन के शाश्वत मूल्यों को उभारने के लिए किसी भी भारतीय भाषा या अंग्रेजी साहित्य में भारतीय ज्ञानपीठ ट्रस्ट द्वारा दिया जाता है।
- **भारत-भारती सम्मानः** उत्तर प्रदेश हिन्दी संस्थान द्वारा साहित्य सृजन व हिन्दी की अनवरत सेवा हेतु प्रदान किया जाता है।
- **व्यास सम्मानः** हिन्दी लेखन के क्षेत्र में अविस्मरणीय योगदान हेतु के.के. बिरला फाउण्डेशन द्वारा दिया जाता है।
- **वाचस्पति पुरस्कारः** संस्कृत साहित्य में विशिष्ट एवं उल्लेखनीय योगदान के लिए के.के. बिरला फाउण्डेशन द्वारा प्रदान किया जाता है।
- **सरस्वती सम्मानः** संविधान की 8वीं अनुसूची में शामिल किसी भी भाषा में गत दस वर्षों में प्रकाशित उत्कृष्ट साहित्यिक कृति के लिए दिया जाता है।
- **जमनालाल बजाज पुरस्कारः** सामाजिक कार्यक्षेत्र में महत्वपूर्ण योगदान, ग्रामीण विकास, विज्ञान एवं प्रौद्योगिकी के उपयोग तथा महिलाओं एवं बच्चों के उत्थान एवं कल्याण कार्यों हेतु जमनालाल बजाज फाउंडेशन के द्वारा प्रदान किया जाता है।
- **शांतिस्वरूप भटनागर पुरस्कारः** विज्ञान के क्षेत्र में उल्लेखनीय योगदान के लिए प्रदान किया जाता है।
- **धन्वन्तरि पुरस्कारः** चिकित्सा के क्षेत्र में।
- **अर्जुन पुरस्कारः** खेल के क्षेत्र में।
- **द्रोणाचार्य पुरस्कारः** खेल प्रशिक्षण के क्षेत्र में।
- **ध्यानचंद पुरस्कारः** खेलों में जीवन भर की उपलब्धियों के लिए।
- **मेजर ध्यानचंद खेल रत्न पुरस्कारः** खेलों में सराहनीय प्रदर्शन हेतु प्रदान किया जाता है।

नोबेल पुरस्कार विजेता भारतीय

यह पुरस्कार अब तक पाँच भारतीयों को प्राप्त हुआ है—

(i) डॉ. रवीन्द्रनाथ ठाकुर को साहित्य के लिए उनकी कृति 'गीतांजलि' पर सन् 1913 में

(ii) डॉ. सी.बी. रमन को भौतिकी में महत्त्वपूर्ण योगदान के लिए सन् 1930 में

(iii) मदर टेरेसा को सन् 1979 में शान्ति के लिए,

(iv) प्रो. अमर्त्य सेन को 1998 में अर्थशास्त्र के लिए, और

(v) कैलाश सत्यार्थी को 2014 में शांति के लिए

इसके अलावा भारतीय मूल के चार लोगों सुब्रमण्यन चंद्रशेखर (भौतिक विज्ञान), हर गोविंद खुराना (चिकित्सा विज्ञान), वेंकटरामन रामकृष्णन (रसायन विज्ञान)और अभिजीत बनर्जी (अर्थशास्त्र) को भी यह पुरस्कार मिल चुका है।

विश्व के प्रमुख देशों की राजधानी एवं मुद्रा

देश	राजधानी	मुद्रा
भारत	नई दिल्ली	रुपया
बांग्लादेश	ढाका	टका
भूटान	थिम्पू	न्गुलट्रम
नेपाल	काठमांडू	रुपया
म्यांमार	ने पी ता	क्यात
पाकिस्तान	इस्लामाबाद	रुपया
अफगानिस्तान	काबुल	अफगानी
चीन	बीजिंग	युआन
श्रीलंका	कोलम्बो	रुपया
ईरान	तेहरान	रियाल
इराक	बगदाद	दीनार
इंडोनेशिया	जकार्ता	रुपिया

देश	राजधानी	मुद्रा
बहरीन	मनामा	दीनार
मंगोलिया	उलानबटोर	तुगरिक
मलेशिया	क्वालालंपुर	रिंगगिट
मालदीव	माले	रुफिया
लेबनान	बेरुत	पाउंड
लाओस	वियन्तियान	न्यूकिपलाओ
कुवैत	कुवैत सिटी	दीनार
वियतनाम	हनोई	डाग
थाईलैण्ड	बैंकाक	बहत
सं.अ. अमीरात	अबुधाबी	दिरहम
ताइवान	ताइपे	डॉलर
कतर	दोहा	रियाल
कम्बोडिया	न्होमपेन्ह	रिएल
उत्तर कोरिया	प्योंगयांग	युआन
दक्षिण कोरिया	सिओल	वॉन
जापान	टोक्यो	येन
ओमान	मस्कट	रियाल
फिलीपींस	मनीला	पीसो
सीरिया	दमिश्क	पाउंड
सऊदी अरब	रियाद	रियाल
सिंगापुर	सिंगापुर	डॉलर
उज्बेकिस्तान	ताशकंद	सुम
कजाकिस्तान	अस्टाना	टेनगे
यमन	साना	रियाल
मॉरीशस	पोर्ट लुईस	रुपया
मोरक्को	रबात	दिरहम
नामीबिया	विंडहॉक	रैंड
नाइजर	नियामी	फ्रैंक
नाइजीरिया	लागोस	नैरा
रवांडा	किगाली	फ्रैंक
सोमालिया	मोगाडिशू	शिलिंग
द. अफ्रीका	प्रिटोरिया	रैंड
सूडान	खारतूम	पाउंड
तंजानिया	डोडोमा	शिलिंग
ट्यूनीशिया	ट्यूनिश	दीनार
युगांडा	कंपाला	शिलिंग
जांबिया	लुसाका	क्वाचा
ज़िम्बाब्वे	हरारे	डॉलर
कांगो (लो.ग.)	किंशासा	फ्रेंक (CDF)
मिस्र	काहिरा	पाउंड
घाना	अक्रा	केडी
गिनी	कोनाक्रे	फ्रैंक

देश	राजधानी	मुद्रा
केन्या	नैरोबी	शिलिंग
स्वाजीलैण्ड	म्बाबने	लिलान्गनी
लेसोथा	मसेरू	लोति
लाइबेरिया	मोनरोविया	फ्रैंक
गेबोन	लिब्रेविले	फ्रैंक (CFA)
जिबूती	जिबूती	फ्रैंक
गुयाना	मालाबो	फ्रैंक
कनाडा	ओटावा	डॉलर
क्यूबा	हवाना	पीसो
पनामा	पनामा सिटी	बाल बोआ
बरमूडा	हेमिल्टन	डॉलर
बहामाज	नसाऊ	डॉलर
कोस्टारिका	सान जोस	कोलन
ग्वाटेमाला	ग्वाटेमाला सिटी	क्वाट्जाल
निकारागुआ	मनागुआ	न्यू कोरडोवा
जमैका	किंगस्टन	डॉलर
ग्रेनाडा	सेंट जॉर्ज	डॉलर
ग्रीनलैण्ड	नूक	क्रोन
मैक्सिको	मैक्सिको सिटी	पीसो
सं.रा. अमेरिका	वाशिंगटन (डी.सी.)	डॉलर
डोमीनिक	रोसेऊ	डॉलर
डोमीनियन गणतंत्र	सैंटो डोमिंगो	पीसो
हैती	पोर्ट-ओ-प्रिंस	गोर्डे
ब्राजील	साओ पाउलो	रिएल
चिली	सांतियागो	पीसो
इक्वाडोर	क्वेटो	सुक्रे
वेनेजुएला	काराकस	बोलिवर
अर्जेंटीना	ब्यूनस आयर्स	अर्जेण्टीनो
त्रिनिदाद व टोबैगो	पोर्ट ऑफ स्पेन	डॉलर
पेरू	लीमा	न्यू सोल
कोलम्बिया	बोगोटा	पीसो
गुयाना	जॉर्ज टाउन	डॉलर
पराग्वे	असनश्यान	गुआरानी
उरुग्वे	मोंटेवीडिओ	पीसो
फ्रेंच गुयाना	कोयेन्ने	फ्रैंक
रूस	मास्को	रूबल
स्पेन*	मैड्रिड	पेसेटा
पोलैण्ड	वारसा	ज्लोती
नार्वे	ओस्लो	क्रोन
पुर्तगाल*	लिस्बन	एस्कुडो
फ्रांस*	पेरिस	फ्रैंक
जर्मनी*	बर्लिन	ड्यूश मार्क
यूनान*	एथेंस	ड्राचमा

देश	राजधानी	मुद्रा
हंगरी	बुडापेस्ट	फ्रोरिंट
डेनमार्क	कोपेनहेगन	क्रोन
लिथुआनिया	विल्नियस	लितास
स्वीडन	स्टॉकहोम	क्रोना
स्विट्जरलैण्ड	बर्न	फ्रैंक
ग्रेट-ब्रिटेन	लंदन	पाउंड
आस्ट्रिया*	वियाना	शिलिंग
चेक गणराज्य	प्राग	कोरूना
माल्टा*	वालेटा	पाउंड
सान मारिनो*	सान मारिनो	लीरा
बोस्निया-हर्जेगोविना	सरायेवो	दीनार
अंडोरा*	अंडोरा ला विले	फ्रैंक, पेसेटा
आयरलैण्ड*	डबलिन	पाउंड
लक्समबर्ग*	लक्समबर्ग	फ्रैंक
बेल्जियम*	ब्रूसेल्स	फ्रैंक
बुल्गारिया*	सोफिया	लेवा

देश	राजधानी	मुद्रा
मेसीडोनिया	स्कोपजे	दिनार
स्लोबेनिया*	ल्यूकिल्यान	दिनार
फिनलैण्ड*	हेलसिंकी	मारक्का
नीदरलैण्ड्स*	एमस्टरर्डम	गिल्डर
अल्बानिया	तिराना	लेक
लातविया*	रीगा	रूबल
क्रोशिया	जागरेव	दीनार
इटली	रोम	लीरा
ऑस्ट्रेलिया	केनबरा	डॉलर
न्यूजीलैण्ड	वेलिंग्टन	डॉलर
पापुआ न्यू गिनी	पोर्ट मोरेस्वी	किना
फिजी	सुवा	डॉलर
मार्शल द्वीप	मजुरो	डॉलर
पलाऊ (बेलाऊ)	कोडोर	USA डॉलर
सोलोमन द्वीपसमूह	होनियारा	डॉलर

*नोट : * वर्तमान में इन देशों ने 'यूरो' को मुद्रा के रूप में अपनाया है।*

महत्त्वपूर्ण सीमा रेखाएं

- **डूरंड लाइन :** यह भारत और अफगानिस्तान के बीच सीमा के विभाजन को परिलक्षित करती थी। इसका सीमांकन सर मोर्टीमर डूरंड ने 1896 में किया था। अब यह पाकिस्तान और अफगानिस्तान के बीच की सीमा रेखा है।
- **हिंडेनवर्ग लाइन :** यह वह रेखा है जहां से विश्व युद्ध के दौरान जर्मनी की सेना वापस लौट गई थी। यह रेखा पोलैण्ड और जर्मनी के बीच की सीमा रेखा है।
- **मैकमोहन रेखा :** यह भारत और चीन के बीच सीमा रेखा है जिसका सीमांकन सर हेनरी मैकमोहन ने किया था।
- **मैगिनोट रेखा :** यह फ्रांस और जर्मनी के बीच सीमा रेखा है।
- **रेडक्लिफ रेखा :** यह भारत और पाकिस्तान के बीच सीमा रेखा है जिसका सीमांकन सर सिरिल रेडक्लिफ ने किया था।
- **17वां पैरेलल :** यह उत्तरी एवं दक्षिणी वियतनाम के बीच की सीमा रेखा है।
- **38वां पैरलल :** यह उत्तर और दक्षिण कोरिया के बीच सीमा रेखा है।
- **49वां पैरलल :** यह यू.एस. और कनाडा के बीच सीमा रेखा है।
- **अदूर निसे रेखा :** यह रेखा पोलैण्ड और पूर्वी जर्मनी के बीच की सीमा रेखा है जो द्वितीय विश्व युद्ध में खींची गई थी।
- **सिंगफ्रेड रेखा :** प्रथम विश्व युद्ध में फ्रांस और जर्मनी के बीच की सीमा रेखा।

विश्व की प्रमुख जनजातियाँ

जनजाति	सम्बन्धित क्षेत्र/देश
माओरी	न्यूजीलैंड
बुशमैन	कालाहारी मरुस्थल (बोतसवाना)
वेद्दा	श्रीलंका
बद्दू	अरब
आइनू	जापान
यूकाधिर	साइबेरिया
एस्कीमो	ग्रीनलैंड, कनाडा
मसाई	पूर्वी अफ्रीका
बोरो	ब्राजील
सेमांग	मलेशिया
जूलू	नेटाल (दक्षिण अफ्रीका)
खिरगीज	मध्य एशिया
रेड इंडियन	उ. अमेरिका
पिग्मीज	कांगो बेसिन
नीग्रो	मध्य एशिया
याइ	टुण्ड्रा प्रदेश

महत्वपूर्ण दिवस

दिवस	महत्व
9 जनवरी	प्रवासी दिवस
15 जनवरी	थल सेना दिवस
25 जनवरी	भारतीय पर्यटन दिवस
26 जनवरी	भारतीय गणतंत्र दिवस
30 जनवरी	शहीद दिवस, विश्व कुष्ठ निवारण दिवस (महात्मा गाँधी की पुण्य तिथि)
1 फरवरी	तटरक्षक दिवस, डाक जीवन बीमा दिवस
4 फरवरी	विश्व कैंसर दिवस
20 फरवरी	विश्व सामाजिक न्याय दिवस
21 फरवरी	विश्व मातृभाषा दिवस
22 फरवरी	पल्स पोलियो दिवस
28 फरवरी	राष्ट्रीय विज्ञान दिवस (रमन प्रभाव की स्मृति में)
8 मार्च	अन्तर्राष्ट्रीय महिला दिवस
15 मार्च	विश्व उपभोक्ता अधिकार दिवस, विश्व विकलांगता दिवस
21 मार्च	विश्व वानिकी दिवस, विश्व रंगभेद उन्मूलन दिवस
22 मार्च	विश्व जल दिवस
23 मार्च	शहीद दिवस, विश्व मौसम विज्ञान दिवस
24 मार्च	विश्व तपेदिक दिवस
7 अप्रैल	विश्व स्वास्थ्य दिवस
18 अप्रैल	विश्व विरासत दिवस
22 अप्रैल	विश्व पृथ्वी दिवस
1 मई	मई दिवस (अन्तर्राष्ट्रीय श्रम दिवस)
8 मई	विश्व रेडक्रॉस दिवस
9 मई	अन्तर्राष्ट्रीय थैलीसीमिया दिवस
11 मई	राष्ट्रीय प्रौद्योगिकी दिवस
24 मई	कॉमनवेल्थ दिवस
31 मई	विश्व धूम्रपान दिवस
1 जून	अन्तर्राष्ट्रीय बाल दिवस
5 जून	विश्व पर्यावरण दिवस
14 जून	वर्ल्ड ब्लड डोनर डे
20 जून	शरणार्थी दिवस
21 जून	विश्व योग दिवस
11 जुलाई	विश्व जनसंख्या दिवस
10 अगस्त	अंतर्राष्ट्रीय युवा दिवस
29 अगस्त	राष्ट्रीय खेल दिवस
5 सितम्बर	शिक्षक दिवस
8 सितम्बर	विश्व साक्षरता दिवस
14 सितम्बर	हिन्दी दिवस
16 सितम्बर	विश्व ओजोन दिवस
21 सितम्बर	अन्तर्राष्ट्रीय शांति दिवस
27 सितम्बर	विश्व पर्यटन दिवस
2 अक्टूबर	गाँधी जयन्ती/अन्तर्राष्ट्रीय अहिंसा दिवस
3 अक्टूबर	विश्व पर्यावास दिवस
5 अक्टूबर	विश्व आवास दिवस, शिक्षक दिवस
9 अक्टूबर	विश्व डाक दिवस
16 अक्टूबर	विश्व खाद्य दिवस
17 अक्टूबर	विश्व गरीबी उन्मूलन दिवस
20 अक्टूबर	राष्ट्रीय एकता दिवस, विश्व सांख्यिकी दिवस
14 नवम्बर	विश्व मधुमेह दिवस
19 नवम्बर	अन्तर्राष्ट्रीय नागरिक दिवस
26 नवम्बर	विश्व पर्यावरण संरक्षण दिवस
1 दिसम्बर	विश्व एड्स दिवस
4 दिसम्बर	रासायनिक दुर्घटना निवारण दिवस
10 दिसम्बर	अन्तर्राष्ट्रीय मानवाधिकार दिवस
18 दिसम्बर	अन्तर्राष्ट्रीय प्रवास दिवस

☆☆☆☆☆☆

खेल जगत

खेलों से जुड़ी शब्दावली

ऐथलेटिक्स : ऐली, स्प्रॉम, बैटन, बेंड, ब्लाइंड पास, बाक्स, सर्किल, क्लियरेंस, क्रासबार, हीट्स, फाल्स स्टार्ट, फ्लाप स्टाइल, फाउल, हर्डलेस, लेन, लैप, डेकाथलॉन, हैप्टेथलॉन, मैराथन, पेंटाथलोन, स्क्रैच, शॉट पुट, स्प्रिट, स्टार्टिंग ब्लाक स्टेपल चेज, स्ट्रेंडल, टाई, जोन।

बैडमिंटन : एश, एली, बैक हैण्ड, ब्लाक, कैरी, चैकिंग द स्मैस, कोर्ट, क्रास कोर्ट, डबल हिट, ड्राप शाट, फाल्ट, फोरहैण्ड, फ्रेम, गेम प्वाइंट, किल, लोब, लव, नेट, रैकेट, रैली, सर्व, शार्ट सर्व, शटल (बर्ड भी कहते हैं) साइड आउट, अंडर हैंड।

बेसबाल : आर्म थ्रोअर, एराउंड द हार्न, बल्क, बाल, बाल हॉक, बेस ओपन बेस रनर, बैट, बैटर, कैचर, काक्ड आर्म, क्रास फायर, डाउनर, होम, हाट कार्नर, इनफील्ड फ्लाई, की स्टोन सैक, लेट अप, पेग, पिंच हिटर, पॉपी, पंच, रबर, इनअप, सिंकर, स्लाइडर, थ्री फुट लाइन।

बास्केट बॉल: बैक डोर, बैंग बोर्ड, बैंक शाट, बेसबाल पास, बाउंस पास, चार्ज, चेस्ट पास, कार्नर प्लेयर, कट, डेड बॉल, डबल फाउल, ड्रिबल, फेक, फील्ड गोल, फाउल, फ्री थ्रो, गोल, हेल्ड बॉल, जम्प बॉल, पायवोट, रिवाइंड, रिस्ट्रेनिंग सर्कल, टी, टैक्नीकल फाउल, थ्रो इन।

बिलियर्डस एंड स्नूकर : एंगल, राउण्ड द टेबल, बल्क, बॉल, ब्रेक, ब्रिज, केनन, क्यू बाल, कॉप, फॉलो, हजार्ड, पाकेट, पॉट, पिरामिड, रेडबाल, रेस्ट्स, रन, सेट अप, शार्ट स्विंग, टेबल।

बॉलिंग : एप्पल, एप्रोच, एवरेज, बेबी स्प्लिट, बॉयस, बिग फाइव, बिग फोर, बाक्स ब्रेक, बकेट, बम्पर, कटर, डाइव, डबल, ड्राइव, डचमैंन, फ्लोटर, ग्रिप, मूव, हैंडी कैप, हेडपिन, हनी, लेन, लीड, मैपल्स, नोजहिट, मदर इन लॉ, पिक, पींस, पाकेट, पोर्ट, स्लीपर, एप्लैस (टर्की) टर्की।

बॉक्सिग : स्प्रॉन, अटैक, ब्लैक पेडल, बैक हैंड पंच, ब्लाकिंग, बोली, बाउट, बट, चॉप, कम्बीनेशन, कट, डाइव, एलबोइंग, फर्स्ट ब्लड, फ्लोर, फुल काउंट, ग्लोब्स, हीलिंग, होल्डिंग, हुक, जब, माउथपीस, पंच, रिंग, स्कोरिंग, सेकेण्ड, स्पाट, वार्निंग।

पेशेवर लोगों के बीच बॉक्सिग अमूमन समान वजन वाले मुक्केबाजों के बीच आयोजित की जाती है। तद्नुसार ही विभिन्न वर्ग बनाए गए हैं—लाइट फ्लाईवेट (48 किग्रा तक), फ्लाई वेट (51 किग्रा. तक), बैंटन वेट (54 कि.ग्रा. तक), फीदरवेट (57 कि.ग्रा. तक), लाइट वेट (60 कि.ग्रा. तक), लाइट-वेल्टर वेट (63.5 कि.ग्रा.), वेल्टर वेट (67 कि.ग्रा. तक), लाइट मिडिल वेट (71 कि.ग्रा. तक), मिडिल वेट (75 कि.ग्रा. तक), लाइट हैवी वेट (81 कि.ग्रा. तक), हैवी वेट (100 कि.ग्रा. तक), सुपर हैवी वेट (100 कि.ग्रा. से ऊपर)।

क्रिकेट : आल राउण्डर, ऐशेज, बैकफुट, बेल्स, बॉल, बैट, बैटिंग, बैट्समैंन, बीमर, बाउंसर, बाउण्ड्री, बॉलर, बॉलिंग क्रीज, बाई, कॉट एण्ड बोल्ड, कॉल, कैच, कॉट बिहाइंड, सेंचुरी, क्लीन बोल्ड, कवर प्वाइंट, क्रास बैट, कट, कटर, डेड बॉल, एक्स्ट्राज, फास्ट मीडियम, फालोआन, फ्रंट फुट, फुलटास, ग्लास, गुगली, गार्ड, गिल्ली, हाफ वॉली, हैट्रिक, हिट विकेट, हुक, इनस्वींगर, लेटकट, लेग ब्रेक, लेग साइड, मेडन, मिड ऑफ, मिड आन, मिड विकेट, नाइट वाचमैन, प्वांइट, ओपनर, ओवर, ओवर थ्रो, ओवर द विकेट, पिच, पुल-राउण्ड द विकेट, स्क्वायर कट, स्क्वायर लेग, स्वीप, टॉस, अम्पायर, विकेट कीपर, यार्कर।

साईकलिंग : एंकलिंग, ब्रेक, बन्च, हैण्डीकैप, हॉक, मेडिसन रिले, म्यूसेट, परस्यूट।

गोल्फ : एश, एड्रेस, एयर शॉट, एप्रोन, अवे, बॉल मार्क, ब्रिडी, बोगी, बाई, चिप, क्लब, कप, ड्राइव, ईगल, फ्लफ्फ, हाल्वड्, हैण्डीकैप, हजार्ड, होल, ऑनर, हुक, जिग्गर, लाई, पार, पिन, पुट, रन, स्लाइस, स्यांस, स्विंग, टी, वेज।

हॉकी : बैकपास, बुली, कैरिंग द बॉल, सेंटर फारवर्ड, चार्जिंग, कार्नर, डी, डिफेंडर, ड्रिवलिंग, फ्लिक, फारवर्ड, फाउल, फ्रीहिट, फुल बैक्स, गोल, हाब्स, हिट, हुकिंग, इंटरसेप्टिंग, लांग कार्नर, शार्ट पेनल्टी स्ट्रोक, पुश, रिवर्स स्टिक, स्कूप, सिक्सटीन थार्ड हिट, स्टिक, स्ट्राइकिंग सर्कल, टैकलिंग, थ्रू पास, ट्रैपिंग, ट्वेन्टी फाइव यार्ड लाइन, अंडरकटिंग।

रोविंग : वेग ऑल, वीट, बो, कनवास, कैच, काक्सवेन या कॉक्स, डबल एट, पूडल, रिकवरी, रिगिंग, रो, एकल्स, सिंगल, स्लाइड, स्वीप, स्वीवल।

रग्बी : ब्लाकिंग बैक, बटन हुक, सेंटर, क्लिपिंग, क्रास बार, कट बैक, डेड बॉल लाइन, ड्राप किक, फेक, फ्लेंकर, फ्लैट पास, फम्बल, गोल, हडल, किक ऑफ, लूपिंग लाइन, ऑफ साइड, पैक, पुंट, स्क्रीन पास, स्लगिंग, टैकल, थ्रो इन, टाइम आउट, ट्रैप, ट्राई।

शूटिंग : एयर गन, बैरल, बोर डाइमीटर, बुल, कैलिवर, कैटिंग, ड्रैग, फायर आर्म, ग्रिप, लांग रायफल, मजल वेलोसिटी, राइफल, साइटर्स, स्नैप, स्टोक।

सॉकर : बाईसाईकिल किक, बाड़ी सर्व, बाक्स या पेनाल्टी एरिया, कैरिंग, चेस्टिंग, क्लीयरिंग, कार्नर किक, कार्नर फ्लैग, क्रास, क्रास ओवर, डी, डायरेक्ट फ्री किक, डाइव, डबल फाऊल, ड्रिवल, ड्राप वॉल, एक्स्ट्रा टाइम, फिनिशिंग, फ्लैंक, फाऊल, गोल किक, गोल पोस्ट, गोल्स, हॉफ वॉली, हैट्रिक, हैडिंग, इनडायरेक्ट फ्री किक, इंटरसेप्सन, किक ऑफ, लाइंस मैन, लिंक मैन, लोब, मार्किंग, न्यूटमैग, ऑफ साइड, पास, पेनल्टी स्पॉट, रिवर्स पास, सीजर्स किक, शैडो मार्किंग, साइड लाइंस, स्ट्राइकर स्वीपर, टेंकल, थ्रोइन, ड्रिपिंग, विंगर, येलो कार्ड।

स्क्वैश : एंगल, बोर्ड कोर्ट, कट लाइन, ड्राइव, फुट फाउल्ट, हॉफ कोर्ट लाइन, हैमर, हैंड इन, किल, निक, पेनल्टी प्वाइंट, रैली, सर्विस बाक्स, सेट, शार्ट लाइन, वॉली, वेल्स।

स्वीमिंग : बैकस्ट्रोक, बटरफ्लाई, ब्रेस्ट स्ट्रोक, कैसल, क्राउल, फाल्स स्टार्ट, फ्री स्टाइल, किकिंग, लेग, मेडले रिले, पुल, टच।

टेबल टेनिस : एश, बैकहैण्ड, शॉट, ब्लेड, ब्लॉक शॉट, ड्यूस, ड्राप शॉट, गेम, ग्रिप, रैली, सर्विस, स्मैश, टॉप स्पिन, रिवर्स सेंटर लाइन।

टेनिस : एश, एडवांटेज, बैक कोर्ट, बैक हैण्ड, बॉल ब्वाय या बॉल गर्ल, ब्रेक, बाई, सेंट्रल लाइन, चिप, चाप, कोर्ट, डेड, ड्यूस, डबल फाल्ट, डाउन द लाइन, ड्राप शॉट, ड्राप वॉली, इरर, फेस या रैकेट, फाउल्ट, फोर कोर्ट, फ्रेम, गेम, गेम प्वाइंट, ग्राउंड स्ट्रोक, लेट, लाइन बॉल, लोब, लव, मैच प्वाइंट, नेट, नेट बॉल, ओवर हैड, स्मैश, पासिंग शॉट, रैली रिटायर, रिटर्न, सर्व, सर्विस, सेट, सेटप्वाइंट, शार्ट बाल, स्मैश, स्ट्रोक, टॉस, अंडरहैंड, वॉली।

वॉलीबॉल : एश, एड ऑन, बैकलाइन, ब्लॉक, बॉडी फाउल, कैरिंग द बॉल, चेस्टपास, कवर, क्रास कोर्ट शाट, ड्यूस, डिग, डबल हिट, फुट फाउल्ट, गेम प्वाइंट, किल, हेल्ड, बॉल, मल्टीपल टचेज, नेट, ओवर नेट, प्वांइट, पावर सर्व, सर्व, सेट, साइड आउट, स्मैश, स्पाइकर टाइम आउट वाली।

रेसलिंग : एंकल एण्ड लेग ड्राइव, बाडी लॉक, बाडी प्रेस, ब्रिज, कोबरा ट्विस्ट, क्रेडल, क्रास वुटक, डी फाल्ट, इलीमिनेशन, फाल या पिन, फ्रीस्टाइल, फुल नेलसन, ग्रीको रोमन, हेड होल्ड, मैट, न्यूट्रल पोजीशन, पैसेविटी, पैनाल्टी प्वाइंट, राउण्ड, स्लैनम, स्टेलमेट, स्ट्रेंगल होल्ड, सूमो, थ्री प्वाइंट, टू प्वाइंट।

खेलकूद में महत्त्वपूर्ण माप

- **बैडमिंटन कोर्ट :** 20 फीट × 44 फीट (युगल); 17 फीट × 44 फीट (एकल)
- **बेसबॉल :** डायगोनल बेस में से निकटतम आधार के बीच की दूरी 90 फीट और 127 फीट 3⅜ इंच होती है। पिचर के सर्किल और बालर के बीच 60½ फीट की दूरी होती है।
- **बास्केटबॉल कोर्ट :** 85 फीट × 46 फीट।
- **बिलियर्ड टेबल :** 12 फीट × 6 फीट 1½ इंच।
- **बॉक्सिग रिंग :** 20 फीट वर्ग।
- **क्रिकेट :** दोनों विकेट 22 गज की दूरी पर होते हैं। बॉल का व्यास लगभग 9 से.मी. और वजन 5½ से 5¾ औंस होता है।
- **डाइविंग :** स्प्रिंगबोर्ड जल की सतह से 7 और 3 मीटर ऊपर होते हैं।
- **हैंडबाल कोर्ट :** 126 से 147 फीट लम्बा और 60 से 73 फीट चौड़ा।
- **हाकी का मैदान :** 100 गज × 55 गज।
- **आइस हाकी ग्राउंड :** 184 से 200 फीट लम्बा और 85 से 98 फीट चौड़ा।
- **रोविंग :** एकल नौका चालन हेतु नौका की लम्बाई 27 फीट और युगल के लिए 34 फीट होती है। कॉक्स्ड जोड़ा 35 फीट, काक्सलेस फोर 44 फीट, कॉक्स्ड फोर 45 फीट और कॉक्स्ड एट 62 फीट होता है।
- **रग्बी मैदान :** यह मैदान अंडाकार होता है जिसकी अधिकतम लम्बाई 150 से 200 गज और अधिकतम चौड़ाई 120 से 170 गज होती है।
- **फुटबाल मैदान :** 100 से 130 गज लम्बा और 50 से 100 गज चौड़ा।
- **स्क्वैश कोर्ट :** 32 फीट × 21 फीट, कट लाइन 6 फीट का और टिन 19 इंच का होता है।
- **स्वीमिंग पुल :** 50 मीटर लम्बा।
- **टेबल टेनिस :** टेबल 9 फीट × 5 फीट का होता है तथा नेट की ऊंचाई 6 इंच होती है।
- **टेनिस कोर्ट :** एकल के लिए 78 फीट × 27 फीट और युगल के लिए 78 फीट × 36 फीट।
- **वालीबॉल कोर्ट :** 18 मीटर × 9 मीटर।
- **मैराथन दौड़ :** 26 मील 385 गज।

ओलंपिक

प्राचीन काल में अपने नागरिकों को स्वस्थ एवं फिट बनाए रखने के लिए यूनानवासी प्रतियोगी खेल स्पर्द्धाओं का आयोजन करते थे। जौस देवता के सम्मान में प्रथम ओलम्पिक खेलों का आयोजन ओलम्पस माउंट में ईसा पूर्व 776 में किया गया था। इसके बाद 394 ईस्वी जबकि यूनानी सभ्यता का पतन हो गया प्रत्येक 4 वर्षों के अंतराल के बाद ओलम्पिक खेलों का आयोजन किया जाता रहा। आधुनिक समय में फ्रांस के धनकुबेर पियरे डी कुबर्टिन ने आधुनिक खेलों को पुनर्जीवित किया। प्रथम आधुनिक ओलम्पिक खेल का आयोजन 1896 में एथेंस (यूनान) में किया गया। इसके बाद से विश्व युद्धों को छोड़कर प्रत्येक 4 वर्ष के अंतराल पर ओलम्पिक खेलों का आयोजन होता रहा है। ओलम्पिक खेलों का ध्वज श्वेत रंग का है जिस पर 5 रंगीन छल्ले बने हैं। प्रत्येक रिंग एक महादेश का प्रतिनिधित्व करता है। एक ही वर्ष में ग्रीष्मकालीन और शीतकालीन ओलंपिक खेलों का आयोजन किया जाता है।

वर्ष	*ग्रीष्मकालीन ओलम्पिक (स्थल)*
1896	एथेंस (यूनान)
1900	पेरिस (फ्रांस)
1904	सेंट लुईस (यूएसए)
1908	लंदन (ब्रिटेन)
1912	स्टॉकहोम (स्वीडन)
1920	एंटवर्प (बेल्जियम)
1924	पेरिस (फ्रांस)
1928	एम्सटर्डम (नीदरलैंड्स)
1932	लास एंजिल्स (यूएसए)
1936	बर्लिन (जर्मनी)
1948	लंदन (ब्रिटेन)
1952	हेलसिंकी (फिनलैण्ड)
1956	मेलबोर्न (ऑस्ट्रेलिया)
1960	रोम (इटली)
1964	टोकियो (जापान)
1968	मैक्सिको सिटी (मैक्सिको)
1972	म्यूनिख (जर्मनी)
1976	मांट्रियल (कनाडा)
1980	मास्को (यूएसएसआर)
1984	लास एंजिल्स (यूएसए)
1988	सियोल (दक्षिण कोरिया)
1992	बार्सिलोना (स्पेन)
1996	अटलांटा (अमेरिका)
2000	सिडनी (ऑस्ट्रेलिया)
2004	एथेंस (ग्रीस)
2008	बीजिंग (चीन)
2012	लंदन (ब्रिटेन)
2016	रियो डि जनेरियो (ब्राजील)
2020	टोक्यो, जापान (2021 में आयोजित)

एशियाई खेल

द्वितीय विश्व युद्ध के पश्चात् अनेकों एशियाई देशों ने स्वतंत्रता प्राप्त की। ओलंपिक खेलों की तर्ज पर प्रत्येक चार वर्षों बाद एशियाई खेलों के आयोजन की योजना बनायी गई। भारत ने 1951 में नई दिल्ली में प्रथम एशियाई खेलों का आयोजन किया था।

वर्ष	आयोजन स्थल	वर्ष	आयोजन स्थल
1951	नई दिल्ली (भारत)	1990	बीजिंग (चीन)
1954	मनीला (फिलीपींस)	1994	हिरोशिमा (जापान)
1958	टोकियो (जापान)	1998	बैंकाक (थाईलैण्ड)
1962	जकार्ता (इंडोनेशिया)	2002	बुसान (दक्षिण कोरिया)
1966	बैंकाक (थाईलैण्ड)	2006	दोहा (कतर)
1970	बैंकाक (थाईलैण्ड)	2010	ग्वांगझो (चीन)
1974	तेहरान (ईरान)	2014	इंचियोन (द. कोरिया)
1978	बैंकाक (थाईलैण्ड)	2018	जकार्ता (इंडोनेशिया)
1982	नई दिल्ली (भारत)	2022	हांगझू (चीन)
1986	सियोल (दक्षिण कोरिया)		2023 में आयोजित

राष्ट्रमंडल खेल

राष्ट्रमंडल खेल भी प्रत्येक चार वर्ष बाद आयोजित किए जाते हैं उसी वर्ष में जिसमें एशियाई खेल आयोजित होते हैं। सभी राष्ट्रमंडल देश (ब्रिटेन के पूर्व उपनिवेश) इसमें भाग ले सकते हैं। प्रथम राष्ट्रमंडल खेल 1930 में हैमिल्टन (कनाडा) में आयोजित हुआ। अठारहवां राष्ट्रमंडल खेल वर्ष 2006 में मेलबोर्न में आयोजित किया गया। 2010 के राष्ट्रमंडल खेलों का आयोजन भारत में हुआ।

कामनवेल्थ गेम्स फेडरेशन (CGF) की छत्रछाया में आयोजित होने वाले राष्ट्रमंडल देशों के खेलों का आयोजन प्रत्येक चार वर्ष के अंतराल पर किया जाता है। पहले राष्ट्रमंडल खेल, जो 1930 में कनाडा के हैमिल्टन में आयोजित किये गये थे, को ''ब्रिटिश अम्पायर गेम'' के नाम से जाना गया। 1954 में इनका नाम बदलकर ''ब्रिटिश अम्पायर एण्ड कामनवेल्थ गेम्स'' कर दिया गया। 1970 में एक बार फिर इनका नाम परिवर्तन कर 'ब्रिटिश कामनवेल्थ गेम्स' किया गया। वर्ष 1978 से इन्हें कामनवेल्थ गेम्स अथवा राष्ट्रमंडल खेलों के नाम से जाना जा रहा है।

वर्ष	*आयोजन-स्थल*	*वर्ष*	*आयोजन-स्थल*
1930	हेमिल्टन (कनाडा)	1982	ब्रिसबेन (आस्ट्रेलिया)
1934	लन्दन (ब्रिटेन)	1986	एडिनबरा (स्कॉटलैण्ड)
1938	सिडनी (आस्ट्रेलिया)	1990	ऑकलैण्ड (न्यूजीलैण्ड)
1950	आकलैण्ड (न्यूजीलैण्ड)	1994	विक्टोरिया (कनाडा)
1954	बैंकूवर (कनाडा)	1998	क्वालालम्पुर (मलेशिया)
1958	कारडिफ (ब्रिटेन)	2002	मैनचेस्टर (ब्रिटेन)
1962	पर्थ (आस्ट्रेलिया)	2006	मेलबोर्न (आस्ट्रेलिया)
1966	किंग्सटन (जमैका)	2010	नई दिल्ली (भारत)
1970	एडिनबरा (स्कॉटलैण्ड)	2014	ग्लासगो (स्कॉटलैण्ड)
1974	क्राइस्ट चर्च (न्यूजीलैण्ड)	2018	गोल्ड कोस्ट (ऑस्ट्रेलिया)
1978	एडमन्टन (कनाडा)	2022	बर्मिंघम (ब्रिटेन)

विश्व कप फुटबॉल : एक दृष्टि में

वर्ष	आयोजक देश	विजेता	उप-विजेता
1930	उरुग्वे	उरुग्वे	अर्जेन्टीना
1934	इटली	इटली	चेकोस्लोवाकिया
1938	फ्रांस	इटली	हंगरी
1950	ब्राजील	उरुग्वे	ब्राजील
1954	स्विट्जरलैंड	पश्चिमी जर्मनी	हंगरी
1958	स्वीडन	ब्राजील	स्वीडन
1962	चिली	ब्राजील	चेकोस्लोवाकिया
1966	इंग्लैंड	इंग्लैंड	पश्चिमी जर्मनी
1970	मैक्सिको	ब्राजील	इटली
1974	पश्चिमी जर्मनी	पश्चिमी जर्मनी	हालैंड
1978	अर्जेन्टीना	अर्जेन्टीना	हालैंड
1982	स्पेन	इटली	पश्चिमी जर्मनी

वर्ष	आयोजक देश	विजेता	उप-विजेता
1986	मैक्सिको	अर्जेन्टीना	पश्चिमी जर्मनी
1990	इटली	पश्चिमी जर्मनी	अर्जेन्टीना
1994	अमेरिका	ब्राजील	इटली
1998	फ्रांस	फ्रांस	ब्राजील
2002	जापान और दक्षिण कोरिया	ब्राजील	जर्मनी
2006	जर्मनी	इटली	फ्रांस
2010	दक्षिण अफ्रीका	स्पेन	नीदरलैंड
2014	ब्राजील	जर्मनी	अर्जेन्टीना
2018	रूस	फ्रांस	क्रोएशिया
2022	कतर	अर्जेंटीना	फ्रांस

विश्व कप क्रिकेट : एक दृष्टि में

वर्ष	आयोजक देश	विजेता	उप-विजेता
1975	इंग्लैंड (प्रूडेंशियल कप)	वेस्टइण्डीज	ऑस्ट्रेलिया
1979	इंग्लैंड (प्रूडेंशियल कप)	वेस्टइण्डीज	इंग्लैण्ड
1983	इंग्लैंड (प्रूडेंशियल कप)	भारत	वेस्टइण्डीज
1987	भारत-पाकिस्तान (रिलायन्स कप)	ऑस्ट्रेलिया	इंग्लैंड
1992	ऑस्ट्रेलिया-न्यूजीलैंड	पाकिस्तान	इंग्लैंड
1996	भारत-पाकिस्तान-श्रीलंका	श्रीलंका	ऑस्ट्रेलिया

वर्ष	आयोजक देश	विजेता	उप-विजेता
1999	इंग्लैंड	ऑस्ट्रेलिया	पाकिस्तान
2003	दक्षिण अफ्रीका	ऑस्ट्रेलिया	भारत
2007	वेस्टइण्डीज	ऑस्ट्रेलिया	श्रीलंका
2011	भारत, बांग्लादेश, श्रीलंका	भारत	श्रीलंका
2015	ऑस्ट्रेलिया, न्यूजीलैंड	ऑस्ट्रेलिया	न्यूजीलैंड
2019	इंग्लैंड	इंग्लैंड	न्यूजीलैंड
2023	भारत	ऑस्ट्रेलिया	भारत

विश्व के प्रसिद्ध कप और ट्राफियाँ

कप/ट्रॉफी	खेल
✦ अमेरिकन कप	याच रेसिंग
✦ एशेज	क्रिकेट ((इंग्लैंड) बनाम आस्ट्रेलिया)
✦ कनाडा कप	गोल्फ (विश्व चैम्पियनशिप)
✦ कोलम्बो कप	सॉकर
✦ चैम्पियन ट्राफी	हाकी (पुरुष) विश्व की 6 श्रेष्ठ टीमों के मध्य
✦ कोरबिलन कप	टेबल टेनिस (महिला) विश्व कप
✦ डेविस कप	लॉन टेनिस (पुरुष)
✦ डर्बी	घोड़ा दौड़ (इंग्लैंड)
✦ इंदिरा गांधी गोल्फ कप	हॉकी (महिला) (भारत)
✦ जुलस रिमेट कप	सॉकर—विश्व कप (पुरुष)
✦ किंग्स कप	एयर रेसेज (इंग्लैंड)
✦ मर्डेका	सॉकर (पुरुष)(मलेशिया)
✦ प्रिंस ऑफ वेल्स कप	गोल्फ (इंग्लैंड)
✦ रोथमेंस कप	क्रिकेट
✦ रायडर कप	गोल्फ (इंग्लैंड)
✦ स्वेथलिंग कप	विश्व टेबल टेनिस (पुरुष)
✦ थामस कप	विश्व बैडमिंटन (पुरुष)
✦ टुंकु अब्दुल रहमान कप	बैडमिंटन
✦ उबेर कप	विश्व बैडमिंटन (महिला)
✦ वाकर कप	गोल्फ (इंग्लैंड)
✦ विटमैन कप	लॉन टेनिस (महिला)
✦ विम्बलडन कप	लॉन टेनिस (इंग्लैंड)

☆☆☆☆☆☆

तार्किक योग्यता

(Reasoning Ability)

भाषिक (Verbal)

1 शृंखला

संख्या शृंखला

इस प्रकार की शृंखला में दी गई संख्याओं के समुच्चय एक दूसरे से एक विशेष पैटर्न या रुप में संबंधित होते हैं। संख्याओं के बीच संबंध *(i)* क्रमागत विषम/सम संख्याओं; *(ii)* क्रमागत अविभाज्य संख्याओं; *(iii)* किसी संख्या (या संख्याओं) का वर्गफल/घनफल जिसमें किसी संख्या को जोड़ने या घटाने पर परिवर्तन होता है/नहीं होता; *(iv)* पूर्ववर्ती संख्याओं का योग/गुणनफल/अंतर; *(v)* किसी संख्या से योग/घटा/गुणा/भाग; और *(vi)* उपर्युक्त संबंधों के अनेक और भी संयोजनों पर आधारित होता है।

हल किए गए प्रश्न

1. नीचे दी गई संख्या-शृंखला को पूरा करने के लिए कौन-सा विकल्प उपयुक्त है?

4, 8, 12, 16, ?

(a) 18 *(b)* 20 *(c)* 22 *(d)* 24 *(e)* 25

उत्तर *(b)*: शृंखला में अंतर्निहित संख्याएं 4 की गुणज (multiples) हैं। शृंखला में अंतर्निहित अवयवों की एक अन्य व्याख्या यह है कि शृंखला की दो आनुक्रमिक संख्याओं के बीच 4 का अंतर है।

4 8 12 16 20

(4 से 8: ×2; 4 से 12: ×3; 4 से 16: ×4; 4 से 20: ×5)

या

4 8 12 16 20

+4 +4 +4 +4

2. दी गई शृंखला में प्रश्न चिह्न के स्थान पर क्या होगा?

2, 14, 98, 686, ?

(a) 1976 *(b)* 2548 *(c)* 980 *(d)* 4802 *(e)* इनमें से कोई नहीं

उत्तर *(d)* : शृंखला में अंतर्निहित संख्याएं 7 की गुणज हैं।

2 14 98 686 4802

×7 ×7 ×7 ×7

प्रश्नमाला

निर्देश : *श्रृंखलाओं को पूरा करने के लिए दिए गए विकल्पों में से लुप्त पद/संख्या ज्ञात करें।*

1. 3, 9, 27, 81, 243, ?
(*a*) 486 (*b*) 729
(*c*) 972 (*d*) 359
(*e*) इनमें से कोई नहीं

2. 1, 6, 12, 19, 27, ?
(*a*) 38 (*b*) 35
(*c*) 36 (*d*) 54
(*e*) इनमें से कोई नहीं

3. 2, 6, 14, 30, 62, ?
(*a*) 126 (*b*) 128
(*c*) 120 (*d*) 130
(*e*) इनमें से कोई नहीं

4. 8, 48, 16, 96, 32, ?
(*a*) 192 (*b*) 150
(*c*) 64 (*d*) 288
(*e*) 128

5. 2, 8, 14, 24, 34, 48, ?
(*a*) 66 (*b*) 62
(*c*) 58 (*d*) 64
(*e*) 80

6. 4, 9, 19, 34, 54, ?, 109
(*a*) 89 (*b*) 84
(*c*) 74 (*d*) 79
(*e*) इनमें से कोई नहीं

7. 3, 15, 35, 63, 99, ?
(*a*) 144 (*b*) 143
(*c*) 121 (*d*) 169
(*e*) 196

8. 2, 3, 6, 18, 108, ?
(*a*) 1944 (*b*) 1658
(*c*) 648 (*d*) 1008
(*e*) इनमें से कोई नहीं

9. 1, 2, 3, 2, 3, 5, 4, 5, ?
(*a*) 9 (*b*) 6
(*c*) 10 (*d*) 7
(*e*) 8

10. 7776, 1296, 216, 36, 6, ?
(*a*) 6 (*b*) 0
(*c*) 3 (*d*) 1
(*e*) 4

11. 1, 8, 27, 64, 125, ?
(*a*) 172 (*b*) 176
(*c*) 216 (*d*) 189
(*e*) इनमें से कोई नहीं

12. 2, 3, 5, 7, 11, 13, ?
(*a*) 19 (*b*) 57
(*c*) 31 (*d*) 17
(*e*) इनमें से कोई नहीं

13. 80, 64, 48, 32, 16, ?
(*a*) 4 (*b*) 0
(*c*) 8 (*d*) 1
(*e*) 2

14. 3, 8, 13, 24, 41, ?
(*a*) 65 (*b*) 75
(*c*) 70 (*d*) 80
(*e*) 96

15. 9, 81, 90, 810, 819, ?
(*a*) 7371 (*b*) 900
(*c*) 8100 (*d*) 1638
(*e*) इनमें से कोई नहीं

16. 0, 8, 24, 48, 80, ?
(*a*) 110 (*b*) 96
(*c*) 120 (*d*) 140
(*e*) इनमें से कोई नहीं

17. 2, 4, 8, 3, 9, 27, 4, 16, ?
(*a*) 64 (*b*) 32
(*c*) 48 (*d*) 24
(*e*) 96

18. 27, 28, 25, 25, 23, 22, 21, ?
(*a*) 20 (*b*) 21
(*c*) 19 (*d*) 18
(*e*) 24

19. 80, 63, 72, 72, 64, 81, 56, ?
(*a*) 96 (*b*) 98
(*c*) 89 (*d*) 90
(*e*) इनमें से कोई नहीं

20. 0, 5, 22, 57, ?, 205
(*a*) 198 (*b*) 116
(*c*) 172 (*d*) 92
(*e*) इनमें से कोई नहीं

व्याख्यात्मक उत्तरमाला

1. (*b*) : शृंखला में निहित संख्याओं को अगली संख्या प्राप्त करने के लिए 3 से गुणा किया गया है।

2. (*c*) : शृंखला के आरंभिक पदों अर्थात् 1 और 6 के बीच 5 का अंतर है और तत्पश्चात् शृंखला की आनुक्रमिक संख्याओं के बीच अंतर में क्रमशः 1 की वृद्धि होती जाती है।

3. (*a*) : शृंखला की आरंभिक संख्याओं अर्थात् 2 और 6 के बीच 4 का अंतर है और तत्पश्चात् शृंखला की आनुक्रमिक संख्याओं के बीच अंतर क्रमशः दो गुना होता जाता है।

4. (*a*) : *व्याख्या I* : शृंखला में पहले 6 से गुणा करने और तत्पश्चात् 3 से भाग करने का पैटर्न अपनाया गया है जिसकी पुनरावृत्ति होती है।

व्याख्या II : शृंखला में बारी-बारी से दो शृंखलाएं अंतर्निहित हैं और प्रत्येक शृंखला में पहले की संख्या को 2 से गुणा करने पर आनुक्रमिक संख्या प्राप्त होती है।

5. (*b*) : शृंखला में संख्याओं का अनुक्रम निम्नवत् है :

2 8 14 24 34 48 62
+6 +6 +10 +10 +14 +14

शृंखला में दो आनुक्रमिक संख्याओं के बीच अंतर में एकांतर चरण पर 4 की वृद्धि होती जाती है।

6. (*d*) : शृंखला की आरंभिक संख्याओं अर्थात् 4 और 9 के बीच 5 का अंतर है और तत्पश्चात् शृंखला की आनुक्रमिक संख्याओं के बीच अंतर में क्रमशः 5 की वृद्धि होती जाती है।

7. (*b*) : शृंखला में 2 से आरंभ करके क्रमागत सम संख्याओं का वर्ग घटा 1 के पैटर्न का अनुपालन किया गया है।

8. (*a*) : शृंखला में हर तीसरी संख्या पूर्ववर्ती दो संख्याओं का गुणनफल है।

9. (*a*) : इस शृंखला में तीन संख्याओं से एक समुच्चय निर्मित होता है जिनमें से प्रत्येक समुच्चय में पहली दो संख्याएं सीधे क्रम में हैं तथा तीसरी संख्या पहली और दूसरी संख्याओं का योग है। अगले समुच्चय की पहली संख्या पूर्ववर्ती समुच्चय की पहली संख्या की दोगुनी है।

×2 ×2
1 2 3 2 3 5 4 5 9
1 + 2 2 + 3 4 + 5

10. (*d*) : इस शृंखला में आनुक्रमिक संख्या पहली संख्या को 6 से भाग देने पर प्राप्त होती है।

11. (*c*) : इस शृंखला में संख्याएं 1 से आरंभ हो कर क्रमागत संख्याओं का घनफल हैं।

12. (*d*) : शृंखला की संख्याएं वर्धमान क्रम में अविभाज्य संख्याएं (prime numbers) हैं।

13. (*b*) : शृंखला की संख्याओं में प्रत्येक चरण में 16 की कमी होती जाती है।

14. (*c*) : शृंखला में निम्नलिखित पैटर्न का अनुपालन किया जाता है :
(दी गई संख्या + अगली संख्या) +2 से आरंभ करके प्रत्येक चरण में 1 की वृद्धि करते हुए क्रमागत प्राकृतिक संख्या का योग :

3 8 13 24 41 70
(3+8) + 2
(8 + 13) + 3
(13 + 24) + 4
(24 + 41) + 5

15. (a) : शृंखला में पहली संख्या को 9 से गुणा करने पर दूसरी संख्या प्राप्त होती है और दूसरी संख्या में 9 जोड़ने पर तीसरी संख्या प्राप्त होती है। तत्पश्चात् आगामी संख्याओं के लिए इसी पैटर्न का अर्थात् × 9, + 9 के पैटर्न का अनुपालन किया जाता है।

16. (c) : शृंखला की संख्याएं प्राकृतिक क्रम में दो सम संख्याओं का गुणनफल हैं, अर्थात्

0	8	24	48	80	120
↓	↓	↓	↓	↓	↓
(0 × 2)	(2 × 4)	(4 × 6)	(6 × 8)	(8 × 10)	(10 × 12)

17. (a) : इस शृंखला में 3 संख्याओं से एक समुच्चय निर्मित होता है जिनमें से प्रत्येक समुच्चय की पहली संख्याएं प्राकृतिक क्रम में हैं तथा प्रत्येक समुच्चय की दूसरी संख्या पहली संख्या का वर्ग है तथा तीसरी संख्या पहली संख्या का घन है।

18. (c) : शृंखला में बारी-बारी से दो शृंखलाएं अंतर्निहित हैं :

27 28 25 25 23 22 21 19

(27 → 25 → 23 → 21 : –2, –2, –2; 28 → 25 → 22 → 19 : –3, –3, –3)

शृंखला I : 27, 25, 23, 21 (शृंखला –2 पैटर्न का अनुपालन करती है)

शृंखला II : 28, 25, 22, 19 (शृंखला –3 पैटर्न का अनुपालन करती है)

19. (d) : शृंखला में बारी-बारी से दो शृंखलाएं अंतर्निहित हैं :

80 63 72 72 64 81 56 90

(80 → 72 → 64 → 56 : –8, –8, –8; 63 → 72 → 81 → 90 : +9, +9, +9)

शृंखला I : 80, 72, 64, 56 (शृंखला –8 का अनुपालन करती है)

शृंखला II : 63, 72, 81, 90 (शृंखला +9 पैटर्न का अनुपालन करती है)

20. (b) : शृंखला निम्नलिखित पैटर्न का अनुपालन करती है : 1 से आरंभ करके प्राकृतिक संख्याओं का घनफल घटा 1 से आरंभ करके एकांतर विषम संख्याएं

0	5	22	57	116	205
↓	↓	↓	↓	↓	↓
$1^3–1$	$2^3–3$	$3^3–5$	$4^3–7$	$5^3–9$	$6^3–11$

अक्षर शृंखला

अक्षर शृंखला में निहित अक्षरों का एक निश्चित क्रम होता है। दी गई अक्षर शृंखला में अक्षर वर्णमाला के सीधे क्रम में भी हो सकते हैं और वर्णमाला के विपरीत क्रम में भी। यही नहीं, एक ही शृंखला में अक्षर वर्णमाला के सीधे क्रम में और वर्णमाला के विपरीत या उल्टे क्रम में अर्थात् दोनों ही अनुक्रमों में भी हो सकते हैं। शृंखला में दिए गए क्रम में कुछ अक्षर छोड़े भी गए हो सकते हैं या ऐसा भी हो सकता है कि शृंखला में कुछ अक्षरों को एकाधिक बार प्रयुक्त किया गया हो या फिर वे क्रमागत हों। शृंखला एकल भी हो सकती है और एक ही शृंखला में एकांतर क्रम में दो अलग-अलग शृंखलाएं भी निहित हो सकती हैं। अक्षर शृंखला पर आधारित प्रश्नों को हल करते समय शृंखला के पैटर्न पर ध्यान दिया जाना आवश्यक होता है।

वर्णमाला के सीधे क्रम में अक्षरों की शृंखला है :

A B C D E F G H I J K L M N O P Q R S T U V W X Y Z

A ↓ पहला, E ↓ 5वाँ, J ↓ 10वाँ, O ↓ 15वाँ, T ↓ 20वाँ, Y ↓ 25वाँ

वर्णमाला के विपरीत या उल्टे क्रम में अक्षरों की शृंखला है :

Z Y X W V U T S R Q P O N M L K J I H G F E D C B A

Z ↓ पहला, V ↓ 5वाँ, Q ↓ 10वाँ, L ↓ 15वाँ, G ↓ 20वाँ, B ↓ 25वाँ

टिप्पणी : Z पर पहुंच कर शृंखला A से पुनः शुरू होती है और A पर पहुंच कर शृंखला Z से पुनः शुरू होती है।

हल किए गए प्रश्न

निर्देश : *नीचे दी गई शृंखला में प्रश्न चिह्न को प्रतिस्थापित करने के लिए दिए गए विकल्पों में से सही अक्षर का चयन करें :*

1. B D F H J ?

(*a*) L (*b*) O (*c*) M (*d*) K (*e*) P

उत्तर (*a*) : शृंखला में प्रत्येक दो अक्षरों के बीच वर्णमाला के सीधे क्रम में एक अक्षर छूट गया है।

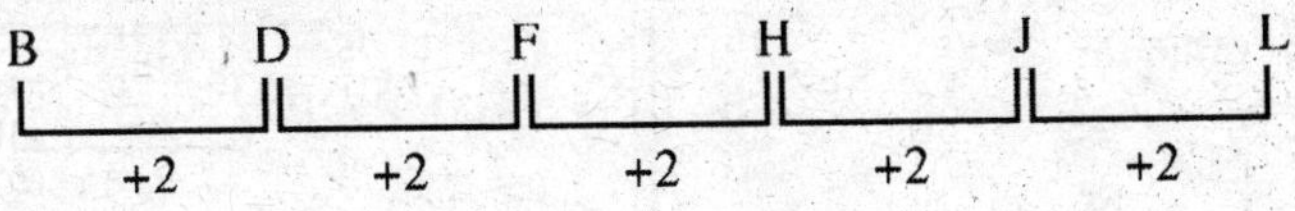

2. A Z B Y C ?

(*a*) D (*b*) X (*c*) U (*d*) E (*e*) O

उत्तर (*b*) : इस शृंखला में बारी-बारी से दो शृंखलाएं अंतर्निहित हैं :

शृंखला *I* : A B C (प्राकृतिक क्रम अर्थात् वर्णमाला के सीधे क्रम में क्रमागत अक्षर)

शृंखला *II* : Z Y X (वर्णमाला के विपरीत क्रम में क्रमागत अक्षर)

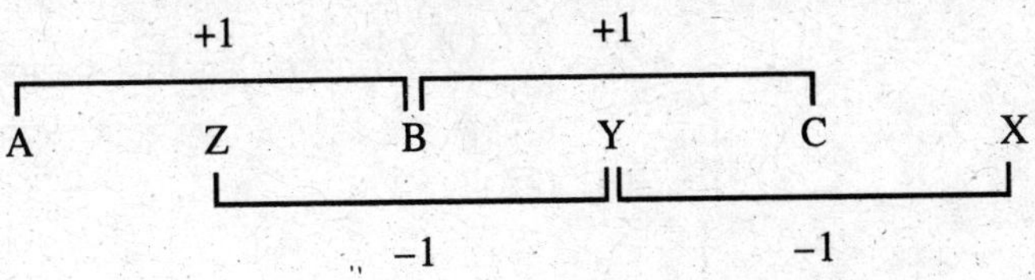

प्रश्नमाला

1. B F K Q ?
(*a*) U (*b*) T
(*c*) X (*d*) Y
(*e*) W

2. C E F I J L M P Q S ?
(*a*) T W (*b*) T V
(*c*) W Y (*d*) V Y
(*e*) UT

3. E D C H G F K J I N ?
(*a*) L M (*b*) O P
(*c*) M O (*d*) M L
(*e*) MP

4. A E I M Q ?
(*a*) T (*b*) U
(*c*) V (*d*) W
(*e*) इनमें से कोई नहीं

5. C E H J M O ?
(*a*) Q (*b*) S
(*c*) R (*d*) T
(*e*) इनमें से कोई नहीं

6. A A B A C A ?
(*a*) A (*b*) D
(*c*) B (*d*) C
(*e*) इनमें से कोई नहीं

7. E O I S M W Q A ?
(*a*) U E (*b*) T D
(*c*) V F (*d*) S C
(*e*) DT

8. A B D ? K
(*a*) G (*b*) F
(*c*) H (*d*) I
(*e*) J

9. B E I L ? S
(*a*) Q (*b*) M
(*c*) P (*d*) N
(*e*) R

10. X U R O L ?
(*a*) J (*b*) G
(*c*) H (*d*) I
(*e*) D

11. C G L R ?
(*a*) W (*b*) X
(*c*) Y (*d*) Z
(*e*) B

12. B A D C ? H G J I
(*a*) E F (*b*) F E
(*c*) F G (*d*) D F
(*e*) GF

13. R K F ? B
(*a*) D (*b*) C
(*c*) E (*d*) B
(*e*) F

14. Z X ? N F
(*a*) T (*b*) R
(*c*) Q (*d*) O
(*e*) S

15. W S O K ?
(*a*) G (*b*) F
(*c*) H (*d*) E
(*e*) K

16. T T S R R Q P P O N ?
(*a*) M (*b*) L
(*c*) O (*d*) N
(*e*) इनमें से कोई नहीं

17. D K P ? B
(*a*) R (*b*) T
(*c*) W (*d*) Z
(*e*) इनमें से कोई नहीं

18. A F K P ?
(*a*) T (*b*) U
(*c*) W (*d*) X
(*e*) इनमें से कोई नहीं

19. C C C C D C ? E C
(*a*) D (*b*) C
(*c*) E (*d*) B
(*e*) F

20. R Z J K S B C ?
(*a*) W (*b*) K
(*c*) L (*d*) X
(*e*) Z

व्याख्यात्मक उत्तरमाला

1. (*c*) : श्रृंखला में दो सन्निकट अक्षरों के बीच अंतर में प्रत्येक चरण में एक की वृद्धि होती जाती है।

B F K Q X
+4 +5 +6 +7

2. (*a*) : श्रृंखला में दो सन्निकट अक्षरों के बीच अंतर क्रमशः दो, एक, तीन और एक अक्षर का है तथा उसके बाद इसी क्रम की पुनरावृत्ति होती है।

C E F I J L M P Q S T W
+2 +1 +3 +1 +2 +1 +3 +1 +2 +1 +3

3. (*d*) : श्रृंखला में तीन-तीन अक्षरों के समूह हैं। समूहों के अक्षर वर्णमाला के विपरीत क्रम में विन्यस्त हैं।

EDC HGF KJI NML

4. (*b*) : श्रृंखला में दो सन्निकट अक्षरों के बीच +4 का अंतर है

A E I M Q U
+4 +4 +4 +4 +4

5. (*c*) : श्रृंखला के अक्षरों के बीच बारी-बारी से +2 और +3 का अंतर है।

C E H J M O R
+2 +3 +2 +3 +2 +3

6. (*b*) : श्रृंखला में हर दूसरा अक्षर A है तथा अन्य अक्षर वर्णमाला के सीधे क्रम में हैं।

A A B A C A D

7. (*a*) : श्रृंखला में बारी-बारी से दो श्रृंखलाएं अंतर्निहित हैं जिनके दो सन्निकट अक्षरों के बीच +4 का अंतर है।

+4 +4 +4 +4
E O I S M W Q A U E
+4 +4 +4 +4

श्रृंखला I : EIMQU

श्रृंखला II : OSWAE

(श्रृंखला Z पर पहुंचने के बाद A से पुनः शुरू होती है)

8. (*a*) : श्रृंखला में दो सन्निकट अक्षरों के बीच अंतर में प्रत्येक चरण में एक की वृद्धि होती जाती है।

A B D G K
+1 +2 +3 +4

9. (*c*) : श्रृंखला +3, +4 के पैटर्न का अनुपालन करती है, और बाद में इसी पैटर्न की पुनरावृत्ति होती है।

B E I L P S

+3 +4 +3 +4 +3

10. (*d*) : श्रृंखला के अक्षर वर्णमाला के विपरीत क्रम में हैं तथा श्रृंखला के दो सन्निकट अक्षरों के बीच –3 का अंतर है।

X U R O L I

–3 –3 –3 –3 –3

11. (*c*) : श्रृंखला के दो सन्निकट अक्षरों के बीच अंतर में प्रत्येक चरण में एक की वृद्धि होती जाती है।

C G L R Y

+4 +5 +6 +7

12. (*b*) : श्रृंखला के अक्षर वर्णमाला के विपरीत क्रम में दो-दो अक्षरों के समूह में विन्यस्त हैं।

BA DC FE HG JI

13. (*b*) : श्रृंखला में दो क्रमागत अक्षरों के बीच वर्णमाला के विपरीत क्रम में अंतर में क्रमशः 2 की कमी होती जाती है।

R K F C B

–7 –5 –3 –1

14. (*a*) : श्रृंखला के दो सन्निकट अक्षरों के बीच अंतर में प्रत्येक चरण में +2 की वृद्धि होती जाती है।

Z X T N F

+2 +4 +6 +8

15. (*a*) : श्रृंखला में दो सन्निकट अक्षरों के बीच 4 का अंतर है।

W S O K G

–4 –4 –4 –4

16. (*d*) : श्रृंखला में विषम स्थान पर अवस्थित अक्षरों की पुनरावृत्ति होती है।

TT S RR Q PP O NN

↓ ↓ ↓ ↓

पहला स्थान, तीसरा स्थान, पाँचवाँ स्थान, सातवाँ स्थान

17. (*c*) : श्रृंखला के अक्षरों के बीच बारी-बारी से +7 और +5 का अंतर है।

D K P W B

+7 +5 +7 +5

(श्रृंखला Z पर पहुंचने के बाद A से पुनः शुरू होती है)

18. (*b*) : श्रृंखला में दो सन्निकट अक्षरों के बीच +5 का अंतर है।

A F K P U

+5 +5 +5 +5

19. (*b*) : श्रृंखला के अक्षर वर्णमाला के सीधे क्रम में हैं और प्रत्येक अक्षर दो C अक्षरों के बीच अवस्थित है।

C C C C D C C E C

20. (*b*) : श्रृंखला में तीन-तीन अक्षरों के समूह अंतर्निहित हैं। समूह का दूसरा और तीसरा अक्षर प्राप्त करने के लिए पहले अक्षर को वर्णमाला के क्रम में 8 चरण क्रमशः आगे और पीछे किया गया है। तीसरे अक्षर का क्रमागत अक्षर तीन अक्षरों के दूसरे समूह का पहला अक्षर है। तत्पश्चात् उपर्युक्त प्रक्रिया एक बार फिर से शुरू होती है।

R Z J K S B C K

+8 +1 +8 +1 +8

–8 –8

आवर्ती श्रृंखला

इस प्रकार की श्रृंखला में अक्षरों का समुच्चय निर्मित करने के लिए अंग्रेजी वर्णमाला के छोटे अक्षरों का प्रयोग किया जाता है जिनकी श्रृंखला में पुनरावृत्ति होती है। अभ्यर्थी को दी गई श्रृंखला में लुप्त पद (अक्षरों का समुच्चय) ज्ञात करना होता है जिससे श्रृंखला के एक खंड की पूर्वव्यापी पैटर्न के अनुसार ही पुनरावृत्ति होती हो।

हल किए गए प्रश्न

1. निम्नलिखित अक्षर-शृंखला में लुप्त पद ज्ञात करें :
ba-b-aab-a-b
(*a*) baab (*b*) abba (*c*) abaa (*d*) babb (*e*) bbab

उत्तर (*b*) : शृंखला के पद हैं : baab, baab, baab। इस शृंखला में पद baab की पुनरावृत्ति होती है।

प्रश्न को हल करने के चरण : अभ्यर्थियों के लिए यह अपेक्षित है कि वे इस प्रकार की अक्षर-शृंखला को हल करने के तरीकों का पता लगाएं। शृंखला में प्रयुक्त पद 'aab' इस तथ्य की ओर संकेत करता है कि इस शृंखला में b से पहले दो a हैं,अत: शृंखला में पहले और अंतिम रिक्त स्थान पर a लिखा जाएगा। अब अक्षरों का पहला समुच्चय अर्थात् आरंभ में 'baab' प्राप्त हो गया है। इस समुच्चय की पुनरावृत्ति होती है, अत: दूसरे और तीसरे रिक्त स्थानों पर b लिखा जाएगा।

उपर्युक्त व्याख्या को ध्यान में रखते हुए नीचे दिए गए प्रश्नों को हल करें ताकि आप इस प्रकार की अक्षर शृंखलाओं के विभिन्न रुपों से परिचित हो सकें।

प्रश्नमाला

निर्देश : *दी गई अक्षर-शृंखलाओं को पूरा करने के लिए दिए गए अक्षर-समूहों के विकल्पों में से सही विकल्प का चयन करें।*

1. ab___b_bbaa_
(*a*) babba (*b*) abaab
(*c*) abbab (*d*) baaab
(*e*) ababa

2. aa_ab__aaa_a
(*a*) baaa (*b*) abab
(*c*) aaab (*d*) aabb
(*e*) bbaa

3. _baa_aab_a_a
(*a*) baab (*b*) abab
(*c*) aaba (*d*) aabb
(*e*) baba

4. _a cca_ccca_acccc_aaa
(*a*) ccaa (*b*) acca
(*c*) caac (*d*) caaa
(*e*) ccca

5. c_bbb__abbbb_abbb_
(*a*) abccb (*b*) bacbb
(*c*) aabcb (*d*) abacb
(*e*) bacba

6. ac_cab_baca_aba_acac
(*a*) bcbb (*b*) aacb
(*c*) babb (*d*) acbc
(*e*) cbcc

7. __aba__ba_ab
(*a*) abbab (*b*) bbaba
(*c*) baabb (*d*) abbba
(*e*) aabab

8. __babbba_a__
(*a*) bbaba (*b*) babbb
(*c*) baaab (*d*) ababb
(*e*) abbba

9. k_mk_lmkkl_kk_mk
(*a*) lklm (*b*) lkmk
(*c*) lkmm (*d*) lkml
(*e*) lmkm

10. abc_d_bc_d_b_dd
(*a*) decdb (*b*) dadac
(*c*) cdabe (*d*) bacde
(*e*) abcde

11. b_abbc_bbca_bcabb_ab
(*a*) acba (*b*) acaa
(*c*) cacc (*d*) cabc
(*e*) baca

12. aca_ac__a_ac
(*a*) babc (*b*) aaac
(*c*) cacc (*d*) caca
(*e*) acac

13. ba_cb_b_bab_?
(*a*) acbb (*b*) bcaa
(*c*) cabb (*d*) bacc
(*e*) baca

14. ab_aa_caab_aab_a
(*a*) bcbc (*b*) bbca
(*c*) cbcc (*d*) caba
(*e*) acbc

15. _bbcaa_bcaa_bc_a_bca
(*a*) bacab (*b*) abbab
(*c*) abcba (*d*) bcaab
(*e*) abcab

16. a_bccb_ca_cca_baab_c
(*a*) accab (*b*) abcaa
(*c*) bacaa (*d*) ababc
(*e*) aabbc

17. b_dabbcd_b_c_ab
(*a*) cabd (*b*) bcad
(*c*) dcba (*d*) acbd
(*e*) abcd

18. a_ba_caacb_bc_
(*a*) acbb (*b*) cbab
(*c*) cbaa (*d*) cbba
(*e*) acba

19. c_baa_aca_cacab_acac_bca
(*a*) acbaa (*b*) cbaac
(*c*) bccab (*d*) bbcaa
(*e*) acabc

20. _bcc_ac_aabb_ab_cc
(*a*) bacab (*b*) abaca
(*c*) aabca (*d*) bcaca
(*e*) bacac

व्याख्यात्मक उत्तरमाला

1. (*d*) : दी गई अक्षर शृंखला है : abbaab, abbaab
2. (*c*) : दी गई अक्षर शृंखला है : aaaaba, aaaaba
3. (*b*) : दी गई अक्षर शृंखला है : aba, aba, aba, aba
4. (*d*) : दी गई अक्षर शृंखला है : c, a, cc, aa, ccc, aaa, cccc, aaaa
5. (*a*) : दी गई अक्षर शृंखला है : cabbbb, cabbbb, cabbbb
6. (*b*) : दी गई अक्षर शृंखला है : acac, abab, acac, abab, acac
7. (*a*) : दी गई अक्षर शृंखला है : ab, ab, ab, ab, ab, ab
8. (*b*) : दी गई अक्षर शृंखला है : bababb, bababb
9. (*d*) : दी गई अक्षर शृंखला है : klmk, klmk, klmk, klmk
10. (*b*) : दी गई अक्षर शृंखला है : abcdd, abcdd, abcdd
11. (*d*) : दी गई अक्षर शृंखला है : bcab, bcab, bcab, bcab, bcab
12. (*c*) : दी गई अक्षर शृंखला है : ac, ac, ac, ac, ac, ac
13. (*d*) : दी गई अक्षर शृंखला है : babc, babc, babc
14. (*c*) : दी गई अक्षर शृंखला है : abca, abca, abca, abca
15. (*b*) : दी गई अक्षर शृंखला है : abbca, abbca, abbca, abbca
16. (*d*) : दी गई अक्षर शृंखला है : aabcc, bbcaa, ccabb, aabcc
17. (*a*) : दी गई अक्षर शृंखला है : bcdab, bcdab, bcdab
18. (*c*) : दी गई अक्षर शृंखला है : acbabca, acbabca
19. (*a*) : दी गई अक्षर शृंखला है : cabaac, acabca, cabaac, acabca
20. (*a*) : दी गई अक्षर शृंखला है : bbccaa, ccaabb, aabbcc.

प्रतीक शृंखला

इस प्रकार के शृंखला में प्रतीकों को एक समुच्चय बनाने में प्रयोग किया जाता है। इस समुच्चय में प्रतीकों को दुहराया जाता है। अभ्यार्थियों को प्रतीकों के उन समुच्चयों का पता लगाना होता है जो दी गई शृंखला के खाली स्थान में सटीक बैठ सके ताकि शृंखला का एक भाग उसी तरीके से पुनः दुहराया जाये।

हल किए गए प्रश्न

निम्न में से कौन प्रतीकों का समूह शृंखला को पूरा करेगा?

Δ□-Δ-□□Δ-□-Δ

(*a*) Δ□□Δ (*b*) □ΔΔ□ (*c*) □Δ□□ (*d*) Δ□ΔΔ (*e*) □Δ□Δ

Ans. (*b*) : दी गई शृंखला है : Δ□□Δ, Δ□□Δ, Δ□□Δ। यहाँ शृंखला का खण्ड 'Δ□□Δ' दुहराया गया है।

हल करने का चरण : अभ्यार्थियों को इस प्रकार की शृंखला के पैटर्न को हल करने के लिए उसमें निहित सामान्य नियमों का पता लगाना होता है। शृंखला में '□□Δ' बताता है कि 'Δ' दो '□' के बाद आता है। अतः प्रथम एवं अंतिम खाली स्थान '□' के द्वारा भरा जायेगा। अब, प्रारम्भ में समुच्चय 'Δ□□Δ' बनता है। यही समुच्चय दुहराया जाता है। अतः, दूसरा और तीसरा खाली स्थान 'Δ' से भरा जाएगा।

अब, शृंखला बनने के विभिन्न नियमों को जानने के लिए नीचे दिए गए प्रश्नों को हल करें।

प्रश्नमाला

निर्देश : *निम्नलिखित प्रत्येक संकेत शृंखला में कुछ संकेत छूट गए हैं। नीचे दिए गए विकल्पों में क्रमशः सही विकल्प का चयन करें जो शृंखला को पूरी कर सके।*

1. □ _ ΔΔ○ _ □□Δ _ ○○□ _ ΔΔ○○

(*a*) Δ□○Δ (*b*) □○Δ□
(*c*) □ΔΔ□ (*d*) ○□Δ□
(*e*) Δ□○□

2. ×+ _ ×× _ +++ _ ××× _ +++×

(*a*) ×++× (*b*) +××+
(*c*) ×××+ (*d*) ×+×+
(*e*) ×+××

3. <> _ < _ > _ < _ >><

(*a*) ><>< (*b*) <<><
(*c*) ><<> (*d*) <><>
(*e*) <>><

4. @Ⓑ Ⓑ _ Ⓑ @@ _ @ _ Ⓑ @Ⓑ _ @Ⓑ @

(*a*) @Ⓑ Ⓑ @ (*b*) @Ⓑ @Ⓑ
(*c*) ©©@© (*d*) @@Ⓑ Ⓑ
(*e*) ©@Ⓑ @

5. ◇Δ□◇ _ Δ□◇◇Δ _ □◇ _ ΔΔ□ _ ◇

(*a*) □□◇◇ (*b*) ΔΔ◇◇
(*c*) ◇Δ◇□ (*d*) ◇ΔΔ◇
(*e*) ◇Δ◇Δ

6. ??? _ %% _ ??% _ %??? _ %%

(*a*) ?%?% (*b*) %%??
(*c*) %?%% (*d*) %??%
(*e*) ?%%?

7. < < _ < < ∨ < _ ∧ < < ∨ < < _ < _ ∨

(*a*) ∧ < ∧ < (*b*) ∧ ∨ ∧ <
(*c*) ∧ ∨ ∧ ∨ (*d*) ∧ ∧ ∨ <
(*e*) ∧ ∨ ∨ <

8. UUX _ XXUUU _ CXXU _ UXC _ XU

(*a*) XCCU (*b*) CXUX
(*c*) CXXU (*d*) UUXC
(*e*) UXXC

9. Δ⌂⌂ _ □⌂ _ Δ _ ⌂⌂□□⌂⌂ _

(*a*) Δ□Δ□ (*b*) □⌂ΔΔ
(*c*) ΔΔ□⌂ (*d*) □⌂Δ□
(*e*) ⌂Δ□⌂

10. BA _ BA _ BAC _ ACB _ CBAC

(*a*) AACB (*b*) BBCA
(*c*) CCBA (*d*) CBAC
(*e*) ABCB

11. +□× _ +○ _ □+ _ ○□□○□ _ □×○ _ ○×□+

(*a*) ×○○×+ (*b*) ○××++
(*c*) ○○××+ (*d*) ××○+□
(*e*) इनमें से कोई नहीं

12. _ ⊗⊕⊠⊗⊕ _ ⊠⊕©⊗⊠ _ ⊗⊕⊠⊗⊕ _ ⊠⊕ _ ⊗⊠

(*a*) ©©©©© (*b*) ⊕⊕⊕⊕⊕
(*c*) ⊗⊗⊗⊗⊗ (*d*) ⊠⊠⊠⊠⊠
(*e*) इनमें से कोई नहीं

13. ↑ _ ↑ ↓ ↓ ↓ _ ← ← ← ← → _ → → ← ← ← _ ↓ ↓ _ ↓ ↑

(*a*) ↑ ↓ ← → ↑ (*b*) ↑ ↓ → ↓ ←
(*c*) ↑ ↓ → ← ↓ (*d*) ↑ ↓ ← ↑ →
(*e*) इनमें से कोई नहीं

14. ∧ _ < > ∧ ∧ ∨ _ < < _ > ∧ ∧ _ ∨ ∨ ∨ _ < < > > >

(*a*) ∨ > ∨ > ∧ (*b*) ∨ > > < ∧
(*c*) > ∨ ∨ < ∧ (*d*) ∨ ∨ > ∧ <
(*e*) ∧ ∧ ∨ < >

15. _ ⌣ ⌢ ⌣ _ (⌣ ⌢ (_) (⌢ ⌣ _ ⌢ ⌣) _ ⌣

(*a*) ⌣ ⌢) (⌣ (*b*) ⌢ (⌣) (
(*c*) ⌣ ⌢ ( )) (*d*) (⌢) ⌣ ⌣
(*e*) (⌢) ⌣ (

व्याख्यात्मक उत्तरमाला

1. (*b*) : दी गई श्रृंखला है : □□/ΔΔ○○/□□/ΔΔ○○/□□/ΔΔ○○. इस प्रकार पैटर्न □□ΔΔ○○ को दोहराया गया है।

2. (*b*) : दी गई श्रृंखला है : ×++/×××+++/××××++++/×। इस प्रकार अक्षरों की दो बार, तीन बार, चार बार.......... पुनरावृति हुई है।

3. (*a*) : दी गई श्रृंखला है : < > > < / < > > < / < > > <. इस प्रकार पैटर्न < > > < को दोहराया गया है।

4. (*a*) : दी गई श्रृंखला है : @Ⓑ Ⓑ @/Ⓑ @@Ⓑ / @Ⓑ Ⓑ @/Ⓑ @@Ⓑ /@. इस प्रकार पैटर्न @Ⓑ Ⓑ @, Ⓑ @@Ⓑ को दोहराया गया है।

5. (*c*) : दी गई श्रृंखला है : ◇Δ□/◇◇Δ□/◇◇ΔΔ□/◇◇ΔΔ□□/◇.

6. (*c*) : दी गई श्रृंखला है : ???/%%%/???/%%%/???/%%%. इस प्रकार पैटर्न ???, %%% को दोहराया गया है।

7. (*a*) : दी गई श्रृंखला है : < < ∧ < < ∨ / < < ∧ < < ∨ /< < ∧ < < ∨.
इस प्रकार पैटर्न < < ∧ < < ∨ को दोहराया गया है।

8. (*b*) : दी गई श्रृंखला है : UUXCXXU/UUXCXXU/UUXCXXU। इस प्रकार पैटर्न UUXCXXU को दोहराया गया है।

9. (*b*) : दी गई श्रृंखला है : Δ△△□/□△△Δ/Δ△△□/□△△Δ. इस प्रकार पैटर्न Δ△△□/□△△Δ को दोहराया गया है।

10. (*c*) : दी गई श्रृंखला है : [B][A][C] / [B][A][C] / [B][A][C] / [B][A][C] / [B][A][C] / [B][A][C]. इस प्रकार पैटर्न [B][A][C] को दोहराया गया है।

11. (*b*) : दी गई श्रृंखला है : +□×○+/○×□+×○/□□○×/+□×○+/○×□+. यहाँ श्रृंखला के आरम्भ और अन्त से समान दूरी पर स्थित संकेत एक जैसे हैं।

12. (*c*) : दी गई श्रृंखला है : ©⊗⊕⊠/⊗⊕©⊠/⊕©⊗⊠/©⊗⊕⊠/⊗⊕©⊠/⊕©⊗⊠.
इस प्रकार पैटर्न ©⊗⊕⊠/⊗⊕©⊠/⊕©⊗⊠ को दो बार दोहराया गया है।

13. (*a*) : दी गई श्रृंखला है : ↑ ↑ ↑ / ↓ ↓ ↓ ↓ / ← ← ← ← / → → → → / ← ← ← ← / ↓ ↓ ↓ ↓ / ↑.

14. (*b*) : दी गई श्रृंखला है : ∧ ∨ < > / ∧ ∧ ∨ ∨ < < > > / ∧ ∧ ∧ ∨ ∨ ∨ < < < > > >.
इस प्रकार, पहली श्रृंखला का प्रत्येक संकेत दूसरी श्रृंखला में दो बार और तीसरी में तीन बार दुहराया गया है।

15. (*a*) : दी गई श्रृंखला है : ⌣ ⌣ ⌢ ⌣ ⌢ (⌣ ⌢ ( )) (⌢ ⌣ (⌢ ⌣ ⌢ ⌣ ⌣. यहाँ श्रृंखला के आरम्भ और अन्त से समान दूरी पर स्थित संकेत एक जैसे हैं।

2 सादृश्य

संख्या सादृश्य

संख्या सादृश्य में भी पहले दो दी गई संख्याओं के बीच संबंध स्थापित किया जाता है और तत्पश्चात् इस ज्ञात संबंध को संख्याओं के दूसरे जोड़े पर प्रयुक्त करके उसके लुप्त पद को ज्ञात किया जाता है। संख्याओं के बीच संबंध किसी भी एक पैटर्न पर आधारित हो सकता है, जैसे कि : *(i)* संख्याएं विषम/सम/अभाज्य संख्याएं हो सकती हैं; *(ii)* संख्याएं किसी एक संख्या का गुणज हो सकती हैं; *(iii)* संख्याएं भिन्न-भिन्न संख्याओं का वर्गफल/घनफल हो सकती हैं; *(iv)* दूसरी संख्या प्राप्त करने के लिए पहली संख्या में किसी संख्या को जोड़ा/घटाया/गुणा/ भाग किया जा सकता है; *(v)* दूसरी संख्या पहली संख्या के अंकों का योगफल/गुणनफल/अंतरफल हो सकती है, और *(vi)* दो दी गई संख्याओं के बीच संबंध उपर्युक्त किसी भी गणितीय परिकलनों के संयोजन द्वारा भी ज्ञात किया जा सकता है।

हल किए गए प्रश्न

निर्देश : *निम्नलिखित प्रश्नों में प्रश्न चिह्न (?) के स्थान पर लुप्त पद ज्ञात करें।*

1. 25 : 81 : : 36 : ?

(*a*) 121 (*b*) 93 (*c*) 65 (*d*) 103 (*e*) 114

उत्तर (*a*) : सभी संख्याएं भिन्न-भिन्न संख्याओं के वर्गफल को सूचित करती हैं।

$$\begin{matrix} 25 & : & 81 & :: & 36 & : & 121 \\ \downarrow & & \downarrow & & \downarrow & & \downarrow \\ 5^2 & & 9^2 & & 6^2 & & 11^2 \end{matrix}$$

या

2. 36 : 18 : : 72 : ?

(*a*) 164 (*b*) 134 (*c*) 94 (*d*) 14 (*e*) 27

उत्तर (*d*) : दूसरी संख्या पहली संख्या के अंकों का गुणनफल है।

36 : 18 : : 72 : 14

3×6 7×2

प्रश्नमाला

निर्देश : *नीचे के प्रत्येक प्रश्न में चिह्न ': :' के पहले दो संख्याएं दी गई हैं जिनमें आपस में एक संबंध है तथा ': :' चिह्न के बाद में एक तीसरी संख्या दी गई है। दिए गए विकल्पों में से उस संख्या का चयन करें जिसका तीसरी संख्या के साथ वैसा ही संबंध हो जैसा संबंध संख्याओं के पहले जोड़े के बीच है।*

1. 1 : 11 : : 2 : ?

(*a*) 20 (*b*) 22

(*c*) 24 (*d*) 44

(*e*) 42

2. 18 : 27 : : 22 : ?
(*a*) 42 (*b*) 39
(*c*) 33 (*d*) 54
(*e*) 46

3. 14 : 20 : : 16 : ?
(*a*) 23 (*b*) 10
(*c*) 48 (*d*) 32
(*e*) 64

4. 8 : 27 : : 64 : ?
(*a*) 277 (*b*) 125
(*c*) 250 (*d*) 99
(*e*) 120

5. $\frac{1}{7} : \frac{1}{14} : : \frac{1}{9} : ?$
(*a*) $\frac{1}{88}$ (*b*) $\frac{1}{80}$
(*c*) $\frac{1}{81}$ (*d*) $\frac{1}{18}$
(*e*) इनमें से कोई नहीं

6. 0.16 : 0.0016 : : 1.02 : ?
(*a*) 10.20 (*b*) 0.102
(*c*) 0.0102 (*d*) 1.020
(*e*) इनमें से कोई नहीं

7. 5 : 24 : : 8 : ?
(*a*) 65 (*b*) 63
(*c*) 62 (*d*) 64
(*e*) 66

8. 23 : 53 : : 13 : ?
(*a*) 66 (*b*) 57
(*c*) 27 (*d*) 19
(*e*) 21

9. 6 : 9 : : 7 : ?
(*a*) 4 (*b*) 14
(*c*) 10 (*d*) 28
(*e*) 18

10. 7 : 28 : : 2 : ?
(*a*) 8 (*b*) 16
(*c*) 24 (*d*) 12
(*e*) 28

11. 65 : 30 : : 44 : ?
(*a*) 79 (*b*) 62
(*c*) 28 (*d*) 16
(*e*) 23

12. 99 : 76 : : 24 : ?
(*a*) 1 (*b*) 13
(*c*) 9 (*d*) 7
(*e*) 8

13. 11 : 35 : : 17 : ?
(*a*) 3 (*b*) 22
(*c*) 58 (*d*) 10
(*e*) 16

14. 663 : 884 : : 221 : ?
(*a*) 332 (*b*) 554
(*c*) 773 (*d*) 442
(*e*) 552

15. 16 : 0.16 : : ?
(*a*) 2 : 0.02 (*b*) 7 : 0.007
(*c*) 1.3 : 0.13 (*d*) 0.01 : 0.001
(*e*) इनमें से कोई नहीं

16. $3 : \frac{1}{3} : : ?$
(*a*) 6 : 12 (*b*) 5 : 2/15
(*c*) 8 : 1/8 (*d*) 9 : 27
(*e*) इनमें से कोई नहीं

17. 43 : 34 : : 52 : ?
(*a*) 49 (*b*) 25
(*c*) 36 (*d*) 64
(*e*) 26

18. 65 : 13 : : 180 : ?
(*a*) 93 (*b*) 36
(*c*) 133 (*d*) 102
(*e*) 45

19. 882 : 447 : : 881 : ?
(*a*) 444 (*b*) 445
(*c*) 446 (*d*) 447
(*e*) 448

20. 125 : 27 : : 343 : ?
(*a*) 729 (*b*) 64
(*c*) 216 (*d*) 512
(*e*) 81

व्याख्यात्मक उत्तरमाला

1. (b) : पहली संख्या के अंक को दो बार लिखने पर दूसरी संख्या प्राप्त होती है।

2. (c) : पहले जोड़े की संख्याएं 9 का गुणज हैं और दूसरे जोड़े की संख्याएं 11 का गुणज हैं :

18 : 27 :: 22 : 33

9×2 ; 9×3 ; 11×2 ; 11×3

3. (a) : संख्याओं के बीच संबंध निम्नवत् है :

14 : 20 :: 16 : 23

7×2 ; $(7 \times 3) - 1$; 8×2 ; $(8 \times 3) - 1$

4. (b) : संख्याएं भिन्न-भिन्न संख्याओं के घनफल द्वारा सूचित होती हैं :

8 : 27 :: 64 : 125

2^3 ; 3^3 ; 4^3 ; 5^3

5. (d) : पहले भिन्न को 1/2 से गुणा करने पर दूसरा भिन्न प्राप्त होता है :

$\frac{1}{7} : \frac{1}{14} :: \frac{1}{9} : \frac{1}{18}$

$\times \frac{1}{2}$; $\times \frac{1}{2}$

6. (c) : पहली दशमलव संख्या को 100 से भाग करने पर दूसरी दशमलव संख्या प्राप्त होती है :

0.16 : 0.0016 :: 1.02 : 0.0102

$\div 100$; $\div 100$

7. (b) : पहली संख्या के वर्ग से 1 घटाने पर दूसरी संख्या प्राप्त होती है :

5 : 24 :: 8 : 63

$(5^2) - 1$; $(8^2) - 1$

8. (d) : सभी संख्याएं अभाज्य संख्याएं हैं।

9. (c) : दूसरी संख्या पहली संख्या से 3 अधिक है :

6 : 9 :: 7 : 10

+3 ; +3

10. (a) : दूसरी संख्या पहली संख्या की चार गुनी है :

7 : 28 :: 2 : 8

$\times 4$; $\times 4$

11. (d) : दूसरी संख्या पहली संख्या के अंकों का गुणनफल है :

$\xrightarrow[(6 \times 5)]{65:30}$ :: $\xrightarrow[(4 \times 4)]{44:16}$

12. (a) : दूसरी संख्या पहली संख्या से 23 कम है :

99 : 76 :: 24 : 1

−23 ; −23

13. (a) : सभी संख्याएं विषम संख्याएं हैं।

14. (d) : दहाई और सैकड़े के स्थान पर समान अंक हैं किंतु इकाई के स्थान का अंक दहाई और सैकड़े के स्थान के समान अंक का आधा है :

66 3 : 88 4 :: 22 1 : 44 2

15. (a) : दो संबंधित संख्याओं में से पहली संख्या को 100 से भाग देने पर दूसरी संख्या प्राप्त होती है :

16 : 0.16 :: 2 : 0.02

$\div 100$; $\div 100$

16. (c) : दो संबंधित संख्याओं में से दूसरी संख्या पहली संख्या का खंड या आंशिक भिन्न है, अर्थात् 3 संबंधित है एक-तिहाई $\left(\frac{1}{3}\right)$ से। इसी प्रकार 8 संबंधित होगा $\left(\frac{1}{8}\right)$ से।

17. (b) : दूसरी संख्या में पहली संख्या के अंकों को उलटे क्रम में लिखा गया है :

43 : 34 :: 52 : 25

18. (b) : पहली संख्या को 5 से भाग देने पर दूसरी संख्या प्राप्त होती है :

65 : 13 :: 180 : 36

$\div 5$; $\div 5$

19. (c) : दोनों संख्याओं के बीच निम्नवत् संबंध है :

88 2 : 44 7 :: 88 1 : 44 6

$\div 2$, +5 ; $\div 2$, +5

20. (a) : संख्याएं विभिन्न विषम संख्याओं के घन हैं :

125 : 27 :: 343 : 729

5^3 ; 3^3 ; 7^3 ; 9^3

अक्षर सादृश्य

इस प्रकार के सादृश्य में अक्षरों के दो दिए गए समुच्चयों के बीच संबंध स्थापित किया जाता है और तत्पश्चात् अक्षरों के दिए गए तीसरे समुच्चय पर पहले दो अक्षर समुच्चयों के बीच के संबंध को अनुप्रयुक्त करके अक्षरों के चौथे अपेक्षित समुच्चय को ज्ञात किया जाता है। दिए गए दो अक्षर समुच्चयों में से पहले समुच्चय के अक्षरों को कुछ चरण आगे या पीछे करके, संपूर्ण समुच्चय के अक्षरों को या समुच्चय के कुछ अक्षरों को उलटे क्रम में लिखकर दूसरे समुच्चय के अक्षरों को प्राप्त किया जा सकता है।

हल किए गए प्रश्न

निर्देश : *दिए गए विकल्पों में से कौन-सा अक्षर-समूह प्रश्नचिह्न (?) के स्थान पर आएगा?*

1. JILK : KLIJ : : MNPQ : ?

(*a*) QNPM (*b*) MPQN (*c*) QPNM (*d*) PNMQ (*e*) PMNQ

उत्तर (*c*) : :: की बायीं ओर के अक्षर-समूहों में से पहले अक्षर-समूह के अक्षरों को विपरीत क्रम में लिखकर दूसरा अक्षर-समूह प्राप्त किया गया है। यही संबंध :: की दाहिनी ओर के दिए गए अक्षर समूह के अक्षरों पर अनुप्रयुक्त करने पर अपेक्षित अक्षर-समूह प्राप्त होता है।

2. FLO : DOL : : RDP : ?

(*a*) PGM (*b*) MGP (*c*) GMP (*d*) MPG (*e*) GPM

उत्तर (*a*) : पहले और तीसरे अक्षरों को क्रमशः –2 और –3 चरण पीछे खिसका कर और दूसरे अक्षर को +3 चरण आगे बढ़ा कर :: चिह्न की बायीं ओर का दूसरा अक्षर समुच्चय प्राप्त होता है। यही संबंध :: चिह्न की दायीं ओर के पहले अक्षर समुच्चय पर लगाने पर प्रश्न चिह्न के स्थान पर अक्षर समुच्चय प्राप्त होता है।

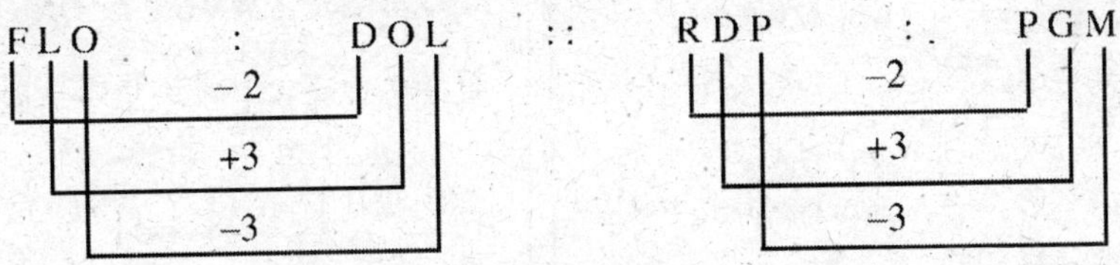

प्रश्नमाला

निर्देश : *नीचे के प्रत्येक प्रश्न में एक लुप्त पद है। प्रश्न में :: चिह्न की बायीं ओर के दो अक्षर-समूहों में जो समानता या सादृश्य है वैसी ही समानता या सादृश्य :: चिह्न की दायीं ओर के दो अक्षर समूहों में है जिनमें से एक अक्षर समूह के स्थान पर प्रश्नवाचक चिह्न (?) लगा है। प्रश्नवाचक चिह्न (?) के स्थान पर लुप्त पद ज्ञात करें।*

1. GFC : CFG : : RPJ : ?

(*a*) JRP (*b*) JPR

(*c*) PJR (*d*) RJP

(*e*) RJC

2. BCF : DEG : : MNQ : ?

(*a*) OPR (*b*) PQS

(*c*) OPP (*d*) QRT

(*e*) QTR

3. NATION : ANITNO : : HUNGRY : ?

(*a*) HNUGRY (*b*) UNHGYR

(*c*) YRNGUH (*d*) UHGNYR

(*e*) इनमें से कोई नहीं

4. SSTU : MMNO : : AABC : ?
(*a*) GGHH (*b*) IJKK
(*c*) XXYZ (*d*) NOOP
(*e*) इनमें से कोई नहीं

5. ACE : FGH : : LNP : ?
(*a*) QRS (*b*) PQR
(*c*) QST (*d*) MOQ
(*e*) NOP

6. UVW : SXU : : LMN : ?
(*a*) JOL (*b*) KNM
(*c*) JKL (*d*) MLO
(*e*) LJP

7. EIGHTY : GIEYTH : : OUTPUT : ?
(*a*) UTOPTU (*b*) UOTUPT
(*c*) TUOUTP (*d*) TUOTUP
(*e*) इनमें से कोई नहीं

8. TSR : FED : : WVU : ?
(*a*) CAB (*b*) MLK
(*c*) PQS (*d*) GFH
(*e*) FEG

9. CJDL : FMGR : : IKJR : ?
(*a*) OQPT (*b*) RSTU
(*c*) OQRT (*d*) KRMO
(*e*) इनमें से कोई नहीं

10. BOQD : ERTG : : ANPC : ?
(*a*) DQSF (*b*) FSHU
(*c*) SHFU (*d*) DSQF
(*e*) इनमें से कोई नहीं

11. BaBy : TaTa : : LiLy : ?
(*a*) PooL (*b*) ROse
(*c*) HaNd (*d*) DoWN
(*e*) इनमें से कोई नहीं

12. BCDA : STUR : : KLMJ : ?
(*a*) VWXU (*b*) EFHG
(*c*) SRTU (*d*) QSRP
(*e*) इनमें से कोई नहीं

13. AEI : LPT : : CGK : ?
(*a*) OSV (*b*) RUY
(*c*) TXC (*d*) FJN
(*e*) GKM

14. RUX : TRP : : BEH : ?
(*a*) SQN (*b*) QON
(*c*) QOM (*d*) QNL
(*e*) QPN

15. CART : ART : : FOUR : ?
(*a*) RUN (*b*) TWO
(*c*) QUE (*d*) OUR
(*e*) SVM

16. FIK : JGO : : DFR : ?
(*a*) BIO (*b*) HDV
(*c*) GCU (*d*) FLP
(*e*) IFW

17. LJH : KKI : : CIA : ?
(*a*) BJB (*b*) DHB
(*c*) BJC (*d*) BBJ
(*e*) BJD

18. ACE : HIL : : MOQ : ?
(*a*) SVW (*b*) TUX
(*c*) RTW (*d*) WUS
(*e*) RSW

19. BCDE : WVUT : : QRST : ?
(*a*) EFHG (*b*) JIHG
(*c*) POML (*d*) GEDC
(*e*) इनमें से कोई नहीं

20. PNLJ : IGEC : : USQO : ?
(*a*) HJLN (*b*) LNJH
(*c*) NLJH (*d*) JHNL
(*e*) इनमें से कोई नहीं

व्याख्यात्मक उत्तरमाला

1. (*b*) : पहले समूह के अक्षरों को उलटे क्रम में लिखने पर दूसरा अक्षर-समूह प्राप्त होता है।

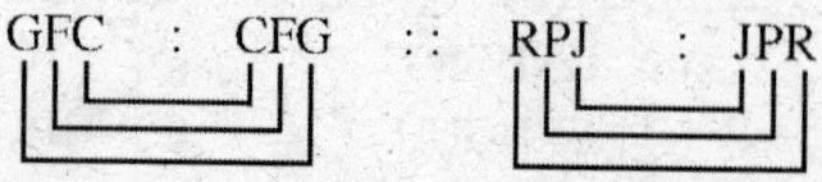

2. (*a*) : पहले और दूसरे समूह के तीनों अक्षरों के बीच वर्णमाला के सीधे क्रम में क्रमशः +2, +2 और +1 चरणों का अंतर है।

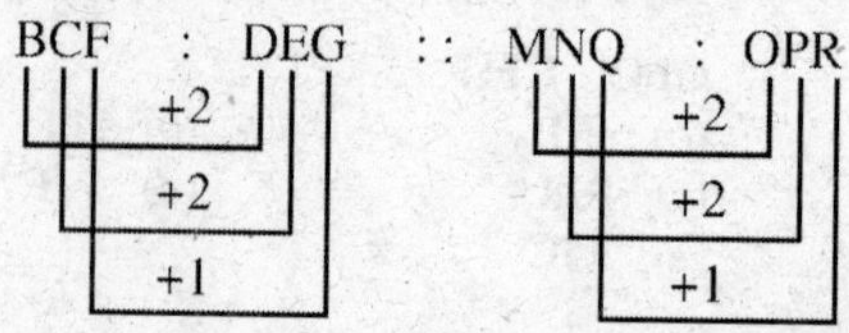

3. (*d*) : पहले समूह के अक्षरों को दो-दो अक्षरों के खंडों में विभाजित करके प्रत्येक खंड के अक्षरों को उल्टे क्रम में लिखने पर दूसरा अक्षर-समूह प्राप्त होता है।

NATION : ANITNO : : HUNGRY : UHGNYR

4. (*c*) : प्रत्येक समूह में पहले अक्षर को दोहराया गया है और उसके बाद दो आनुक्रमिक अक्षर लिखे गए हैं।

5. (*a*) : पहले और दूसरे समूह के तीनों अक्षरों के बीच वर्णमाला के सीधे क्रम में क्रमशः +5, +4, +3 चरणों का अंतर है।

6. (*a*) : पहले और दूसरे समूहों के तीनों अक्षरों के बीच क्रमशः –2, +2 और –2 चरणों का अंतर है।

7. (*d*) : पहले अक्षर समूह को 3 – 3 अक्षरों के दो खंडों में विभाजित किया गया है और अगले समूह में पहले अक्षर समूह के दोनों खंडों में अक्षरों को क्रमश उलटे क्रम में लिखा गया है।

EIGHTY : GIEYTH : : OUTPUT : TUOTUP

8. (*b*) : अक्षर समूहों में वर्णमाला के उलटे क्रम में आनुक्रमिक अक्षरों को लिखा गया है।

9. (*a*) : प्रत्येक अक्षर समूह में पहले और तीसरे अक्षर आनुक्रमिक हैं।

CJDL : FMGR : : IKJR : OQPT

10. (*a*) : प्रत्येक अक्षर समूह में पहले और चौथे अक्षरों के बीच एक अक्षर छूटा हुआ है तथा दूसरे और तीसरे अक्षरों के बीच भी एक अक्षर छूटा हुआ है।

BOQD : ERTG : : ANPC : DQSF

P S O R

C F B E

11. (*c*) : प्रत्येक समूह में एकांतर अक्षर अंग्रेजी वर्णमाला के बड़े अक्षर (capital letters) हैं।

12. (*a*) : प्रत्येक अक्षर समूह में पहले तीन अक्षर क्रमागत हैं और उनके बाद अनुक्रम का आरंभिक चौथा अक्षर लिखा गया है।

ABCD : RSTU : : JKLM : UVWX

13. (*d*) : प्रत्येक अक्षर समूह में दो अक्षरों के बीच +4 का अंतर है।

AEI : LPT : : CGK : FJN

+4 +4   +4 +4   +4 +4   +4 +4

14. (*c*) : पहले समूह के अक्षरों में +3 का और दूसरे समूह के अक्षरों में –2 का अंतर है।

RUX : TRP : : BEH : QOM

+3 +3   –2 –2   +3+3   –2 –2

15. (*d*) : पहले अक्षर-समूह के अक्षरों में से पहले अक्षर को छोड़ देने पर दूसरा अक्षर-समूह प्राप्त होता है।

CART : ART : : FOUR : OUR

16. (*b*) : पहले और दूसरे अक्षर समूहों के संगत अक्षरों के बीच क्रमशः +4, –2, और +4 का अंतर है।

17. (*a*) : पहले और दूसरे अक्षर समूहों के संगत अक्षरों के बीच क्रमशः –1, +1 और +1 का अंतर है।

18. (*b*) : पहले और दूसरे अक्षर समूहों के संगत अक्षरों के बीच क्रमशः +7, +6 और +7 का अंतर है।

19. (*b*) : पहले अक्षर-समूह के आनुक्रमिक अक्षर वर्णमाला के सीधे क्रम में हैं और दूसरे अक्षर समूह के आनुक्रमिक अक्षर वर्णमाला के उलटे क्रम में हैं।

BCDE : WVUT : : QRST : JIHG

⟶ ⟵ ⟶ ⟵

20. (*c*) : दोनों अक्षर-समूहों के संगत अक्षरों के बीच –7 का अंतर है।

3 विजातीय चयन

विजातीय संख्या चयन

इस प्रकार के वर्गीकरण में विकल्पों के रूप में विभिन्न संख्याएं दी जाती हैं। इन संख्याओं में से एक को छोड़कर जो अन्य से भिन्न होती है, शेष किसी न किसी रूप में आपस में संबंधित होती हैं और इस प्रकार एक समूह बनाती हैं। परीक्षार्थी को दी गई संख्याओं में यह समानता ज्ञात करनी होती है और तत्पश्चात् समूह से भिन्न संख्या का चयन करना होता है। विकल्पों के रूप में दी गई संख्याएं विषम/सम/क्रमागत संख्याएं, अभाज्य संख्याएं, किसी संख्या का गुणज, एक अंकीय, विभिन्न संख्याओं का वर्ग या घन, किसी अन्य संख्या का जोड़/घटा या किसी भी गणितीय परिकलन का संयोजन हो सकती है।

हल किए गए प्रश्न

निर्देश : *दिए गए विकल्पों में विषम संख्या ज्ञात करें।*

1. (*a*) 62 (*b*) 121 (*c*) 36 (*d*) 256 (*e*) 64

उत्तर (*a*) : अन्य संख्याएं क्रमश: 11, 6 और 16 के वर्ग द्वारा सूचित होती हैं।

2. (*a*) 27 (*b*) 132 (*c*) 93 (*d*) 154 (*e*) 141

उत्तर (*d*) : शेष संख्याएं 3 से विभाज्य हैं।

प्रश्नमाला

निर्देश : *यहां प्रत्येक प्रश्न में पाँच विकल्प दिए गए हैं जिनमें से चार किसी न किसी रूप में आपस में संबंधित होते हुए एक समूह बनाते हैं, जबकि शेष एक संख्या अन्य से भिन्न है। उस भिन्न संख्या का चयन करें जो समूह से संबंधित नहीं है।*

1. (*a*) 1948 (*b*) 2401
(*c*) 966 (*d*) 1449
(*e*) 1638

2. (*a*) 182 (*b*) 169
(*c*) 130 (*d*) 158
(*e*) 208

3. (*a*) 129 (*b*) 130
(*c*) 131 (*d*) 132
(*e*) 135

4. (*a*) 3215 (*b*) 9309
(*c*) 4721 (*d*) 2850
(*e*) 5321

5. (*a*) 1776 (*b*) 2364
(*c*) 1976 (*d*) 3776
(*e*) 1276

6. (*a*) 64 (*b*) 84
(*c*) 16 (*d*) 36
(*e*) 100

7. (*a*) 24 (*b*) 90
(*c*) 54 (*d*) 36
(*e*) 63

8. (*a*) 7658 (*b*) 1234
(*c*) 9876 (*d*) 6543
(*e*) 7654

9. (*a*) 3 (*b*) 9 (*c*) 5 (*d*) 7 (*e*) 13

10. (*a*) 6450 (*b*) 1776 (*c*) 2392 (*d*) 3815 (*e*) 4276

11. (*a*) 24 (*b*) 48 (*c*) 42 (*d*) 12 (*e*) 72

12. (*a*) 616 (*b*) 252 (*c*) 311 (*d*) 707 (*e*) 454

13. (*a*) 18 (*b*) 12 (*c*) 30 (*d*) 20 (*e*) 42

14. (*a*) 3730 (*b*) 6820 (*c*) 5568 (*d*) 4604 (*e*) 2632

15. (*a*) 2587 (*b*) 7628 (*c*) 8726 (*d*) 2867 (*e*) 2678

16. (*a*) 63 (*b*) 29 (*c*) 27 (*d*) 25 (*e*) 51

17. (*a*) 23 (*b*) 37 (*c*) 21 (*d*) 31 (*e*) 29

18. (*a*) 18 (*b*) 9 (*c*) 21 (*d*) 7 (*e*) 12

19. (*a*) 9875432 (*b*) 98765 (*c*) 98756 (*d*) 9876543 (*e*) 987543

20. (*a*) 602 (*b*) 431 (*c*) 530 (*d*) 813 (*e*) 323

व्याख्यात्मक उत्तरमाला

1. (*a*) : शेष संख्याएं 7 से विभाज्य हैं।

2. (*d*) : शेष संख्याएं 13 का गुणज हैं।

3. (*c*) : 131 एक अभाज्य संख्या (prime number) है।

4. (*b*) : शेष संख्याओं में किसी भी अंक का दो बार प्रयोग नहीं किया गया है।

5. (*b*) : शेष संख्याओं में आखिरी दो अंक एक से हैं।

6. (*b*) : शेष संख्याएं पूर्ण वर्ग संख्याएं हैं।

7. (*a*) : शेष संख्याओं में दोनों अंकों का योग 9 है।

8. (*a*) : शेष संख्याओं में उनके अंक गिनती के सीधे या उलटे क्रम में क्रमागत (निरंतर) हैं।

9. (*b*) : शेष सभी अभाज्य संख्याएं हैं।

10. (*d*) : शेष संख्याएं 2 से विभाज्य हैं।

11. (*c*) : शेष संख्याएं 12 का गुणज हैं।

12. (*c*) : शेष संख्याओं में पहले और आखिरी अंक एक से हैं।

13. (*a*) : शेष सभी संख्याएं $3^2 + 3 = 12, 5^2 + 5 = 30, 4^2 + 4 = 20, 6^2 + 6 = 42$ हैं।

14. (*b*) : शेष सभी संख्याओं में दो अंक एक से हैं।

15. (*a*) : शेष संख्याएं 2, 6, 7 और 8 के अंकों से बनी हैं।

16. (*b*) : 29 एक अभाज्य संख्या है।

17. (*c*) : शेष सभी संख्याएं अभाज्य संख्याएं हैं।

18. (*d*) : शेष संख्याएं 3 से विभाज्य हैं।

19. (*c*) : शेष सभी संख्याओं में 987 के बाद अंक अवरोही या घटते हुए क्रम (decreasing order) में हैं।

20. (*d*) : शेष संख्याओं में अंकों का योग 8 है।

विजातीय अक्षर चयन

इस कोटि के अंतर्गत विकल्प के रूप में चार अक्षर-समूह या अक्षरों की एक शृंखला दी जाती है। परीक्षार्थी को इनमें से ऐसे विकल्प का चयन करना होता है जो अन्यों से भिन्न अर्थात् विजातीय हो।

हल किए गए प्रश्न

निर्देश : *निम्नलिखित अक्षर समूहों में से कौन सा अक्षर समूह भिन्न या विजातीय स्वरूप का है ?*

1. (*a*) NOP (*b*) RTU (*c*) JKL (*d*) EFG (*e*) XYZ

उत्तर (*b*) : प्रत्येक समूह में अक्षर क्रमागत हैं, जबकि विकल्प (*b*) के अक्षर-समूह में पहले दो अक्षरों के बीच एक अक्षर 'S' छूटा हुआ है।

2. (*a*) RUX (*b*) CFI (*c*) BDG (*d*) FIL (*e*) KNQ

उत्तर (*c*) : प्रत्येक समूह में अक्षरों के बीच समान संख्या में अक्षर छूटे हुए हैं जबकि विकल्प (*c*) में पहले दो अक्षरों B और D के बीच एक अक्षर और अंतिम दो अक्षरों D और G के बीच दो अक्षर छूटे हुए हैं।

प्रश्नमाला

निर्देश : *नीचे के प्रत्येक प्रश्न में अक्षर समूहों के रूप में चार/पाँच विकल्प दिए गए हैं जिनमें से तीन/चार में किसी न किसी प्रकार की समानता है और इस कारण वे एक समूह बनाते हैं। उस अक्षर समूह का चयन करें जो समूह से संबंधित नहीं है।*

1. (*a*) ACE (*b*) LOR (*c*) GIK (*d*) VXZ (*e*) इनमें से कोई नहीं

2. (*a*) TSR (*b*) LKJ (*c*) PQO (*d*) HGF (*e*) NML

3. (*a*) EF LM (*b*) KJ SR (*c*) XW HG (*d*) ED YX (*e*) इनमें से कोई नहीं

4. (*a*) JOPK (*b*) BOPC (*c*) QOPR (*d*) TOPS (*e*) इनमें से कोई नहीं

5. (*a*) DfH (*b*) MoQ (*c*) UwY (*d*) lnO (*e*) RwT

6. (*a*) JKkL (*b*) OPpQ (*c*) DEEf (*d*) VWwX (*e*) CDdE

7. (*a*) BdfH (*b*) FHJL (*c*) RTvX (*d*) uVwX (*e*) इनमें से कोई नहीं

8. (*a*) DFHEG (*b*) TWXUV (*c*) OQSPR (*d*) JLNKM (*e*) इनमें से कोई नहीं

9. (*a*) FEUV (*b*) DCXW (*c*) BAZY (*d*) HGTS (*e*) इनमें से कोई नहीं

10. (*a*) UTSR (*b*) XYZW (*c*) ONML (*d*) IHGF (*e*) FEDC

11. (*a*) MKGA (*b*) PNID (*c*) RPLF (*d*) VTPJ (*e*) YWSM

12. (*a*) ABJNM (*b*) QRTUZ (*c*) IXYOQ (*d*) WGFPO (*e*) KLORS

13. (*a*) BFJQ (*b*) RUZG (*c*) GJOV (*d*) ILQX (*e*) DGLS

14. (*a*) CS (*b*) OU (*c*) EV (*d*) QO (*e*) DG

15. (*a*) EFGH (*b*) IRST (*c*) ULMN (*d*) JKLO (*e*) OBCD

16. (*a*) LNP (*b*) ECA (*c*) JLN (*d*) RTV (*e*) GIK

17. (*a*) SU (*b*) BD (*c*) PN (*d*) WY (*e*) OQ

18. (*a*) KI (*b*) SQ (*c*) CA (*d*) VX (*e*) PN

19. (*a*) SC (*b*) FT (*c*) MK (*d*) HV (*e*) LN

20. (*a*) END (*b*) PUT (*c*) ARM (*d*) OWL (*e*) UPS

व्याख्यात्मक उत्तरमाला

1. (*b*) : शेष सभी अक्षर समूहों में अगला अक्षर अपने पूर्ववर्ती अक्षर से वर्णमाला के सीधे क्रम में 2 अक्षर आगे का है जबकि विकल्प (*b*) के अक्षर समूह में +3 अनुक्रम का पालन होता है।

A B C D E (+2 +2) L M N O P Q R (+3 +3)

G H I J K (+2 +2) V W X Y Z (+2 +2)

2. (*c*) : प्रत्येक समूह में अक्षर वर्णमाला के उलटे क्रम में हैं। केवल विकल्प (*c*) में अक्षरों का अनुक्रम बाधित हो रहा है।

3. (*a*) : शेष सभी समूहों में क्रमागत अक्षर वर्णमाला के उलटे क्रम में हैं।

KJ SR ; XW HG ; ED YX

–1 –1 –1 –1 –1 –1

केवल विकल्प (*a*) में ही क्रमागत अक्षर वर्णमाला के सीधे क्रम में है।

E F (+1) L M (+1)

4. (*d*) : यहां दिए गए सभी अक्षर समूहों में बीच में 'OP' अक्षर हैं। विकल्प (*d*) में दोनों किनारों पर स्थित अक्षर वर्णमाला के उलटे क्रम में हैं, अर्थात्

TOPS (–1)

जबकि शेष सभी अक्षर समूहों में दोनों किनारों पर स्थित अक्षर वर्णमाला के सीधे क्रम में हैं।

JOPK (+1) ; BOPC (+1) ; QOPR (+1)

5. (*d*) : शेष समूहों में केवल बीच का अक्षर ही अंग्रेजी वर्णमाला का छोटा अक्षर है जबकि विकल्प (*d*) में बायें सिरे के दो अक्षर अंग्रेजी वर्णमाला के छोटे अक्षर हैं।

6. (*c*) : शेष समूहों में तीसरे अक्षर के रूप में दूसरे अक्षर की पुनरावृत्ति की गई है और उसे अंग्रेजी वर्णमाला के छोटे अक्षर के रूप में लिखा गया है जबकि विकल्प (*c*) के तीसरे अक्षर के रूप में दूसरे अक्षर की पुनरावृत्ति तो की जाती है किंतु उसे अंग्रेजी वर्णमाला के बड़े अक्षर के रूप में लिखा जाता है।

7. (*d*) : शेष समूहों में अंग्रेजी वर्णमाला के अक्षर चाहे छोटे हों या बड़े, किंतु दूसरे, तीसरे और चौथे स्थान पर स्थित अक्षर अपने पूर्ववर्ती अक्षरों से वर्णमाला के सीधे क्रम में 2 अक्षर आगे के हैं, अर्थात्

B D f H (+2 +2 +2) ; F H J L (+2 +2 +2) ; R T v X (+2 +2 +2)

केवल विकल्प (*d*) में अक्षर वर्णमाला के सहज क्रम (+1) में हैं, अर्थात्

u V w X (+1 +1 +1)

8. (*b*) : शेष समूहों में पहले, चौथे, दूसरे, पांचवें और तीसरे स्थानों पर स्थित अक्षरों से वर्णमाला का सीधा अनुक्रम बनता है।

विकल्प (*b*), में पहले, चौथे, पांचवें, दूसरे और तीसरे स्थानों पर स्थित अक्षरों के मेल से वर्णमाला का सीधा अनुक्रम बनता है।

9. (*a*) : शेष समूहों में बायें सिरे पर स्थित अक्षर का वर्णमाला के सीधे क्रम में स्थान दायें सिरे पर स्थित अक्षर का वर्णमाला के उलटे क्रम में स्थान से मेल खाता है, अर्थात्

वर्णमाला का सीधा क्रम : A B C D E F G H I J K L M
वर्णमाला का उल्टा क्रम : Z Y X W V U T S R Q P O N
वर्णमाला का सीधा क्रम : N O P Q R S T U V W X Y Z
वर्णमाला का उल्टा क्रम : M L K J I H G F E D C B A

अत: वर्णमाला के सीधे क्रम में D का स्थान वर्णमाला के उलटे क्रम में W के स्थान से मेल खाता है, और

C का स्थान X से मेल खाता है,

तथा B का स्थान Y से मेल खाता है, और

A का स्थान Z से मेल खाता है,

H का स्थान S से मेल खाता है, और
G का स्थान T से मेल खाता है।

इसी प्रकार,
F का स्थान U से मेल खाता है और
E का स्थान V से मेल खाता है,
अर्थात् 'UV' अक्षरों के स्थान पर 'VU' लिखा जाना चाहिए।

10. ***(b)*** **:** शेष समूहों में अक्षर वर्णमाला के उलटे क्रम में लिखे गए हैं।
विकल्प (*b*) में वर्णमाला का अनुक्रम बाधित है।

11. ***(b)*** **:** शेष समूहों में अक्षरों का अनुक्रम –2, –4, –6 के पैटर्न का पालन करता है, अर्थात्

M K G A ; R P L F
–2 –4 –6 ; –2 –4 –6

V T P J
–2 –4 –6

विकल्प (*b*) में अनुक्रम का निम्नलिखित पैटर्न है :

P N I D
–2 –5 –5

अत: सही पैटर्न होना चाहिए → P N J D
–2 –4 –6

12. ***(c)*** **:** शेष समूहों में कम से कम दो जोड़े अक्षर वर्णमाला के क्रम में हैं, अर्थात्

A B J N M ; Q R T U Z ; W G F P O

विकल्प (*c*) में केवल एक जोड़ा अक्षर–ही वर्णमाला के क्रम में है।

I X Y O Q

13. ***(a)*** **:** शेष समूहों में अक्षरों का अनुक्रम वर्णमाला के सीधे क्रम में +3, +5, +7 पैटर्न का अनुपालन करता है, अर्थात्

R U Z G ; G J O V ; I L Q X
+3 +5 +7 ; +3 +5 +7 ; +3 +5 +7

टिप्पणी : अक्षर श्रृंखला 'Z' पर पहुंचने के बाद 'A' से पुनः आरंभ होती है।

इससे भिन्न विकल्प (*a*) में निम्नलिखित पैटर्न का अनुपालन किया जाता है :

B F J Q
+4 +4 +7

14. ***(c)*** **:** केवल इसी समूह के अक्षर सीधे रेखाखंडों से निर्मित होते हैं।

15. ***(d)*** **:** शेष समूहों में पहला अक्षर 'स्वर' है जिसके बाद तीन क्रमागत अक्षर लिखे गए हैं।

16. ***(b)*** **:** शेष समूहों में अक्षर वर्णमाला के सीधे क्रम में हैं और प्रत्येक दो अक्षरों के बीच एक अक्षर छूटा हुआ है।

17. ***(c)*** **:** शेष समूहों में अक्षर वर्णमाला के सीधे क्रम में हैं और उनके बीच एक अक्षर छूटा हुआ है।

18. ***(d)*** **:** शेष समूहों में अक्षर वर्णमाला के उलटे क्रम में हैं और उनके बीच का अक्षर छूटा हुआ है।

19. ***(a)*** **:** केवल इसी समूह में अक्षर वक्र रेखाओं से बने हैं।

20. ***(b)*** **:** शेष समूहों में पहला अक्षर एक स्वर है।

विजातीय शब्द चयन

इस प्रकार के वर्गीकरण में पांच शब्द दिए जाते हैं जिनमें से चार शब्द तथ्य या अर्थ की दृष्टि से या अन्य किसी न किसी रूप में आपस में संबंधित होते हुए एक समूह बनाते हैं जबकि शेष केवल एक शब्द अन्य चारों से भिन्न होता है। परीक्षार्थी को यह पता लगाना होता है कि वह एक कौन सा शब्द है जो समूह से संबंधित नहीं है और इस कारण विजातीय है।

हल किए गए प्रश्न

निर्देश : *निम्नलिखित पांच शब्दों में से उस एक शब्द का चयन करें जो अन्य चार से भिन्न है :*

1. (*a*) पिता (*b*) माता (*c*) मित्र (*d*) भाई (*e*) बहन

उत्तर (*c*) : अन्य सभी के बीच रक्त संबंध है।

प्रश्नमाला

निर्देश : *यहां दिए गए प्रत्येक प्रश्न में चार शब्द किसी न किसी प्रकार से समान हैं और इस कारण वे एक समूह बनाते हैं जबकि एक शब्द अन्य चारों से भिन्न है। इस भिन्न या विजातीय शब्द को ज्ञात करें।*

1. (*a*) हरा (*b*) लाल (*c*) रंग (*d*) नारंगी (*e*) काला

2. (*a*) अस्तबल (*b*) बिल (*c*) डोंगी (*d*) सुअर-बाड़ा (*e*) घोंसला

3. (*a*) नाक (*b*) आंख (*c*) त्वचा (*d*) जिह्वा (*e*) दांत

4. (*a*) बुध (*b*) चंद्रमा (*c*) बृहस्पति (*d*) मंगल (*e*) पृथ्वी

5. (*a*) खुश (*b*) उदास (*c*) प्रसन्नचित्त (*d*) प्रसन्न (*e*) अति प्रसन्न

6. (*a*) शंकु (*b*) वृत्त (*c*) त्रिभुज (*d*) आयत (*e*) वर्ग

7. (*a*) सीसा (*b*) पारद (*c*) तांबा (*d*) लोहा (*e*) टीन

8. (*a*) पतंग (*b*) चिड़िया (*c*) रडार (*d*) जेट (*e*) रॉकेट

9. (*a*) घुटना (*b*) कंधा (*c*) टखना (*d*) कोहनी (*e*) हथेली

10. (*a*) अतिवृष्टि (*b*) अनावृष्टि (*c*) भूस्खलन (*d*) युद्ध (*e*) भूकंप

11. (*a*) सिंहशावक (*b*) चूजा (*c*) सूअर (*d*) पिल्ला (*e*) मेमना

12. (*a*) खरगोश (*b*) मगरमच्छ (*c*) केंचुआ (*d*) घोंघा (*e*) छिपकली

व्याख्यात्मक उत्तरमाला

1. (*c*) : अन्य सभी विभिन्न प्रकार के रंग हैं।

2. (*c*) : डोंगी एक छोटी नाव होती है। अन्य सभी पशु-पक्षियों के निवासस्थलों के नाम हैं।

3. (*e*) : अन्य सभी ज्ञानेंद्रियां हैं।

4. (*b*) : अन्य सभी ग्रहों के नाम हैं।

5. (*b*) : अन्य सभी आनन्द की अनुभूति को अभिव्यक्त करते हैं।

6. (*a*) : अन्य सभी ज्यामितीय आकृतियां हैं।

7. (*b*) : अन्य सभी ठोस धातुएं हैं।

8. (*c*) : अन्य सभी हवा में उड़ने वाली वस्तुएं हैं। रडार हवा में गमन करने वाली वस्तुओं की पहचान करता है।

9. (*e*) : अन्य सभी स्थानों पर शरीर की हड्डियां आपस में मिलकर एक जोड़ (अस्थि संधि) निर्मित करती हैं।

10. (*d*) : अन्य सभी प्राकृतिक आपदाएं हैं। केवल युद्ध ही मानव द्वारा मानव समाज के समक्ष प्रस्तुत की जाने वाली एक कृत्रिम आपदा है।

11. (*c*) : अन्य सभी शब्द विभिन्न जंतुओं के शिशुओं के नाम हैं।

12. (*a*) : अन्य सभी रेंगने वाले जंतु हैं।

4 सांकेतिक भाषा

भाग-I

कूटलेखन या 'कोडिंग' संवाद–संप्रेषण की एक प्रक्रिया है जिसमें एक गुप्त भाषा का प्रयोग वास्तविक तथ्यों शब्दों/मूल्यों की अभिव्यक्ति या प्रस्तुतिकरण को एक ऐसी भाषा में परिवर्तित करने के लिए किया जाता है जिसे संवाद के प्रेषक और प्राप्तकर्ता के अतिरिक्त कोई तीसरा व्यक्ति समझ न सके। कूटभाषा में लिखने के लिए *(i)* शब्दों के अक्षरों के स्थान पर वर्णमाला के सीधे उलटे क्रम में एक या एकाधिक स्थान आगे या पीछे के अक्षरों को लिखा जाता है; *(ii)* अक्षरों के स्थान पर संख्याओं को या संख्याओं के स्थान पर अक्षरों को लिखा जाता है; *(iii)* दिए गए शब्द के कुछ या सभी अक्षरों को उलटे क्रम में लिखा जाता है; और *(iv)* शब्द के अक्षरों के स्थान पर वर्णमाला के उलटे क्रम में समस्थानिक अक्षरों को लिखा जाता है।

वर्णमाला को सीधे क्रम में लिखने पर प्राप्त शृंखला :

A B C D E F G H I J K L M N O P Q R S T U V W X Y Z

A ↓ प्रथम अक्षर; E ↓ पांचवा अक्षर; J ↓ दसवां अक्षर; O ↓ पंद्रहवां अक्षर; T ↓ बीसवां अक्षर; Y ↓ पच्चीसवां अक्षर

वर्णमाला को उलटे क्रम में लिखने पर प्राप्त शृंखला :

Z Y X W V U T S R Q P O N M L K J I H G F E D C B A

Z ↓ प्रथम अक्षर; V ↓ पांचवां अक्षर; Q ↓ दसवां अक्षर; L ↓ पंद्रहवां अक्षर; G ↓ बीसवां अक्षर; B ↓ पच्चीसवां अक्षर

टिप्पणी : Z पर पहुंचने के पश्चात् शृंखला A से पुनः शुरू होती है और A पर पहुंचने के पश्चात् शृंखला Z से पुनः शुरू होती है।

हल किए गए प्रश्न

1. यदि एक विशेष प्रकार की कूट भाषा में शब्द FACE को GBDF की तरह लिखा जाता हो तो इसी कूट भाषा में BADE को कैसे लिखा जाएगा?

(a) CBEF *(b)* CEBF *(c)* CFBE *(d)* CBFE *(e)* CFEB

उत्तर *(a)* : शब्द के अक्षरों को वर्णमाला के सीधे क्रम में एक चरण आगे का अक्षर लिखकर कूटबद्ध किया गया है।

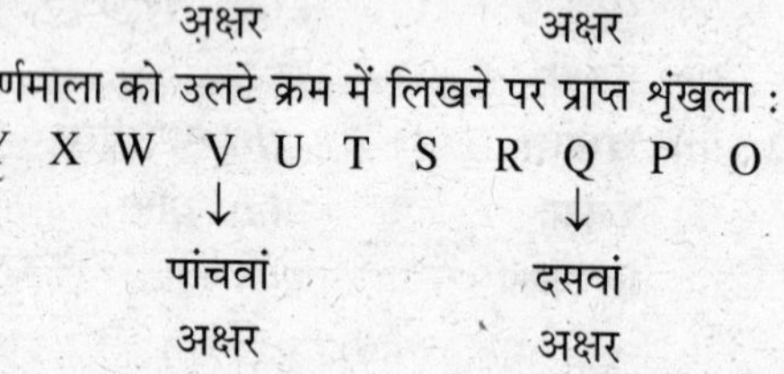

इसी प्रकार,

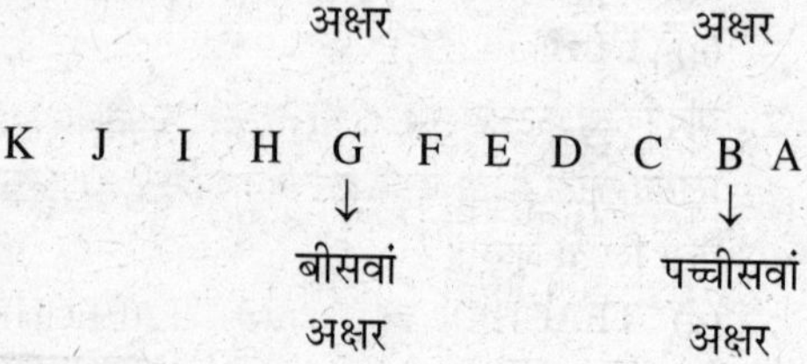

2. यदि किसी कूटभाषा में RESULT को 798206 लिखा गया हो तो उसी कूटभाषा में LET किस प्रकार लिखा जाएगा?

(*a*) 680 (*b*) 092 (*c*) 096 (*d*) 086 (*e*) 608

उत्तर (*c*) : अक्षरों को संख्याओं द्वारा कूटबद्ध किया गया है। दिए गए शब्द को कूटबद्ध करने के लिए संबंधित कूट संख्याएं ज्ञात करें।

R E S U L T → अक्षर

7 9 8 2 0 6 → कूट

अत: LET के लिए कूट संख्याएं निम्नवत् होगी :

L E T → अक्षर

0 9 6 → कूट

प्रश्नमाला

निर्देश : *निम्नलिखित प्रश्नों में दिए गए शब्दों या अक्षरों के लिए इंगित कूटभाषा के शब्द या अक्षर ज्ञात करें।*

1. यदि किसी कूट भाषा में CHAIR को FKDLU के रूप में लिखा जाए तो उसी कूटभाषा में RAID शब्द को किस प्रकार लिखा जाएगा?

(*a*) ULGD (*b*) ULKG
(*c*) ULDG (*d*) UDLG
(*e*) ULPG

2. यदि किसी कूटभाषा में CONDEMN को CNODMEN लिखा जाता है तो उसी कूटभाषा में TEACHER को कैसे लिखा जाएगा?

(*a*) TEACHER (*b*) TAEECHR
(*c*) TCAEEHR (*d*) TAECEHR
(*e*) TAECHER

3. किसी कूटभाषा में COME को XLNV और ABLE को ZYOV लिखा जाता है। इसी कूटभाषा में MOLLY किस प्रकार लिखा जाएगा?

(*a*) NLOBO (*b*) NLBOO
(*c*) LNOOB (*d*) NLOOB
(*e*) LNOBO

4. यदि किसी विशेष कूटभाषा में PROFESSION को EFORPNOISS के रूप में लिखा जाता हो तो उसी कूटभाषा में DICTIONARY को निम्नलिखित में से किस प्रकार लिखा जाएगा?

(*a*) YRANOITCID (*b*) ITCIDYRANO
(*c*) ITCIDYRNAO (*d*) ITCDIYARNO
(*e*) ITCIDRYANO

5. यदि किसी कूटभाषा में JUNE को NXPF लिखा जाता हो तो उसी कूटभाषा में STAY को कैसे लिखा जाएगा?

(*a*) WWCZ (*b*) WVCZ
(*c*) WWDB (*d*) VWZC
(*e*) VWCZ

6. यदि किसी कूटभाषा में GENIUS को IGPKWU लिखा जाता हो तो उसी कूटभाषा में IDIOT को कैसे लिखा जाएगा?

(*a*) JEJPU (*b*) KFKQV
(*c*) LGLRW (*d*) HCHNS
(*e*) NCNHS

7. यदि किसी कूटभाषा में ACTION को ZXGRLM लिखा जाता हो तो उसी कूटभाषा में HEALTH को कैसे लिखा जाएगा?

(*a*) SVZOGS (*b*) TVZOGT
(*c*) RUZPGR (*d*) QVGOZQ
(*e*) PVGOZP

8. यदि किसी कूटभाषा में THOUSAND को SGNTRZMC लिखा जाए तो उसी कूटभाषा में FUMING को कैसे लिखा जाएगा?

(*a*) GVNJOH (*b*) ETHLMF
(*c*) EVLJMH (*d*) ETLHMF
(*e*) ELTMHF

9. यदि किसी विशेष कूटभाषा में EARTHQUAKE को MOGPENJOSM के रूप में लिखा जाता हो तो उसी कूटभाषा में EQUATE निम्नलिखित में से किस प्रकार लिखा जाएगा?

(*a*) MENOPM (*b*) MENOMP
(*c*) MJOGPM (*d*) MNJOPM
(*e*) MNEOPM

10. एक विशेष कूटभाषा में कूटबद्ध शब्द HJIZT का कूटवाचन MONEY के रूप में किया जाता है। इसी कूटभाषा में लिखे गए शब्द NOVGZ से निम्नलिखित में से कौन-सा अर्थ निरूपित होगा?
(*a*) STUMP (*b*) STALE
(*c*) STICK (*d*) SPIRE
(*e*) STEAL

11. एक विशेष कूटभाषा में JOSEPH को FKOALD के रूप में कूटबद्ध किया जाता है। इसी कूटभाषा में GEORGE किस प्रकार लिखा जाएगा?
(*a*) CBJNCA (*b*) CANKCA
(*c*) CAKNCA (*d*) CAKCNA
(*e*) CNKACA

12. किसी विशेष सांकेतिक भाषा में COUNTRY शब्द को EMWLVPA के रूप में कूटबद्ध किया जाता है। इसी विशेष भाषा में ELECTORATE किस रूप में लिखा जाएगा?
(*a*) CJCEVQPYWC
(*b*) GJGERQTYVG
(*c*) CNCERQPCRG
(*d*) GJGAVMTYVC
(*e*) GJAGVMYTVC

13. यदि किसी कूटभाषा में PORTUGESE को ESEGUTROP लिखा जाता हो तो उसी कूटभाषा में MALAYALAM किस प्रकार लिखा जाएगा?
(*a*) MALAYALAM
(*b*) MALYALAM
(*c*) MALAYALM
(*d*) MALAYLAM
(*e*) MLAYALAM

14. यदि PHILOSOPHY को HPLISOPOYH लिखा जाता हो तो ORNAMENTAL कैसे लिखा जाएगा?
(*a*) ROANEMNTLA
(*b*) ONRAMNEALT
(*c*) ROANEMTNLA
(*d*) ROANEMNATL
(*e*) RONAMENTLA

15. यदि SABOTAGE को UADOVAIE के रूप में कूटबद्ध किया गया हो तो EMERGENCY को कैसे कूटबद्ध किया जाएगा?
(*a*) GMGRIEPCA
(*b*) GMGRGEPCA
(*c*) BNBQFDOBZ
(*d*) EOETGGNEY
(*e*) GMGIRPECA

16. यदि किसी कूटभाषा में लिखे गए शब्द OPFGBCST का अर्थवाचन NEAR के रूप में किया जाता हो तो उसी कूटभाषा में कूटबद्ध IJVWHI का अर्थ निम्नलिखित में से क्या होगा?
(*a*) HAG (*b*) HUG
(*c*) HUT (*d*) KEG
(*e*) KUG

17. किसी कूटभाषा में 'w' को 'a', 's' को 'r' और 'r' को 'w' लिखा जाता है। इसी कूटभाषा में 'answer' कैसे लिखा जाएगा?
(*a*) wnsaes (*b*) anraew
(*c*) anrwas (*d*) wnraes
(*e*) wasnes

18. यदि किसी कूटभाषा में m को g, g को o, a को i और i को y लिखा जाता हो, तो उसी कूटभाषा में 'imagination' कैसे लिखा जाएगा?
(*a*) ygagynatyin (*b*) ygioynityog
(*c*) ygioynityon (*d*) ygioyintyon
(*e*) ygiyonityon

19. किसी विशेष कूटलिपि में PUNCTUAL को 16598623 के रूप में कूटबद्ध किया जाता है। इसी कूटलिपि में ACTUPULN निम्नलिखित में से किस प्रकार लिखा जाएगा?
(*a*) 29861653 (*b*) 29861635
(*c*) 28916135 (*d*) 29851536
(*e*) 29686153

20. यदि OUT को 152120 के रूप में कूटबद्ध किया जाता हो तो इसी नियम का प्रयोग करके IN को निम्नलिखित में से कैसे लिखा जाएगा?
(*a*) 1015 (*b*) 819
(*c*) 1813 (*d*) 914
(*e*) 149

व्याख्यात्मक उत्तरमाला

1. *(d)* : शब्द को कूटबद्ध करने के लिए उसके अक्षरों से वर्ण-माला के क्रम में +3 चरण आगे के अक्षर लिए गए हैं।

CHAIR   FKDLU

+3
+3
+3
+3
+3

इसी प्रकार,

RAID   UDLG

+3
+3
+3
+3

2. *(d)* : इस शब्द में दूसरे और तीसरे अक्षर एक दूसरे के स्थान पर आ जाते हैं और पांचवे और छठे अक्षरों द्वारा भी इसी नियम का पालन किया जाता है। शेष अक्षरों का स्थान अपरिवर्तित रहता है।

CONDEMN   CNODMEN

इसी प्रकार,

TEACHER   TAECEHR

3. *(d)* : शब्द के अक्षरों को कूटबद्ध करने के लिए वर्णमाला के उलटे क्रम में समान स्थान वाले अक्षरों को लिया गया है।

C O M E → वर्णमाला के सीधे क्रम में अक्षर
X L N V → वर्णमाला के उलटे क्रम में समान स्थान वाले अक्षर
↓ ↓ ↓ ↓
3रा 15वां 13वां 5वां → वर्णमाला में अक्षरों का स्थान

A B L E → वर्णमाला के सीधे क्रम में अक्षर
Z Y O V → वर्णमाला के उलटे क्रम में समान स्थान वाले अक्षर
↓ ↓ ↓ ↓
1ला 2रा 12वां 5वां → वर्णमाला के अक्षरों का स्थान

इसी प्रकार,

M O L L Y → वर्णमाला के सीधे क्रम में अक्षर
N L O O B → वर्णमाला के उलटे क्रम में समान स्थान वाले अक्षर
↓ ↓ ↓ ↓ ↓
13वां 15वां 12वां 12वां 25वां → वर्णमाला में अक्षरों का स्थान

4. *(b)* : शब्द को दो समान भागों में विभाजित करके प्रत्येक भाग के अक्षरों को विपरीत अनुक्रम में लिखा गया है।

PROFE SSION   EFORP NOISS

इसी प्रकार,

DICTI ONARY   ITCID YRANO

5. *(a)* : शब्द को कूटबद्ध करने के लिए उसके अक्षरों से वर्णमाला के सीधे क्रम में क्रमशः +4, +3, +2, और +1 चरण आगे के अक्षर लिए गए हैं।

JUNE   NXPF

+4
+3
+2
+1

इसी प्रकार,

STAY   WWCZ

+4
+3
+2
+1

6. *(b)* **:** शब्द को कूटबद्ध करने के लिए उसके अक्षरों से वर्णमाला के सीधे क्रम में दो चरण आगे के अक्षर लिए गए हैं।

G E N I U S → I G P K W U

+2
+2
+2
+2
+2
+2

इसी प्रकार,

I D I O T → K F K Q V

+2
+2
+2
+2
+2

7. *(a)* **:** शब्द के अक्षरों को कूटबद्ध करने के लिए वर्णमाला के उलटे क्रम में समान स्थान वाले अक्षरों को लिया गया है।

A C T I O N → वर्णमाला के सीधे क्रम में अक्षर

Z X G R L M → वर्णमाला के उलटे क्रम में समान स्थान वाले अक्षर

1ला 3रा 20वां 9वां 15वां 14वां → वर्णमाला में अक्षरों का स्थान

इसी प्रकार,

H E A L T H → वर्णमाला के क्रम में अक्षर

S V Z O G S → वर्णमाला के उलटे क्रम में समान स्थान वाले अक्षर

8वां 5वां 1ला 12वां 20वां 8वां → वर्णमाला में अक्षरों का स्थान

8. *(d)* **:** शब्द को कूटबद्ध करने के लिए उसके अक्षरों से वर्णमाला के सीधे क्रम में एक चरण पीछे के अक्षर लिए गए हैं।

THOUSAND → SGNTRZMC

−1
−1
−1
−1
−1
−1
−1
−1

इसी प्रकार,

FUMING → ETLHMF

−1
−1
−1
−1
−1
−1

9. *(d)* **:** EQUATE शब्द के अक्षर EARTHQUAKE शब्द से लिए गए हैं।

उत्तर कूट प्राप्त करने के लिए कूटबद्ध शब्द से अक्षरों का मिलान करें।

E A R T H Q U A K E → अक्षर

M O G P E N J O S M → कूट

E QUA T E → कूटबद्ध किए जाने वाले अक्षर

M N J O P M → उत्तर कूट

10. *(b)* **:** कूट भाषा में लिखे गए शब्द का अर्थ निरूपित करने के लिए उसके अक्षरों से वर्णमाला के सीधे क्रम में 5 चरण आगे के अक्षर लिए गए हैं, अर्थात्

H J I Z T → M O N E Y

+5
+5
+5
+5
+5

इसी प्रकार,

N O V G Z → S T A L E

+5
+5
+5
+5
+5

11. *(c)* : शब्द को कूटबद्ध करने के लिए शब्द के अक्षरों से वर्णमाला के क्रम में 4 चरण पीछे के अक्षर लिए गए हैं।

J O S E P H → F K O A L D

–4 –4 –4 –4 –4 –4

इसी प्रकार,

G E O R G E → C A K N C A

–4 –4 –4 –4 –4 –4

12. *(d)* : शब्द को कूटबद्ध करने के लिए शब्द के अक्षरों से वर्णमाला के क्रम में क्रमशः 2 चरण आगे और दो चरण पीछे के अक्षर लिए गए हैं।

C O U N T R Y → E M W L V P A

+2 –2 +2 –2 +2 –2 +2

इसी प्रकार,

ELECTORATE → GJGAVMTYVC

+2 –2 +2 –2 +2 –2 +2 –2 +2 –2

13. *(a)* : दिए गए शब्द के अक्षरों को उलटे क्रम में लिख कर शब्द को कूटबद्ध किया गया है।

PORTUGESE → ESEGUTROP

इसी प्रकार,

MALAYALAM → MALAYALAM

14. *(c)* : शब्द को कूटबद्ध करने के लिए उसके दो क्रमागत अक्षरों को एक दूसरे के स्थान पर लिखा जाता है।

PH IL OS OP HY → HP LI SO PO YH

इसी प्रकार,

OR NA ME NT AL → RO AN EM TN LA

15. *(a)* : शब्द को कूटबद्ध करने के लिए शब्द में विषम स्थान पर स्थित अक्षर से वर्णमाला के क्रम में +2 चरण आगे के अक्षर लिखे गए हैं।

SABOTAGE → UADOVAIE

+2 +2 +2 +2

इसी प्रकार,

EMERGENCY → GMGRIEPCA

+2 +2 +2 +2 +2

16. *(b)* : कूटबद्ध शब्द का अर्थ-निर्वचन निम्नलिखित रूप में किया गया है :

↓ OP ↓ FG ↓ BC ↓ ST → कूट

N E A R → दिया गया शब्द

अतः कूटबद्ध शब्द का अर्थ-निर्वचन करने के लिए वर्णमाला के अनुक्रम में दो क्रमागत अक्षरों से पहले के अक्षर लिए जाते हैं।

इसी प्रकार,

↓ IJ ↓ VW ↓ HI → दिया गया शब्द

H U G → उत्तर शब्द

17. *(b)* : कूटबद्ध अक्षर

w → a
s → r
r → w

शेष सभी अक्षर अपरिवर्तित रहेंगे, अत: 'answer' को निम्नवत् कूटबद्ध किया जाएगा :

a n s w e r   a n r a e w

18. *(c)* : कूटबद्ध अक्षर :

m → g
g → o
a → i
i → y

शेष सभी अक्षर अपरिवर्तित रहेंगे, अतः 'imagination' को निम्नवत् कूटबद्ध किया जाएगा:

i m a g i n a t i o n   y g i o y n i t y o n

अक्षर n, t और o परिवर्तित नहीं होते।

19. *(b)* : शब्द PUNCTUAL के अक्षरों को यादृच्छिक क्रम में लेकर ACTUPULN शब्द लिखा गया है। इसी प्रकार संख्या कूट भी लिखा जाएगा

P U N C T U A L → दिया गया शब्द
1 6 5 9 8 6 2 3 → कूट

इसी प्रकार,

A C T U P U L N → कूटबद्ध किया जाने वाला शब्द
2 9 8 6 1 6 3 5 → उत्तर कोड

20. *(d)* : कूट लेखन के लिए प्रयोग में लाई गई संख्याएं वर्णमाला के सीधे क्रम (ABCD...) में अक्षरों के स्थान को सूचित करती है।

O	U	T	→	OUT
↓	↓	↓		
15वां	21वां	20वां	→	152120

इसी प्रकार,

I	N	→	IN
↓	↓		
9वां	14वां	→	914

प्रश्नमाला

निर्देश (प्र.सं. 1-5 और 6-10 के लिए) : *निम्नलिखित प्रश्न पिछले प्रश्नों में प्रयुक्त पैटर्न पर आधारित है। कूटलेखन की पद्धति को समझ कर प्रश्नों के उत्तर दें।*

	स्तम्भ-I		स्तम्भ-II
(1)	FAMOUS	(a)	jcqhxp
(2)	SATIRE	(b)	hqdbyn
(3)	FRIGHT	(c)	ybcnke
(4)	TANGLE	(d)	zewhnd
(5)	ROVING	(e)	epbmyw
(6)	HUNTER	(f)	wdnbxk

1. U के लिए कौन सा कूट प्रयोग किया गया है?
(*a*) d (*b*) n
(*c*) b (*d*) x
(*e*) y

2. N के लिए कौन सा कूट प्रयोग किया गया है?
(*a*) e (*b*) p
(*c*) m (*d*) w
(*e*) d

3. A के लिए कौन सा कूट प्रयोग किया गया है?
(*a*) h (*b*) q
(*c*) b (*d*) n
(*e*) k

4. F के लिए कौन सा कूट प्रयोग किया गया है?
(*a*) w (*b*) p
(*c*) d (*d*) c
(*e*) x

5. E के लिए कौन सा कूट प्रयोग किया गया है?
(*a*) d (*b*) n
(*c*) b (*d*) k
(*e*) w

	स्तम्भ-I		स्तम्भ-II
(1)	WRONG	(a)	cklxd
(2)	GRANT	(b)	pdqkc
(3)	STEAM	(c)	qpuns
(4)	CROWS	(d)	lxnvk
(5)	CEMET	(e)	usqvs
(6)	TERMS	(f)	nukqs

6. N के लिए कौन सा कूट प्रयोग किया गया है?
(*a*) c (*b*) x
(*c*) l (*d*) n
(*e*) p

7. M के लिए कौन सा कूट प्रयोग किया गया है?
(*a*) v (*b*) q
(*c*) u (*d*) s
(*e*) l

8. W के लिए कौन सा कूट प्रयोग किया गया है?
(*a*) d (*b*) x
(*c*) c (*d*) p
(*e*) v

9. G के लिए कौन सा कूट प्रयोग किया गया है?
(*a*) k (*b*) c
(*c*) s (*d*) d
(*e*) u

10. S के लिए कौन सा कूट प्रयोग किया गया है?
(*a*) n (*b*) s
(*c*) d (*d*) k
(*e*) x

व्याख्यात्मक उत्तरमाला

1. (*d*) : कथन (1) एवं (6) से U = X.
2. (*d*) : कथन (5) एवं (6) से RN = bw. कथन (4) से N = w.
3. (*a*) : कथन (2) एवं (4) से ATE = hdn. कथन (6) से TE = dn. अत:, A = h.
4. (*d*) : कथन (1) एवं (3) से F = c.
5. (*a*) : कथन (2) एवं (4) से ATE = hdn. कथन (6), TE = dn. कथन (3) से T = n. अत:, E = d.
6. (*a*) : कथन (1) एवं (2) से N = C.
7. (*c*) : कथन (3), (5) एवं (6) से M = u.
8. (*b*) : कथन (1) एवं (4) से W = x.
9. (*d*) : कथन (1) एवं (2) से G = d.
10. (*a*) : कथन (3), (4) एवं (6) से S = n.

भाग-III

कूट लेखन विभिन्न प्रकार से किया जाता है। कूटभाषा का प्रयोग न केवल शब्दों और संख्याओं के लिए किया जाता है बल्कि किसी शब्द-समूह, विवरण या कभी-कभी वाक्यों को भी कूटभाषा द्वारा संप्रेषित किया जाता है। इस प्रकार की कूटभाषा से भ्रम की स्थिति उत्पन्न हो सकती है किंतु कुछ प्रश्नों को हल कर लेने के बाद ऐसी कूटभाषा को समझना और हल करना अत्यंत सरल हो जाता है। इस प्रकार की कूटभाषा पर आधारित प्रश्नों को हल करने के लिए अक्षरों को गिनने या छोड़ने अथवा गणितीय परिकलनों की श्रमसाध्य प्रक्रिया को अपनाने की आवश्यकता नहीं होती बल्कि इनके लिए तेजी से मिलान करने या सादृश्यता स्थापित करने की क्षमता ही अपेक्षित होती है। कूट के रूप में अक्षरों या संख्याओं का प्रयोग किया जा सकता है।

हल किए गए प्रश्न

1. यदि किसी कूटभाषा में 'ra mei ket' का अर्थ है 'he is rich'; 'rui pha jeu' का अर्थ है 'run for money'; और 'pha rui ket' का अर्थ है 'money for rich' उस कूटभाषा में 'rich' के लिए निम्नलिखित में से किस कूट का प्रयोग किया गया है?
(*a*) ra (*b*) pha (*c*) ket (*d*) jeu (*e*) mei

उत्तर (*c*) : दी गई जानकारी है :

कूट	**वाक्य**
1. ra mei *ket*	he is *rich*
2. rui pha jeu	run for money
3. pha rui *ket*	money for *rich*

कूटों और वाक्यों की तुलना करने पर यह स्पष्ट होता है कि वाक्य 1 और 3 दोनों में 'rich' शब्द है और दोनों ही वाक्यों में इसके लिए 'ket' शब्द का प्रयोग किया गया है।

प्रश्नमाला

निर्देश : *नीचे के प्रत्येक प्रश्न में कूटलेखन के पैटर्न को ध्यान से देखें और दिए गए विकल्पों में से सही उत्तर का चयन करें।*

1. यदि किसी कूटभाषा में (a) 'go ju mi' का अर्थ है 'plenty of money'; (b) pao ju go nei vu' का अर्थ है 'money creates lots of problems'; (c) 'kol vu nei' का अर्थ है 'problems create tension'; और (d) 'sol tun ju haw' का अर्थ है 'still money is needed' तो उस कूट भाषा में निम्नलिखित में से किसका अर्थ 'money' है?

(*a*) nei (*b*) ju
(*c*) haw (*d*) go
(*e*) pao

2. किसी कूटभाषा में (a) 'FOR' का अर्थ है 'old is gold'; (b) 'ROT' का अर्थ है 'gold is pure'; (c) 'ROM' का अर्थ है 'gold is costly'। इसी कूटभाषा में 'pure old gold is costly' कैसे लिखा जाएगा?

(*a*) TFROM (*b*) FOTRM
(*c*) FTORM (*d*) TOMRF
(*e*) TOFRM

3. यदि किसी कूटभाषा में '415' का अर्थ है 'milk is hot'; '18' का अर्थ है 'hot soup'; और '895' का अर्थ है 'soup is tasty' तो उसी कूटभाषा में 'tasty' शब्द किस संख्या द्वारा निरूपित होगा?

(*a*) 9 (*b*) 8
(*c*) 5 (*d*) 4
(*e*) 1

4. यदि किसी कूटभाषा में '643' का अर्थ है 'she is beautiful', '593' का अर्थ है 'he is handsome', और '567' का अर्थ है 'handsome meets beautiful' तो उसी कूटभाषा में 'meets' शब्द निम्नलिखित में से किस संख्या द्वारा सूचित होगा?

(*a*) 5 (*b*) 3
(*c*) 7 (*d*) 6
(*e*) 4

5. किसी कूटभाषा में (a) 'dugo hui mul zo' का अर्थ है 'work is very hard'; (b) 'hui dugo ba ki' का अर्थ है 'Bingo is very smart'; (c) 'nano mul dugo' का अर्थ है 'cake is hard', और (d) 'mul ki qu' का अर्थ है 'smart and hard' इस कूट भाषा में 'Bingo' के लिए किस कूटशब्द का प्रयोग किया गया है?

(*a*) jalu (*b*) dugo
(*c*) ki (*d*) ba
(*e*) zo

6. किसी कूटभाषा में (a) 'pic vic nic' का अर्थ है 'winter is cold'; (b) 'to nic re' का अर्थ है 'summer is hot'; (c) 're pic boo' का अर्थ है 'winter and summer' और (d) 'vic tho pa' का अर्थ है 'nights are cold' इस कूटभाषा में 'summer' के लिए किस कूटशब्द का प्रयोग किया जाता है?

(*a*) nic (*b*) boo
(*c*) to (*d*) re
(*e*) pic

7. किसी कूटभाषा में (a) 'mx das sci' का अर्थ है 'good little frock'; (b) 'jm coz sci' का अर्थ है 'girl behaves good'; (c) 'ngv drs coz' का अर्थ है 'girl makes mischief'; और (d) 'das gp coz' का अर्थ है 'little girl fell' इस कूटभाषा में 'frock' के लिए किस कूट शब्द का प्रयोग किया गया है?

(*a*) mx (*b*) das
(*c*) sci (*d*) gp
(*e*) coz

8. किसी कूटभाषा में 'mu mit es' का अर्थ है 'who is she' और 'elb mu es' का अर्थ है 'where is she' इस कूटभाषा में 'where' के लिए किस कूटशब्द का प्रयोग किया जाता है?

(*a*) es (*b*) elb
(*c*) mu (*d*) mit
(*e*) इनमें से कोई नहीं

व्याख्यात्मक उत्तरमाला

1. (*b*) :

कूट	वाक्य
1. go *ju* mi	plenty of *money*
2. pao *ju* go nei vu	*money* creates lots of problems
3. kol vu nei	problems create tension
4. sol tun *ju* haw	still *money* is needed

ऊपर के पहले, दूसरे और चौथे कूटों और संबंधित वाक्यों में 'ju' शब्द और उसके लिए 'money' शब्द लिखा गया है।

2. (*a*) :

कूट	वाक्य
1. FOR	old is gold
2. ROT	gold is pure
3. ROM	gold is costly

अतः,

F का अर्थ है old

O का अर्थ है is

R का अर्थ है gold

T का अर्थ है pure

M का अर्थ है costly

अतः 'pure old gold is costly' को 'TFROM' द्वारा व्यक्त किया जाएगा।

3. (*a*) :

कूट	वाक्य
1. 415	milk is hot
2. 18	hot soup
3. 895	soup is *tasty*

तीसरे कूट और उससे संबंधित वाक्य में दी गई न तो संख्या '9' और न ही शब्द 'tasty' को किसी अन्य कूट और वाक्य में दोहराया गया है।

4. (*c*) :

कूट	वाक्य
1. 643	she is beautiful
2. 593	he is handsome
3. 567	handsome *meets* beautiful

तीसरे कूट और उससे संबंधित वाक्य में दी गई न तो संख्या '7' और न ही शब्द 'meets' को किसी अन्य कूट और वाक्य में दोहराया गया है।

5. (*d*) :

कूट	वाक्य
1. *dugo hui* mul zo	work *is very* hard
2. *hui dugo* **ba** *ki*	**Bingo** *is very smart*
3. nano mul *dugo*	cake is *hard*
4. mul *ki* qu	*smart* and hard

दूसरे कूट और संबंधित वाक्य में निहित न तो 'ba' और न ही अर्थ शब्द 'Bingo' की पुनरावृत्ति होती है।

(जिन शब्दों की पुनरावृत्ति होती है उन्हें तिरछे अक्षरों में लिखा गया है)

6. (*d*) :

कूट	वाक्य
1. pic vic nic	winter is cold
2. to nic *re*	*summer* is hot
3. *re* pic boo	winter and *summer*
4. vic tho pa	nights are cold

शब्द 'summer' और कूट 're' की दूसरे और तीसरे वाक्यों में पुनरावृत्ति होती है।

7. (*a*) :

कूट	वाक्य
1. **mx** *das sci*	*good little* **frock**
2. jm coz *sci*	girl behaves *good*
3. ngv drs coz	girl makes mischief
4. *das* gp coz	*little* girl fell

शब्द 'frock' केवल पहले वाक्य में है। कूट शब्द 'das' को चौथे वाक्य में और 'sci' को दूसरे वाक्य में दोहराया गया है। अतः स्पष्ट है कि 'frock' के लिए कूट शब्द 'mx' का प्रयोग किया गया है।

8. (*b*) :

कूट	वाक्य
1. *mu* mit *es*	who *is she*
2. **elb** *mu* es	**where** *is she*

कूट शब्दों 'mu' और 'es' को दोनों वाक्यों में दोहराया गया है। केवल कूट शब्द 'elb' ही बचता है जिसका अर्थ 'where' है।

5 कथन एवं निष्कर्ष

इस प्रकार के तर्कबुद्धि परीक्षण में दो या दो से अधिक कथन दिए जाते हैं जिनके आधार पर दो या दो से अधिक निष्कर्ष ज्ञात करने होते हैं। अभ्यर्थियों से यह अपेक्षा की जाती है कि वे अंतर्निहित तर्क को समझें और दिए गए विकल्पों में से किसी एक का सही उत्तर के रूप में चयन करें।

हल किए गए प्रश्न

दिए गए विकल्पों (*a*), (*b*), (*c*), (*d*) और (*e*) में से निष्कर्षों के उस समुच्चय का चयन करें जो दिए गए कथनों से तर्कसंगत निकलता है।

कथन I : कुछ पुरुष कुर्सियां हैं।
II : सभी कुर्सियां सिगार हैं।

निष्कर्ष I : कुछ पुरुष सिगार हैं।
II : कुछ सिगार पुरुष हैं।
III : सभी सिगार कुर्सियां हैं।
IV : कुछ कुर्सियां पुरुष हैं।

(*a*) कोई निष्कर्ष निकाला नहीं जा सकता
(*b*) सभी निष्कर्ष सही हैं।
(*c*) केवल निष्कर्ष I, II, और IV सही हैं।
(*d*) केवल निष्कर्ष I, III, और IV सही हैं।
(*e*) इनमें से कोई नहीं

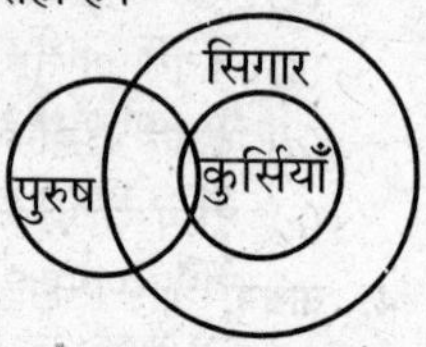

उत्तर (*c*) : जबकि कुछ पुरुष कुर्सियां हैं और सभी कुर्सियां सिगार हैं तो स्पष्ट है कि कुछ पुरुष सिगार हैं और कुछ सिगार पुरुष हैं। कुछ सिगार पुरुष होंगे और जबकि कुछ पुरुष कुर्सियां हैं तो कुछ कुर्सियां पुरुष हैं। अत: निष्कर्ष I, II और IV सही हैं।

प्रश्नमाला

निर्देश (प्रश्न 1 से 10): *नीचे प्रत्येक प्रश्न में तीन कथन और उसके बाद चार निष्कर्ष, I, II, III और IV दिए गए हैं। आपको दिए गए कथनों को सत्य मानना होगा भले ही वे सर्वज्ञात तथ्यों से भिन्न प्रतीत होते हों। सभी निष्कर्षों को पढ़िए और फिर तय कीजिए कि दिए गए निष्कर्षों में से कौन सा निष्कर्ष दिए गए कथनों का तार्किक ढंग से अनुसरण करता है, भले ही सर्वज्ञात तथ्य कुछ भी हों।*

1. कथनः कुछ मोती पत्थर हैं। कुछ पत्थर हीरे हैं। कोई हीरा रत्न नहीं है।

निष्कर्ष **I.** कुछ रत्न मोती हैं।
II. कुछ रत्न हीरा नहीं है।
III. कोई रत्न हीरा नहीं है।
IV. कोई रत्न मोती नहीं है।

(*a*) केवल या तो I या IV और या तो II या III अनुसरण करते हैं।
(*b*) केवल III और IV अनुसरण करते हैं।
(*c*) केवल III और या तो I या IV अनुसरण करते हैं

(*d*) केवल I और II अनुसरण करते हैं।
(*e*) इनमें से कोई नहीं

2. कथनः कुछ डोरियां रस्सियां हैं। कुछ रस्सियां धागे हैं। सभी धागे सुइयां हैं।

निष्कर्ष **I.** कुछ सुइयां रस्सियां हैं।
II. कुछ धागे डोरियां हैं।
III. सभी सुइयां या तो डोरियां हैं या रस्सियां हैं।
IV. कुछ सुइयां धागे हैं।

(*a*) कोई अनुसरण नहीं करता है।
(*b*) केवल II और IV अनुसरण करते हैं।
(*c*) केवल III और IV अनुसरण करते हैं
(*d*) सभी अनुसरण करते हैं।
(*e*) इनमें से कोई नहीं

3. कथनः सभी कप गिलास हैं। कुछ गिलास कटोरे हैं। कोई कटोरा प्लेट नहीं है।

निष्कर्ष **I.** कोई कप प्लेट नहीं है।
II. कोई गिलास प्लेट नहीं है।
III. कुछ प्लेटें कटोरे हैं।
IV. कुछ कप गिलास नहीं हैं।

(*a*) कोई अनुसरण नहीं करता है।
(*b*) केवल III और IV अनुसरण करते हैं।
(*c*) केवल या तो I या III अनुसरण करता है।
(*d*) केवल II और III अनुसरण करते हैं।
(*e*) इनमें से कोई नहीं

4. कथनः कुछ थैले बटुए हैं। सभी बटुए डिब्बे हैं। सभी डिब्बे सूटकेस हैं।

निष्कर्ष **I.** कुछ सूटकेस थैले हैं।
II. सभी बटुए थैले हैं।
III. सभी बटुए सूटकेस हैं।
IV. कुछ डिब्बे बटुए हैं।

(*a*) केवल I, II और III अनुसरण करते हैं
(*b*) केवल II और III अनुसरण करते हैं।
(*c*) केवल I और III अनुसरण करते हैं।
(*d*) केवल II, III और IV अनुसरण करते हैं।
(*e*) केवल I, III और IV अनुसरण करते हैं।

5. कथनः कुछ टेप डिस्क हैं। कुछ डिस्क कैसेट हैं। कुछ कैसेट गाने हैं।

निष्कर्ष **I.** कुछ गाने डिस्क हैं।
II. कुछ कैसेट टेप हैं।
III. कुछ गाने टेप हैं।
IV. कोई गाना डिस्क नहीं है।

(*a*) केवल III और या तो II या IV अनुसरण करते हैं।
(*b*) केवल III और IV अनुसरण करते हैं।
(*c*) केवल या तो II या IV अनुसरण करते हैं।
(*d*) केवल या तो I या IV का अनुसरण करता है।
(*e*) इनमें से कोई नहीं

6. कथनः कुछ पत्ते पौधे हैं। कुछ पौधे फूल हैं। सभी फूल पेड़ हैं।

निष्कर्ष **I.** कुछ पेड़ पत्ते हैं।
II. सभी फूल या तो पत्ते या पौधे हैं।
III. कोई पत्ता फूल नहीं है।
IV. सभी पत्ते पेड़ हैं।

(*a*) कोई अनुसरण नहीं करता है।
(*b*) केवल I और II अनुसरण करते हैं।
(*c*) केवल I, II और IV अनुसरण करते हैं।
(*d*) केवल II और III अनुसरण करते हैं।
(*e*) इनमें से कोई नहीं

7. कथनः कुछ चम्मच कटोरे हैं। सभी कटोरे चाकू हैं। सभी चाकू कांटे हैं।

निष्कर्ष **I.** सभी चम्मच कांटे हैं।
II. सभी कटोरे कांटे हैं।
III. कुछ चाकू कटोरे हैं।
IV. कुछ कांटे चम्मच हैं।

(*a*) सभी अनुसरण नहीं करते हैं।
(*b*) केवल II, III और IV अनुसरण करते हैं।
(*c*) केवल III और IV अनुसरण करते हैं।
(*d*) केवल II और IV अनुसरण करते हैं।
(*e*) इनमें से कोई नहीं

8. कथनः सभी कारें मोपेड हैं। कुछ मोपेड पहाड़ियाँ हैं। सभी पेंसिलें मोपेड हैं।

निष्कर्ष **I.** सभी पेंसिलें पहाड़ियाँ हैं।
II. कुछ पेंसिलें कारें हैं।
III. कुछ कारें पहाड़ियाँ हैं।
IV. कोई पेंसिल कार नहीं है।

(*a*) केवल I निकलता है।
(*b*) केवल या तो II या IV निकलता है।
(*c*) केवल I या III निकलता है
(*d*) केवल I और IV निकलता है।
(*e*) इनमें से कोई नहीं

9. कथनः कुछ बकरियाँ हैम्पर हैं। सभी हैम्पर हीरे हैं। कोई हीरा हरा नहीं है।

निष्कर्ष **I.** कोई बकरी हरी नहीं है।
II. कुछ हीरे हैम्पर नहीं हैं।
III. कुछ बकरियाँ हीरे हैं।
IV. कुछ हरे हैम्पर हैं।

(*a*) केवल I और IV निकलता है।
(*b*) केवल II और IV निकलता है।
(*c*) केवल II और III निकलता है।
(*d*) केवल या तो II या III निकलता है।
(*e*) इनमें से कोई नहीं

10. कथनः कुछ राजे कार हैं। कुछ कारें बोतल हैं। कोई बोतल नींबू नहीं है।

निष्कर्ष **I.** कुछ कारें नींबू हैं।
II. कोई राजा नींबू नहीं है।
III. कुछ राजे बोतल हैं।
IV. सभी कारें या तो राजे हैं या बोतल हैं।

(*a*) केवल I और II निकलते हैं।
(*b*) केवल या तो I या II और IV निकलते हैं।
(*c*) केवल III या IV निकलते हैं।
(*d*) केवल IV निकलता है।
(*e*) इनमें से कोई नहीं

व्याख्यात्मक उत्तरमाला

1. (*c*) : 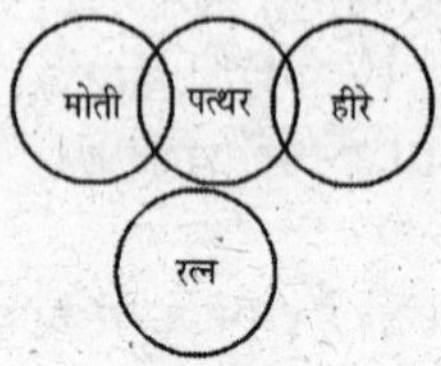

या 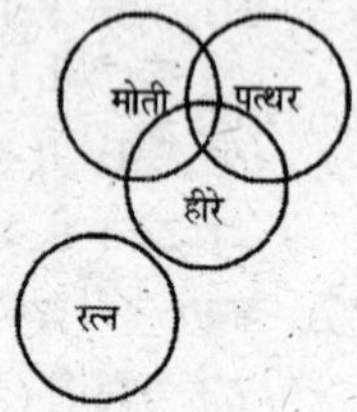

या 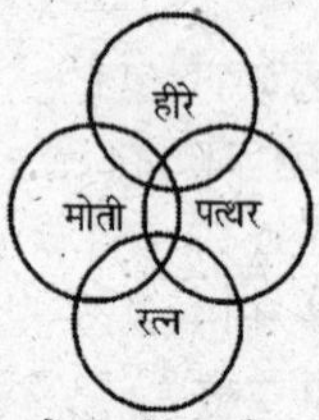

अतः केवल निष्कर्ष III और या तो निष्कर्ष I या IV अनुसरण करते हैं।

2. (*e*) : 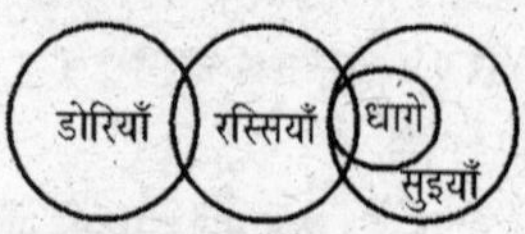

या 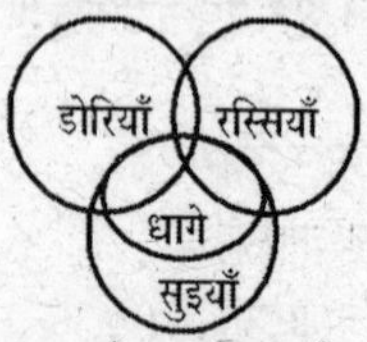

अतः केवल निष्कर्ष I और IV अनुसरण करते हैं।

3. (*a*) : 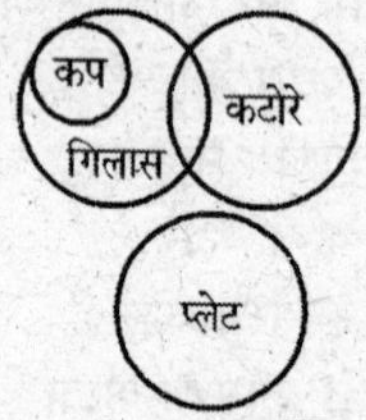

या 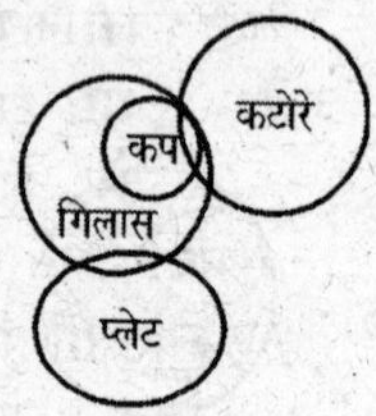

या 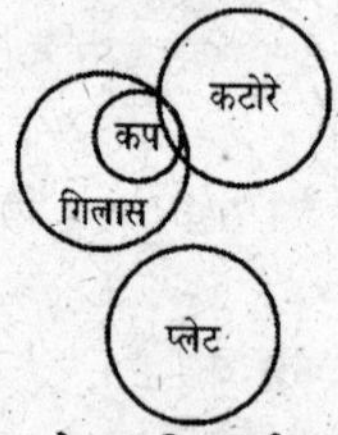

अतः केवल निष्कर्ष I अनुसरण करता है।

4. (*e*) : 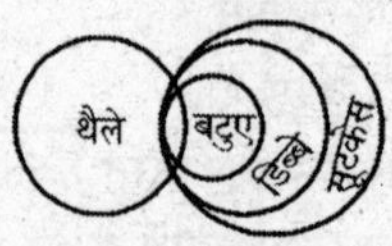

अतः केवल निष्कर्ष I, III और या IV अनुसरण करते हैं।

5. (*d*) : 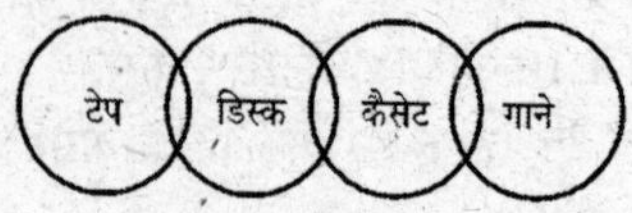

या,

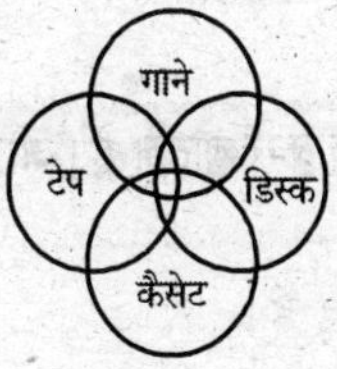

अतः केवल या तो निष्कर्ष I या IV अनुसरण करते हैं।

6. (*a*) :

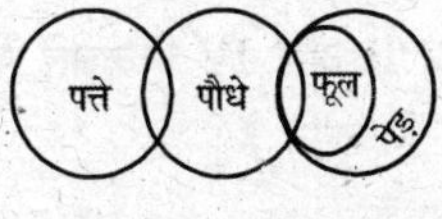

या

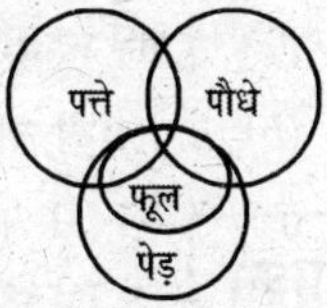

अतः कोई निष्कर्ष अनुसरण नहीं करता है।

7. (*b*) :

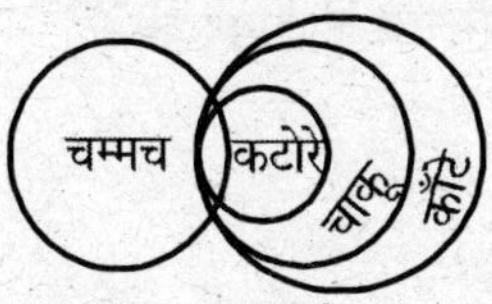

अतः केवल निष्कर्ष II, III एवं IV अनुसरण करते हैं।

8.(*b*) :

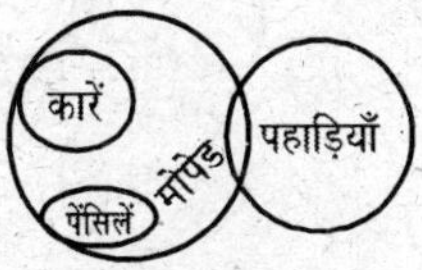

या,

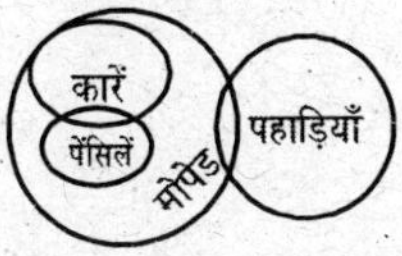

या

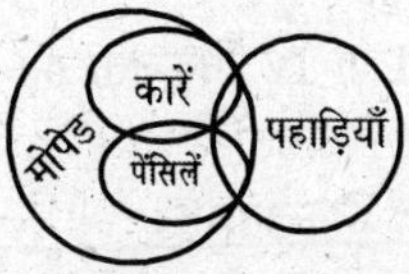

अतः केवल या तो निष्कर्ष I या IV अनुसरण करते हैं।

9.(*c*) :

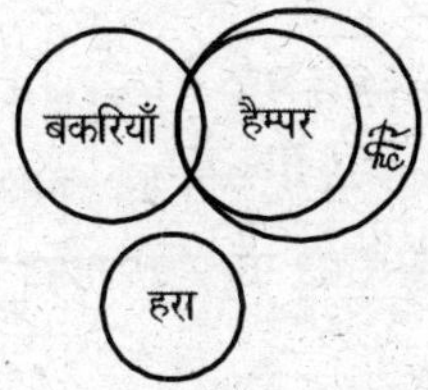

या,

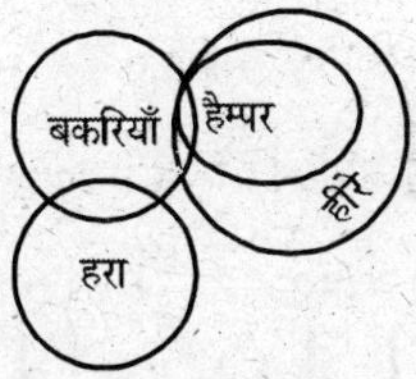

अतः केवल निष्कर्ष II और III अनुसरण करते हैं।

10.(*e*) :

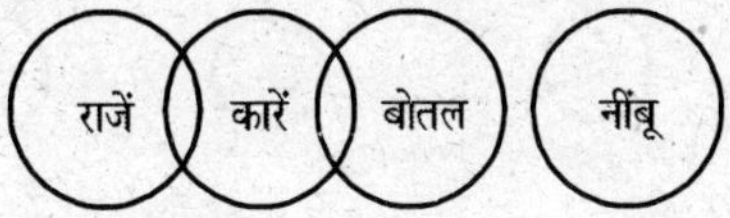

या,

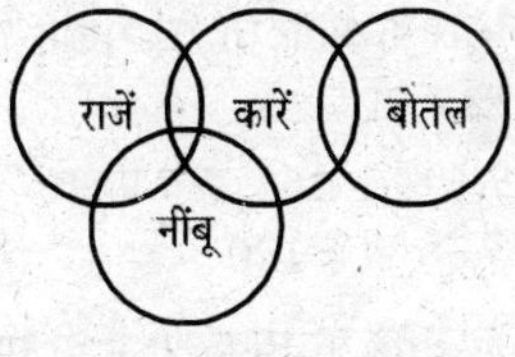

अतः कोई निष्कर्ष अनुसरण नहीं करता है।

6 लुप्त संख्याएँ

इस प्रकार के प्रश्नों को हल करने के लिए संख्या संबंधी प्रश्नों को हल करने में निपुणता और गणितीय कौशल का होना अपेक्षित है। उत्तर प्राप्त करने के लिए अभ्यर्थियों के लिए यह अपेक्षित है कि वे अंकगणितीय चिह्नों या प्रतीकों के सही संयोजन का चयन करें जिसे दिए गए प्रश्नों में प्रश्न चिह्न के स्थान पर प्रतिस्थापित किया जा सके।

हल किए गए प्रश्न

1. यहाँ प्रश्न में दिए गए प्रश्न चिह्न (?) के स्थान पर प्रतिस्थापित करने के लिए सही विकल्प का चयन करें :

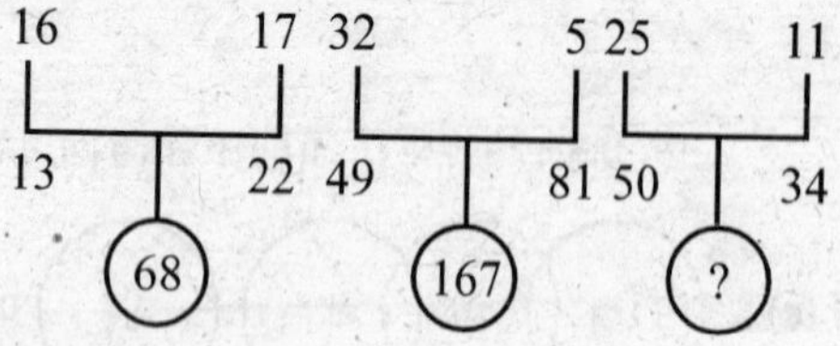

(*a*) 65 (*b*) 120 (*c*) 116 (*d*) 192 (e) 112

उत्तर (*b*) : गोल घेरे के भीतर दी गई संख्या शेष चार संख्याओं का योग है, अर्थात्

16 + 17 + 13 + 22 = 68

32 + 5 + 49 + 81 = 167, इसी प्रकार

25 + 11 + 50 + 34 = 120

2. यहाँ प्रश्न चिह्न के स्थान पर विकल्पों में दी गई कौन सी संख्या आएगी ?

(*a*) 6 (*b*) 8 (*c*) 7 (*d*) 3 (e) 9

उत्तर (*a*) : दो सम्मुख संख्याओं का अंतर 4 है, अर्थात्

23 – 19 = 4 और 16 – 12 = 4

14 – 10 = 4 और 12 – 8 = 4, इसी प्रकार

9 – 5 = 4 और 6 – 2 = 4.

इस प्रकार के प्रश्नों में सही उत्तर ज्ञात करने का कोई निश्चित नियम नहीं है। सही उत्तर प्राप्त करने के विभिन्न तरीकों के बारे में जानने के लिए नीचे दिए गए अभ्यास में निहित प्रश्नों का हल ज्ञात करने का प्रयास करें।

प्रश्नमाला

निर्देश : *नीचे दिए गए प्रत्येक प्रश्न में बताएँ कि प्रश्न चिह्न (?) के स्थान पर कौन सी संख्या रखी जा सकती है?*

1.

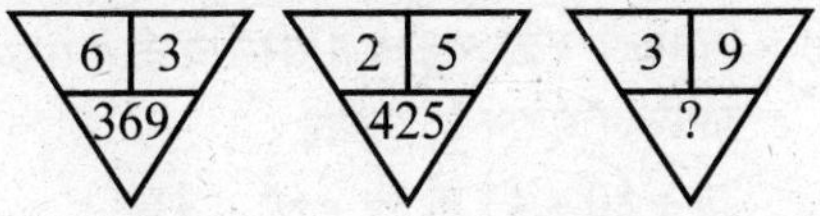

(*a*) 693 (*b*) 939
(*c*) 981 (*d*) 993
(*e*) 998

2.

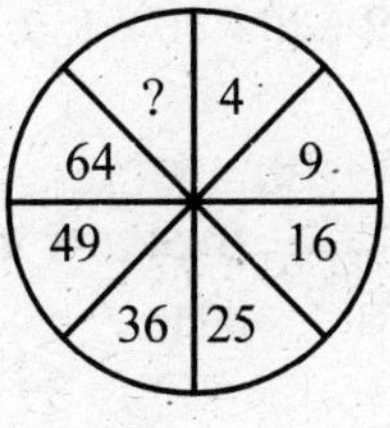

(*a*) 68 (*b*) 100
(*c*) 72 (*d*) 81
(*e*) 56

3.

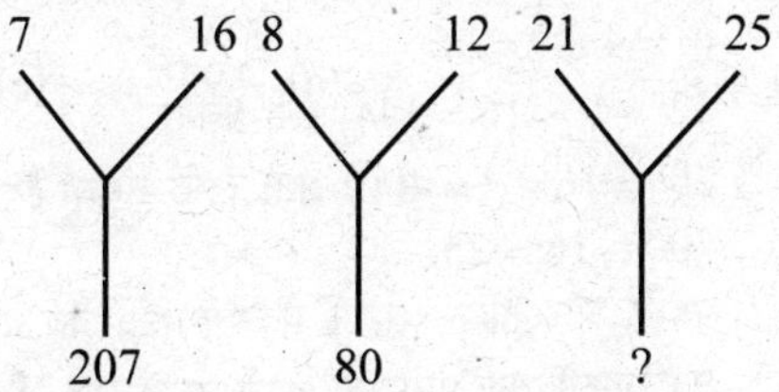

(*a*) 425 (*b*) 184
(*c*) 241 (*d*) 210
(*e*) 196

4.

(*a*) 35 (*b*) 37
(*c*) 45 (*d*) 48
(*e*) 36

5.

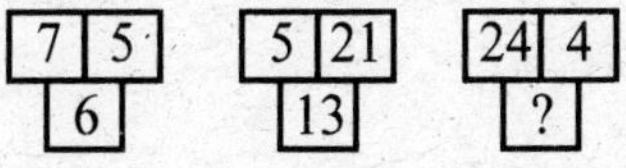

(*a*) 4 (*b*) 8
(*c*) 20 (*d*) 14
(*e*) 16

6.

14	9	4
12	7	2
10	5	0
16	11	?

(*a*) 9 (*b*) 6
(*c*) 3 (*d*) 7
(*e*) 8

7.

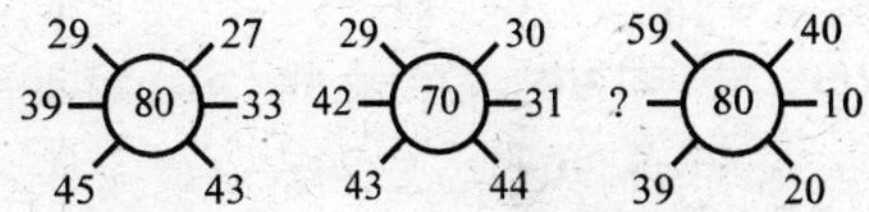

(*a*) 69 (*b*) 49
(*c*) 50 (*d*) 60
(*e*) 64

8.

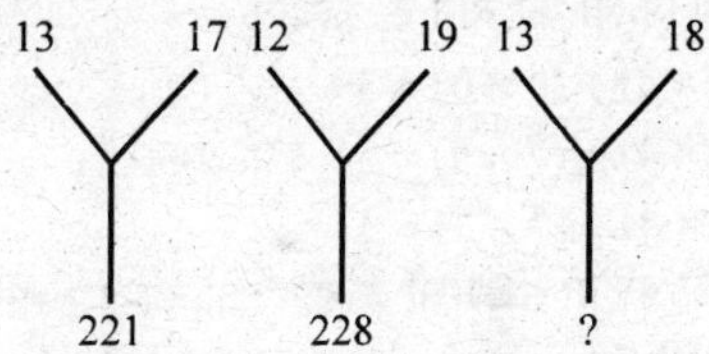

(*a*) 31 (*b*) 229
(*c*) 234 (*d*) 312
(*e*) 324

9.

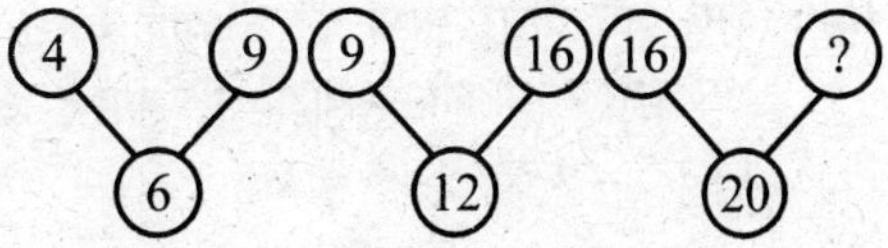

(*a*) 21 (*b*) 25
(*c*) 50 (*d*) 60
(*e*) 64

10.

51	(11)	61
64	(30)	32
35	(?)	43

(*a*) 25 (*b*) 27
(*c*) 32 (*d*) 37
(*e*) 40

व्याख्यात्मक उत्तरमाला

1. (*c*) : उलटे बने त्रिभुज के ऊपरी भाग के दोनों खानों में दी गई संख्याओं के वर्ग को एक दूसरे की बगल में रखने पर त्रिभुज के निचले शीर्ष की संख्या प्राप्त होती है, अर्थात्
6^2 और $3^2 = 369$
2^2 और $5^2 = 425$, इसी प्रकार
3^2 और $9^2 = 981$.

2. (*d*) : 4 से आरंभ करके प्रत्येक अनुवर्ती संख्या क्रमागत प्राकृत संख्या का वर्ग है। अर्थात् $2^2 = 4, 3^2 = 9, 4^2 = 16 \ldots\ldots 9^2 = 81$

3. (*b*) : नीचे की संख्या ऊपर की दोनों संख्याओं के वर्गों का अंतर है, अर्थात्
$16^2 - 7^2 = 256 - 49 = 207$
$12^2 - 8^2 = 144 - 64 = 80$, इसी प्रकार
$25^2 - 21^2 = 625 - 441 = 184$

4. (*b*) : बीच की संख्या विकर्णतः सम्मुख संख्याओं के गुणनफलों का योग है, अर्थात्
$(3 \times 3) + (5 \times 6) = 39$
$(4 \times 4) + (7 \times 5) = 51$, इसी प्रकार
$(3 \times 4) + (5 \times 5) = 37$

5. (*d*) : ऊपर की दो संख्याओं के योगफल को 2 से भाग करने पर नीचे की तीसरी संख्या प्राप्त होती है, अर्थात्
$(7 + 5) \div 2 = 6$
$(5 + 21) \div 2 = 13$, इसी प्रकार
$(24 + 4) \div 2 = 14$

6. (*b*) : दूसरे और तीसरे स्तंभों की संख्याएँ क्रमशः पहले और दूसरे स्तंभों की संख्याओं से 5 कम है, अर्थात्
$14 - 5 = 9$ और $9 - 5 = 4$
$12 - 5 = 7$ और $7 - 5 = 2, \ldots$ इसी प्रकार
$16 - 5 = 11$ और $11 - 5 = 6$.

7. (*a*) : किसी भी एक आकृति में सरेखीय तीनों संख्याओं का योगफल समान है, अर्थात्
$29 + 80 + 43$ या $39 + 80 + 33$
या $45 + 80 + 27 = 152$
$29 + 70 + 44$ या $42 + 70 + 31$
या $43 + 70 + 30 = 143$, इसी प्रकार
$59 + 80 + 20$ या $39 + 80 + 40 = 159$.
अतः लुप्त संख्या है :
$159 - (80 + 10) = 69$

8. (*c*) : प्रत्येक आकृति में नीचे की संख्या ऊपर की दोनों संख्याओं का गुणनफल है, अर्थात्
$13 \times 17 = 221$
$12 \times 19 = 228$, इसी प्रकार
$13 \times 18 = 234$

9. (*b*) : प्रत्येक आकृति में नीचे की संख्या का वर्ग ऊपर की दोनों संख्याओं के गुणनफल के बराबर है, अर्थात्
$6^2 = 4 \times 9 = 36$
$12^2 = 9 \times 16 = 144$, इसी प्रकार
$20^2 = 16 \times ? = 400$. अतः लुप्त संख्या है
$400 \div 16 = 25$

10. (*b*) : पहले और तीसरे स्तंभों में संख्याओं के अंकों के गुणनफलों का योगफल दूसरे स्तंभ की संख्या के बराबर है, अर्थात्
$(5 \times 1) + (6 \times 1) = 11$
$(6 \times 4) + (3 \times 2) = 30$, इसी प्रकार
$(3 \times 5) + (4 \times 3) = 27$

7 कथन विश्लेषण

तर्कबुद्धि परीक्षण से संबंधित इस प्रकार के प्रश्नों में कुछ कथन दिए जाते हैं। इन कथनों में कतिपय तथ्यों को अलग-अलग रूपों में तोड़-मरोड़ कर प्रस्तुत किया जाता है। ऐसे प्रश्नों को हल करने के लिए अभ्यर्थियों से यह अपेक्षा की जाती है कि वे दिए गए कथनों का विश्लेषण करें, दिए गए तथ्यों को सुव्यवस्थित और वर्गीकृत करें तथा तत्पश्चात् दिए गए कथनों से संबंधित प्रश्नों के उत्तर दें।

हल किए गए प्रश्न

नीचे दिए गए कथन को सावधानीपूर्वक पढ़ें और पूछे गए प्रश्नों *(i)* और *(ii)* के उत्तर दें :

पांच आदमी जिनमें से एक वजनी, दूसरा मोटा, तीसरा दुबला-पतला, चौथा नाटा और पांचवां लंबा है, एक दूसरे के पीछे दौड़ रहे हैं। वजनी और लंबे आदमियों में से एक तो कलाकार है और दूसरा बातुनी/दुबला-पतला आदमी जो बुद्धिमान भी है, बीच में दौड़ रहा है। नाटा आदमी काला नहीं है और गोरे रंग का आदमी दुबले-पतले आदमी से आगे दौड़ रहा है। वजनी आदमी जो कलाकार नहीं है, मोटे आदमी के सामने दौड़ रहा है।

(i) गोरा कौन है?

(a) लंबा आदमी *(b)* मोटा आदमी *(c)* नाटा आदमी
(d) वजनी आदमी *(e)* दुबला-पतला आदमी

उत्तर : *(b)*

(ii) लंबा आदमी क्या है?

(a) बुद्धिमान *(b)* बातुनी *(c)* कलाकार *(d)* काला *(e)* गोरा

उत्तर : *(c)*

पांचों आदमियों के गुणों का चार्ट इस प्रकार है :

वजनी आदमी बातुनी है।
मोटा आदमी गोरा है।
दुबला-पतला आदमी बुद्धिमान है।
नाटा आदमी काला नहीं है।
लंबा आदमी कलाकार है।

प्रश्नमाला

निर्देश (प्रश्न 1 से 3) : *निम्नलिखित सूचना को ध्यानपूर्वक पढ़ें और पूछे गए प्रश्नों का उत्तर दें :*

(i) P, Q, R, S, T और U किसी परिवार के छह सदस्य हैं जिनमें से दो विवाहित जोड़े हैं।

(ii) T एक शिक्षक है और उसका विवाह एक डॉक्टर से हुआ है जो R और U की मां है।

(iii) Q एक वकील है और इसका विवाह P से हुआ है।

(iv) P का एक पुत्र और एक पोता है।

(*v*) दो विवाहित महिलाओं में से एक गृहिणी है।

(*vi*) परिवार में एक छात्र और एक इंजीनियर भी है जो पुरुष है।

1. निम्नलिखित में से कौन गृहिणी है?

(*a*) Q (*b*) P
(*c*) S (*d*) T
(*e*) इनमें से कोई नहीं

2. निम्नलिखित में से कौन सा समूह परिवार की महिलाओं का है?

(*a*) QTR (*b*) PSR
(*c*) PSU (*d*) दी गई सूचना अपर्याप्त है
(*e*) इनमें से कोई नहीं

3. परिवार में पोती के बारे में निम्नलिखित में से कौन-सी सूचना सत्य है?

(*a*) वह एक छात्रा है
(*b*) वह एक इंजीनियर है
(*c*) वह एक वकील है
(*d*) दी गई सूचना अपर्याप्त है
(*e*) इनमें से कोई नहीं

निर्देश (प्रश्न 4 से 6) : *निम्नलिखित कथनों को ध्यानपूर्वक पढ़ें और पूछे गए प्रश्नों के उत्तर दें :*

(*i*) P, Q, R, S, T और U एक बस में यात्रा कर रहे हैं।

(*ii*) इस समूह में दो पत्रकार, दो तकनीशियन एक फोटोग्राफर और एक लेखक है।

(*iii*) फोटोग्राफर P का विवाह S से हुआ है जो एक पत्रकार है

(*iv*) लेखक का विवाह Q से हुआ है जो उसी पेशे से जुड़ा है जिससे U जुड़ा है

(*v*) P, R, Q, S दो विवाहित जोड़ों के नाम हैं और इस समूह में किसी भी व्यक्ति का एक सा पेशा नहीं है

(*vi*) U, R का भाई है।

4. R, U का कौन है?

(*a*) भाई (*b*) बहन
(*c*) मां (*d*) चाचा
(*e*) निश्चित रूप से कहा नहीं जा सकता

5. निम्नलिखित में से किस जोड़े में केवल पति हैं?

(*a*) PR (*b*) QS
(*c*) PQ (*d*) QR
(*e*) कहा नहीं जा सकता

6. निम्नलिखित में से किस जोड़े में केवल पत्रकार हैं?

(*a*) ST (*b*) PQ
(*c*) RT (*d*) SU
(*e*) निश्चित रूप से कहा नहीं जा सकता

निर्देश (प्रश्न 7 से 10) : *नीचे दी गई सूचना को ध्यानपूर्वक पढ़ें और पूछे गए प्रश्नों के उत्तर दें :*

A, B, C, D, E और F छह विषयों पर व्याख्यान सोमवार से रविवार तक प्रत्येक दिन केवल एक बार निम्नलिखित क्रम के अनुसार आयोजित किए जाते हैं :

(*i*) C विषय पर व्याख्यान शुक्रवार को आयोजित नहीं किया जाना है।

(*ii*) A विषय पर व्याख्यान को D विषय पर व्याख्यान के तत्काल बाद आयोजित किया जाना है।

(*iii*) B और F विषयों पर आयोजित व्याख्यानों के बीच दो दिन का अंतर रखा जाना है।

(*iv*) किसी एक दिन कोई भी व्याख्यान आयोजित नहीं किया जाना है (वह दिन शनिवार नहीं है), उस दिन से ठीक पहले वाले दिन F विषय पर व्याख्यान आयोजित किया जाना है।

(*v*) E विषय पर व्याख्यान बुधवार को आयोजित किया जाना है और इसके बाद वाले दिन F विषय पर व्याख्यान का आयोजन नहीं किया जाना है।

7. व्याख्यानों के आयोजन का एक पूरा अनुक्रम ज्ञात करने के लिए निम्नलिखित में से कौन सी सूचना अपेक्षित नहीं है?

(*a*) केवल (*i*) (*b*) केवल (*ii*)
(*c*) केवल (*v*) (*d*) केवल (*i*) और (*ii*)
(*e*) उपर्युक्त सभी अपेक्षित हैं

8. निम्नलिखित में से किस विषय पर व्याख्यान अनुक्रम में सबसे अंत में आयोजित किया जाता है?

(*a*) A (*b*) C
(*c*) B (*d*) कहा नहीं जा सकता
(*e*) इनमें से कोई नहीं

9. F और D विषयों पर व्याख्यानों के बीच कितने व्याख्यान आयोजित किए जाते हैं?

(*a*) कोई भी नहीं (*b*) एक
(*c*) दो (*d*) तीन
(*e*) इनमें से कोई नहीं

10. D विषय पर व्याख्यान किस दिन आयोजित किया जाता है?

(*a*) शुक्रवार (*b*) शनिवार
(*c*) रविवार (*d*) बृहस्पतिवार
(*e*) इनमें से कोई नहीं

व्याख्यात्मक उत्तरमाला

प्रश्न संख्या 1 से 3 तक के उत्तर के लिए चार्ट

P महिला/गृहिणी	Q (पुरुष/वकील)	दादा–दादी
T पुरुष/शिक्षक	S (महिला/डॉक्टर)	माता–पिता
	R, U	बच्चे

(R और U में से एक पुरुष इंजीनियर है और एक छात्र है)

1. *(b)* : एक विवाहित महिला S जो R और U की मां है, डाक्टर है। Q एक वकील है और उसका विवाह P से हुआ है। दो विवाहित महिलाओं में से एक गृहिणी है। चूंकि Q वकील है, अत: इससे जिस महिला का विवाह हुआ है और जो गृहिणी है वह निश्चित रूप से P होगी।

2. *(d)* : R और U का लिंग नहीं बताया गया है।

3. *(a)* : P का पुत्र T है और एक पोता है जो R या U है जिसमें से कोई एक इंजीनियर है। अत: परिवार में पोती एक छात्रा है।

प्रश्न संख्या 4 से 6 तक के उत्तर के लिए चार्ट

P और S — पहला विवाहित जोड़ा

Q और R — दूसरा विवाहित जोड़ा

P — फोटोग्राफर

Q — तकनीशियन

R — लेखक

S — पत्रकार

T — पत्रकार

U — तकनीशियन

नोट : P, Q, R, S, T या U का लिंग नहीं दिया गया है।

4. *(e)* : U, R का भाई हैं किंतु R का लिंग नहीं दिया गया है।

5. *(e)* **6. *(a)***

प्रश्न संख्या 7 से 10 के उत्तर के लिए चार्ट

दिन		व्याख्यान
सोमवार	—	कोई व्याख्यान नहीं
मंगलवार	—	C
बुधवार	—	E
बृहस्पतिवार	—	B
शुक्रवार	—	D
शनिवार	—	A
रविवार	—	F

7. *(e)* **8. *(e)*** **9. *(b)*** **10. *(a)***

8 प्रतीक (चिह्न) प्रतिस्थापन

इस प्रकार के प्रश्नों को हल करना अत्यधिक सरल है। ऐसे प्रश्नों को हल करने की एकमात्र अपेक्षा यह है कि उम्मीदवार दिए गए प्रतीकों या चिह्नों को प्रतिस्थापित करने और परिकलन की विद्या में पारंगत हों और अत्यधिक त्वरित गति से दिए गए प्रश्नों का हल ज्ञात कर सके। इस श्रेणी में पूछे गए कुछ सामान्य प्रकार के प्रश्न नीचे हल किए गए हैं।

हल किए गए प्रश्न

1. यदि '+' का अर्थ '×' हो, '×' का अर्थ '÷' हो, '÷' का अर्थ '–' हो और '–' का अर्थ '+' हो, तो $2 - 8 \times 2 + 6 \div 7$ का मान क्या होगा?

(a) 32 *(b)* 19 *(c)* 23 *(d)* 9 *(e)* 15

उत्तर *(b)* : दिए गए व्यंजक में गणितीय चिह्नों को प्रतिस्थापित करने पर नया व्यंजक होगा :

$2 + 8 \div 2 \times 6 - 7$

इस व्यंजक को हल करने के निम्नलिखित चरण होंगे :

$2 + 4 \times 6 - 7$

$2 + 24 - 7$

$26 - 7 = 19$

2. यदि '▲' का अर्थ '+' हो,
'■' का अर्थ '–' हो,
'●' का अर्थ '÷' हो,
'✱' का अर्थ '×' हो, तो
13 ▲ 5 ✱ 20 ● 10 ■ 9 = ?

(a) 26 *(b)* 37 *(c)* 14 *(d)* 55 *(e)* 20

उत्तर *(c)* : चिह्नों को प्रतिस्थापित करने पर प्राप्त हुआ नया व्यंजक है :

$13 + 5 \times 20 \div 10 - 9$

इस व्यंजक को हल करने के चरण होंगे :

$13 + 5 \times 2 - 9$

$13 + 10 - 9$

$23 - 9 = 14$

प्रश्नमाला

1. यदि "+" का अर्थ "–"; "–" का अर्थ "×" हो; "×" का अर्थ "÷" हो और "÷" का अर्थ "+" हो, तो $15 \times 5 \div 10 + 5 - 3 = ?$

(a) 9.5 *(b)* 0
(c) – 2 *(d)* 24
(e) इनमें से कोई नहीं

2. यदि "+" का अर्थ "–" हो; "–" का अर्थ "×" हो; "×" का अर्थ "÷" हो; और "÷" का अर्थ "+" हो, तो
$15 \times 3 \div 15 + 5 - 2 = ?$
(a) 0 (b) 10
(c) 20 (d) 6
(e) इनमें से कोई नहीं

3. यदि "+" का अर्थ "÷" हो; "×" का अर्थ "–" हो; "÷" का अर्थ "+" हो और "–" का अर्थ "×" हो, तो
$16 \div 8 \times 6 - 2 + 12 = ?$
(a) 22 (b) 24
(c) 23 (d) 20
(e) इनमें से कोई नहीं

4. यदि "+" का अर्थ "×" हो; "–" का अर्थ "÷" हो; "÷" का अर्थ "+" हो और "×" का अर्थ "–" हो, तो $20 \div 40 - 4 \times 5 + 6$ का मान निम्नलिखित में से क्या होगा?
(a) 60 (b) 1.67
(c) 150 (d) 0
(e) इनमें से कोई नहीं

5. यदि "+" का अर्थ "×" हो; "–" का अर्थ "÷" हो; "×" का अर्थ "–" हो और "÷" का अर्थ "+" हो, तो
$5 + 8 - 4 \times 2 \div 9 = ?$
(a) 15 (b) 13
(c) 17 (d) 11
(e) इनमें से कोई नहीं

6. यदि × का आशय जोड़ की संक्रिया से हो, ÷ का आशय घटाव की संक्रिया से हो, + का आशय गुणा की संक्रिया से हो और – का आशय भाग की संक्रिया से हो तो $(20 \times 6 \div 6 \times 4)$ निम्नलिखित में से किसके बराबर है?
(a) 5 (b) 24
(c) 25 (d) 80
(e) इनमें से कोई नहीं

7. यदि "+" का अर्थ "×" हो; "÷" का अर्थ "–" हो; "×" का अर्थ "÷" हो और "–" का अर्थ "+" हो, तो निम्नलिखित व्यंजक का क्या मान होगा?
$4 + 11 \div 5 - 50 = ?$
(a) 79 (b) – 11
(c) 91 (d) – 48.5
(e) इनमें से कोई नहीं

8. यदि "+" का अर्थ "÷" हो; "÷" का अर्थ "–" हो; "–" का अर्थ "×" हो और "×" का अर्थ "+" हो, तो
$10 \div 2 - 15 + 3 \times 5 = ?$
(a) 10 (b) 15
(c) 25 (d) 5
(e) 0

9. यदि A का आशय 'जोड़' की संक्रिया से हो, B का आशय 'घटाव' की संक्रिया से हो, C का आशय 'गुणा' की संक्रिया से हो और D का आशय 'भाग' की संक्रिया से हो, तो 4A 3B 3A 2 का मान होगा :
(a) 2 (b) 4
(c) 6 (d) 8
(e) 10

10. यदि x का आशय 'जोड़' की संक्रिया से हो, y का आशय 'घटाव' की संक्रिया से हो, z का आशय 'भाग' की संक्रिया से हो और p का आशय 'गुणा' की संक्रिया से हो, तो
(7 p 3) y 6 x 5 का मान क्या होगा?
(a) 5 (b) 10
(c) 15 (d) 20
(e) 25

व्याख्यात्मक उत्तरमाला

1. (c) : $15 \div 5 + 10 - 5 \times 3$
$3 + 10 - 15 = -2$

2. (b) : $15 \div 3 + 15 - 5 \times 2$
$5 + 15 - 10 = 10$

3. (c) : $16 + 8 - 6 \times 2 \div 12$
$16 + 8 - 1 = 23$

4. (d) : $20 + 40 \div 4 - 5 \times 6$
$20 + 10 - 30 = 0$

5. (c) : $5 \times 8 \div 4 - 2 + 9$
$10 - 2 + 9 = 17$

6. (b) : $20 + 6 - 6 + 4 = 24$

7. (e) : $4 \times 11 - 5 + 50$
$44 - 5 + 50 = 89$

8. (d) : $10 - 2 \times 15 \div 3 + 5$
$10 - 10 + 5 = 5$

9. (c) : $4 + 3 - 3 + 2 = 6$

10. (d) : $(7 \times 3) - 6 + 5$
$21 - 6 + 5 = 20$

9 वेन आरेख

इस प्रकार के परीक्षण में आरेखों द्वारा निरूपित दो या दो से अधिक वस्तुओं या तथ्यों या मदों के बीच संबंध स्थापित करना होता है। आरेखों द्वारा निरूपित मदें कोई पृथक वस्तु या प्राणी या व्यक्तियों का कोई विशिष्ट दल/वर्ग आदि हो सकती हैं। दिए गए आरेखों को अच्छी तरह समझ लेने पर अभ्यर्थियों के समक्ष प्रश्न से संबंधित अवधारणा स्पष्ट हो जाती है और वे अपनी प्रेक्षण शक्ति के आधार पर सही या तर्कसम्मत उत्तर पर सरलतापूर्वक पहुंच सकते हैं।

हल किए गए प्रश्न

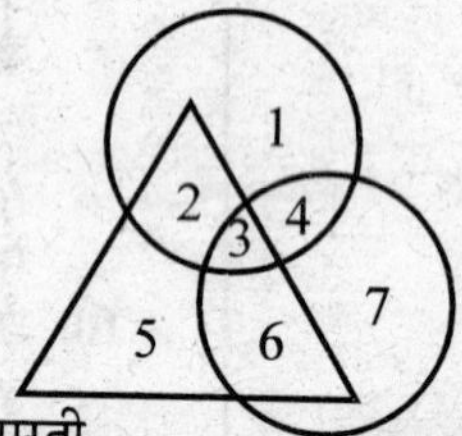

उपर्युक्त आरेख का सावधानीपूर्वक अध्ययन करें और आकृति के उस भाग को विनिर्दिष्ट करें जो उन बच्चों को निरूपित करता है जो शरारती भी हैं और अध्ययनशील भी।

(*a*) 3 और 6 (*b*) 2 और 4 (*c*) केवल 3 (*d*) केवल 4 (*e*) केवल 1

उत्तर (*c*) : जो बच्चे शरारती भी हैं और अध्ययनशील भी उन्हें निम्नलिखित आरेख द्वारा दर्शाया जा सकता है :

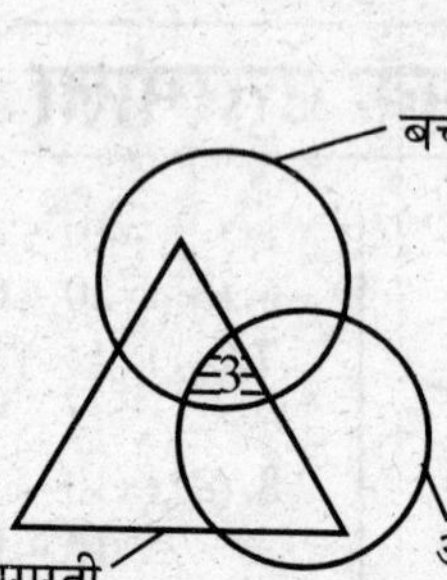

यह स्पष्ट है कि दिए गए आरेख का भाग 3 उपर्युक्त तीनों वर्गों को निरूपित करता है।

प्रश्नमाला

निर्देश (प्रश्न 1 से 4) : *दी गई आकृति में वृत्त खिलाड़ियों को निरूपित करता है, त्रिभुज घर से बाहर खेले जाने वाले खेलों को निरूपित करता है, षड्भुज घर के भीतर खेले जाने वाले (इन्डोर) खेलों को निरूपित करता है और वर्ग राष्ट्रीय स्तर के खिलाड़ियों को निरूपित करता है। इस आरेख का सावधानीपूर्वक अध्ययन करें और नीचे पूछे गए प्रश्नों के उत्तर दें :*

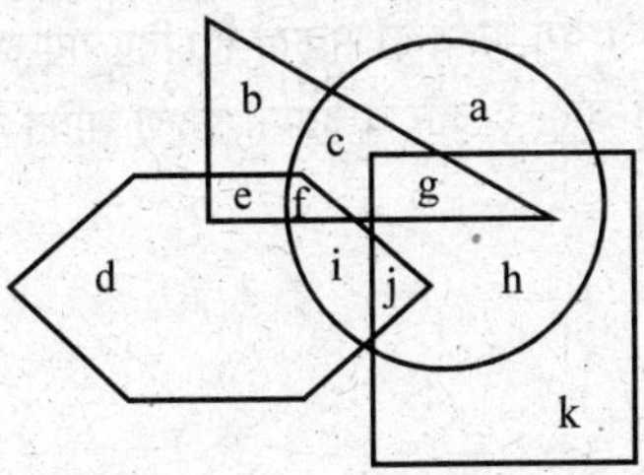

1. आकृति का कौन-सा भाग राष्ट्रीय स्तर पर इन्डोर खेलों (घर के भीतर खेले जाने वाले खेलों) को खेलने वाले खिलाड़ियों को निरूपित करता है?

(*a*) f (*b*) i
(*c*) j (*d*) g
(*e*) h

2. आकृति का कौन-सा भाग खेल के मैदान में खेले जाने वाले (आउटडोर) खेलों और इन्डोर खेलों दोनों के उन खिलाड़ियों को निरूपित करता है जो राष्ट्रीय स्तर के खिलाड़ी नहीं हैं :

(*a*) c (*b*) f
(*c*) e (*d*) i
(*e*) k

3. आकृति का कौन-सा भाग राष्ट्रीय स्तर के ऐसे खिलाड़ियों को निरूपित करता है जो आउटडोर या इन्डोर कोई भी खेल नहीं खेलते किंतु फिर भी वे खिलाड़ियों की श्रेणी में हैं?

(*a*) k (*b*) g
(*c*) c (*d*) h
(*e*) a

4. ऐसे व्यक्ति जो आउटडोर खेल खेलते हैं किंतु खिलाड़ियों की श्रेणी में नहीं हैं, निम्नलिखित में से आकृति के किस भाग द्वारा निरूपित होते हैं?

(*a*) b (*b*) c
(*c*) a (*d*) d
(*e*) e

निर्देश (प्रश्न 5 से 8) : *नीचे दिए गए आरेख का सावधानी-पूर्वक अध्ययन करें :*

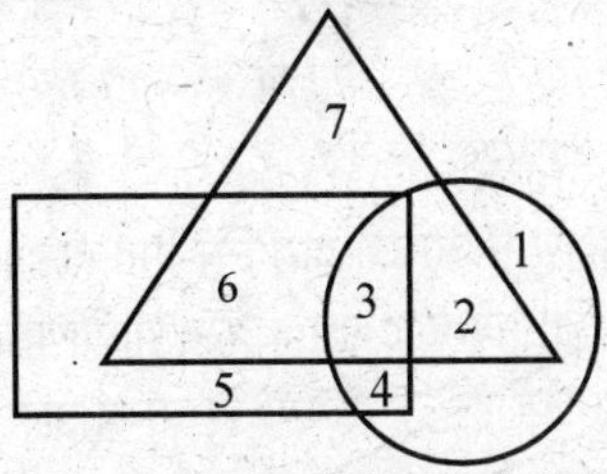

एक कॉलेज में तीन विभिन्न क्रियाकलापों को चलाने की अनुमति दी गई है। छात्र संघ त्रिभुज द्वारा निरूपित होता है, साहित्य सेवा समाज आयत द्वारा निरूपित होता है और सामाजिक सेवा संघ वृत्त द्वारा निरूपित होता है।

5. जो छात्र साहित्य सेवा समाज और सामाजिक सेवा संघ दोनों के क्रियाकलापों में भाग लेते हैं किंतु छात्र संघ के क्रियालापों में भाग नहीं लेते, उन्हें निम्नलिखित में से किसके द्वारा निरूपित किया जा सकता है?

(*a*) 3 एवं 4 (*b*) 5 एवं 6
(*c*) 5 एवं 1 (*d*) 4
(*e*) 2

6. जो छात्र छात्र संघ के क्रियाकलापों में भाग लेते हैं किंतु सामाजिक सेवा संघ के क्रियाकलापों में भाग नहीं लेते उन्हें निम्नलिखित में से किसके द्वारा निरूपित किया जा सकता है?

(*a*) 2 एवं 7 (*b*) 6 एवं 7
(*c*) 6 (*d*) 7
(*e*) 3

7. जो छात्र केवल साहित्य सेवा समाज के सदस्य हैं किंतु किसी भी अन्य क्रियाकलाप में भाग नहीं लेते उन्हें निम्नलिखित में से किसके द्वारा निरूपित किया जाता है?

(*a*) 2 (*b*) 5
(*c*) 3 एवं 4 (*d*) 3
(*e*) 4 एवं 6

8. जो छात्र सभी तीनों समूहों के सदस्य हैं, उन्हें निम्नलिखित में से किसके द्वारा निरूपित किया जा सकता है?

(*a*) 2 (*b*) 3
(*c*) 4 (*d*) 6
(*e*) 7

निर्देश (प्रश्न 9 एवं 10) : *नीचे दिए गए आरेख में वृत्त शिक्षित व्यक्तियों को निरूपित करता है, वर्ग कठोर-परिश्रमी व्यक्तियों को निरूपित करता है, त्रिभुज शहरी व्यक्तियों को निरूपित करता है और आयत ईमानदार व्यक्तियों को निरूपित करता है। आकृति के विभिन्न भाग 1 से 12 तक की संख्या द्वारा निरूपित किए गए हैं। इस आकृति का सावधानीपूर्वक अध्ययन करें और पूछे गए प्रश्नों के उत्तर दें।*

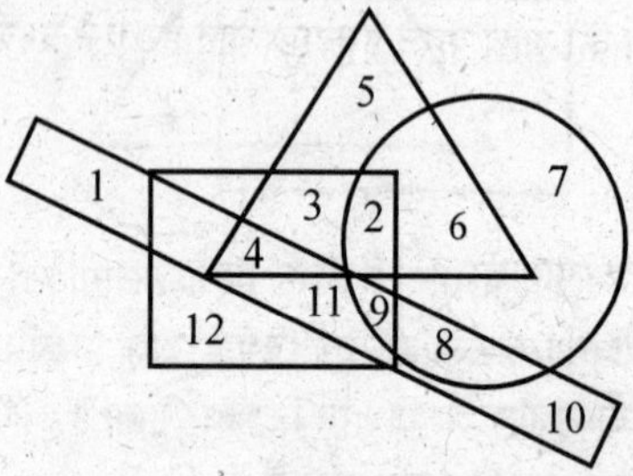

9. इस आरेख में अशिक्षित, शहरी, कठोर-परिश्रमी और ईमानदार व्यक्ति निम्नलिखित में से किसके द्वारा निरूपित किए गए हैं ?

(*a*) 3
(*b*) 11
(*c*) 9
(*d*) 4
(*e*) 2

10. शहरों में नहीं रहने वाले शिक्षित व्यक्ति जो न तो कठोर-परिश्रमी हैं और न ही ईंमानदार, आकृति के निम्नलिखित में से किस भाग द्वारा सूचित होते हैं ?

(*a*) 5 (*b*) 7
(*c*) 10 (*d*) 11
(*e*) 4

व्याख्यात्मक उत्तरमाला

1. (*c*),
2. (*b*),
3. (*d*),
4. (*a*):

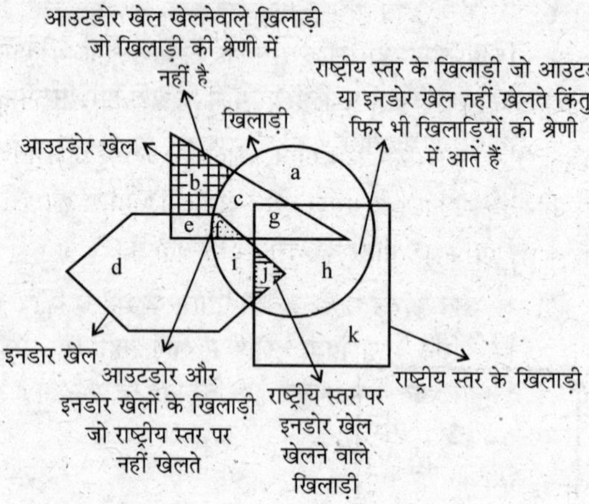

5. (*d*),
6. (*b*),
7. (*b*),
8. (*b*):

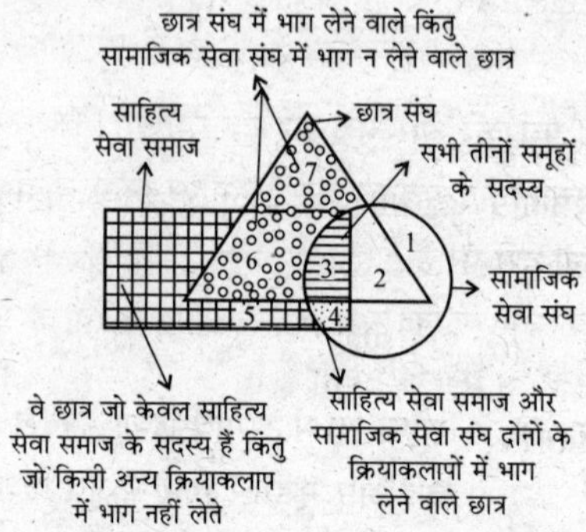

9. (*d*), **10.** (*b*)

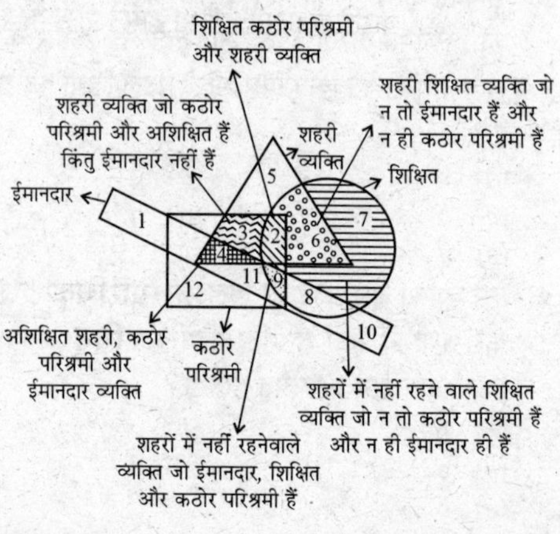

10 दिशा ज्ञान

इस प्रकार के प्रश्न अभ्यर्थियों की सही दिशा-निर्देशों को समझने की योग्यता की जांच करने हेतु पूछे जाते हैं। ऐसे प्रश्न दिशा-चार्ट पर आधारित होते हैं :

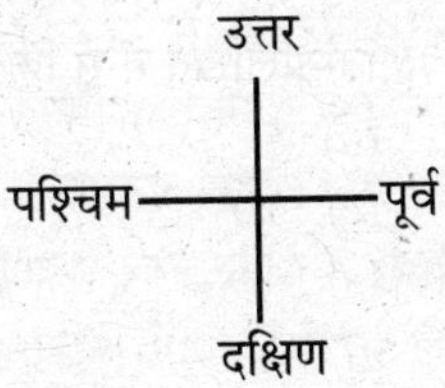

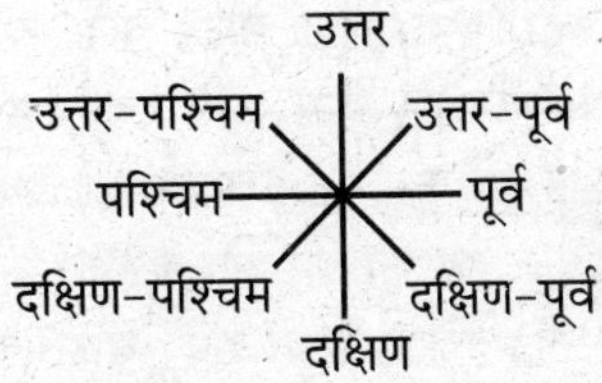

विभिन्न दिशाओं का बोध बाएं या दाएं मोड़ या कोणीय मोड़ों द्वारा निर्देशित होता है।

हल किए गए प्रश्न

शोभा पूर्व की ओर मुंह करके खड़ी थी। वह अपने स्थान से 20 मीटर आगे चली और तब बाएं मुड़कर वह 15 मीटर चली और तत्पश्चात् दाएं मुड़कर वह 25 मीटर आगे चली। अंततः वह दाएं मुड़कर 15 मीटर और आगे चली। तब वह अपने शुरू के स्थान से कितनी दूरी पर है?

(*a*) 25 मीटर (*b*) 35 मीटर (*c*) 50 मीटर (*d*) 45 मीटर (*e*) 75 मीटर

उत्तर (*d*) : शोभा 20 मीटर पूर्व दिशा में चलकर बाईं ओर मुड़ जाती है। तब वह उत्तर दिशा में 15 मीटर आगे चलती है। वहां वह दाईं ओर मुड़कर फिर से पूर्व दिशा में चलना शुरु करती है तथा 25 मीटर और आगे चलती है। अंत में दक्षिण दिशा में दाईं ओर मुड़कर वह 15 मीटर चलती है। वह उत्तर और दक्षिण दिशा में समान दूरी (अर्थात् 15 मीटर की दूरी) तय करती है। अतः शोभा अपने शुरू के स्थान से 20 मी. + 25 मी. = 45 मीटर की दूरी पर पहुंचती है।

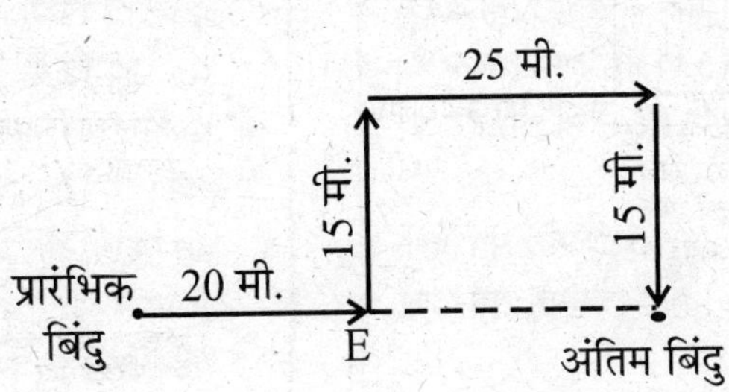

प्रश्नमाला

1. यदि उत्तर का उत्तर-पश्चिम, उत्तर-पश्चिम का पश्चिम, पश्चिम का दक्षिण-पश्चिम और इसी प्रकार अन्य दिशाओं का भी नामकरण किया जाए तो दक्षिण-पूर्व को क्या कहा जाएगा?

(*a*) पूर्व (*b*) पश्चिम
(*c*) उत्तर-पूर्व (*d*) दक्षिण-पूर्व
(*e*) उत्तर-पश्चिम

2. मैं अपने घर से उत्तर दिशा में 15 मीटर चला, तब पश्चिम दिशा में मुड़कर 10 मीटर और आगे चला, यहां दक्षिण दिशा में मुड़कर मैंने 5 मीटर की एक अन्य दूरी तय की और तब पूर्व की ओर मुड़कर 10 मीटर की दूरी तय की। बताइए कि मैं अपने आरंभिक स्थान से किस दिशा में हूँ?

(*a*) पूर्व (*b*) पश्चिम
(*c*) उत्तर (*d*) दक्षिण
(*e*) उत्तर-पूर्व

3. राज पश्चिम दिशा में चल रहा है। वह आगे चलते हुए अपने दाएं, फिर दाएं और तब बाएं, हर बार 45° के कोण पर मुड़ा। बताइए कि अब वह किस दिशा में चल रहा है?

(*a*) उत्तर-पूर्व (*b*) दक्षिण-पूर्व
(*c*) पूर्व (*d*) पश्चिम
(*e*) उत्तर-पश्चिम

4. जतिन अपने घर से उत्तर दिशा में 12 किमी. चलता है। तब वह अपनी दायीं ओर मुड़कर 12 किमी. की एक अन्य दूरी तय करता है। वह एक बार फिर से दायीं ओर मुड़ता है और 12 किमी. की एक अन्य दूरी तय करके बायीं ओर मुड़ता है ओर तब 5 किमी. आगे चलता है। बताइए कि इस समय वह अपने घर से कितनी दूरी पर है और किस दिशा में है?

(*a*) 7 किमी., पूर्व दिशा (*b*) 10 किमी., पूर्व दिशा
(*c*) 17 किमी., पूर्व दिशा (*d*) 24 किमी., पूर्व दिशा
(*e*) 29 किमी., पूर्व दिशा

5. एक महिला उत्तर दिशा में 12 किमी. चलती है, तब वह दक्षिण दिशा में 6 किमी. चलती है और तत्पश्चात् पूर्व दिशा में 8 किमी चलती है। इस समय वह अपने आरंभिक बिंदु से कितनी दूरी पर है और किस दिशा में चल रही है?

(*a*) 5 किमी., उत्तर-पूर्व
(*b*) 5 किमी., पूर्व
(*c*) 10 किमी., उत्तर-पूर्व
(*d*) 10 किमी., पश्चिम
(*e*) 10 किमी., उत्तर

6. मनु अपने घर से उत्तर दिशा में 40 किमी. चलती है, फिर दाएं मुड़कर 80 किमी. आगे जाती है जहां वह एक बार फिर से दाएं मुड़कर 30 किमी. आगे चलती है अंत में वह एक बार फिर से दाएं मुड़ती है और इस मार्ग पर वह 80 किमी. आगे की यात्रा करती है। यदि यहां से वह सीधे 50 किमी. आगे बढ़ती है और तब बाएं मुड़कर अंतिम 10 किमी. की एक और दूरी तय करती हो तो बताइए कि अब वह अपने घर से कितनी दूरी पर है?

(*a*) 10 किमी. (*b*) 30 किमी.
(*c*) 40 किमी. (*d*) 50 किमी.
(*e*) 90 किमी.

7. मैं अपने घर से 18 किमी. उत्तर की ओर चलता हूं और तब बाईं ओर मुड़कर 4 किमी. की एक अन्य दूरी तय करता हूं जहां से दायीं ओर मुड़कर मैं 12 किमी. की एक अन्य दूरी तय करता हूं। बताइए कि इस समय मैं अपने घर से (लगभग) कितनी दूरी पर और किस दिशा में हूं?

(*a*) 8 किमी. उत्तर (*b*) 10 किमी. पश्चिम
(*c*) 16 किमी. दक्षिण (*d*) 30 किमी. उत्तर
(*e*) 34 किमी. उत्तर

8. एक रेलगाड़ी अपने आरंभिक स्टेशन से चलकर पश्चिम दिशा में 120 किमी. जाती है, तब दक्षिण दिशा में 30 किमी. और उसके बाद किसी एक स्टेशन पर पहुंचने से पहले पूर्व दिशा में 80 किमी. चलती है। बताइए कि यह स्टेशन ट्रेन के आरंभिक स्टेशन से किस दिशा में है?

(*a*) दक्षिण-पश्चिम (*b*) उत्तर-पश्चिम
(*c*) दक्षिण-पूर्व (*d*) दक्षिण
(*e*) इनमें से कोई नहीं

व्याख्यात्मक उत्तरमाला

1. *(a)* : **मूल दिशाएं**

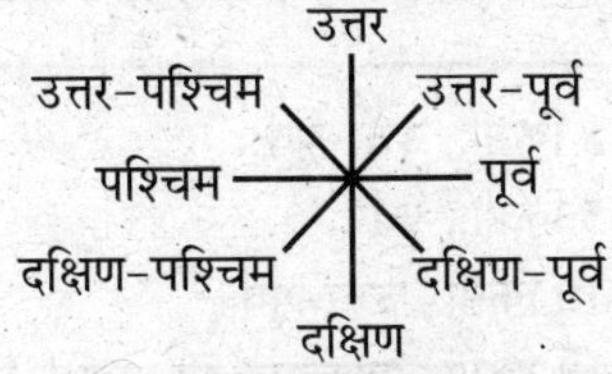

बदली हुई दिशाएं

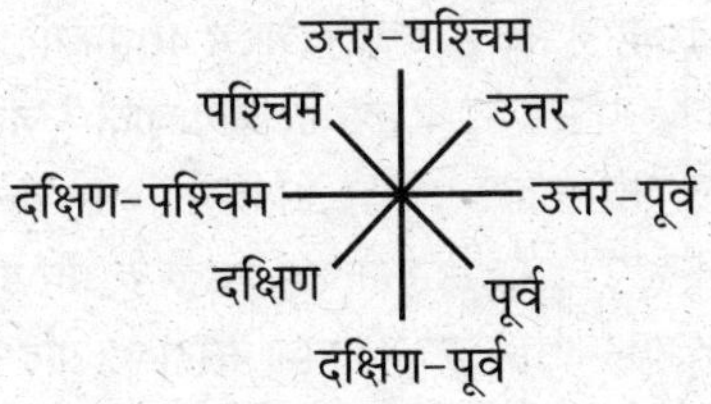

2. *(c)* :

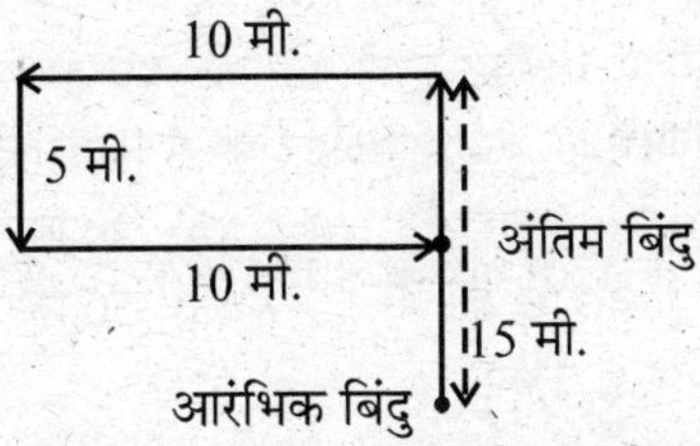

अंतिम बिंदु आरंभिक बिंदु से 10 मीटर उत्तर की ओर है।

3. *(a)* :

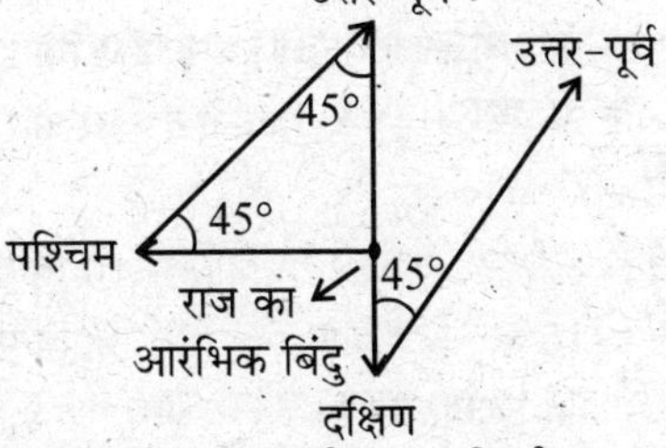

4. *(c)* : (12 किमी. + 5 किमी. = 17 किमी.)

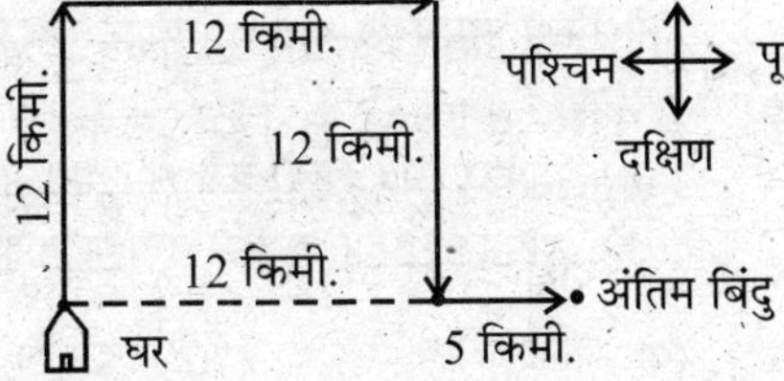

5. *(c)* : $ab = \sqrt{ac^2 + bc^2}$

$$ab = \sqrt{8^2 + 6^2} = \sqrt{64 + 36} = \sqrt{100} = 10$$

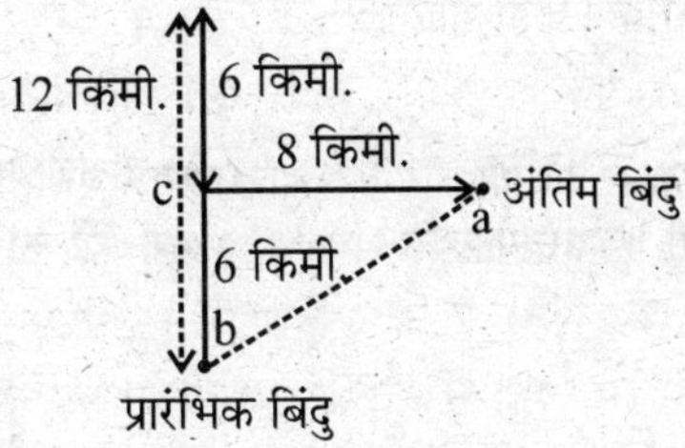

6. *(d)* :

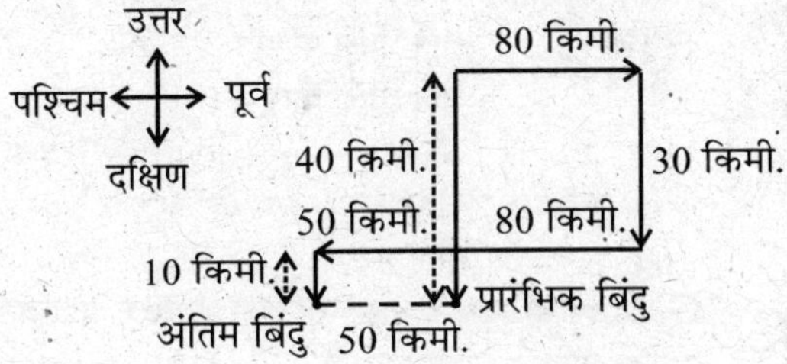

7. *(d)* :

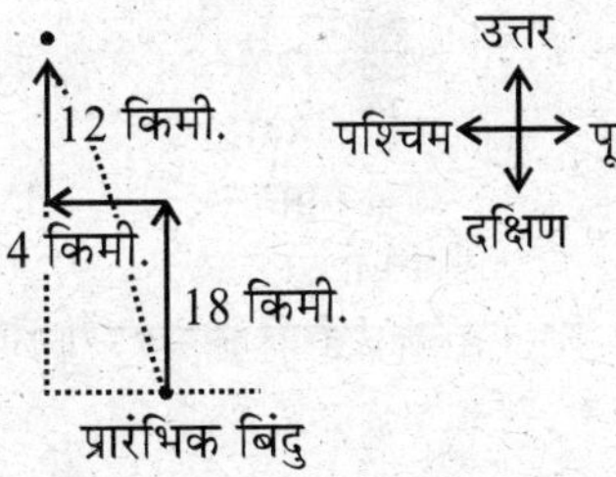

कुल दूरी = $\sqrt{(18+2)^2 + 4^2} = \sqrt{916}$

= 30.26 किमी.

8. *(a)* :

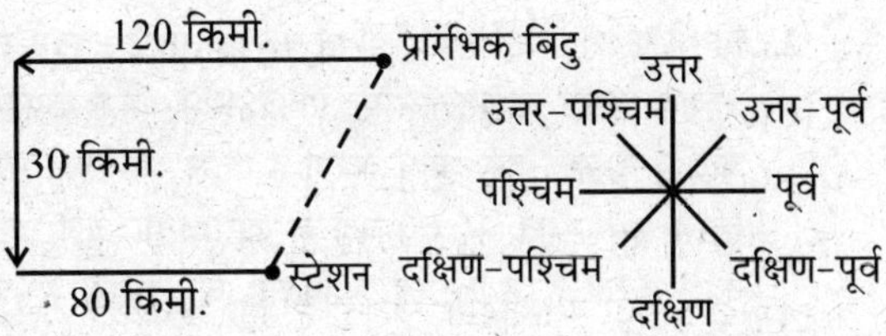

11 कैलेंडर, घड़ी, समय और दूरी

इस प्रकार की गणितीय तर्क बुद्धि परीक्षा घड़ी या कैलेंडर द्वारा समय के परिकलन तथा गतिमान वस्तु की चाल या उसके द्वारा तय की गई दूरी के परिकलन के संबंध में अभ्यर्थियों की योग्यता की जांच करने के लिए आयोजित की जाती है।

हल किए गए प्रश्न

1. यदि आने वाला परसों रविवार है तो बीते परसों क्या था?

(*a*) बुधवार (*b*) बृहस्पतिवार (*c*) शुक्रवार (*d*) शनिवार

उत्तर (*a*) :

आने वाला परसों	—	रविवार
आने वाला कल	—	शनिवार
आज	—	शुक्रवार
बीता कल	—	बृहस्पतिवार
बीता परसों	—	बुधवार

2. यदि किसी माह के तीसरे सोमवार के ठीक बाद वाले दिन 16 तारीख थी तो उस माह के पांचवें सोमवार से ठीक पहले वाले दिन कौन-सी तारीख होगी?

(*a*) 27 (*b*) 28 (*c*) 29 (*d*) 30

उत्तर (*b*) :

तीसरे सोमवार के ठीक बाद वाले दिन	—	16 वीं तारीख
अत: सोमवार	—	15 वीं तारीख
चौथा सोमवार	—	22 वीं तारीख (15 + 7)
पांचवां सोमवार	—	29 वीं तारीख (15 + 14) या (22 + 7)
अत: पांचवें सोमवार से ठीक पहले वाले दिन	—	28 वीं तारीख

प्रश्नमाला

1. यदि परसों बृहस्पतिवार था तो रविवार कब होगा?

(*a*) कल (*b*) परसों

(*c*) आज (*d*) आज से दो दिन बाद

2. किसी कार्यालय में बीस व्यक्ति कार्य करते हैं। इनमें से पांच व्यक्तियों का पहला समूह प्रात: 8:00 बजे से दोपहर बाद 2:00 बजे तक काम करता है। दस व्यक्तियों का दूसरा समूह प्रात: 10:00 बजे से शाम 4:00 बजे तक काम करता है तथा पांच व्यक्तियों का तीसरा समूह दोपहर 12:00 बजे से संध्या 6:00 बजे तक काम करता है। इस कार्यालय में तीन कंप्यूटर हैं जिन्हें सभी कर्मचारी बार-बार प्रयोग में लाते हैं। बताइए कि निम्नलिखित में से किस समय के दौरान कंप्यूटर पर सर्वाधिक काम होगा?

(*a*) दोपहर बाद 1:00 बजे से 3:00 बजे के बीच

(*b*) दोपहर 12:00 बजे से दोपहर बाद 2:00 बजे के बीच

(*c*) दोपहर बाद 2:00 बजे से शाम 4:00 बजे के बीच

(*d*) प्रात: 10:00 बजे से दोपहर 12:00 बजे के बीच

3. यदि किसी माह का सातवां दिन शुक्रवार से तीन दिन पहले का दिन हो तो उस माह का उन्नीसवां दिन सप्ताह का कौन-सा दिन होगा?

(*a*) रविवार (*b*) सोमवार

(*c*) बुधवार (*d*) शुक्रवार

निर्देश (प्र.सं. 4–6): *निम्नलिखित सूचना को ध्यानपूर्वक पढ़ें और नीचे पूछे गए प्रश्नों के उत्तर दें :*

(*i*) एक सिटी बस कंपनी M, N, O, P, Q, R और S सात बसें चलाती है जिनमें से प्रत्येक बस शहर के दर्शनीय स्थलों के टूर पर प्रतिदिन एक बार 4 घंटे के लिए रवाना होती है।

(*ii*) सोमवार से शुक्रवार तक पहली बस ठीक आठ बजे रवाना होती है जिसके बाद की बसें बारी-बारी से 45 मिनट, जिसके बाद 30 मिनट और फिर 45 मिनट, जिसके बाद 35 मिनट और फिर 45 मिनट और उसके बाद 40 मिनट के अंतराल पर रवाना होती हैं।

(*iii*) शनिवार और रविवार को पहली बस प्रात: 7:30 बजे रवाना होती है और उसके बाद की बसें बारी-बारी से एक-एक घंटे के अंतर पर रवाना होती हैं।

(*iv*) बस 'Q' बस 'M' के ठीक बाद रवाना होती है जिसके ठीक बाद बस 'S' रवाना होती है।

(*v*) बस 'O' अंतिम बस है जिसके बाद और कोई बस नहीं ज़ाती।

(*vi*) बस 'R' बस 'M' से ठीक पहले रवाना होती है किंतु यह बस 'P' के ठीक बाद नहीं जाती।

4. शनिवार को बस 'M' कितने बजे रवाना होती है?

(*a*) प्रात: 10 बजे (*b*) प्रात: 9:45 बजे

(*c*) प्रात: 10:30 बजे (*d*) सूचना अपर्याप्त है

5. रविवार को बस 'P' द्वारा अपना टूर पूरा कर लेने के बाद निम्नलिखित में से कौन-सी बस रवाना होती है?

(*a*) Q (*b*) S

(*c*) O (*d*) सूचना अपर्याप्त है

6. यदि शनिवार-रविवार को बस 'M' के रवाना होने के बाद दूसरी बसों के रवाना होने के समय-अंतराल में 30 मिनट की वृद्धि कर दी जाए, तो बस 'O' का टूर कितने बजे पूरा होगा?

(*a*) दोपहर बाद 3:00 बजे

(*b*) दोपहर बाद 2:00 बजे

(*c*) शाम 6:00 बजे

(*d*) शाम 7:00 बजे

निर्देश (प्र.सं. 7 और 8): *निम्नलिखित सूचना को ध्यान से पढ़ें और नीचे पूछे गए प्रश्नों के उत्तर दें :*

(*i*) आठ डॉक्टर P, Q, R, S, T, U, V और W सोमवार के साप्ताहिक अवकाश को छोड़कर शेष सभी दिन श्रम मंदिर ट्रस्ट द्वारा चलाए जा रहे एक धर्मार्थ चिकित्सालय में रोगियों को देखने जाते हैं।

(*ii*) इनमें से प्रत्येक डॉक्टर शनिवार को छोड़कर मंगलवार से रविवार तक एक-एक घंटा चिकित्सालय में रहता है। चिकित्सालय प्रात: 9:00 बजे से दोपहर बाद 1:00 बजे तक और दोपहर बाद 2:00 बजे से शाम 6:00 बजे तक खुला होता है तथा बीच में दोपहर बाद 1:00 बजे से 2:00 बजे तक का समय भोजनावकाश का होता है।

(*iii*) शनिवार को चिकित्सालय केवल आधे दिन अर्थात् प्रात: 9:00 बजे से दोपहर बाद 1:00 बजे तक ही खुला होता है और इस दिन प्रत्येक डॉक्टर केवल आधे-आधे घंटे के लिए ही चिकित्सालय आते हैं।

(*iv*) डॉक्टर 'Q' से पहले और डॉक्टर 'U' के बाद कोई भी डॉक्टर चिकित्सालय में नहीं आता।

(*v*) डॉक्टर 'W' भोजनावकाश के ठीक बाद चिकित्सालय में आता है जिसके बाद डॉक्टर 'R' आता है।

(*vi*) डॉक्टर 'P' भोजनावकाश के बाद उसी क्रम में चिकित्सालय आता है जिस क्रम में भोजनावकाश से पहले डॉक्टर 'S' चिकित्सालय में आता है।

7. शनिवार को डॉक्टर 'T' कितने बजे चिकित्सालय से रोगियों को देखकर चला जाएगा?

(*a*) प्रात: 10 बजे

(*b*) प्रात: 11 बजे

(*c*) प्रात: 10 बजे या 11 बजे

(*d*) दी गई सूचना अपर्याप्त है

8. यदि भोजनावकाश और उसके बाद के डॉक्टरों के चिकित्सालय में समय में 15–15 मिनट की कटौती कर दी जाए तो डॉक्टर 'U' के चिकित्सालय में आने का समय क्या होगा?

(*a*) दोपहर बाद 3:15 बजे
(*b*) शाम 4:15 बजे
(*c*) शाम 4:45 बजे
(*d*) शाम 4 बजे

9. बन्नी का भाई सन्नी उससे 562 दिन बड़ा है जबकि उसकी बहन जेनी सन्नी से 75 सप्ताह बड़ी है। यदि जेनी का जन्म मंगलवार को हुआ हो, तो बन्नी का जन्म किस दिन हुआ है ?

(*a*) सोमवार (*b*) मंगलवार
(*c*) शुक्रवार (*d*) शनिवार
(*e*) बृहस्पतिवार

10. यदि 21 नवंबर का दिन बुधवार से पांच दिन पहले आता हो तो 25 दिसंबर को कौन-सा दिन होगा ?

(*a*) बुधवार (*b*) रविवार
(*c*) शुक्रवार (*d*) बृहस्पतिवार
(*e*) सोमवार

व्याख्यात्मक उत्तरमाला

1. (*a*) : बृहस्पतिवार —बीता परसों

शुक्रवार —बीता कल

शनिवार —आज

रविवार — आने वाला कल

2. (*b*) : 1. पांच व्यक्तियों का समूह–प्रात: 8:00 बजे से दोपहर बाद 2:00 बजे तक काम करता है।

2. दस व्यक्तियों का दूसरा समूह–प्रात: 10:00 बजे से शाम 4:00 बजे तक काम करता है

3. पांच व्यक्तियों का तीसरा समूह–दोपहर 12:00 बजे से संध्या 6:00 बजे तक काम करता है

अत: कंप्यूटर पर दोपहर 12:00 बजे से दोपहर बाद 2:00 बजे तक सर्वाधिक काम होगा।

3. (*a*) : सातवां दिन शुक्रवार से तीन दिन पहले का दिन है अत: दसवां दिन शुक्रवार है, इसलिए 17 वां दिन भी शुक्रवार है।

अत: 19 वां दिन शुक्रवार के बाद का दूसरा दिन अर्थात् रविवार है।

4. (*c*) :

बसों के रवाना होने का क्रम	सोमवार से शुक्रवार तक रवानगी का समय	शनिवार और रविवार को रवानगी का समय
P	प्रात: 8:00 बजे	प्रात: 7:30 बजे
N	प्रात: 8:45 बजे	प्रात: 8:30 बजे
R	प्रात: 9:15 बजे	प्रात: 9:30 बजे
M	प्रात: 10 बजे	प्रात: 10:30 बजे
Q	प्रात: 10:35	प्रात: 11:30 बजे
S	प्रात: 11:20 बजे	दोपहर बाद 12:30 बजे
O	दोपहर 12 बजे	दोपहर बाद 1:30 बजे

5. (*a*) : बस P प्रात: 7:30 बजे रवाना होती है और अपना चार घंटे का दर्शनीय स्थलों का टूर 11:30 बजे पूरा कर लेती है। बस Q प्रात: 11:30 बजे रवाना होती है।

6. (*d*) : बस M प्रात: 10:30 बजे रवाना होती है। यदि 1 घंटे के समय अंतराल में 30 मिनट की वृद्धि कर दी जाए तो बस Q दोपहर 12:00 बजे रवाना होगी, बस S दोपहर बाद 1:30 बजे और बस O दोपहर बाद 3:00 बजे रवाना होगी। बस O अपना चार घंटे का टूर शाम 7:00 बजे पूरा करेगी।

7. (*c*) :

सोमवार से शुक्रवार और शनिवार को डाक्टरों द्वारा चिकित्सालय में रहने की समय–सारणी	शनिवार को डाक्टरों द्वारा चिकित्सालय में रहने की समय–सारणी	डाक्टरों द्वारा चिकित्सालय में होने का क्रम

प्रात: 9:00 बजे - प्रात: 10:00 बजे	प्रात: 9:00 बजे - प्रात: 9:30 बजे	Q
प्रात: 10:00 बजे - प्रात: 11:00 बजे	प्रात: 9:30 बजे - प्रात: 10:00 बजे	T या V
प्रात: 11:00 बजे - दोपहर 12:00 बजे	प्रात: 10:00 बजे - प्रात: 10:30 बजे	S
दोपहर 12:00 बजे - दोपहर बाद 1:00 बजे	प्रात :10:30 बजे - प्रात:11:00 बजे	T या V
(दोपहर बाद 1:00 बजे - 2:00 बजे तक भोजनावकाश)		
दोपहर बाद 2:00 बजे - दोपहर बाद 3:00 बजे	प्रात: 11:00 बजे - प्रात: 11:30 बजे	W
दोपहर बाद 3:00 बजे - शाम 4:00 बजे	प्रात: 11:30 बजे - दोपहर 12:00 बजे	R
शाम 4:00 बजे - शाम 5:00 बजे	दोपहर 12.00 बजे - दोपहर बाद 12:30 बजे	P
शाम 5:00 बजे - शाम 6:00 बजे	दोपहर बाद 12:30 बजे - दोपहर बाद 1:00 बजे	U

8. (*d*) : परिवर्तित भोजनावकाश और उसके बाद चिकित्सालय में डाक्टरों का परिवर्तित समय होगा :

भोजनावकाश—		दोपहर बाद 1:00 बजे	-	दोपहर बाद 1:45 बजे
W	—	दोपहर बाद 1:45 बजे	-	दोपहर बाद 1:45 बजे
R	—	दोपहर बाद 1:45 बजे	-	दोपहर बाद 2:30 बजे
P	—	दोपहर 2:30 बजे	-	शाम 3:15 बजे
U	—	3:15 बजे शाम 4:00 बजे	-	4:00 बजे शाम 4:45 बजे

डाक्टर U का चिकित्सालय में आने का समय 4:00 बजे होगा।

9. (*e*) : जया सन्नी से $75 \times 7 = 525$ दिन बड़ी है।

जया बन्नी से $525 + 562 = 1087$ दिन बड़ी है।

$1087 \div 7$ करने पर शेष 2 बचता है।

अत: यदि जया का जन्म मंगलवार को हुआ है तो बन्नी का जन्म मंगलवार से दो दिन बाद अर्थात् बृहस्पतिवार को हुआ।

10. (*d*) : बुधवार से पांच दिन पहले शुक्रवार है। अत: 21 नवंबर का दिन शुक्रवार है।

21 नवंबर और 25 दिसंबर के बीच दिनों की संख्या

$= 9 + 25 = 34$ दिन

$34 \div 7$ करने पर 6 शेष बचता है

$\therefore$ 28 वां दिन शुक्रवार होगा जिसके छह दिन बाद बृहस्पतिवार होगा।

अत: 25 दिसंबर का दिन बृहस्पतिवार होगा।

12 घन एवं पासे संबंधी परीक्षण

घन एवं पासों पर आधारित प्रश्न का उद्देश्य अभ्यर्थी की कल्पना शक्ति की जांच करना होता है। अभ्यर्थी में यह योग्यता होनी चाहिए कि वह पूछे गए प्रश्न का उत्तर देने के लिए त्रि-विमीय वस्तु की तत्काल एक कल्पित आकृति बना सकें। ऐसे प्रश्नों का उत्तर देने के लिए कुछ बुनियादी बातों से अवगत होने तथा कल्पना शक्ति को त्वरित और परिशुद्ध परिकलनों की सहायता से साकार रूप प्रदान करने की आवश्यकता है।

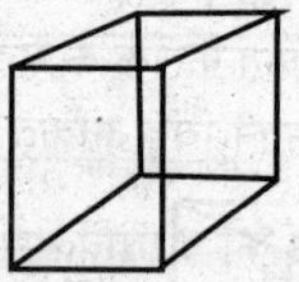
घन

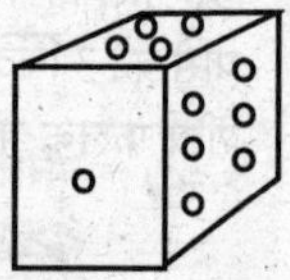
पासा

- घन में छह पार्श्व या फलक और आठ कोने होते हैं।
- प्रश्न एक ही या अलग-अलग रंगीन पार्श्वों पर आधारित होते हैं।
- प्रश्न वर्ग को विशिष्ट संख्या के छोटे बराबर भागों में काटने पर आधारित हो सकता है।
- पासे में छह पार्श्व या फलक होते हैं।
- प्रश्न केवल उसके छह फलकों पर लिखी संख्या के आधार पर पूछे जाते हैं।

आरेखीय रूप में, सभी फलकों पर हरे रंग से रंगे घन को उसके किसी एक फलक को लेकर अच्छी तरह समझा जा सकता है। यह घन $3 \times 3 \times 3 = 27$ समान छोटे घनों में विभाजित किया गया है।

a	b	a
b	c	b
a	b	a

इसमें कोने के चार 'a' खंड हैं, अत: 4×2 अर्थात 8 खंडों के तीन फलक रंगीन होंगे।
इसमें चार बीच के 'b' खंड हैं, अत: 4×3 अर्थात् 12 खंडों के दो फलक रंगीन होंगे।
इसमें एक बीच का 'c' खंड हैं, अत: 1×6 अर्थात छह खंडों का केवल एक फलक रंगीन होगा।
इसमें ठीक बीचों बीच एक खंड होगा जिसका कोई भी फलक रंगीन नहीं होगा।
अत: इस घन के $8 + 12 + 6 + 1$ अर्थात 27 छोटे खंड होंगे।

प्रश्नमाला

1. नीचे किसी एक ही पासे की दो स्थितियां दर्शाई गई हैं। जब पासे की तली पर दो घेरे हों तो उसके शीर्ष पर घेरों की संख्या कितनी होगी?

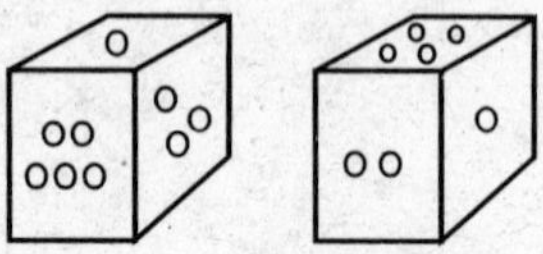

A. 5 B. 2
C. 3 D. 6

2. नीचे किसी एक पासे की दो स्थितियां दर्शाई गई हैं। जब पासे की तली पर 4 का अंक हो तो उसके शीर्ष पर कौन-सा अंक होगा?

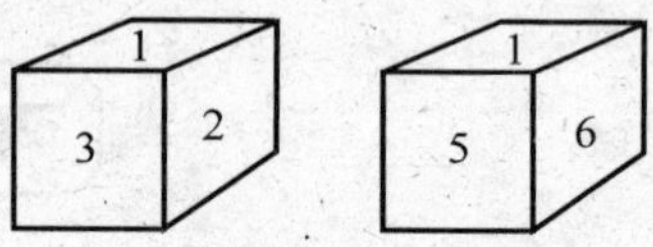

A. 1 B. 2
C. 5 D. 6

3. एक घन के दो संलग्न फलकों और एक सम्मुख फलक को लाल रंग में और दो संलग्न फलकों को पीले रंग में तथा घन के शेष फलकों को हरे रंग में रंगा जाता है। उसके बाद उस घन को 64 समान आकार के छोटे घनों में काट दिया जाता है। कितने घन ऐसे होंगे जिनमें केवल एक लाल और एक हरा फलक हो?

A. 4 B. 8
C. 12 D. 16

4. नीचे किसी एक पासे की दो स्थितियां दर्शाई गई हैं। पासे के छह फलकों पर क्रमशः 1 से 6 तक बिंदु अंकित हैं। यदि इस पासे को 3 बिंदु अंकित फलक के सहारे रखा जाए तो उसके शीर्ष फलक पर कितने बिंदु अंकित होंगे।

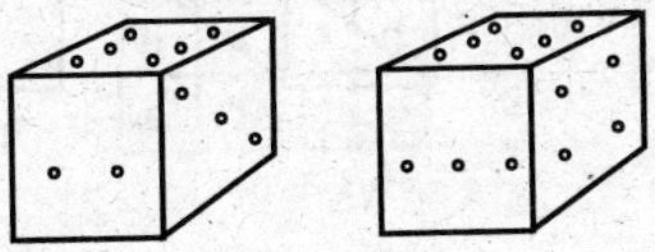

A. 1 या 5 B. 2
C. 3 D. 5

5. एक घन के फलकों को अंग्रेजी के अक्षरों द्वारा सूचित किया गया है। इस घन को विभिन्न दिशाओं से देखे जाने पर इसकी विभिन्न स्थितियां नीचे दर्शाई गई हैं। इसमें प्रश्न चिह्न (?) के स्थान पर कौन सा अक्षर लिखा होना चाहिए।

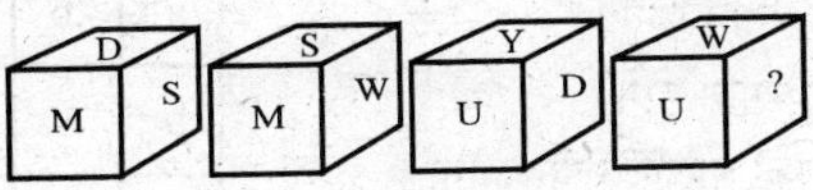

A. S B. D
C. Y D. W

6. यदि किसी घन के सम्मुख फलकों पर अंकित बिंदुओं की कुल संख्या घन के प्रत्येक सम्मुख पार्श्वों के संदर्भ में 7 हो, तो नीचे दर्शाई गई आकृति में कौन सही है?

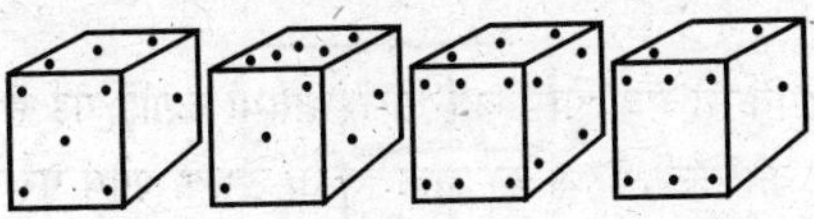

A B C D

A. A B. C
C. D D. B

7. यदि किसी घन के फलकों को इस प्रकार रंगा जाए कि उसका कोई भी दो संलग्न पार्श्व एक से रंग में रंगा न हो इसके लिए न्यूनतम कितने रंगों की आवश्यकता होगी?

A. 6 B. 4
C. 3 D. 2

8. एक पासे के संलग्न फलकों पर दक्षिणावर्त क्रम में a, b, c और d, लिखा गया है तथा पासे के शीर्ष और तली पर क्रमशः e ओर f लिखा गया है। यदि पासे की किसी एक स्थिति में c उसके शीर्ष पर आता हो तली पर कौन–सा अक्षर लिखा होगा?

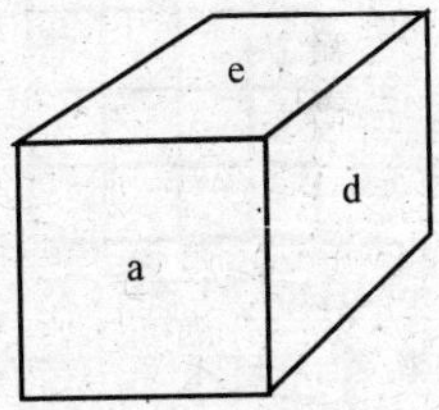

A. a B. c
C. e D. b

9. एक घन के सभी फलक नारंगी रंग में रंगे हैं। इसे समान आकार के 64 छोटे घनों में काटा जाता है। बताएं कि ऐसे कितने छोटे घन प्राप्त होंगे जिनका कोई भी पार्श्व रंगीन नहीं होगा?

A. 4 B. 8
C. 16 D. 20

10. एक छह सेंटीमीटर भुजा के घन के सभी पार्श्व हरे रंग में रंगे हैं। इसे 2 सेमी. भुजा के छोटे घनों में काटा जाता है। बताएं कि ऐसे कितने छोटे घन प्राप्त होंगे जिनके दो फलक रंगीन हों?

A. 12 B. 8
C. 24 D. 4

व्याख्यात्मक उत्तरमाला

1. A. : पासे की विभिन्न स्थितियों का अध्ययन करने पर ज्ञात होता है कि पासे के निम्नलिखित पार्श्व उसके सम्मुख पार्श्व हैं : 2 — 5, 4 — 3 और 1— 6.

2. A. : दिए गए पासे में 1 संख्यांकित पासे से संलग्न फलक 3, 2, 5 और 6 हैं। अतः सम्मुख पार्श्वों पर लिखी संख्याएं 1 और 4 हैं।

3. B. : 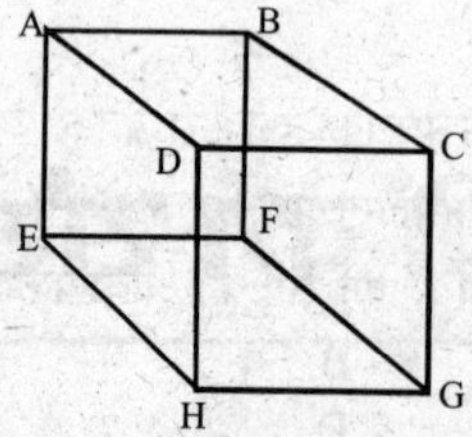

घन के लाल रंग में रंगे फलक EHDA, ABCD और BCGF हैं तथा उसके पीले रंग में रंगे फलक ABFE और EFGH हैं एवं उसका हरे रंग में रंगा फलक CDHG है।

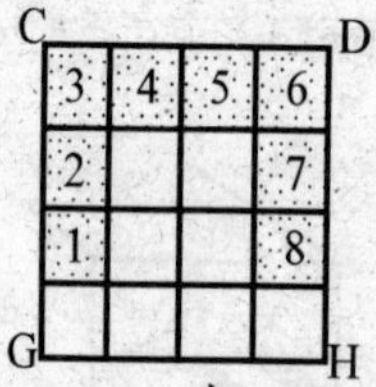

घन की HD, CD और CG भुजाएं लाल रंग में रंगे फलक की भुजाओं की संलग्न भुजाएं हैं और GH भुजा पीले रंग के फलक की भुजाओं के संलग्न है। अत: केवल 8 घन ही ऐसे होंगे जिनमें एक पार्श्व लाल और एक पार्श्व हरा हो।

4. A. : हालांकि स्पष्ट है कि 2 बिंदुओं वाले फलक के सम्मुख फलक पर 4 बिंदु अंकित हैं किंतु यह स्पष्ट नहीं हैं कि 3 बिंदु अंकित फलक के सम्मुख फलक पर 1 बिंदु अंकित हैं या 5 बिंदु अंकित हैं। अत: उत्तर 1 या 5 है।

5. C. : शीर्ष और तल फलक पर अंकित अक्षर क्रमश: W और D हैं तथा बगल के फलकों पर दक्षिणावर्त अंकित अक्षर क्रमश: U, Y, M और S हैं।

6. A. : इस घनाकार खंड में सम्मुख फलकों पर बिंदुओं की संख्याएं क्रमश: 1—6, 3—4 और 5—2 होंगी।

7. C. : घन के छह फलक होते हैं और उसके दो सम्मुख फलक एक से रंग में रंगे जा सकते हैं।

8. A. : पासे की दो स्थितियां निम्नवत होंगी :

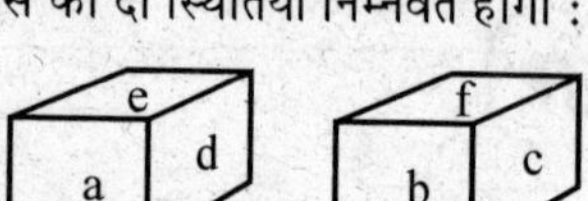

और इसके सम्मुख फलक a—c, b—d होंगे।

9. B. : बड़े घन से 64 छोटे आकार के घन निम्नवत् काटे जाएंगें :

1. छोटे आकार के 8 घनों के तीन फलक रंगीन होंगे।
2. 24 छोटे घनों के 2 फलक रंगीन होंगे।
3. 24 छोटे घनों का 1 फलक रंगीन होगा।
4. 8 छोटे घनों का कोई भी फ़लक रंगीन नहीं होगा।

आरेखीय रूप में घन के एक फलक को लेकर निम्नलिखित स्पष्टीकरण प्राप्त होता है :

a	b	b	a
b	c	c	b
b	c	c	b
a	b	b	a

1. 'a' कोने के खंड हैं $[4 \times 2 = 8]$
2. 'b' कोने के बीच वाले खंड हैं $[8 \times 3 = 24]$
3. 'c' बीच के खंड हैं $[4 \times 6 = 24]$
4. शेष आंतरिक खंड
$= 64 - (8 + 24 + 24)$
$= 64 - 56 = 8.$

10. A. : घन से छोटे आकार के 27 खंड निम्नलिखित रूप में काटे जाएंगे :

1. 8 घनों के 3 फलक रंगीन होंगे।
2. 12 घनों के 2 फलक रंगीन होंगे।
3. 6 घनों का केवल 1 फलक रंगीन होगा।
4. 1 घन का कोई भी फलक रंगीन नहीं होगा।

आरेखीय रूप में, घन के एक फलक को लेकर स्पष्टीकरण निम्नवत होगा:

a	b	a
b	c	b
a	b	a

1. 'a' कोने के खंड हैं $[4 \times 2 = 8]$
2. 'b' कोने के बीच वाले खंड हैं $[4 \times 3 = 12]$
3. 'c' बीच के खंड हैं $[1 \times 6 = 6]$
4. आंतरिक रंगहीन खंड केवल 1 है।

13 आकृतियों की संख्या

इस प्रकार के प्रश्नों में किसी दी गई जटिल आकृति में निहित ज्यामितीय आकृतियों की संख्या ज्ञात करनी होती है। अभ्यर्थियों के लिए यह अनिवार्य है कि वे प्रश्न आकृति का अत्यंत सावधानीपूर्वक प्रेक्षण करें और तत्पश्चात् उसमें निहित ज्यामितीय आकृतियों को गिनें। एक बड़ी और उलझी हुई आकृति में से उसमें निहित आकृति/डिजाइन को ज्ञात करने के लिए सूक्ष्म बुद्धि और तीक्ष्ण विश्लेषणात्मक क्षमता अपेक्षित होती है तथा साथ ही यह भी आवश्यक है कि अभ्यर्थियों को सभी ज्यामितीय आकृतियों की संरचना का स्पष्ट ज्ञान हो।

हल किए गए प्रश्न

1. नीचे दी गई आकृति को निर्मित करने में कितनी सरल रेखाओं का प्रयोग किया गया है?

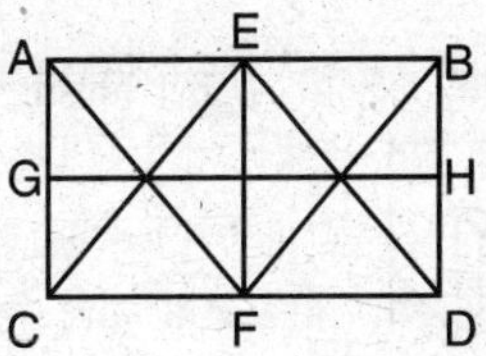

A. 8 B. 6
C. 10 D. 12
E. 14

उत्तर C : प्रयुक्त रेखाओं की कुल संख्या की गणना निम्नवत् की गई हैः

आकृति में कुल 3 क्षैतिज रेखाएं हैंः AB, GH और CD, इसमें कुल 3 ऊर्ध्वाधर रेखाएं हैंः AC, EF और BD, आकृति में निहित 4 विकर्णी रेखाएं हैंः CE, FB, AF और ED।

अतः दी गई आकृति में निहित कुल रेखाओं की संख्या हैः
= 3 + 3 + 4 = 10

2. नीचे दी गई आकृति में कुल कितने वर्ग हैं?

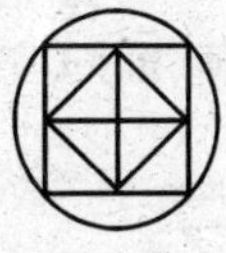

A. 4 B. 6
C. 8 D. 5 E. 10

उत्तर B : आकृति में निहित वर्गों की गणना निम्नवत की जाती है।

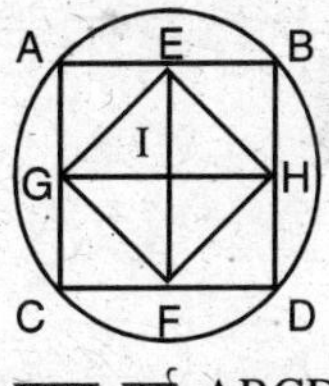

आकृति में एक मुख्य वर्ग ABCD है जो EF और GH रेखाओं द्वारा चार भागों में विभाजित है। इस प्रकार सभी 5 वर्ग हैंः ABCD, AEGI, GICF, EBIH और IHFD। बीच में स्थित वर्ग EGHF है। अतः दी गई आकृति में निहित वर्गों की कुल संख्या = 5 + 1 = 6

प्रश्नमाला

1. नीचे दी गई आकृति में कुल कितने त्रिभुज हैं?

A. 24
B. 27
C. 25
D. 26
E. 22

2. इस आकृति में कुल कितने समांतर चतुर्भुज हैं?

A. 9
B. 13
C. 15
D. 18
E. 20

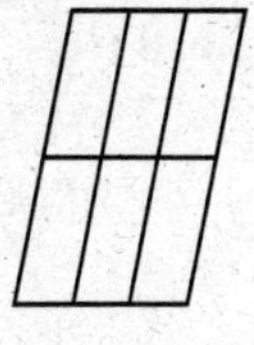

3. इस आकृति में कुल कितने त्रिभुज हैं?

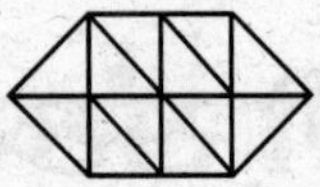

A. 16 B. 17
C. 18 D. 19
E. 15

4. इस आकृति में आयतों की कुल कितनी संख्या है?

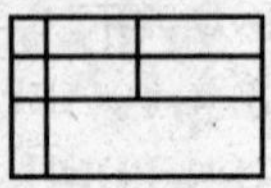

A. 21 B. 24
C. 23 D. 25
E. 20

5. इस आकृति में कुल कितने वर्ग छिपे हैं?

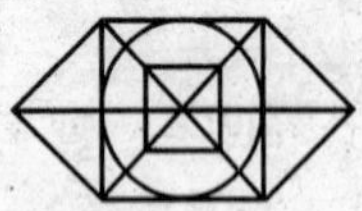

A. 7 B. 8
C. 9 D. 10
E. 6

6. इस आकृति में निहित त्रिभुजों की संख्या कितनी है?

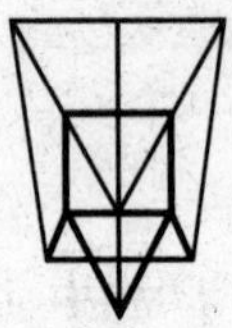

A. 19 B. 16
C. 21 D. 15
E. 12

7. नीचे दी गई आकृति में कुल कितने वर्ग निहित हैं?

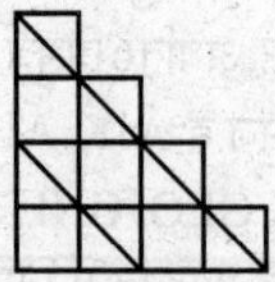

A. 10 B. 11
C. 13 D. 14
E. 12

8. इस आकृति में वर्गों की कुल कितनी संख्या है?

A. 6 B. 5
C. 2 D. 3
E. 4

9. नीचे दी गई आकृति में कितने त्रिभुज हैं?

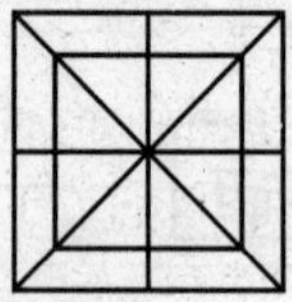

A. 28 B. 36
C. 24 D. 32
E. 20

10. नीचे दी गई आकृति में कुल कितने वर्ग हैं?

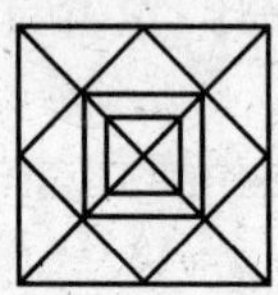

A. 15 B. 11
C. 8 D. 3
E. 10

व्याख्यात्मक उत्तरमाला

1. B :

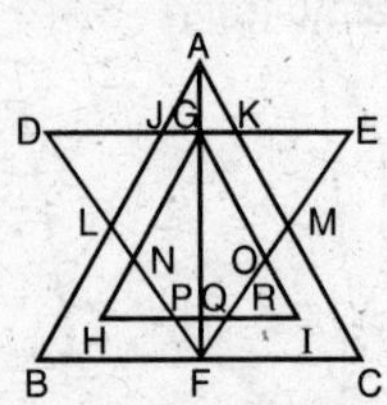

आकृति को निर्मित करने वाले मुख्य त्रिभुज हैं: ABC, DEF और GHI, अर्थात् 3 त्रिभुज। आकृति में निहित सरलता पूर्वक दिखाई पड़ने वाले त्रिभुज हैं: AJG, AGK, KEM, DJL, NHP, PQF, QFR और ORI, अर्थात् 8 त्रिभुज।

समद्विभाजक रेखा AF द्वारा निर्मित त्रिभुज हैं: ABF, AFC, GHQ, GQI, DGF और GFE, अर्थात् 6 त्रिभुज। तीनों मुख्य त्रिभुजों के बीच बनने वाले त्रिभुज हैं: AJK; ALF, AMF, DGN, DGF, LBF, MFC, GEO, GNF और GOF, अर्थात् 10 त्रिभुज। अतः दी गई आकृति में निहित त्रिभुजों की कुल संख्या है: = 3 + 8 + 6 + 10 = 27

2. D :

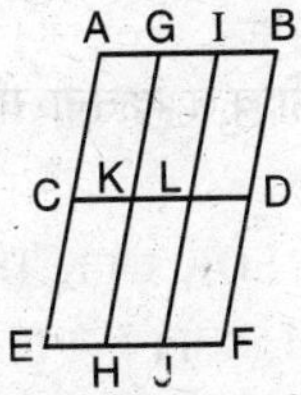

मुख्य समांतर चतुर्भुज ABEF है अर्थात् 1 समांतर चतुर्भुज।

CD रेखा द्वारा दो समान भागों में विभाजित किए जाने पर मुख्य आकृति के भीतर ABCD और CDEF, ये 2 समांतर चतुर्भुज निर्मित होते हैं।

दो अन्य रेखाएं GH और IJ खींची जाने पर AGEH, GIJH और IBJF, ये 3 समांतर चतुर्भुज निर्मित होते हैं।

आकृति में स्पष्टः और सरलतापूर्वक दिखाई पड़ने वाले AGCK, CKEH, GIKL, KLHJ, IBLD और LDJF में 6 समांतर चतुर्भुज निहित हैं।

आकृति में निहित अन्य समांतर चतुर्भुज AICL, CLEJ, GBKD, KDHF, AIEJ और GBHF ये 6 समांतर चतुर्भुज हैं।

अतः दी गई आकृति में निहित समांतर चतुर्भुजों की मूल संख्या हैं: 1 + 2 + 3 + 6 + 6 = 18

3. A :

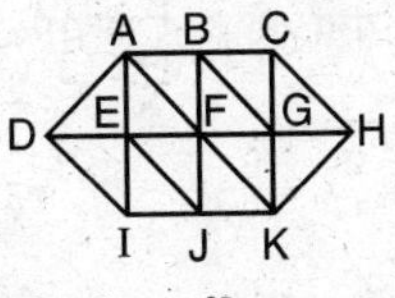

आकृति में सर्वाधिक सरलतापूर्वक दृष्टिगोचर होनेवाले त्रिभुज हैं: ADE, DEI, AEF, ABF, EIJ, EFJ, BFG, BCG, FJK, FGK, CGH और GHK, अर्थात् 12 त्रिभुज।

समद्विभाजित त्रिभुज हैं: ADI और CHK अर्थात् 2 त्रिभुज।

AIK और ACK अन्य त्रिभुज हैं, अर्थात 2 त्रिभुज।

अतः आकृति में निहित त्रिभुजों की कुल संख्या

= 12 + 2 + 2 = 16

4. C :

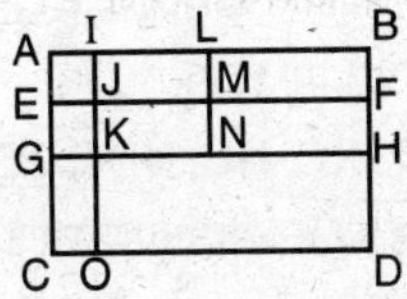

मुख्य आयत है ABCD अर्थात् 1 आयत।

आकृति में सर्वाधिक सरलतापूर्वक दृष्टिगोचर होने वाले आयत हैं: AIEJ, ILJM, LBMF, EJGK, JMKN, MFNH, GKCO और KHOD अर्थात् 8 आयत।

जिन आयतों के दो भाग हैं वे हैं: ALEM, IBJF, EMGN, JFKH, AIGK, IKLN, LDNH, EJCO और GHCD, अर्थात् 9 आयत।

जिन आयतों के 3 भाग हैं वे हैं: AICO, ABEF और EFGH अर्थात् 3 आयत।

जिन आयतों के 4 भाग हैं वे है: GLGN और IBKH, अर्थात् 2 आयत।

अतः आकृति में निहित आयतों की कुल संख्या

= 1 + 8 + 9 + 3 + 2 = 23

5. D :

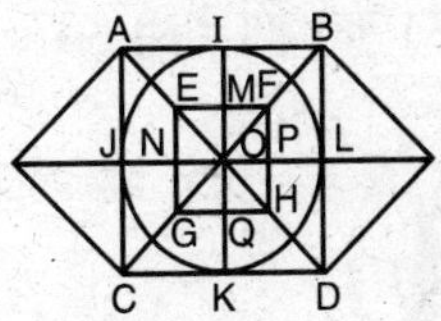

आकृति में निहित मुख्य वर्ग हैं : ABCD और EFGH, अर्थात् 2 वर्ग।

सरलतम बाह्य वर्ग हैं। AIJO, IBOL, JOCK, और OLKD, अर्थात् 4 वर्ग।

सरलतम आंतरिक वर्ग हैं: EMNO, NOGQ, MFOP और OPQH, अर्थात् 4 वर्ग।

आकृति में अन्य कोई वर्ग निहित नहीं हैं।

अतः उपर्युक्त आकृति में निहित वर्गों की कुल संख्या

= 2 + 4 + 4 = 10

6. B :

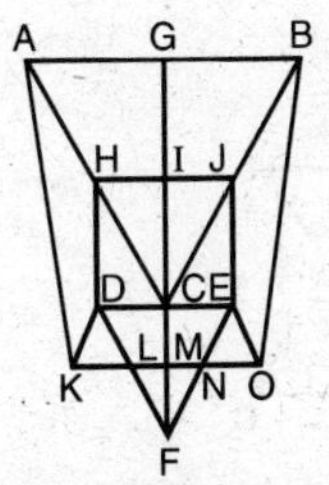

आकृति में निहित मुख्य त्रिभुज हैं: ABC, DEF, LNF, और HJC आर्थात् 4 त्रिभुज।
सरलतम त्रिभुज हैं: HIC, IJC, HDC, JCE, DKL, LMF, MFN और NOE अर्थात् 8 त्रिभुज।
आकृति में निहित अन्य त्रिभुज हैं: AGC, GBC, DCF और CEF अर्थात् 4 त्रिभुज
अतः त्रिभुजों की कुल संख्या = 4 + 8 + 4 = 16

7. C :

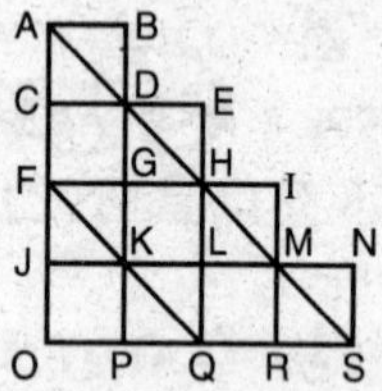

आकृति में निहित सरलतम वर्ग हैं: ABCD, CDFG, DEGH, FGJK, GHKL, HILM, JKOP, KLPQ, LMQR और MNRS अर्थात् – 10 वर्ग
आकृति में निहित अन्य वर्ग हैं: CEJL, FHOQ और GIPR अर्थात् – 3 त्रिभुज
∴ आकृति में निहित कुल वर्ग = 10 + 3 = 13

8. A :

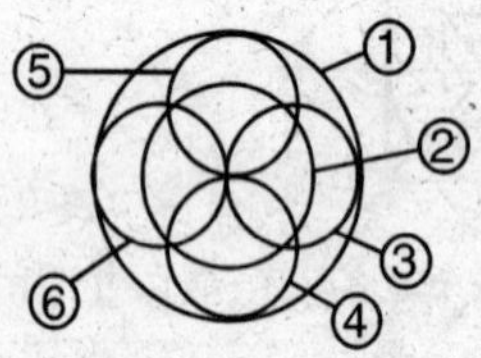

आकृति में दो मुख्य वृत्त हैं और चार छोटे वृत्त हैं और ये सभी एक-दूसरे को प्रतिच्छेदित कर रहे हैं।
∴ आकृति में निहित कुल वृत्त = 2 + 4 = 6

9. D :

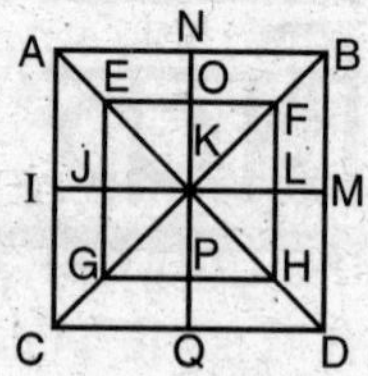

आकृति में निहित बड़े त्रिभुज हैं: ABC, BCD, ABD और ACD, अर्थात् 4 त्रिभुज
छोटे त्रिभुज हैं: EFH, EGH, EFG और FGH अर्थात् 4 त्रिभुज।
सरलतम त्रिभुज हैं: EJK, EOK, OFK, JKG, FKL, KLH, KGP और KPH, अर्थात् 8 त्रिभुज।
समद्विभाजित त्रिभुज हैं, AKC, ABK, CKD, KBD, EKG, EKF, KHG, KHF, अर्थात् 8 त्रिभुज।
अन्य त्रिभुज है: ANK, NKB, KBM, KMD, KQD, KQC, KCI, IKA, अर्थात् 8 त्रिभुज
∴ आकृति में निहित कुल त्रिभुज
= 4 + 4 + 8 + 8 + 8 = 32

10. C :

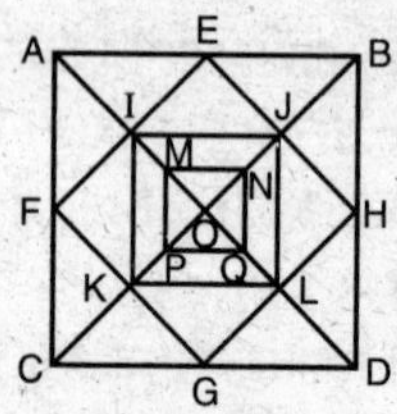

आकृति में निहित मुख्य वर्ग हैं: ABCD, IJKL, MNPQ और EFHG, अर्थात् 4 वर्ग।
अन्य वर्ग हैं: EIJO, IFKO, JOLH और OKGL, अर्थात् 4 वर्ग।
∴ आकृति में निहित वर्गों की कुल संख्या = 4 + 4 = 8

अभाषिक (Non-Verbal)

14 शृंखला

इस प्रकार की अभाषिक शृंखला (Non-Verbal Series) में, जो सर्वाधिक सामान्य प्रकार की शृंखला होती है, चार या पांच आनुक्रमिक प्रश्न आकृतियां एक निश्चित अनुक्रम निर्मित करते हैं और अभ्यर्थियों को दी गई उत्तर आकृतियों के सेट से उस एक आकृति का चयन करना होता है जिससे प्रश्न आकृतियों के समुच्चय की शृंखला सतत् हो जाए।

अभ्यर्थियों को प्रश्न आकृतियों के समुच्चय की शृंखला सतत् बनाने के लिए विभिन्न क्रियाएं, परिवर्तन, विस्थापन, क्रमावर्तन, पुनरावर्तन और बहुत से अन्य परिवर्तन करने की आवश्यकता होती है। निरंतर अभ्यास द्वारा शृंखला विषयक समस्याओं को हल करने में निपुणता प्राप्त की जा सकती है।

हल किए गए प्रश्न

नीचे पूछे गए प्रत्येक प्रश्न में उत्तर आकृतियों के समुच्चय से उस एक आकृति का चयन करें जिसे प्रश्न आकृतियों के बाद में रखने पर प्रश्न आकृतियों के समुच्चय की शृंखला सतत् हो जाए।

1. प्रश्न आकृतियां

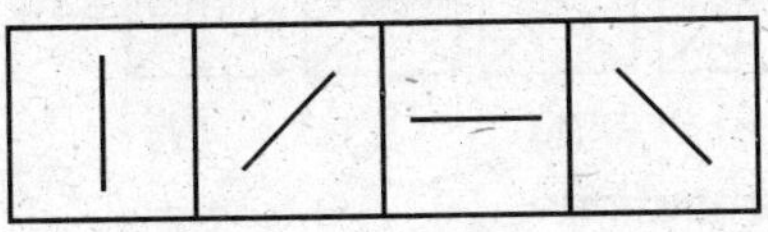

उत्तर आकृतियां

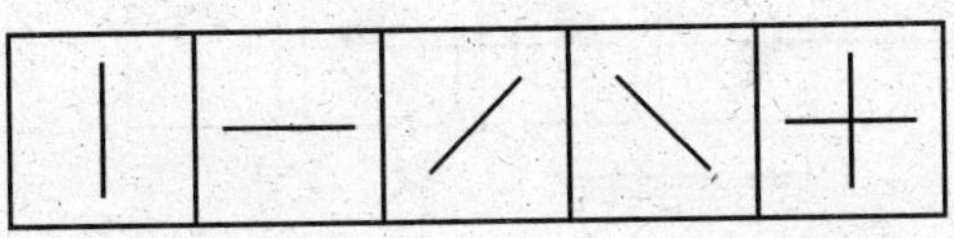

(*a*) (*b*) (*c*) (*d*) (*e*)

उत्तर (*a*): सभी आकृतियों में समान आकार की सीधी सरल रेखाएं दी गई हैं। उनकी दिशाएं और स्थिति परिवर्तित होती हैं। पहली आकृति में रेखा ऊर्ध्वाधर स्थिति में है। दूसरी आकृति में रेखा दक्षिणावर्त 45° के कोण से मुड़ जाती है और तीसरी आकृति में रेखा दक्षिणावर्त और 45° के कोण से मुड़ जाती है तथा चौथी आकृति में रेखा दक्षिणावर्त और 45° के कोण से मुड़ जाती है। अतः दो बातें स्पष्ट होती हैं: (i) रेखा दक्षिणावर्त घूमती है, और (ii) रेखा प्रत्येक चरण पर 45° के कोण से मुड़ती है।

अब चौथी आकृति (प्रश्न आकृति) भी दक्षिणावर्त 45° के कोण से मुड़नी चाहिए। अतः पांचवीं आकृति एक ऊर्ध्वाधर (उदग्र) रेखा होगी। इस प्रकार हमें ज्ञात होता है कि शृंखला को सतत् बनाने के लिए अगली आकृति एक ऊर्ध्वाधर या उदग्र सरल रेखा होगी।

प्रश्नमाला

निर्देश (प्र.सं. 1–10): *नीचे के प्रत्येक प्रश्न में आकृतियों के दो समुच्चय दिए गए हैं जिनमें से एक समुच्चय को* **प्रश्न आकृतियों** *का समुच्चय और दूसरे समुच्चय को* **उत्तर आकृतियों** *का समुच्चय कहा गया है। प्रश्न आकृतियों के समुच्चय से किसी न किसी प्रकार से एक श्रृंखला बनती है। उत्तर आकृतियों के समुच्चय से उस एक आकृति का चयन करें जिससे प्रश्न आकृतियों के समुच्चय की श्रृंखला संतत हो जाए।*

1. प्रश्न आकृतियां

उत्तर आकृतियां

(*a*) (*b*) (*c*) (*d*)

2. प्रश्न आकृतियां

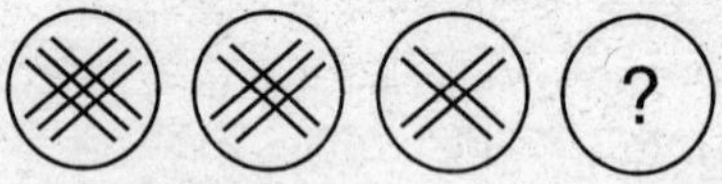

उत्तर आकृतियां

(*a*) (*b*) (*c*) (*d*)

3. प्रश्न आकृतियां

उत्तर आकृतियां

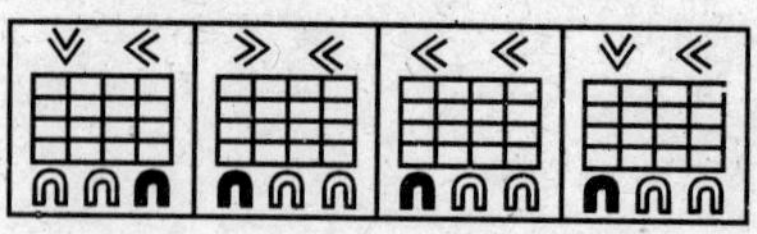

(*a*) (*b*) (*c*) (*d*)

4. प्रश्न आकृतियां

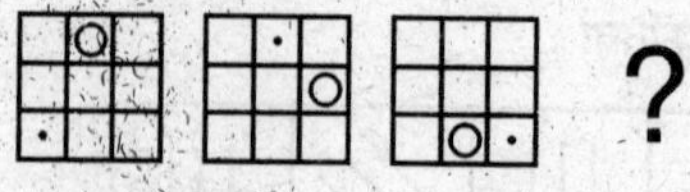

उत्तर आकृतियां

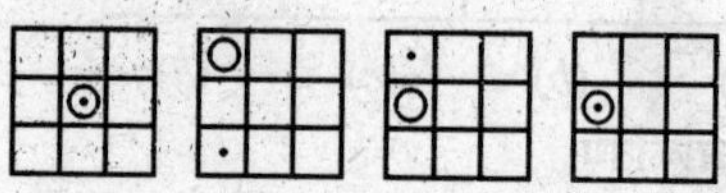

(*a*) (*b*) (*c*) (*d*)

5. प्रश्न आकृतियां

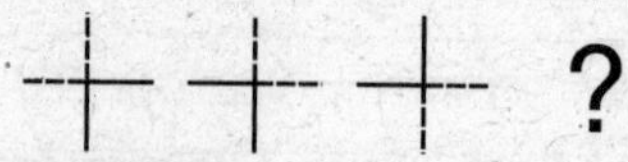

उत्तर आकृतियां

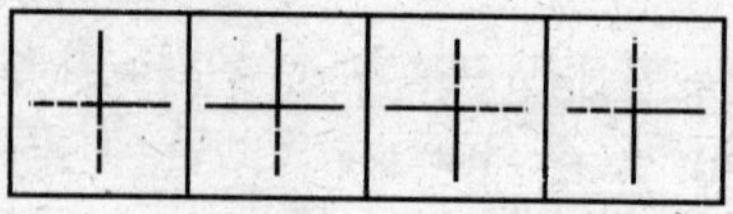

(*a*) (*b*) (*c*) (*d*)

6. प्रश्न आकृतियां

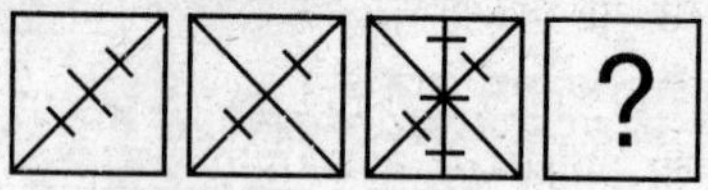

उत्तर आकृतियां

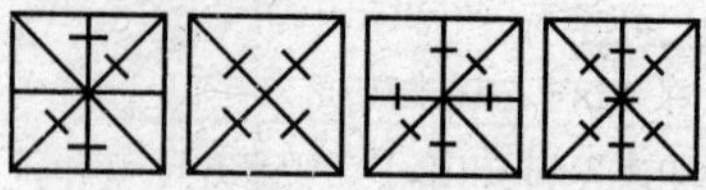

(*a*) (*b*) (*c*) (*d*)

7. प्रश्न आकृतियां

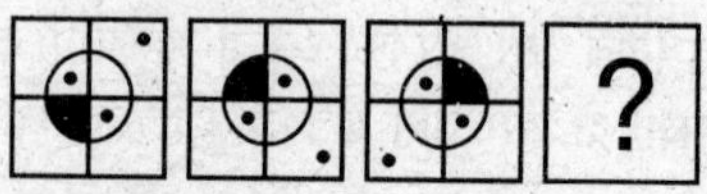

उत्तर आकृतियां

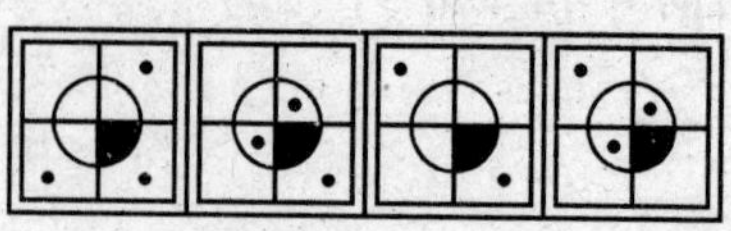

(*a*) (*b*) (*c*) (*d*)

8. प्रश्न आकृतियां

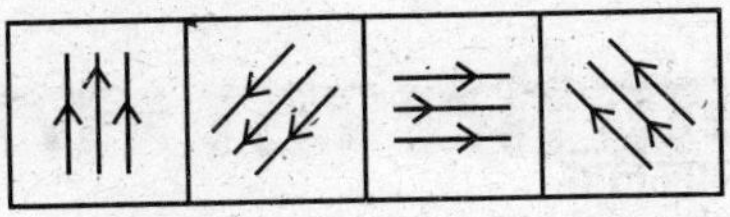

उत्तर आकृतियां

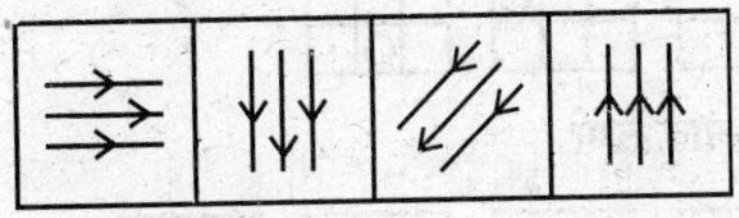

(*a*) (*b*) (*c*) (*d*)

9. प्रश्न आकृतियां

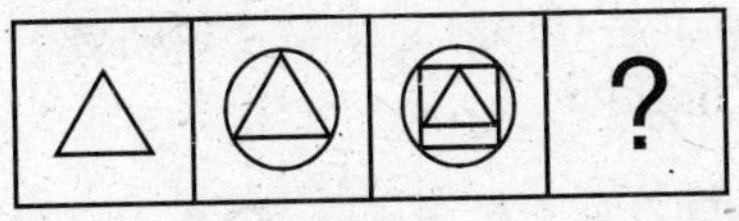

उत्तर आकृतियां

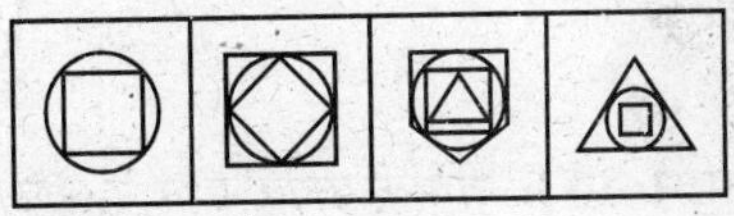

(*a*) (*b*) (*c*) (*d*)

10. प्रश्न आकृतियां

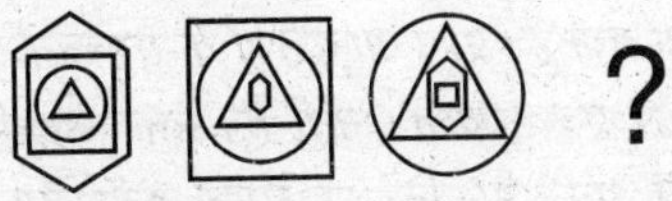

उत्तर आकृतियां

(*a*) (*b*) (*c*) (*d*)

व्याख्यात्मक उत्तरमाला

1. (*c*) : एक आकृति से दूसरी आकृति में वृत्त क्रमशः दक्षिणावर्त 30° के कोण से घूम जाता है और प्रत्येक चरण में वृत्त के भीतर स्थित एक त्रिज्यीय रेखाखण्ड लुप्त होता जाता है।

2. (*d*) : तिरछे या विकर्णी रेखाखण्ड एक-एक करके एक निश्चित क्रम में लुप्त होते जाते हैं।

3. (*d*) : पहली आकृति में ऊपर बाएं स्थित >> अवयव क्रमशः अगली आकृति में वामावर्त 90° के कोण से घूम जाता है। आकृति में नीचे स्थित तीन अवयवों में से दाहिने ओर का एक अवयव दूसरी आकृति में छायांकित हो जाता है तथा उसके बाद की आकृति में इन तीनों में से दाहिने से बाएं के क्रम में केवल एक अवयव ही छायांकित होता जाता है।

4. (*d*) : वृत्त (गोल घेरा) और बिंदु अगली आकृति में दक्षिणावर्त क्रमशः दो और तीन खंड आगे खिसक जाते हैं।

5. (*a*) : प्रत्येक चरण में क्रॉस का चिह्न दक्षिणावर्त 90° के कोण से घूम जाता है।

6. (*a*) : पहली आकृति में विकर्ण पर बीच में स्थित रेखाखण्ड दूसरी आकृति में आगे बढ़कर वर्ग के सम्मुख कोनों को स्पर्श करता है। अगली आकृति में तीन रेखाखण्डों से युक्त एक नई रेखा जुड़ जाती है। शृंखला में निरंतरता स्थापित करने के लिए मध्यस्थ रेखाखण्ड को आगे बढ़ाकर वर्ग की भुजाओं से स्पर्श कराया जाना चाहिए।

7. (*d*) : प्रत्येक चरण पर संपूर्ण आकृति दक्षिणावर्त 90° के कोण से घूम जाती है।

8. (*b*) : एकांतर आकृतियों में तीर दक्षिणावर्त 90° के कोण से घूम जाते हैं और तीर के चिह्नों (वाणमुखों) की संस्थिति सामने से पीछे और पीछे से सामने होती जाती है।

9. (*c*) : प्रत्येक चरण पर पूर्ववर्ती आकृति-समुच्चय में एक नई आकृति जुड़ती जाती है।

10. (*a*) : पहली आकृति में सबसे बाहरी संरचना अगली आकृति में सबसे भीतर चली जाती है।

15 विजातीय का चयन

अभाषिक वर्गीकरण संबंधी तर्कबुद्धि परीक्षण विषयक प्रश्नों में आकृतियों का एक समूह दिया जाता है तथा अभ्यर्थियों से यह अपेक्षा की जाती है कि वे दी गई आकृतियों को उनके विशिष्ट गुणों या विशेषताओं के आधार पर अलग-अलग समूहों या वर्गों में वर्गीकृत करें। आकृतियों या मदों को उनकी बनावट, आकार, प्रतिरूप, संरचना, प्रकार, क्रम, रूप-रंग, कोटि, शैली, संघटक अवयवों और अन्य प्रकार की विशेषताओं में समानता के आधार पर समूहों या वर्गों में वर्गीकृत करना होता है और तत्पश्चात् उस समूह से भिन्न अर्थात् विजातीय आकृति की पहचान करनी होती है।

अभाषिक वर्गीकरण के इस प्रकार के प्रश्नों में प्रश्न आकृतियों और उत्तर आकृतियों के रूप में आकृतियों के दो समुच्चय नहीं दिए जाते बल्कि इनमें चार या पाँच आकृतियों का केवल एक ही समुच्चय दिया जाता है जिन्हें प्रश्न आकृतियाँ कहते हैं। इन प्रश्न आकृतियों में से एक आकृति शेष चार आकृतियों के समान या उनके सदृश नहीं होती। दूसरे शब्दों में तीन या चार आकृतियाँ किसी न किसी रूप में आपस में संबंधित होते हुए एक समूह बनाती हैं जबकि शेष केवल एक आकृति ही अन्यों से भिन्न अथवा विजातीय होता है जिसकी पहचान की जानी होती है।

हल किए गए प्रश्न

1. 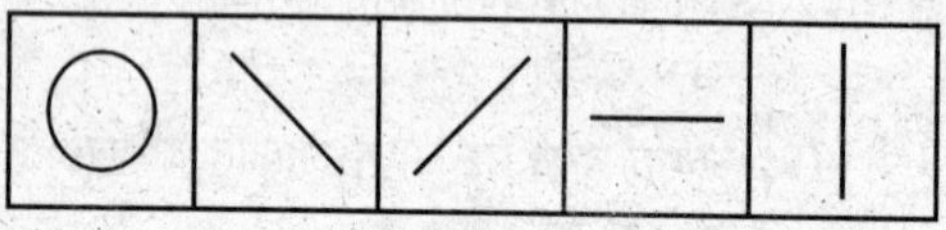

(*a*) (*b*) (*c*) (*d*) (*e*)

उत्तर (*a*)**:** दी गई आकृतियों में (*a*) एक वृत्त है जबकि (*b*), (*c*), (*d*) और (*e*) भिन्न-भिन्न दिशाओं को इंगित करने वाली सरल रेखाएं हैं। यहाँ ध्यान दें कि दी गई पाँच आकृतियों में से चार आकृतियों (*b*), (*c*), (*d*) और (*e*) में से प्रत्येक में एक सामान्य (सर्वनिष्ठ) विशेषता यह है कि ये सभी सरल रेखाएं हैं जो भिन्न-भिन्न दिशाओं को इंगित करती हैं, अतः ये चारों आकृतियां एक समूह या वर्ग निर्मित करती हैं। इन आकृतियों के विपरीत (*a*) एक वृत्त है जो अन्य आकृतियों से भिन्न अथवा विजातीय है।

अतः आकृति (*a*) समूह में शामिल न होने वाली आकृति अर्थात् एक विजातीय आकृति है।

2. 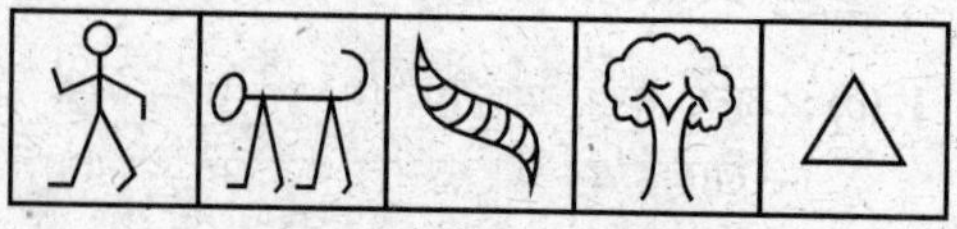

(*a*) (*b*) (*c*) (*d*) (*e*)

उत्तर (*e*)**:** आकृति (*a*) एक मानव आकृति है, (*b*) एक चौपाया पशु की आकृति है, (*c*) एक कीट, (*d*) एक पेड़ और (*e*) एक त्रिभुज है। इन पाँच अवयवों में से चार में एक सर्वनिष्ठ विशेषता है और वह यह है कि (*a*), (*b*), (*c*) और (*d*) (मानव, पशु, कीट और पेड़) सजीव जगत् से संबंधित हैं।

आकृति (*e*) एक त्रिभुज है और यह सजीव जगत् से संबंधित नहीं है। अतः आकृति (*e*) इस समूह में शामिल नहीं है।

प्रश्नमाला

निर्देश (प्र.सं. 1–10): *नीचे के प्रत्येक प्रश्न में एक आकृति को छोड़कर अन्य सभी आकृतियाँ किसी-न-किसी रूप में आपस में संबंधित हैं और इस कारण वे एक समूह बनाती हैं। प्रत्येक प्रश्न में उस एक भिन्न आकृति का चयन करें जो अन्यों से संबंधित नहीं है अर्थात् जो भिन्न अथवा विजातीय है।*

1. 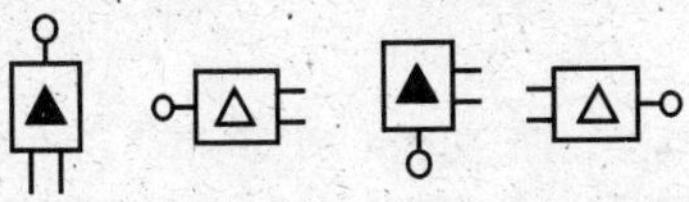

(*a*) (*b*) (*c*) (*d*)

2. 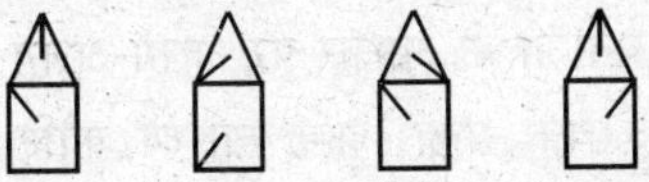

(*a*) (*b*) (*c*) (*d*)

3. 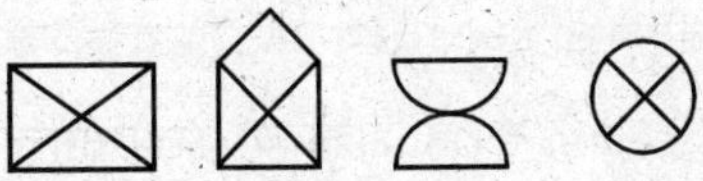

(*a*) (*b*) (*c*) (*d*)

4. 

(*a*) (*b*) (*c*) (*d*)

5. 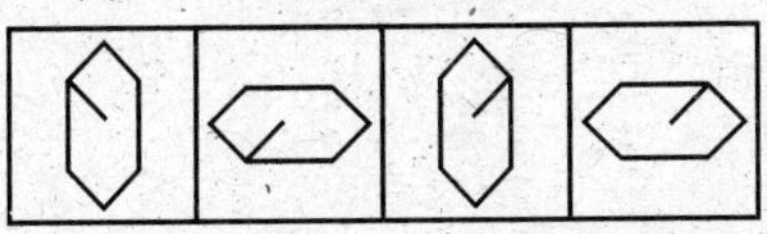

(*a*) (*b*) (*c*) (*d*)

6. 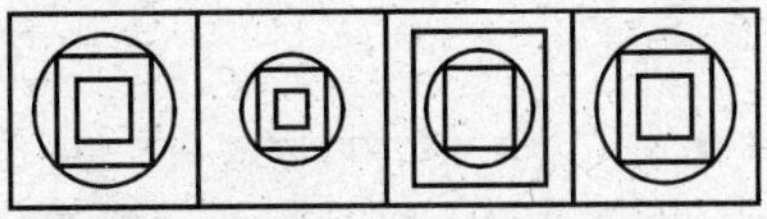

(*a*) (*b*) (*c*) (*d*)

7. 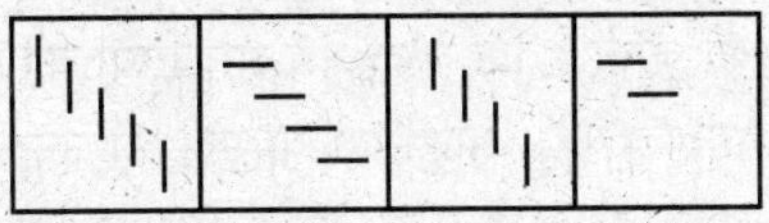

(*a*) (*b*) (*c*) (*d*)

8. 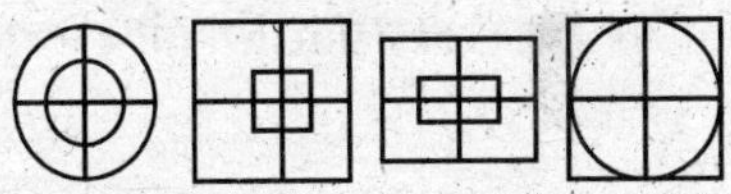

(*a*) (*b*) (*c*) (*d*)

9. 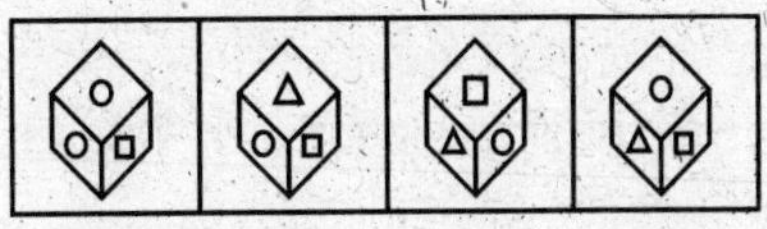

(*a*) (*b*) (*c*) (*d*)

10. 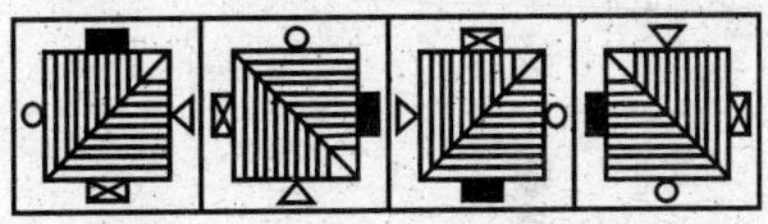

(*a*) (*b*) (*c*) (*d*)

व्याख्यात्मक उत्तरमाला

1. (*c*) : अन्य सभी आकृतियों में वृत्त युक्त रेखा और दो रेखाखंड वर्ग की सम्मुख भुजाओं पर अवस्थित हैं।

2. (*c*) : शेष सभी आकृतियों में एक रेखा के सिरों से एक ही दिशा में दो रेखाखंड खींचे जाते हैं। इस आकृति '(*c*)' में दो रेखाखंड दो विपरीत दिशाओं में खींचे जाते हैं।

3. (*c*) : शेष सभी आकृतियाँ चार भागों में विभक्त हैं।

4. (*d*) : केवल इसी आकृति में ही आकृति के मध्य में स्थित अवयव और दो अवयवों के बीच में स्थित अवयव परस्पर विपरीत दिशाओं में हैं।

5. (*c*) : शेष सभी आकृतियों को घुमा कर एक दूसरी आकृतियाँ प्राप्त की जा सकती हैं। इस आकृति में रेखाखंड गलत दिशा में है।

6. (*c*) : शेष सभी आकृतियों में बीच का और मध्यस्थ अवयव एक से हैं।

7. (*a*) : केवल इसी आकृति में रेखाखंडों की संख्या विषम है।

8. (*d*) : केवल इसी आकृति में दो अलग-अलग आकृतियाँ हैं जो दो समान भागों में विभाजित हैं।

9. (*a*) : केवल इसी आकृति में दो सदृश अवयव (वृत्त) निहित हैं।

10. (*c*) : शेष सभी आकृतियों को घुमाकर एक-दूसरी आकृतियाँ प्राप्त की जा सकती हैं।

16 स्थान अवबोध

इस प्रकार के प्रश्नों में एक पूर्ण आकृति के कटे हुए टुकड़े दिए जाते हैं जिनके साथ वह पूर्ण आकृति भी दी जाती है अर्थात् वह आकृति भी दी जाती है जिससे विभिन्न टुकड़े काटे गए हैं। कटे हुए टुकड़ों को देखकर यह पता लगाना होता है कि दिए गए टुकड़ों को मिलाकर कौन-सी आकृति बनाई जा सकती है अर्थात् वह आकृति ज्ञात करनी होती हैं जिससे दिए गए टुकड़े काटे गए हैं। इस प्रकार के प्रश्नों को हल करने के लिए यह आवश्यक है कि अभ्यर्थी अपनी कल्पना शक्ति और स्थान बोध का भरपूर प्रयोग करें। प्रश्नों को हल करने की संपूर्ण प्रक्रिया एक मानसिक प्रक्रिया होती है, अतः अभ्यर्थियों के लिए यह आवश्यक है कि वे विभिन्न स्थानिक पैटर्नों को अपनी कल्पना की आँखों से निर्धारित करने में विशिष्ट निपुणता का प्रयोग करें। ऐसी विशिष्ट निपुणता किसी भी व्यक्ति के लिए तत्काल विकसित कर पाना संभव नहीं है किंतु यदि निरंतर सजग रहकर अभ्यास किया जाए तो निःसंदेह इसे प्राप्त किया जा सकता है।

हल किए गए प्रश्न

1. दी गई उत्तर-आकृतियों में से कौन-सी एक आकृति कागज के कटे हुए टुकड़ों का उपयोग करके बनाई जा सकती है।

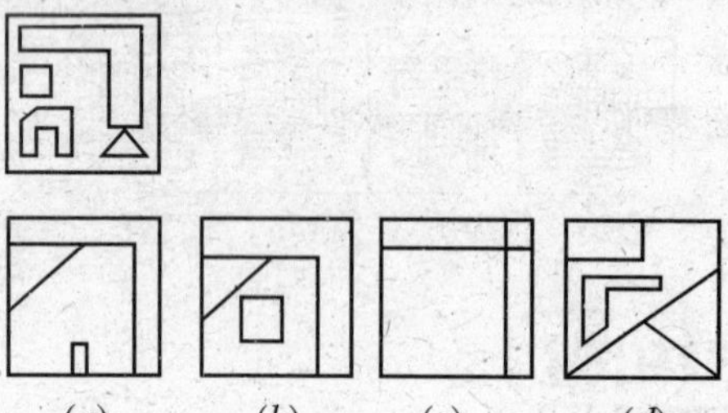

(*a*) (*b*) (*c*) (*d*)

उत्तर (*a*) : प्रश्न आकृतियों में कागज के दिए गए कटे हुए टुकड़ों को मिलाकर निम्नलिखित रूप में आकृति '(*a*)' निर्मित की जा सकती है।

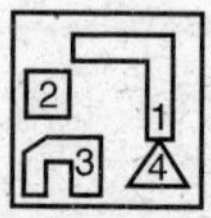

इन्हें व्यवस्थित करने पर नीचे दर्शाई गई आकृति प्राप्त होगीः

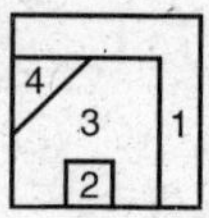

प्रश्नमाला

निर्देश (प्र.सं. 1–3): *प्रत्येक प्रश्न में बताएं कि प्रश्न आकृतियों के रूप में कागज के दिए गए सभी टुकड़ों को मिलाकर कौन-सी एक आकृति बनाई जा सकती है?*

1.

(*a*) (*b*) (*c*) (*d*)

2.

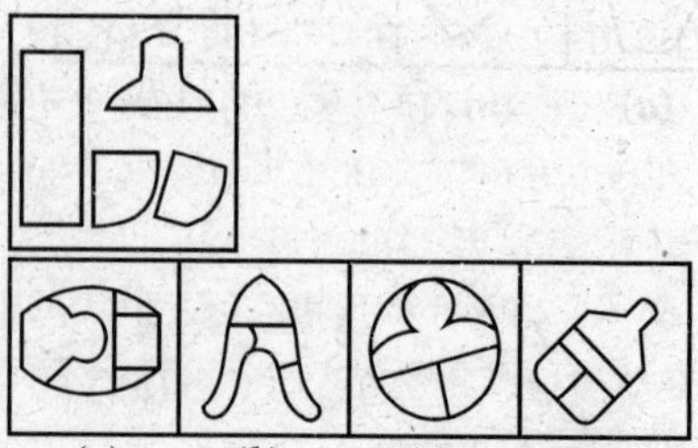

(*a*) (*b*) (*c*) (*d*)

3. 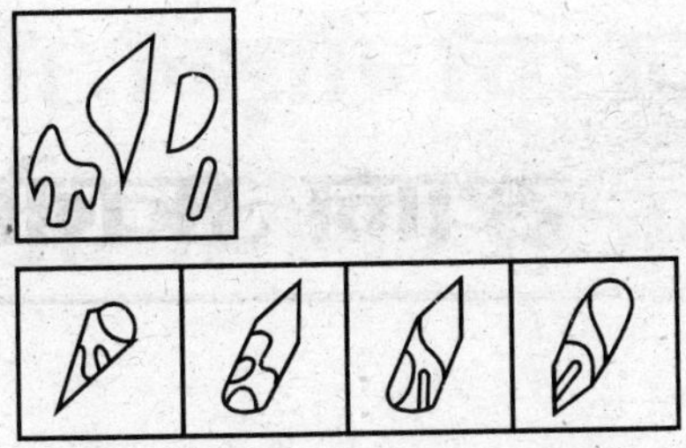

(*a*) (*b*) (*c*) (*d*)

निर्देश (प्र.सं. 4–6): *नीचे के प्रत्येक प्रश्न में कागज के एक अनियमित टुकड़े को दो टुकड़ों में काटा गया है। जिनमें से एक टुकड़े को प्रश्न आकृति के रूप में दर्शाया गया है और उसके दूसरे लुप्त भाग को दी गई उत्तर आकृतियों में दर्शाया गया है। सभी उत्तर आकृतियों को ध्यान से देखें और दिए गए विकल्पों में से उस लुप्त भाग को ज्ञात करें:*

4. 

(*a*) (*b*) (*c*) (*d*)

5. 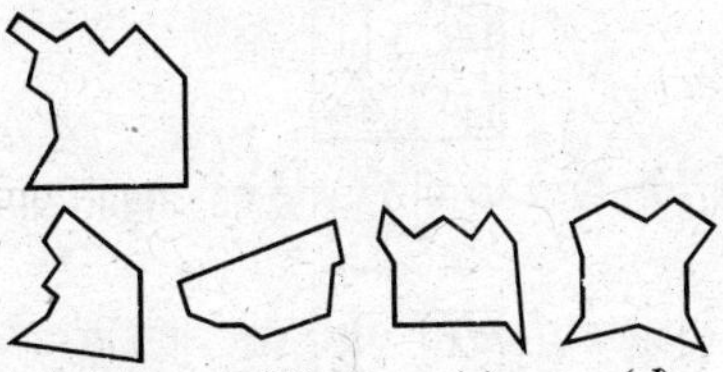

(*a*) (*b*) (*c*) (*d*)

6. 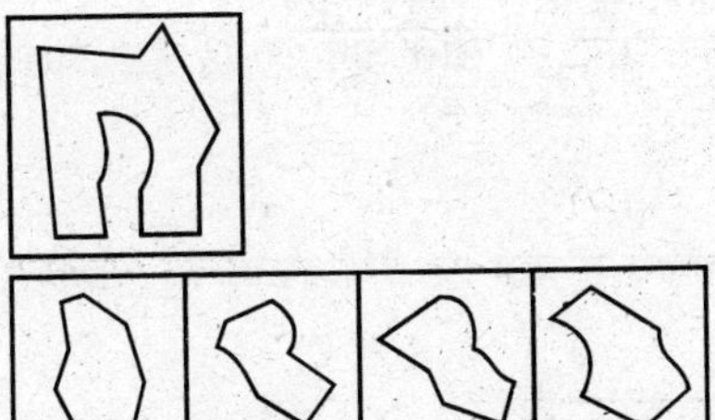

(*a*) (*b*) (*c*) (*d*)

निर्देश (प्र.सं. 7 और 8): *नीचे के प्रत्येक प्रश्न में 1 से 5 के रूप में दर्शाए गए पाँच रेखा-चित्र दिए गए हैं। इन पाँचों रेखाचित्रों में से किन्हीं तीन को एक साथ रखने पर एक समबाहु त्रिभुज निर्मित होता है जिन्हें चार विकल्पों के रूप में दिया गया है। प्रत्येक प्रश्न में दिए गए विकल्पों से सही विकल्प का चयन करें।*

7. 

1 2 3 4 5

(*a*) 2, 3, 4 (*b*) 1, 3, 4
(*c*) 3, 4, 5 (*d*) 2, 4, 5

8. 

1 2 3 4 5

(*a*) 1, 3, 5 (*b*) 1, 2, 4
(*c*) 2, 4, 5 (*d*) 3, 4, 5

निर्देश (प्र.सं. 9 और 10): *नीचे के प्रत्येक प्रश्न में 1, 2, 3, 4 और 5 पाँच रेखाचित्र दिए गए हैं। इन पाँचों रेखाचित्रों में से किन्हीं तीन को मिलाकर एक पूर्ण वर्ग निर्मित होता है जिन्हें चार विकल्पों के रूप में इंगित किया गया है। प्रत्येक प्रश्न में दिए गए विकल्पों से सही विकल्प का चयन करें।*

9. 

1 2 3 4 5

(*a*) 1, 3, 4 (*b*) 2, 4, 5
(*c*) 2, 3, 5 (*d*) 3, 4, 5

10. 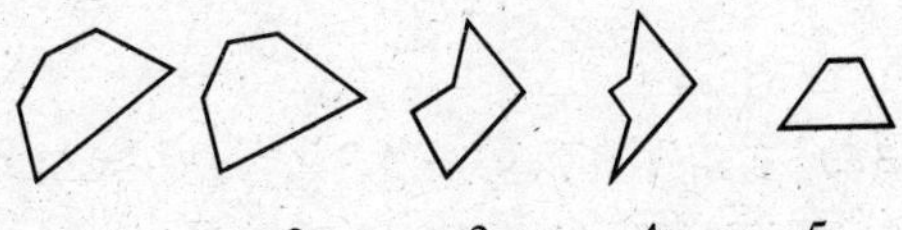

1 2 3 4 5

(*a*) 1, 2, 3 (*b*) 1, 3, 5
(*c*) 1, 4, 5 (*d*) 3, 4, 5

उत्तरमाला

1	2	3	4	5	6	7	8	9	10
(*b*)	(*d*)	(*c*)	(*b*)	(*c*)	(*c*)	(*c*)	(*a*)	(*b*)	(*c*)

17 कागज को मोड़ने और काटने संबंधी प्रश्न

इस प्रकार के प्रश्न विभिन्न आकृतियों और आकारों के कागज के टुकड़ों पर आधारित होते हैं जिन्हें एक खास तरीके से मोड़ा जाता है और फिर काटा या पंच (छिद्रित) किया जाता है। दी गई उत्तर आकृतियों में से एक उत्तर-आकृति या तो यह दर्शाती है कि कागज को मोड़ने, काटने (या छिद्रित करने) और तत्पश्चात् उसे खोलने के बाद वह किस आकृति जैसा दिखाई देगा या फिर उससे यह पता चलता है कि किस तरीके से वह कागज मोड़ा और काटा (या छिद्रित किया) गया था।

हल किए गए प्रश्न

1. एक पारदर्शी कागज के वर्गाकार टुकड़े को उस ढंग से मोड़ा जाता है जैसा कि उस पर बिंदुकित रेखा द्वारा दर्शाया गया है। दी गई उत्तर आकृतियों में से उस आकृति को ज्ञात कीजिए जिसके समान वह कागज मोड़े जाने पर दिखाई देगा।

(*a*) (*b*) (*c*) (*d*)

उत्तर (*b*) **:** कागज के वर्गाकार टुकड़े को बीचोबीच मोड़ा जाता है। यह एक सममित प्रतिरूप है और उत्तर आकृति '(*b*)' सही उत्तर है जो कागज के वर्गाकार टुकड़े की बाईं ओर के आधे भाग के समान दिखाई देता है।

2. एक कागज के टुकड़े को नीचे दर्शाए गए अनुसार मोड़ा और छिद्रित किया जाता है। खोले जाने पर वह कैसा दिखाई देगा?

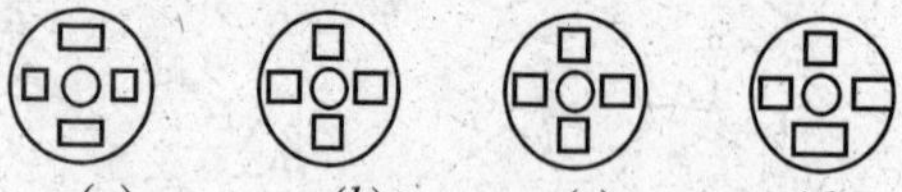

(*a*) (*b*) (*c*) (*d*)

उत्तर (*a*) **:** कागज को खोले जाने पर चरणशः निम्नवत् आकृतियाँ प्राप्त होंगीः

प्रश्नमाला

निर्देश (प्र.सं. 1–4): *नीचे के प्रत्येक प्रश्न में एक पारदर्शी कागज के वर्गाकार टुकड़े को उस ढंग से मोड़ा जाता है जैसा कि उस पर बिंदुकित रेखा द्वारा दर्शाया गया है। दी गई उत्तर आकृतियों में से उस आकृति को ज्ञात कीजिए जिसके समान वह कागज मोड़े जाने पर दिखाई देगा।*

1. 

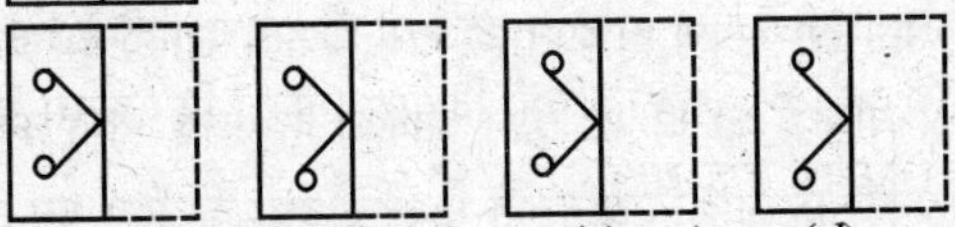

(a) (b) (c) (d)

2. 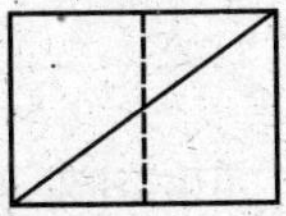

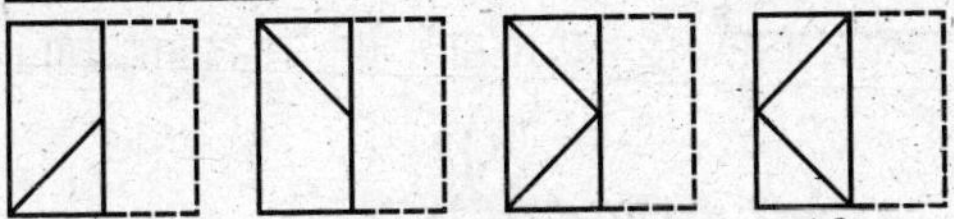

(a) (b) (c) (d)

3. 

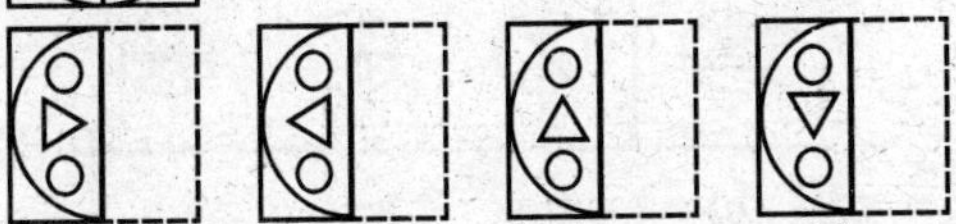

(a) (b) (c) (d)

4. 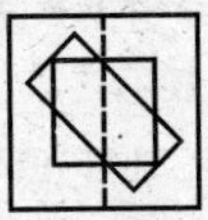

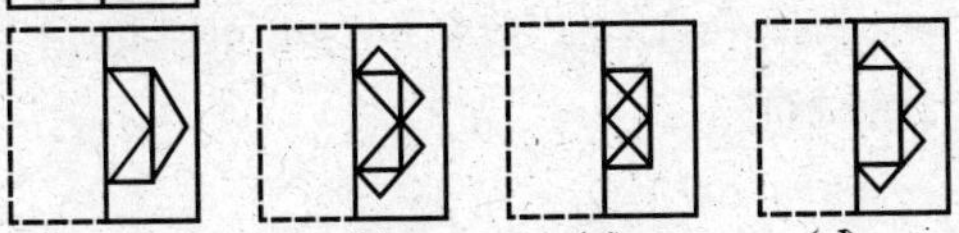

(a) (b) (c) (d)

निर्देश (प्र.सं. 5–8): *नीचे के प्रत्येक प्रश्न में कागज के एक टुकड़े को उस ढंग से मोड़ा जाता है जैसा कि दी गई आकृतियों में दिखाया गया है और तब उसमें छेद किए जाते हैं। दी गई उत्तर आकृतियों में से उस आकृति को ज्ञात कीजिए जिसके समान वह मुड़ा और छेद किया हुआ कागज खोले जाने पर दिखाई देगा।*

5. 

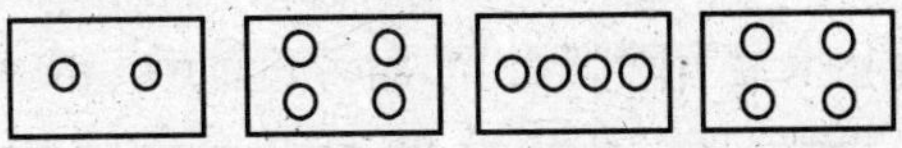

(a) (b) (c) (d)

6. 

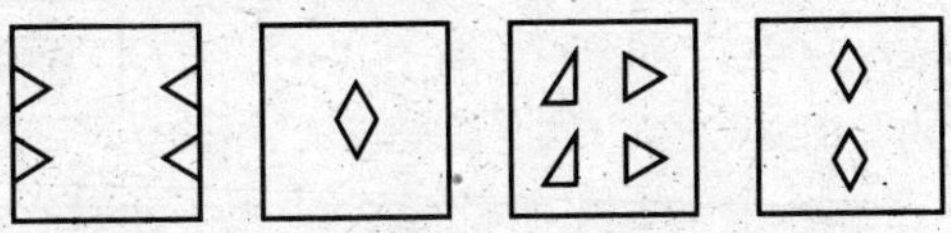

(a) (b) (c) (d)

7. 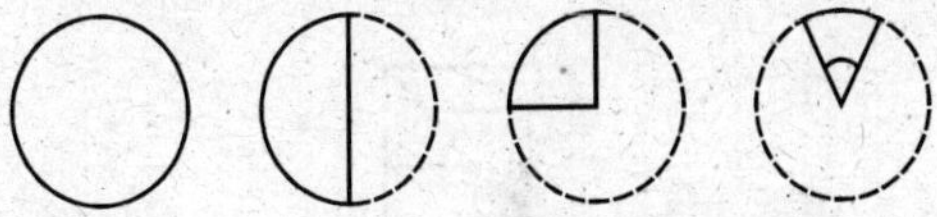

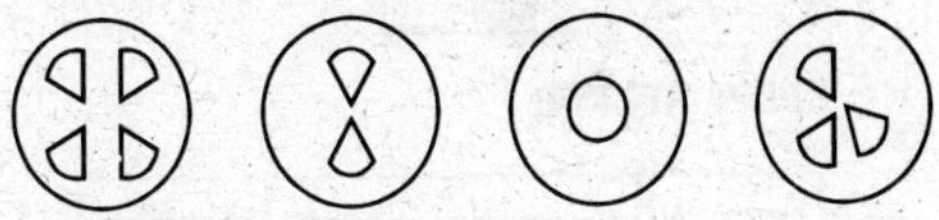

(a) (b) (c) (d)

8. 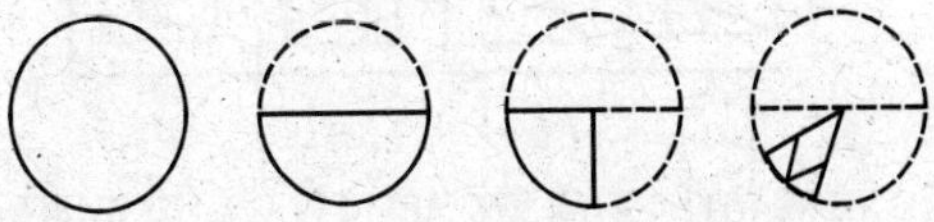

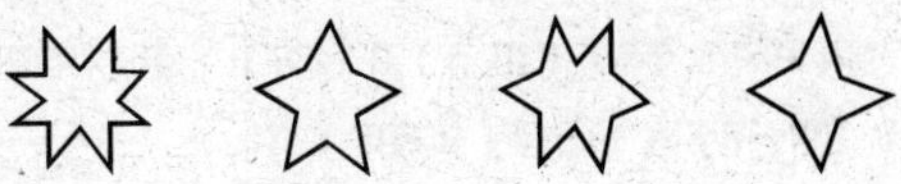

(a) (b) (c) (d)

उत्तरमाला

1	2	3	4	5	6	7	8
(d)	(c)	(b)	(b)	(c)	(d)	(c)	(a)

18 अपूर्ण प्रतिरूप या आकृति को पूरा करना

इस प्रकार के प्रश्नों में दी गई आकृति का एक भाग लुप्त रहता है और इस अपूर्ण आकृति के बाद विकल्प आकृतियाँ दी जाती हैं जिनमें से एक आकृति दी गई प्रश्न आकृति को पूरा करती है। अभ्यर्थियों को दी गई प्रश्न आकृति के अन्य भागों को देखते हुए दिए हुए विकल्पों में से उसके लुप्त भाग को ढूंढना होता है। इस प्रकार के आकृति प्रतिरूपों में अभ्यर्थियों को दिए गए विकल्पों में से प्रतिसम आकृति को ढूँढ पाने में निपुण होना आवश्यक है।

हल किए गए प्रश्न

कौन-सी विकल्प आकृति दी गई प्रश्न आकृति को पूरा करेगी?

1. प्रश्न आकृति 

विकल्प आकृतियां

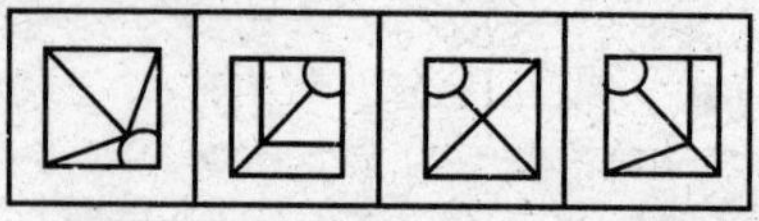

(*a*) (*b*) (*c*) (*d*)

उत्तर (*b*) **:** देखें कि इस आकृति में एक वर्ग है और आकृति के मध्य में एक वृत्त है तथा वृत्त से विकर्णी रेखाएं निकलती हैं। अतः पूर्ण आकृति निम्नवत् दिखाई देगीः

2. प्रश्न आकृति 

विकल्प आकृतियां

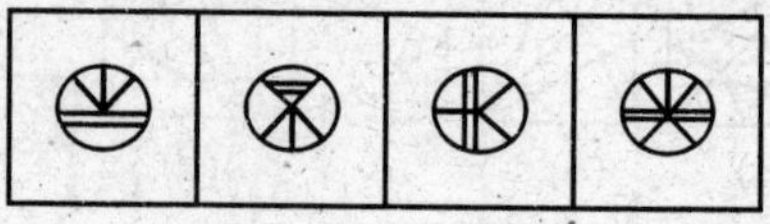

(*a*) (*b*) (*c*) (*d*)

उत्तर (*b*) **:** देखें कि इस प्रश्न आकृति में वृत्तों के केंद्र बिंदु सरल (सीधी) रेखाओं से जुड़े हैं तथा सभी रेखाओं के सिरों से तीन रेखाएं निकलती हैं। प्रत्येक वृत्त के भीतर दो समांतर रेखाएं सरल रेखाओं को स्पर्श करती हैं। अतः पूर्ण आकृति निम्नवत् दिखाई देगीः

प्रश्नमाला

निर्देश (प्र.सं. 1–15): *प्रत्येक प्रश्न में बताएं कि कौन-सी विकल्प आकृति दी गई प्रश्न आकृति को पूरा करेगी।*

1. प्रश्न आकृति 

विकल्प आकृतियां

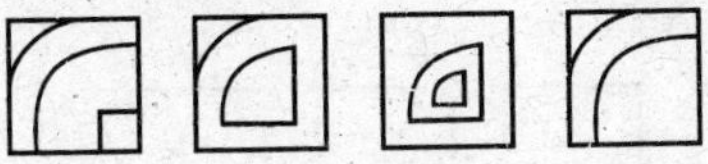

(*a*) (*b*) (*c*) (*d*)

2. प्रश्न आकृति 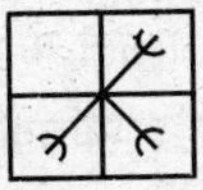

विकल्प आकृतियां

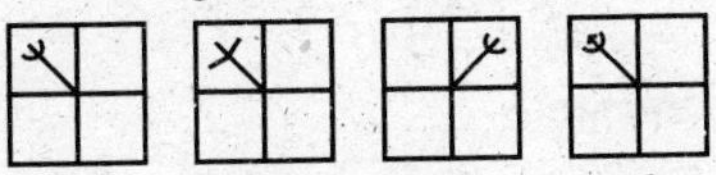

(*a*) (*b*) (*c*) (*d*)

3. प्रश्न आकृति 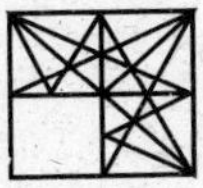

विकल्प आकृतियां

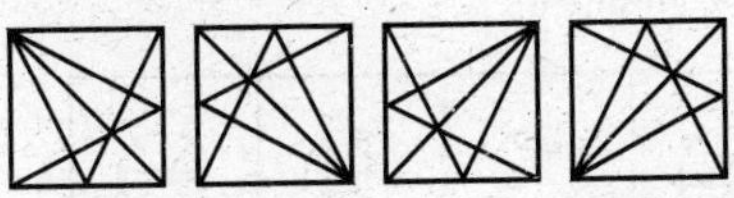

(*a*) (*b*) (*c*) (*d*)

4. प्रश्न आकृति 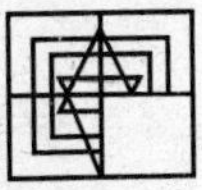

विकल्प आकृतियां

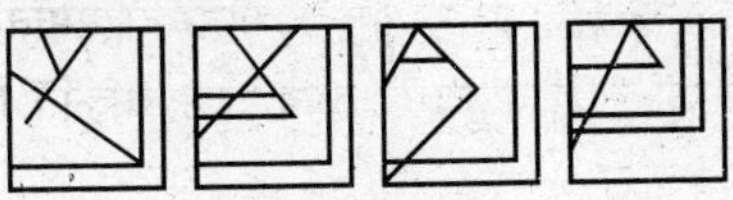

(*a*) (*b*) (*c*) (*d*)

5. प्रश्न आकृति 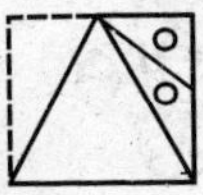

विकल्प आकृतियां

(*a*) (*b*) (*c*) (*d*)

6. प्रश्न आकृति 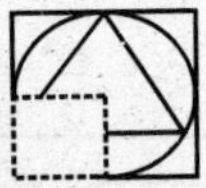

विकल्प आकृतियां

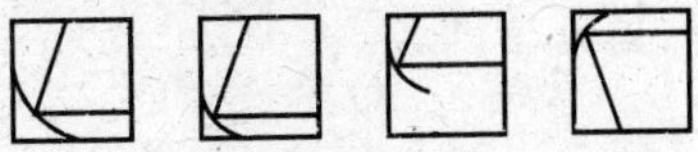

(*a*) (*b*) (*c*) (*d*)

7. प्रश्न आकृति 

विकल्प आकृतियां

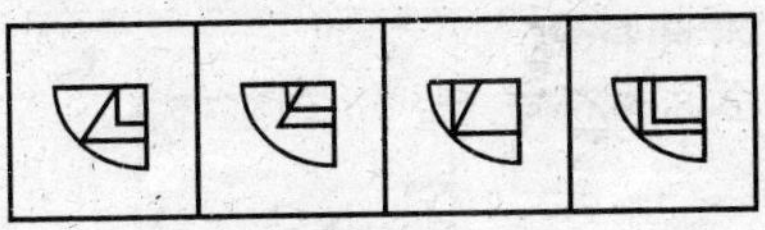

(*a*) (*b*) (*c*) (*d*)

8. प्रश्न आकृति 

विकल्प आकृतियां

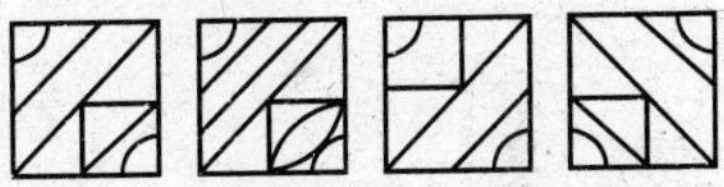

(*a*) (*b*) (*c*) (*d*)

9. प्रश्न आकृति 

विकल्प आकृतियां

(*a*) (*b*) (*c*) (*d*)

10. प्रश्न आकृति 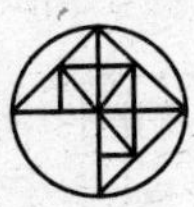

विकल्प आकृतियां

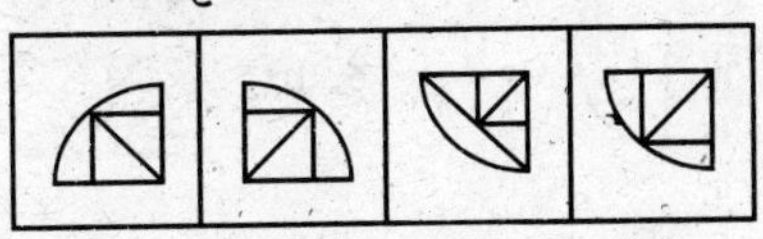

(*a*) (*b*) (*c*) (*d*)

11. प्रश्न आकृति 

विकल्प आकृतियां

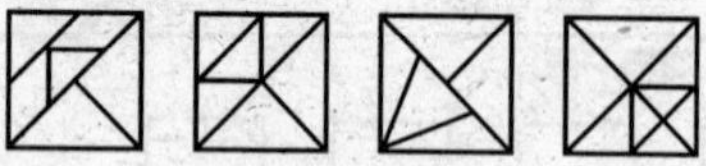

(*a*) (*b*) (*c*) (*d*)

12. प्रश्न आकृति 

विकल्प आकृतियां

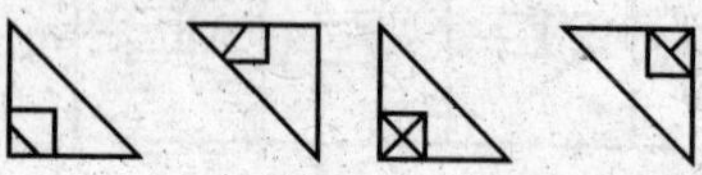

(*a*) (*b*) (*c*) (*d*)

13. प्रश्न आकृति 

विकल्प आकृतियां

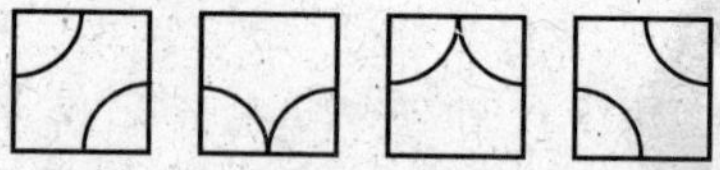

(*a*) (*b*) (*c*) (*d*)

14. प्रश्न आकृति 

विकल्प आकृतियां

(*a*) (*b*) (*c*) (*d*)

15. प्रश्न आकृति 

विकल्प आकृतियां

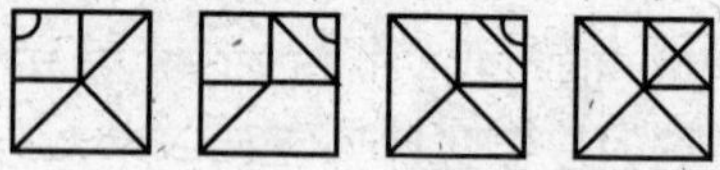

(*a*) (*b*) (*c*) (*d*)

व्याख्यात्मक उत्तर

सभी पूर्ण आकृतियाँ निम्नवत् दिखाई देंगी:

1. (*b*) : 

2. (*a*) : 

3. (*d*) : 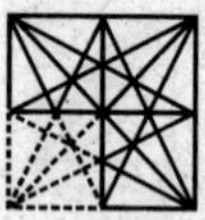

4. (*d*) : 

5. (*a*) : 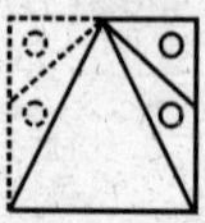

6. (*a*) : 

7. (*b*) : 

8. (*c*) : 

9. (*b*) : 

10. (*c*) : 

11. (*b*) : 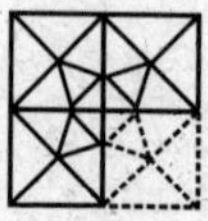

12. (*d*) : 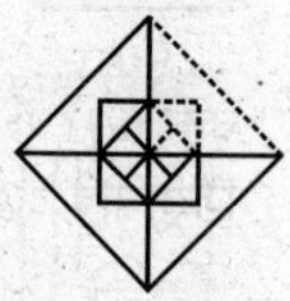

13. (*b*) : 

14. (*a*) : 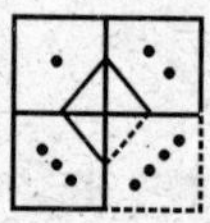

15. (*c*) : 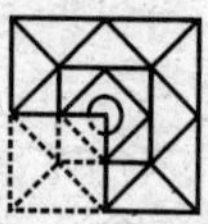

19 छिपी हुई आकृति या प्रतिरूप को ढूँढना

इस प्रकार के प्रश्नों में ऊपर एक प्रश्न आकृति दी जाती है जिसके बाद विकल्प आकृतियाँ दी जाती हैं। दी गई प्रश्न आकृति दी गई विकल्प आकृतियों में से किसी एक में निहित होती है। वह प्रश्न आकृति जिस उत्तर आकृति में निहित होती है उसे ढूँढ़ना होता है। इस प्रकार के प्रश्नों को हल करने के लिए अभ्यर्थियों के लिए अपनी मानसिक निपुणता और कल्पना शक्ति तथा तीक्ष्ण विश्लेषणात्मक क्षमता का प्रयोग करना अत्यधिक आवश्यक है और इस प्रकार वे ऐसे प्रश्नों को काफी सरलतापूर्वक हल कर सकेंगे।

हल किए गए प्रश्न

1. दी गई उत्तर आकृतियों में से उस आकृति का चयन करें जिसमें यहाँ नीचे दी गई प्रश्न आकृति निहित है।

प्रश्न आकृतिः

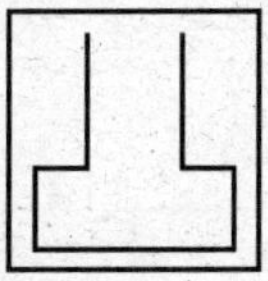

उत्तर आकृतियां

(*a*) (*b*) (*c*) (*d*)

उत्तर (*a*) : प्रश्न आकृति उत्तर आकृति '(*a*)' में निहित है जिसे नीचे दर्शाया गया है:

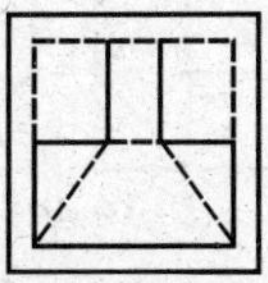

दी गई सभी विकल्प आकृतियों को ध्यानपूर्वक देखकर ही सही उत्तर आकृति प्राप्त की जा सकती है।

एक अन्य प्रकार के प्रश्न में पहले एक पूर्ण आकृति दी जाती है जिसके बाद चार विकल्प आकृतियाँ दी जाती हैं जिसमें से एक विकल्प आकृति दी गई प्रश्न आकृति में छिपी होती है।

2. दी गई विकल्प आकृतियों में से कौन-सी आकृति ऊपर दी गई मूल आकृति (प्रश्न आकृति) में निहित है?

प्रश्न आकृतिः

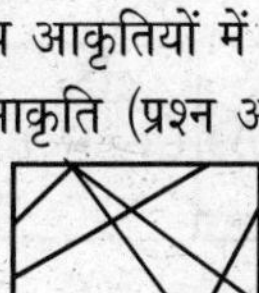

उत्तर आकृतियां

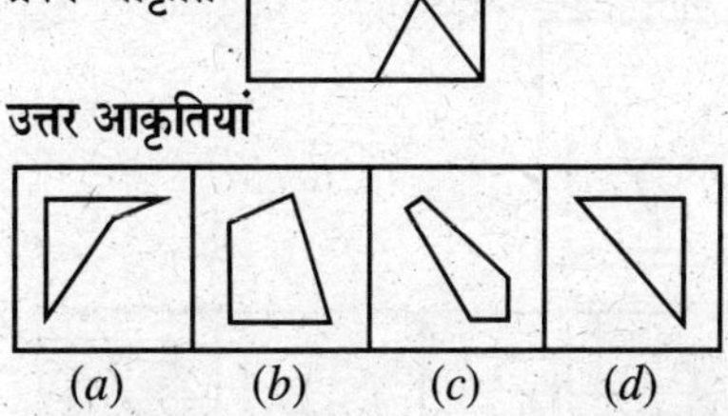

(*a*) (*b*) (*c*) (*d*)

उत्तर (*d*) : विकल्प आकृति '(*d*)' को मामूली झुकाने पर ज्ञात होता है कि यह आकृति मूल आकृति को निम्नवत् पूरा करती है।

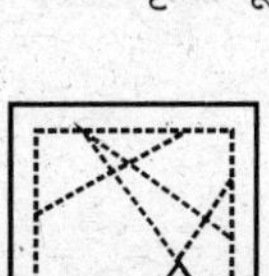

कुछ प्रश्नों में उत्तर आकृति को मामूली घुमाने पर ज्ञात होता है कि वह मूल आकृति में किस प्रकार निहित है।

प्रश्नमाला

निर्देश (प्र.सं. 1–15): *नीचे के प्रत्येक प्रश्न में ऊपर एक आकृति दी गई है जिसके नीचे चार विकल्प आकृतियाँ दी गई हैं। प्रत्येक प्रश्न में ऊपर दी गई आकृति नीचे दी गई विकल्प आकृतियों में से किसी एक में निहित है। उस विकल्प आकृति को ढूँढ़िए जिसमें प्रश्न आकृति (मूल आकृति) छिपी है।*

1.

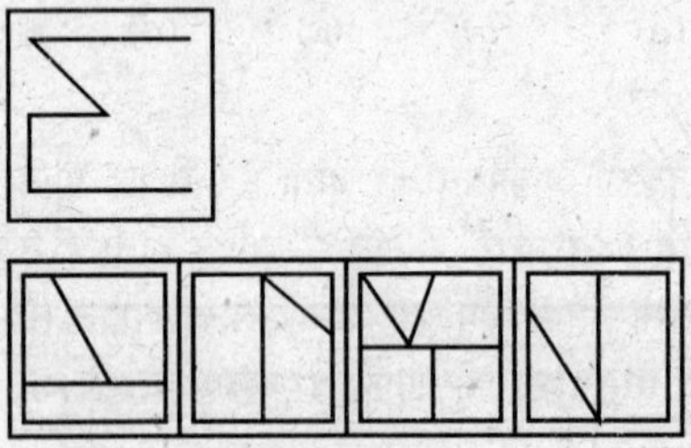

(*a*) (*b*) (*c*) (*d*)

2.

(*a*) (*b*) (*c*) (*d*)

3.

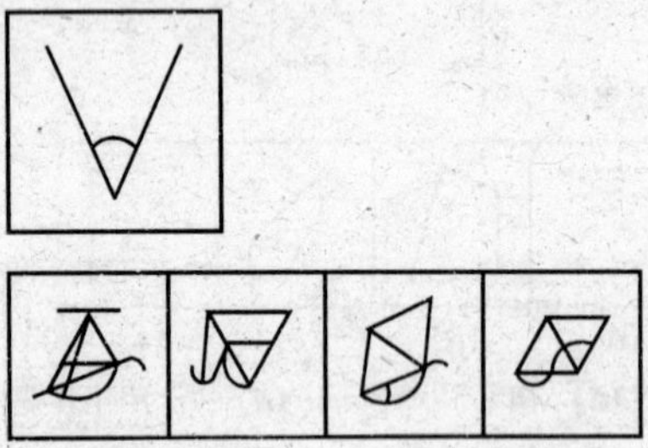

(*a*) (*b*) (*c*) (*d*)

4.

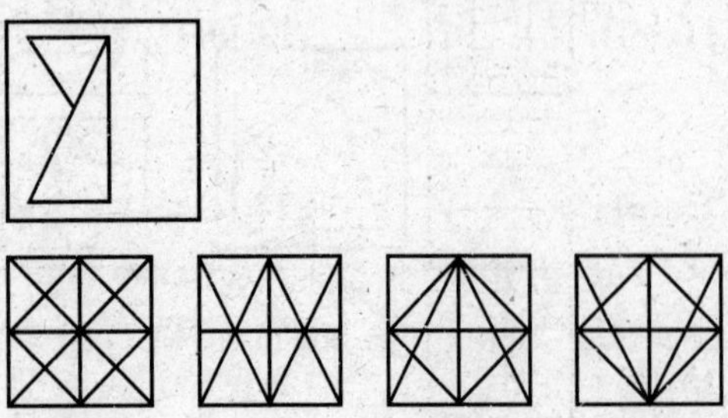

(*a*) (*b*) (*c*) (*d*)

5.

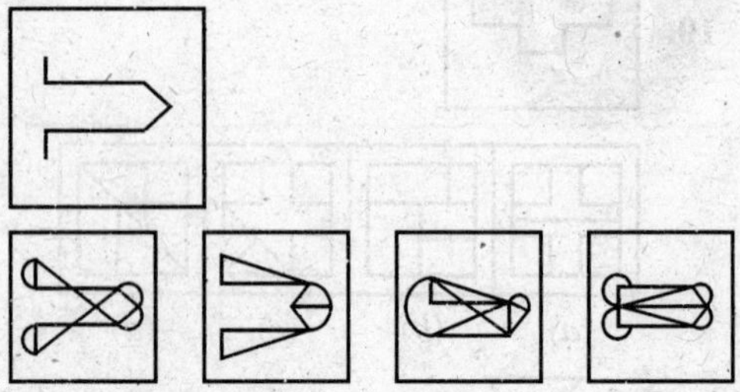

(*a*) (*b*) (*c*) (*d*)

6.

(*a*) (*b*) (*c*) (*d*)

7.

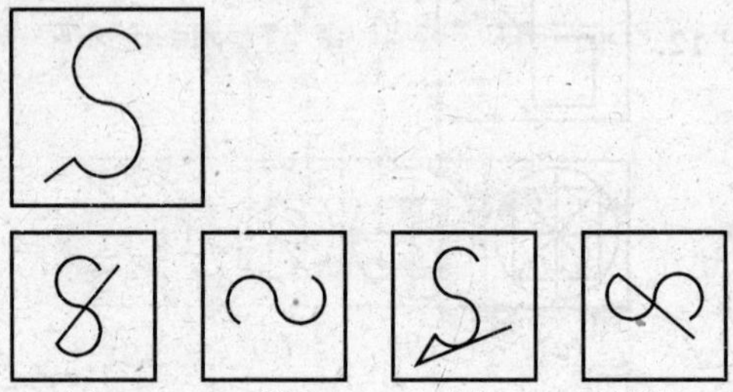

(*a*) (*b*) (*c*) (*d*)

8.

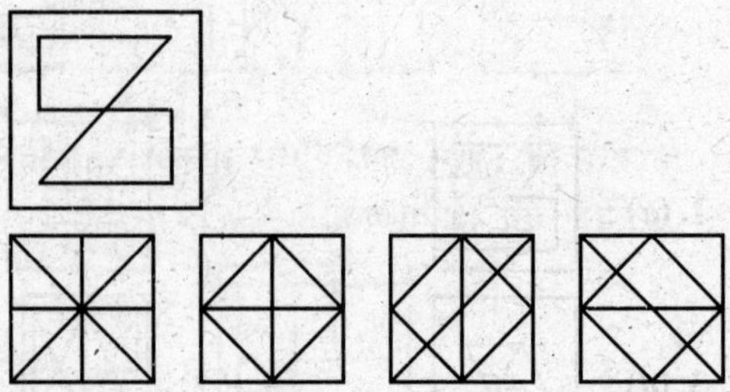

(*a*) (*b*) (*c*) (*d*)

9.

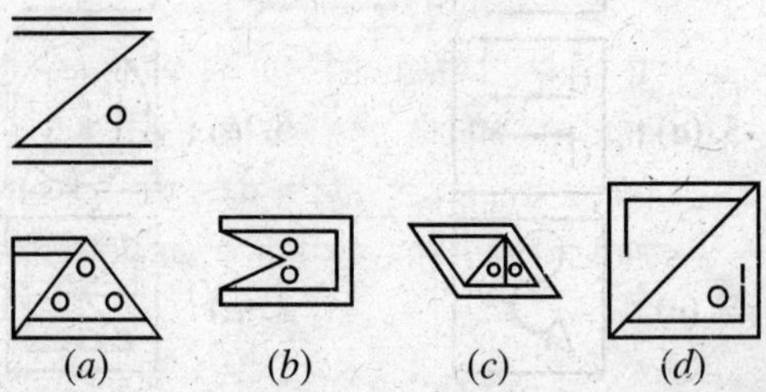

(*a*) (*b*) (*c*) (*d*)

10. 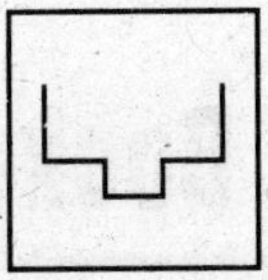

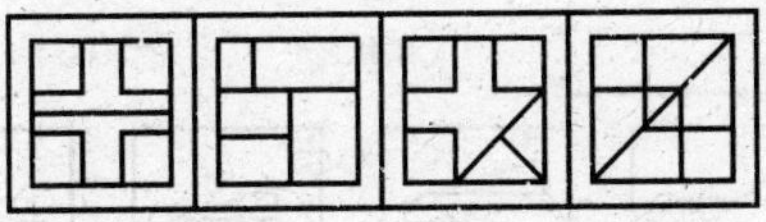

(a) (b) (c) (d)

11. 

(a) (b) (c) (d)

12. 

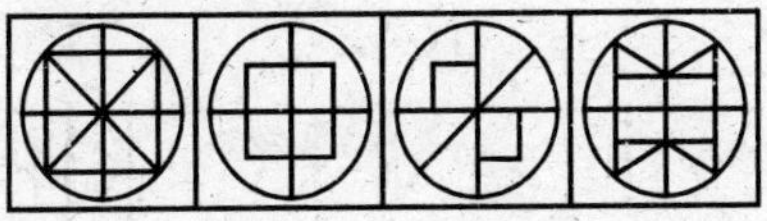

(a) (b) (c) (d)

13. 

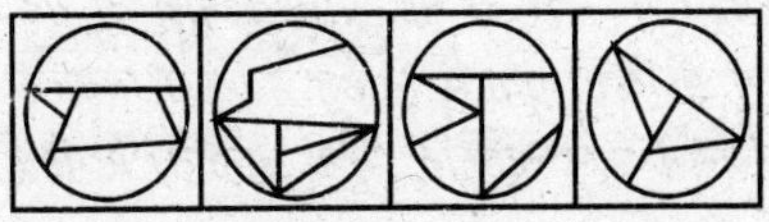

(a) (b) (c) (d)

14. 

(a) (b) (c) (d)

15. 

(a) (b) (c) (d)

व्याख्यात्मक उत्तर

1. (a) : 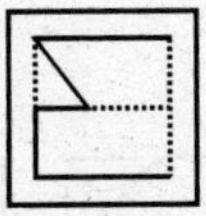

2. (a) : 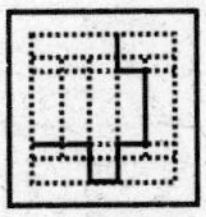

3. (d) : 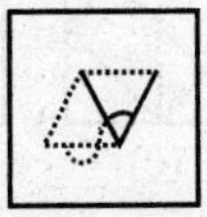

4. (b) : 

5. (a) : 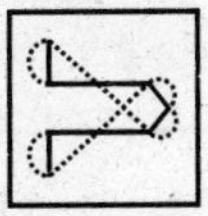

6. (b) : 

7. (c) : 

8. (a) : 

9. (d) : 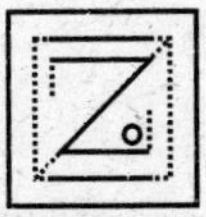

10. (a) : 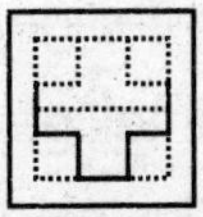

11. (c) : 

12. (a) : 

13. (a) : 

14. (c) : 

15. (b) : 

गणित

1

संख्या प्रणाली
(NUMBER SYSTEM)

किसी व्यंजक को हल करते समय अंग्रेजी अक्षर 'BODMAS' का ध्यान रखा जाता है:

B = Bracket (कोष्ठक)
O = Of (का)
D = Division (भाग)
M = Multiplication (गुणा)
A = Addition (जोड़)
S = Subtraction (घटाव)

अर्थात् किसी व्यंजक में बहुत-सी क्रियाएँ एक साथ करनी हो तो इस नियम के अनुसार पहले कोष्ठक, फिर 'का', फिर भाग, फिर गुणा, फिर जोड़, घटाव की जाती है।

कोष्ठक को हल करते समय सर्वप्रथम रेखा कोष्ठक (–) फिर छोटा कोष्ठक, फिर मंझला कोष्ठक, फिर बड़ा कोष्ठक हल किया जाता है।

कुछ महत्त्वपूर्ण सूत्र

(1) $(a+b)^2 = a^2 + 2ab + b^2$
(2) $(a-b)^2 = a^2 - 2ab + b^2$
(3) $a^2 - b^2 = (a+b)(a-b)$
(4) $a^2 + b^2 = (a+b)^2 - 2ab = (a-b)^2 + 2ab$
(5) $a^3 + b^3 = (a+b)(a^2 - ab + b^2)$
(6) $a^3 - b^3 = (a-b)(a^2 + ab + b^2)$
(7) $(a+b)^3 = a^3 + 3ab(a+b) + b^3$
(8) $(a-b)^3 = a^3 - 3ab(a-b) - b^3$
(9) $a^3 + b^3 + c^3 - 3abc = (a+b+c)(a^2 + b^2 + c^2 - ab - bc - ca)$
(10) $(a+b)^2 = (a-b)^2 + 4ab$
(11) $(a-b)^2 = (a+b)^2 - 4ab$

संख्याएँ, जोड़, घटाव, गुणा और भाग

जिन संख्याओं में वस्तुओं की गणना की जाती है, उन्हें प्राकृतिक संख्याएँ कहते हैं। जैसे: 1, 2, 3 आदि । शून्य को प्राकृतिक संख्या नहीं माना जाता है।

जो संख्या 2 से पूर्णतः विभाजित हो जाती हैं, **सम संख्याएँ** कहलाती हैं और जो 2 से विभाजित नहीं होती हैं उनको **विषम संख्या** कहते हैं।

अभाज्य संख्याएँ: वे संख्याएँ जिनके केवल दो ही गुणनखण्ड हो सकें पहला तो 1 और दूसरी वह संख्या स्वयं, **अभाज्य संख्याएँ** कहलाती हैं। जैसे 2, 3, 5, 7 आदि अभाज्य संख्याएँ हैं। परन्तु 1 अभाज्य संख्या नहीं है।

भाज्य संख्याएँ: वे संख्याएँ जिनमें 1 और स्वयं के अतिरिक्त कम-से-कम किसी एक अन्य संख्या का भाग पूरा–पूरा चला जाए, **भाज्य संख्याएँ** कहलाती हैं। जैसे: 4, 6, 8, 9 आदि भाज्य संख्याएं हैं परन्तु 1 भाज्य संख्या नहीं है।

परिमेय संख्याएँ: यदि किसी संख्या को $\frac{a}{b}$ के रूप में दर्शाया जा सके जहाँ a और b पूर्णांक हैं तथा b का मान शून्य नहीं है, तो वह संख्या **परिमेय संख्या** कहलाती है।

जैसे $\frac{2}{3}, \frac{4}{1}$, आदि ।

अपरिमेय संख्याएँ: यदि किसी संख्या को $\frac{a}{b}$ के रूप में न रखा जा सके जबकि a और b पूर्णांक हैं तथा b का

मान शून्य नहीं है, तो वह संख्या **अपरिमेय संख्या** कहलाती है। चूंकि $\sqrt{2}$ का मान 1.414... होता है इसलिए इसको $\frac{a}{b}$ के रूप में नहीं लिखा जा सकता है। अतः $\sqrt{2}$ अपरिमेय संख्या है।

अभ्यास

निर्देशः *निम्नलिखित प्रत्येक प्रश्न के चार संभावित उत्तर दिये हुए हैं। उनमें से एक उत्तर सही है, उसी उत्तर को ज्ञात करो।*

1. $207 \times 781 \times 39 \times 94$ को सरल करने पर गुणनफल में इकाई का अंक क्या होगा?

A. 9 B. 2
C. 1 D. 7

2. 305, 211, 702 तथा 13 का गुणनफल निकाला जाए, तो गुणनफल में इकाई का अंक क्या होगा?

A. 5 B. 0
C. 1 D. 2

3. जब किसी संख्या को 296 से भाग दिया जाता है, तो 75 शेष बचता है। यदि उसी संख्या में 37 से भाग दें तो क्या शेष बचेगा?

A. 3 B. 5
C. 1 D. 6

4. 1 से 32 तक सभी विषम संख्याओं का योग क्या होगा?

A. 256 B. 128
C. 25 D. 16

5. प्रथम 25 सम संख्याओं का योग क्या होगा?

A. 156 B. 204
C. 650 D. 448

6. निम्नलिखित में कौनसी संख्या इकाई के स्थान पर न होगी जबकि किसी संख्या का वर्ग किया जाए?

A. 0 B. 4
C. 1 D. 2

7. यदि किसी संख्या का घन किया जाए तो इकाई के स्थान पर कौनसा अंक होगा?

A. 5
B. 7
C. 0 से 9 तक कोई भी अंक
D. 4

8. 1 से 100 तक संख्या लिखने में कितने अंकों की आवश्यकता होती है?

A. 100 B. 192
C. 99 D. 198

9. तीन अंकों तक की ऐसी कितनी संख्याएँ हो सकती हैं जो 19 से पूर्णतः विभाजित हों?

A. 52 B. 47
C. 25 D. 31

10. चार अंकों की ऐसी छोटी से छोटी संख्या ज्ञात करो जो 13 से पूर्णतः विभाजित हो?

A. 1014 B. 9984
C. 988 D. 1001

11. 3901 में 9 के स्थानीय मान तथा जातीय मान में क्या अंतर है?

A. 900 B. 9
C. 891 D. 40

12. निम्नलिखित में से कौनसी संख्या अभाज्य है?

A. 15 B. 33
C. 21 D. 3

13. 0, 2, 3, 6 और 7 अंकों से बनने वाली 5 अंकों की बड़ी से बड़ी और छोटी से छोटी संख्या का अन्तर क्या है?

A. 50953 B. 35905
C. 55953 D. 95821

14. 3289200000 को वैज्ञानिक पद्धति में किस प्रकार से लिख सकते हैं?

A. 32.892×10^8 B. 3.2892×10^9
C. 328.92×10^7 D. इनमें से कोई नहीं

15. निम्नलिखित संख्या श्रेणी में लुप्त पद के स्थान पर कौनसी संख्या आएगी?

2, 6, 11, 17, ..., 32

A. 24 B. 26
C. 25 D. 28

16. .02040 में कितने सार्थक अंक हैं?

A. 2 B. 3
C. 4 D. 5

17. निम्नलिखित भिन्नों में से सबसे बड़ी भिन्न कौन-सी है?

$$\frac{2}{3}, \frac{3}{5}, \frac{8}{11}, \frac{11}{17}$$

A. $\frac{2}{3}$ B. $\frac{8}{11}$
C. $\frac{3}{5}$ D. $\frac{11}{17}$

18. दी गई भिन्नों $\frac{5}{8}, \frac{21}{35}, \frac{9}{16}, \frac{6}{7}$ में सबसे बड़ी और सबसे छोटी भिन्न के मध्य क्या अन्तर है?

A. $\frac{33}{112}$ B. $\frac{11}{37}$
C. $\frac{13}{15}$ D. $\frac{9}{35}$

19. यदि किसी संख्या तथा उसके $\frac{1}{5}$ भाग में अन्तर 20 है, तो वह संख्या क्या है?

A. 20 B. 40
C. 100 D. 25

20. $\frac{3}{5}$ तथा $\frac{7}{3}$ के व्युत्क्रमों (Reciprocals) के योग का व्युत्क्रम क्या होगा?

A. $\frac{4}{5}$ B. $\frac{36}{5}$
C. $\frac{21}{44}$ D. $\frac{1}{4}$

21. मनमोहन अपनी आय का $\frac{1}{5}$ भाग जेब खर्च में व्यय करता है तथा शेष का $\frac{4}{5}$ भाग अन्य खर्चों में। यदि उसके पास ₹ 48 प्रति माह बचे रहते हैं तो उसकी मासिक आय क्या है?

A. ₹ 360 B. ₹ 400
C. ₹ 320 D. ₹ 300

22. यदि किसी संख्या के $\frac{4}{5}$ और $\frac{3}{4}$ भाग का अन्तर 4 हो, तो वह संख्या क्या है?

A. 60 B. 100
C. 80 D. 40

23. निम्नलिखित में से कौनसा भिन्न समूह अवरोही क्रम में है?

A. $\frac{7}{12}, \frac{9}{17}, \frac{13}{24}$ B. $\frac{7}{12}, \frac{13}{24}, \frac{9}{17}$
C. $\frac{9}{17}, \frac{13}{24}, \frac{7}{12}$ D. $\frac{9}{17}, \frac{7}{12}, \frac{13}{24}$

24. 0.36 को सरलतम भिन्न में लिखने पर अंश और हर का योग कितना होगा?

A. 15 B. 34
C. 45 D. 75

25. $5\frac{1}{3} \times 4\frac{1}{8} + 13\frac{1}{5} \div 8\frac{1}{4} - \frac{3}{5}$ का मान क्या है?

A. $2\frac{1}{3}$ B. $11\frac{1}{5}$
C. 23 D. 10

26. $2 - \left\{3 - \left(4 - \overline{2-3}\right)\right\}$ का मान ज्ञात करो।

A. 3 B. 2
C. 4 D. 6

27. $75 \times (3 + 4 \div 2)$ का मान निम्नलिखित में से कौनसा है?

A. 155 B. 227
C. $262\frac{1}{2}$ D. 375

28. $\dfrac{1}{1-\dfrac{7}{12}}$ का मान निम्नलिखित में से किसके बराबर है?

A. $\frac{5}{12}$ C. $\frac{7}{12}$
C. $2\frac{2}{5}$ D. $\frac{11}{12}$

29. $\frac{3}{7}$ का $\left(2\frac{1}{9} \text{ का } 2\frac{4}{19}\right)$ का मान क्या होगा?

A. 5 B. 2
C. 1 D. $\frac{1}{19}$

30. $\dfrac{8.73 \times 8.73 \times 8.73 + 4.27 \times 4.27 \times 4.27}{8.73 \times 8.73 - 8.73 \times 4.27 + 4.27 \times 4.27}$

A. 11 B. $1\frac{4}{7}$
C. 13 D. $9\frac{1}{11}$

31. 225 मीटर लम्बे तार में से 4.5 मीटर लम्बे कितने टुकड़े कटेंगे?

A. 45 B. 50
C. 90 D. 25

32. 1.234 को 0.007 से गुणा कीजिए।

A. .8638 B. .008638
C. .08638 D. 1.241

33. .002 को .01 से विभाजित कीजिए।

A. .02 B. 2
C. .2 D. .0002

34. $\frac{7}{25}$ इस भिन्नांश को दशमलव में ज्ञात कीजिए।

A. .28 B. .25
C. .8 D. 2.8

35. किसी संख्या को 221 से भाग देने पर 64 शेष बचता है। यदि उसी संख्या को 13 से विभाजित करें तो शेष क्या बचेगा?

A. 0 B. 1
C. 11 D. 12

36. एक संख्या को 28 से विभाजित करने पर शेष 20 रहता है। यदि इस संख्या को 7 से विभाजित करें तो शेष क्या रहेगा?

A. 2 B. 6
C. 3 D. 5

37. ऐसी संख्या ज्ञात कीजिए जिसे 13 से गुणा करने पर उसमें 180 की वृद्धि होती है?

A. 13 B. 12
C. 15 D. 14

38. 0, 1, 2 के व्यवहार के तीन अंक विशिष्ट वृहत्तम संख्या और न्यूनतम संख्या में अन्तर कितना है?

A. 198 B. 108
C. 90 D. 100

39. तीन अंक विशिष्ट वृहत्तम संख्या तीन अंक विशिष्ट न्यूनतम संख्या से कितना अधिक है?

A. 1 B. 99
C. 899 D. 999

40. छः अंक विशिष्ट वृहत्तम संख्या, सात अंक विशिष्ट न्यूनतम संख्या से कितना कम है?

A. 1 B. 99
C. 999 D. 9999

उत्तरमाला

1	2	3	4	5	6	7	8	9	10
B	B	C	A	C	D	C	B	A	D
11	**12**	**13**	**14**	**15**	**16**	**17**	**18**	**19**	**20**
C	D	C	B	A	C	B	A	D	C
21	**22**	**23**	**24**	**25**	**26**	**27**	**28**	**29**	**30**
D	C	B	B	C	C	D	C	B	C
31	**32**	**33**	**34**	**35**	**36**	**37**	**38**	**39**	**40**
B	B	C	A	D	B	C	B	C	A

कुछ चुने हुए प्रश्नों के व्याख्यात्मक उत्तर

1. 207, 781, 39 तथा 94 के इकाई के अंक क्रमशः 7, 1, 9 और 4 हैं तथा $7 \times 1 \times 9 \times 4 = 252$
चूंकि 252 में इकाई का अंक 2 है।
अतः $207 \times 781 \times 39 \times 94$ में भी इकाई का अंक **2** होगा।

3. चूंकि 296 को 37 से भाग देने पर पूरा-पूरा विभाजित हो जाता है। अतः उस संख्या में से 75 घटाने पर जो संख्या प्राप्त होगी वह भी 37 से पूरी-पूरी विभाजित हो जाएगी। अतः 75 को यदि 37 से भाग दें तो जो शेष बचेगा वही शेष, पूरी संख्या को 37 से भाग देने पर बचेगा। चूंकि 75 को 37 से भाग देने पर 1 शेष बचता है। अतः पूरी संख्या को 37 से भाग देने पर भी 1 ही शेष बचेगा।

4. 1 से 32 के बीच सभी विषम संख्याएँ निम्नलिखित हैं:

1, 3, 5, 7, 9, 11, 13, 15, 17, 19, 21, 23, 25, 27, 29 और 31

इनका योग = $(16)^2$ = **256**

नोटः विषम संख्याओं की गिनती ज्ञात करने के लिए अंतिम सम संख्या का आधा कर देते हैं।

यथा 1 से 32 के बीच सभी विषम संख्याओं की गिनती

$$= \frac{1}{2} \times 32 = 16$$

इन विषम संख्याओं का योग ज्ञात करने के लिए प्राप्त गिनती का वर्ग कर देते हैं।

यथाः 1 से 32 तक की विषम संख्याओं का योग = $(16)^2$ = **256**.

5. प्रथम 25 सम संख्याओं का योग = $25 \times 26 =$ **650**

नोटः n सम संख्याओं का योग ज्ञात करने के लिए सम संख्याओं की गिनती n और उससे अगली गिनती $(n+1)$ का गुणा कर लेते हैं। अतः n सम संख्याओं का योग = $n(n+1)$

6. किसी संख्या का वर्ग करते हैं तो इकाई के स्थान पर केवल 0, 1, 4, 5, 6 और 9 हो सकती हैं। अतः 2 ऐसा अंक है जो इकाई के स्थान पर नहीं होगा।

7. चूंकि

$0^3 = 0$	$5^3 = 125$
$1^3 = 1$	$6^3 = 216$
$2^3 = 8$	$7^3 = 343$
$3^3 = 27$	$8^3 = 512$
$4^3 = 64$	$9^3 = 729$

अतः किसी संख्या के घन में 0 से लेकर 9 तक कोई भी अंक हो सकता है।

8. 1 से 9 तक के लिए = 9 अंक

10 से 99 तक के लिए $90 \times 2 =$ 180 अंक

100 के लिए = 3 अंक

1 से 100 तक के लिए = 9 + 180 + 3 = 192 अंक

9. 1 अंक की कोई भी संख्या ऐसी नहीं है जो 19 से पूर्णतः विभाजित हो केवल 2 अंक की संख्याएँ जो 19 से पूर्णतः विभाजित हों = 5

तीन अंकों की संख्याएँ 100 से 999 तक होती हैं इनमें 114, 133, 152 .... 988 संख्याएँ 19 से पूर्णतः विभाजित होती हैं इसकी संख्या यदि n हो, तो

$T_n = a + (n-1)\,19$

या $988 = 114 + (n-1) \times 19$

$$\Rightarrow (n-1) = \frac{988-144}{19} = \frac{874}{19} = 46$$

$n = 47$

∴ तीन अंकों तक उन संख्याओं की गिनती जो 19 से पूर्णतः विभाजित हों = 5 + 47 = **52**

10. चार अंकों तक की छोटी से छोटी संख्या = 1000

1000 को 13 से भाग देने पर 76 बार भाग जाता है और 12 शेष बचते हैं। अब 1000 से बड़ी संख्याओं 1001, 1002 आदि पर विचार करने से पता लगता है कि 1001, 13 से पूर्णतः विभाजित है। अतः अभीष्ट संख्या 1001 है।

11. 3901 में 9 का स्थानीय मान = 900

तथा 3901 में 9 का जातीय मान = 9

∴ अभीष्ट अन्तर = 900 − 9 = **891**

13. 0, 2, 3, 6 और 7 अंकों से बनने वाली पांच अंकों की बड़ी से बड़ी संख्या = 76320

तथा 0, 2, 3, 6 और 7 अंकों से बनने वाली पांच अंकों की छोटी से छोटी संख्या = 20367

∴ अन्तर = 76320 − 20367 = **55953**

(**नोटः** अंकों में 0 भी होता है तो छोटी से छोटी संख्या लिखने के लिए 0 को अगली बड़ी संख्या के बाद लिखा जाता है।)

14. किसी संख्या को 10 की घात के रूप में लिखने को वैज्ञानिक पद्धति से लिखना कहा जाता है। अतः $3289200000 = 3.2892 \times 10^9$

15. दो लगातार पदों के अंतर क्रमशः 4, 5, 6, 7 व 8 हैं।

16. किसी दशमलव बिन्दु के दायीं ओर परन्तु अशून्य अंक के बायीं ओर जितने भी शून्य होते हैं, वे सार्थक अंक नहीं होते हैं। अतः .02040 में केवल चार सार्थक अंक हैं।

17. 3, 5, 11 और 17 का लघुत्तम = 2805

$$\therefore \quad \frac{2}{3} = \frac{2 \times 935}{3 \times 935} = \frac{1870}{2805}$$

$$\frac{3}{5} = \frac{3 \times 561}{5 \times 561} = \frac{1863}{2805}$$

$$\frac{8}{11} = \frac{8 \times 225}{11 \times 225} = \frac{2040}{2805}$$

$$\text{तथा} \quad \frac{11}{17} = \frac{11 \times 165}{17 \times 165} = \frac{1715}{2805}$$

चूंकि इन सभी भिन्नों के हर एक समान हैं परन्तु अंश 2040 सबसे बड़ा है।

$\therefore$ सबसे बड़ी भिन्न $\frac{8}{11}$ है।

19. माना संख्या x है

तो $x-\frac{x}{5}=20$ या, $\frac{4x}{5}=20$

$\therefore \quad x=\frac{5\times 20}{4}=25$

20. $\frac{3}{5}$ का व्युत्क्रम $=\frac{5}{3}$ तथा $\frac{7}{3}$ का व्युत्क्रम $=\frac{3}{7}$

$\therefore$ $\frac{3}{5}$ और $\frac{7}{3}$ के व्युत्क्रमों का योग $=$ $\frac{5}{3}+\frac{3}{7}=\frac{35+9}{21}=\frac{44}{21}$

$\therefore$ योग का व्युत्क्रम $=\frac{21}{44}$

21. माना उसकी मासिक आय ₹ 1 है।

$\therefore$ जेब खर्च = ₹ 1 का $\frac{1}{5}=\frac{1}{5}$

तथा शेष $=1-\frac{1}{5}=\frac{4}{5}$

अन्य खर्च $=\frac{4}{5}$ का $\frac{4}{5}=\frac{16}{25}$

$\therefore$ बचत $=\frac{4}{5}-\frac{16}{25}=\frac{4}{25}$

$\therefore$ मासिक आय $=48\div\frac{4}{25}=$ ₹ 300

22. माना संख्या 1 है।

1 का $\frac{4}{5}=\frac{4}{5}$ तथा 1 का $\frac{3}{4}=\frac{3}{4}$

$\therefore$ अन्तर $=\frac{4}{5}-\frac{3}{4}=\frac{1}{20}$

$\therefore$ संख्या $=4\div\frac{1}{20}=80$

24. $0.36=\frac{36}{100}=\frac{9}{25}$

$\therefore$ अंश और हर का योग = 9 + 25 = **34**

25. $5\frac{1}{3}\times 4\frac{1}{8}+13\frac{1}{5}\div 8\frac{1}{4}-\frac{3}{5}$

$=\frac{16}{3}\times\frac{33}{8}+\frac{66}{5}\div\frac{33}{4}-\frac{3}{5}$

$=\frac{16}{3}\times\frac{33}{8}+\frac{66}{5}\times\frac{4}{33}-\frac{3}{5}$

$=\frac{22}{1}+\frac{8}{5}-\frac{3}{5}$

$=\frac{110+8-3}{5}=\frac{115}{5}=23$

27. $75\times(3+4\div 2)=75\times(3+2)=75\times 5=375$

29. $\frac{3}{7}$ का $\left(2\frac{1}{9}\text{ का } 2\frac{4}{19}\right)$

$=\frac{3}{7}$ का $\left(\frac{19}{9}\text{ का }\frac{42}{19}\right)$

$=\frac{3}{7}$ का $\frac{14}{3}=\frac{3}{7}\times\frac{14}{3}=2$

30. $\frac{8.73\times 8.73\times 8.73+4.27\times 4.27\times 4.27}{8.73\times 8.73-8.73\times 4.27+4.27\times 4.27}$

$=\frac{(8.73)^3+(4.27)^3}{(8.73)^2-8.73\times 4.27+(4.27)^2}$

$=\frac{(8.73+4.27)\left[(8.73)^2-8.73\times 4.27+(4.27)^2\right]}{(8.73)^2-8.73\times 4.27+(4.27)^2}$

क्योंकि $a^3+b^3=(a+b)(a^2-ab+b^2)$

$=8.73+4.27=\mathbf{13}$

35. संख्या $221k+64$

$=13\times 17\times k+13\times 4+12$

$=13(17k+4)+12$

$\therefore$ 13 से भाग देने पर 12 शेष बचेगा।

36. संख्या $=28k+20$

$=7\times 4k+7\times 2+6$

$=7(4k+2)+6$

$\therefore$ अभीष्ट शेषफल = 6

37. माना संख्या x है

$\therefore 13x-x=180$ या, $12x=180$

$\therefore x=\frac{180}{12}=\mathbf{15}$

38. अंकों 0, 1 व 2 से बनी वृहत्तम संख्या = 210

तथा अंकों 0, 1 व 2 से बनी न्यूनतम संख्या = 102

$\therefore$ अभीष्ट अन्तर $=210-102=108$

2

महत्तम समापवर्तक एवं लघुत्तम समापवर्त्य (HCF & LCM)

म॰स॰प॰, महत्तम समापवर्तक का संक्षिप्त रूप है।

किन्हीं दो या दो से अधिक संख्याओं का म॰स॰प॰ वह बड़ी से बड़ी संख्या है जिससे वे संख्याएँ पूरी-पूरी विभाजित हो जाएँ।

ल॰स॰प॰, लघुत्तम समापवर्त्य का संक्षिप्त रूप है।

किन्हीं दो या दो से अधिक संख्याओं का ल॰स॰प॰ वह छोटी से छोटी संख्या है जिसमें दी हुई संख्याओं का पूरा-पूरा भाग चला जाए।

प्रमुख सूत्रः

1. दो संख्याओं का ल॰स॰प॰ तथा म॰स॰प॰ का गुणनफल = दोनों संख्याओं का गुणनफल

2. भिन्नों का ल॰स॰प॰ = $\frac{\text{अंशों का ल.स.प.}}{\text{हरों का म.स.प.}}$

3. भिन्नों का म॰स॰प॰ = $\frac{\text{अंशों का म.स.प.}}{\text{हरों का ल.स.प.}}$

अभ्यास

निर्देशः निम्नलिखित प्रत्येक प्रश्न में चार संभावित उत्तर दिए हुए हैं जिनमें से एक उत्तर सही है, उसी सही उत्तर को ज्ञात कीजिए।

1. 12, 36, 6 और 9 का ल॰स॰प॰ है:

A. 108 B. 144
C. 72 D. 36

2. 70 और 245 का महत्तम समापवर्तक है:

A. 35 B. 55
C. 45 D. 30

3. वह छोटी से छोटी संख्या जिसमें 3 जोड़ दिया जाए, तो वह 21, 25, 27 और 35 से पूर्णतया भाज्य हो जाती है, होगी:

A. 4735 B. 4635
C. 4725 D. 4722

4. 15, 30, 45, 60 और 75 का महत्तम समापवर्तक है:

A. 15 B. 30
C. 45 D. 40

5. 4, 8, 12 और 16 का ल॰स॰प॰ होगा:

A. 8 B. 12
C. 16 D. 48

6. दो संख्याओं का लघुत्तम समापवर्त्य एवं महत्तम समापवर्तक क्रमशः 48 एवं 8 है। यदि उनमें से एक संख्या 16 है, तो दूसरी संख्या होगी:

A. 12 B. 18
C. 24 D. 36

7. चार घंटे 3, 4, 5 तथा 8 सेकण्डों के अन्तर से बजते हैं। कितने मिनटों के बाद वे एक साथ पुनः बजेंगे?

A. 2 मिनट B. 120 मिनट
C. 5 मिनट D. 4 मिनट

8. किन्हीं दो संख्याओं का गुणनफल 1000 है। यदि उनका म॰स॰प॰ 5 हो, तो ल॰स॰प॰ ज्ञात कीजिए:

A. 200 B. 300
C. 400 (5) 5000

9. दो संख्याओं का गुणफल 1400 है तथा उन्हीं संख्याओं का महत्तम समापवर्तक 5 है, तो लघुत्तम समापवर्त्य होगा:

A. 260 B. 7000
C. 5/1400 D. 280

10. एक आयताकार मैदान की लम्बाई 90 मीटर और चौड़ाई 60 मीटर है। बड़ी से बड़ी कितने मीटर लम्बी रस्सी मंगाई जाए कि मैदान की लम्बाई व चौड़ाई को उससे पूरा-पूरा नापा जा सके?

A. 180 मीटर B. 15 मीटर
C. 30 मीटर D. 45 मीटर

11. तीन अंकों की ऐसी दो संख्याएँ ज्ञात करो जिनका महत्तम समापवर्तक 80 व लघुत्तम समापवर्त्य 5760 हो?

A. 540, 960 B. 720, 640
C. 630, 540 D. 580, 800

12. वह छोटी से छोटी संख्या जो 8, 9, 12, 15 तथा 18 से पूर्णतया विभाजित हो तथा पूर्ण वर्ग हो, होगी:

A. 3600 B. 2500
C. 1800 D. 900

13. 5 अंकों की वह छोटी से छोटी संख्या, जिसे 52, 56, 78 तथा 91 से भाग देने पर शेष कुछ न बचे, होगी:

A. 10,000 B. 11,264
C. 10,920 D. 12,188

14. 5 अंकों की वह छोटी से छोटी संख्या, जिसे 52, 56, 78 तथा 91 से भाग देने पर शेषफल क्रमशः 28, 32, 54 तथा 67 बचे, होगी:

A. 10,896 B. 11,264
C. 10,920 D. 110,018

15. वह बड़ी से बड़ी संख्या जिससे 590, 908 तथा 1014 को भाग देने पर प्रत्येक दशा में समान शेष बचे, होगी:

A. 104 B. 105
C. 108 D. 106

16. चार अंकों की बड़ी से बड़ी संख्या जो 12, 15, 18 और 27 से पूर्णतया विभाज्य हो, होगी:

A. 9720 B. 9840
C. 9460 D. 9802

17. 7 का छोटे से छोटा गुणज, जब 6, 9, 15 तथा 18 से विभाजित किया जाता है, तो प्रत्येक अवस्था में 4 शेष रहता है, वह है:

A. 74 B. 94
C. 184 D. 364

18. $\frac{2}{3}, \frac{3}{5}, \frac{4}{7}, \frac{9}{13}$ का ल॰स॰प॰ है:

A. 36 B. $\frac{1}{36}$
C. $\frac{1}{1365}$ D. $\frac{12}{455}$

19. वह छोटी से छोटी संख्या ज्ञात कीजिए जो 6, 10, 15 तथा 18 से पूर्णतया विभाजित हो तथा एक पूर्ण वर्ग भी हो:

A. 900 B. 90
C. 600 D. 360

20. एक फल विक्रेता के पास 20 केले तथा 70 आम हैं। वह इन्हें अलग-अलग समान संख्या में पेटियों में रखना चाहता है, बताओ उसे कम से कम कितनी पेटियाँ चाहिए?

A. 14 B. 9
C. 5 D. 6

21. दो व्यंजकों का म॰स॰प॰ H है तथा ल॰स॰प॰ L है। यदि उनमें से एक व्यंजक K हो, तो दूसरे का मान होगा:

A. $\frac{H \times L}{K}$ B. $\frac{H \times K}{L}$
C. $\frac{L}{H \times K}$ D. $\frac{H}{L \times K}$

22. दो संख्याओं का म॰स॰प॰ 25 है तथा ल॰स॰प॰ 1050 है। यदि एक संख्या 150 हो, दूसरी संख्या है:

A. 200 B. 125
C. 150 D. 175

23. दो संख्याओं का अनुपात 3 : 4 है व ल॰स॰प॰ 180 है, तो पहली संख्या है:

A. 15 B. 20
C. 45 D. 60

24. दो संख्याओं का ल॰स॰प॰ 72 तथा म॰स॰प॰ 12 है। यदि पहली संख्या 24 है, तो दूसरी संख्या होगी:

A. 18 B. 36
C. 48 D. 30

25. 3 संख्याओं का म॰स॰प॰ 12 है। यदि उनका अनुपात 1 : 2 : 3 है, तो संख्याएँ हैं:

A. 12, 24, 36 B. 10, 20, 30
C. 5, 10, 15 D. 4, 8, 12

उत्तरमाला

1	2	3	4	5	6	7	8	9	10
D	A	D	A	D	C	A	A	D	C
11	**12**	**13**	**14**	**15**	**16**	**17**	**18**	**19**	**20**
B	A	C	A	D	A	D	A	A	B
21	**22**	**23**	**24**	**25**					
A	D	C	B	A					

कुछ चुने हुए प्रश्नों के व्याख्यात्मक उत्तर

3. 21, 25, 27, 35 से पूर्णतया भाज्य संख्या इनका ल॰स॰प॰ होगा जो कि **4725** आता है।

$\because$ इसमें 3 जोड़ा गया है, अतः अभीष्ट संख्या 4722 होगी।

6. दूसरी संख्या $= \frac{48 \times 8}{16} = \mathbf{24}$

7. 3, 4, 5 और 8 का लघुत्तम = 120 सेकण्ड = **2 मिनट**

8. संख्या का ल॰स॰प॰ $= \frac{1000}{5} = \mathbf{200}$

9. ल॰स॰ × म॰स॰ = संख्याओं का गुणनफल

ल॰स॰ × 5 = 1400

या ल॰स॰ $= \frac{1400}{5} = \mathbf{280}$

10. लम्बाई और चौड़ाई को पूरा-पूरा नापने के लिए इनके म॰स॰प॰ के बराबर लम्बाई की रस्सी चाहिए।

$\because$ 60, 90 का म॰स॰प॰ = 30। अतः 30 मीटर रस्सी मंगाई जाएगी।

13. $\because$ 5 अंकों की सबसे छोटी संख्या 10000 है।

52, 56, 78, 91 का ल॰स॰प॰ = 2184

इन चारों संख्याओं से पूर्णतः भाज्य संख्या 2184 या इसका गुणज 10000 को 2184 से भाग देने पर 4 बार भाग जाता है और 1264 शेष बचता है।

2184 की गुणज संख्या जो 10000 से बड़ी व सबसे छोटी हो, $2184 \times 5 = 10920$ होगा।

17. 6, 9, 15, 18 का लघुत्तम समापवर्त्य = 90

माना अभीष्ट संख्या $(90K + 4)$ है जो 7 का गुणज है।

K का न्यूनतम मान, जिससे $90K + 4$, 7 से भाज्य हो, $K = 4$ होगा।

अतः वह संख्या $90 \times 4 + 4 = \mathbf{364}$

23. अनुपात 3 : 4

अतः संख्याएँ $3x$ तथा $4x$ तथा इसका मान म॰स॰प॰ x होगा।

माना $3x \times 4x = 180 \times x$

$x = \frac{180}{12} = 15$

अतः पहली संख्या $= 3x = 3 \times 15 = 45$

3

वर्गमूल एवं घनमूल
(SQUARE ROOT AND CUBE ROOT)

किसी संख्या को उसी संख्या से गुणा करने पर जो गुणनफल प्राप्त होता है, उस गुणनफल की वह संख्या **वर्गमूल** कहलाती है। किसी संख्या के वर्गमूल को $(\sqrt{\ })$ चिह्न द्वारा प्रदर्शित करते हैं। जैसे: $5 \times 5 = 25$ होता है। अतः 25 का वर्गमूल 5 है।

किसी भिन्न का वर्गमूल, भिन्न के अंश के वर्गमूल को हर के वर्गमूल से भाग देने से प्राप्त होता है।

वर्गमूल के संबंध में कुछ ध्यान देने योग्य बातें

1. जिस संख्या के अंत में शून्यों की संख्या विषम होती है वह संख्या पूर्ण वर्ग नहीं होती है।
2. जिस संख्या के अन्त में 2, 3, 7 या 8 आए, तो वह संख्या पूर्ण वर्ग नहीं होती है।
3. किसी सम संख्या का वर्गमूल सदैव सम संख्या होता है।
4. किसी विषम संख्या का वर्गमूल सदैव विषम संख्या होता है।

किसी संख्या को यदि परस्पर तीन बार गुणा किया जाए तो जो गुणनफल प्राप्त होता है, उस गुणनफल की वह संख्या, **घनमूल** कहलाती है। जैसे $6 \times 6 \times 6 = 216$ होता है। अतः 216 का घनमूल 6 है।

अभ्यास

निर्देशः निम्नलिखित प्रत्येक प्रश्न के चार संभावित उत्तर दिए हुए हैं जिनमें से एक उत्तर सही है, उस सही उत्तर को ज्ञात करो।

1. 1681 का वर्गमूल क्या है?

A. 51 B. 61
C. 49 D. 41

2. 564001 का वर्गमूल है:

A. 731 B. 781
C. 751 D. 701

3. 1.3924 का वर्गमूल है:

A. 1.38 B. 1.18
C. 1.48 D. 1.08

4. 20.25 का वर्गमूल है:

A. 4.50 B. 0.45
C. 0.045 D. 45.0

5. 0.6241 का वर्गमूल है:

A. 7.90 B. 0.79
C. .079 D. 0.71

6. यदि $\frac{2592}{\sqrt{?}} = 324$ हो, तो ? के स्थान पर कौनसी संख्या होगी?

A. 16 B. 8
C. 144 D. 64

7. $\frac{\sqrt{121}}{11} \times \frac{45}{\sqrt{169}} \times \frac{13}{\sqrt{225}}$ का मान है:

A. 3 B. 35.96
C. 10.83 D. 5.36

8. $\sqrt{128+\sqrt{260-\sqrt{16}}}$ का मान है:

A. 16 B. 12
C. 32 D. 24

9. यदि $\sqrt{0.00000676} = 0.0026$ हो, तो 6760000 का वर्गमूल कितना होगा?

A. 2600 B. 260
C. 26 D. $\frac{1}{26}$

10. एक कुएँ को बनवाने के लिए लोगों ने तय किया कि प्रत्येक व्यक्ति उतने ही रुपए चन्दे में देगा जितने कि व्यक्तियों की कुल संख्या है। यदि कुल चन्दा ₹ 34969 प्राप्त हुआ, तो प्रत्येक व्यक्ति ने कितने रुपये दिए?

A. 183 B. 58
C. 583 D. 187

11. 256×10^{50} का वर्गमूल होगा:

A. 1.15×10^{25} B. 16×10^{25}
C. 0.16×10^{25} D. 1.6×10^{24}

12. एक वर्ग का विकर्ण 130 सेमी॰ है, वर्ग की भुजा की लम्बाई दशमलव के दो स्थानों तक होगी:

A. 91.79 सेमी॰ B. 65 सेमी॰
C. 91.97 सेमी॰ D. 97.19 सेमी॰

13. $\frac{\sqrt{.9}}{\sqrt{9}}$ का मान होगा:

A. $\sqrt{0.1}$ B. 0.3
C. 3.16 D. 0.316

14. एक कमरा जो वर्गाकार है, उसका क्षेत्रफल 73.96 वर्गमीटर है। उसकी भुजा की लम्बाई होगी:

A. 36.98 मीटर B. 8.6 मीटर
C. 6.8 मीटर D. 8.48 मीटर

15. वह सबसे छोटी संख्या जिसे 438867 से घटाने पर एक पूर्ण वर्ग संख्या शेष रहती है?

A. 511 B. 533
C. 621 D. 623

16. $\sqrt[3]{9261}$ का मान होगा:

A. 9258 B. 21
C. 378 D. 7

17. 0.000729 का घनमूल बराबर है:

A. 0.027 B. 0.009
C. 0.09 D. 0.729

18. 85184000 का घनमूल बराबर है:

A. 660 B. 4400
C. 440 D. 2800

19. यदि $3^3 + 4^3 = x^3 - 5^3$, तो x का मान होगा:

A. 12 B. 2
C. 9 D. 6

20. 8 के वर्ग के घनमूल का वर्गमूल होगा:

A. 2 B. 4
C. 8 D. 6

21. $\sqrt[3]{25+\sqrt[3]{8}}$ का मान होगा:

A. 2 B. 3
C. 7 D. 9

22. यदि $\sqrt[3]{19683} = 27$ हो, तो

$\sqrt[3]{19.683}+\sqrt[3]{.019683}+\sqrt[3]{19683}$ का मान होगा:

A. 27.97
B. 29.79
C. 29.97
D. 27.54

23. एक संदूक में सेब इस प्रकार रखे हैं कि प्रत्येक तह की हर पंक्ति में उतने ही सेब हैं, जितनी उस तह में कुल पंक्तियां हैं। यदि कुल तहों की संख्या भी पंक्तियों की संख्या के बराबर हो और संदूक में 1728 सेब हों, तो हर पंक्ति में सेबों की संख्या होगी:

A. 12 B. 18
C. 21 D. 26

24. $\sqrt[3]{\sqrt{4096}}$ का मान होगा:

A. 4
B. 8
C. 12
D. 6

25. 675 को किस छोटी से छोटी संख्या से गुणा किया जाए कि गुणनफल पूर्ण घन हो जाए?

A. 5 B. 6
C. 7 D. 8

उत्तरमाला

1	2	3	4	5	6	7	8	9	10
D	C	B	A	B	D	A	B	A	D
11	**12**	**13**	**14**	**15**	**16**	**17**	**18**	**19**	**20**
B	C	A	B	D	B	C	C	D	A
21	**22**	**23**	**24**	**25**					
B	C	A	A	A					

कुछ चुने हुए प्रश्नों के व्याख्यात्मक उत्तर

1.

	41
4	1681
	16
81	81
	81
	×

$\therefore$ 1681 का वर्गमूल = 41

4.

	4.5
4	20.25
	16
85	425
	425
	×

6. $\dfrac{2592}{\sqrt{?}} = 324$

$\therefore \sqrt{?} = \dfrac{2592}{324} = 8 \qquad \therefore ? = 64$

7. $\dfrac{\sqrt{121}}{11} \times \dfrac{45}{\sqrt{169}} \times \dfrac{13}{\sqrt{225}} = \dfrac{11}{11} \times \dfrac{45}{13} \times \dfrac{13}{15} = 3$

8. $\sqrt{128+\sqrt{260-\sqrt{16}}} = \sqrt{128+\sqrt{260-4}}$

$= \sqrt{128+\sqrt{256}} = \sqrt{128+16} = \sqrt{144} = \mathbf{12}$

10. प्रत्येक व्यक्ति द्वारा दिए गए रुपए

$= \sqrt{34969} = \mathbf{187}$

12. माना वर्ग की भुजा = x सेमी।

पाइथागोरस प्रमेय से,

$x^2 + x^2 = (130)^2$

या $2x^2 = 16900$

या $x^2 = 8450$

$\therefore$ $x = \sqrt{8450} = 91.97$

$\therefore$ भुजा = 91.97 सेमी।

14. भुजा = $\sqrt{\text{क्षेत्रफल}} = \sqrt{73.96} = 8.6$ मीटर

15.

	662
6	438867
6	36
126	788
6	756
1322	3267
	2644
	623

अतः वह छोटी से छोटी संख्या 623 है।

16. $\because 9261 = 3 \times 3 \times 3 \times 7 \times 7 \times 7$

$\therefore \sqrt[3]{9261} = 3 \times 7 = 21$

18. $\because 85184 = 2 \times 2 \times 2 \times 11 \times 11 \times 11 \times 2 \times 2 \times 2$

$\therefore \sqrt[3]{85184} = 2 \times 11 \times 2 = 44$

$\therefore \sqrt[3]{85184000} = 440$

[**विशेष टिप्पणी–** पूर्ण घन संख्या के अंत में जितने शून्य होते हैं, घनमूल में उसके एक तिहाई शून्य लिख देते हैं।]

19. $3^3 + 4^3 = x^3 - 5^3$

या $27 + 64 = x^3 - 125$

या $27 + 64 + 125 = x^3$

या $216 = x^3$ या $x = \sqrt[3]{216} = 6$

21. $\sqrt[3]{25 + \sqrt[3]{8}} = \sqrt[3]{25+2} = \sqrt[3]{27} = 3$

25. $\because 675 = 3 \times 3 \times 3 \times 5 \times 5$

$\because$ यहाँ 5×5 का तीन समान गुणनखण्डों का समूह पूर्ण नहीं है।

$\therefore$ इसे पूर्ण घन बनाने लिंए 5 से गुणा किया जाएगा।

4

प्रतिशत
(PERCENTAGE)

प्रतिशत से तात्पर्य है कि प्रत्येक 100 पर 1 अर्थात् प्रतिशत एक विशेष प्रकार की भिन्न है जिसका हर 100 होता है और अंश प्रतिशत को दर्शाता है।

प्रतिशत के नियम

(*i*) किसी प्रतिशत को भिन्न में परिवर्तित करने हेतु 100 का भाग दिया जाता है।

(*ii*) किसी भिन्न को प्रतिशत में परिवर्तित करने हेतु 100 से गुणा किया जाता है।

(*iii*) किसी राशि x को अन्य राशि y के प्रतिशत के रूप में प्राप्त करने हेतु $\frac{x}{y} \times 100$ का मान ज्ञात किया जाता है।

नोटः प्रतिशत की कोई इकाई नहीं होती।

अभ्यास

1. रमेश अपनी आय का 3/4 भाग व्यय करता है, तो उसकी बचत कितने प्रतिशत होगी?

A. 20% B. 25%
C. 30% D. 35%

2. 25 सेमी॰ 1 मीटर का कितने प्रतिशत है?

A. 20% B. 25%
C. 30% D. 50%

3. 150 ग्राम एक किलोग्राम का कितने प्रतिशत है?

A. 12% B. 15%
C. 20% D. 25%

4. एक व्यापारी को अपने धन का 125% लाभ हुआ। अब उसका धन ₹ 27000 हो गया। उसके पास आरम्भ में धन था:

A. ₹ 10000 B. ₹ 11000
C. ₹ 12000 D. ₹ 13000

5. एक गांव की जनसंख्या 1500 है। उसमें 40% पुरुष, 30% स्त्रियां तथा शेष बच्चे हैं। बच्चों की संख्या होगी:

A. 450 B. 600
C. 480 D. 520

6. एक व्यापारी 1 किलोग्राम की जगह 800 ग्राम तौलता है। वह कितने प्रतिशत की गलती करता है?

A. 20% B. 25%
C. 40% D. 80%

7. A की तनख्वाह B से 50% ज्यादा है। B की तनख्वाह A से कितना प्रतिशत कम है?

A. 50% B. 150%
C. $33\frac{1}{3}$% D. 100%

8. किसी वस्तु पर 15% कम कर दिया गया। इससे उसकी खपत 10% बढ़ जाती है। प्राप्त राजस्व पर क्या प्रभाव पड़ेगा?

A. $6\frac{1}{2}$% बढ़ोतरी B. $6\frac{1}{2}$% कमी
C. 5% बढ़ोतरी D. कोई परिवर्तन नहीं

9. एक कक्षा में 15 लड़के और 10 लड़कियां हैं। लड़कियों का प्रतिशत कितना है?

A. 25% B. 40%

C. 80% D. $55\frac{1}{2}\%$

10. ₹ 16 का 125% बराबर है:

A. ₹ 20 B. ₹ 30

C. ₹ 25 D. ₹ 141

11. 24, 64 का कितना प्रतिशत है?

A. $37\frac{1}{4}\%$ B. 37.75%

C. $37\frac{1}{2}\%$ D. 44%

12. एक परीक्षा में 70% परीक्षार्थी अंग्रेजी में पास हुये, 65% गणित में और 27% दोनों में फेल हुये। पास विद्यार्थियों का प्रतिशत है:

A. 73% B. 38%

C. 62% D. 80%

13. एक विद्यार्थी को पास होने के लिए 33% अंकों की आवश्यकता होती है। वह 220 अंक प्राप्त करने पर 11 अंकों से फेल हो जाता है, तो अधिकतम अंक का मान है:

A. 500 B. 689

C. 700 D. 711

14. अगर चाय की कीमत 20% बढ़ा दी जाये, तो एक गृहणी को इसकी खपत कितने प्रतिशत कम कर देनी चाहिये ताकि उसका खर्च न बढ़े?

A. 20% B. 25%

C. $16\frac{2}{3}\%$ D. 40%

15. एक कोयला खान में 24% बर्बादी के बाद अगर कुल उत्पादन 60800 टन है, तो खान का सकल उत्पादन कितना है?

A. 80000 टन B. 75322 टन

C. 800000 टन D. 8000 टन

16. एक परीक्षा में 80% छात्र गणित में और 70% छात्र विज्ञान में सफल हुये परन्तु 10% छात्र दोनों विषयों में फेल थे। यदि 144 छात्र दोनों विषयों में सफल हुये, तो कुल छात्र संख्या कितनी थी?

A. 200 B. 250

C. 230 D. 240

17. A को B से 35% कम धन प्राप्त होता है, तो B को A से कितना प्रतिशत अधिक धन प्राप्त होगा?

A. $53\frac{13}{11}\%$ B. $53\frac{11}{13}\%$

C. $43\frac{11}{13}\%$ D. $43\frac{13}{11}\%$

18. एक विद्यालय $7\frac{1}{2}\%$ छात्रों को छात्रवृत्ति देता है। यदि 18 छात्र छात्रवृत्ति पाते हैं, तो विद्यालय में कुल छात्र हैं:

A. 200 छात्र B. 240 छात्र

C. 225 छात्र D. 230 छात्र

19. एक व्यक्ति अपने पैसों का $12\frac{1}{2}\%$ खर्च कर देता है। बाकी बचे पैसों का 75% खर्च करने के बाद उसके पास ₹ 175 बचे थे। शुरू में उसके पास कितने पैसे थे?

A. ₹ 2800 B. ₹ 1750

C. ₹ 800 D. ₹ 700

20. एक आयत की लम्बाई तीन गुनी और चौड़ाई दूनी कर दी जाये, तो क्षेत्रफल कितना बढ़ जायेगा?

A. 500% B. 600%

C. 300% D. 900%

21. 30%, 20% व 10% के समतुल्य एकल छूट का मान है?

A. 40% B. 46%

C. 49.6% D. 46.9%

22. किसी वर्ग की एक भुजा को 50% कम कर दिया जाय, तो परिमिति कितना % कम हो जायेगी?

A. 100% B. 50%

C. 25% D. 30%

23. नाथूमल ने अपने कुल धन का 10% अपने लड़के को दिया और शेष का 60% अपनी पत्नी को दिया। अब यदि उसके पास ₹ 360 शेष हों, तो प्रारम्भ में उसका धन था:

A. ₹ 1200 B. ₹ 1100

C. ₹ 1150 D. ₹ 1000

24. संजीव को विवेक से 10% अधिक लाभ और विवेक को महेश से 15% अधिक लाभ मिला। बताओ संजीव को महेश से कितना प्रतिशत धन अधिक मिला?

A. 26% B. 27.5%
C. 27% D. 26.5%

25. रमेश अपने वेतन का 25% बचाता है। यदि उसका व्यय महंगाई के कारण 16% बढ़ जाये, तो केवल ₹ 260 मासिक बचत होगी। उसका मासिक वेतन कितना है?

A. ₹ 2000 B. ₹ 2200
C. ₹ 2500 D. ₹ 1800

26. एक परीक्षा में अजय ने नवीन से 50% कम, नवीन ने भूपेन्द्र से 20% अधिक तथा भूपेन्द्र ने महावीर से 15% कम अंक प्राप्त किये। यदि अजय ने 510 अंक प्राप्त किये हों, तो महावीर ने कितने अंक प्राप्त किये?

A. 750 अंक B. 1000 अंक
C. 800 अंक D. 900 अंक

27. ₹ 2500 के माल पर $1\frac{1}{2}\%$ कमीशन देना पड़ा, तो प्राप्त आय होगी:

A. ₹ 2460 B. ₹ 2462.50
C. ₹ 2458.60 D. ₹ 2461.75

28. सुभाष अपने धन का 50% अपनी पत्नी को देता है। शेष का 50% अपने बड़े लड़के को देता है तथा शेष भाग अपने छोटे लड़के को दे देता है, तो छोटे लड़के का प्रतिशत है:

A. 25% B. $12\frac{1}{2}\%$
C. 20% D. $22\frac{1}{2}\%$

29. एक विद्यालय में 700 छात्र में से 27% द्वितीय श्रेणी में, 30% तृतीय श्रेणी में उत्तीर्ण हुये। द्वितीय श्रेणी में उत्तीर्ण छात्रों की संख्या है:

A. 189 B. 188
C. 178 D. 162

30. लोकेश अपने मासिक वेतन का 20% खाने पर, शेष का 40% धन किराये पर और शेष धनराशि अन्य रुटीन कामों पर खर्च करता है। उसकी वार्षिक आमदनी क्या होगी, अगर वह हर माह ₹ 8760 अन्य रुटीन कामों पर खर्च करता है?

A. ₹ 122000 B. ₹ 219000
C. ₹ 200000 D. ₹ 188000

31. एक आयत की लम्बाई 10% बढ़ा दी जाये व चौड़ाई 10% घटा दी जाये, तो उसके क्षेत्रफल में प्रतिशत कमी अथवा वृद्धि होगी?

A. 1% वृद्धि B. 1% कमी
C. 2% वृद्धि D. 2% कमी

32. एक गाँव की जनसंख्या 176400 है। इसमें 5% वार्षिक दर से वृद्धि हो, तो 2 वर्ष पूर्व इस कस्बे की जनसंख्या थी?

A. 170000 B. 194481
C. 160000 D. 150000

33. एक छात्र 20% अंक लाने पर 30 अंकों से अनुत्तीर्ण रहता है। दूसरा छात्र 39% अंक लाता है। उसे आवश्यक अंकों से 46 अंक अधिक प्राप्त होते हैं। परीक्षा के कुल अंक कितने हैं?

A. 500 B. 550
C. 400 D. 650

34. चुनाव में एक उम्मीदवार जिसको 30% मत मिले, 15000 मतों से हार गया। जीतने वाले प्रत्याशी को मिलने वाले मतों की संख्या होगी?

A. 26000 B. 26500
C. 26250 D. 27000

35. एक नगर की जनसंख्या प्रतिवर्ष 20% की दर से घट रही है। यदि 2 वर्ष पूर्व में इसकी जनसंख्या 10,000 हो, तो वर्तमान जनसंख्या क्या होगी?

A. 6000 B. 6600
C. 6400 D. 6500

36. शराब और पानी के 70 लीटर मिश्रण में 10% पानी है। इसमें कितना पानी मिलाया जाए कि पानी $12\frac{1}{2}\%$ हो जाये?

A. 2 लीटर B. 5 लीटर
C. 10 लीटर D. 12 लीटर

37. केले के भाव में 25% कमी होने से एक व्यक्ति ₹ 120 में 5 किलो केले अधिक खरीद सकता है। कमी आने से पहले केले का भाव था:

A. ₹ 5 प्रति किलो B. ₹ 8 प्रति किलो
C. ₹ 10 प्रति किलो D. ₹ 7 प्रति किलो

38. एक नगर की जनसंख्या 35000 है। पुरुषों की संख्या में 6% तथा स्त्रियों की संख्या में 4% वृद्धि होने से जनसंख्या 36760 हो जाती है। प्रारम्भ में पुरुषों की संख्या होगी?

A. 17000
B. 18000
C. 19000
D. 20000

39. एक गाँव की आबादी का 60% निरक्षर है। साक्षर आबादी की 28% महिलाएँ हैं। यदि साक्षर पुरुषों की संख्या 4320 हो, तो गाँव की कुल आबादी है?

A. 14000 B. 14550
C. 15000 D. 15500

40. 850 लड़कियों के एक स्कूल में 44% मुसलमान हैं, 28% हिन्दू हैं, 10% सिख और बाकी दूसरे समुदायों के हैं। दूसरे समुदायों की कितनी लड़कियाँ हैं?

A. 143 B. 153
C. 163 D. 157

उत्तरमाला

1	2	3	4	5	6	7	8	9	10
B	B	B	C	A	A	C	B	B	A
11	**12**	**13**	**14**	**15**	**16**	**17**	**18**	**19**	**20**
C	C	C	C	A	D	B	B	C	A
21	**22**	**23**	**24**	**25**	**26**	**27**	**28**	**29**	**30**
C	B	D	D	A	B	B	A	A	B
31	**32**	**33**	**34**	**35**	**36**	**37**	**38**	**39**	**40**
B	C	C	C	C	A	B	B	C	B

कुछ चुने हुए प्रश्नों के व्याख्यात्मक उत्तर

12. अंग्रेजी में फेल होने वाले छात्रों का प्रतिशत
$= 30\%$
गणित में फेल होने वाले छात्रों का प्रतिशत
$= (100 - 65) = 35\%$
दोनों विषयों में फेल होने वाले छात्रों का प्रतिशत
$= 27\%$
एक या दोनों विषयों में फेल होने वाले छात्रों का प्रतिशत $= (35 + 30 - 27)\% = 38\%$
पास $\% = (100 - 38) = 62\%$

17. माना B का धन = ₹ 100
$\therefore$ A का धन $= 100 - 35 =$ ₹ 65
$\therefore$ A का धन ₹ 65 तो B का धन = ₹ 100
$\therefore$ A का धन ₹ 100 तो B का धन
$$= \frac{100}{65} \times 100 = 153\frac{11}{13}$$
अर्थात् B का धन
$\left(153\frac{11}{13} - 100\right) = 53\frac{11}{13}\%$ अधिक है।

22. माना वर्ग की भुजा $= x$ मीटर
वर्ग की परिमिति $= 4x$ मीटर
प्रश्नानुसार अन्तिम भुजा $= \frac{x}{2}$
वर्ग की परिमिति $= 4 \times \frac{x}{2} = 2x$ मीटर
परिमिति में कमी $= 4x - 2x = 2x$ मीटर
प्रतिशत कमी $= \frac{2x}{4x} \times 100 = 50\%$ कमी

24. माना महेश का भाग = ₹ 100
प्रश्नानुसार विवेक का हिस्सा = ₹ 115
संजीव का हिस्सा
$= 115 \times \frac{110}{100} = \frac{1265}{10} =$ ₹ 126.5
अतः संजीव का महेश से अधिक लाभ
$= (126.5 - 100) = 26.5\%$

25. माना मासिक वेतन ₹ 100

25% बचत से उसका व्यय = ₹ 75

व्यय 16% बढ़ने पर उसका व्यय

$= 75 \times \frac{116}{100} =$ ₹ 87

उसकी बचत = ₹ 13

∴ बचत ₹ 13 तो मासिक वेतन = ₹ 100

∴ बचत ₹ 260 तो मासिक वेतन

$= \frac{100}{13} \times 260 =$ ₹ 2000

31. माना आयत की प्राथमिक लम्बाई व चौड़ाई क्रमशः x व y मीटर है।

आयत का प्राथमिक क्षेत्रफल = $x \times y$ वर्ग मीटर

प्रश्नानुसार आयत की अन्तिम लम्बाई

$= \frac{x \times 110}{100} = 1.1x$ व चौड़ाई $\frac{y \times 90}{100} = .9y$ होगी

अन्तिम क्षेत्रफल = $1.1x \times .9y = .99xy$ वर्ग मीटर

प्रतिशत कमी

$= \frac{xy - .99xy}{xy} \times 100 = .01 \times 100 = 1\%$ कमी

35. नगर की वर्तमान जनसंख्या

$= 10000\left(1 - \frac{20}{100}\right)^2 = 10000 \times \left(\frac{4}{5}\right)^2$

$= 10000 \times \frac{16}{25} = 6400$

37. माना पहले केले का भाव था = ₹ x प्रति किलो

पहले केले की मात्रा = $\frac{120}{x}$ किलो

केले का नया मूल्य

$= \frac{x \times 75}{100} =$ ₹ $.75x$ प्रति किलो

प्रश्नानुसार $\quad \frac{120}{.75x} = \frac{120}{x} + 5$

$\frac{120}{.75x} = \frac{120 + 5x}{x}$

$120 = .75(120 + 5x)$

$120 = 90 + 3.75x$

$3.75x = 30$

$x = \frac{30}{3.75} =$ ₹ 8 प्रति किलो

38. माना प्रारम्भ में पुरुषों की संख्या = x

प्रारम्भ में स्त्रियों की संख्या = $(35000 - x)$

प्रश्नानुसार

$x \times \frac{106}{100} + (35000 - x) \times \frac{104}{100} = 36760$

$106x + 35000 \times 104 - 104x = 3676000$

$2x = 3676000 - 3640000$

$2x = 36000$

$x = 18000$

39. माना आबादी x

प्रश्नानुसार,

$x \times \left(\frac{100 - 60}{100}\right) \times \left(\frac{100 - 28}{100}\right) = 4320$

$x \times \frac{40}{100} \times \frac{72}{100} = 4320$

$x = \frac{4320 \times 100 \times 100}{40 \times 72}$

$x = 15000$

6

लाभ तथा हानि
(PROFIT & LOSS)

क्रय मूल्य (C.P.): जिस मूल्य पर वस्तु को खरीदा जाता है। वह उस वस्तु का क्रय मूल्य (Cost Price) कहलाता है।

विंक्रय मूल्य (S.P.): जिस मूल्य पर वस्तु बेची जाती है। वह उस वस्तु का विक्रय मूल्य (Selling Price) कहलाता है।

अंकित मूल्य (M.P.): दुकानदार वस्तुओं पर मूल्य को कुछ बढ़ाकर अंकित करता है तथा बट्टा काटकर फिर ग्राहक को किसी मूल्य पर बेचता है। वह बढ़ा हुआ मूल्य ही अंकित मूल्य (Marked Price) कहलाता है।

बट्टा (Discount): अंकित मूल्य पर दुकानदार द्वारा दिया जाने वाला कमीशन ही बट्टा कहलाता है। बट्टा अंकित मूल्य पर कुछ प्रतिशत के रूप में प्रदर्शित किया जाता है।

कुछ प्रमुख सूत्रः

(i) लाभ = विक्रय मूल्य – क्रय मूल्य

(ii) हानि = क्रय मूल्य – विक्रय मूल्य

(iii) $\text{लाभ प्रतिशत} = \dfrac{\text{वास्तविक लाभ} \times 100}{\text{क्रय मूल्य}}$

(iv) $\text{हानि प्रतिशत} = \dfrac{\text{वास्तविक हानि} \times 100}{\text{क्रय मूल्य}}$

नोटः लाभ प्रतिशत अथवा हानि प्रतिशत हमेशा क्रयमूल्य पर ही ज्ञात किये जाते हैं।

(v) लाभ प्रतिशत में ज्ञात होने पर विक्रय मूल्य

$$= \frac{\text{क्रय मूल्य} \times (100 + \text{लाभ}\%)}{100}$$

(vi) हानि प्रतिशत में ज्ञात होने पर विक्रय मूल्य

$$= \frac{\text{क्रय मूल्य} \times (100 - \text{हानि}\%)}{100}$$

(vii) लाभ प्रतिशत ज्ञात होने पर क्रय मूल्य

$$= \frac{\text{विक्रय मूल्य} \times 100}{(100 + \text{लाभ}\%)}$$

(viii) हानि प्रतिशत ज्ञात होने पर क्रय मूल्य

$$= \frac{\text{विक्रय मूल्य} \times 100}{(100 - \text{हानि}\%)}$$

(ix) बट्टा = अंकित मूल्य – विक्रय मूल्य

(x) विक्रय मूल्य = अंकित मूल्य – बट्टा

(xi) *(a)* यदि दो क्रमागत बट्टे दिये हों, तो इनके तुल्य एक बट्टा

$$= 100 - \frac{(100 - r_1)(100 - r_2)}{100}$$

जहाँ r_1, r_2 बट्टों की दरें है।

(b) क्रमागत बट्टों की संख्या तीन होने पर तुल्य बट्टा

$$= 100 - \frac{(100 - r_1)(100 - r_2)(100 - r_3)}{10000}$$

अभ्यास

1. एक किताब ₹ 80 में खरीदा गया और 20% लाभ पर बेची गयी। किताब का विक्रय मूल्य होगाः

A. ₹ 90 B. ₹ 94
C. ₹ 96 D. ₹ 100

2. अगर 8 वस्तुओं का क्रयमूल्य 10 वस्तुओं के विक्रय मूल्य के बराबर हो, तो लाभ अथवा हानि प्रतिशत होगीः

A. 10% लाभ B. 10% हानि
C. 20% लाभ D. 20% हानि

3. एक व्यापारी नगद भुगतान पर 5% छूट देता है। उसे 14% लाभ कमाने के लिये अपने सामानों का मूल्य कितने प्रतिशत ज्यादा लिखना होगा?

A. 15% B. 20%
C. 25% D. 30%

4. राहुल को एक छाता ₹ 75 में बेचने पर उसको उसके क्रय मूल्य के बराबर प्रतिशत लाभ हुआ। घड़ी का क्रयमूल्य क्या है?

A. ₹ 40 B. ₹ 45
C. ₹ 50 D. ₹ 60

5. रामस्वरुप ने दो भैंसें कुल ₹ 5200 में खरीदी। उसने एक भैंस को 15% हानि पर और दूसरी को 36% लाभ पर बेचा, तो इस प्रकार दोनों का विक्रय मूल्य समान था। प्रत्येक भैंस का मूल्य होगाः

A. ₹ 1400; ₹ 2400
B. ₹ 2000; ₹ 3200
C. ₹ 3500; ₹ 1400
D. ₹ 3200; ₹ 2000

6. यदि किसी वस्तु की कीमत 25% कम कर दी जाये तथा उसकी बिक्री 20% बढ़ा दी जाये, तो बताओ प्राप्त धन पर क्या प्रभाव पड़ेगा?

A. 5% कम B. समान रहेगा
C. 10% कम D. 5% वृद्धि

7. यदि एक आदमी एक साइकिल 12% छूट के बाद ₹ 330 में खरीदता है, तो साइकिल का लिखित मूल्य ज्ञात कीजिएः

A. ₹ 375 B. ₹ 380
C. ₹ 369.60 D. ₹ 342

8. एक दुकानदार ₹ 250 प्रति किग्रा॰ की दर से काजू खरीदता है और ₹ 10 प्रति 50 ग्राम की दर से बेचता है, तो उसको कितने प्रतिशत लाभ या हानि होगी?

A. 20% लाभ B. 20% हानि
C. 25% लाभ D. 25% हानि

9. एक दुकानदार ₹ 6.60 में चाय बेचकर 10% लाभ प्राप्त करता है। यदि वह उसे ₹ 9 में बेचे, तो उसको कितना प्रतिशत लाभ मिलेगा?

A. 30% B. 40%
C. 50% D. 60%

10. केले ₹ 6 प्रति दर्जन के भाव से खरीदकर 60 पैसे प्रति नग के हिसाब से बेचे जायें, तो लाभ % होगाः

A. 20% B. 22%
C. 10% D. 8%

11. 30 किताबों का क्रय मूल्य 25 किताबों के विक्रय मूल्य के समान हो, तो % लाभ होगाः

A. 25% B. 23%
C. 22% D. 20%

12. एक गाय को ₹ 560 में बेचने पर क्रय मूल्य का $\frac{1}{6}$ की हानि होती है। गाय का क्रय मूल्य हैः

A. ₹ 672 B. ₹ 650
C. ₹ 682 D. ₹ 670

13. एक दुकानदार मशीन के अंकित मूल्य पर 5% कमीशन देता है। यदि कमीशन 7% कर देता है, तो ₹ 15 कम लाभ होता है। मशीन का अंकित मूल्य क्या है?

A. ₹ 735 B. ₹ 750
C. ₹ 785 D. ₹ 705

14. दुकानदार एक टी.वी. ₹ 6000 में खरीदता है तथा इसको 15% हानि पर बेचता है, तो टी.वी. का विक्रय मूल्य होगाः

A. ₹ 5100 B. ₹ 5600
C. ₹ 5900 D. ₹ 5910

15. किसी वस्तु को ₹ 19 में बेचने पर उतनी ही हानि होती है जितना कि 5% लाभ पर बेचने पर लाभ होता है। वस्तु को 5% लाभ पर बेचने पर वस्तु का विक्रय मूल्य क्या होगा?

A. ₹ 20 B. ₹ 20.50
C. ₹ 19.95 D. इनमें से कोई नहीं

16. एक व्यापारी अंकित मूल्य पर 15% कमीशन काटता है। वह क्रय मूल्य से कितने अधिक प्रतिशत मूल्य अंकित करे कि उसे 19% लाभ हो?
A. 20% B. 35%
C. 45% D. 40%

17. एक गाय को ₹ 510 में बेचने से 15% हानि होती है। यदि उसे ₹ 575 में बेचा जाय, तो कितने % लाभ अथवा हानि होगी?
A. $6\frac{1}{4}$% हानि B. $4\frac{1}{6}$% लाभ
C. $6\frac{1}{4}$% लाभ D. $4\frac{1}{6}$% हानि

18. वाजपेयी किसी वस्तु पर सूची मूल्य लागत से 40% अधिक रखता है। वह सूची मूल्य पर 10% व्यापारिक बट्टा काटता है, तो लाभ % होगा:
A. 26% B. 36%
C. 14% D. 10%

19. यदि एक फल विक्रेता ₹ 8 के 24 केले की दर से खरीदता है तथा उसको ₹ 5 प्रति दर्जन की दर से बेचता है, तो उसको प्रतिशत लाभ होगा:
A. 20% B. 25%
C. 30% D. 35%

20. आलू बेचने पर किसी व्यापारी को $7\frac{1}{2}$% क्षति पहुँची। यदि वह इस विक्रय मूल्य से ₹ 24 अधिक में विक्रय करता, तो उसको $12\frac{1}{2}$% लाभ हुआ होता। आलू का क्रय मूल्य ज्ञात कीजिए।
A. ₹ 120 B. ₹ 96
C. ₹ 90 D. ₹ 88

21. A 20% लाभ पर एक साइकिल B को बेचता है और B इसे 25% लाभ पर C को बेच देता है। अगर C ने इसके लिए ₹ 225 दिये हों, तो A ने कितने रुपये दिये थे?
A. ₹ 100 B. ₹ 125
C. ₹ 150 D. ₹ 175

22. एक राशन विक्रेता 2 रुपये किलो की 26 किलो चीनी ₹ 3.60 की 30 किलो चीनी में मिला देता है। मिश्रण को वह ₹ 3.00 किलो के भाव से बेच देता है। उसे कितने प्रतिशत का लाभ होता है?
A. 5% B. 8%
C. 10% D. 12%

23. एक व्यक्ति अपनी कार ₹ 5000 में बेच देता है और कुछ नुकसान उठाता है। अगर वह इसे ₹ 5600 में बेचता, तो उसे पिछले नुकसान का दुगुना लाभ होता। कार का क्रय मूल्य कितना है?
A. ₹ 5000 B. ₹ 5200
C. ₹ 5300 D. ₹ 5500

24. एक रुपये में 12 के भाव संतरे बेचने पर किसी व्यक्ति को 4% की हानि हुई। 44% लाभ कमाने के लिये वह एक रुपये में कितने संतरे बेचे?
A. 7 B. 8
C. 10 D. 9

25. एक लिखे हुए मूल्य पर 20% की छूट दी जाये, तो लाभ 60% होता है। अगर छूट बढ़ाकर 25% कर दी जाये, तो लाभ का प्रतिशत क्या होगा?
A. 40% B. 50%
C. 25% D. 30%

26. एक शराब व्यापारी शराब के 10 पीपे खरीदता है। अगर वह इस शराब को ₹ 5 लीटर के भाव से बेचे तो उसे ₹ 200 का नुकसान होता है जबकि ₹ 6 लीटर बेचने से उसे पूरे पर ₹ 150 का लाभ होता है। प्रत्येक पीपे में कितनी शराब है?
A. 40 लीटर B. 35 लीटर
C. 45 लीटर D. 30 लीटर

27. किसी सामान को 77 पैसे में बेचने से एक व्यक्ति को अपने पूरे धंधे का $\frac{1}{10}$ लाभ हुआ। अगर वह इसे 68 पैसे में बेचता, तो उसे क्या लाभ या हानि होती?
A. 20% लाभ B. 10% लाभ
C. 20% हानि D. 10% हानि

28. एक व्यापारी चाय की एक किस्म में 4% नुकसान उठाने का दावा करता है। पर वास्तव में एक किलो की जगह 840 ग्राम तोलता है। उसे कितना प्रतिशत वास्तविक लाभ होता है?
A. $14\frac{2}{7}$% लाभ B. $14\frac{2}{7}$% हानि
C. 15% हानि D. 14% लाभ

29. 120 सेब बेचने से एक फल विक्रेता को 20 सेब के क्रय मूल्य के बराबर लाभ होता है। उसे कितने प्रतिशत का लाभ हुआ?

A. 8% B. 15%

C. 20% D. $16\frac{2}{3}\%$

30. चीनी के मूल्य में 10% की कमी होने पर आरती ₹ 225 में 25 किग्रा॰ चीनी अधिक खरीद सकती है। चीनी का घटा मूल्य प्रति किग्रा॰ में है:

A. 30 पैसे B. 90 पैसे

C. 95 पैसे D. 97 पैसे

31. कोई वस्तु यदि 10% हानि की जगह 10% लाभ पर बेची जाती है, तो ₹ 10 अधिक मिलते हैं। वस्तु का क्रय मूल्य है:

A. ₹ 55 B. ₹ 50

C. ₹ 45 D. ₹ 60

32. चुन्नू ने ₹ 20 में 21 पेन खरीदे तथा उन्हें ₹ 21 में 20 की दर से बेच दिया। लाभ % है:

A. $10\frac{2}{4}\%$ B. $10\frac{2}{3}\%$

D. $10\frac{1}{4}\%$ D. $10\frac{3}{4}\%$

33. एक व्यापारी ने ₹ 500 का गेहूँ खरीदकर आधा 20% लाभ पर और शेष 10% हानि पर बेच दिया। बताओ कुल कितने प्रतिशत लाभ हुआ?

A. 4% B. 6%

C. 5% D. 7%

34. मुकेश एक वस्तु को 25% हानि पर बेचता है, यदि वह उसे 60 रुपये अधिक में बेचता, तो 5% लाभ होता। वस्तु का क्रय मूल्य होगा:

A. ₹ 200 B. ₹ 120

C. ₹ 220 D. ₹ 150

35. किसी वस्तु के मूल्य में 10% कमी कर दी गयी है। उस वस्तु का मूल्य पहले जितना लाने के लिये कितने प्रतिशत की बढ़ोत्तरी करनी होगी?

A. $9\frac{1}{11}\%$ B. 9%

C. $11\frac{1}{9}\%$ D. 10%

36. मोहनदास 10 किग्रा॰ तेल ₹ 15 प्रति किलो दर से तथा 5 किग्रा॰ तेल ₹ 10 प्रति किग्रा॰ की दर से खरीदकर दोनों को मिलाता है। यदि वह मिश्रण पर 12.5% लाभ उठाये, तो मिश्रण का विक्रय मूल्य प्रति किग्रा॰ कितना होगा?

A. ₹ 14 B. ₹ 15

C. ₹ 11.50 D. ₹ 15.75

37. एक व्यक्ति ने अपने दो मकानों में से प्रत्येक को ₹ 467 व ₹ 958 का बेचा। एक पर उसे 12% लाभ तथा दूसरे पर 12% हानि हुई। पूरे लेनदेन में उसे कुल कितने प्रतिशत लाभ या हानि हुई?

A. 1.04% लाभ

B. 1.04% हानि

C. 1.44% लाभ

D. 1.44% हानि

38. एक दुकानदार ने ₹ 60 में 1 क्विन्टल नमक खरीदा। इसे वह प्रति किलो किस भाव से बेचे कि 20% लाभ हो?

A. ₹ 72 B. 72 पैसे

C. ₹ 7.20 D. ₹ 36

39. एक रुपये में 9 की दर से खरीदी गयी नारंगी और एक रुपये में 7 की दर से खरीदी गयी इतनी ही नारंगी को मिलाकर एक रुपये में 8 के भाव से बेचने से % लाभ या हानि होगी:

A. न लाभ न हानि

B. लाभ $1\frac{9}{16}\%$

C. हानि $1\frac{9}{16}\%$

D. इनमें से कोई नहीं

40. एक व्यापारी ग्राहक को चीनी बेचने में खराब बाट का इस्तेमाल करता है और इससे $11\frac{1}{9}\%$ लाभ कमाता है। वह एक किलो की जगह कितना तोलता है?

A. 800 ग्राम

B. 900 ग्राम

C. 850 ग्राम

D. 950 ग्राम

उत्तरमाला

1	2	3	4	5	6	7	8	9	10
C	D	B	C	D	C	A	B	C	A
11	**12**	**13**	**14**	**15**	**16**	**17**	**18**	**19**	**20**
D	A	B	A	D	D	D	A	B	A
21	**22**	**23**	**24**	**25**	**26**	**27**	**28**	**29**	**30**
C	A	B	B	B	B	D	A	D	B
31	**32**	**33**	**34**	**35**	**36**	**37**	**38**	**39**	**40**
B	C	C	A	C	B	D	B	C	B

कुछ चुने हुए प्रश्नों के व्याख्यात्मक उत्तर

2. माना 8 वस्तुओं का क्रय मूल्य = ₹ 100

प्रश्नानुसार ∵ 10 वस्तुओं का विक्रय मूल्य = ₹ 100

∴ 8 वस्तुओं का विक्रय मूल्य = $\frac{100 \times 8}{10}$ = ₹ 80

हानि = 100 − 80 = ₹ 20

प्रतिशत हानि = $\frac{\text{हानि} \times 100}{\text{क्रय मूल्य}}$

$= \frac{20 \times 100}{100} = 20\%$ हानि

4. माना क्रयमूल्य = ₹ x

प्रश्नानुसार $x + x$ का $x\% = 75$

[क्रयमूल्य + लाभ = विक्रय मूल्य]

$$x + \frac{x \times x}{100} = 75$$
$$100x + x^2 = 7500$$
$$x^2 + 100x - 7500 = 0$$
$$x^2 + 150x - 50x - 7500 = 0$$
$$x(x + 150) - 50(x + 150) = 0$$
$$(x + 150)(x - 50) = 0$$

$(x - 50) = 0$ से $x = 50$

5. माना प्रथम भैंस का क्रय मूल्य = ₹ x

प्रश्नानुसार द्वितीय भैंस का क्रय मूल्य = $(5200 - x)$

15% हानि पर प्रथम भैंस का विक्रय मूल्य

$$= \frac{x \times (100 - 15)}{100} = \frac{85x}{100}$$

36% लाभ से द्वितीय भैंस का विक्रय मूल्य

$$= (5200 - x) \times \frac{136}{100}$$

प्रश्नानुसार, $(5200 - x) \times \frac{136}{100} = \frac{85x}{100}$

$$(5200 - x) \times 136 = 85x$$
$$5200 \times 136 - 136x = 85x$$
$$5200 \times 136 = 136x + 85x$$
$$221x = 5200 \times 136$$
$$x = \frac{5200 \times 136}{221}$$
$$x = \frac{707200}{221}$$

= ₹ 3200

द्वितीय भैंस का क्रय मूल्य = 5200 − 3200

= ₹ 2000

9. 6.60 रुपये विक्रय मूल्य तथा 10% लाभ वाली वस्तु का क्रयमूल्य

$$= \frac{\text{विक्रय मूल्य} \times 100}{(100 + \text{लाभ}\%)}$$

$$= \frac{6.60 \times 100}{(100 + 10)} = \frac{6.60 \times 100}{110} = ₹\,6$$

वस्तु को ₹ 9 में बेचने पर लाभ = 9 − 6 = ₹ 3

% लाभ = $\frac{3}{6} \times 100$ = 50% लाभ

13. माना मशीन का अंकित मूल्य = ₹ 100

कमीशन = 5% = ₹ 5

विक्रय मूल्य = ₹ 95

अब नया कमीशन = 7% = ₹ 7

विक्रय मूल्य = ₹ 93

विक्रय मूल्य का अन्तर = 95 – 93 = ₹ 2

∴ जब ₹ 2 अन्तर तो अंकित मूल्य = ₹ 100

∴ जब ₹ 15 अन्तर तो अंकित मूल्य

$$= \frac{100}{2} \times 15 = ₹\ 750$$

15. माना वस्तु का क्रय मूल्य = ₹ x है।

∴ यथार्थ हानि = $x - 19$

तथा 5% लाभ पर लाभ = $\frac{5 \times x}{100} - \frac{5x}{100}$

प्रश्नानुसार $\frac{5x}{100} = x - 19$

$$5x = 100x - 1900$$
$$95x = 1900$$
$$x = \frac{1900}{95} = ₹\ 20$$

∴ 20% क्रय मूल्य वाली वस्तु पर 5% लाभ के पश्चात् विक्रय मूल्य

$$= 20 \times \frac{105}{100} = ₹\ 21$$

20. $12\frac{1}{2}\% - \left(7\frac{1}{2}\%\right) = 20\%$

∵ 20% = ₹ 24

∴ $100\% = \frac{24 \times 100}{20} = ₹\ 120$

∴ आलू का क्रय मूल्य = ₹ 120 होगा।

26. माना एक पीपे में x लीटर शराब है, तो 10 पीपे में शराब की मात्रा होगी = $10x$ लीटर

प्रश्नानुसार,

दोनो विक्रय मूल्यों का अन्तर = (150 + 200)

$$= 10x \times 6 - 10x \times 5 = 350$$
$$= 10x = 350 \Rightarrow x = 35 \text{ लीटर}$$

28. माना एक किलो चाय का क्रय मूल्य = ₹ 100

प्रश्नानुसार दुकानदार के लिये 1 किलो चाय का विक्रय मूल्य 4% हानि पर = ₹ 96

परन्तु 1 किलो = 1000 ग्राम पर वह 840 ग्राम तौलता है।

∵ 1000 ग्राम का क्रय मूल्य = ₹ 100

∴ 840 ग्राम का क्रय मूल्य $= \frac{100}{1000} \times 840$

$$= ₹\ 84$$

अर्थात् वह ₹ 84 के माल को ₹ 96 में बेचता है, तो उसका प्रतिशत लाभ

$$= \frac{96-84}{84} \times 100$$
$$= \frac{12 \times 100}{84} = \frac{100}{7} = 14\frac{2}{7}\% \text{ लाभ}$$

37. ऐसे प्रश्नों में हमेशा हानि होती है

$$\text{हानि\%} = \left(\frac{\text{उभय निष्ठ लाभ अथवा हानि\%}}{10}\right)\%$$

$$= \left(\frac{12}{10}\right)^2 \%$$
$$= \frac{144}{100}\%$$
$$= 1.44\%$$

7

मिश्रण (ALLIGATION)

जब दो या दो से अधिक वस्तुएँ किसी विशेष अनुपात में मिलायी जायें तो बनने वाले पदार्थ को मिश्रण कहते हैं।

मिश्रण पर आधारित सूत्रः

यदि ₹ a प्रति किग्रा॰ वाली महंगी वस्तु की मात्रा A को ₹ b प्रति किग्रा॰ वाली सस्ती वस्तु की मात्रा B के साथ मिलाया जाये और प्राप्त मिश्रण C, ₹ c प्रति किग्रा॰ वाली वस्तु बने तो

$$\frac{\text{महंगी वस्तु की मात्रा}}{\text{सस्ती वस्तु की मात्रा}} = \frac{\text{मिश्रण का मूल्य} - \text{सस्ती वस्तु का मूल्य}}{\text{महंगी वस्तु का मूल्य} - \text{मिश्रण का मूल्य}}$$

अर्थात् $\frac{A}{B} = \frac{c-b}{a-c}$

अभ्यास

1. ₹ 3.50 प्रति किग्रा वाले बाजरे में ₹ 2.25 प्रति किग्रा वाले बाजरे को मिलाकर मिश्रित बाजरे को एक दुकानदार ₹ 2.75 प्रति किग्रा में बेचता है, तो मिश्रण में पहले तथा दूसरे बाजरे का अनुपात होगाः

A. 2 : 3 B. 3 : 2
C. 1 : 2 D. 2 : 1

2. ₹ 10 प्रति किलो की 15 किलो चाय में ₹ 4 प्रति किलो की कितनी चाय मिलायी जाये कि चाय ₹ 6.50 प्रति किलो की हो जाये?

A. 21 किग्रा B. 16 किग्रा
C. 4 किग्रा D. 14 किग्रा

3. दूध और पानी के 20 किग्रा मिश्रण में 10% पानी है। इसमें कितना पानी और मिलाया जाये कि मिश्रण में पानी की मात्रा 25% हो जाये?

A. 5 किग्रा B. 4 किग्रा
C. 7 किग्रा D. 8 किग्रा

4. ₹ 11 प्रति लीटर की शराब को ₹ 6 प्रति लीटर की शराब के साथ किस अनुपात में मिलाया जाये कि वह ₹ 8 प्रति लीटर की हो जाये?

A. 2 : 3 B. 8 : 2
C. 5 : 7 D. 1 : 3

5. 54 पैसे लीटर के 14 लीटर दूध में कितना पानी मिलाया जाये कि मिश्रण का भाव 42 पैसा लीटर हो जाये?

A. 4 लीटर B. 7 लीटर
C. 5 लीटर D. 3 लीटर

6. 80 किग्रा मिश्रण में दूध और पानी का अनुपात 3 : 2 है। इसमें कितना पानी मिलाया जाये कि नये मिश्रण में दूध और पानी का अनुपात 2 : 3 हो जाये?

A. 40 किग्रा B. 25 किग्रा
C. 35 किग्रा D. 20 किग्रा

7. एक पीपे में 3 हिस्सा दूध और 1 हिस्सा पानी है। इसमें से कितना मिश्रण निकालकर पानी डाल दिया जाये कि मिश्रण में आधा पानी और आधा दूध हो जाये?

A. $\frac{1}{2}$ B. $\frac{1}{3}$

C. $\frac{2}{3}$ D. $\frac{1}{4}$

8. ₹ 16 प्रति लीटर की लागत से मिलने वाले दूध को ₹ 18 प्रति लीटर में बेचा जाना हो, तो उसमें किस अनुपात में पानी मिलाया जाय कि 25 प्रतिशत का लाभ हो?

A. 9 : 2 B. 9 : 1

C. 1 : 9 D. 2 : 9

9. सुहास ने 20 किग्रा चावल ₹ 7.50 प्रति किग्रा की दर से और 30 किग्रा चावल ₹ 7.75 प्रति किग्रा की दर से खरीदकर मिश्रण तैयार किया। उसको 45% लाभ अर्जित करने हेतु प्रति किग्रा चावल को आसन्नतः किस दर से बेचना चाहिये?

A. ₹ 10 प्रति किग्रा B. ₹ 11 प्रति किग्रा

C. ₹ 12 प्रति किग्रा D. ₹ 12.50 प्रति किग्रा

10. एक चिड़ियाघर में कुछ कबूतर व खरगोश हैं। यदि सिरों की संख्या 200 तथा पैरों की संख्या 580 हो, तो वहाँ पर कितने कबूतर हैं?

A. 100 B. 95

C. 105 D. 110

11. किसी बर्तन में 90 लीटर मदिरा है। उस बर्तन में से प्रतिदिन 30 लीटर मदिरा निकाली जाती है और उतनी ही मात्रा में पानी मिलाया जाता है। 3 दिन के अन्त में बर्तन में मदिरा की मात्रा लगभग होगी?

A. 26 लीटर B. 60 लीटर

C. 42 लीटर D. 30 लीटर

12. शराब और पानी के 125 गैलन मिश्रण में 20% पानी है। इसमें कितना प्रतिशत पानी मिलाया जाये कि नये मिश्रण में पानी 25% हो जाये?

A. 8 गैलन B. 7 गैलन

C. $8\frac{1}{3}$ गैलन D. 5 गैलन

13. ₹ 56 प्रति किग्रा की चाय ₹ 82 प्रति किग्रा की चाय के साथ किस अनुपात में मिलायी जाये कि मिश्रण का क्रय मूल्य ₹ 67 प्रति किग्रा हो जाये?

A. 15 : 11 B. 11 : 15

C. 12 : 13 D. 13 : 12

14. तीन बराबर के बर्तन में शराब और पानी का अनुपात क्रमशः 3 : 4, 4 : 5 व 5 : 6 है। तीनों बर्तनों के पानी को एक बड़े बर्तन में उड़ेल देने पर नये मिश्रण में शराब व पानी का अनुपात होगाः

A. 900 : 1159 B. 920 : 1159

C. 1152 : 920 D. 1159 : 900

15. सोने और ताँबे की मिश्रधातुओं में क्रमशः सोने और ताँबे का अनुपात 7 : 2 व 7 : 11 है। दोनों धातुओं की समान मात्रा मिलाने पर मिश्रित धातु में सोने और ताँबे का अनुपात होगाः

A. 7 : 6 B. 6 : 7

C. 7 : 5 D. 5 : 7

16. एक खेत में मुर्गी व भेड़ हैं। यदि उनके सिरों व पैरों की कुल संख्या क्रमशः 38 व 100 हो, तो मुर्गियों व भेड़ों की संख्या का अनुपात होगा?

A. 13 : 6 B. 6 : 13

C. 7 : 9 D. 9 : 7

17. चांदी व स्टील की दो मिश्रधातुओं को क्रमशः 5 : 3 और 8 : 5 के अनुपात में मिलाकर बनाया गया। दोनों मिश्रधातुओं की समान मात्रा मिलाने पर मिश्रित मिश्रधातु में चांदी व स्टील का अनुपात होगाः

A. 120 : 35 B. 35 : 120

C. 129 : 79 D. 79 : 129

18. एक मिश्रण में 3 भाग शराब तथा एक भाग पानी से बना है। 12 लीटर पानी और डालने पर मिश्रण में शराब पानी की दोगुनी हो जाती है। मिश्रण में शराब की मात्रा कितनी है?

A. 65 लीटर B. 70 लीटर

C. 72 लीटर D. 80 लीटर

19. 150 बच्चों के बीच ₹ 67.50 इस तरह बांटे गयें कि हर लड़के को 50 पैसे और हर लड़की को 35 पैसे मिले। तो इनमें लड़कों की संख्या होगीः

A. 80 B. 100

C. 90 D. इनमें से कोई नहीं

20. शराब और पानी के दो मिश्रण में शराब व पानी का अनुपात क्रमशः 1 : 3 व 3 : 1 है। अगर पहले का

2 गैलन व दूसरे का 3 गैलन मिला दिया, जाय तो मिश्रण में पानी व शराब का अनुपात होगाः

A. 2 : 7 B. 11 : 9
C. 9 : 11 D. 7 : 2

21. एक बर्तन में स्पिरिट और पानी का मिश्रण भरा है। इसमें 18% स्पिरिट है। इसमें से 8 लीटर मिश्रण निकालकर पानी भर दिया जाता है। अब अगर मिश्रण में 15 प्रतिशत स्पिरिट है, तो बर्तन में कितना मिश्रण है?

A. 30 लीटर B. 48 लीटर
C. 35 लीटर D. 40 लीटर

22. दूध और पानी के मिश्रण में दूध और पानी 3 : 2 के अनुपात में है। यदि मिश्रण में 4 लीटर पानी और मिला दिया जाय, तो दूध और पानी समान मात्रा में हो जाते हैं तो मिश्रण में दूध की मात्रा है:

A. 10 लीटर B. 12 लीटर
C. 15 लीटर D. 20 लीटर

23. 15 किग्रा चीनी ₹ 10 प्रति किग्रा की दर से तथा 10 किग्रा चीनी ₹ 14 प्रति किग्रा के भाव से खरीदकर मिश्रण को ₹ 16 प्रति किग्रा की दर से बेचने पर कितना लाभ होगा?

A. ₹ 100 B. ₹ 90
C. ₹ 110 D. ₹ 120

24. 30 किलो चीनी ₹ 20 प्रति किग्रा के भाव से तथा 20 किग्रा चीनी ₹ 15 प्रति किग्रा से खरीदकर मिश्रण को ₹ 21.60 प्रति किग्रा से बेचने पर कितने प्रतिशत लाभ होगा?

A. 10% B. 12%
C. 15% D. 20%

25. 549 लीटर दूध और पानी के मिश्रण में दूध और पानी का अनुपात 7 : 2 है। इसमें कितना पानी और डाला जाये कि दूध और पानी का अनुपात 7 : 3 हो जाये?

A. 60 लीटर B. 61 लीटर
C. 62 लीटर D. 63 लीटर

उत्तरमाला

1	2	3	4	5	6	7	8	9	10
A	A	B	A	A	A	B	B	B	D
11	**12**	**13**	**14**	**15**	**16**	**17**	**18**	**19**	**20**
A	C	A	B	C	A	C	C	B	C
21	**22**	**23**	**24**	**25**					
B	B	C	D	B					

कुछ चुने हुए प्रश्नों के व्याख्यात्मक उत्तर

5. 14 लीटर दूध का मूल्य = $54 \times 14 = 756$ पैसे

∵ पानी का मूल्य शून्य माना जाता है। अतः 756 पैसे में 42 पैसा प्रति लीटर के दूध की मात्रा होगी = $\frac{756}{42}$

= 18 लीटर

अतः पानी की मात्रा = $18 - 14 = 4$ लीटर

7. माना पीपे में 1 लीटर दूध है, तो

प्रश्नानुसार दूध की मात्रा 3/4 लीटर और पानी की मात्रा 1/4 लीटर होगी

माना मिश्रण में से x लीटर भाग निकाला, तो

प्रश्नानुसार,

$$\frac{\frac{3}{4}-\frac{3}{4}\times x}{\left(\frac{1}{4}-\frac{1}{4}\times x\right)+x}=\frac{1}{1}$$

$$\frac{3-3x}{1+3x}=\frac{1}{1}$$

$$3-3x=1+3x$$

$$2=6x \Rightarrow x=\frac{1}{3}$$

10. माना कबूतर व खरगोश की संख्या क्रमशः x व y है।

प्रश्नानुसार, $x + y = 200$ ...(i)

$2x + 4y = 580$

या $x + 2y = 290$ ...(ii)

(ii) – (i) $y = 90$

(i) में मान रखने पर $x = 110$

11. प्रत्येक x लीटर द्रव में से y लीटर द्रव निकालकर उसमें y लीटर पानी मिलाने पर तथा यह क्रिया n बार दोहराने पर मिश्रण में शुद्ध द्रव की मात्रा शेष

$$= x\left(1-\frac{y}{x}\right)^n \text{ लीटर}$$

$$= 90\left(1-\frac{30}{90}\right)^3$$

$$= \frac{90 \times 60 \times 60 \times 60}{90 \times 90 \times 90} = 26 \text{ लीटर}$$

12. अभीष्ट अनुपात $= \dfrac{\frac{3}{3+4}+\frac{4}{4+5}+\frac{5}{5+6}}{\frac{4}{7}+\frac{5}{9}+\frac{6}{11}} = \dfrac{\frac{3}{7}+\frac{4}{9}+\frac{5}{11}}{\frac{4}{7}+\frac{5}{9}+\frac{6}{11}}$

$$= \frac{920}{1159} = 920 : 1159$$

18. माना मिश्रण की मात्रा = x लीटर

प्रश्नानुसार,

$$\frac{x \times \frac{3}{3+1}}{\left(x \times \frac{1}{4}+12\right)} = \frac{2}{1}$$

$$\frac{3x}{4} = \frac{x}{2}+24 \Rightarrow \frac{x}{4} = 24 \Rightarrow x = 24 \times 4$$

शराब की मात्रा $= \dfrac{3x}{4} = \dfrac{3 \times 24 \times 4}{4} = 72$ लीटर

20. मिश्रण में, $\dfrac{\text{पानी}}{\text{शराब}} = \dfrac{2 \times \frac{3}{4}+3 \times \frac{1}{4}}{2 \times \frac{1}{4}+3 \times \frac{3}{4}}$

$$= \frac{6+3}{2+9} = \frac{9}{11} = 9 : 11$$

21. माना मिश्रण x लीटर है

प्रश्नानुसार, $x \times \dfrac{18}{100} - \dfrac{8 \times 18}{100} = x \times \dfrac{15}{100}$

$\Rightarrow$ $18x - 144 = 15x$

$\Rightarrow$ $3x = 144 \Rightarrow x = 48$ लीटर

22. माना मिश्रण की मात्रा = x लीटर

प्रश्नानुसार, $\dfrac{x \times \frac{3}{3+2}}{x \times \frac{2}{5}+4} = \dfrac{1}{1} \Rightarrow \dfrac{3x}{5} = \dfrac{2x}{5}+4$

$\Rightarrow$ $\dfrac{x}{5} = 4 \Rightarrow x = 20$

मिश्रण में शराब की मात्रा $= \dfrac{3x}{5} = \dfrac{3 \times 20}{5}$

= 12 लीटर

24. चीनी का कुल क्रय मूल्य $= 30 \times 20 + 20 \times 15$

$= 600 + 300 =$ ₹ 900

चीनी का प्रति किग्रा क्रय मूल्य $= \dfrac{900}{30+20} = \dfrac{900}{50}$

= ₹ 18 प्रति किग्रा

प्रति किग्रा लाभ = 21.60 – 18 = ₹ 3.60

प्रतिशत लाभ $= \dfrac{3.60}{18} \times 100 = 20\%$

25. 549 लीटर में दूध की मात्रा $= 549 \times \dfrac{7}{9} = 61 \times 7$

= 427 लीटर

पानी का भाग = 549 – 427

= 122 लीटर

माना x लीटर पानी मिलाया गया

प्रश्नानुसार, $\dfrac{427}{122 + x} = \dfrac{7}{3}$

$$427 \times 3 = 122 \times 7 + 7x$$

$$7x = 1281 - 854$$

$$7x = 427$$

$$x = \frac{427}{7} = 61 \text{ लीटर}$$

8

साधारण और चक्रवृद्धि ब्याज
(SIMPLE AND COMPOUND INTEREST)

साधारण ब्याजः जब कोई व्यक्ति किसी अन्य व्यक्ति अथवा बैंक से कोई राशि उधार लेकर प्रयोग में लेता है और उस राशि को लौटाते समय दूसरे व्यक्ति द्वारा उस राशि के ऊपर अतिरिक्त धन मांगा जाता है जिसे ब्याज कहा जाता है। उधार ली गयी राशि मूलधन कहलाती है। जब मूलधन आगे के प्रत्येक वर्ष के लिये समान हो तथा ब्याज की राशि भी आगे के प्रत्येक वर्ष के लिये समान हो, तो उसे साधारण ब्याज कहते हैं। मूलधन व ब्याज का योग मिश्रधन कहलाता है।

साधारण ब्याज से संबंधित कुछ सूत्र

(1) $\text{साधारण ब्याज} = \frac{\text{मूलधन} \times \text{दर} \times \text{समय}}{100}$

(2) $\text{दर} = \frac{\text{साधारण ब्याज} \times 100}{\text{मूलधन} \times \text{समय}}$

(3) $\text{समय} = \frac{\text{साधारण ब्याज} \times 100}{\text{मूलधन} \times \text{दर}}$

(4) $\text{मूलधन} = \frac{\text{साधारण ब्याज} \times 100}{\text{दर} \times \text{समय}}$

(5) मिश्रधन = मूलधन + साधारण ब्याज

नोट : सूत्र में दर % वार्षिक व समय वर्ष में होना चाहिए।

चक्रवृद्धि ब्याजः यदि प्रत्येक वर्ष का ब्याज उसके प्रारम्भिक मूलधन में जोड़ दिया जाय, तो प्रत्येक वर्ष के अंत का मिश्रधन दूसरे वर्ष के लिये मूलधन के समान होगा और इस प्रकार इस नये मूलधन पर अगले वर्ष का ब्याज दिया जाता है। ब्याज गणना की यह पद्धति चक्रवृद्धि ब्याज कहलाती है। चक्रवृद्धि ब्याज की गणना में प्रत्येक वर्ष का मूलधन व ब्याज परिवर्तित होता रहता है। अतः समान दर व समय मूलधन पर चक्रवृद्धि ब्याज साधारण ब्याज से अधिक होता है।

चक्रवृद्धि ब्याज से संबंधित सूत्र

(1) $\text{चक्रवृद्धि ब्याज} = \text{मूलधन}\left[\left(1+\frac{\text{दर}}{100}\right)^{\text{समय}} - 1\right]$

(2) $\text{चक्रवृद्धि मिश्रधन} = \text{मूलधन}\left(1+\frac{\text{दर}}{100}\right)^{\text{समय}}$

महत्त्वपूर्ण टिप्पणियाँ

(a) यदि ब्याज प्रति छमाही जोड़ा जाता है। अर्थात् वर्ष में दो बार ब्याज की गणना होने की अवस्था में दर को आधा व समय को दुगुना कर दिया जाता हैः
सूत्र के रूप में:

$$\text{मिश्रधन} = \text{मूलधन}\left(1+\frac{\text{दर}/2}{100}\right)^{2\times n}$$

n = समय वर्ष में

(b) यदि ब्याज प्रति तिमाही जोड़ा जाता है। अर्थात् वर्ष में चार बार ब्याज की गणना होने की अवस्था में दर को चौथाई व समय को चौगुना कर दिया जाता है
सूत्र के रूप में:

$$\text{मिश्रधन} = \text{मूलधन}\left(1+\frac{\text{दर}/4}{100}\right)^{4\times n}$$

(c) यदि दर समान न होकर प्रतिवर्ष परिवर्तित होती है। माना प्रथम, द्वितीय व तृतीय वर्ष दर क्रमशः R_1, R_2 व R_3 है, तो

अन्तिम मूल्य = प्रारम्भिक मूल्य

$$\left(1+\frac{R_1}{100}\right)\left(1+\frac{R_2}{100}\right)\left(1+\frac{R_3}{100}\right)$$

जहाँ R_1, R_2 व R_3 का चिह्न + अथवा – हो सकता है। वृद्धि दर पर + चिह्न व ह्रास दर होने पर R_1, R_2, R_3 क्रमशः (–) में होंगे।

अभ्यास

1. कितने % दर से ₹ 1500 का ब्याज, 5 वर्ष में ₹ 300 होगा?

A. 5% B. $5\frac{1}{2}$%

C. $4\frac{1}{2}$% D. 4%

2. किस धन का 4% वार्षिक ब्याज की दर से 5 वर्ष में ब्याज ₹ 120 हो जायेगा?

A. ₹ 600 B. ₹ 620

C. ₹ 610 D. ₹ 650

3. अगर कोई राशि 7 वर्षों में दुगुनी हो जाती है तो 5 गुनी कितने वर्षों में हो जायेगी?

A. 24 वर्ष B. 28 वर्ष

C. 32 वर्ष D. 35 वर्ष

4. A ने B के 2 वर्षों के लिए ₹ 600 और C को ₹ 150 4 वर्षों के लिये दिये। A ने B व C से कुल ₹ 90 बतौर ब्याज प्राप्त किये हों, तो दर प्रतिशत क्या होगा?

A. 5% B. 7%

C. 8% D. 10%

5. 10% प्रतिवर्ष के साधारण ब्याज पर कोई राशि कितने वर्षों में दूनी हो जायेगी?

A. 5 वर्ष B. 10 वर्ष

C. 20 वर्ष D. 40 वर्ष

6. 2 पैसे प्रतिमाह दर से ₹ 471 पर 7 माह का साधारण ब्याज क्या होगा?

A. 6500 पैसे B. 6594 पैसे

C. 7000 पैसे D. 7200 पैसे

7. किसी धन का $6\frac{1}{2}$% वार्षिक ब्याज की दर से 6 वर्ष का मिश्रधन ₹ 5560 है, तो उस धन का 7% वार्षिक ब्याज की दर से $5\frac{1}{2}$ वर्ष का मिश्रधन क्या होगा?

A. ₹ 5540 B. ₹ 5440

C. ₹ 5600 D. ₹ 5500

8. कितने समय में किसी धन का साधारण ब्याज उस धन का 2/3 गुना हो जायेगा जबकि दर 5% वार्षिक हो।

A. $13\frac{1}{3}$ वर्ष B. $14\frac{1}{3}$ वर्ष

C. 15 वर्ष D. $13\frac{2}{3}$ वर्ष

9. ₹ 600 का 5% वार्षिक सरल ब्याज की दर से 5 वर्ष का मिश्रधन होगा:

A. ₹ 720 B. ₹ 750

C. ₹ 770 D. ₹ 780

10. एक व्यक्ति ₹ 5000 4% वार्षिक ब्याज पर डाकखाने में तथा ₹ 3000 6% ब्याज वार्षिक दर से बैंक में जमा कराता है। बताओ उसे कुल जमा राशि पर कितने प्रतिशत ब्याज मिलता है?

A. $4\frac{1}{2}$% B. $4\frac{2}{3}$%

C. $4\frac{2}{5}$% D. $4\frac{3}{4}$%

11. किसी धन राशि पर 6% वार्षिक ब्याज की दर से दूसरे और चौथे वर्षों के अन्त में प्राप्त होने वाले साधारण ब्याजों का अन्तर ₹ 600 है। वह धनराशि कितनी है?

A. ₹ 3000 B. ₹ 4000

C. ₹ 5000 D. ₹ 6000

12. यदि कोई धन साधारण ब्याज की दर से 2 वर्ष में ₹ 2500 तथा 4 वर्ष में ₹ 3200 हो जाता है, तो वार्षिक ब्याज की दर क्या है? (लगभग)

A. 16% B. 19%
C. 20% D. 21%

13. ₹ 850 का, $4\frac{1}{3}$ वर्ष में, 6% वार्षिक की दर से साधारण ब्याज होगाः

A. ₹ 250 B. ₹ 221
C. ₹ 315 D. ₹ 360

14. कितने समय में 12.5% वार्षिक साधारण ब्याज की दर से कोई धन अपने से दुगुना हो जायेगा?

A. 6 वर्ष
B. 8 वर्ष
C. 10 वर्ष
D. ज्ञात नहीं किया जा सकता।

15. ₹ 150 का कितने समय में 8% वार्षिक ब्याज की दर से वही ब्याज होगा जो ₹ 800 का 3 वर्ष का $4\frac{1}{2}$% की दर से मिलता है?

A. 9 वर्ष B. 8 वर्ष
C. 12 वर्ष D. 6 वर्ष

16. राम ₹ 8000 धन का कुछ भाग 4% वार्षिक तथा शेष 5% वार्षिक की दर से ब्याज पर उठाता है। यदि उसकी कुल ₹ 350 वार्षिक ब्याज की आय हो, तो दोनों भागों का अनुपात होगाः

A. 4 : 5 B. 5 : 4
C. 3 : 5 D. 5 : 3

17. कोई धन 4 वर्ष में $11\frac{1}{2}$% ब्याज की दर से ₹ 1460 हो जाये, तो वह धन ज्ञात कीजिएः

A. ₹ 564 B. ₹ 790
C. ₹ 1000 D. ₹ 1200

18. किस दर से ₹ 2000 की राशि 3 वर्ष में ₹ 2240 होगी?

A. 3% B. 4%
C. $5\frac{3}{4}$% D. 6%

19. ₹ 5000 का 5 वर्ष का मिश्रधन ₹ 6375 हो जाता है तो वार्षिक ब्याज की दर है।

A. 5% B. $5\frac{1}{2}$%
C. 2% D. 5%

20. कितना धन 3 वर्ष में 4% साधारण ब्याज की दर से ₹ 560 हो जायेगा?

A. ₹ 490 B. ₹ 500
C. ₹ 510 D. ₹ 501

21. कोई राशि 5% वार्षिक ब्याज की दर से कितने समय में अपने से $\frac{5}{4}$ गुना हो जायेगी?

A. 3 वर्ष B. 5 वर्ष
C. $5\frac{1}{2}$ वर्ष D. 6 वर्ष

22. कोई धन साधारण ब्याज की दर से 2 वर्ष में ₹ 4000 तथा 3 वर्ष में ₹ 4500 हो जाता है। ब्याज की दर होगीः

A. 16% B. $16\frac{1}{3}$%
C. $16\frac{2}{3}$% D. $16\frac{3}{4}$%

23. ₹ 1550 की राशि में से कुछ हिस्सा 5% पर कर्ज दिया गया और कुछ 8% पर। 3 साल का साधारण ब्याज ₹ 300 प्राप्त किये, तो 8% पर कितने रुपये दिये गये थे?

A. ₹ 900 B. ₹ 600
C. ₹ 800 D. ₹ 750

24. एक राशि पर साधारण ब्याज मूलधन का 4/9 है और वर्षों की संख्या दर प्रतिशत के बराबर है। दर प्रतिशत क्या है?

A. 5% B. 6%
C. $6\frac{1}{3}$% D. $6\frac{2}{3}$%

25. किसी राशि पर 5% की दर से 2 वर्ष में चक्रवृद्धि ब्याज ₹ 328 है। इसी दर पर इतने ही समय में साधारण ब्याज क्या होगा?

A. ₹ 300 B. ₹ 350
C. ₹ 320 D. ₹ 315

26. एक व्यक्ति ने घर बनाने के लिए ₹ 1000 का कर्ज लिया। वह 5% की दर से साधारण ब्याज देता है। वह घर को किराये पर चढ़ा देता है। जिससे उसे ₹ 12.50

प्रतिमाह किराये के प्राप्त होते है। कितने वर्षों में वह कर्ज चुका सकता है?

A. 7 वर्ष B. 15 वर्ष
C. 10 वर्ष D. 8 वर्ष

27. साधारण ब्याज की दर पर अगर ₹ 900 चार वर्ष में ₹ 1080 हो जाये, तो इसी दर पर कितने रुपये 5 वर्ष में ₹ 1275 हो जायेंगे?

A. ₹ 610 B. ₹ 1200
C. ₹ 1020 D. ₹ 1250

28. ₹ 1200 कितने समय में $5\frac{1}{2}\%$ वार्षिक ब्याज की दर से ₹ 1464 हो जायेंगे?

A. 4 वर्ष B. $4\frac{1}{2}$ वर्ष
C. $4\frac{2}{3}$ D. 3 वर्ष

29. कोई धन सरल ब्याज से 2 वर्ष में ₹ 450 और 5 वर्ष में ₹ 750 हो जाता है। बताइये वही धन 7 वर्ष में कितना हो जायेगा?

A. ₹ 925 B. ₹ 975
C. ₹ 945 D. ₹ 950

30. चन्दू ने कुछ राशि जमा की जो कि 20 वर्ष में दुगुनी हो जाती है। कितने वर्षों में वह तिगुनी हो जायेगी?

A. 40 वर्ष B. 15 वर्ष
C. 35 वर्ष D. 42 वर्ष

31. 10% सालाना चक्रवृद्धि ब्याज पर ₹ 2000 कितने समय में ₹ 2420 हो जायेंगे?

A. 4 वर्ष B. 2 वर्ष
C. 8 वर्ष D. 3 वर्ष

32. चक्रवृद्धि ब्याज दर पर कोई राशि अगर 2 वर्ष में तीन गुनी हो जाती है, तो वह 27 गुणा कितने समय में होगी?

A. 18 साल B. 6 साल
C. 12 साल D. 15 साल

33. कोई राशि 4 वर्ष के साधारण ब्याज के योग से ₹ 1300 हो जाती है और सात वर्ष बाद ₹ 1525 हो जाती है। दर प्रतिशत क्या है?

A. 7% B. 7.5%
C. 5% D. 10%

34. किस राशि का छह महीने का ब्याज $3\frac{1}{2}\%$ की दर से, $2\frac{3}{4}\%$ ब्याज दर के मुकाबले ₹ 25.50 ज्यादा होगा?

A. ₹ 680 B. ₹ 6800
C. ₹ 6880 D. ₹ 6850

35. 10% वार्षिक चक्रवृद्धि ब्याज पर ₹ 2000 कितने समय में ₹ 2420 हो जायेगा?

A. 4 वर्ष B. 2 वर्ष
C. 8 वर्ष D. 3 वर्ष

36. ₹ 3903 में A का हिस्सा कितना है। यदि 7 वर्ष बाद A का हिस्सा B के 9 वर्ष बाद के हिस्से के समान है तथा चक्रवृद्धि ब्याज दर 4% है?

A. ₹ 1928 B. ₹ 2018
C. ₹ 2028 D. ₹ 1875

37. किस वार्षिक चक्रवृद्धि ब्याज की दर से ₹ 625 2 वर्ष में ₹ 676 हो जायेंगे?

A. 4% B. 5%
C. 10% D. 6%

38. किसी राशि का 4 वर्ष का 4% वार्षिक ब्याज दर से ब्याज उसी राशि पर 5% वार्षिक चक्रवृद्धि ब्याज दर से 3 वर्ष के ब्याज से ₹ 57 ज्यादा है, तो राशि क्या है?

A. ₹ 24000 B. ₹ 25000
C. ₹ 2400 D. ₹ 240000

39. ₹ 6000 का 5% वार्षिक ब्याज की दर से 3 वर्ष के चक्रवृद्धि ब्याज व साधारण ब्याज में अन्तर है:

A. ₹ 41 B. ₹ 44
C. ₹ 45.75 D. ₹ 43.25

40. ₹ 1000 का 3 वर्ष का 16% वार्षिक ब्याज की दर से चक्रवृद्धि ब्याज क्या होगा जबकि ब्याज चुकाने की अवधि वार्षिक हो?

A. ₹ 578.88 B. ₹ 547
C. ₹ 582.90 D. ₹ 560.90

41. घनश्याम ने ₹ 200 बैंक में जमा कराये। यदि चक्रवृद्धि ब्याज की दर 4% हो तथा ब्याज प्रति छमाही जोड़ा जाता है तो वर्ष के अन्त में उसके खाते की रकम होगी:

A. ₹ 210 B. ₹ 209
C. ₹ 208.08 D. ₹ 218

42. ₹ 10000 का 4% वार्षिक ब्याज की दर से $2\frac{1}{4}$ वर्ष का ब्याज क्या होगा जबकि ब्याज प्रत्येक 9 माह में लगाया जाता हो?

A. ₹ 937.27 B. ₹ 950
C. ₹ 927.27 D. ₹ 926

43. एक मनुष्य ने 10% चक्रवृद्धि ब्याज की दर से कुछ धन उधार लिया और उसे तीन बराबर किश्तों में अदा किया। यदि प्रत्येक किश्त ₹ 1331 की हो, तो उसने कितना धन उधार लिया था?

A. ₹ 3010 B. ₹ 3100
C. ₹ 3310 D. ₹ 3400

44. यदि किसी वस्तु का मूल्य 10% प्रतिवर्ष घट रहा हो तथा 3 वर्ष बाद उसका मूल्य ₹ 18225 रह गया तो प्रारम्भ में उसका मूल्य था:

A. ₹ 22000 B. ₹ 24000
C. ₹ 25000 D. ₹ 27000

45. एक धन पर 4% की दर से प्रथम वर्ष का चक्रवृद्धि ब्याज ₹ 25 है। उसी धन पर उसी दर से 2 वर्षों का चक्रवृद्धि ब्याज होगा:

A. ₹ 50 B. ₹ 51
C. ₹ 52 D. ₹ 54

46. ₹ 1600 का 10% वार्षिक चक्रवृद्धि ब्याज की दर से कितने वर्ष में मिश्रधन ₹ 1852.20 हो जायेगा जबकि ब्याज प्रति छमाही जोड़ा जाता हो?

A. 1 वर्ष B. $1\frac{1}{2}$ वर्ष
C. $1\frac{3}{4}$ वर्ष D. 2 वर्ष

47. किसी धन पर 3 वर्ष में किसी निश्चित दर से साधारण ब्याज ₹ 78 है तथा 2 वर्ष में चक्रवृद्धि ब्याज ₹ 53.04 है। दर ज्ञात करो:

A. 5% B. 3%
C. 6% D. इनमें से कोई नहीं

48. एक गाँव की जनसंख्या प्रतिवर्ष 20% की दर से घट जाती है। यदि 2 वर्ष पूर्व इसकी जनसंख्या 10,000 हो, तो वर्तमान जनसंख्या क्या होगी?

A. 6000 B. $\frac{10000}{144}$
C. 6400 D. 7600

49. यदि कोई धन चक्रवृद्धि ब्याज से 2 वर्ष में ₹ 1,460 तथा 3 वर्ष में ₹ 1606 हो जाता है, तो ब्याज की वार्षिक दर क्या होगी?

A. 9% B. 10%
C. 11% D. 12%

50. यदि किसी धन का 2 वर्ष में 10% वार्षिक ब्याज की दर से साधारण ब्याज और चक्रवृद्धि ब्याज का अन्तर ₹ 1.50 हो तो वह धन ज्ञात करो:

A. ₹ 150 B. ₹ 750
C. ₹ 1500 D. ₹ 7500

51. यदि एक धन चक्रवृद्धि ब्याज की दर से 3 वर्ष में दोगुना हो जाता है, तो उसी चक्रवृद्धि ब्याज की दर से वह कितने वर्षों में सोलह गुना हो जायेगा?

A. 6 वर्ष में
B. 12 वर्ष में
C. 8 वर्ष में
D. 24 वर्ष में

52. एक व्यापारी कुछ पूँजी के साथ काम शुरू करता है और प्रतिवर्ष 25% की दर पर लाभ कमाता है। 3 वर्षों के बाद उसके पास ₹ 10000 हो, तो मूल पूंजी क्या है?

A. ₹ 5120 B. ₹ 5520
C. ₹ 4120 D. ₹ 5000

53. ₹ 2210 का 10% चक्रवृद्धि ब्याज पर दो हिस्सों में कर्ज पर दिये गये कि 3 वर्ष बाद का पहला हिस्सा 5 वर्ष बाद के दूसरे हिस्से के बराबर हो। पहला हिस्सा होगा:

A. ₹ 1210 B. ₹ 1000
C. ₹ 1205 D. ₹ 1105

54. कोई राशि उधार ली गयी और ₹ 882 की दो बराबर किस्तों से लौटा दी गयी। इसमें अगर 5% वार्षिक चक्रवृद्धि ब्याज भी शामिल हो, तो उधार ली गयी राशि कितनी है?

A. ₹ 1724 B. ₹ 1600
C. ₹ 1620 D. ₹ 1640

55. एक घर की कीमत ₹ 10,000 है। दूसरे खर्च व करों को मिलाकर साल भर का खर्चा ₹ 360 बैठता है।

मालिक को अपने निवेश का 6% ब्याज मिले इसके लिये उसे हर माह कितना किराया मिलना चाहिये?

A. ₹ 60 B. ₹ 65

C. ₹ 80 D. ₹ 85

56. राजेश व मीरा ने ₹ 450 उधार लिये। एक वर्ष बाद दोनों ने समान ब्याज चुकाया। राजेश की ब्याज दर 5% तथा मीरा की 10% थी तो मीरा ने कितना धन उधार लिया?

A. ₹ 150 B. ₹ 300

C. ₹ 200 D. ₹ 250

57. $2\frac{1}{2}$ वर्ष में वार्षिक कितने प्रतिशत साधारण ब्याज की दर से ₹ 120 ₹ 130 हो जायेगा?

A. $2\frac{1}{2}$ B. 4

C. $3\frac{1}{3}$ D. 5

उत्तरमाला

1	2	3	4	5	6	7	8	9	10
D	A	B	A	B	B	A	A	B	D
11	**12**	**13**	**14**	**15**	**16**	**17**	**18**	**19**	**20**
C	C	B	B	A	D	C	B	B	B
21	**22**	**23**	**24**	**25**	**26**	**27**	**28**	**29**	**30**
B	C	D	D	C	C	C	A	D	A
31	**32**	**33**	**34**	**35**	**36**	**37**	**38**	**39**	**40**
B	B	B	B	B	C	A	A	C	D
41	**42**	**43**	**44**	**45**	**46**	**47**	**48**	**49**	**50**
C	C	C	C	B	B	D	C	B	A
51	**52**	**53**	**54**	**55**	**56**	**57**			
B	A	A	D	C	A	C			

कुछ चुने हुए प्रश्नों के व्याख्यात्मक उत्तर

3. माना मूलधन = ₹ P, ब्याज की दर = R%

प्रश्नानुसार ब्याज = ₹ P; समय = 7 वर्ष

$$P = \frac{P \times R \times 7}{100} \Rightarrow R = \frac{100}{7}\%$$

$R = \frac{100}{7}\%$, मूलधन = ₹ P; मिश्रधन = 5P

ब्याज = 5P – P = 4P

$$4P = \frac{P \times 100 \times T}{7 \times 100}$$

T = 28 वर्ष

10. डाकखाने में एक वर्ष का ब्याज $= \frac{5000 \times 4 \times 1}{100}$ = ₹ 200

बैंक में ब्याज $= \frac{3000 \times 6 \times 1}{100}$ = ₹ 180

कुल 1 वर्ष का ब्याज = 200 + 180 = ₹ 380

मूलधन = 5000 + 3000 = 8000;

समय = 1 वर्ष, ब्याज = ₹ 380

$$\text{दर} = \frac{\text{ब्याज} \times 100}{\text{मूलधन} \times \text{समय}}$$

$$= \frac{380 \times 100}{8000 \times 1}$$

$$= 4\frac{6}{8}\% = 4\frac{3}{4}\%$$

16. मानाप्रथम भाग = ₹ x

द्वितीय भाग = $(8000 - x)$

प्रश्नानुसार $\frac{x \times 4 \times 1}{100} + \frac{(8000 - x) \times 5 \times 1}{100} = 350$

$4x + 40000 - 5x = 35000$

$x = 5000$

द्वितीय भाग = $8000 - 5000 = 3000$

दोनों भागों का अनुपात = $5000 : 3000 = 5 : 3$

26. माना T वर्ष में वह धनराशि ब्याज सहित चुका देता है, तो

प्रश्नानुसार, $1000 + \frac{1000 \times 5 \times T}{100} = 12.50 \times 12 \times T$

$1000 + 50\,T = 150\,T$

$100\,T = 1000$

$T = 10$ वर्ष

34. माना राशि = P; छः महीने = $\frac{1}{2}$ वर्ष

प्रश्नानुसार $P \times \frac{1}{2} \times \frac{7}{2 \times 100} = \frac{P \times 1 \times 11}{2 \times 4 \times 100} + 25.50$

$\frac{7P}{400} = \frac{11P}{800} + 25.50$

$\frac{7P}{400} = \frac{11P + 20400}{800}$

$7P = \frac{11P + 20400}{2}$

$14P - 11P = 20400$

$P = \frac{20400}{3} = ₹\ 6800$

36. माना A का हिस्सा = ₹ x अतः B का हिस्सा $= (3903 - x)$

प्रश्नानुसार

$$x \times \left\{1 + \frac{4}{100}\right\}^7 = (3903 - x)\left(1 + \frac{4}{100}\right)^9$$

$$x = (3903 - x)\left(\frac{104}{100}\right)^2$$

$$(3903 - x) = \frac{x \times 25 \times 25}{26 \times 26}$$

$$(3903 - x) = \frac{625}{676}x$$

$$3903 \times 676 - 676x = 625x$$

$$3903 \times 676 = 1301x$$

$$x = \frac{3903 \times 676}{1301} = ₹\ 2028$$

42. 4% वार्षिक अथवा $4 \times \frac{3}{4}$% प्रति 9 माह = 3% प्रति 9 माह

$2\frac{1}{4}$ वर्ष $= \left(12 \times 2 + \frac{12}{4}\right)$ माह

= 27 माह = 3×9 माह

चक्रवृद्धि ब्याज $= \left[\left(1 + \frac{\text{दर}}{100}\right)^n - 1\right]$

$$= 10000\left\{\left(1 - \frac{3}{100}\right)^3 - 1\right\}$$

$$= 10000\left\{\frac{103 \times 103 \times 103}{100 \times 100 \times 100} - 1\right\}$$

$$= 10000\left\{\frac{1092727 - 1000000}{1000000}\right\}$$

$$= \frac{10000 \times 92727}{1000000} = ₹\ 927.27$$

43. वार्षिक किश्त ₹ 1331 है

∴ वह मूलधन जिसका 1 वर्ष का मिश्रधन ₹ 1331 है

$$= \frac{1331}{\left(1 + \frac{10}{100}\right)} = \frac{1331}{\frac{110}{100}} = 1331 \times \left(\frac{10}{11}\right) = ₹\ 1210$$

∴ वह मूलधन जिसका 2 वर्ष बाद मिश्रधन ₹ 1331 है

$$= 1331 \times \frac{10}{11} \times \frac{10}{11} = ₹\ 1100$$

∴ वह मूलधन जिसका तीन वर्ष का मिश्रधन ₹ 1331 है

$$= 1331 \times \frac{10}{11} \times \frac{10}{11} \times \frac{10}{11} = ₹\ 1000$$

अतः कुल मूलधन = 1210 + 1100 + 1000

= ₹ 3310

45. चक्रवृद्धि ब्याज = मूलधन $\left[\left(1+\frac{\text{दर}}{100}\right)^{\text{समय}}-1\right]$

$$25 = \text{मूलधन}\left[\left(1+\frac{4}{100}\right)-1\right]$$

$\therefore$ मूलधन $= \frac{25\times 100}{4} = ₹\,625$

$\therefore$ ₹ 625 का 2 वर्षों का 4% वार्षिक दर से चक्रवृद्धि ब्याज

$$= 625\left[\left(1+\frac{4}{100}\right)^2-1\right]$$

$$= 625\left[\frac{26}{25}\times\frac{26}{25}-1\right]$$

$$= 625\left[\frac{676-625}{625}\right] = ₹\,51$$

53. माना पहला हिस्सा = ₹ x; द्वितीय हिस्सा $= (2210-x)$

प्रश्नानुसार $x\left(1+\frac{10}{100}\right)^3 = (2210-x)\left(1+\frac{10}{100}\right)^5$

$$x = (2210-x)\frac{11}{10}\times\frac{11}{10}$$

$$100x = 2210\times 121 - 121x$$

$$221x = 2210\times 121;$$

$$x = ₹\,1210$$

55. निवेश का वार्षिक ब्याज $= \frac{10000\times 6\times 1}{100} = ₹\,600$

कुल वार्षिक व्यय = 600 + 360 = ₹ 960

प्रति माह किराया $= \frac{960}{12} = ₹\,80$

9

अनुपात, समानुपात एवं समानुपाती भाग
(RATIO, PROPORTION AND PROPORTIONAL DIVISION)

अनुपातः एक राशि में दूसरी सजातीय राशि का विभाजन अनुपात कहलाता है।

जैसेः 20 ग्राम व 100 ग्राम का अनुपात 20 : 100 अथवा 1 : 5

अर्थात् अनुपात एक भिन्न है जिसकी पहली राशि अंश व दूसरी राशि हर होगी।

समानुपातः जब दो अनुपात समान हों, तो समानुपात कहलाते हैं।

जैसेः $\frac{a}{b} = \frac{c}{d}$

अर्थात् $\frac{a}{b}$ और $\frac{c}{d}$ दो भिन्न-भिन्न अनुपात समानुपात में हैं

समानुपात को इस प्रकार भी लिखा जाता हैः

$a : b :: c : d$

समानुपात के लिये महत्त्वपूर्ण सूत्रः

यदि $a : b$ व $c : d$ समानुपात में हैं, तो

बाह्य राशियों का गुणनफल = आन्तरिक राशियों का गुणनफल

$$a \times b = b \times c$$

वितितानुपात अथवा मध्यानुपातः

यदि तीन राशियाँ a, b, c वितितानुपात में हों, तो

$$a : b :: b : c$$

या $b \times b = a \times c$ [समानुपात के नियम में]

$$b^2 = ac$$

$$b = \sqrt{ac}$$

प्रतिलोमानुपात अथवा व्युत्क्रमानुपातः

जब दो अनुपात इस प्रकार हों कि प्रथम अनुपात की राशि को बढ़ाने पर द्वितीय अनुपात की राशि घटती हो, तो अनुपात व्युत्क्रमानुपात कहलाते हैं।

जैसे : एक दीवार को 9 कारीगर 16 दिन में बनाते हैं, तो 12 कारीगर इसको 12 दिन में ही बना लेते हैं।

यहाँ कारीगर व दिनों की संख्या में व्युत्क्रमानुपात है।

समानुपाती भागः किसी राशि को दिये अनुपात में बाँटने की प्रक्रिया समानुपाती विभाजन कहलाती है।

उदाहरण स्वरूपः यदि किसी y राशि को $a : b : c$ में बाँटना है, तो

पहला भाग = $\frac{a}{a+b+c} \times y$

दूसरा भाग = $\frac{b}{a+b+c} \times y$

तीसरा भाग = $\frac{c}{a+b+c} \times y$

अभ्यास

1. 10 ग्राम व 1 किलो का अनुपात होगाः

A. 1 : 50 B. 1 : 10
C. 1 : 100 D. 1 : 1000

2. 16 तथा 36 का मध्यानुपाती क्या होगा?

A. 20 B. 24
C. 30 D. 32

3. 12 मनुष्य किसी काम को 48 दिन में करते हैं, तो 36 आदमी उसी काम को कितने दिनों में करेंगे?

A. 12 दिन B. 16 दिन
C. 24 दिन D. 48 दिन

4. यदि A : B = 3 : 4; B : C = 5 : 6; C : D = 8 : 9 हो, तो A : B : C : D ज्ञात कीजिये।

A. 15 : 20 : 24 : 27 B. 15 : 24
C. 15 : 20 : 27 : 36 D. 20 : 24 : 27 : 36

5. 8, 12, 18 का चतुर्थानुपाती है:

A. 24 B. 27
C. 30 D. 32

6. 8, 21, 13 और 31 में क्या जोड़ा जाये कि जोड़ने पर राशियाँ समानुपाती हों?

A. 2 B. 3
C. 5 D. 4

7. A : B = 7 : 8; B : C = 16 : 17 हो, तो A : C होगा:

A. 14 : 17 B. 17 : 14
C. 4 : 7 D. 8 : 16

8. 6 और 18 का तृतीयानुपाती होगा:

A. 324 B. 10
C. 54 D. 36

9. श्याम की मासिक आय ₹ 900 है। वह प्रतिमाह ₹ 600 रु॰ खर्च कर देता है। श्याम की मासिक बचत और व्यय का अनुपात है:

A. 1 : 2 B. 2 : 1
C. 3 : 1 D. 1 : 3

10. एक थेले में 25 पैसे, 10 पैसे तथा 5 पैसे के सिक्के 1 : 2 : 3 के अनुपात में हैं। यदि थैले में ₹ 30 हों तो 5 पैसे के सिक्कों की संख्या ज्ञात कीजिए:

A. 50 B. 100
C. 125 D. 150

11. यदि 13 मीटर लम्बी लोहे की छड़ का भार 24 किग्रा॰ हो, तो 5 मीटर लम्बी उसी छड़ का भार कितना होगा?

A. 9 किग्रा॰ B. 10 किग्रा॰
C. 4.68 किग्रा॰ D. 6.5 किग्रा॰

12. दो भाइयों की वर्तमान आयु का योग 36 वर्ष है। यदि चार वर्ष बाद उनकी आयु 5 : 6 के अनुपात में हो जाये तो, बड़े भाई की आयु ज्ञात करो।

A. 12 वर्ष B. 16 वर्ष
C. 20 वर्ष D. 30 वर्ष

13. दो संख्याओं में 1 : 2 का अनुपात है। यदि प्रत्येक संख्या में 8 जोड़ दें, तो 3 : 4 का अनुपात हो जाता है। उन सँख्याओं का योग क्या होगा?

A. 10 B. 12
C. 14 D. 16

14. अगर 8 आदमी 80 हेक्टेयर की फसल 24 दिन में काट सकते है, तो 36 लोग 36 दिन में कितनी फसल काट सकते हैं?

A. 100 हेक्टेयर B. 400 हेक्टेयर
C. 540 हेक्टेयर D. 600 हेक्टेयर

15. 750 लोगों की सैनिक छावनी में 20 हफ्ते का भोजन उपलब्ध है। अगर 4 सप्ताह के बाद सेना में 450 आदमी और आ जायें तो इंतजाम कितने दिन चलेगा?

A. 8 सप्ताह B. 9 सप्ताह
C. 10 सप्ताह D. 12 सप्ताह

16. यदि $\frac{3}{5}:x::\frac{1}{5}:\frac{2}{3}$ हो, तो x का मान होगा:

A. 2 B. 1
C. 4 D. 3

17. 10 वर्ष पहले गीता और सीता की आयु में 3 : 5 का अनुपात था। यदि उनकी वर्तमान आयु में 2 : 3 का अनुपात हो, तो 20 वर्ष बाद उनकी आयु का अनुपात होगा?

A. 1 : 2 B. 4 : 5
C. 3 : 2 D. 3 : 4

18. तीन संख्याओं का योग 116 है। यदि दूसरी और तीसरी संख्या का अनुपात 9 : 16 तथा पहली और तीसरी का अनुपात 1 : 4 हो, तो दूसरी संख्या क्या है?

A. 36 B. 16
C. 14 D. इनमें से कोई नहीं

19. एक फार्म में मुर्गियों, सुअरों व घोड़ों का अनुपात 10 : 2 : 3 है। यदि फार्म में 120 मुर्गियाँ हों, तो फार्म में घोड़ों की संख्या होगी:

A. 25 B. 36
C. 40 D. 24

20. ₹ 680 को अ, ब तथा स में इस प्रकार बाँटा गया कि अ को ब का 2/3 भाग तथा ब को स का 1/4 भाग मिलता है। अ का भाग होगा:

A. ₹ 120 B. ₹ 480
C. ₹ 500 D. ₹ 80

21. ₹ 470 को तीन व्यक्तियों में इस प्रकार बांटों कि पहले व्यक्ति का 3 गुना दूसरे व्यक्ति का 5 गुना तथा तीसरे व्यक्ति का 4 गुना बराबर हो। दूसरे व्यक्ति का हिस्सा होगा:

A. ₹ 1200 B. ₹ 120
C. ₹ 200 D. ₹ 150

22. ₹ 581 को तीन हिस्सों में इस तरह विभाजित करो कि पहले भाग का चौगुणा दूसरे का पांच गुणा और तीसरे का सात गुणा बराबर हो। तो पहला हिस्सा होगा:

A. ₹ 245 B. ₹ 260
D. ₹ 270 D. ₹ 280

23. स्पिरिट तथा पानी के एक मिश्रण में स्पिरिट तथा पानी का अनुपात 5 : 1 है। 5 लीटर पानी और डालने पर यह अनुपात 5 : 2 हो जाता है। पुराने मिश्रण में स्पिरिट की मात्रा है:

A. 25 लीटर B. 24.5 लीटर
D. 24 लीटर D. 26 लीटर

24. ₹ 340 को A, B तथा C में इस प्रकार बाँटो कि A तथा B का अनुपात 1 : 2 हो तथा B व C का अनुपात 3 : 4 हो:

A. 60, 120, 160 B. 50, 100, 190
C. 65, 130, 145 D. 55, 110, 225

25. रमेश व सुरेश की आज की उम्र 9 : 4 के अनुपात में है। सात वर्ष बाद यही अनुपात 5 : 3 होगा। आज की रमेश की उम्र होगी:

A. 25 वर्ष B. 18 वर्ष
C. 30 वर्ष D. 48 वर्ष

26. ₹ 2600 को 11 : 18 : 23 के अनुपात में बांटने पर 18 अनुपात वाले व्यक्ति का हिस्सा होगा:

A. ₹ 600 B. ₹ 900
C. ₹ 1100 D. ₹ 1500

27. 3 वर्ष, 6 वर्ष तथा 10 वर्ष की आयु वाले तीन लड़के अपनी आयु के अनुपात में पैतृक सम्पत्ति पाते हैं। यदि सबसे छोटे लड़के को ₹ 75000 मिलते हैं, तो कुल सम्पत्ति कितनी थी?

A. ₹ 225000 B. ₹ 475000
C. ₹ 250000 D. ₹ 700000

29. प्रेम, सपना व हीरा के बीच एक राशि क्रमशः 2 : 3 : 5 के अनुपात में बाँटी जानी है। यदि सपना को ₹ 1200 मिले, तो प्रेम को कितने रुपये मिले?

A. ₹ 800 B. ₹ 1000
C. ₹ 700 D. ₹ 500

30. A तथा B की वार्षिक आय का अनुपात 3 : 2 तथा खर्च का अनुपात 5 : 3 है। यदि वर्ष के अन्त में प्रत्येक की बचत ₹ 1000 हो, तो A की वार्षिक आय कितनी है?

A. ₹ 4000 B. ₹ 5000
C. ₹ 6000 D. ₹ 6500

31. एक विद्यालय में अध्ययनरत लड़कों और लड़कियों का अनुपात क्रमशः 17 : 18 है। यदि लड़कों की संख्या लड़कियों की संख्या से 150 कम है, तो कुल लड़कियाँ कितनी हैं?

A. 2500 B. 2600
C. 2700 D. 2800

32. तीन आदमी A, B और C एक निश्चित दूरी 5 घण्टे, 8 घण्टे तथा 10 घण्टे में तय करते हैं। उनकी शारीरिक क्षमता का अनुपात क्या है?

A. 8 : 5 : 4 B. 4 : 5 : 8
D. 5 : 8 : 10 D. 10 : 8 : 5

33. एक किले में 250 लोगों के लिये 28 दिन के भोजन की व्यवस्था है। अगर 12 दिनों के बाद 150 लोग और आ जायें, तो व्यवस्था कितने दिनों तक चलेगी?

A. 4 दिन B. 10 दिन
C. 8 दिन D. 6 दिन

34. 12 आदमी रोज 10 घंटे काम करके एक खाई 36 दिनों में खोद सकते हैं। तो 36 लोगों को 30 दिन में काम समाप्त करने के लिये रोज कितने घंटे काम करना होगा?

A. 3 घंटे B. 4 घंटे
C. 6 घंटे D. 8 घंटे

35. अगर ₹ 160 में 8 लोगों का परिवार 80 दिन तक चलता है तो ₹ 210 में 12 लोगों का परिवार कितने दिनों तक चलेगा?

A. 70 दिन B. 50 दिन
C. 60 दिन D. 80 दिन

36. अगर 8 आदमी किसी काम को 75 दिन में पूरा करते हैं, तो इस काम को कितने आदमी 40 दिन में पूरा कर सकेंगे?

A. 20 आदमी B. 10 आदमी
C. 30 आदमी D. 15 आदमी

37. अगर 5 लोगों की 12 दिन की मजदूरी ₹ 60 है, तो 6 लोगों की 20 दिन की मजदूरी क्या होगी?

A. ₹ 150 B. ₹ 100
D. ₹ 80 D. ₹ 120

38. एक थैले में एक रुपये 50 पैसे और 25 पैसे के सिक्के 2 : 3 : 10 के अनुपात में हैं। इनका कुल मूल्य ₹ 72 है, तो सिक्कों की कुल संख्या का योग क्या होगा?

A. 170 B. 200
C. 180 D. 150

39. ₹ 351 को $\frac{1}{2}:\frac{1}{3}:\frac{1}{4}$ के अनुपात में बांटने पर तीसरा हिस्सा होगाः

A. ₹ 81 B. ₹ 162
C. ₹ 108 D. इनमें से कोई नहीं

40. ₹ 81 को तीन हिस्सों में इस तरह बाँटा गया कि पहले हिस्से का आधा, दूसरे हिस्से का तिहाई तथा तीसरे का चौथाई बराबर हो। पहला हिस्सा होगाः

A. ₹ 18 B. ₹ 27
C. ₹ 36 D. इनमें से कोई नहीं

उत्तरमाला

1	2	3	4	5	6	7	8	9	10
C	B	B	A	B	C	A	C	A	D
11	**12**	**13**	**14**	**15**	**16**	**17**	**18**	**19**	**20**
A	C	B	C	C	A	D	A	B	D
21	**22**	**23**	**24**	**25**	**26**	**27**	**28**	**29**	**30**
B	A	A	A	B	B	B	A	A	C
31	**32**	**33**	**34**	**35**	**36**	**37**	**38**	**39**	**40**
C	A	B	B	A	D	D	C	A	A

कुछ चुने हुए प्रश्नों के व्याख्यात्मक उत्तर

6. माना x जोड़ा गया है।

प्रश्नानुसार $(8+x):(21+x)::(13+x):(31+x)$

समानुपात के लिये

$$(8+x)(31+x) = (21+x)(13+x)$$
$$248+31x+8x+x^2 = 273+13x+21x+x^2$$
$$248+39x = 273+34x$$
$$5x = 25;\quad x = 5$$

10. माना 25 पैसे व 10 पैसे तथा 5 पैसे के क्रमशः $x, 2x$ व $3x$ सिक्के हों, तो

प्रश्नानुसार $.25\times x + .10\times 2x + .05\times 3x = 30$

$$.25x + .20x + .15x = 30$$
$$.60x = 30$$
$$x = \frac{30}{.60} = \frac{30\times 100}{60} = \frac{3000}{60}$$
$$x = 50$$

5 पैसों के सिक्कों की संख्या $= 3x = 3\times 50 = 150$

13. $\frac{x}{y} = \frac{1}{2};\ 2x = y$ ...(i)

$$\frac{x+8}{y+8} = \frac{3}{4}$$
$$4x+32 = 3y+24$$
$$4x-3y = -8 \quad ...(ii)$$

समी॰ (i) से मान रखने पर

$$2y-3y = -8;\ y = 8$$

समी॰ (i) में मान रखने पर $2x = 8;\ x = 4$

प्रश्नानुसार $x+y = 4+8 = 12$

14. $\left.\begin{array}{l}\text{आदमी } 8:36\\ \text{दिन } 24:36\end{array}\right\}::\begin{array}{l}\text{हेक्टेयर}\\ 80:x\end{array}$

आदमी और दिन का हेक्टेयर के साथ समानुपात का संबंध है क्योंकि अधिक हेक्टेयर होने पर अधिक आदमी व दिन की आवश्यकता होगी।

समानुपात के नियम से

$$8 \times 24 \times x = 36 \times 36 \times 80$$

$$x = \frac{36 \times 36 \times 80}{8 \times 24}$$

= 540 हेक्टेयर

15. 4 सप्ताह बाद
750 लोगों के लिये 16 सप्ताह का भोजन उपलब्ध है।
माना $(750 + 450) = 1200$ लोगों के लिये ये भोजन x सप्ताह के लिये पर्याप्त है।

लोग	भोजन (सप्ताह)
750	16
1200	x

लोग और सप्ताह में व्युत्क्रमानुपात है।
समानुपात के लिये

$$750 : 1200 :: x : 16$$

$$750 \times 16 = 1200 \times x$$

$$x = \frac{750 \times 16}{1200} = 10 \text{ सप्ताह}$$

18. माना तीन संख्याएं क्रमशः x, y व z हैं
प्रश्नानुसार $\quad x + y + z = 116 \quad$ ...(i)

$$\frac{y}{z} = \frac{9}{16} \Rightarrow z = \frac{16y}{9}$$

(i) से $\quad \frac{4y}{9} + y + \frac{16y}{9} = 116$

$$4y + 9y + 16y = 116 \times 9$$

$$29y = 116 \times 9; \quad y = 36$$

21. प्रश्नानुसार $\quad 3x = 5y = 4z$

$$\frac{x}{y} = \frac{5}{3}; \quad \frac{y}{z} = \frac{4}{5}$$

$$x : y = 5 : 3; \qquad y : z = 4 : 5$$

$$x : y = 20 : 12 \quad y : z = 12 : 15$$

$$\therefore \quad x : y : z = 20 : 12 : 15$$

द्वितीय भाग $= \frac{12}{20+12+15} \times 470$

$$= \frac{12 \times 470}{47} = ₹\ 120$$

29. माना कि प्रेम, सपना तथा हीरा को ₹ $2x$, ₹ $3x$ तथा ₹ $5x$ मिले
प्रश्नानुसार,

$$3x = 1200$$

$$x = 400$$

$$2x = 2 \times 400 = ₹\ 800$$

अतः प्रेम को ₹ 800 मिला।

30. माना A तथा B की आय क्रमशः $3x$ व $2x$ तथा उनके खर्च क्रमशः xy तथा $8y$ हैं। तब

$$3x - 5y = 1000$$

$$2x - 3y = 1000$$

हल करने पर

$$x = ₹\ 2000$$

$\therefore$ A की आय $= 3x = ₹\ 6000$

34. आदमी $12 : 36$ } :: घंटे
दिन $\quad 36 : 30 \qquad x : 10$

आदमी व दिन का घंटे के साथ व्युत्क्रमानुपात है क्योंकि कम घंटे काम करने से अधिक दिन व आदमी की आवश्यकता होगी।
समानुपात के लिए

$$12 \times 36 \times 10 = 36 \times 30 \times x$$

$$x = \frac{12 \times 36 \times 10}{36 \times 30} = 4 \text{ घंटे}$$

40. माना तीन हिस्से क्रमशः x, y, z हैं

प्रश्नानुसार $\quad \frac{x}{2} = \frac{y}{3} = \frac{z}{4}$

$$x : y = 2 : 3 \quad y : z = 3 : 4$$

$$\therefore \quad x : y : z = 2 : 3 : 4$$

पहला हिस्सा होगा $\quad \frac{2}{2+3+4} \times 81$

$$\frac{2}{9} \times 81 = ₹\ 18$$

10

साझा (PARTNERSHIP)

जब दो या दो से अधिक व्यक्ति अपनी-अपनी पूँजी लगाकर सम्मिलित रूप से कोई व्यापार करते हैं, तो यह साझा कहलाता है। व्यापार में प्राप्त लाभ को साझेदारों में उनके द्वारा लगायी गयी पूँजी तथा पूँजी जितनी अवधि के लिये लगायी जाती है, के अनुसार विभाजित किया जाता है:

लाभ का बंटवारा निम्नानुसार हो सकता है :

(1) **जब साझीदारों ने समान समय के लिये अलग-अलग पूँजी लगायी हो:** ऐसी अवस्था में लाभ का बँटवारा पूँजी के अनुपात में होता है।

(2) **जब साझीदार समान पूँजी अलग-अलग समय के लिए लगाते हैं:** लाभ का बँटवारा समय के अनुपात में होगा।

(3) **जब साझीदार अलग-अलग पूँजी अलग-अलग समय के लिये लगायें:** ऐसी अवस्था में लाभ का बँटवारा पूँजी व समय के गुणकों के अनुपात में होगा।

सक्रिय व निष्क्रिय साझेदार: जब कोई साझीदार व्यापार में पूंजी लगाने के अलावा व्यापार की देखरेख भी करता है, तो उसे सक्रिय साझेदार कहते हैं। जबकि साझीदार व्यापार में पूंजी तो लगाता है परन्तु व्यापार की कोई देखरेख नहीं करता तो उसे निष्क्रिय साझेदार कहा जाता है।

अभ्यास

1. A ने ₹ 8000 लगाकर एक व्यापार आरम्भ किया। चार माह बाद B ₹ 12000 लगाकर A के साथ शामिल हो गया। वर्ष के अन्त में लाभ ₹ 6000 हो, तो लाभ में B का हिस्सा होगा:

A. ₹ 2000 B. ₹ 2500
C. ₹ 3000 D. ₹ 3500

2. किसी व्यापार में A व B की पूंजियों का अनुपात 3 : 2 है। जबकि A व C की पूंजियों का अनुपात 2 : 1 है। यदि उनको ₹ 1,57,300 का लाभ होता है, तो B को कितने रुपये लाभ के रूप में मिलेंगे?

A. ₹ 45000 B. ₹ 48,400
C. ₹ 49,400 D. ₹ 50,000

3. A, B व C के क्रमशः 2 : 5 : 9 के अनुपात में पूंजी निवेश किया। यदि कुल अर्जित लाभ 40% था तथा इसमें B का हिस्सा ₹ 10,800 था, तो उन तीनों द्वारा निवेश की गयी कुल राशि कितनी थी?

A. ₹ 86,400 B. ₹ 85000
C. ₹ 83,400 D. ₹ 87,400

4. किसी व्यापार में सुनीता व रामपाल ने क्रमशः ₹ 1700 व ₹ 2000 लगाये। यदि वर्ष के अन्त में लाभ ₹ 1850 हो तो बताओ सुनीता का क्या लाभ है?

A. ₹ 850 B. ₹ 1000
C. ₹ 950 D. ₹ 800

5. राम, रहीम व रमेश ने व्यापार में क्रमशः ₹ 4000, ₹ 5000 और ₹ 3000 एक वर्ष के लिये लगाया। यदि वर्ष के अन्त में ₹ 1320 लाभ हुआ, तो लाभ में राम का हिस्सा कितना होगा:

A. ₹ 410 B. ₹ 420
C. ₹ 430 D. ₹ 440

6. रमेश, महेश व दिनेश ने किसी व्यापार में क्रमशः ₹ 5000, ₹ 7000 तथा ₹ 8000 लगाये। वर्ष के अन्त में महेश को ₹ 3500 का लाभ हुआ, तो रमेश का लाभ होगा :

A. ₹ 4000 B. ₹ 3500
C. ₹ 3000 D. ₹ 2500

7. A और B व्यापार शुरू करते है। A, ₹ 3000 4 माह के लिये तथा B ₹ 2000 6 माह के लिये लगाता हैं। कुल ₹ 500 के लाभ में A को कितना दिया जाना चाहिये?

A. ₹ 200 B. ₹ 300
C. ₹ 250 D. ₹ 350

8. A और B, ₹ 300 से व्यापार आरम्भ करते हैं। 4 माह बाद C भी इसमें शामिल हो जाता है। उसे व्यापार में कितनी पूँजी लगानी चाहिये ताकि साल के अंत में तीनों को लाभ का 1/3 मिले।

A. ₹ 150 B. ₹ 300
C. ₹ 250 D. ₹ 225

9. A और B व्यापार शुरू करते हैं। शुरू में दोनों ₹ 5000 लगाते हैं, परन्तु 8 माह बाद B अपने निवेश का 2/5 भाग निकाल लेता है, तो उन्हें लाभ का बंटवारा किस अनुपात में करना चाहिये?

A. 15 : 13 B. 2 : 5
C. 5 : 2 D. 5 : 4

10. A, B व C मिलकर व्यापार शुरू करते हैं। A, 3 माह के लिये ₹ 500 लगाता है। B, 8 माह के लिये ₹ 650 और C, 11 माह के लिये ₹ 300। उन्हें ₹ 420 का लाभ होता है, तो C का हिस्सा मालूम कीजिये।

A. ₹ 138.60 B. ₹ 218.40
C. ₹ 100 D. ₹ 238.60

11. A और B, ₹ 30 किराये पर एक मैदान लेते हैं। इसमें A, 10 गाय 9 महीने के लिये रखता है और B, 20 गाय $7\frac{1}{2}$ महीने के लिये रखता है। A को कितना किराया देना चाहिये?

A. ₹ 17.25 B. ₹ 15
C. ₹ 18.75 D. ₹ 11.25

12. नवीन ने ₹ 4000 पूंजी लगाकर एक व्यापार आरम्भ किया। 5 माह बाद प्रवीण कुछ पूंजी लगाकर नवीन के साथ साझेदार हो गया। यदि वर्ष के अन्त में लाभ 10 : 7 के अनुपात में बांटा गया, तो बताओ प्रवीण ने कितनी पूंजी लगायी थी?

A. ₹ 4200 B. ₹ 4000
C. ₹ 6000 D. ₹ 4800

13. गीता, सीता व नीता ने एक चरागाह किराये पर लिया। गीता की 250 गायें, सीता की 300 गायें व नीता की 150 गायें वर्ष भर चरती रहीं। सीता ने किराये के रूप में ₹ 120.60 दिये, तो चरागाह का कुल किराया कितना था?

A. ₹ 241.00 B. ₹ 240
C. ₹ 281.40 D. ₹ 280

14. रामबाबू अपने खेत में 3 महीने तक 10 घंटे व संजय अपने खेत में 3 महीने तक 12 घंटे पानी देता है। यदि पानी का बिल ₹ 16.50 हो, तो रामबाबू का बिल होगा:

A. ₹ 9.00 B. ₹ 11
C. ₹ 7.50 D. ₹ 4.50

15. A, B तथा C मिलकर एक व्यापार आरम्भ करते हैं। A पूरी पूंजी का $\frac{1}{3}$ भाग लगाता है। B, A तथा C की पूंजी के योग के बराबर पूंजी लगाता है। यदि वर्ष के अन्त में कुल लाभ ₹ 840 हो, तो B का लाभ ज्ञात कीजिये:

A. ₹ 140 B. ₹ 420
C. ₹ 280 D. ₹ 200

16. A, B व C ने एक कार किराये पर ली तथा किराया ₹ 1040 तय किया गया यदि A ने इसे 7 घण्टे, B ने 8 घण्टे व C ने 11 घण्टे काम में लिया हो, तो बताओ B कितना किराया देगा?

A. ₹ 280 B. ₹ 320
C. ₹ 440 D. ₹ 300

17. A, B तथा C, ₹ 610 किराये पर चरागाह साझे में लेते हैं। A, 20 गायें $3\frac{1}{2}$ माह तक; B, 25 गायें 4 माह तक

और C, 30 गायें $4\frac{1}{2}$ माह तक चराते हैं। C का किराया होगा:

A. ₹ 270 B. ₹ 200

C. ₹ 140 D. ₹ 250

18. A, B व C ने ₹ 30000 लगाकर एक व्यापार आरम्भ किया। यदि ₹ 7,200 के लाभ में से A को, ₹ 1,920 तथा C को ₹ 2,880 तो B द्वारा लगायी गयी पूंजी क्या होगी?

A. ₹ 9000 B. ₹ 15000

C. ₹ 12000 D. ₹ 10000

19. A, B व C ने मिलकर व्यापार प्रारम्भ किया तथा $\frac{1}{3}:\frac{1}{4}:\frac{1}{5}$ के अनुपात में पूंजी लगायी। चार माह बाद A अपनी आधी पूंजी वापस ले लेता है। कुल ₹ 847 के वार्षिक लाभ में A का भाग है?

A. ₹ 312 B. ₹ 260

C. ₹ 280 D. ₹ 342

20. सूरज, नीरज व धीरज ने मिलकर एक व्यापार में ₹ 5100 लगाये। सूरज ने नीरज से ₹ 900 अधिक तथा धीरज ने नीरज से ₹ 300 कम लगाये। यदि व्यापार में ₹ 1360 का लाभ हुआ, तो नीरज का लाभ होगा:

A. ₹ 640 B. ₹ 400

C. ₹ 300 D. ₹ 700

21. A, B व C ने मिलकर एक व्यापार आरम्भ किया। यदि A ने कुल पूंजी का 1/3, B ने कुल पूंजी का 1/4 तथा शेष राशि C ने लगायी हो, तो ₹ 840 के कुल लाभ में A का हिस्सा होगा:

A. ₹ 200 B. ₹ 220

C. ₹ 242 D. ₹ 280

22. A, B तथा C प्रत्येक ₹ 400 लगाकर व्यापार आरम्भ करते हैं। A, 2 वर्ष के अन्त में अपना धन निकाल लेता है। B भी A के 2 वर्ष बाद अपना धन निकाल लेता है। यदि 6 वर्ष के अन्त में लाभ ₹ 1200 हुआ हो, तो B का लाभ होगा:

A. ₹ 200 B. ₹ 600

C. ₹ 800 D. ₹ 400

23. दो व्यक्ति एक मैदान किराये पर लेते हैं। A इसमें 12 घोड़े 5 माह तक चराता है और B, 3 घोड़े व 5 गायें 6 माह तक चराता है। अगर एक दिन में 3 घोड़े 5 गायों के बराबर खाते हैं, तो A को किराये का कौनसा हिस्सा देना होगा?

A. $\frac{5}{8}$ B. $\frac{3}{8}$

C. $\frac{3}{5}$ D. $\frac{2}{3}$

24. P व Q ने क्रमशः ₹ 4,500 तथा ₹ 5500 लगाकर साझे में व्यापार आरम्भ किया। P को कार्यवाहक के रूप में लाभ का 12% मिलता है। ₹ 8000 के लाभ में P का कुल लाभ कितना होगा?

A. ₹ 4120 B. ₹ 4128

C. ₹ 4512 D. ₹ 4720

25. दो साझीदार एक व्यापार में क्रमशः ₹ 12500 तथा ₹ 8500 लगाते हैं तथा तय करते हैं कि लाभ के 60% को बराबर बांट लेंगे तथा शेष लाभ को लगायी गयी पूंजी के अनुपात में बांट लेंगे। यदि एक सांझीदार को दूसरे की अपेक्षा ₹ 300 अधिक मिलते हैं, तो कुल लाभ होगा:

A. ₹ 3937.50 B. ₹ 3397.50

C. ₹ 3739.50 D. ₹ 3000

उत्तरमाला

1	2	3	4	5	6	7	8	9	10
C	B	A	A	D	D	C	D	A	A
11	**12**	**13**	**14**	**15**	**16**	**17**	**18**	**19**	**20**
D	D	C	C	B	B	A	D	C	B
21	**22**	**23**	**24**	**25**					
D	D	A	B	A					

कुछ चुने हुए प्रश्नों के व्याख्यात्मक उत्तर

3. माना इन तीनों के द्वारा निवेशित कुल राशि = ₹ x

$\therefore$ कुल लाभ = x का 40% $= \frac{x \times 40}{100} = 2/5x$

इसीलिए अर्जित लाभ में B का हिस्सा

$$= \frac{5}{(2+5+9)} \times \frac{2}{5}x$$

$$10800 = \frac{5}{16} \times \frac{2}{5}x$$

$$\therefore \quad x = 10800 \times \frac{16}{5} \times \frac{5}{2} = ₹\ 86{,}400$$

10.

A	:	B	:	C
3 × 500	:	8 × 650	:	11 × 300
1500	:	5200	:	3300
30	:	104	:	66
15	:	52	:	33

$$\text{C का हिस्सा} = \frac{33}{15+52+33} \times 420 = \frac{33 \times 420}{100}$$

$$= ₹\ 138.60$$

13.

गीता	:	सीता	:	नीता
250	:	300	:	150
5	:	6	:	3

$$\text{कुल किराया} = \frac{\text{कुल अनुपात}}{\text{सीता का अनुपात}} \times \text{सीता का किराया}$$

$$= \frac{5+6+3}{6} \times 120.60$$

$$= \frac{14}{6} \times 120.60 = ₹\ 281.40$$

15. माना तीनों की पूँजी क्रमशः A, B व C है, तो

प्रश्नानुसार $\quad$ A की पूंजी $= \frac{A+B+C}{3}$

B की पूँजी = A + C = B

प्रश्नानुसार A की पूंजी : B की पूंजी

$$\frac{A+B+C}{3} : (A+C) = B$$

B का मान रखने पर $\quad \frac{2(A+C)}{3} : A+C = \frac{2}{3} : 1$

$\because$ A की पूंजी कुल पूंजी का 1/3 है अतः लाभ भी कुल लाभ का 1/3 होगा

$$\text{A का लाभ} = \frac{840}{3} = ₹\ 280$$

$$\frac{\text{A का लाभ}}{\text{B का लाभ}} = \frac{\text{A की पूंजी}}{\text{B की पूंजी}}$$

$$\frac{280}{\text{B का लाभ}} = \frac{2/3}{1}$$

$$\text{B का लाभ} = \frac{280}{2/3} = \frac{280 \times 3}{2} = ₹\ 420$$

19.

A	:	B	:	C
$\frac{1}{3}$	:	$\frac{1}{4}$	:	$\frac{1}{5}$

= 20 : 15 : 12

माना A, B व C ने क्रमशः $20x$, $15x$ व $12x$ पूंजी लगायी

प्रश्नानुसार A ने आधी पूंजी 4 महीने बाद वापस ली अतः तीनों द्वारा 1 महीने तक लगायी गयी पूंजी का अनुपात =

$$A : B : C = 20x \times 4 + 10x \times 8 : 15x \times 12 : 12x \times 12$$
$$= 160x : 180x : 144x$$
$$= 80 : 90 : 72$$

$$\text{लाभ में A का हिस्सा} = \frac{80}{80+90+72} \times 847$$

$$= \frac{80}{242} \times 847 = ₹\ 280$$

23. $\because$ 3 घोड़े = 5 गायें

$\therefore$ 3 घोड़े + 5 गायें = 6 घोड़े

A व B का किराये में अनुपात

$$A : B = 12 \times 5 : 6 \times 6$$
$$= 60 : 36$$
$$= 10 : 6 = 5 : 3$$

A का कुल किराये का भाग होगा $= \frac{5}{5+3} = \frac{5}{8}$ भाग

24. कार्यवाहक के रूप में P का हिस्सा $= 8000 \times \frac{12}{100}$

$= ₹ 960$

शेष लाभ $= ₹ 7040$

$P : Q = 4500 : 5500 = 9 : 11$

P का हिस्सा $= \frac{9}{9+11} \times 7040 = ₹ 3168$

P का कुल हिस्सा $= 3168 + 960 = ₹ 4128$

25. साझीदारों की पूंजी का अनुपात $= 12500 : 8500$

$= 25 : 17$

माना कुल लाभ $= ₹ x$

x का 60% $= x \times \frac{60}{100} = \frac{3x}{5}$

$\frac{3x}{5}$ का आधा अर्थात् $\frac{3x}{10}$ प्रत्येक साझीदार को मिलेगा।

शेष लाभ $= x - \frac{3x}{5} = \frac{2x}{5}$

शेष लाभ में A का हिस्सा $= \frac{25}{25+17} \times \frac{2x}{5}$

$= \frac{25}{42} \times \frac{2x}{5}$

B का हिस्सा $= \frac{17}{42} \times \frac{2x}{5}$

प्रश्नानुसार $\frac{25}{42} \times \frac{2x}{5} - \frac{17}{42} \times \frac{2x}{5} = 300$

$\frac{2x}{5 \times 42}\{25 - 17\} = 300$

$\frac{2x}{5 \times 42} \times 8 = 300$

$x = \frac{300 \times 5 \times 42}{16}$

$x = 3937.50$

11

औसत
(AVERAGE)

एक ही प्रकार की विभिन्न संख्याओं के योग में, संख्याओं की संख्या का भाग देने पर भागफल औसत कहलाता है। इस प्रकार,

$$\text{औसत} = \frac{\text{दिये गये परिणामों का योग}}{\text{परिणामों की संख्या}} \quad \text{अथवा}$$

(i) $\text{औसत} = \frac{\text{कुल राशियों का योग}}{\text{उनकी संख्या}}$

(ii) कुल राशियों का योग = औसत × राशियों की संख्या

(iii) $\text{राशियों की संख्या} = \frac{\text{समस्त राशियों का योग}}{\text{औसत}}$

महत्वपूर्ण सूत्र

$$\text{औसत चाल} = \frac{\text{चली गयी कुल दूरी}}{\text{लगा कुल समय}}$$

अथवा

$$\text{औसत चाल} = \frac{2 \times \text{पहली चाल} \times \text{दूसरी चाल}}{\text{पहली चाल} + \text{दूसरी चाल}}$$

अभ्यास

1. 24 लड़कों में से 6 की लम्बाई 1 मीटर 15 सेमी॰, 8 की 1 मीटर 5 सेमी॰ और बाकी की 1 मीटर 11 सेमी॰ है। लड़कों की औसत लम्बाई क्या है?
   A. 1 मीटर 10 सेमी॰ B. 1 मीटर 20 सेमी॰
   C. 1 मीटर 15 सेमी॰ D. 1 मीटर 8 सेमी॰
2. एक व्यक्ति का पहले 5 महीनों का औसत खर्च ₹120 है और अगले सात महीनों तक ₹130 है। अगर वह वर्ष भर में ₹290 बचाता है, तो उसकी औसत मासिक आय मालूम कीजिये।
   A. ₹290 B. ₹200
   C. ₹210 D. ₹150
3. एक स्कूल में 12 वर्ष के 15 लड़के, 15 वर्ष के 16 और 14 वर्ष के 18 लड़कों की औसत उम्र क्या है?
   A. $14\frac{6}{7}$ वर्ष B. $12\frac{6}{7}$ वर्ष
   C. $13\frac{6}{7}$ वर्ष D. $13\frac{5}{7}$ वर्ष
4. 11 परिणामों का औसत 30 है, पहले पांच का 25 और अंतिम पांच का 28 है, तो छठे परिणाम का मान होगा:
   A. 55 B. 65
   C. 45 D. 75
5. 10 पैसे और 5 पैसे के 80 सिक्कों का योग अगर ₹6.25 हो, तो दोनों सिक्कों की संख्या अलग अलग ज्ञात करो।
   A. 45, 35 B. 42, 38
   C. 39, 41 D. 37, 43

6. तीन संख्याओं का औसत 77 है। पहली संख्या दूसरीं संख्या की दोगुनी है तथा दूसरी संख्या, तीसरी संख्या की दोगुनी है, वह संख्याएँ ज्ञात करोः

A. 22, 44, 48 B. 24, 48, 96

C. 33, 66, 132 D. 35, 70, 140

7. A, B और C की औसत आयु 7 वर्ष है। A और B की औसत आयु 6 वर्ष तथा B और C की औसत आयु 8 वर्ष है। B की आयु बताइयेः

A. 6 वर्ष B. 7 वर्ष

C. 8 वर्ष D. 9 वर्ष

8. किसी हफ्ते सोमवार, मंगलवार और बुधवार का औसत तापमान 45° था और मंगलवार, बुधवार और गुरूवार का औसत तापमान 46° था। यदि गुरूवार का तापमान 47° था, तो सोमवार का तापमान कितना था?

A. 44° B. 45°

C. 46° D. 47°

9. किसी कक्षा के 30 लड़कों की औसत आयु 10 वर्ष है। यदि उनके अध्यापक की आयु और जोड़ दी जाये, तो औसत आयु 1 वर्ष बढ़ जाती है। अध्यापक की आयु ज्ञात करोः

A. 38 वर्ष B. 40 वर्ष

C. 30 वर्ष D. 41 वर्ष

10. एक वाहन A से B तक की दूरी 60 किमी/घंटा की चाल से तय करता है। परन्तु B से A तक की यात्रा 90 किमी/घण्टा की चाल से तय करता है। पूरी यात्रा की औसत चाल क्या है?

A. 60 किमी/घंटा B. 72 किमी/घंटा

C. 94 किमी/घंटा D. 80 किमी/घंटा

11. 6 व्यक्तियों के औसत भार में, एक 80 किग्रा० वाले व्यक्ति के स्थान पर नया व्यक्ति आने पर 3 किग्रा की कमी हो जाती है, तो नये व्यक्ति का भार क्या है?

A. 58 किग्रा० B. 60 किग्रा०

C. 62 किग्रा० D. 70 किग्रा०

12. 30 विद्यार्थियों की औसत आयु 9 वर्ष है। यदि उनके अध्यापक की आयु भी सम्मिलित कर ली जाये, तो औसत आयु 10 वर्ष है। अध्यापक की आयु होगीः

A. 30 वर्ष B. 35 वर्ष

C. 40 वर्ष D. 45 वर्ष

13. चार संख्याओं में से पहली तीन का औसत 16 तथा अन्तिम तीन का 15 है। यदि अन्तिम संख्या 18 है, तो प्रथम संख्या क्या होगी?

A. 20 B. 21

C. 18 D. 22

14. किसी परीक्षा में 60 विद्यार्थियों का औसत अंक 25 है। उत्तीर्ण होने वाले विद्यार्थियों का औसत अंक 27 है और अनुत्तीर्ण होने वालों के औसत अंक 15 हैं। उत्तीर्ण होने वाले छात्रों की संख्या ज्ञात कीजिये।

A. 40 B. 50

C. 45 D. 35

15. 11 संख्याओं का औसत 30 है। प्रथम 6 संख्याओं का औसत 35 है तथा आखिरी 6 संख्याओं का औसत 28 होने पर छठी संख्या होगीः

A. 38 B. 48

C. 32 D. 36

16. राजू, शशि और महेश का औसत वेतन ₹ 800 है। शशि, प्रमोद व महेश का औसत वेतन ₹ 900 है। यदि प्रमोद का वेतन ₹ 900 है, तो राजू का वेतन क्या होगा?

A. ₹ 600

B. ₹ 300

C. ₹ 1700

D. ज्ञात नहीं किया जा सकता।

17. तीन व्यक्तियों की औसत आयु 45 वर्ष है। उनकी उम्रों का अनुपात 2 : 3 : 4 है। सबसे बड़े व सबसे छोटे की आयु का अन्तर कितना होगा?

A. 15 वर्ष B. 20 वर्ष

C. 30 वर्ष D. 45 वर्ष

18. एक कक्षा के पाँच विद्यार्थियों का कुल वजन क्रमशः 49.6 किग्रा०, 39.8 किग्रा०, 40.8 किग्रा०, 45.2 किग्रा० तथा 24.6 किग्रा है, तो उनका औसत वजन हैः

A. 38 किग्रा० B. 40 किग्रा०

C. 42 किग्रा० D. 45 किग्रा०

19. यदि 10 विद्यार्थियों के समूह की औसत आयु 15 वर्ष है। जब 5 विद्यार्थी और आ गये, तो समूह की औसत आयु 1 वर्ष बढ़ जाती है। नए विद्यार्थियों की औसत आयु कितनी होगी?

A. 17 वर्ष B. 18 वर्ष
C. 19 वर्ष D. 20 वर्ष

20. 7 के प्रथम पांच गुणकों का औसत क्या होगा?
A. 20 B. 21
C. 22 D. 23

21. किसी स्टोर में काम करने वाले 5 कर्मचारियों की औसत आयु 36 वर्ष है। एक नये कर्मचारी के आने से औसत आयु 37 वर्ष हो जाती है, तो नये कर्मचारी की आयु होगी:
A. 40 वर्ष B. 41 वर्ष
C. 42 वर्ष D. 43 वर्ष

22. 8 व्यक्तियों में से दो जिनकी उम्र 20 और 24 वर्ष है, की जगह दो महिलाएँ आ जाएँ, तो पुरुषों की औसत आयु 2 वर्ष बढ़ जाती है। महिलाओं की औसत आयु क्या है?
A. 28 वर्ष B. 30 वर्ष
C. 32 वर्ष D. 34 वर्ष

23. एक बल्लेबाज ने 17वीं पारी में 85 का स्कोर बनाया और इसमें अपना औसत 3 बढ़ा लिया। 17वीं पारी से पहले उसका औसत क्या था?
A. 34 B. 37
C. 38 D. 47

24. एक पिता और उसके छः बच्चों की औसत आयु 12 वर्ष है। अगर पिता को छोड़ दिया जाय, तो औसत आयु 5 वर्ष कम हो जाती है। पिता की आयु कितनी है?
A. 42 वर्ष B. 40 वर्ष
C. 48 वर्ष D. 50 वर्ष

25. 40 लड़कों की एक कक्षा में औसत आयु 16.95 वर्ष है, पर एक नये लड़के के दाखिले से औसत आयु 17 वर्ष हो जाती है। नये लड़के की आयु होगी?
A. 15 वर्ष B. 19 वर्ष
C. 18 वर्ष D. 17.5 वर्ष

26. तीन साल पहले 5 सदस्यों के एक परिवार की औसत आयु 17 वर्ष थी। एक बच्चा होने पर भी परिवार की औसत आयु वही है। बच्चे की आयु कितनी है?
A. 1 वर्ष B. 2 वर्ष
C. 6 माह D. 9 माह

27. रमेश स्थान A से 40 किमी॰/घंटा की चाल से चलकर 2 घंटे में आधी दूरी तय करता है। B स्थान पर जाने के लिये अब वह किस चाल से चले कि अगले चार घण्टे में B स्थान पर पहुँच जाये?
A. 15 किमी॰/घण्टा B. 20 किमी॰/घंटा
C. 25 किमी॰/घंटा D. 30 किमी॰/घंटा

28. चार क्रमिक सम संख्याओं का औसत 29 है। यदि पहले की चार संख्याओं में उसके तुरन्त की दो और क्रमिक संख्याओं को जोड़ दिया जाये, तो नया औसत कितना बढ़ जायेगा?
A. 1 B. 2
C. 3 D. 4

29. किसी कारखाने के कुल 660 कारीगरों व अधिकारियों के वेतन का औसत मान प्रतिमाह ₹ 380 हो तथा अधिकारियों के वेतन का औसत मान प्रतिमाह ₹ 2100 तथा कारीगरों का औसत मान ₹ 340 हो तो कारीगरों की संख्या होगी:
A. 600 B. 560
C. 645 D. 625

30. यदि दो संख्याओं का औसत 88.5 हो और एक संख्या औसत से 5.5 कम हो, तो दूसरी संख्या क्या होगी?
A. 94 B. 96
C. 98 D. 100

उत्तरमाला

1	2	3	4	5	6	7	8	9	10
A	D	D	B	A	C	B	A	D	B
11	**12**	**13**	**14**	**15**	**16**	**17**	**18**	**19**	**20**
C	C	B	B	B	A	C	B	B	B
21	**22**	**23**	**24**	**25**	**26**	**27**	**28**	**29**	**30**
C	B	A	A	B	B	B	B	C	A

कुछ चुने हुए प्रश्नों के व्याख्यात्मक उत्तर

23. माना 17वीं पारी से पहले का औसत x था

प्रश्नानुसार $\frac{16 \times x + 85}{17} = (x+3)$

$16x + 85 = 17x + 51$

$x = 85 - 51 = 34$

24. माना पिता की आयु = x वर्ष

प्रश्नानुसार $\frac{7 \times 12 - x}{6} = (12 - 5)$

$84 - x = 42$

$x = 84 - 42 = 42$ वर्ष

26. तीन वर्ष बाद परिवार के सभी सदस्यों की आयु

$= 17 \times 5 + 5 \times 3$

$= 85 + 15 = 100$ वर्ष

माना बच्चे की आयु = x वर्ष

प्रश्नानुसार $\frac{100 + x}{6} = 17$

$\Rightarrow \quad x = 102 - 100 = 2$ वर्ष

27. माना A से B की आधी दूरी x किमी॰

प्रश्नानुसार $\frac{x}{40} = 2 \Rightarrow x = 80$ किमी॰

शेष आधी 80 किमी॰ दूरी 4 घंटे में तय करती है, तो औसत चाल

$= \frac{80}{4} = 20$ किमी॰/घंटा

28. $\frac{(x)+(x+2)+(x+4)+(x+6)}{4} = 29$

$4x + 12 = 29 \times 4$

$4x = 116 - 12$ या, $x = \frac{116 - 12}{4}$ या, $x = 26$

प्रश्नानुसार छ क्रमिक सम संख्या का औसत

$\frac{26 + 28 + 30 + 32 + 34 + 36}{6} = 31$

अतः अभीष्ट अन्तर $31 - 29 = 2$

29. माना कारीगरों की संख्या = x

प्रश्नानुसार

$\frac{(660 - x) \times 2100 + 340x}{660} = 380$

$660 \times 2100 - 2100x + 340x = 250800$

$1386000 - 250800 = 1760x$

$x = \frac{1135200}{1760} = 645$

12

आयु
(AGES)

आयु संबंधी प्रश्नों को हल करने हेतु पहले समीकरण बनाये जाते हैं फिर समीकरण में अज्ञात राशियों को ज्ञात किया जाता है।

अभ्यास

1. 10 बच्चों के एक समूह की औसत आयु 14 वर्ष है। इस समूह में पांच बच्चे और सम्मिलित कर लिये जाते हैं, तो औसत आयु में 1 वर्ष की वृद्धि होती है, तो नये बच्चों की औसत आयु क्या होगी?
   A. 15 वर्ष B. 16 वर्ष
   C. 17 वर्ष D. 18 वर्ष

2. A तथा B की आयु का अन्तर 25 वर्ष है तथा दोनों की आयु का अनुपात 9 : 4 है, तो C की आयु क्या होगी यदि वह B से 15 वर्ष बड़ा है?
   A. 35 वर्ष B. 40 वर्ष
   B. 45 वर्ष D. 50 वर्ष

3. रंजन तथा शुभ की आयु का अनुपात क्रमशः 4 : 5 है। अब से चार वर्षों में उनकी आयु का अनुपात 5 : 6 हो जाता है, शुभ की वर्तमान आयु क्या है?
   A. 18 वर्ष B. 20 वर्ष
   C. 22 वर्ष D. 25 वर्ष

4. तरुण तथा उसकी माता की आयु का योग 49 वर्ष है। 7 वर्ष पूर्व माता की आयु वरुण की आयु से चार गुनी थी। वरुण की माता की वर्तमान आयु ज्ञात कीजिये।
   A. 35 वर्ष B. 38 वर्ष
   C. 39 वर्ष D. 40 वर्ष

5. पिता तथा उसके पुत्र की आयु का वर्तमान योग 50 वर्ष है, 5 वर्ष पूर्व पिता की आयु पुत्र की आयु की 7 गुनी थी। पिता तथा पुत्र की वर्तमान आयु क्या है?
   A. 10, 40 B. 15, 35
   C. 20, 30 D. 12, 38

6. पिता की आयु पुत्र से पांच गुनी है। 15 साल में वह अपने बेटे की आयु का $2\frac{1}{2}$ गुणा हो जायेगा। पिता की अभी की आयु निकालिये।
   A. 40 वर्ष B. 42 वर्ष
   C. 45 वर्ष D. 50 वर्ष

7. पिता अपने पुत्र से तीन गुना बड़ा है। 8 वर्ष पूर्व वह अपने पुत्र से चार गुनी उम्र का था। पिता की वर्तमान आयु क्या है?
   A. 70 वर्ष B. 72 वर्ष
   C. 78 वर्ष D. 80 वर्ष

8. पिता तथा पुत्र की आयु मिलाकर 46 वर्ष है। 5 वर्ष पूर्व पिता की आयु पुत्र की आयु से 11 गुनी थी। 5 वर्ष बाद पुत्र की आयु कितनी होगी?
   A. 12 वर्ष B. $12\frac{1}{2}$ वर्ष
   C. 13 वर्ष D. $13\frac{1}{2}$ वर्ष

9. यदि 15 वर्ष बाद किसी आदमी की आयु 15 वर्ष पूर्व की आयु की चार गुनी हो, तो उसकी वर्तमान आयु कितनी है?
   A. 25 वर्ष B. 27 वर्ष
   C. 28 वर्ष D. 30 वर्ष

10. जयेश अनिल से उतना छोटा है जितना वह प्रशान्त से बड़ा है। यदि अनिल तथा प्रशान्त की आयु का योग 48 वर्ष हो, तो जयेश की आयु क्या है?

A. 22 वर्ष B. 23 वर्ष
C. 24 वर्ष D. 25 वर्ष

11. 5 वर्ष पूर्व विनय की आयु विकास की आयु का एक-तिहाई थी तथा अब विनय की आयु 17 वर्ष है। विकास की वर्तमान आयु क्या है?

A. 40 वर्ष B. 41 वर्ष
C. 42 वर्ष D. 44 वर्ष

12. एक व्यक्ति के दो बच्चे हैं। इन बच्चों की उम्र के योग के तिगुनी उस व्यक्ति की उम्र है। पांच वर्ष बाद बच्चों की उम्र के योग से दोगुनी उसकी उम्र होगी। यह बताइये कि उस व्यक्ति की वर्तमान उम्र क्या है?

A. 45 वर्ष B. 55 वर्ष
C. 60 वर्ष D. 65 वर्ष

13. सुरेश की उम्र किरण की उम्र की दो गुनी है। यदि दोनों की उम्र का जोड़ 24 वर्ष हो, तो सुरेश की उम्र क्या होगी?

A. 15 वर्ष B. 16 वर्ष
C. 18 वर्ष D. 20 वर्ष

14. 10 वर्ष पहले गीता और नीता की आयु में 3 : 5 का अनुपात था। यदि उनकी वर्तमान आयु में 2 : 3 का अनुपात है, तो 20 वर्ष बाद उनकी आयु का अनुपात क्या होगा?

A. 3 : 4 B. 4 : 5
C. 5 : 6 D. 2 : 3

15. पंद्रह वर्ष बाद एक आदमी उससे चार गुना बड़ा हो जायेगा जितना वह 15 वर्ष पूर्व था। वर्तमान आयु ज्ञात कीजिये।

A. 20 वर्ष B. 25 वर्ष
C. 30 वर्ष D. 40 वर्ष

उत्तरमाला

1	2	3	4	5	6	7	8	9	10
C	A	B	A	A	C	B	C	A	C
11	**12**	**13**	**14**	**15**					
B	A	B	A	B					

कुछ चुने हुए प्रश्नों के व्याख्यात्मक उत्तर

6. बेटे की मौजूदा आयु = x वर्ष

पिता की मौजूदा आयु = $5x$ वर्ष

15 साल बाद बेटे की आयु = $(x + 15)$ वर्ष

पिता की आयु = $(5x + 15)$ वर्ष

प्रश्नानुसार $5x + 15 = 2\frac{1}{2}(x + 15)$

$$5x + 15 = \frac{5}{2}(x + 15)$$

$$10x + 30 = 5x + 75$$

$5x = 45$; $x = 9$ वर्ष

पिता की आयु = $5x = 9 \times 5 = 45$ वर्ष

10. प्रश्नानुसार

$A - J = J - P$ $A + P = 2J$

$A + P = 48$ $2J = 48$

$J = \frac{48}{2} = 24$ वर्ष

12. माना उसकी उम्र x वर्ष और उसके दोनों बच्चों की उम्र क्रमशः p व q वर्ष है।

प्रश्नानुसार $x = 3(p + q)$

$$p + q = \frac{x}{3} \quad ...(1)$$

प्रश्नानुसार $x + 5 = 2\{(p + 5) + (q + 5)\}$

$= 2(p + q + 10)$

समीकरण (1) से मान रखने पर

$$(x + 5) = 2\left(\frac{x}{3} + 10\right)$$

$$x + 5 = 2\left(\frac{x + 30}{3}\right)$$

$$3x + 15 = 2x + 60$$

$x = 45$ वर्ष

13

कार्य तथा समय (टंकी पर आधारित प्रश्न)
(WORK & TIME [CISTERN BASED QUESTION])

कार्य करने की क्षमता सभी व्यक्तियों की समान नहीं होती। कोई आदमी कार्य को जल्दी समाप्त कर लेता है तो कोई कार्य को धीमी गति से करता है। ऐसे प्रश्नों को हल करने के लिये सभी व्यक्तियों द्वारा एक दिन में किया गया कार्य अलग-अलग ज्ञात किया जाता है। फिर कुल एक दिन का कार्य ज्ञात किया जाता है। उसका व्युत्क्रम ही काम में लगा समय दिनों में प्रदान करता है।

जैसेः यदि लतेश एक कार्य को 10 दिन में समाप्त करता है, तो उसका प्रत्येक दिन का कार्य = $\frac{1}{10}$ भाग होगा।

अभ्यास

1. यदि तीन आदमी या चार औरतें एक काम को 9 दिन में कर सकते हैं, तो उसी काम को 6 आदमी और 4 औरतें मिलकर कितने दिन में समाप्त करेंगे?
   A. 2 दिन B. 3 दिन
   C. $3\frac{1}{2}$ दिन D. 4 दिन

2. 8 पुरुष या 12 लड़के किसी कार्य को 25 दिन में पूरा करते हैं, तो उसी कार्य को 6 पुरुष तथा 11 लड़के कितने दिनों में पूरा करेंगे?
   A. 12 दिन में B. 14 दिन में
   C. 15 दिन में D. 16 दिन में

3. यदि 3 आदमी या 5 औरतें या 8 लड़के एक काम को 38 दिन में कर सकते हैं, तो 6 आदमी, 10 औरतें तथा 6 लड़के उस काम को कितने दिन में करेंगे?
   A. 6 दिन B. 8 दिन
   C. 10 दिन D. 12 दिन

4. A अकेला किसी कार्य को 15 दिन में समाप्त कर सकता है तथा B अकेला उस कार्य को 12 दिन में समाप्त कर सकता है। दोनों मिलकर इस कार्य को समाप्त कितने दिनों में करेंगे?
   A. $6\frac{1}{3}$ दिन B. $6\frac{2}{3}$ दिन
   C. $6\frac{3}{4}$ दिन D. $6\frac{4}{5}$ दिन

5. A एक काम को 2 दिन में, B 4 दिन में और C 8 दिन में कर सकता है। यदि तीनों मिलकर उस काम को करें, तो कितने दिन में पूरा कर लेंगे?
   A. 7/8 दिन B. 8/7 दिन
   C. $1\frac{3}{4}$ दिन D. $1\frac{1}{2}$ दिन

6. A एक काम को 24 दिन में कर सकता है तथा B उसी का 2/3 भाग 12 दिन में कर सकता है। यदि दोनों मिलकर उससे दो गुना काम करें, तो कितने दिन में कर लेंगे?
   A. $5\frac{1}{7}$ दिन B. $10\frac{2}{7}$ दिन
   C. $17\frac{2}{7}$ दिन D. $20\frac{4}{7}$ दिन

7. X किसी काम को 12 दिन में तथा Y उसी काम को 18 दिन में कर सकते हैं। यदि वे दोनों मिलकर उसी काम को करें, तो काम कितने दिनों में पूरा हो जायेगा?

A. 30 दिन B. 15 दिन

C. $7\frac{1}{2}$ दिन D. $7\frac{1}{5}$ दिन

8. राम और मोहन मिलकर एक काम को 6 दिन में कर सकते हैं। पहले राम ने 4 दिन तक अकेले काम किया। फिर वह चला गया। तब मोहन ने बचे काम को 9 दिन में समाप्त कर लिया। राम अकेला उस काम को कितने दिन में समाप्त कर सकता था?

A. 10 दिन B. 16 दिन

C. 14 दिन D. 15 दिन

9. A और B दोनों मिलकर 10 घंटों में एक खेत जोतते हैं, किन्तु A अकेला 15 घंटों में उसे जोत सकता है। B अकेला उसी खेत को जोतने में कितना समय लेगा?

A. 10 घंटे B. 20 घंटे

C. 30 घंटे D. 40 घंटे

10. आनन्द व संजीव मिलकर कोई कार्य 8 दिन में समाप्त करते हैं। आनन्द अकेला कार्य करे तो 12 दिन लेता है। संजीव अकेला कार्य करे तो कितने दिन लेगा?

A. 16 दिन B. 24 दिन

C. 4 दिन D. 8 दिन

11. A और B कोई काम 18 दिन में कर सकते हैं। B और C, 24 दिन में। A और C, 36 दिन में। सब एक साथ मिलकर इस काम को कितने दिन में समाप्त करेंगे?

A. 16 दिन B. 14 दिन

C. 15 दिन D. 12 दिन

12. A, B और C कोई काम क्रमशः 24, 30 और 40 दिन में कर सकते हैं। तीनों ने काम एक साथ शुरू किया पर C कार्य पूरा होने के चार दिन पहले काम छोड़ देता है। काम कितने दिन में पूरा हुआ?

A. 10 दिन B. 11 दिन

C. 12 दिन D. 13 दिन

13. A कोई काम 40 दिन में कर सकता है। उसने 5 दिन तक काम किया फिर B ने उसे 21 दिन में पूरा किया। A और B मिलकर इस काम को कितने दिन में पूरा करेंगे?

A. 15 दिन B. 20 दिन

C. 21 दिन D. 24 दिन

14. A कोई काम 15 दिन में तथा B 20 दिनों में कर सकता है। वे C की मदद से ये काम 5 दिन में पूरा कर लेते हैं। C अकेला इस काम को कितने दिन में पूरा करेगा?

A. 10 दिन, B. 12 दिन

C. 15 दिन D. 20 दिन

15. A एक काम को 18 दिन में और B उसी काम को 24 दिन में समाप्त कर सकता है। उन्होंने एक साथ मिलकर 8 दिन तक काम किया और तब A काम छोड़कर चला गया। शेष काम को B कितने दिन में पूरा करेगा?

A. 5 दिन B. $5\frac{1}{3}$ दिन

D. 8 दिन D. 10 दिन

16. A, B व C मिलकर एक काम को $5\frac{7}{13}$ दिन में कर सकते हैं। A अकेले उस काम को 12 दिन में और B अकेले उस काम को 18 दिन में करता है। बताइये C अकेला उस काम को कितने दिन में करेगा?

A. 20 दिन B. 22 दिन

C. 24 दिन D. 30 दिन

17. रमेश एक काम को 25 दिन में कर सकता है। 14 दिन काम करने के बाद उसने श्याम को भी साथ ले लिया और दोनों ने मिलकर शेष काम 6 दिन में समाप्त किया। बताइये कि श्याम अकेला उस काम को कितने दिन में समाप्त कर सकता है?

A. 20 दिन B. 25 दिन

C. 30 दिन D. 35 दिन

18. A अकेला कोई काम 10 दिन में कर सकता है। B अकेला उसी काम को 15 दिन में कर सकता है। अगर A व B समान दिन कार्य करके कार्य को खत्म करते हैं, तो ₹ 50 में से A की मजदूरी होगी:

A. ₹ 20 B. ₹ 30

C. ₹ 35 D. ₹ 25

19. ₹ 200 की मजदूरी पर A व B कोई कार्य करना कबूल करते हैं। A अकेला उसे 6 दिन में व B अकेला इसे

8 दिन में कर सकता है। C की मदद से वे इस कार्य को 3 दिन में समाप्त कर लेते हैं। C को कितने पैसे दिये गये?

A. ₹ 25 B. ₹ 50
C. ₹ 60 D. ₹ 75

20. अशोक एक काम को करने में अरुण से दुगुना और आलोक से तिगुना समय लेता है। वे तीनों मिलकर एक दिन में काम समाप्त कर लेते हैं। आलोक उस काम को अकले कितने दिन में समाप्त कर लेगा?

A. 1 दिन B. 2 दिन
C. 3 दिन D. 4 दिन

21. यदि किसी कार्य को राम, श्याम तथा मोहन क्रमशः अकेले, अकेले 2, 4, 8 दिन में समाप्त कर सकते हैं तथा वे एक कार्य कुल ₹ 6335 के ठेके पर लेते हैं, तो श्याम को कितनी मजदूरी मिलेगी?

A. ₹ 1810 B. ₹ 2810
C. ₹ 2850 D. ₹ 1850

22. 2 व्यक्ति और 3 लड़के कोई काम 8 दिन में कर सकते हैं और 3 व्यक्ति व 2 लड़के इसे 7 दिनों में समाप्त कर सकते हैं। अगर एक लड़के को ₹ 3 दिये जाते हैं, तो एक व्यक्ति को क्या मिलेगा?

A. ₹ 6 B. ₹ 7
C. ₹ 5 D. ₹ 7.50

23. A अकेला किसी कार्य को 24 दिनों में कर सकता है। और B अकेला उसी काम को 30 दिनों में। एक लड़के की मदद से वे इसे 12 दिन में पूरा कर लेते हैं। कुल ₹ 200 मजदूरी में लड़के को क्या मिलेगा?

A. ₹ 40 B. ₹ 50
C. ₹ 75 D. ₹ 20

24. A काम करने में B से दूना अच्छा है। दोनों मिलकर कोई काम 14 दिन में पूरा करते हैं। A अकेला इसे कितने दिनों में पूरा कर सकता हैं?

A. 16 दिन B. 32 दिन
C. 21 दिन D. 42 दिन

25. दो पाइप A और B किसी हौज को कितने मिनट में भर सकते हैं यदि A व B क्रमशः उसे अलग-अलग 30 व 60 मिनट में भर सकते हैं?

A. 10 मिनट B. 20 मिनट
C. 15 मिनट D. 12 मिनट

26. एक हौज दो पाइपों द्वारा क्रमशः 10 और 15 घंटों में भर दिया जाता है। एक तीसरा पाइप इसको 8 घंटे में खाली कर देता है। यदि तीनों नल एक साथ खोल दिये जायें, तो हौज कितने घंटे में भर जायेगा?

A. 13 घंटे B. 24 घंटे
C. 33 घंटे D. कभी नहीं भरेगा

27. एक हौज 9 घंटे में भरता है और दूसरे पाइप से 7 घंटे में खाली हो जाता है। जब दोनों पाइप खोल दिये जायें, तो पता कीजिये कि हौज कब भर जायेगा?

A. 63 घंटे B. 16 घंटे
C. 2 घंटे D. कभी नहीं भर सकता

28. अगर 3 नल एक साथ खोल दिये जायें, तो एक हौज 12 घंटे में भर सकता है। तीन नलों में से, एक हौज को 10 घंटे में भर सकता है और दूसरा 15 घंटे में। तीसरा नल किस तरह काम करता है?

A. यह हौज को 5 घंटे में भर देगा।
B. यह हौज को 12 घंटे में खाली कर देगा।
C. यह हौज को 5 घंटे में खाली कर देगा।
D. यह हौज को $12\frac{1}{2}$ घंटे में भर देगा।

29. एक हौज 9 घंटे में भरता है, किन्तु इसकी तली में छेद होने के कारण यह 1 घंटा अधिक समय लेता है। यदि हौज भरा हो, तो यह कितनी देर में खाली हो जायेगा?

A. 30 घंटे B. 40 घंटे
C. 45 घंटे D. 90 घंटे

30. एक नल किसी टंकी को 60 मिनट में भर सकता है। दूसरा नल उस भरी टंकी को 50 मिनट में खाली कर सकता है। यदि टंकी भरी हो और दोनों नल खुले हों, तो टंकी खाली होने में कितने मिनट लगेंगे?

A. 60 मिनट B. 180 मिनट
C. 300 मिनट D. 170 मिनट

31. दो नल किसी हौज को क्रमशः 10 और 12 मिनट में भर सकते हैं। हौज के पेंदे में लगा निकास नल 5 लीटर प्रति मिनट पानी बाहर निकालता है। यदि हौज खाली हो और तीनों नल खोल दिये जायें, तो यह $7\frac{1}{2}$ मिनट में भर जाता है। हौज में कितने लीटर पानी आता है?

A. 90 लीटर B. 80 लीटर
C. 100 लीटर D. 120 लीटर

32. एक हौज में तीन पाइप A, B व C लगे हैं। पाइप A और B हौज को क्रमशः 4 और 5 घंटे में भर सकते हैं और C इसे 2 घंटे में खाली कर सकता है। अगर ये पाइप क्रमशः 1, 2 व 3 बजे क्रमशः सुबह खोले जायें, तो हौज कितने बजे खाली हो जायेगा?

A. 5 बजे सवेरे   B. 5 बजे शाम
C. कभी नहीं   D. 6 बजे सवेरे

33. P और Q दो पाइप एक हौज को 24 घंटे में व 32 घंटे में भर सकते हैं। दोनों पाइप खोल दिये जायें तो पता कीजिये कि पहले पाइप को कब बंद कर देना चाहिये ताकि हौज 16 घंटे में पूरा भर जाये।

A. 12 घंटे बाद   B. 8 घंटे बाद
C. 28 घंटे बाद   D. कोई नहीं

34. दो नल एक हौज को क्रमशः 8 घंटे व 12 घंटे में भर सकते हैं। एक तीसरा नल इसको 3 घंटे में खाली कर सकता है। अगर तीनों नल एक साथ खोल दिये जायें, तो हौज को खाली होने में कितना समय लगेगा?

A. 7 घंटे   B. 5 घंटे
C. 6 घंटे   D. 8 घंटे

35. एक मजदूर 30 दिन के लिये इस शर्त पर रखा गया कि जिस दिन वह काम करेगा उस दिन उसको ₹ 15 मजदूरी मिलेगी और जिस दिन वह काम नहीं करेगा उस दिन उसे दैनिक मजदूरी का 40% का जुर्माना भरना होगा। यदि अन्त में उसे ₹ 345 मिले, तो बताइये वह कितने दिन उपस्थित रहा?

A. 20 दिन   B. 25 दिन
C. 30 दिन   D. 35 दिन

36. दो पाइप A व B एक टंकी को भरने में क्रमशः 24 और 30 मिनट लेते हैं। दोनों नल खुले हुए हैं, परन्तु 8 मिनट बाद पहला नल बन्द कर दिया जाता है। टंकी को भरने में दूसरा पाइप कितना समय लेगा?

A. 10 मिनट   B. 12 मिनट
C. 15 मिनट   D. 20 मिनट

37. दो नल एक हौज को क्रमशः 6 व 7 मिनट में भरते हैं। यदि दोनों नल बारी-बारी से एक-एक मिनट के लिये खोले जायें, तो हौज को भरने में कितना समय लगेगा?

A. $6\frac{3}{7}$ मिनट   B. $6\frac{4}{7}$ मिनट
C. $6\frac{5}{7}$ मिनट   D. $6\frac{6}{7}$ मिनट

38. दो नल A और B एक हौज को क्रमशः 30 मिनट व 40 मिनट में भर सकते हैं। तीसरा नल C हौज से 15 लीटर प्रति मिनट की दर से पानी बाहर निकालता है। यदि तीनों नल एक साथ खोले जायें और हौज 30 मिनट में भर जाये, तो बताइये कि हौज में कितना पानी आता है?

A. 400 लीटर   B. 500 लीटर
C. 600 लीटर   D. 1000 लीटर

39. तीन नल A, B व C एक हौज को क्रमशः 20 मिनट, 30 मिनट और 40 मिनट में भर सकते हैं। तीनों नल एक साथ खोल दिये जायें, तो बताइये दूसरा नल कितने समय बाद बन्द कर दिया जाये कि हौज 10 मिनट में पूरा भर जाये?

A. 7 मिनट   B. $7\frac{1}{2}$ मिनट
C. 8 मिनट   D. 9 मिनट

40. एक टंकी एक बहाव के कारण 8 घंटे में खाली होती है। एक नल को खोलने पर प्रति मिनट 6 लीटर पानी भरता है और टंकी तब 12 घंटे में खाली होती है। टंकी में पानी की क्षमता ज्ञात करो?

A. 8500 लीटर   B. 8640 लीटर
C. 7540 लीटर   D. 7960 लीटर

उत्तरमाला

1	2	3	4	5	6	7	8	9	10
B	C	B	B	B	D	D	A	C	B
11	**12**	**13**	**14**	**15**	**16**	**17**	**18**	**19**	**20**
A	B	A	B	B	C	C	B	A	B
21	**22**	**23**	**24**	**25**	**26**	**27**	**28**	**29**	**30**
A	A	D	C	B	B	D	B	D	C
31	**32**	**33**	**34**	**35**	**36**	**37**	**38**	**39**	**40**
C	B	A	D	B	B	A	C	B	B

कुछ चुने हुए प्रश्नों के व्याख्यात्मक उत्तर

3. 1 आदमी का प्रतिदिन का कार्य $= \frac{1}{38 \times 3}$

1 औरत का प्रतिदिन का कार्य $= \frac{1}{38 \times 5}$

1 लड़के का प्रतिदिन का कार्य $= \frac{1}{38 \times 8}$

(6 आदमियों + 10 औरतें + 6 लड़कों) का प्रतिदिन का कार्य

$$= \left[6 \times \frac{1}{38 \times 3} + 10 \times \frac{1}{38 \times 5} + 6 \times \frac{1}{38 \times 8}\right]$$

$$= \frac{1}{38}\left[2 + 2 + \frac{3}{4}\right] = \frac{1}{38} \times \frac{19}{4} = \frac{1}{8} \text{ भाग}$$

अर्थात सभी को कार्य समाप्त करने में समय लगेगा = 8 दिन

15. दोनों का एक दिन का कार्य $= \frac{1}{18} + \frac{1}{24} = \frac{4+3}{72} = \frac{7}{72}$

दोनों का 8 दिन का काम $= 8 \times \frac{7}{72} = \frac{7}{9}$ भाग

$\therefore$ शेष काम $= \left(1 - \frac{7}{9}\right) = \frac{2}{9}$ भाग

$\because$ B 1 काम करता है = 24 दिन में

$\therefore$ B 2/9 काम करता है $= 24 \times \frac{2}{9} = \frac{16}{3} = 5\frac{1}{3}$ दिन

19. A का प्रतिदिन का कार्य $= \frac{1}{6}$

B का प्रतिदिन का कार्य $= \frac{1}{8}$

माना C का प्रतिदिन का कार्य $= \frac{1}{C}$

प्रश्नानुसार $\left(\frac{1}{6} + \frac{1}{8} + \frac{1}{C}\right) \times 3 = 1$

$$\frac{1}{C} = \frac{1}{3} - \left(\frac{1}{6} + \frac{1}{8}\right)$$

$$\frac{1}{C} = \frac{8-4-3}{24} = \frac{1}{24}$$

$\because$ तीनों ही तीन दिन कार्य करते हैं अतः मजदूरी उनको प्रतिदिन के कार्य के अनुपात में बांटी जायेगी।

$$\therefore A : B : C = \frac{1}{6} : \frac{1}{8} : \frac{1}{24} = 4 : 3 : 1$$

C का हिस्सा $= \frac{1}{(4+3+1)} \times 200 = \frac{200}{8} =$ ₹ 25

22. माना व्यक्ति का प्रतिदिन का कार्य M व एक लड़के का प्रतिदिन का कार्य B है, तो

प्रश्नानुसार $\qquad 2M + 3B = \frac{1}{8} \qquad ...(i)$

$\qquad 3M + 2B = \frac{1}{7} \qquad ...(ii)$

$(i) \times 3 \qquad 6M + 9B = \frac{3}{8} \qquad ...(iii)$

$(ii) \times 2 \qquad 6M + 4B = \frac{2}{7} \qquad ...(iv)$

(iii) में से (iv) घटाने पर

$$5B = \frac{3}{8} - \frac{2}{7} = \frac{21-16}{56} = \frac{5}{56}$$

$$B = \frac{1}{56}$$

B का मान (i) में रखने पर $\quad 2M + 3 \times \frac{1}{56} = \frac{1}{8}$

$$2M = \frac{1}{8} - \frac{3}{56} = \frac{4}{56}$$

$$M = \frac{2}{56} = \frac{1}{28}$$

प्रश्नानुसार $\qquad M : B = \frac{1}{28} : \frac{1}{56} = 2 : 1$

अर्थात् एक व्यक्ति को एक लड़के से दुगुनी मजदूरी मिलेगी। एक लड़के को ₹ 3 मिलने पर एक व्यक्ति को ₹ 6 मिलेगा।

31. माना तीसरा नल हौज को C मिनट में खाली कर सकता है, तो

प्रश्नानुसार $\qquad \left(\frac{1}{10} + \frac{1}{12}\right) - \frac{1}{C} = \frac{1}{15/2}$

$$\frac{1}{C}=\frac{1}{10}+\frac{1}{12}-\frac{2}{15}$$

$$\frac{12+10-16}{120}=\frac{6}{120}=\frac{1}{20}$$

$$C=20$$

अर्थात् तीसरा नल भरे हौज को 20 मिनट में खाली करेगा।

$\because$ 1 मिनट में पानी बाहर निकलता है = 5 लीटर

$\therefore$ 20 मिनट में पानी बाहर निकलता है $= 5\times20$

$= 100$ लीटर

अर्थात् हौज की क्षमता 100 लीटर है।

32. A के हौज भरने की प्रति घण्टा क्षमता $=\frac{1}{4}$ भाग

B के हौज भरने की प्रति घण्टा क्षमता $=\frac{1}{5}$ भाग

C के हौज खाली करने की प्रति घण्टा क्षमता $=\frac{1}{2}$ भाग

1 से दो बजे तक पाइप A द्वारा हौज भरेगा $=\frac{1}{4}$ भाग

2 से 3 बजे तक पाइप (A+ B) द्वारा हौज भरेगा

$$=\frac{1}{4}+\frac{1}{5}=\frac{5+4}{20}=\frac{9}{20} \text{ भाग}$$

कुल हौज भरा $=\frac{1}{4}+\frac{9}{20}=\frac{5+9}{20}=\frac{14}{20}=\frac{7}{10}$ भाग

3 बजे के बाद तीनों नल खुले हैं।

$\therefore$ तीनों नल द्वारा प्रति घंटे में हौज भरेगा

$$=\frac{1}{4}+\frac{1}{5}-\frac{1}{2}=\frac{5+4-10}{20}=-\frac{1}{20} \text{ भरेगा}$$

अर्थात् 1 घंटे में हौज का $\frac{1}{20}$ भाग खाली रहेगा।

$\because \frac{1}{20}$ भाग खाली होता है = 1 घंटे में

$\therefore \frac{7}{10}$ भाग खाली होता है $=\frac{1}{1/20}\times\frac{7}{10}$

$= 14$ घंटे में

सुबह 3 बजे + 14 घंटे

(सुबह 3 बजे + 12 घंटे) + 2 घंटे

शाम 3 बजे + 2 घंटे

शाम 5 बजे

33. माना पाइप P को T घंटे बाद बन्द किया जा रहा है, तो प्रश्नानुसार

$$\left(\frac{1}{32}+\frac{1}{24}\right)\times T+\frac{1}{32}(16-T)=1$$

$$\frac{T}{32}+\frac{T}{24}+\frac{1}{2}-\frac{T}{32}=1 \text{ या } \frac{T}{24}=1-\frac{1}{2}=\frac{1}{2}$$

$$\frac{T}{24}=\frac{1}{2}\Rightarrow T=12 \text{ घंटे}$$

35. माना वह x दिन उपस्थित रहा, तो

प्रश्नानुसार, $15\times x-(30-x)\times15\times\frac{40}{100}=345$

$$15x-180+6x=345$$

$$21x=345+180$$

$$x=\frac{525}{21}=25 \text{ दिन}$$

37. दो मिनट में दोनों नल द्वारा टंकी भरी जायेगी

$$=\left(\frac{1}{6}+\frac{1}{7}\right) \text{ भाग }=\frac{7+6}{42}=\frac{13}{42} \text{ भाग}$$

पहले 6 मिनट में दोनों नल द्वारा टंकी भरी जायेगी

$$=\frac{13}{42}\times3=\frac{39}{42} \text{ भाग}$$

शेष भाग $=1-\frac{39}{42}=\frac{3}{42}=\frac{1}{14}$ भाग

अब टंकी पहले नल द्वारा भरी जायेगी।

$\because \frac{1}{6}$ भाग भरने में लगा समय = 1 मिनट

$\therefore \frac{1}{14}$ भाग भरने में लगा समय $=\frac{1}{1/6}\times\frac{1}{14}=\frac{3}{7}$ मिनट

अतः कुल लगा समय $=6+\frac{3}{7}=6\frac{3}{7}$ मिनट

40. टंकी बहाव द्वारा प्रति घंटे खाली होती है $=\frac{1}{8}$ भाग

जब दूसरा नल खुला हो, तो टंकी प्रति घण्टे खाली होती है $=\frac{1}{12}$ भाग

अर्थात् भरने वाले नल से टंकी प्रति घंटे भरी जाती है

$$=\frac{1}{8}-\frac{1}{12}=\frac{1}{24} \text{ भाग}$$

$\therefore$ नल द्वारा पूरी टंकी को भरने में लगा समय = 24 घंटे

$\because$ 1 मिनट में टंकी में पानी आता है = 6 लीटर

$\therefore$ 24 घण्टे $= 24\times60$ मिनट में पानी आता है

$= 6\times24\times60 = 8640$ लीटर

14

समय, चाल और दूरी
(TIME, SPEED AND DISTANCE)

नियम एवं प्रमुख सूत्र

समय, चाल और दूरी से संबंधित प्रश्नों को हल करते समय निम्नलिखित सूत्र ध्यान में रखने चाहिए:

1. चाल = कुल दूरी ÷ समय
2. समय = कुल दूरी ÷ चाल
3. कुल दूरी = समय × चाल
4. यदि दो गाड़ियाँ एक ही दिशा में चल रही हों, तो उनकी सापेक्ष चाल, दोनों गाड़ियों की चाल के अन्तर के बराबर होती है।
5. यदि दो गाड़ियाँ विपरीत दिशा में चल रही हों, तो उनकी सापेक्ष गति, दोनों गाड़ियों की गतियों के योग के बराबर होती है।
6. धारा के बहने की दिशा में किसी नाव की चाल = नाव की स्थिर जल में चाल + नदी की चाल
7. धारा के बहने की विपरीत दिशा में किसी नाव की चाल = नाव की स्थिर जल में चाल − नदी की चाल।

अभ्यास

1. यदि 100 मीटर लम्बी एक रेलगाड़ी जो 50 किमी प्रति घंटे की गति से चल रही है, एक दूसरी रेलगाड़ी को जो 120 मीटर लम्बी है तथा विपरीत दिशा में चल रही है, 6 सेकंड में पार कर जाती है, तो दूसरी रेलगाड़ी की गति क्या है?
   A. 40 किमी/घंटा B. 82 किमी/घंटा
   C. 120 किमी/घंटा D. 60 किमी/घंटा
2. यदि एक रेलगाड़ी 40 किमी॰ प्रति घंटा की चाल से चल रही है। एक आदमी भी उसी ओर रेल की पटरी के समान्तर 25 किमी/घंटा की चाल से जा रहा है। यदि रेलगाड़ी उस आदमी को 48 सेकंड में पार कर ले, तो रेलगाड़ी की लम्बाई क्या है?
   A. 200 मीटर B. 50 मीटर
   C. 100 मीटर D. 150 मीटर
3. एक रेलगाड़ी और एक मोटर एक स्थान से एक साथ रवाना हुईं। मोटर की रफ्तार 40 किमी/घंटा तथा रेलगाड़ी की रफ्तार 50 किमी/घंटा है। यदि अगला स्टेशन 100 किमी दूरी पर है, तो रेलगाड़ी मोटर से कितनी जल्दी पहुँचेगी?
   A. 33 मिनट B. 50 मिनट
   C. 40 मिनट D. 30 मिनट
4. यदि एक रेलगाड़ी की लम्बाई 150 मीटर है तथा वह एक खम्भे को 12 सेकेंड में पार कर जाती है, तो रेलगाड़ी की चाल किमी/घंटा में क्या है?
   A. 60 किमी/घंटा B. 50 किमी/घंटा
   C. 45 किमी/घंटा D. 75 किमी/घंटा
5. एक रेलगाड़ी आगरा से मथुरा के लिए 60 किमी॰/घंटा से चलती है और 45 मिनट में पहुँच जाती है। यदि लौटते समय उसकी चाल 10% कम हो जाती है, तो वह मथुरा से आगरा आने में कितना समय लेगी?
   A. 1 घंटा 10 मिनट B. 50 मिनट
   C. 1 घंटा D. 1 घंटा 20 मिनट

6. दो घुड़सवार दो अलग-अलग स्थानों पर से जो एक दूसरे से 30 किमी की दूरी पर हैं, एक-दूसरे की ओर चलते हैं। यदि उनकी गतियाँ क्रमशः 15 किमी/घण्टा और 12 किमी/घंटा हों, तो वे कितने समय के बाद मिलेंगे?

A. 2 घंटा 40 मिनट B. 1 घंटा
C. 45 मिनट D. 1 घंटा 6 मिनट 40 सेकंड

7. यदि 600 मीटर लम्बे एक प्लेटफार्म को पार करने में 30 मी॰/सेकंड से चलने वाली कोई रेलगाड़ी 30 सेकंड लेती है, तो गाड़ी की लम्बाई क्या है?

A. 120 मीटर B. 200 मीटर
C. 300 मीटर D. 150 मीटर

8. यदि 150 मीटर लंबी एक रेलगाड़ी जो 30 मी॰/सेकंड की चाल से चल रही है, किसी आदमी को जो विपरीत दिशा में 5 मी॰/सेकंड की चाल से चल रहा है, पार कर जाती है, तो पार करने में कितने सेकंड लगेंगे?

A. 3 B. $4\frac{2}{7}$
C. 4 D. 6

9. किसी गाड़ी का पहिया 1 सेकंड में 4 चक्कर लगाता है। यदि पहिए का व्यास 84 सेमी॰ हो, तो पहिए की चाल किमी/घंटा में क्या होगी? $\left(\pi = \frac{22}{7}\right)$

A. 38.016 B. 38.00
C. 31.16 D. 39

10. दो स्टेशन P व Q के बीच की दूरी 220 किमी॰ है। एक रेलगाड़ी P स्टेशन से Q की तरफ 80 किमी॰/घंटा की चाल से चलती है। यदि उसके आधा घण्टा बाद दूसरी रेलगाड़ी Q स्टेशन से P की ओर 100 किमी॰/घंटा की चाल से चलती है, तो दोनों रेलगाड़ी P स्टेशन से कितनी दूरी पर मिलेंगी?

A. 110 किमी॰ B. 80 किमी॰
C. 120 किमी॰ D. 100 किमी॰

11. 10 किमी॰/घण्टा की चाल से चलने वाला कोई साइकिल चालक 100 मीटर कितने सेकंड में चलेगा?

A. 25 B. 36
C. 40 D. 42

12. यदि 100 मीटर लम्बी एक रेलगाड़ी प्लेटफार्म पर खड़े एक आदमी को 10 सेकंड में पार कर लेती है, तो गाड़ी की चाल क्या है?

A. 38 किमी/घंटा B. 72 किमी/घंटा
C. 75 किमी/घंटा D. 36 किमी/घंटा

13. 1.2 किमी॰ लम्बी एक रेलगाड़ी 72 किमी॰/घण्टा की चाल से एक पुल के ऊपर से जा रही है। यदि पुल की लम्बाई 1.2 किमी॰ हो, तो पुल पार करने में कितना समय लगेगा?

A. 30 सेकंड B. 1 मिनट
C. 1 मिनट 30 सेकंड D. 2 मिनट

14. एक आदमी स्थिर जल में 3 किमी॰/घंटा की चाल से तैर सकता है। यदि धारा की चाल 2 किमी॰/घंटा हो, तो वह आदमी 6 किमी॰ धारा के विपरीत जाने और वापस आने में कितना समय लेगा?

A. 4 घंटे 12 मिनट B. 7 घंटे 12 मिनट
C. 6 घंटे 48 मिनट D. 6 घंटे

15. 4 किमी॰ प्रति घंटा की चाल से चलकर एक क्लर्क अपने दफ्तर 5 मिनट देर से पहुँचता है। यदि वह 5 किमी॰ प्रति घंटा की चाल से चलने लगे, तो 2.5 मिनट जल्दी पहुँचता है। घर से दफ्तर की दूरी क्या है?

A. 2 किमी॰ B. 3 किमी॰
C. 4 किमी॰ D. 2.5 किमी॰

16. एक मनुष्य अपनी वास्तविक चाल की तीन-चौथाई चाल से चलने पर अपने कार्यालय पहुंचने में वास्तविक समय से 20 मिनट अधिक लेता है। वह वास्तविक समय कितना लेता है?

A. 30 मिनट B. 60 मिनट
C. 75 मिनट D. 90 मिनट

17. एक रेलगाड़ी 86.4 किमी॰ प्रति घंटा की चाल से जा रही है। 10 मिनट में उसके द्वारा तय की गई दूरी होगी:

A. .014 किमी॰ B. 144 किमी॰
C. 1.44 किमी॰ D. 14.4 किमी॰

18. एक मनुष्य किसी स्थान तक 16 किमी॰ प्रति घंटे की चाल से जाता है और वह 28 किमी॰ प्रति घंटे की चाल से लौटता है। उसकी औसत चाल, किमी॰ प्रति घंटा होगी:

A. 32 B. 56

C. $20\frac{4}{11}$ D. 21

19. दो स्थान A और B एक-दूसरे से 22 किमी॰ दूर हैं। एक साइकिल चालक A से B की ओर 8 किमी॰ प्रति घंटे की चाल से रवाना होता है और दूसरा B से A की ओर 10 किमी/घंटे की चाल से आधा घण्टे बाद रवाना होता है। वे दोनों जिस स्थान पर मिलेंगे, वह स्थान A से दूर होगाः

A. 12 किमी॰ B. 14 किमी॰

C. 16 किमी॰ D. 18 किमी॰

20. तमिलनाडु एक्सप्रेस नई दिल्ली से चेन्नई तक के 33 घंटे लेती है और 12 घंटे वहीं रुकने के बाद उसी दिन वापस चलती है। यदि वह नई दिल्ली से सोमवार की रात को 11 बजे चलती है, तो वापस नई दिल्ली पहुँचने का दिन और समय होगाः

A. शुक्रवार, सायं 5 बजे

B. शुक्रवार, प्रातः 5 बजे

C. शुक्रवार, दोपहर 11 बजे

D. गुरुवार, सायं 5 बजे

21. एक व्यक्ति शहर A से शहर B तक 360 किमी॰ की दूरी इस प्रकार तय करता है कि यात्रा का एक तिहाई भाग 2 घंटे में तथा शेष यात्रा 40 किमी प्रति घंटे की चाल से पूरी करता है। सम्पूर्ण यात्रा में औसत चाल थीः

A. 45 किमी/घंटा B. 50 किमी॰/घंटा

C. 60 किमी॰/घंटा D. 40 किमी॰/घंटा

22. 36 किमी॰ प्रति घंटे की चाल से गतिशील 100 मी॰ लंबी रेलगाड़ी कितने सेकंड में एक निश्चित टेलीग्रा पोस्ट को पार कर लेगी?

A. 50 B. 10

C. 20 D. 15

23. दो रेलगाड़ियाँ कानपुर और दिल्ली से एक साथ रवा होती हैं और एक-दूसरे की ओर चलती हैं। उनकी ग क्रमशः 16 किमी॰/घंटा तथा 21 किमी॰/घंटा है। ज वे मिलती हैं तब पता चलता है कि एक ने दूसरे से (किमी॰ अधिक दूरी तय की है। दोनों स्टेशनों के बी की दूरी हैः

A. 445 किमी॰ B. 444 किमी॰

C. 440 किमी॰ D. 450 किमी॰

24. एक गाड़ी का पहिया एक सेकण्ड में 4 चक्कर लगा है। यदि पहिये की व्यास 84 सेमी॰ हो, तो उसकी ग हैः

A. 39 किमी/घंटा B. 38.016 किमी॰/घंटा

C. 84 किमी॰/घण्टा D. 38.16 किमी॰/घंटा

25. एक रेलगाड़ी 60 किमी॰ की दूरी 45 मिनट में त करती है। यदि इसकी गति 5 किमी॰/घंटा कम कर द जाए, तो उसी दूरी को वह कितने समय में तय करेगी

A. 50 मिनट B. 55 मिनट

C. 48 मिनट D. 52 मिनट

उत्तरमाला

1	2	3	4	5	6	7	8	9	10
B	A	D	C	B	D	C	B	A	C
11	**12**	**13**	**14**	**15**	**16**	**17**	**18**	**19**	**20**
B	D	D	B	D	B	D	C	A	B
21	**22**	**23**	**24**	**25**					
A	B	B	B	C					

कुछ चुने हुए प्रश्नों के व्याख्यात्मक उत्तर

1. माना दूसरी गाड़ी की गति x किमी/घंटा है।

चूंकि दोनों गाड़ियां एक-दूसरे की विपरीत दिशा में चल रही हैं

$\therefore$ सापेक्ष चाल $= (50 + x)$ किमी॰/घंटा

दोनों गाड़ियों की लम्बाई $= 100 + 120 = 220$ मीटर

$= \frac{220}{1000}$ किमी॰

तथा पार करने में लगा समय 6 सेकंड = $\frac{6}{3600}$ घंटे

$$\therefore 50 + x = \frac{\frac{220}{1000}}{\frac{6}{3600}} = \frac{220 \times 3600}{6 \times 1000} = 132$$

$\therefore x = 132 - 50 = 82$ किमी॰/घंटा

2. चूंकि रेलगाड़ी और आदमी एक ही ओर जा रहे हैं।

$\therefore$ सापेक्ष चाल = $40 - 25 = 15$ किमी॰/घंटा

$$\therefore \quad 15 = \frac{\text{गाड़ी की लम्बाई}}{\frac{48}{3600}\text{ घण्टे}}$$

$\therefore$ गाड़ी की लम्बाई = $15 \times \frac{48}{3600}$ किमी॰

$= \frac{15 \times 48 \times 1000}{3600}$ मीटर

$= 200$ मीटर

5. लौटते समय गाड़ी की चाल = $\frac{90}{100} \times 60$

$= 54$ किमी॰/घंटा

60 किमी॰/घंटा से समय लगता है $\frac{3}{4}$ घंटा

$\therefore$ 1 किमी॰/घंटा से समय लगता है = $\frac{3}{4} \times 60$

$\therefore$ 54 किमी॰/घंटा से समय लगता है

$= \frac{3}{4} \times \frac{60}{54} = \frac{5}{6}$ घंटा = 50 मिनट

7. चाल = कुल दूरी / समय

$\therefore 30$ = कुल दूरी / 30

$\therefore$ कुल दूरी = $30 \times 30 = 900$ मीटर

8. सापेक्ष चाल = $30 + 5 = 35$ मी॰/से॰

$\therefore$ पार करने में लगा समय = $\frac{150}{35} = 4\frac{2}{7}$, सेकंड

9. पहिए की परिधि = $\frac{22}{7} \times 84 = 264$ सेमी॰

$\therefore$ 1 सेकंड में चली हुई दूरी = $4 \times 264 = 1056$ सेमी॰

$\therefore$ चाल किमी॰/घंटा में = $\frac{1056}{100 \times 1000} \times \frac{60 \times 60}{1}$

$= 38.016$

16. नई चाल = वास्तविक चाल का $\frac{3}{4}$

$\therefore$ नया समय जो लिया गया = वास्तविक समय का $\frac{4}{3}$

वास्तविक समय का $\frac{4}{3}$ – वास्तविक समय = 20 मिनट

$\therefore$ वास्तविक समय $\left(\frac{4}{3} - 1\right) = 20$

$\therefore$ वास्तविक समय = $20 \times \frac{3}{1} = 60$ मिनट

19. प्रथम साइकिल द्वारा A स्थान से आधा घण्टे में तय की गई दूरी = $\frac{1}{2} \times 8 = 4$ किमी॰

$\therefore$ A और B के मध्य बची दूरी = $22 - 4 = 18$ किमी॰

दोनों की सापेक्ष चाल = $8 + 10 = 18$ किमी॰/घंटा

समय = दूरी / चाल = $\frac{18}{18} = 1$ घंटा

23. माना कानपुर से चलने वाली गाड़ी ने x किमी॰ व दिल्ली से चलने वाली गाड़ी ने $(x + 60)$ किमी॰ की दूरी तय की।

दोनों ने क्रमशः समय लिया $\frac{x}{16}$ घंटा और $\frac{x+60}{21}$ घंटा

प्रश्नानुसार, $\frac{x}{16} = \frac{x+60}{21}$

या $21x = 16x + 960$ या $x = 192$

अतः कुल दूरी $192 + 192 + 60 = 444$ किमी॰

25. दूरी = 60 किमी॰, समय 45 मिनट = $\frac{3}{4}$ घंटा

$\therefore$ चाल $= \frac{60 \times 4}{3} = 80$ किमी॰/प्रति घंटा

5 किमी॰/घंटा, कम होने पर चाल = 75 किमी॰/घंटा

$\therefore$ समय = $\frac{60}{75} = \frac{4}{5}$ घंटा = 48 मिनट

15

क्षेत्रफल
(AREA)

वर्ग, आयत, त्रिभुज, चतुर्भुज, वृत्त

किसी द्विविमीय आवृत्ति द्वारा जितना स्थान घेरा जाता है वह उसका क्षेत्रफल कहलाता है। क्षेत्रफल की इकाई वर्ग इकाई है।

क्षेत्रफल से संबंधित प्रमुख सूत्र

1. आयत का क्षेत्रफल = लम्बाई × चौड़ाई
2. वर्ग का क्षेत्रफल = $(\text{भुजा})^2 = \frac{1}{2}(\text{विकर्ण})^2$
3. आयत का परिमाप = 2(लम्बाई + चौड़ाई)
4. वर्ग का परिमाप = 4 × भुजा
5. त्रिभुज का क्षेत्रफल = $\frac{1}{2}$ × आधार × ऊँचाई
6. कमरे की चारदीवारी का क्षेत्रफल = 2 × ऊँचाई (लम्बाई + चौड़ाई)
7. समबाहु त्रिभुज का क्षेत्रफल = $\frac{\sqrt{3}}{4}(\text{भुजा})^2$
8. त्रिभुज का क्षेत्रफल जिसकी तीनों भुजाएं क्रमशः a, b, c हों
   $= \sqrt{s(s-a)(s-b)(s-c)}$
   जहाँ $s = \frac{a+b+c}{2}$
9. समान्तर चतुर्भुज का क्षेत्रफल = आधार × ऊँचाई
10. समचतुर्भुज का क्षेत्रफल = $\frac{1}{2}$ × विकर्णों का गुणनफल
11. समलम्ब चतुर्भुज का क्षेत्रफल = $\frac{1}{2}$ × समान्तर भुजाओं का योग × समान्तर भुजाओं के बीच लम्बवत् दूरी
12. वृत्त का क्षेत्रफल = πr^2 जहाँ r वृत्त की त्रिज्या है
13. त्रिज्या खण्ड का क्षेत्रफल = $\frac{\theta \times \pi r^2}{360°}$
    जहाँ θ त्रिज्या खण्ड द्वारा केन्द्र पर आन्तरिक कोण (डिग्री में) है।
14. वृत्त की परिधि = $2\pi r$
15. किसी समकोण त्रिभुज में पाइथोगोरस प्रमेय से
    $(\text{कर्ण})^2 = (\text{लम्ब})^2 + (\text{आधार})^2$
    जहाँ कर्ण समकोण के सामने की भुजा व लम्ब व आधार समकोण की आसन्न भुजाएं हैं।
    अथवा
    $(\text{लम्ब})^2 = (\text{कर्ण})^2 - (\text{आधार})^2$

अभ्यास

1. एक समकोण त्रिभुज की समकोण वाली भुजाओं का अनुपात 1 : 2 है, और त्रिभुज का क्षेत्रफल 36 वर्ग इकाई है। त्रिभुज के कर्ण की लम्बाई है:

A. 3 इकाई B. $\sqrt{3}$ इकाई

C. $\sqrt{5}$ इकाई D. $6\sqrt{5}$ इकाई

2. यदि एक वृत्त का क्षेत्रफल पूर्ण संख्या (Whole Number) है, तो निम्न में से उसकी त्रिज्या है:

A. 4 B. 4π

C. $\frac{2}{\pi}$ D. $\frac{2}{\sqrt{\pi}}$

3. साथ में दिए गए वृत्त की त्रिज्या 5 सेमी॰ है। छायांकित भाग का क्षेत्रफल कितने वर्ग सेमी॰ है?

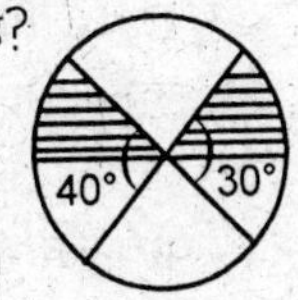

A. $\frac{37}{36}\pi^2$ B. $\frac{175}{36}\pi$

C. $\frac{125}{28}\pi$ D. $\frac{75}{18}\pi^2$

4. यदि किसी समबाहु त्रिभुज की एक भुजा पूर्ण संख्या (Whole Number) है, तो निम्नलिखित में से कौनसा क्षेत्रफल हो सकता है?

A. 6 B. $\frac{25\sqrt{3}}{4}$

C. $2\sqrt{2}$ D. $8\sqrt{3}$

5. 5.3 सेमी॰ भुजा वाले वर्ग का क्षेत्रफल कितना कम हो जाएगा, यदि उसकी भुजा 3 सेमी छोटी हो जाए?

A. 2.3 वर्ग मीटर B. 12.8 वर्ग मीटर

C. 22.8 वर्ग मीटर D. 2.28 वर्ग मीटर

6. एक वर्ग का विकर्ण 6 इंच लंबा है। उसका क्षेत्रफल कितने वर्ग इंच होगा?

A. 9 B. 12

C. 18 D. 36

7. यदि किसी वृत्त की त्रिज्या दुगुनी कर दी जाए, तो उसके क्षेत्रफल में परिवर्तन होगा:

A. आठ गुना बड़ा B. चार गुना बड़ा

C. दुगुना बड़ा D. उतना ही रहेगा

8. यदि एक समद्विबाहु त्रिभुज का आधार 'a' है और उसकी समान भुजाएँ प्रत्येक b है, तो उसका क्षेत्रफल होगा:

A. $\frac{a}{4}\sqrt{4b^2-a^2}$ B. $\frac{a}{4}\sqrt{4b^2+a^2}$

C. $\frac{a}{4}\div\sqrt{4b^2+a^2}$ D. $\frac{a}{4}\sqrt{b^2-4a^2}$

9. 7 सेमी॰ त्रिज्या वाले वृत्त की परिधि है:

A. 96 सेमी॰ B. 48 सेमी॰

C. 140 सेमी॰ D. 44 सेमी॰

10. एक समान्तर चतुर्भुज का आधार और ऊँचाई क्रमशः 12 सेमी व 8 सेमी है। इसका क्षेत्रफल है:

A. 96 वर्ग सेमी B. 48 वर्ग सेमी॰

C. 140 वर्ग सेमी॰ D. 192 वर्ग सेमी

11. एक 10 मीटर लम्बे व 5 मीटर चौड़े बरामदे में 10 सेमी॰ भुजा वाली कितनी टाइलें लगेंगी?

A. 10,000 B. 1

C. 2,500 D. 5,000

12. 21 मीटर त्रिज्या के वृत्ताकार बगीचे के चारों ओर 2 किमी/घंटे की चाल से एक चक्कर लगाने में कितना समय लगेगा?

A. 132 घंटे B. .132 घंटे

C. 500/33 घंटे D. .066 घंटे

13. 10 सेमी॰ भुजा वाले दो वर्गों का कुल क्षेत्रफल एक बड़े वर्ग के क्षेत्रफल के बराबर है। बड़े वर्ग की भुजा होगी:

A. $10\sqrt{2}$ सेमी॰ B. 10 सेमी॰

C. 20 सेमी॰ D. 50 सेमी॰

14. एक कमरे की लम्बाई, चौड़ाई की डेढ़ गुनी है। यदि कमरे का क्षेत्रफल 121.5 वर्ग फुट है। कमरे की लम्बाई है :

A. 9 फुट B. 13.5 फुट

C. 11.5 फुट D. 11.25 फुट

15. एक कमरे की चारों दीवारों का क्षेत्रफल 200 वर्गमीटर है। यदि कमरे की लम्बाई 12 मीटर और चौड़ाई 8 मीटर हो, तो उसकी ऊँचाई होगी:

A. 5 मीटर B. 10 मीटर
C. 7.5 मीटर D. 20 मीटर

16. 12 मीटर × 10 मीटर नाप के एक बगीचे में लम्बाई के समान्तर 3 मीटर चौड़ा और चौड़ाई के समान्तर 2 मीटर चौड़ा मार्ग बना हुआ है। मार्गों का कुल क्षेत्रफल है:

A. 56 वर्ग मीटर B. 50 वर्ग मीटर
C. 51 वर्ग मीटर D. 48 वर्ग मीटर

17. एक त्रिभुज की तीनों भुजाएँ क्रमशः 6 सेमी॰, 8 सेमी॰ व 10 सेमी॰ हैं। त्रिभुज का क्षेत्रफल वर्ग सेमी॰ में होगा:

A. 36 वर्ग सेमी॰ B. 24 वर्ग सेमी॰
C. 48 वर्ग सेमी॰ D. 72 वर्ग सेमी॰

18. एक वृत्त के अन्दर बड़े से बड़े आकार का एक वर्ग खींचा गया है। यदि वर्ग का क्षेत्रफल 98 वर्ग सेमी॰ हो, तो वृत्त का क्षेत्रफल होगा:

A. 98 वर्ग सेमी॰ B. 196 वर्ग सेमी॰
C. 154 वर्ग सेमी॰ D. 88 वर्ग सेमी॰

19. एक समलम्ब चतुर्भुज की समान्तर भुजाएँ क्रमशः 12 डेसीमीटर व 10 डेसीमीटर हैं तथा उनके बीच की दूरी 6 डेसीमीटर है। उनका क्षेत्रफल होगा:

A. 66 वर्ग सेमी॰
B. 66 वर्ग डेसीमीटर
C. 132 वर्ग डेसीमीटर
D. 66 वर्ग मीटर

20. दो वृत्तों के व्यास क्रमशः 10 सेमी॰ और 8 सेमी॰ हैं; उनके क्षेत्रफलों का अनुपात होगा:

A. 5 : 4 B. 25 : 16
C. 4 : 5 D. 16 : 25

21. एक ही केंद्र से दो वृत्त खींचे गए हैं, जिनकी त्रिज्याएं क्रमशः 4 सेमी॰ व 3 सेमी॰ हैं। दोनों वृत्तों के बीच के भाग का क्षेत्रफल होगा:

A. $\frac{550}{7}$ वर्ग सेमी B. 44 वर्ग सेमी॰
C. $\frac{22}{7}$ वर्ग सेमी D. 22 वर्ग सेमी॰

22. एक वृक्ष का तना इस प्रकार टूटा कि यह बिल्कुल अलग नहीं हुआ। यदि उसका ऊपरी सिरा वृक्ष के तल से 8 मीटर दूर जमीन को स्पर्श कर रहा है और टूटे हुए उस भाग की लम्बाई 10 मीटर हो, तो वृक्ष की पूरी ऊँचाई है:

A. 14 मीटर B. 18 मीटर
C. 16 मीटर D. 24 मीटर

23. एक समान्तर चतुर्भुज का क्षेत्रफल 75 वर्ग सेमी॰ तथा ऊँचाई 5 सेमी॰ है। इसी आधार पर स्थित दुगुने क्षेत्रफल वाले आयत का परिमाप होगा:

A. 15 सेमी॰ B. 50 सेमी॰
C. 25 सेमी॰ D. 30 सेमी॰

24. 20 मीटर लम्बा और 15 मीटर चौड़ा एक हॉल है। इसके फर्श पर 75 सेमी॰ चौड़ाई की दरी पट्टी बिछाई गई है। दरी पट्टी की लम्बाई होगी:

A. 4 मीटर B. 40,000 मीटर
C. 400 मीटर D. 4,000 मीटर

25. एक विद्यालय के सभा भवन में 80 सेमी॰ भुजा के वर्गाकार 100 चौके लगे हैं। सभा भवन की लम्बाई 10 मीटर हो, तो चौड़ाई होगी:

A. 64 मीटर B. 80 मीटर
C. 640 मीटर D. 6.4 मीटर

उत्तरमाला

1	2	3	4	5	6	7	8	9	10
D	D	B	B	C	C	B	A	D	B
11	**12**	**13**	**14**	**15**	**16**	**17**	**18**	**19**	**20**
D	D	A	B	A	B	B	C	B	B
21	**22**	**23**	**24**	**25**					
D	C	B	C	D					

कुछ चुने हुए प्रश्नों के व्याख्यात्मक उत्तर

1. माना दो भुजाएँ x व $2x$ हैं।

$\frac{1}{2} \times x \times 2x = 36$ या $x^2 = 36$ या $x = 6$

$\therefore$ दो भुजाएँ 6 व 12 हैं।

कर्ण = $\sqrt{6^2 + 12^2} = \sqrt{36+144} = \sqrt{180} = 6\sqrt{5}$

4. माना भुजा = x

$\therefore$ समबाहु त्रिभुज का क्षेत्रफल = $\frac{\sqrt{3}}{4}x^2 = \frac{25\sqrt{3}}{4}$

$\therefore \quad x = \sqrt{25} = 5$ अर्थात् भुजा = 5

यहाँ विकल्प B से ही भुजा पूर्ण संख्या आती है।

8. त्रिभुज की तीनों भुजाएं a, b, c हैं।

$\therefore s = \frac{a+b+c}{2} = \frac{a+2b}{2}$, यहाँ $b = c$ है।

त्रिभुज का क्षेत्रफल = $\sqrt{s(s-a)(s-b)(s-c)}$

$$= \sqrt{\frac{a+2b}{2}\left(\frac{a+2b}{2} - a\right)\left(\frac{a+2b}{2} - b\right)\left(\frac{a+2b}{2} - b\right)}$$

$$= \sqrt{\frac{a+2b}{2}\left(\frac{2b-a}{2}\right)\left(\frac{a}{2}\right)\left(\frac{a}{2}\right)}$$

$$= \sqrt{\frac{a^2}{16}\left(4b^2 - a^2\right)}$$

$$= \frac{a}{4}\sqrt{4b^2 - a^2}$$

12. परिधि = $2\pi r = 2 \times \frac{22}{7} \times 21$

= 132 मीटर = 0.132 किमी॰

चाल = 2 किमी॰/घंटा

समय = $\frac{\text{दूरी}}{\text{चाल}} = \frac{0.132}{2} = 0.066$ घंटे

15. कमरे की ऊँचाई = $\frac{\text{चारों दीवारों का क्षेत्रफल}}{2(\text{लम्बाई} + \text{चौड़ाई})}$

$= \frac{200}{2(12+8)} = 5$ मीटर

18. $\because$ वर्ग का क्षेत्रफल = $\frac{1}{2} \times$ (विकर्ण)^2 = 98

$\therefore$ (विकर्ण)$^2 = 98 \times 2 = 196$

$\therefore$ विकर्ण = $\sqrt{196}$

= 14 सेमी॰

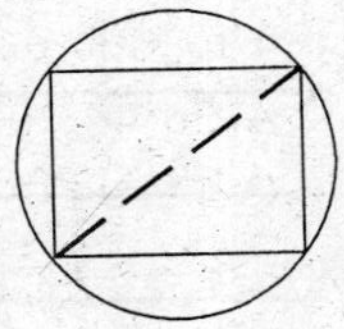

$\therefore$ वृत्त का व्यास = 14 सेमी॰

त्रिज्या = 7 सेमी॰

वृत्त का क्षेत्रफल = $\frac{22}{7} \times (7)^2$

= 154 वर्ग सेमी॰

23. समान्तर चतुर्भुज का आधार = $\frac{\text{क्षेत्रफल}}{\text{ऊंचाई}}$

$= \frac{75}{5} = 15$ सेमी॰

आयत का क्षेत्रफल = $2 \times 75 = 150$ वर्ग सेमी॰

$\therefore$ आयत की ऊँचाई = $\frac{150}{15} = 10$ सेमी॰

आयत का परिमाप = 2(15 + 10)

= $2 \times 25 = 50$ सेमी॰

25. एक चौके का क्षेत्रफल = $.80 \times .80 = .64$ वर्ग मीटर

$\therefore$ 100 चौकों का क्षेत्रफल = $.64 \times 100$

= 64 वर्गमीटर

अर्थात् सभा भवन का क्षेत्रफल = 64 वर्गमीटर

लम्बाई = 10 मीटर

$\therefore$ चौड़ाई = $\frac{64}{10} = 6.4$ मीटर

YOUR SPACE